# アイデンティティ研究の展望 VI
―― 1992〜1996年 ――

鑪 幹八郎・岡本 祐子・宮下 一博 共編

ナカニシヤ出版

## まえがき

　本書は,『アイデンティティ研究の展望』シリーズの第Ⅵ巻である。1984年に第Ⅰ巻を刊行して以来,我々は,諸外国と我が国におけるアイデンティティ研究を網羅し,領域別に解説,論評してきた。それらは,次のように構成されている。第Ⅰ巻は,1950年から1981年まで,第Ⅱ巻は,1982年から1986年まで(以上,臨床的論文は除く),第Ⅲ巻は,1950年から1991年までの臨床的論文,第Ⅳ巻は,1987年から1991年まで(臨床的論文は除く),第Ⅴ巻は,各領域の中核となる重要な論文の抄訳と解説という内容である。本書第Ⅵ巻は,これを受け継ぎ,1992年から1996年までの5年間に刊行された臨床領域を除くすべての研究領域を網羅している。

　本書で対象とした論文の範囲と収集の方法は,第Ⅱ巻および第Ⅳ巻を踏襲している。つまり,A. P. A. 発行の Psychological Abstracts 誌に取り上げられた論文のうち,論文題目の中に,Identity または Erikson の用語を含むすべての論文を取り出し,原典を収集した。また,日本の論文に関しては,学会誌や紀要論文を検索した他,直接,著者にあたって収集した。日本の文献収集については,あるいは完全とはいえないかもしれない。

　第Ⅳ巻まで我々は,上記の方法ですべての原典を収集し,それらをすべて紹介し,論評してきた。しかしながら,アイデンティティ研究は現在もなお,増加の一途をたどっており,本シリーズも巻を重ねるごとに分量が増してきた。したがって,本書では編集方針を見直し,各領域において重要と考えられる論文を精選して,それのみを紹介し論評することとした。発表された原典はすべて収集し,精読したが,実際に本書の中でとりあげた論文は,全体の20〜50％程度である。

　本書の構成は,第Ⅳ巻までと同様である。第Ⅰ章は,これまで通り,編者のひとりである鑪が担当して,森有正のアイデンティティ形成について論じた。第Ⅱ章では,研究の趨勢を論文の出版数によって統計的に示した。これによっ

て，研究の趨勢が年代的にどのように変化しているか，理解することができるであろう。またこれによって，アイデンティティ研究者の関心や方向性が具体的に把握できるであろう。

第III章，第IV章は，本書の中核をなしている。これまでと同様，第III章は，アイデンティティの測定，アイデンティティ形成・発達，アイデンティティ・ステイタス，家族とアイデンティティ，職業アイデンティティ，民族アイデンティティ，ジェンダー・アイデンティティ，ライフサイクルとアイデンティティのそれぞれの領域に関する各節に加えて，今回新たにソーシャル・アイデンティティの節を設けた。これは，Erikson のアイデンティティ論とは，理論的背景を異にするが，比較・参照していただければ幸いである。そして，第IV章は，我が国におけるアイデンティティ研究の動向を展望した。

索引については，人名索引のみを巻末に呈示し，事項索引はつけていない。これまで通り，目次を利用して，文脈の中で事項を確認していただきたい。

本書が，第V巻までと同様，アイデンティティに関心をもつ多くの人々に利用されることを願っている。

　　　　　　　　　　　　　　　　　　　　　　　　　　　編者一同

# 目　次

まえがき ……………………………………………………………… i

第Ⅰ章　森有正の「経験の哲学」の契機とアイデンティティ形成について
………………………………………………………………1
　　1．問題の所在　　1
　　　1）問題の出発　　1
　　　2）文体の変化について　　3
　　2．新しい経験の契機とおそれ　　5
　　　1）フランス留学への不安　　5
　　　2）変化の始まり　　17
　　　3）パリに滞在する理由について　　23
　　　4）森有正のフランス滞在の動機に関する他の人々の見解　　24

第Ⅱ章　アイデンティティ文献の時代（年代）的推移 ……………27
　　1．研究文献の選択の基準　　27
　　2．研究の時代的推移　　30

第Ⅲ章　外国におけるアイデンティティ研究の展望 ………………39
　　1．アイデンティティ測定に関する研究　　39
　　　1）Marcia法によるアイデンティティの測定　　39
　　　2）質問紙法（尺度）によるアイデンティティの測定　　41
　　2．アイデンティティ形成に関する研究　　52
　　　1）理論に関する研究　　52
　　　2）アイデンティティ・スタイルに関する研究　　61

3）人格特性との関連　66
　　4）関係性に関する研究　73
　3．アイデンティティ・ステイタスに関する研究　79
　　1）アイデンティティ・ステイタスの発達的側面を検討した研究　79
　　2）アイデンティティ・ステイタスの背景要因を検討した研究　83
　　3）アイデンティティ・ステイタスと社会的文脈との関連性を検討した研究　89
　　4）アイデンティティ・ステイタスの女性にみられる特徴や性差について検討した研究　92
　　5）まとめと今後の課題　93
　4．家族とアイデンティティに関する研究　95
　　1）親との関係や親の生活態度とアイデンティティに関する研究　95
　　2）家族のシステム機能や相互作用のスタイルとアイデンティティに関する研究　98
　　3）「親であること」とアイデンティティに関する研究　102
　　4）夫婦関係とアイデンティティに関する研究　104
　　5）家族とアイデンティティに関するその他の研究　107
　　6）まとめと今後の課題　111
　5．職業アイデンティティに関する研究　112
　　1）職業アイデンティティの測定・概念等に関する研究　112
　　2）キャリア発達と学生の職業アイデンティティ　119
　　3）専門家アイデンティティ　124
　　4）女性の職業アイデンティティの獲得　138
　　5）民族アイデンティティと職業アイデンティティ　141
　　6）その他の職業アイデンティティに関する研究　148
　　7）まとめと今後の課題　151
　6．民族・人種アイデンティティに関する研究　153

1）アメリカ合衆国を対象とした研究　154
     2）メキシコ・中南米を対象とした研究　164
     3）カナダ・ヨーロッパ・オーストラリアを対象とした研究　168
     4）アジアを対象とした研究　174
     5）ユダヤ・イスラエル・アラブを対象とした研究　180
     6）アフリカ系アメリカ人（黒人）を対象とした研究　185
     7）まとめと今後の課題　203
   7．ジェンダー・アイデンティティに関する研究　205
     1）ジェンダー・アイデンティティに関する理論的研究　205
     2）ジェンダー・アイデンティティに関する実証的研究　208
     3）まとめと今後の課題　237
   8．ライフサイクルとアイデンティティに関する研究　240
     1）成人期のアイデンティティ発達に関する研究　241
     2）老年期を対象とした研究　252
     3）まとめと今後の課題　257
   9．ソーシャル・アイデンティティに関する研究　259
     1）ソーシャル・アイデンティティ理論および概念についての研究　259
     2）差別や偏見にソーシャル・アイデンティティがおよぼす影響についての研究　263
     3）ソーシャル・アイデンティティの維持および形成過程についての研究　266
     4）社会的行動におよぼすソーシャル・アイデンティティの影響についての研究　269

第Ⅳ章　日本におけるアイデンティティ研究の展望　……………………279
   1．アイデンティティ理論・概念の再考　280
   2．青年期のアイデンティティ　282

1）アイデンティティ形成と対人関係　282
　　　2）時間的展望・信頼感とアイデンティティ形成　287
　　　3）集団活動・仲間関係とアイデンティティの発達　289
　　　4）青年期の親子関係とアイデンティティ　290
　　　5）青年期の職業アイデンティティの形成　291
　　　6）ジェンダー・アイデンティティ　292
　　3．ライフサイクルへの展望―成人期・老年期のアイデンティティ―　292
　　　1）成人期のアイデンティティ発達過程　293
　　　2）老年期のアイデンティティ　296
　　　3）女性のライフサイクルとアイデンティティ　296
　　4．文化とアイデンティティ　298
　　5．アイデンティティの心理臨床的研究　300
　　6．今後の課題　303

第Ⅴ章　文献一覧 …………………………………………………307
　1．Erikson, E. H. に関する著作一覧　307
　2．外国におけるアイデンティティ文献一覧　307
　3．日本におけるアイデンティティ文献一覧　409

　あとがき …………………………………………………413
　人名索引 …………………………………………………415

# 第Ⅰ章　森有正の「経験の哲学」の契機とアイデンティティ形成について

　森有正はフランス思想の研究者であり，1950年のフランス政府給費留学生の第一回留学生としてフランスに渡った。当時40歳の中年にさしかかった東京大学フランス文学科助教授であった。彼は留学したままフランスに滞在し続けて，ユニークな「経験の哲学」を深めていった人である。アイデンティティに関する研究を行っている者として，森有正のユニークな生活と思想は関心をひかれるものであり，また，心理臨床に携わるものにとって，その「経験の哲学」の形成過程は深い考察の対象とするに値するものであると考えられる。

　本論では，森有正における「経験の哲学」としての思想の発生を中年期のアイデンティティ形成という側面から光を当て分析を進めてみたい。

　心理臨床に携わるものにとって，森有正は2つの点で大きな意味をもっていると考えられる。第1に，森有正自身の生き方は日本人として類稀なものである。森はその生き方をさまざまの形で出版している。彼の思想をここでは一応「経験の哲学」と名付けておきたい。その生き方は中年期のアイデンティティ再編過程の観点から，ユニークな資料であると考えられる。第2に，森有正は自己の生き方を通して，生活と思想の発生の場や経験の内容を表現した。また，関心の深いオルガン演奏の訓練や演奏技法の深まりについて独特の記述を残している。これらの訓練のプロセスは心理療法訓練の示唆にもなると考えられる。

　本論では，第1の森有正における中年期のアイデンティティ形成について焦点を当て分析を進めてみたい。第2の問題については，機会を改めて取り組む予定である。

## 1．問題の所在

### 1）問題の出発

　著書『バビロンの流れのほとりにて』(1957)が公刊されると大きな反応があった。日記体の形式をとったエッセイという形で思想を表明するスタイルも文章も独特であ

り，また内容に関しても印象的で，衝撃的であった。それは次のような文章で始まっている。なお，文中の（……）は引用者の省略を示している。

「一つの生涯というものは，その過程を営む，生命の稚い日に，すでに，その本質において，残るところなく，露われているのではないだろうか。僕は現在を反省し，また幼年時代を回顧するとき，そう信じざるをえない。この確からしい事柄は，悲痛であると同時に，限りなく慰めに充ちている。……ヨーロッパの精神が，その行き尽くしたはてに，いつもそこに立ちかえる，ギリシャの神話や旧約聖書の中では，神殿の巫女たちや予言者たちが，将来栄光を受けたり，悲劇的な運命を辿ったりする人々について，予言をしていることを君も知っていることと思う。稚い生命の中に，ある本質的な意味で，すでにその人の生涯全部が含まれ，さらに顕われてさえいるのでないとしたら，どうしてこういうことが可能だったのだろうか。また，それが古い記録を綴った人々の心を惹いたのだろうか。……そのことはやがて，秘かに，あるいは明らかに，露われるだろう。いな露われざるをえないだろう。そして人はその人自身の死を死ぬことができるだろう。またその時，人は死を恐れない。」（『バビロンの流れのほとりにて』，p.3）

ここでは唐突に人間生涯に関する1つの命題のようなものが提出されている。そしてこの命題は本書を一貫する主題でもある。これを私たちのライフサイクルの観点から見ると，Eriksonが提出しているライフサイクルにおけるグラウンド・プランのアイデアと同じに思われたのである。Eriksonはまさに，人の一生をライフサイクルの観点からとらえ，その個人の人格の萌芽はすべて誕生と同時に存在していて，時間と対人関係と場所という文脈の中で次第に順序立って発現していくと述べているのである。

場所と経験を異にしながら，森有正という思想家とEriksonという心理臨床家がほとんど同一のアイデアに到達していることが興味深い。

森はまた，次のようにも述べている。

「考えてみると，僕はもう30年も前から旅に出ていたようだ。僕が13歳のとき，父が死んで東京の西郊にある墓地に葬られた。2月の曇った寒い日だった。……僕は墓の土を見ながら，僕もいつかはかならずここに入るのだということを感じた。そしてその日まで，ここに入るために決定的にここにかえって来る日まで，ここから歩いて行こうと思った。その日からもう30年，僕は歩いて来た。

1. 問題の所在

それをふりかえると，フランス文学をやったことも，今こうして遠く異郷に来てしまったことも，その長い道のりの部分として，あそこから出て，あそこに還ってゆく道のりの途上の出来ごととして，同じ色の中に融けこんでしまうようだ。……たくさんの問題を背負って僕は旅に立つ。この旅は本当に，いつ果てるともしれない。ただ僕は，稚い日から，僕の中に露われていたであろう僕自身の運命に，自分自ら撞着し，そこに深く立つ日まで，止まらないだろう。」(『バビロンの流れのほとりにて』，p.5)

森の『バビロンの流れのほとりにて』の最初の数頁の文章は，ライフサイクルの観点から見ても，素晴らしい洞察を示しているのではないだろうか。中年期のアイデンティティ再編はまさに，このような洞察を土台にして始まるといってもよいように思われる。しかし，同じ著書の中のすぐ後の方には次のような文章もある。

「僕は僕のヴェリテに従って自分の思考と行動を規律しよう。それに反することは一切しないことを決意する」(『バビロンの流れのほとりにて』，p.8)

この文章は自分の真実に従って，主体的，意志的に運命を背負って生きていくことを表明している青年のマニフェストのような純粋な若々しい自己主張でもある。自己の生き方を意識し，主体的に取り組むことがアイデンティティ形成の重要な要素であるとすれば，森有正の「出発」の意志表明は，世代性を中心として展開する心的過程としての中年期のアイデンティティ再編であるというより，青年期のアイデンティティ形成のプロセスを示唆しているようにも思われる。

このような文章は，どのような経験をもとにして書かれるようになったのであろうか。森のフランス体験を経過することが契機となっていることは決定的である。本論は，この点を具体的に明らかにすることを目的としている。

## 2) 文体の変化について

主体的な思考や経験に関する森有正の省察は，フランスでの体験を経てはじめて出現したものであった。夥しい論文や手記を残している中で，1950年の出発以前の文章とフランス経験を通して書かれた文章には，はっきりとした違いが見られる。私がはじめて森有正の文章に接したのは，今は廃刊になっている雑誌「展望」に書かれた「木々は光を浴びて」(1970年11月号) という一文であった。このとき森有正のフランス滞在が20年に達している。彼自身の文体はすでに確立していた。しかし，私は森有正のことをほとんど知らなかった。私は思想家や哲学者がこのような美しい文章

を書くことを予想していなかった。また，自分に思想的な文章や哲学的な文章が理解できるとも思っていなかった。ただ，そのときは文章のタイトルに惹かれて読んだのであった。そして，私にもわかる（！）文章であったことが意外であったと同時に，関心を寄せていた主題をまったく領域の違う思想家が問題にしていることに驚きと喜びを感じたのである。その印象は今も忘れることはできない。そして次第に森有正の文章に接するようになり，この論文などを執筆する契機を与えられたのである。

　森有正の文章内容はやさしくはない。しかし，親しみやすい日本語で書かれている。フランス体験の前と後では，くっきりと違っているのである。森有正を個人的によく知っている哲学者の中村雄二郎氏（1985）は森の文章における文体の変化について以下のように，興味深い指摘をしている。

　　「わたしは，といえば，『バビロンの……』や『流れのほとりにて』において，久しぶりに森有正氏の文章に接したとき，なによりもおどろかされ，これは大へんなことだと思ったのは，氏の日本語の文章の，とりわけ文体の変化であった。もちろん，ここで「文体」とは，単なる修辞的な技法にかかわるものではなく，精神の姿勢そのものを意味するにほかならない。
　　『バビロンの……』以後の，辻氏のいう「思想的な文学作品」においても，森有正氏の文章は，硬質な，あるいは少なくとも硬質な概念的，観念的なものではなく，氏のいわゆる「経験」によって，あるいは「経験」そのものから，磨き出され，感覚的に息づいており，突っこんだ内容が語られ，論じられている場合でも，読者にとって──平易とはいえないにせよ──，親しみやすい。
　　その点，渡仏以前に書かれた文章は，なんといっても多分に概念性，観念性が目立ち，一種独特な晦渋さをもっていたことは否みがたい。そして，それはそれなりに，独自な文体としての魅力をもっていた。森有正氏が1950年の渡仏直前まで東京大学で講じていたのは，「デカルト」と「パスカル」についてであり，渡仏前に最後に出された著書は『デカルト研究』であるが──厳密にいえば，この本が実際に刊行されたのは同年11月であるから，刊行を準備されて出発したということになる──，たとえばその最後の章に収められた論文「デカルト思想の神秘主義的要素」の文章と，『バビロンの……』の冒頭の次のような文章とを比較するとき，その相違と変化とは歴然としている。」（『森有正全集』8，付録，p. 14）

　フランス留学以前の最後の著書は『デカルト研究』（1950）であり，フランス留学後の最初の著書は，『バビロンの流れのほとりにて』（1957）である。この間に7年間

の時間が流れている。

　この2冊が出版された間の時間は森にとって，また私たちにとって重要な問題を提起している。この7年間，ことに留学期間の終了する最初の2年間に何があったかを明確にすることは，森がフランスに滞在し続ける決心を明らかにするとともに，森の経験の質やアイデンティティ形成の契機を明らかにするものと考えられる。

## 2. 新しい経験の契機とおそれ

　本論では，森有正のフランス体験と思想の発生に焦点を当て，文体の変化に象徴される森の内的変化のプロセスについて，彼の残した膨大な手記や思想書から中年期のアイデンティティ再編をとらえたい。

　これは2つの点から検討していくことができると考えられる。第1は，フランス留学に対して抱いていた不安に関する分析であり，第2は，フランスへ留まる決意に関する分析である。そこでまず，フランス留学への不安から検討したい。

### 1）フランス留学への不安

　森有正は，たびたびフランスへの留学の動機を語っている。それは「行きたくなかった」「何か予想を越えたものがあり，おそろしいことが起こるかも知れない」という漠然とした不安である。この「不安」の性質を明らかにすることはフランスに滞在し続けたことの動機につながっていると考えられる。

#### ⑴　当時の日本の状況

　森は6人の選ばれた人たちと一緒にフランスに渡っている。森がフランスに留学した1950年当時，日本はまだ米国の占領下にあった。戦後の混乱は収まっていたとはいえない状況であった。また，朝鮮事変が勃発し，日本は米軍の基地であったから騒然としていた。当時，森は東京大学の助教授として，盛んに論文や著書の執筆活動をしていた。日本の思想界を担う人材と見なされていた。第2次大戦中は結核のため戦争の最終期まで兵役を免除されて，森は研究中心に生活していた。戦後，その成果が一度に花を開かせたような状態であった。

　フランス出発以前，森は1948年から1950年の2年間に，『デカルトの人間像』『近代精神とキリスト教』『現代フランス思想の展望』『ドストエフスキー覚書』『思想の自由と人間の問題』『現代人と宗教』『デカルト研究』と7冊の著書を次々と出版している。最後の『デカルト研究』は11月の出版であり，森はすでにパリに到着していたが，準備は日本で行って最後の校正の後，出発したと考えられるのでフランス出発

前の仕事と数えてよいと思われる。

それにしてもこの量は圧倒的である。門外漢の人間から見て正確な評価はできないが、著書の質からいってかなり程度の高いものであると判断される。戦争中に蓄えられた研究の知識と資料が爆発的に噴出した様子を見ることができる。彼の精力や研究環境からいってもっとも将来性のある学者としての地位を築いていたということができよう。

### (2) フランスへの不安

この時点で、彼のフランス留学が決定した。フランス留学後には、1957年の『バビロンの流れのほとりにて』の出版まで、旅行記風の随筆はかなり書かれているが、著書は1冊も書かれていない。これは著しい落差であり、特徴である。したがってこの期間に何か特別の内的な出来事が起こったと想定するのが自然であろう。

その象徴的な出来事の前ぶれを、彼はフランスへの「不安」として表現していると考えられる。この「不安」について、森はこれまでさまざまに表現し、表現媒体や表現する対象によって強調され方が異なっている。例えば、それは以下のような文章である。

「どうしてそんなに長くいてしまったのか。よく受ける質問である。私はその時々の心の状態に応じてそれに返事をしてきた。というのは、長くいてしまったことの意味は、私にとって不断に深まり続け、未だに決定的な解答がないからである。」(「わが思索わが風土」, 1971, p. 18)

これは1971年に書かれた文章である。フランス滞在は21年を経過している。フランスへの出発にあたって、おそらくもっとも簡単な、しかもある程度の真実をもっていたのは、次のようなことではなかったろうか。

「1950年、フランスへ渡った頃は、何の計画も予想もなかった。短い見通しでは、当時大学の教員として、学位論文がほとんど出来かかっていたのを、パリに一年いて書き上げることだけを考えていた。」(『遠ざかるノートルダム』, 1976, p. 29)

学位論文の計画は日記などにも記されている。題名は「パスカルにおける『愛の構造』」というものであった。しかし、これは未完成に終わっている。その草稿も残されていなかったということであり、注目に値する。

## 2. 新しい経験の契機とおそれ

また，次の文章の中には，「不安」というより，「不快の念」が記されている。

> 「パスカルに関する学位論文を1年間パリで推敲して，翌年夏には戻る予定であった。したがって，パリに長くいるつもりはなく，また名所旧跡を訪れる興味も全然なかった。何となく面倒であり，また漠然とした不安があった。アリストテレス以来，2千数百年間，哲学史の本を頭でたどるのでなく，生きた，複雑きわまりない現実の歴史と経験との中から鍛え上げられたパリの学界で，わずか数年研究した貧しい研究の成果（？）を色々と検討することは，それを考えただけで，何ともいえない，また誰に対するともわからない，不快の念に襲われた。」（「わが思索わが風土」，1971, p. 192）

別に何の期待もなく，日本での仕事の延長として，学位論文を完成させて帰ってくるというのが，意識的レベルでの期待であったろう。また，森は「パリに長く居るつもりはなく，また名所旧跡を訪れる興味も全然なかった」と記しているが，実際とは大きな違いがある。後に見るように，森の文章に描かれているだけでも，人並み外れた旅行家であり，パリの街を隈なく歩いている。出版されている手記や日記にはバス路線，地下鉄，そして細かい道路の名前など詳しく記されている。

また，ヨーロッパも南ヨーロッパを中心として歩き回っている。『バビロンの流れのほとりにて』に記されたマントンというイタリアとの国境に近い南フランスにも，1950年のフランス到着から3年を経た時点で，4度立ち寄っているということが記されている。森の動きの激しさがわかる。もちろん，だからといって，それは名所旧跡を見て回っていることにはならないかもしれない。彼にとって旅は，状況の変化に反応する感覚を通して内的な変化を吟味する装置のような役目をしていた。

この初期の滞在において，動き回る森の内面には「不安」があったらしい。しかも，それはただ留学に伴うものでもなかったらしい。その不安をはっきり意識するのは，すでに長期滞在を決意して数年経った時点である。それがはっきり表明されるようになったのは，1957年の『バビロンの流れのほとりにて』以降である。この点は興味深い。行動や決意の意味が自覚されるのは，意識そのものに先行し，衝動に衝き動かされて，数年を経て，その意味を跡付けることができるのだということがよく示されているのである。以下にこれを跡付けて，その内的プロセスを明らかにしてみたい。

### (3) フランスへの旅立ち

フランスへの第1回留学生は森をはじめ，秋山光和（文部省美術研究所），北本治（東京大学医学部），八木国史（名古屋大学生化学科），吉坂隆正（早稲田大学建築学

科），田中希世子（ピアニスト）の6名であった。それぞれに不安な状況を抱いていた。それは戦後はじめて，ヨーロッパへ留学する人としては当然のものであったろう。そのことを，森と同時に留学した秋山光和（1978）は次のように述べている。

「これだけの若者が戦後ヨーロッパへ向うのは初めてのこと。いわばこの真夏の出航は新しい日本を象徴する『青春の船』，『シテールへの船出』だったわけです。しかし私たちのポケットにある布装の粗末な旅券は，表紙にOccupied Japanと大きく刻字され，第一ページは駐留軍係官の署名，日本国外務大臣吉田茂の名はその裏に記してありました。目的地フランスにはまだ日本の代表機関すらなく，寄航地の通過査証をとるにさえ間際まで苦労させられました。政府留学生とはいえパリでの受け入れはどうなっているのか，こちらでは一切不明という，不安と希望の入り混った船出であり，誰しも異常な緊張と昂ぶりの中で船中の人となりました。
　暮れなずむ遠州灘を窓外に最初の銅鑼で食堂に上っていくとき，『いよいよだね』という眼差しで森さんは無言のまま手をさし出し，私も握手を返しました。『遣唐使』という言葉が期せずして互いの口にのぼったのはそれから間もなくでしたろうか。今からすれば過度と思えるこうした表現も，十年以上国際文化の中で孤立していた日本の断絶と空白，特にヨーロッパとの絆を，それぞれの分野でとり戻さなければならないという責任と自負の中では，不思議な実感を帯びていたのです（渡辺一夫先生にあてて，船中での記念撮影の裏にそのようなことを森さんと寄せ書きし，しかし結局気はずかしくて投函はせずに終わったことを覚えています）。……
　瑠璃色の海にエーゲ海の島影が現れ，すでにヨーロッパの海域に入ったという実感が加わります。ところがそれと同時に，自分たちが東洋と西洋の中間，その何れにも属し得ぬ中有の世界に投げ出されたのではないかという不安，いまや眼前に近づいてくるヨーロッパの巨大異質な文化や生活の中に，このまま果して入ってゆけるのか，そこから何物かをとり出してこられるのかという無力感が次第に私たちにのしかかってきました。帰国を前に陽気さを加えるヨーロッパ人船客とは対照的に，長旅の疲れも加わってか私たちは口重くなり，森さんの顔にも厳しさが加わりました。この一カ月の船旅のもった意味は，同船のひとりひとりにとってさまざまでした。」（『森有正全集』2，付録 pp. 12-14）

　この文章を書いた秋山は，戦前にパリで数年間学生生活を送った経験をもっている。彼にとっては知らない土地に行くのではない。それでも不安は高いのであるから，

## 2. 新しい経験の契機とおそれ

「遣唐使」という表現にあるように日本代表として行くといったような意識が相当に働いていたのであろうか。その点からすると，森はフランス語を小学生の時から学んでいたとしても，フランスの土地は初めてであるから，不安が一層高いものであったということは想像できる。これらは未知の世界への一般的な不安反応と考えることができる。

しかし，森が記している船中での様子の中には，若々しく，気負った，精力的な青年期的姿勢がよく出ており，不安との解離を示している。例えば，以下の文章はその姿を浮き彫りにしている。これらの旅行はフランス留学後の1～2年の間になされたものである。

「シンガポールやコロンボの港，それにもまして東アフリカのジブチは，そこの強い光と青い海は，僕の心をひいた。それは今から思うと決してエキゾティスムなどではなく，自分を新しい感覚に触れさせて，今あるものを破壊して先へ進もうとする意志，兇暴な意欲の表われであったのだ。僕はあの暑い赤道直下の，荒涼としたジブチに一生住んでみせるといって，T氏と喧嘩した。僕にとっては，進まないで幸福（この不幸な言葉は多くの魂を殺した）であるより，進んで不毛の地に入り，そこの激しい太陽の光の下で，慾望と意志の限りを出しつくして死ぬ方が，はるかによろこばしいのだ。それはよろこびではもはやなく，無限のかなしみかも知れないが，その方が，ただ生きているより，はるかに勝るのだ。それから今日まで，3年4ヶ月の歩みは今ここにくりかえすまい。それはマルセイユにはじまり，パリに到り，フランス各地から，スペイン，ベルギー，オランダ，イタリアを通り，今この手紙を書いているロンドンの安宿にまで到る。こんどの春にはスイス，イタリアからユーゴーのダルマチアの海岸にまで行くだろう。」（『森有正全集』1，p.76）

\* \* \*

「太陽が輝く時，姿をかくす時，町も自然も夫々別の姿を示す。年は巡り，人間も変わってゆく。僕は2年前に南仏の光と美しさに夢中になっていた。そして海を渡ってコルシカまで行った。その翌年には，スペインの南の端からモロッコのタンジェまで渡った。それから僅か2年なのに，その熱中はもうない。」（『森有正全集』1，p.26）

このような中で語る森の「不安」は，未知の土地に出かけることに対する一般の人々の不安と違ったものであろうか。ここで以下に，森自身の表現を見てみたい。

### (4) 森の記述するフランスへの不安

　フランス留学の入口はまず，マルセイユであった。以下の文章は，1950年から3年を経た1953年10月9日，マントンへの旅先で書いたことになっている。すでに，この中には「不安」が強調されて表現されている。

　　「丸3年前の9月の末，僕はマルセイユの旧港の近くのバーに入っていた。ある一人の友だちと話をしていた。日本からここに着いたばかりなのに僕は日本へかえりたかった。パリへ行くのが恐くてたまらなかった。そこには必ず僕の手に負えない何かがあるような気がした。僕と一緒にマルセイユについたその友人は，戦前5年間フランスで美術史を勉強した人だった（筆者注：秋山氏らしい）。その人は僕のいうことをきいてそれが本当だと言ってくれた。
　　しかし日本へかえる旅費もなかった僕は，結局重い心を抱いてパリへ来た。僕はその時日本へかえってしまうべきだったのかもしれない。しかしパリへ来てしまったのだ。来てしまって僕の恐れていたことが本当だったということを骨身にしみて知ったのだ。
　　マルセイユで僕の感じた恐れは何だったのだろう。それはくり返しになるがそこには僕の手に負えない何かがあるのだという予感だった。この予感は日本を立つ時，すでにかなりはっきりしていた。僕の乗っていた汽船ラ・マルセイエーズが，スエズを通って，アジアの水域から地中海に入った時，僕はもうなかば諦めてしまっていた。あと3日でマルセイユに入港する。これはもうどうにもならない事柄だった。
　　僕の感じた恐怖をもう少し分析してみると，パリには僕にとって何かどうにもならない，密度の高い，硬質のものがある，という感じだった。そしてパリの方は僕を全然知りもしないし，必要としていないのだという感じだった。人は，僕の方こそパリを必要としているのだ，僕はパリに行ってたくさんのことを学ぶのだというだろう。
　　しかしこの考えは僕に関する限りまちがっている。いったい人はパリに行って何を学ぼうというのだろう。頭の悪いのもよい加減にしないといけない。そんなことは全部吹けばとぶようなことなのだ。パリに行って，自分のためになるように学べることは全部日本で学ぶことができるのだ。」（『森有正全集』1, pp. 15-16）

　それではパリに行くのは何のためだろう。以下の文章では，3年前の留学当時の経験を思い出しての感想が書かれている。たいへん感覚的で情緒的な文章である。

## 2. 新しい経験の契機とおそれ

　「汽車がマルセイユを出てコート・ダジュールに入ろうとした時，僕は，遙かにそびえるノートル・ダム・ド・ラ・ガルドの聖堂をみて，殆ど泣き出しそうになった。僕の運命の道標のように思えたからだ。君は，僕の今言っていることの意味を，本当に判ってくれるだろう。

　僕は3年前にノートル・ダム・ド・ラ・ガルドに田中希代子さんたちと一緒に登った。日曜の午後の3時頃で，晩禱（ヴェーブル）で，グレゴリアン調の聖歌が，山の上の小さい聖堂をみたして，波のように流れていた。水夫たちが聖母に献げた船の模型がたくさん天井から吊り下っている。会衆は堂に充ち溢れるほどだった。僕の感動は大きかった。

　教会の上には南仏の青い空が拡がっていた。岩山の頂上には強い風が吹き荒んでいた。眼の下にはマルセイユの港が，青い波と長い防波堤と幾千幾万の家々の屋根とで，巨大な人間の営みを表わしていた。極東からはるばる乗ってきた2万トンの巨船ラ・マルセイエーズも，その中では，角砂糖の一つよりも小さい一塊でしかなかった。

　この光と風と岩と海との，自然の四元のみたす広袤(ぼう)の中に，厚い石の壁に囲まれ，岩山の上にしっかり据えられたノートル・ダム・ド・ラ・ガルドの聖堂の内部は，全く別の世界だった。幾百の人が跪いて，聖歌をとなえていた。香の煙は乱されずに縷々として立ちのぼり，蠟燭の焰は，窓のない，暗い内部を柔和な光で仄かに照していた。それは文字通り「我らの避け所なる神」を如実に示していた。タントゥーム・エルゴーやアヴェ・レジーナ・セロールム，もう20年も前から九段にあるフランス人の学校の聖堂で知っているグレゴリアンが，ここでも唱われていた。外形だけを見てはいけない。

　僕の古い恩師のヘーゲリ先生は，僕が神戸を発つ時，横浜から手紙を下さった。その中に：“Vous ne manquerez pas de saluer de ma part la Vierge de la Garde"（ガルドの聖母に，忘れずによろしく伝えて下さい）という言葉があった。僕はカトリックではない。しかしこの精神のメッセージを携えて極東からはるばる来り，それを果したよろこびは大きかった。そしてこの喜びは芸術的感動というものとはちがった，もっと内密なものなのだ。」（『森有正全集』1，pp. 16-17）

＊　＊　＊

　「それから僕はたくさんの自然や人間を見，それに接し，多くのことを学び，フランスに来る前までに，一応，自分に相応しいと思える自然，友人，生活形態，仕事の形式が，僕の中に出来ていた。そこに到るまでの苦労を自ら言うことは僕は好まない。今はただ前進すればよかった。僕はこういうものを確乎としたもの

にするつもりでフランスに渡った。しかしそこに，自分では意識しない恐ろしいものが，意識の下に深くかくれていた。船の上で，もう僕は，遙かな波のかなたを放心したようにながめていた。巨船の船尾の甲板の上のフォートゥイユに腰をおろして，海とその上に泡だつ船のすぎたあとを見ている僕は，自分がそこを再びもとに戻ることはないような気がしてならなかった。僕はこの考えを一生懸命にうち消した。しかし，いつとはなしに，その考えは浮んでくるのであった。」
(『森有正全集』1，p.75)

　これら2つの文章に示されている「不安」には，森有正の思索が深められ，生な体験ではなく，すでに内的な変化を経過して，それを土台にした言葉が選択されて記述していることがわかるのである。それは7年間の思索が見事に結晶化しているといえよう。しかし，森有正の変化を跡付けるためには，もっと初期の文章を検討する必要があるだろう。森有正は1950年から1952年の終わりの時期，つまり永遠にフランスに滞在する決意の時までにこの「不安」がどのように示されているかを確認してみたい。

### (5) 初期の文章の特徴

　森は1950年9月マルセーユを経由して，パリに到着した後，まず大学町の日本館に宿泊して研究生活を始めている。

　森は渡仏後しばらくしてから書き始め，2年間に多くの文章を残している。それらは多く，フランスの旅行記のようなもので，パリに住む学者の生活報告書のような性質のものであった。現在，森有正全集の第3巻に主に収録されているが，次の表に示すように，1951年に書かれたもの9編，そして1952年に書かれたもの3編である。(表1-1参照のこと)。

　これらの「通信」や手記は『遠ざかるノートル・ダム』(1976，筑摩書房)に収められたりしていたが，全集第3巻に初期の手記としてまとめられている。

　発表されている場所は，「展望」「人間」「女性改造」「婦人公論」「世界」である。対象が知的な人々であることがわかる。これらの文章は知的な人の見聞録というような性質のものである。その中には，いきなり哲学的な命題を提出するような，『バビロンの流れのほとりにて』の中の文章のようなものはない。また，名所旧跡を見る観光客の姿勢もほとんどないといってよい。

　これらの文章には，森がフランスに深く惹かれていき，日本における自分の思想生活や日常生活を対比的にとらえ，「経験」の思想を次第に深めている姿が見えてくる。以下に，そのいくつかを見てみたい。

## 2. 新しい経験の契機とおそれ

**表 1-1　1950年から1952年の 2 年間に書かれた文章**

| | | |
|---|---|---|
| フランスだより―第 1 信― | 1951年 1 月 | 「展望」3 月号 |
| 歴史の旋律―パリ通信（1）― | 1951年 1 月 | 「人間」3 月号 |
| ジイドの死―フランスだより―第 2 信― | 1951年 2 月 | 「展望」4 月号 |
| アンドレ・ジイド追悼―パリ通信（2）― | 1951年 5 月 | 「人間」5 月号 |
| 新しい空間にたって―フランスだより第 3 信― | 1951年 7 月 | 「人間」7 月号 |
| フランス赤毛套 | 1951年 | 「女性改造」3 月号 |
| 焼絵硝子―フランス通信 | 1951年 | 「婦人公論」5 月号 |
| 辻音楽師―パリ描画― | 1951年 | 「世界」8 月号 |
| 現代フランスの文化―エッフェル塔を眺めながら | 1951年 | 「世界」12月号 |
| 映画に現れたジイド | 1952年 3 月 | 森有正全集 3 |
| フランス文化のこの頃 | 1952年 8 月 | 毎日新聞夕刊 |
| 黄昏のノートル・ダム | 1952年12月 | 遺稿，森有正全集 3 |

　まず，「フランスだより」第 1 信として書かれている文章は，当時の評論家として人気が高く，また雑誌「展望」の編集長であった臼井吉見氏に宛てられている。月刊誌「展望」の1951年 3 月号に発表された。森有正がフランスに渡ってもっとも初期に書いた文章であると考えられる。なかなか書けなかった理由として，次のようなことをあげていて興味深い。

　　「それよりも一番大きな原因は僕が日本の東京にいて，東京を中心として色々な意味で描いていた世界像が破れてきたということなのです。……とにかく僕にとって，ものを考えたり，書いたりする軸が変化し始めたということは，何といっても大きなことでした。」(『森有正全集』3，「フランスだより」pp. 227-228)

### (6) 思考の軸の変化とパリの歴史性への注目

　フランス人に接して，単純だけれども考えの内容は自分のものをもっていることに印象づけられたり，社交界の伝統のようなものがあり，それが話題の普遍性を支配し，思考を深く規定していること，それが社会全体の教養の水準となっていること，それが幾層も自然に重なっていることなどを感知している。
　Bergson と社交界との関連を学生に指摘され，その意味を改めて考えたり，思想が生活の場から生まれていて，それを切り離すと浅薄な間違った読みになってしまうこと，「歴史とは人間が人間として働いた跡，現在も生きているその活動の集積だと考える時に，はじめて歴史というものを自分の中に感ずることができると思います。その意味で，フランス，殊にパリはその特殊な条件と相俟って，世界に殆ど比類のない町ではないでしょうか。」(『森有正全集』3, p. 231) というように，森有正のパリ

体験が深まっている様子をみることができる。

> 「パリへ来て一番ありがたいと思うのは、日本にいて持っていた考え方の軸が変化して来たことである。……それは……重要な原因があるようである。……ある程度まで自覚しているにも拘わらず、ここでの生活が一つの新しい開放感をもたらしていることは、どうしても否定できない事実である。……それはパリの生活全体がもつ歴史性である。私どもはここで真の人間の歴史に出遭う。」(『森有正全集』3,「歴史の旋律」, pp. 250-251)

しかし、この文章は京都の町に住んでいると、まさに森の指摘通りの場所の多いところであるから、森が京都出身であったら、また違った複雑な感慨になるのではないかとも思う。森が東京という都会からパリに出かけたことに意味があるのかもしれない。

森にとって、町の様子は「金さえあればもうどこにも行きたいと思えないほど楽しいところです。モンパルナスかカルティエ・ラタンの小さなレストランで食事をして、よい音楽のあるカフェーで、フィルトルの濃いのをとり、煙草なぞをゆっくり喫んでいると、もう何もこれ以上欲しいものはないような気がしてきます。」(『森有正全集』3, p. 233)であり、「とにかく、ここにいると、将来何になろうとか、こんな生活がしたいとか、そういう未来的なものは消えてしまって、金があって、こんな生活をいつまでも続けていたいという気持だけになってしまうのが正直なところです。現在をどうすれば一番楽しく出来るかという考えが一番無理もなく出て来るのはパリの性格ではないでしょうか。」(『森有正全集』3,「フランスだより」, p. 234)

一方、東京との情報の断絶を不安に思っているところもある。「ただ日本にとって実に大切な今、こうやってパリに来て、意識が断絶してしまったことが、何だかとりかえしのつかないことのような気もします。」(『森有正全集』3,「ジイドの死」, p. 241)

次の文章は愛するパリに対する森有正のやさしさが見事な文章になっていると思われる。この文章には1951年1月19日の日付がついている。森がパリに着いて4ヵ月経った時の文章であることには注目を要する。

> 「寒い露地の角にじっと立ち止まっていると、中世から今日までの歴史の流れが瞬間停止したような錯覚さえ覚える。腰の曲がった針のような格好をした老人が、

犬一匹つれて何かぶつぶつ言いながら通り過ぎる。私はこの静かな，むしろ憂愁の立ち罩める一角の黄昏を限りなく愛している。空にはセーヌ右岸の繁華街の燈火がほんのり赤く，低く垂れた雨雲に反映している。

リュー・ド・シャノワネスからリュー・ジュ・クロワートルへ出ると，細かい石彫りの彫刻に飾られたノートル・ダムの巨大な左側面が無限の感動を喚びながら，忽然として出現する。古いセーヌの流れと古い町とに囲まれたノートル・ダムは，中世人の保つ人間的感動のフォルムを，今日も一つの実体として表現しているのである。」(『森有正全集』3，「歴史の旋律」，pp. 254-255)

そしてこの文章は次のように締めくくられている。

「このようにパリには，過去の人間の残したフォルムがそのまま現代の生活の中に顔を出している。そしてそれは，人間が自己の真実の生を求める願いを表している。それは本や人のいうことを頭で理解して判ったつもりになっていた私の考えの軸を変えてしまったように思われる。サルトルの無の哲学も，アンガージュマンの文学も，カミュのアプシュルドの思想も，無限の愛の享受の要求も，この歴史の巨大なリズムの上にはじめて花咲いているのである。」(『森有正全集』3，「歴史の旋律」，p. 257)

「ここでは『歴史』は概念ではなく，教会堂，聖歌，焼絵ガラス，その他の具体的，感覚的な，人間の作ったものそのものの中に生命をもって生き，流れているのである。そして，それが新しい時代の人間の構想によって徐ろに変貌してゆくのである。」(『森有正全集』3，「フランス赤毛套」，p. 269)

そして続けて彼は次のように述べている。「流行的な現象としての文化ではなくて，人間がその中に生まれつつ受けつぎ，身を削る労作の中に，さらに新しい形を発見してゆく『文化』その言葉の意味どおりの『人間開発』なのである。それは旧いものと新しいものと重なりあいつつ，おもむろに発展するのである。学問でも芸術でも，ここでは要素的なもの，基本的なものが徹底的に重んぜられていて，それによって自己を訓練しないものは，何ごとをする資格も認められないのである。その代わりそれによって自己を鍛練しぬいたものは，老年に到ってもつきない発展力を注入されるのである。」(『森有正全集』3，p. 269)

これに続けて彼は次のようなことを述べている。1950年11月25日の日付がある

から，パリに滞在して2ヶ月の体験の記述である。驚くほどその思索は深い。「これは何もお上りさんが花の都にびっくりしたというのとは全くわけがちがう。そういうびっくりは実のところあまりしなかったのであるが，日がたつにつれて，この歴史の層が生きた人間的なものとして，我々に迫ってやまないのである。……我々の思想と感情のあり方が，内側から変化してくるのである。私はこの点では，どこまでも自然にパリに同化されなければいけないのだと考えている。……自己を同化させることと勉めて自主的に学ぶこと，この二つは，どうしても切りはなすことの出来ないものであるように思われる。……この灰色一色に塗りつぶされた都，それは，一人の友の言葉をかりれば abime insondable 底しれない深淵である。だからよいものが本当によくなるのはあたり前ではないか。」(『森有正全集』3, pp.272-274)

(7) **森にとっての母性的なもの**

厳しさと孤独とがあり，その一方で深い精神的な慰めも得ていたことは，次の文章が示している。

　「一人の友人とマロニエの枯葉を踏みながら，あるいていた。セーヌの水はひたひたと溢れるばかりに満たされていたが，流れは殆んど見分けられなかった。下から仰ぎ見る夜のノートル・ダム。それは仄かに白く，雨もよいの暗い空に浮かび上がり，夢見るように歌っていた。時折，本当に和やかな鐘の音が夜空にひびき，夜の勤行を知らせていた。その姿，それは，思索に倦みつかれた精神も，制作に困憊した心も，かなしい愛に燃える魂も，すべて真実な偽りのない人間の心の奥底に基づく一切のものを包み，赦し，生かし，天に向ってとりなすように立っていた。……そしてサント・シャペルに行った。……ここは本当に何時間ジッと坐っていても倦むことを知らないところである。これはまことに天から射しこむ恩寵の光を象徴する場所である。」(『森有正全集』3,「焼絵硝子」, pp.280-283)

*　*　*

　また，それはシャルトルのファサードの大ロザース（薔薇型の窓飾り）の光でもある。「それは薄い赤紫がかった色彩の唐草模様に燃えるように輝く。仄暗い堂内からこの冷たく燃える光の交響楽を仰ぐことは深いおどろきである。これもまた，音のない深い音楽を奏でている。それは数時間見つくしていても少しも飽きないものである。それはすでに述べたように，人間の営みの中に深く変形され，再び構成し直された自然であり，光である。」(『森有正全集』3,「焼絵硝子」, p.284)

このように森が母性的なものを希求し，教会のロザースの光に包まれながら，心を癒されていることがわかるのである。彼にとって，母性との出会いは母親との関係であり，多くの女性たちとの関係であり，そして何より教会のさまざまな焼絵硝子，つまりステンド・グラスから射すやさしい母性的な天の光であった。精力的に書いていた文章を，森はその後の2年間中断している。この間に何があったのであろうか。

1953年と1954年には公刊されている文章はない。そして1955年からまた精力的に文章が書かれている。

この2年間で，彼の留学の期限が切れることになる。留学の契約は1年であり，次の2年目は無理をして延長のできる限界であった。それから先に延長することはできない。それでも帰国したくなければ，東京大学を辞職しなければならない。それは森の都合だけでなく多くの人に迷惑をかけることであった。次の留学候補者が決定できないこと，東京大学の後任をどうするか，留学生に費用を支給し，フランスに受け入れているフランス政府と日本政府との関係など，問題は決して小さくなかった。

森は，ほとんどこれらの点に関心を示さず辞表を提出することになる。森にとっては，自己の内的な動機によってどのように動くかがもっとも重要なことになっていた。個人の強い意志や柔軟な社会組織によって形成されているフランス社会と日本の硬い社会組織の中の一員として存在している者とは，行動がまったく違ってくるはずである。森は日本の社会で，フランス人的な動きをしたと見なすことができる。それは簡単な決定ではなかったが，森にとっては他にとる方法のないものであった。すでに2年の間に，徹底的に経験に根ざした内的な動機によって生きるということを第一義として生活することしか考えられなくなっていたと思われる。

## 2）変化の始まり

森の内的な変化の始まりを幾つかの次元と側面に分けて考えることができると思う。以下にそれを跡付けてみたい。それは「意識の分裂」「パリの街の空気の変貌」「孤独の意味」「心の動揺」である。

### (1) 意識の分裂

森は次のように述べて，旅と感覚との関係をとらえている。

「僕がイタリアへ来たのは，その海と空と古い町とを眺め，その感覚の中に自分の心を確かめるためだ。」（『森有正全集』1，p.29）

そのためにヨーロッパを股にかけて歩き回る。その中でフィレンツェでの体験は決

定的であった。ここで森はルネサンス時代の傑作に多く接することになる。ダ・ヴィンチにしろ，ミケランジェロにしろ，その作品は圧倒的な印象を彼に与えた。その印象的な体験は彼の内的な経験に大きな裂け目を生むのである。

　「しかし悲しいことに僕は，この大作品群の前に立って，自分が分裂するのを感ずる。ピエタの前，ダヴィドの前，四季の前，レーダの前に立って夫々息もつまるほど感動しながら，その感動を一つに結びつける主体，あるいは主体的な曲線が自分の中にないのを感ずるからだ。ミケランジェロにはそれらを堂々と一貫して結合するものがあったのだ。しかし，僕は自分が分裂するのを意識する方が正しいのではないかという気がしないでもない。これに関して，真実が僕の中に生れるのはいつのことか，自分でそれを予定することはできない。行きつくところまで行くだけである。僕の本当の人生までの距離はまだまだ長い。」（『森有正全集』1，pp. 48-49）

ルネサンス時代の大作品群に圧倒されて自己の価値観の統一理念のないこと，つまり意識の分裂を感じはじめている。その意識の分裂は，熟考してみるとフランスに渡る以前から自分の中にあったということが意識され始める。これは深い洞察である。精神分析の臨床で展開するのは，まさにこの心理的プロセスであるといってよい。その点で，私には十分な共感をもって読むことができる。

　「僕の分裂現象はそういえば長い前から，パリへ来る前からの僕の精神的症候だったと言ってよい。僕がフランスに来る時に抱いた希望の一つは，この分裂の底に何か一つのものが見出せるかも知れないということだった。希望があったとすれば，あるいはこれが唯一の希望だったかも知れない。宗教と愛欲と学問と，あるいは道徳と愛情と仕事と，色々ちがう形をとったにしても，僕の心はいつも分裂していた。そのどれにも熱中できるくせに，そのどの一つにも自分を献げつくすことができなかった。アンジェリコやミケランジェロの中に，僕が第一にひかれるのは，この統一だ。あるいはかれらの内心に分裂があったかも判らないが，それは外部からは到底知ることができない。僕の現在はこれらのものが，僕という存在の中で別々に結晶し出してきているという恐ろしい事態になってきた。そしてフィレンツェに来て，この分散的結晶は巨大な震撼力をもって，ここの実にすばらしい事々と共鳴するので，僕という存在の分裂状態は救いようのない状態に立ち到ったように見える。一つの意志が同時に3つの振幅で共鳴するというのはおそろしいことだ。」（『森有正全集』1，pp. 49-50）

## (2) パリの街や空気の変貌

そしてやがて決定的な時間がやってくる。それは森が日本に帰らないことを決定した意志を日本に伝える手紙を書いた後にやってくる苦しい時間である。逆説的であるが，苦しいものであった。森は次のように美しい文章でそのことを書いている。

「モノ・ヘルツェン氏の生活態度は，清明で快濶である。氏は大歴史家モノ氏の子息であり，母君は，ロシアの大革命家ヘルツェンの娘である。アヴニュ・シャティションの近くにある氏の仕事場から出て来るたびに，僕は，フランスに対して僕が感じた恐怖の根源はこれだったのだということをしみじみ考える。それはいわゆる恐いものではなく，それどころか温情と人間性に溢れる美しさだった。しかしそれを身に体することは実に実に困難なことであり，自然とか学問とかいうことが，どんなにその国の何百千年の伝統に深く根を下ろしたものであるかを痛感する。その意味で僕の恐怖は正しかったといえるし，その本体は，動物的本能的恐怖などをこえたもっと恐ろしいものである，ということが判ってきた。

他方，僕は，モノ氏との邂后，あるいはその邂后が僕にもたらした意味の理解は，僕自身の内面的深まりからいって，おこるべき時に起ったのだという感も禁ずることができない。それは，僕の経験の持続が一つの形をとろうとして，定着の様態を求めつつあったからである。だからそれは偶然外からきたものではない。

こういうわけで，色々な面から僕に恐ろしさを感じさせていたフランス文明の本体が，今は僕自身の内面の問題に転化した。ヨーロッパ文明は到底外側から真似のできるような，また単なる観賞によって学べるような，浅い簡単なものではない。僕は僕自身の道を行きつくすところまで行くほかはないのだ。

そういう考えがはっきりしてから，僕には，パリの空気の密度が全く変化してしまった。問題が内面化されて，内側が重苦しくなるとともに，外から僕を包むパリの空気は俄かに軽くなった。また普通のものになってしまった。外部は僕を圧迫しなくなるとともに，誘惑もしなくなった。内側にこの重さを抱えて，僕はこれから何年かをすごさなければならないのだと思う。それがいつか本当の僕の思想にまで純化されるのか，あるいはこの重みを抱いたまま死ぬのか，それは僕にとっては愚かな質問である。

僕は思想（経験もまた）をえようと思って作り上げた思想（または経験）の代替物がいかに下らないものであるかを，この目で見た。過去が逆流し，外が内転し，更に内が外転し，それが未来に向って流れ出す，それもまた高次の自然ではないだろうか。それが自然であるとすれば，それは自然それ自らの成熟に委ねるほかはないだろう。それは時間という空間の中を過去に向って進んで行く汽船の

船尾に坐して，後方を見るようなものである。

　未来は過ぎて来たうしろに向ってどこまでも拡がる。乗客は船の速度を勝手に変えることはできないだろう。しかしそれは進む。容赦なく，IMPLACABLEMENTに……。これは恐ろしいことである。不断の仕事と忍耐と，それとともに，リールケが言ったように，もう時は存在せず，永遠だけがある，という落ちつきが必要である。これは運命論ではない。ただ『こういう経験である僕自身の全部』がそこにあるということだ。」（『バビロンの流れのほとりにて』，pp. 153-156）

(3)　孤独の意味

次の文章が，1950年から52年に書かれた旅行記風の中にある経験をやがて結晶化していくことは，わりと自然なものであることを示している。

　「僕は自分の生の存在に強くひびく道を最後まで進まなければならない。この生き生きとした感覚を喪うとき，僕の生は意味がなくなる。すべてのことが虚偽の安易さに僕を誘う。しかし僕は牢乎として僕の道を進む。自分の時間を大切にしなければならない。僕にとって最大の拠りどころは自分の中に，自分の時が流れはじめたことである。これは僕にとって何ものにも代えがたいものである。これを自覚する時，どんな苦しみもしのびたいと思う。

　このことは僕一箇の問題ではあるが，僕一箇だけに止ってはいない。もっと普遍的，人間的意味をもっている。僕の生きているという意識，それは，自分の時間が流れているという意識と切りはなすことができない。これは一つの感覚的といってもよいものである。近代の民主的なあらゆる思想の根源はここにある。……自分が根本的に間違っているとはどうしても思われない。この孤独の異常なひどさは，自分が間違っていないからではないだろうか，とさえ思いかねないくらいだ。人はある主義や主張のために，周囲の迫害をうけ，また孤独におち入ることがある。しかしそういう積極的な理由のためにくる孤独は本当の孤独ではない。

　しかした ゞ，人間であろうとする時に，人間が孤独におち入る必然性をもっているとするとどうであろうか。これは人間の本然からわき出してくる孤独で，理由のない孤独である。これは本当の愛に理由がないのと全く同じ根拠から出ていると僕には思われる。しかしこの孤独にならざるをえない状態が，その人にとって（その人は孤独が大嫌いであるにもかかわらず），他のあらゆる理由より大切だったら，どういうことになるだろうか。人は理由のない愛でなければ満足しな

い。この同じ条件が人間を孤独にするのである。これは我儘とか虫のよいこととかとは全然別のことである。そういう人は決して本当の孤独になることがない。その前におどろいて、我儘や虫のよさをため直して「真人間」になるであろう。」
(『バビロンの流れのほとりにて』, pp. 173-174)

### (4) 現実的決定からくる心の動揺

58年12月に書かれた、6年以前の振り返りではあるが、『城門のかたわらにて』(『森有正全集』2, pp. 48-50) に決定的な手紙が書かれたことと、そのことがどんなに大きな意味をもっていたかについて記述がある。まずこれを参照してみたい。

「12月10日（水）曇り。今日は水曜日で講義のない日なので、ゆっくりしたくつろいだ気分がする。きのうユネスコのC氏に手紙と約束のテキストを送り、色々な支払いをすましてほっとした。異郷で仕事をするためには、どれだけの血税を払わなければならないことだろう。それが始めからはっきり判っていたら、とても長く留る決心をすることができなかったかも知れない。

ここに留る本当の決心をしたのは1952年の早春のある日だった。ある決定的な手紙を書いて日本へ出してから、僕は名状することのできない心の状態で、憑かれたように、宵の口から歩きまわり、夜が更けてから、グラン・オーギュスタンのケーをポン・ヌフの方からサン・ミシェルの橋の袂まで来た。辺りは夜がきらめいていた。

広場に往来する車も、バスも、赤と橙と緑の信号燈も目に映るだけで、意識に入って来なかった。橋の袂を向う側に越して、サン・ミシェル駅へ下りる口の所で、ケー・サン・ミシェルをこえて、角のカフェーの、ノートル・ダムの見える側の、テラスに腰をおろした。冷たい風が歩いて汗ばんだ頬を刺すようであった。非常に疲れていたが、何も考えないで、斜め右手に、川越しに見えるノートル・ダムの正面を眺めたかった。

正面は、そこからは、マロニエの枝に半分覆われていたが、照明を受けて、暗い空の中に、その彫りの深い正面をほの白く見せてそびえていた。何も考えたくない僕の意志に反して、考えというにはしかし未だ余りに無定形なサンサシオンが僕の中で渦を巻いていた。ある解放感があった。しかし、基調は、それよりももっと強く、ある、形容できない、現実のパリに結びついた感覚と、ある漠然としてはいるが物凄い恐怖感だった。懐郷的な気分は全くなかった。恐怖は、自分が存在してゆけるかどうかについての戦慄に充ちた予感だった。無形のサンサシオンは、それと自分とが未分のままであるような、形容や限定以前の状態にあっ

たが，僕はその一つの混沌としたかたまりの中に，ある作用が力線のように張られているのを感じていた。

ただそこから，自分とパリと仕事と愛情と，自分が生れた日本と，そういうものが，あらためて生れてくる。それらは，そこから来る以外には，自分にとっては絶対にないということをはっきりと予感していた。こうして僕は，二つの大きい予感が交錯し，からみ合うのを意識しながら，ノートル・ダムを眺めていた。

そして僕はノートル・ダムの本寺の石の堆石が巨大な媒体のように圧倒的に僕に作用してくるのを感じた。常識的な僕は解体し，二つの憧れと恐れとを帯びた感覚の渦巻く一つの流れに，巨大な媒体が圧倒的に作用しつづけていた。その作用は物質的ではなく，崇高な，しかも限りなく荒々しい力だった。

ばらばらに砕けた自分の破片をつなぎ合せて，糊ではりつけて外形を保つことは，もう全く問題ではなかった。しかしこの巨大な媒体は同時に巨大な障壁だった。税金を払い了せたものだけが，唯一つあるその正面の入口をくぐることができる。テラスからは遠くて細部は見えなかったが，その正面の入口を直接に囲む聖者の群，正面の中段に横に広場を向いて整列している列王の像は，この巨大な抵抗を象徴するかのように壁を背にして，こちらを向いて立っている。この結晶を促しながら，それを冷たく拒絶する，媒体の不思議な作用。僕は自分をその作用にさらしておいてよいのかどうか判らなかった。

こうして憧憬と恐怖との渦はますます高まった。自分は破れるばかりだ。しかし破片をよせ集めるのがもう問題でないとすれば…。税金を払うことより仕方がないではないか。おそらく払い了せないかもしれない税金を。僕は立ち上って，もう一度ノートル・ダムを見た。ノートル・ダムは俄かに遠のいた。そして暗い空の中に，無表情に冷たく立っていた。夜半をすぎて，照明はいつの間にか消えていた。

この日から僕はどれだけの税金を払ってきただろうか。それははたして相手がうけつける税金になっていただろうか。しかし払いつづけて，今こうして生きている。僕は，それを想うと，見えるところで，また見えないところで，また必ず僕の知らないところで，僕の未だ知らない意味で，僕を支えているに違いない何人かの友人のことを考える。

自分が解体すると簡単に書いたが，古い自分を解体するにも，そこから新しい構成に着手するにも，別々の税金を払わなければならない。城門で出国税と入国税とをとられた中世の旅行者のように。しかし時々，中だるみの時が来る。今日はそういう日だ。僕は入国税にばかり気をとられて，出国税を払うのを忘れて，あとで引き戻されて，腰をかがめて自分の破片を拾わせられたくない。これは永

遠に故国に帰らない，国を棄てた，という意味では，全くない。全くちがうことなのだ。」(『森有正全集』2, pp. 48-51)

6年経って振り返りながら，当時の精神的な状況を説明し，記述した文章である。これが6年という年月によって練り上げられていることはいうまでもないだろう。しかし，その間のプロセスが伝わってくるようである。

### 3) パリに滞在する理由について

これまでの彼の内的プロセスをみて感じられることは，「パリに接して，これまでの自己が崩壊し，自己の真実を生きるためにはもう暫くパリを離れることはできないという決意」のようなものが展開していると考えられる。大きな決意であるが，それを実行するのには，選択的不注意 selective inattention が働いていて，現実的に解決されるべき，さまざまな問題がよく見えなかったのではないかと考えられる。現実的な問題は後に大きく現れてくるが，その時にはすでに森は決定をしてしまった後だったのではないだろうか。以下にいくつかの文章を引用してみたい。

「こういう風に，外国の人々が，パリに牽かれるのは，僕がこれまで書いてきた悲しみと心の慰めとが一つになっている感情が感覚となって，パリそのものの中に結晶しているからではないだろうか。」(『バビロンの流れのほとりにて』, p. 7)

\*　　\*　　\*

「さてこの25年間は，私自身を大きく変容させた。私自身に限っていえば，一個人としてまた日本人として。私は徹底的に主観的に生きた。客観的見通しの全くない，その意味で暗黒の中の営みであった。それは日本に向かって，フランスに向かって，そして自分に向かって，3つに大きく傾斜しながら，次第に明るく透明になり，客観的な見通しが拓けて来た。」(『遠ざかるノートルダム』, p. 37)

「もう一つの私の生活の傾斜は，フランスへ向かうものであった。大きい変容はそこから来た。私の最初の，そして今も続いている大きい目的は，私の専門の研究であるフランス思想探究を深めることであった。パリへの，またフランスへの憧れという気持は私には全く存在しなかった。深海魚を研究する人がバティスカフに乗って深い海溝へ下って行くように，私はパリに来たのであった。しかし，本当の思想は生活と経験とに根を下ろしている。こうして私はフランスの生活に入らざるを得なかった。それも見物人としてでなく，一外国人としての，しかし

生活の資を求めて，また私と一緒にいる子供を養育しながら，生活を営んだのである。」(『遠ざかるノートルダム』, p. 38)

**4）森有正のフランス滞在の動機に関する他の人々の見解**

この点にはっきりと焦点を当てているのは伊藤勝彦であろう。伊藤は森の教え子であり，森の思想に深く私淑し，森と対談をして出版も行っている (『思想の発生』岩波新書)。また，森が日本に毎年帰国して講義を方々の大学で行うようになると，当時彼が勤めていた北海道大学にも招いて，講義を行うということに関係したりしていた。

伊藤の問いは私の問いと似ている。つまり，次のようなものである。「なぜ，森先生は日本における地位を失い，家族からも見捨てられてもフランスにいつづけたのか，パリにいてたえず義務意識をもっていながら，デカルト，パスカルの研究を完成できなかったか。」

その答えとして伊藤は森の『バビロンの流れのほとりにて』以降の手記を検討して，次のように述べている。

「森はパリに来て，感覚の目覚めということを経験した。つまり，幼年期にのみ味うことができた＜もの＞との原初的な触れあいの感覚がまた鮮やかに蘇ってきた。彼は感覚の原点に立ちかえって，そこから始めて表現に達し，思想を生み出していく道を探索しはじめる以外に，ここにおいて生きる道はないということを悟った。幼年期に形成された異常なばかりの鋭敏な感覚圏がはっきりと具体的な＜かたち＞をとってヨーロッパの風物と結びつき，この促しによって形造られた「経験」から自然に迸りでてきた観念を言葉にすることが出来るまで，どこまでも精進しようと決意されていたのである。」(伊藤勝彦『天地有情の哲学』, p. 171)

これはおそらくその通りであろう。しかし，これによって「なぜとどまったか」を説明することはできないと思う。なぜなら，森は伊藤が言うように「日本における地位を失い」「家族からも見捨てられて」パリに居残ったのではなく，「日本における地位を捨てて」「家族を見捨てて」パリに居残ったからである。決して受身的な姿勢ではなく，意志的で，主体的な決定であり，「地位を捨てても居残らねばならない」「たとえ，家族を見捨てても居残らねばならない」という力が働いていたからである。

第1に，「地位を捨てても居残らねばならない」というべき根拠は，まず，1年の延長をしたことには東京大学はあまり，反対しなかった。そして延長を許している。

## 2. 新しい経験の契機とおそれ

次期のフランス文学の教授として公認のことであった。2年を終わって，さらに居続けようという希望を大学に出したとき，多くの人が帰国を勧めた。さらに，森が大学教員としての辞意を示したときに，多くの教員が帰国を勧めた。

当時，東大総長であった南原繁氏は，会議のついではあったが，パリまで森の帰国の説得に行ったということが記録されている。それはすでに依願退職が決定した後であったらしい。しかし，森はこの要請も拒否している。この間の事情を森は次のように述べている。(依願免官となってから) 暫くして，あるカフェーで南原先生と面会して驚く。

> それから3日間に亘って先生のお話しを承り，また私の考えを申し上げた。……ただ要点だけ書くと，今暫くフランスにのこって勉強したいという私の願いと，日本へ帰って働らけという先生のお考えとがどうにも折り合わなかった。それは事務的なものでは絶対になかった。」(『遠ざかるノートルダム』, p.125)

3日間も話し合われるということは尋常ではない。ここでも森はフランス滞在の意思を変えることはなかった。このような経過を見ると，森は「地位を失った」のではなく，「地位を捨てた」のであるといえる。

第2に，「家族も捨てて」というべき根拠は次のような伊藤自身の記述によって知ることができる。

> 「ぼくの姉が開業したとき……一人の中年の女性を紹介された。その方といろいろ話していると，『私の主人というのは，どうしようもない，無責任で自分勝手な男なんですよ。東大の助教授でありながらフランスに行ったまま帰ってこない。ろくに便りもよこさないという非人なんです。3年たって東大の地位を失われてしまってもフランスにしがみついているのですから許せません。2人の子供がいるのに送金もしてこない。それが立派な学者のすることといえるでしょうか』と話しだされた。(伊藤勝彦『天地有情の哲学』, p.128)

森は「家族を捨てた」のだという積極的な姿勢であったということができるのである。それは能動的な決意であった。しかし，多くの創造的な人物に付きまとう悲劇が森の場合も自身にも周囲にも起こってくるのである。

これらのことについては別の機会に，森有正のアイデンティティ形成についての研究の第2部として，慎重に跡付けていかねばならないと考えている。自ら選びとった

森の生き方が中年期アイデンティティ再編の典型の1つとして，さらにプロセスの明確化を進めたい。

## 引用文献

秋山光和　1978　渡航前後—1950年の森有正氏—　森有正全集2，付録　筑摩書房
伊藤勝彦　1985　天地有情の哲学　講談社
伊藤勝彦・森有正　1970　思想の発生　講談社
森有正　1957　バビロンの流れのほとりにて（森有正全集1，筑摩書房，1978に収録）
森有正　1963　城門のかたわらにて（森有正全集2，筑摩書房，1977に収録）
森有正　1971　わが思想わが風土　朝日新聞（森有正全集5，筑摩書房，1979に収録）
森有正　1976　遠ざかるノートル・ダム（森有正全集5，筑摩書房，1979に収録）
中村雄二郎　1979　森有正氏とデカルト・パスカル（1）　森有正全集8，付録　筑摩書房

# 第II章　アイデンティティ文献の時代（年代）的推移

　本章では，展望に先立ち，次章で取り上げる1992年から1996年までのアイデンティティに関する外国文献の「選択の基準」や「時代（年代）に伴う推移」などについて，簡単に述べておきたい。

## 1．研究文献の選択の基準

　本書における外国の研究論文の選択の基準は，これまで（鑪他，1984，1995 a，1995 b，1997）とほぼ同様で，次の通りである。
(1) 1992年から1996年までの間に発表されたアイデンティティに関するすべての論文を網羅する。
(2) ここでいう研究論文とは，A. P. A.発行の *Psychological Abstracts* 誌にとりあげられ，要約されている論文である。さらに，論文題目ないし副題に「Identity」あるいは「Erikson」という用語が使用されていることが条件である。それゆえに，内容的にはIdentityの問題を扱ってはいるが，題目の中に「Identity」の用語が示されていない場合は，取り上げられていない。
(3) 論文の検索については，PSYCINFOとしてデータベース化されているものから取り出しているので，ほぼ全数を取り出していると考えられる。このようにして取り出した論文は総計1,648編である。取り出した文献は原則として，原論文にあたった。われわれが手に入れられなかった論文については，巻末の文献一覧の中に◎印をつけて示している。
(4) 単行本として出版されたIdentityに関する著書は取り上げていない。
(5) 本書で分類した以下の10の研究領域は，数多くの研究論文の整理のために便宜的につくられたものであり，論文を読んでいくうちに次第に形となったいくつかの領域である。このうちの③の「性アイデンティティ」には，これまで，「性的アイデンティティ」sexual identity，「性別アイデンティティ」gender identity，「性役割アイデンティティ」sex-role identityなどと呼ばれてきた性に関する諸研

究をすべて含めて考えている。また，前著（鑪他，1997）で「病理」としていた領域は，本書からは「臨床」と改めることにした。ただし，「臨床」領域の研究の展望と論評は，本巻では数編を除いて取り上げていない。臨床領域の研究のみ，巻を改めてまとめることにしたいと考えている。

表2-1には，その各領域ごとに，発表された論文数を示した（なお，ここに示され

表2-1　外国におけるアイデンティティ文献数の推移一覧表

|  |  | '92 | '93 | '94 | '95 | '96 | 小計 | 合計 |
|---|---|---|---|---|---|---|---|---|
| アイデンティティ形成 | 研究誌 | 16 | 10 | 11 | 14 | 14 | 65 |  |
|  | 学位 | 11 | 12 | 4 | 24 | 14 | 65 | 130 |
| アイデンティティ・ステイタス | 研究誌 | 1 | 3 | 6 | 4 | 4 | 18 |  |
|  | 学位 | 1 | 5 | 9 | 3 | 2 | 20 | 38 |
| ジェンダー・アイデンティティ | 研究誌 | 19 | 15 | 11 | 14 | 10 | 69 |  |
|  | 学位 | 10 | 23 | 21 | 9 | 6 | 69 | 138 |
| 民族アイデンティティ | 研究誌 | 34 | 21 | 35 | 37 | 44 | 171 |  |
|  | 学位 | 27 | 36 | 18 | 39 | 30 | 150 | 321 |
| 職業アイデンティティ | 研究誌 | 14 | 12 | 8 | 8 | 6 | 48 |  |
|  | 学位 | 5 | 7 | 5 | 3 | 4 | 24 | 72 |
| 家族とアイデンティティ | 研究誌 | 7 | 10 | 5 | 4 | 5 | 31 |  |
|  | 学位 | 0 | 11 | 8 | 5 | 4 | 28 | 59 |
| アイデンティティ測定 | 研究誌 | 3 | 3 | 7 | 5 | 3 | 21 |  |
|  | 学位 | 4 | 1 | 3 | 2 | 2 | 12 | 33 |
| ライフサイクルとアイデンティティ | 研究誌 | 4 | 3 | 3 | 9 | 7 | 26 |  |
|  | 学位 | 6 | 5 | 9 | 6 | 12 | 38 | 64 |
| アイデンティティの臨床 | 研究誌 | 27 | 62 | 71 | 85 | 91 | 336 |  |
|  | 学位 | 10 | 28 | 15 | 25 | 26 | 104 | 440 |
| ソーシャル・アイデンティティ | 研究誌 | 15 | 10 | 11 | 9 | 13 | 58 |  |
|  | 学位 | 4 | 4 | 0 | 0 | 0 | 8 | 66 |
| その他 | 研究誌 | 36 | 26 | 39 | 36 | 61 | 198 |  |
|  | 学位 | 18 | 18 | 12 | 18 | 23 | 89 | 287 |
| 小計 | 研究誌 | 176 | 175 | 207 | 225 | 258 | 1,041 |  |
|  | 学位 | 96 | 150 | 104 | 134 | 123 | 607 |  |
| 合計 |  | 272 | 325 | 311 | 359 | 381 |  | 1,648 |

た論文数は各論文の主たる領域にもとづいて算出された数値であり，複数の領域で重複して取り上げられる論文に関しても各論文の主たる領域1つが割り当てられている。したがって，第Ⅲ章で紹介される各領域の論文数は，関係のある項目に関して何箇所かで取り上げているので，表2-1と一致しない場合がある）。

本書で分類した領域は，以下の通りである。

①アイデンティティ形成に関する研究
②アイデンティティ・ステイタスに関する研究
③ジェンダー・アイデンティティに関する研究
④民族アイデンティティに関する研究
⑤職業アイデンティティに関する研究
⑥家族とアイデンティティに関する研究
⑦アイデンティティ測定に関する研究
⑧ライフサイクルとアイデンティティに関する研究
⑨アイデンティティの臨床に関する研究
⑩ソーシャル・アイデンティティに関する研究

(6) 研究論文のレヴューとしては，実証的研究ということを念頭におき，単に理論的な討議だけの論文は最少限に取り上げるにとどめた。

以上が本書において行った研究論文の選択の基準である。

## 2．研究の時代的推移

　以上の基準に従って，われわれはできる限り全数を収集する努力をした。心理・社会的概念として生まれたアイデンティティの概念は社会や時代を鋭く反映するものである。このような意味で，時代（年代）の推移が研究論文にどのように反映されているか考えるために，図2-1と表2-2を参照しながら，1992年から1996年までの5年間の発表論文数と各年代の目立った社会的な出来事とを関連づけてみたい。なお，図2-2（A）から図2-4（C）は，われわれがⅢ章で展望するアイデンティティの9領域それぞれの論文数の推移を，論文の全体数ならびに，研究誌論文，学位論文に分けて図示したものである。その際，できる限り1981年以前のデータも加えたが，「アイデンティティ測定」，「ライフサイクルとアイデンティティ」，「アイデンティティの臨床」の3つの領域については，鑪他（1984）において，このようなグラフ化は行っていないため，ここ15年間のデータのみに限定して図示した。

　これらの図からわかるように，論文数は「ジェンダー・アイデンティティ」の研究が盛んになるのに伴って，1970年代から増加し始めている。そして，1980年代中盤からは飛躍的な増加を示し，特に1985年，1986年には総数で200編を越す論文が報告されている。それ以降も200編前後の報告が続き，1993年からは300編を越す論文が報告されている。

　こうした1980年代中盤から1990年代初頭にかけての飛躍的な論文数の増加には，とりわけ2つの領域，つまり「民族アイデンティティ」，「アイデンティティの臨床」の領域の論文数の増加が大きくかかわっている。

　民族アイデンティティに関する研究は，アメリカ在住のアフリカ系アメリカ人に関する研究が多く，1960年代からの公民権運動が根づいてきていることがうかがわれる。前著（鑪他，1997）で述べたように，1990年からの論文には，従来の黒人アメリカ人 Black-American，アフロアメリカ人 Afro-American という表現だけではなく，アフリカ系アメリカ人 African-American という表現も用いられるようになった。そして，この5年間の論文ではほとんどの論文で，アフリカ系アメリカ人 African-American という表現がなされている。これは，アメリカでの「政治的正当性」（PC：Political Correctness）の考えが根づいてきた証左であると思われる。また南アフリカのネルソン・マンデラ氏が1993年にノーベル平和賞を受賞し，1994年には黒人初の南アフリカ大統領に就任したことなどが，黒人の民族アイデンティティを刺激し，論文数の増加に影響したものと思われる。今後この領域の報告は，アメリカでの同時多発テロ後におけるアフガニスタンの民族問題などとの関連から，さらに

2．研究の時代的推移

表 2−2　日本および世界の情勢の推移

| | | 日本の情勢 | 内閣 | 米国の情勢 | 国際情勢 |
|---|---|---|---|---|---|
| 92 | 冬彦さん<br>きんさん・ぎんさん<br>ほめ殺し | 国家公務員完全週休2日制が開始<br>PKO法案成立<br>学校隔週週5日制開始 | 宮澤 | 日本人留学生の服部剛丈君が射殺される<br>白人警官の黒人青年暴行事件 | 中国・韓国が国交を樹立<br>ベルセロナオリンピック開催<br>ソマリアへ多国籍軍派遣 |
| '93 | 規制緩和<br>清貧<br>Jリーグ<br>イエローカード | エリツィン大統領来日<br>水稲作が著しく不良<br>矢ガモが社会問題に<br>雲仙・普賢岳で土石流 | 細川 | ロス・アンゼルスでM6.6の地震<br>ニューヨークの世界貿易センタービル地下で爆弾テロ | 南アフリカのネルソン・マンデラ氏とデクラーク大統領がノーベル平和賞受賞<br>北朝鮮が核拡散防止条約から脱退 |
| '94 | 空洞化<br>リストラ<br>価格破壊 | 47年ぶりに社会党から首相が選ばれる（村山氏）<br>関西国際空港が開港<br>純国産Hロケット打ち上げ | 羽田<br>村山 | サッカーワールドカップ開催<br>ニューヨーク為替市場の円相場が1ドル=99円85銭に | リレハンメルオリンピック開催<br>ネルソン・マンデラ氏が黒人初の南アフリカ大統領に就任<br>金日成氏死去 |
| '95 | 官官接待<br>ボトラーズ<br>安全神話 | 阪神淡路大震災が発生<br>オウム真理教による地下鉄サリン事件が発生<br>大リーグで野茂投手活躍 | | ロシア宇宙ステーションのアベニュックに飛行<br>連邦政府ビルで爆弾テロ | ロシアで死者2千人の地震発生<br>イスラエルのラビン首相が暗殺される<br>フランスがムルロア環礁で地下核実験を強行 |
| '96 | チェベリバ<br>援助交際<br>メーンドラマ | 高速増殖炉「もんじゅ」のナトリウム漏れ事故<br>水俣病訴訟で患者組織の全国連がチッソと和解<br>O-157による被害 | 橋本 | 探査衛星が月に氷の湖を発見<br>日米半導体交渉<br>クリントン氏再当選<br>化学兵器研究者など元日本軍人16人の入国を拒否 | アトランタオリンピック開催（米）<br>中国が地下核実験強行<br>アフガニスタンの反政府勢力タリバンが首都カブール制圧 |

第II章　アイデンティティ文献の時代（年代）的推移

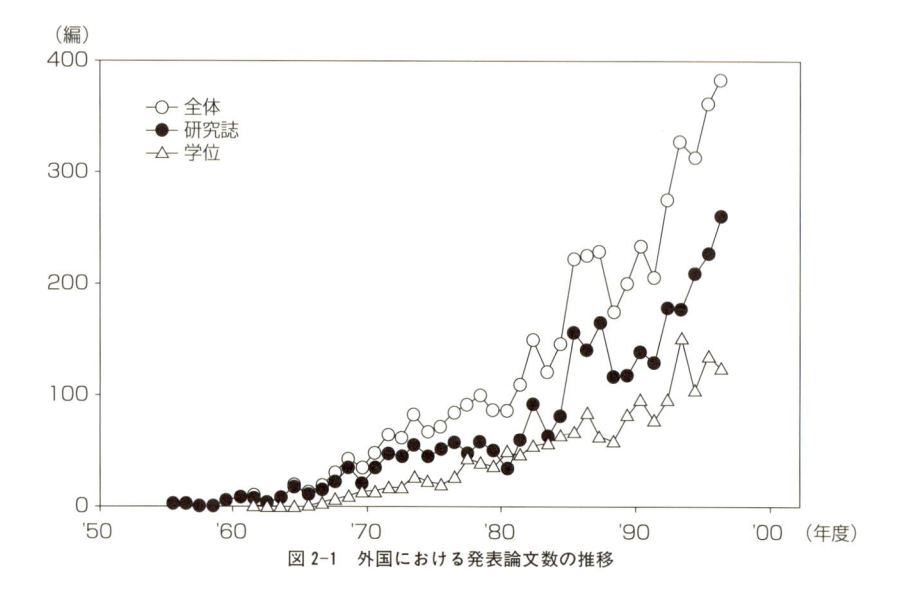

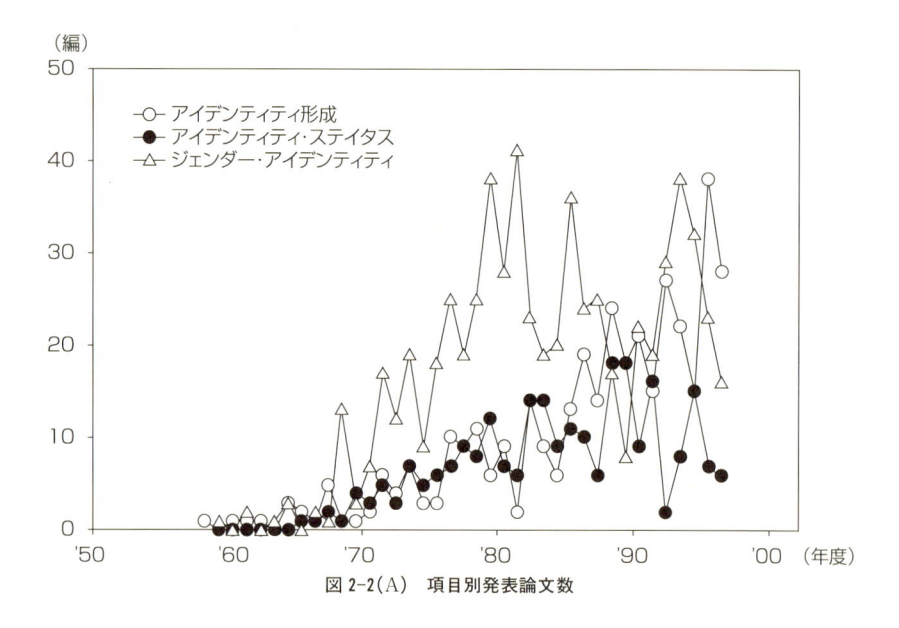

図2-1　外国における発表論文数の推移

図2-2(A)　項目別発表論文数

2. 研究の時代的推移

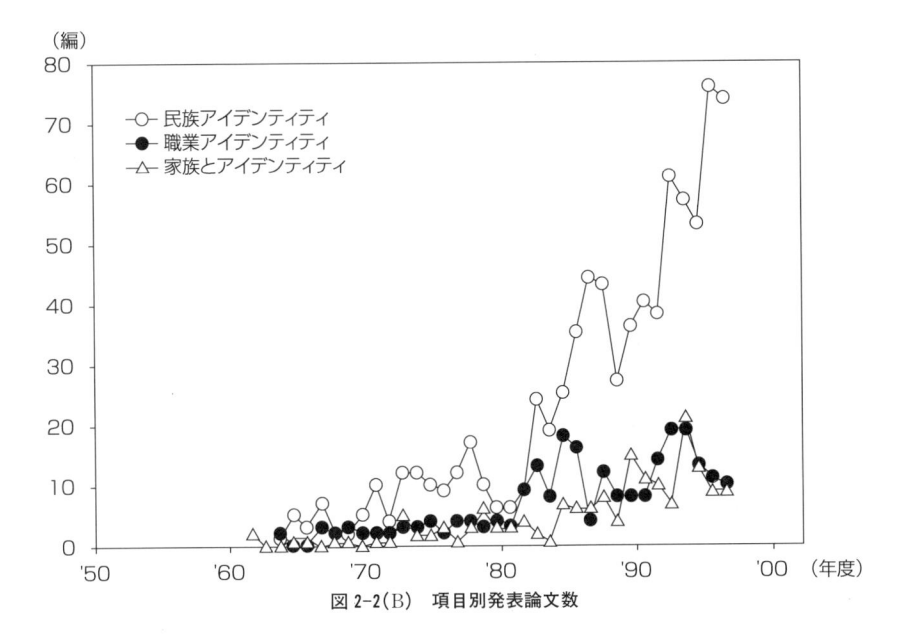

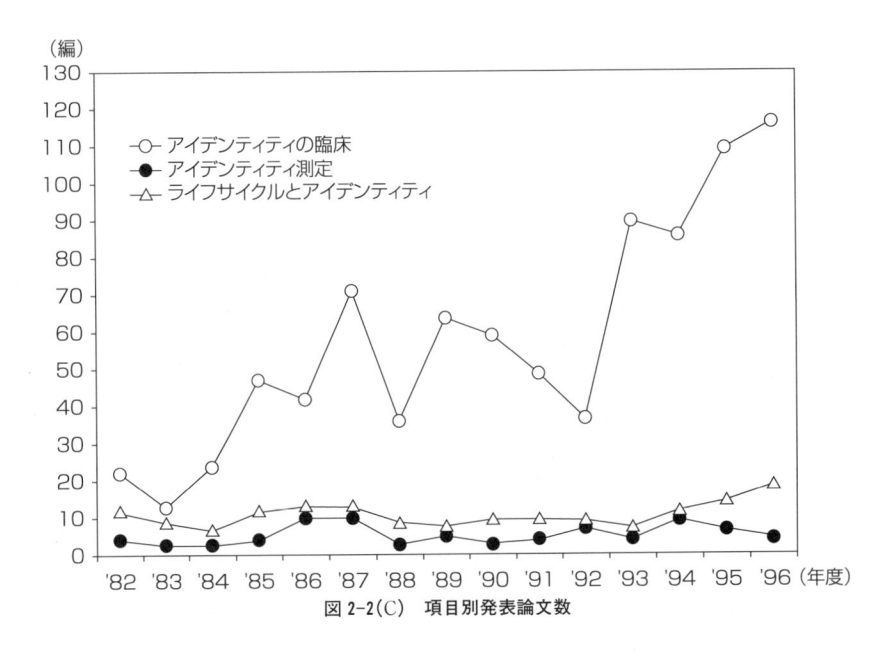

図 2-2(B) 項目別発表論文数

図 2-2(C) 項目別発表論文数

第II章 アイデンティティ文献の時代（年代）的推移

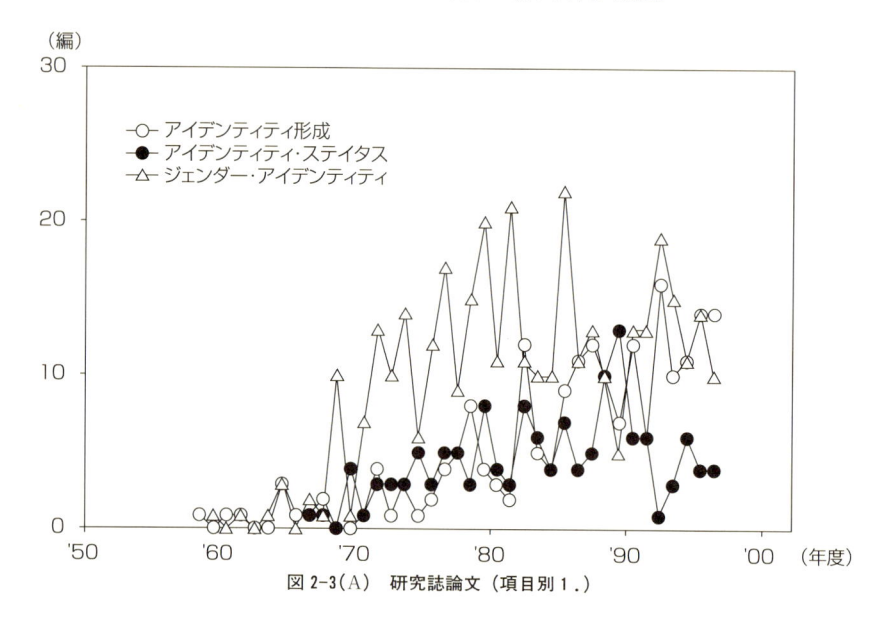

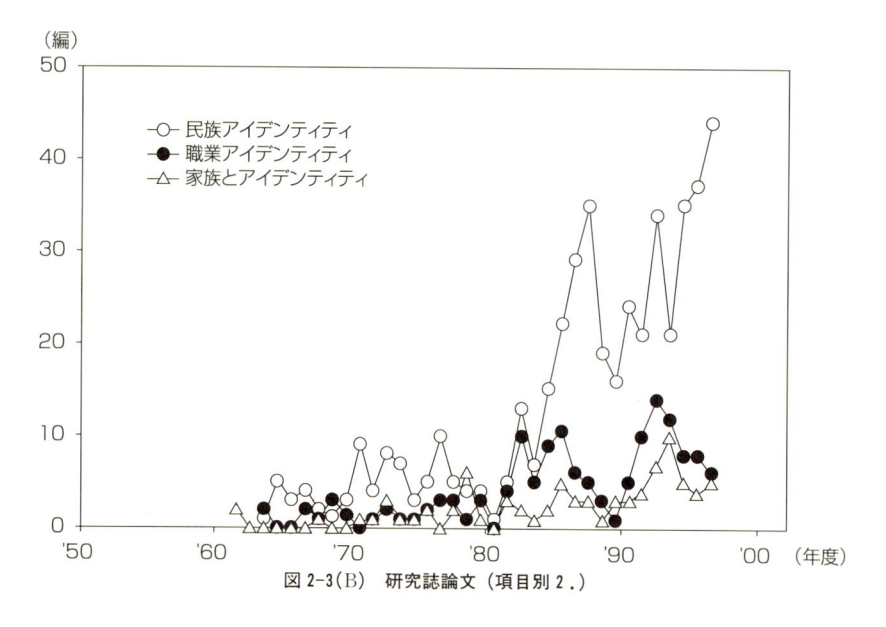

図2-3(A) 研究誌論文（項目別1．）

図2-3(B) 研究誌論文（項目別2．）

2．研究の時代的推移　　　　　　　　　　35

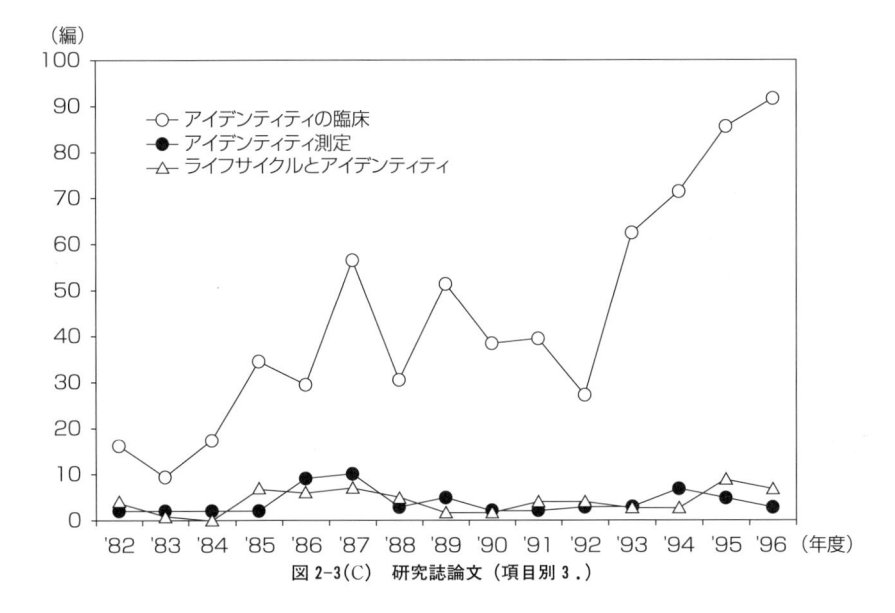

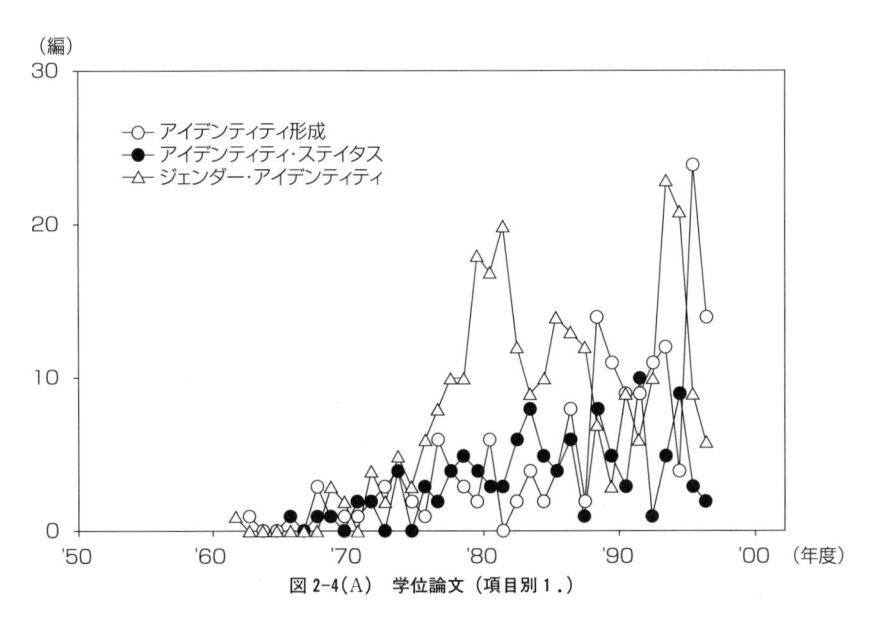

図2-3(C)　研究誌論文（項目別3．）

図2-4(A)　学位論文（項目別1．）

第Ⅱ章 アイデンティティ文献の時代（年代）的推移

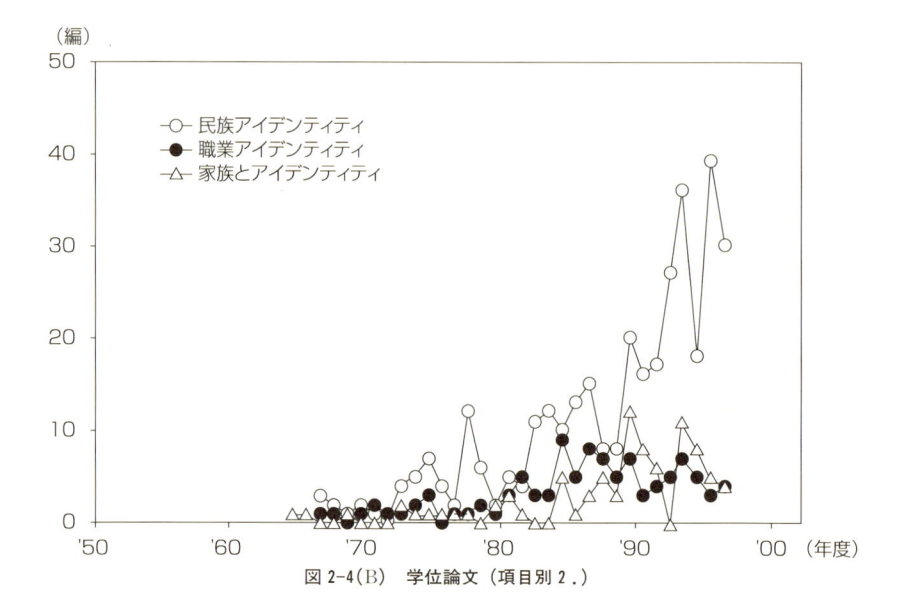

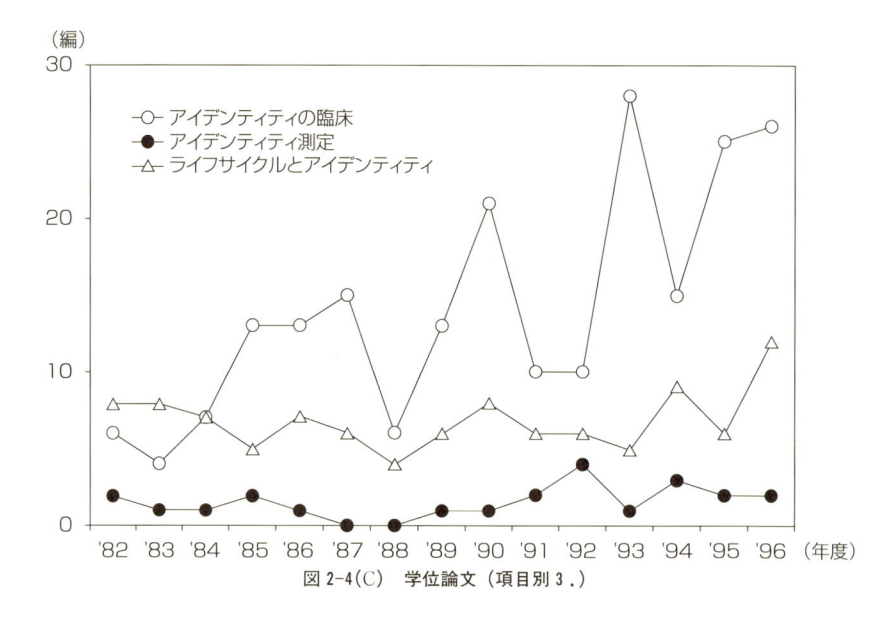

図 2-4(B) 学位論文（項目別 2．）

図 2-4(C) 学位論文（項目別 3．）

数を伸ばしていくことが推測される。

　アイデンティティの臨床に関する研究の増加は，前著（鑪他，1995b，1997）でも述べたように，1970年代の境界性人格障害の研究の発展によって，DSM-Ⅲ（1980）の診断基準としてアイデンティティ障害が取り入れられたことが関係していると思われる。また1980年に多重人格の症例が多くなったことによって，DSM-Ⅲ-R（1987）で多重人格性障害が取り入れられ，やがてそれはDSM-Ⅳ（1994）で「解離性同一性障害」Dissociative Identity Disorderとされ，多重人格がアイデンティティの障害であることが明確化されたことが関係していると思われる。近年は解離性同一性障害を引き起こすとされる犯罪被害，虐待などの問題が深刻化しているため，今後もこの領域の研究は増加していくものと考えられる。

## 引用文献

American Psychiatric Association 1980 *Diagnostic and Statistical Manual of Mental Disorders, 3rd ed.* Washington, D. C.: APA（高橋三郎・花田耕一・藤縄　昭訳　1982　DSM-Ⅲ　精神障害の分類と診断の手引　医学書院）

American Psychiatric Association 1987 *Diagnostic and Statistical Manual of Mental Disorders, 3rd ed Revised.* Washington, D. C.: APA（高橋三郎訳　1988　DSM-Ⅲ-R　精神障害の診断・統計マニュアル　医学書院）

American Psychiatric Association 1994 *Diagnostic and Statistical Manual of Mental Disorders, 4 th ed.* Washington, D. C.: APA（高橋三郎・大野　裕・染矢俊幸訳　1996　DSM-Ⅳ　精神疾患の診断・統計マニュアル　医学書院）

鑪幹八郎・山本力・宮下一博（共編）　1984　自我同一性研究の展望　ナカニシヤ出版〔『アイデンティティ研究の展望Ⅰ』(1995) と改題して重版を出版〕

鑪幹八郎・宮下一博・岡本祐子（共編）　1995a　アイデンティティ研究の展望Ⅱ　ナカニシヤ出版

鑪幹八郎・宮下一博・岡本祐子（共編）　1995b　アイデンティティ研究の展望Ⅲ　ナカニシヤ出版

鑪幹八郎・宮下一博・岡本祐子（共編）　1997　アイデンティティ研究の展望Ⅳ　ナカニシヤ出版

# 第III章　外国におけるアイデンティティ研究の展望

## 1．アイデンティティ測定に関する研究

　1992～1996年までの5年間の研究数は33編であり，この領域の研究はほぼ横ばい傾向を示している（1982～86年30編，1987～91年26編）。しかし，この間のアイデンティティ研究の総数が急増していることを考えると，この間の数値は実質的な減少と考えるほうがよいであろう。そのような傾向を示した理由としては，開発からおよそ30年を経過したMarcia法のブームが一段落したこと，尺度作成も一区切りを迎えて，新たな尺度作成を意図した研究が極端に減少したことなどが考えられる。いわば，アイデンティティ研究の流れが，その測定という形式的な方向から，内容面の検討へと一層シフトしていったとみることができるであろう。
　ただ，これまでの研究の流れの中で，十分なアイデンティティの測定方法が確立されたとは考えられず，あるいは研究の行き詰まりとしてとらえるほうが妥当なのかもしれない。

### 1）Marcia法によるアイデンティティの測定

　この領域の研究を表3-1に示す。ここでは，2つの研究を紹介する。
　まず，Brisbin, L. A. (1991) は，従来の職業研究においてしばしば利用されてきた「キャリア決定尺度」Career Decision Scale，「キャリア決定票」Career Decision Profile，「私の職業状況」My Vocational Situationという3つの尺度が，Marcia法にもとづくアイデンティティ達成型と予定アイデンティティ型を弁別できるか否か検討を行い，これらの尺度はこの2つのアイデンティティ・ステイタスを適切に弁別することができないという結果を見出した。
　また，Jones, R. M.ら (1994) は，Grotevant, H. D. & Adams, G. R. (1984) により開発された「アイデンティティ・ステイタス測定の客観尺度改訂版」(EOMEIS: Extended Objective Measure of Ego Identity Status) の各アイデンティティ・ステ

## 表 3-1 Marcia 法によるアイデンティティの測定に関する研究

| 著　者 | 年代 | 目 的・仮 説 | 方　　法 | 結 果・考 察 |
|---|---|---|---|---|
| Brisbin, L. A. | 1992 | 従来頻繁に使用されてきた,「キャリア決定尺度」Career Decision Scale,「キャリア決定票」Career Decision Profile,「私の職業状況」My Vocational Situation という3つの尺度が, Marcia 法にもとづくアイデンティティ達成型と予定アイデンティティ型という2つのステイタスを適切に弁別できるか否か検討する。 | 大学生を対象に、次の5つの質問紙(尺度)を実施した。① 「デラスアイデンティティ・ステイタス目録-職業領域用」Dellas Identity Status Inventory-Occupation」。② 「キャリア決定尺度」。③ 「キャリア決定票」。④ 「私の職業状況」。⑤ 「キャリア決定に関する自己明快性・決定性尺度」Self-Clarity and Decisiveness Scales of the Career Decision Profile。 | ①「キャリア決定尺度」、「キャリア決定票」、「私の職業状況」の3つの尺度は、アイデンティティ達成型と予定アイデンティティ型を適切に弁別することができない。② 本研究で作成した「キャリア決定に関する自己明快性・決定性尺度」により、この両者の弁別が可能である。 |
| Adams, G. R. | 1994 | Jones ら(1994)に対するコメント。 | 論考。 | ① Jones ら(1994)の論文は、われわれの「アイデンティティ・ステイタス測定の客観尺度」の開発におけるそもそもの関心へと引き戻してくれた。② アイデンティティ・ステイタスは固定されたものあるいは安定したものと考えるべきであろうか？縦断的研究によって、アイデンティティ・ステイタスは流動的に変化することが示されており、（純粋型にこだわるのではなく）移行型を設定することはその点で有益である。③ 北米で行われた40を超える研究によって、EOMEIS の妥当性が検証されている。この Jones ら(1994)の新しい分類基準についても、さらに構成概念妥当性の検討を進める必要がある。 |
| Jones, R.M., Akers, J.F. & White, J. M. | 1994 | Grotevant & Adams (1984) により開発された「アイデンティティ・ステイタス測定の客観尺度改訂 | 4つの学校の9〜12学年の学生2,004名に以下の3つの尺度を実施した。① Grotevant & Adams | ① 各ステイタスを分類する際には、各ステイタスを測定する項目得点の「平均+1/2標準偏差」を基 |

| | | 版」(EOMEIS)の各ステイタスの分類基準について再吟味するとともに，新たな得点基準による分類法の妥当性について検討する。 | (1984)の「アイデンティティ・ステイタス測定の客観尺度改訂版」(EOMEIS)。<br>② Rosenberg(1965)の「自尊心尺度」。<br>③ Reynolds(1982)による「Marlowe-Crowne 社会的望ましさ尺度」の短縮版。 | 準とする場合が（原法では，「平均＋1標準偏差」），曖昧なステイタスも少なくなり（移行型等），純粋なステイタスをもっとも効率的に抽出することができる。<br>②原法の基準により分類されたステイタスと新たな基準にもとづいて分類されたステイタスに関して自尊心得点と社会的望ましさ得点の差異を検討したところ，基本的な違いはみられなかった。 |
|---|---|---|---|---|

イタスの判定に関する新たな得点基準について検討を行い，各ステイタスを分類する際には，各ステイタスを測定する項目得点の「平均＋1/2標準偏差」を基準とするほうが（原法では，「平均＋1標準偏差」），純粋なステイタスをもっとも効率的に抽出することができること，かつこの方法の妥当性が得られたことを報告している。しかし，この Jones, R. M.ら（1994），の研究については，Adams, G.R.（1994）も若干の疑問を呈しており，今後さらにその妥当性を検討することが求められるであろう。

## 2）質問紙法（尺度）によるアイデンティティの測定

質問紙法（尺度）によるアイデンティティの測定に関する研究を，表3-2に示した。

その第1の特徴として，新しい尺度を開発し作成する方向から，既存の尺度の信頼性，妥当性を検証するという方向に変化しているように思われる。第2の特徴として，Eriksonのアイデンティティの発達的側面を測定する質問紙に関する研究は数少なく，一方，民族・人種アイデンティティに関わる概念を測定する質問紙の信頼性および妥当性を検証する研究が数多くみられる。

この2つの特徴は，(1) Eriksonのアイデンティティの発達的側面を測定する質問紙の標準化がほぼ達成されたこと，(2)民族・人種アイデンティティを測定する質問紙については，まさに標準化の最中であること，(3)民族・人種アイデンティティに関わる概念を測定する質問紙を作成することの困難さを示唆すると考えられる。

(1) **Eriksonのアイデンティティの発達的側面を測定する質問紙に関する研究**

研究の数は少なくなってきているが，まず，研究を2つ取り上げる。

Leidy, N. K. & Darling-Fisher, C. S.（1995）は，793名を対象に，Darling-Fi-

表 3-2 質問紙法（尺度）によるアイデンティティの測定に関する研究

| 著者 | 年代 | 目的・仮説 | 方法 | 結果・考察 |
|---|---|---|---|---|
| Suinn, R. M., Ahuna, C. & Khoo, G. | 1992 | 「シン・ルー・アジア系の文化同化に関する自己アイデンティティを測定する尺度」(SL-ASIA: Suinn-Lew Asian Self-Identity Acculturation Scale)の信頼性と妥当性を検討する。 | 284名のアジア系アメリカ人の大学生を対象に、Suinnらのシン・ルー・アジア系の文化同化に関する自己アイデンティティを測定する尺度、および、アメリカの学校の在籍年数などに関する質問項目を実施。 | ①シン・ルー・アジア系の文化同化に関する自己アイデンティティを測定する尺度のCronbachの$\alpha$係数が.91で、信頼性は検証できた。②シン・ルー・アジア系の文化同化に関する自己アイデンティティを測定する尺度とアメリカの学校の在籍年数などとの間に関連が認められ、併存的妥当性は検証された。 |
| Brookins, C. C. | 1994 | 「アフリカ的価値観」Afrocentoric Value と「人種アイデンティティ態度」Racial Identity Attitude との関連を検討する。 | 171名（男性78名、女性93名）のアフリカ系アメリカ人の大学生を対象に、Helmsらの「人種アイデンティティ態度尺度」(RIAS: Racial Identity Attitude Scale)、Baldwinらの「アフリカ人の自己意識尺度」(ASCS: African Self-Consciousness Scale)、および、Fineらの信念体系分析尺度(BSAS: Belief Systems Analysis Scale)を実施。 | 人種アイデンティティ態度尺度と信念体系分析尺度との間には関連が見出されたが、アフリカ人の自己意識尺度と信念体系分析尺度との間には関連が見出されなかった。このことは、アフリカ的価値観とアフリカ人の自己意識は、アフリカ系アメリカ人のアイデンティティの中では、それぞれ独立した領域であることを示唆している。 |
| Choney, S. K. & Rowe, W. | 1994 | 「白人意識発達尺度」(WRCDS: White Racial Consciousness Development Scale)の信頼性と妥当性を検討する。 | 223名（男性72名、女性151名）の大学生を対象に、Claneyらの白人意識発達尺度、および、Helmsらの「白人アイデンティティ態度尺度」(RIAS-W: White Racial Identity Attitude Scale)を実施。 | ①白人意識発達尺度のCronbachの$\alpha$係数は、.13から.55の範囲で、十分な信頼性を得ることはできなかった。②白人アイデンティティ態度尺度との間の相関係数の値は、.11から.55の値で、十分に併存的妥当性は検証されなかった。 |
| Swanson, J. L., Tokar, D. M. & Davis, L. E. | 1994 | 「白人アイデンティティ態度尺度」(WRIAS: White Racial Identity Attitude Scale)の妥当性を検討する。 | 308名の白人（男性159名、女性149名）の大学生を対象に、Helmsらの白人アイデンティティ態度尺度を実施。 | ①本尺度の項目分析の結果、各項目と下位尺度との間の相関係数は、$-.15$から.68の範囲であった。②因子分析の結果、本尺度 |

1. アイデンティティ測定に関する研究

| 著者 | 年 | 目的 | 方法 | 結果 |
|---|---|---|---|---|
| | | | | は，1因子構造的であった。③これらの結果から，本尺度の妥当性は検証されたとはいえない。 |
| Yanico, B. J., Swanson, J. L. & Tokar, D. M. | 1994 | 「黒人アイデンティティ態度尺度」(RIAS-B: Black Racial Identity Attitude Scale-Form B) の特性を検討する。 | 540名（男性109名，女性431名）のアフリカ系アメリカ人を対象に，Helmsらの黒人アイデンティティ態度尺度を実施。 | 黒人アイデンティティ態度尺度の特性を検討するために因子分析を行った結果，3因子が抽出されたが，分散の説明率の合計は約20％と低かった。 |
| Balistreri, E., Busch-Rossnagel, N. A. & Geisinger, K. F. | 1995 | 「アイデンティティ過程質問紙」(EIPQ: Ego Identity Process Questionnaire) を作成し，信頼性と妥当性を検討する。 | 研究1：73名（男性35名，女性38名）の大学生および57名の調査対象者に，アイデンティティ過程質問紙を作成するための96 (67+29) 項目，および，Crowneらの社会的望ましさを測定する尺度を実施。研究2：260名（男性130名，女性130名）の大学生を対象に，研究1で構成されたアイデンティティ過程質問紙，Rosenbergの自尊心，Rotterの統制の所在，Adorno等の権威主義，および，Spielbergerの不安等の性格特性を測定する尺度を実施。 | 研究1 ①社会的望ましさとの関連等を検討して，32項目からなるアイデンティティ過程質問紙を構成した。研究2 ①EIPQの信頼性は，Cronbachのα係数が，.75（「積極的関与」commitment）と.76（「探求」exploration）で十分な値を得ることができた。②妥当性に関しては，探究の次元では，自尊心，統制の所在，権威主義，不安等の性格特性とほとんど関連が認められなかった一方で，積極的関与との次元では，多くの性格特性と関連が認められた。 |
| Gold, J. M. & Rogers, J. D. | 1995 | Eriksonの親密性/孤立についてのHamachekの操作的定義を併存的妥当性の観点から検討する。 | 74名（男性17名，女性57名）の大学生を対象に，親密性/孤立を測定するため，Hamachekの「人格目録」(PI: Personal Inventory)，および，共感性を測定するため，Hoganの「ホーガン共感性尺度」(HES: Hogan Empathy Scale) を実施。 | 親密性/孤立の解決の程度と共感性の程度と間に有意な関連が認められ，Eriksonの親密性/孤立に関するHamachekの操作的定義の併存的妥当性が検証できた。 |
| Kodama, K. & | 1995 | 「シン・ルー・アジア系の文化同化に関する自己 | 62名（男性34名，女性28名）の大学生を対象に， | ①アジア系の文化同化に関する自己アイデンティテ |

| | | | | | |
|---|---|---|---|---|---|
| Canetto, S. S. | | | アイデンティティを測定する尺度」の信頼性と妥当性を検討する。 | Suinnらのシン・ルー・アジア系の文化同化に関する自己アイデンティティを測定する尺度，自己評定による文化同化，および，アメリカで教育を受けた年数等に関する質問項目を実施。 | ィを測定する尺度の信頼性については，Cronbachのα係数が.72で，先行研究よりも低い値であった。②妥当性については，文化同化とは関連が認められたが，アメリカで教育を受けた年数などとは関連が認められなかった。③因子分析の結果，先行研究と同じ因子構造は抽出できなかった。 |
| Leidy, N. K. & Darling-Fisher, C. S. | 1995 | | 「エリクソン心理社会的段階目録修正版」(MEPSI: Modified Erikson Psychosocial Stage Inventory)の信頼性と妥当性を検討する。 | 793名（男性458名，女性335名）を対象に，Darling-Fisherらのエリクソン心理社会的段階目録修正版，Ledermanらの自己評価の質問紙，Ericksonらの社会適応評定尺度などを実施。 | ①エリクソン心理社会的段階目録修正版のCronbachのα係数は，.95であり，信頼性は検証された。②エリクソン心理社会的段階目録修正版は，自己評価の質問紙，社会的適応評価尺度などとの間で，概して有意な関連が認められ，妥当性は検証された。 |
| Lemon, R. L. & Waehler, C. A. | 1996 | | 「黒人アイデンティティ態度尺度」，および「白人アイデンティティ態度尺度」の妥当性と，この2つの尺度で測定された性格特性の安定性を検討する。 | 77名（男性22名，女性55名）の黒人の大学生および100名（男性26名，女性74名）の白人の大学生を対象に，Helmsの黒人アイデンティティ態度尺度，Helmsらの白人アイデンティティ態度尺度，Rosenbergの自尊心尺度，および，Waehlerらの民族アイデンティティ尺度等を実施。 | ①再テスト法による黒人アイデンティティ態度尺度，および，白人アイデンティティ態度尺度の相関係数は，十分に高い値でなく，この2つの尺度で測定された性格特性は，安定性があるとは考えられない。②黒人アイデンティティ態度尺度および白人アイデンティティ態度尺度と自尊心尺度および民族アイデンティティ尺度などとの間に関連が認められた部分もあるが，十分とはいえず，妥当性が検証されるためには，さらなる研究が必要である。 |

sherらの「エリクソン心理社会的段階目録修正版」(MEPSI: Modified Erikson Psychosocial Stage Inventory), Ledermanらの自己評価の質問紙, Ericksonらの社会適応評定尺度などを実施し, エリクソン心理社会的段階目録修正版の信頼性と妥当性を検討している。エリクソン心理社会的段階目録修正版のCronbachの$\alpha$係数は, .95であり, 信頼性は検証できたとし, また, エリクソン心理社会的段階目録修正版と自己評価の質問紙, 社会的適応評価尺度等との間には, 概して有意な関連が認められ, 妥当性についても検証できたとしている。

本研究で使用されたエリクソン心理社会的段階目録修正版は, Eriksonのアイデンティティ理論の中の心理社会的段階を測定するために作成された尺度であり, 尺度の信頼性および妥当性が, 793名という多くの調査対象者のもとで検証できたことは意義あることと考えられる。もし, さらに高いレヴェルでの標準化の達成を試みるとすれば, 調査対象者の幅を広げて, 多様な方法で信頼性, 妥当性を検討することが有効であると考えられる。

次に, 青年期のアイデンティティの達成のあり方を研究するために, Marcia法にもとづき, Grotevantら (1982) が導入した「積極的関与」commitment, 「探求」[*1]explorationの次元を, 質問紙法によって測定しようと試みた研究を取り上げる。

Balistreri, E.ら (1995) は, 「アイデンティティ過程質問紙」(EIPQ: Ego Identity Process Questionnaire) を作成し, 信頼性と妥当性を検討しているが, そのためにまず, 研究1で, 73名の大学生および57名の調査対象者に, アイデンティティ過程質問紙を作成するための96項目, および, Crowneらの社会的望ましさを測定する尺度を実施した。そして, アイデンティティ過程質問紙を作成するために準備された項目と社会的望ましさとの関連等とを検討して, 32項目からなるアイデンティティ過程質問紙を構成した。研究2では, 260名の大学生を対象に, 研究1で構成されたアイデンティティ過程質問紙, Rosenbergの自尊心, Rotterの統制の所在, Adorno等の権威主義, および, Spielbergerの不安等の性格特性を測定する尺度を実施した。EIPQの信頼性については, Cronbachの$\alpha$係数が, 積極的関与の次元では.75, 探求の次元では.76と十分な値を得ることができたとしている。妥当性については, 自尊心, 統制の所在, 権威主義, 不安等の性格特性との関連を検討しているが, 試行錯誤の次元では, ほとんどの性格特性との関連が認められなかった一方で, 積極的関与の次元では, 多くの性格特性と関連が認められたとしている。

青年期のアイデンティティの達成のあり方を研究するために, Marcia法にもとづ

---

\*1　前巻までは, 「試行錯誤」という訳語を与えていた。

き，Grotevantら（1982）が導入した積極的関与，探求の次元を，質問紙法によって測定しようとする試みたことは，本研究の評価できる点であろう。また，尺度の作成の手続きも丁寧に行われ質の高い質問紙であるといえよう。一方，質問紙の信頼性は十分であるとしているが，Cronbachのα係数がやや低い値であるし，妥当性の検証も，探求の次元では十分行われているとはいえない面もある。また，Marciaの研究法は，面接法によって深くアイデンティティの達成のあり方を探ろうとするところに特色があったが，それを質問紙によって，面接法と同じような深くアイデンティティの達成のあり方を探れるものにするためには，さらに，信頼性と妥当性の検証も含めて，質問紙の修正が必要であろう。

(2) **民族・人種アイデンティティに関わる概念を質問紙で測定する研究**

民族・人種アイデンティティに関わる概念を質問紙で測定する研究は，いくつかの分野に分類できる。それは，①「シン・ルー・アジア系の文化同化に関する自己アイデンティティを測定する尺度」（SL-ASIA: Suinn-Lew Asian Self-Identity Acculturation Scale）の信頼性と妥当性を検討したもの，②「人種アイデンティティ」Racial Identity を測定する尺度の妥当性等を検討したもの，③「人種アイデンティティ」を通して，白人意識発達やアフリカ的価値観について検討したものである。

第1に，「シン・ルー・アジア系の文化同化に関する自己アイデンティティを測定する尺度」の信頼性と妥当性を検討した研究を2つ取り上げる。

Suinn, R. M.ら（1992）は，284名のアジア系アメリカ人の大学生を対象に，「シン・ルー・アジア系の文化同化に関する自己アイデンティティを測定する尺度」，および，アメリカの学校の在籍年数等に関する質問項目を実施し，本尺度の信頼性と妥当性を検討した。信頼性については，Cronbachのα係数が.91で，十分な値を得ることができた。また，妥当性については，アメリカの学校の在籍年数などとの間に関連が認められ，併存的妥当性についても検証できたことを報告している。

Kodama, K. & Canetto, S. S.（1995）は，62名の大学生を対象に，「シン・ルー・アジア系の文化同化に関する自己アイデンティティを測定する尺度」，自己評定による文化同化，および，アメリカで教育を受けた年数等に関する質問項目を実施し，「シン・ルー・アジア系の文化同化に関する自己アイデンティティを測定する尺度」の信頼性と妥当性を検討した。信頼性については，Cronbachのα係数が.72で，先行研究よりも低い値であった。妥当性については，文化同化とは関連が認められたが，アメリカで教育を受けた年数などとは関連が認められなかった。

この2つの研究から，「シン・ルー・アジア系の文化同化に関する自己アイデンティティを測定する尺度」の信頼性と妥当性について，ある程度検証されたといえよう。

ただし，両研究の信頼性と妥当性の検証の方法が重複している面があるので，調査対象者を増やし，信頼性や妥当性も多様な観点，方法で検証できれば，さらに完成度の高い尺度になると考えられる。

第2に，「人種アイデンティティ」Racial Identity を測定する尺度の妥当性等を検討した研究を3つ取り上げる。

Yanico, B. J.ら（1994）は，540名のアフリカ系アメリカ人を対象に，Helms らの「黒人アイデンティティ態度尺度」（RIAS-B: Black Racial Identity Attitude Scale-Form B）の特性について検討した。黒人アイデンティティ態度尺度の因子分析の結果，3因子が抽出されたが，分散の説明率の合計が20.1％と低いことを指摘している。

Swanson, J. L.ら（1994）は，308名の白人の大学生を対象に，Helms らの「白人アイデンティティ態度尺度」（WRIAS: White Racial Identity Attitude Scale）[*2]を実施し，白人アイデンティティ態度尺度の妥当性を検討した。本尺度の各項目と下位尺度との間の相関係数は，-.15から.68の範囲であり，因子分析を行ったところ，1因子構造であった。これらの結果から，本尺度の妥当性は検証されたとはいえないとしている。

Lemon, R. L. & Waehler, C. A.（1996）は，77名の黒人の大学生および100名の白人の大学生を対象に，Helms の「黒人アイデンティティ態度尺度」，Helms らの「白人アイデンティティ態度尺度」，Rosenberg の自尊心尺度，および，Waehler らの民族アイデンティティ尺度等を実施し，黒人アイデンティティ態度尺度および白人アイデンティティ態度尺度の妥当性と，この2つの尺度で測定された性格特性の安定性を検討した。再テスト法による黒人アイデンティティ態度尺度および白人アイデンティティ態度尺度の相関係数は，十分に高い値ではなく，この2つの尺度で測定された性格特性は，安定性があるとは考えられないとしている。黒人アイデンティティ態度尺度および白人アイデンティティ態度尺度と自尊心および民族アイデンティティなどとの関連が認められた部分もあるが，十分とはいえず，妥当性が検証されるためには，さらなる研究が必要であるとしている。

この3つの研究で検討されている人種アイデンティティを測定する尺度は，黒人アイデンティティ態度尺度および白人アイデンティティ態度尺度である。黒人アイデンティティ態度尺度については，Yanico, B. J.ら（1994）は，因子分析を試み3因子を抽出しているが，分散の説明率の合計が20.1％と低いことを指摘しているし，

---

[*2] White Racial Identity Attitude Scale の略称の表記は，著者によって WRIAS と RIAS-W の2種類があるが，これらは同じ尺度である。

Lemon, R. L. & Waehler, C. A.（1996）は，自尊心および民族アイデンティティなどとの関連を検討した結果，十分には妥当性は検証されなかったとしている。白人アイデンティティ態度尺度については，Swanson, J. L.ら（1994）が，各項目と下位尺度との間の相関係数を算出したところ，低い値をにとどまるものもあり，また，Lemon, R. L. & Waehler, C. A.（1996）は，黒人アイデンティティ態度尺度と同様の方法で，妥当性を検証しているが，これも，十分な値を得ることはできなかったとしている。つまり，黒人アイデンティティ態度尺度，白人アイデンティティ態度尺度ともに，修正されるべき点が多いと考えられる。

　第3に，「人種アイデンティティ」Racial Identity を通して，白人意識発達やアフリカ的価値観について検討した研究を2つ取り上げる。

　Brookins, C. C.（1994）は，171名のアフリカ系アメリカ人の大学生を対象に，Helms らの「人種アイデンティティ態度尺度」（RIAS: Racial Identity Attitude Scale），Baldwin らの「アフリカ人の自己意識尺度」（ASCS: African Self-Consciousness Scale），および，Fine らの「信念体系分析尺度」（BSAS: Belief Systems Analysis Scale）を実施し，「アフリカ的価値観」Afrocentric Value と「人種アイデンティティ態度」Racial Identity Attitude との関連を検討した。その結果，人種アイデンティティ態度尺度と信念体系分析尺度との間には関連がみられたが，アフリカ人の自己意識尺度と信念体系分析尺度との間には関連が見出されなかった。このことから，アフリカ的価値観とアフリカ人の自己意識は，アフリカ系アメリカ人のアイデンティティの中では，それぞれ独立した領域であることが示唆された。

　Choney, S. K. & Rowe, W.（1994）は，223名の大学生を対象に，Claney らの「白人意識発達尺度」（WRCDS: White Racial Consciousness Development Scale），および，Helms らの「白人アイデンティティ態度尺度」を実施し，白人意識発達尺度の信頼性と妥当性を検討した。白人意識発達尺度の Cronbach の $\alpha$ 係数は，.13 から.55 の範囲で，十分な信頼性を得ることはできなかった。白人アイデンティティ態度尺度との間の相関係数は，.11 から.55 の値で，十分な併存的妥当性も検証されなかった。

　この2つの研究は，人種アイデンティティに関する尺度の妥当性を直接的に検討することを目的としたものではない。しかし，Brookins, C. C.（1994）は，人種アイデンティティ態度尺度と信念体系分析尺度との関連を，Choney, S.K. & Rowe, W.（1994）は，白人アイデンティティ態度尺度と白人意識発達尺度との関連を検討しており，結果的に，人種アイデンティティに関する尺度を構成概念妥当性や併存的妥当性の観点から検討しているともいえる。その結果，Brookins, C. C.（1994）の研究では，人種アイデンティティ態度尺度の構成概念妥当性の一部が検証されたといえよう

が, Choney, S. K. & Rowe, W. (1994) の研究では, 十分な併存的妥当性は検証されたとはいえない。

以上, Erikson のアイデンティティの発達的側面を測定する質問紙は, 高いレヴェルでの標準化が達成されつつあると考えられる。特に, Leidy, N. K. & Darling-Fisher, C. S. (1995) が, 793名を対象に, Darling-Fisher らの「エリクソン心理社会的段階目録修正版」を検討したのは良い例である。もともと完成度の高い本尺度について, さらに多人数を調査対象として, 信頼性と妥当性を検証したことによって, 本尺度は, ほぼ標準化されたとみなしてもよいであろう。また, 青年期のアイデンティティ達成のあり方を研究するために, Marcia 法に基づき, Grotevant ら (1982) が導入した「積極的関与」,「探求」の次元を, 質問紙法によって測定しようと試みた Balistreri, E.ら (1995) は,「アイデンティティ過程質問紙」を作成し, その信頼性と妥当性を検討した。本尺度の作成過程の手続きは丁寧に行われており, 完成度の高い質問紙であると考えれる。ただ, 妥当性についての検証にやや不十分なところがあるので, この点を補うことによって, この尺度も高いレヴェルでの標準化が達成されると考えられる。

民族・人種アイデンティティに関わる概念を測定する質問紙については, 十分な信頼性や妥当性が検証されるためには, 今後のさらなる研究が必要であると思われる。例えば,「シン・ルーアジア系の文化同化に関する自己アイデンティティを測定する尺度」は, Suinn, R. M.ら (1992) や Kodama, K. & Canetto, S. S. (1995) の研究によって, ある程度, 妥当性および信頼性について検証されているが, さらに完成度の高い尺度にするためには, 調査対象者を増やし, 多様な観点からの信頼性, 妥当性の検証が必要であると考えられる。また,「人種アイデンティティ」を測定する尺度である,「黒人アイデンティティ態度尺度」,「白人アイデンティティ態度尺度」の妥当性等については, Yanico, B. J.ら (1994), Swanson, J. L.ら (1994), および, Lemon, R. L. & Waehler, C. A. (1996) が, 因子分析を行ったり, Rosenberg の自尊心尺度との関連を調べることで検討しているが, 結果的に十分な値を得ることができたとはいえない。つまり, この2つの尺度についても, 信頼性および妥当性が検証されるためには, さらなる研究が必要であろう。

(3) **それ以外の方法によるアイデンティティの測定**

この領域の研究を表3-3に示す。この5年間に4つの研究が発表されているが, この中から, 独特の方法を開発した Gorbeña, S. (1992) の研究を紹介する。

Gorbeña, S. (1992) は,「あなたは誰で, 何者ですか？」という問いに対してエッセイを書いてもらい, それを Erikson の8段階に沿ってコーディングを行うという

第Ⅲ章　外国におけるアイデンティティ研究の展望

表 3-3　それ以外の方法によるアイデンティティの測定に関する研究

| 著　者 | 年代 | 目 的・仮 説 | 方　　法 | 結 果・考 察 |
|---|---|---|---|---|
| Gorbeña, S. | 1992 | エッセイを利用したアイデンティティ測定法を開発し，その妥当性について検討する。 | スペイン人の女子大学生93名を対象に，「あなたは誰で，何者ですか？」という問いに対してエッセイを書いてもらい，それらをErikson の8段階に沿ってコーディングしていく方法を開発した。このエッセイとともに，他のアイデンティティを測定する尺度や不安尺度などを実施した。 | ①本研究のスコアリング・システムに基づくアイデンティティ得点は他のアイデンティティ尺度と正の，不安尺度とは負の関係が認められた。②8つの段階得点の内部相関については，より早期の段階の心理社会的危機の解決がその後の段階の危機の解決と関係をもつというEriksonの前提と一致する結果が得られた。③「信頼」と「自発性」の段階が，その後の発達を最も予測するという結果が見いだされた。④詩を書く習慣のある者は，そうでない者よりも高いアイデンティティ得点が得られた。 |
| Zucker, K. J., Bradley, S. J., Sullivan, C. L., Kuksis, M., Birkenfield-Adams, A. & Mitchell, J. | 1993 | 12項目からなる，子ども用の「ジェンダー・アイデンティティ面接目録」gender identity interview schedule を作成する。 | ジェンダー・アイデンティティに問題をもちクリニックに来談した子ども85名（男子71名，女子14名），ならびに統制群の臨床的に問題をもつ子ども・正常な子ども98名（男子90名，女子8名）に対して，「ジェンダー・アイデンティティ面接目録」を実施。 | ①因子分析の結果，「情緒的なジェンダーの混乱」，「認知的なジェンダーの混乱」という2因子が抽出された。②ジェンダーに問題をもつ子どもは，2つの因子の双方について，統制群の子どもよりも有意に高い逸脱反応を示した。 |
| Anderson, D. F. & Cychosz, C. M. | 1994 | 自己概念の必須部分としての「運動」に対する同一視を測定する，「運動アイデンティティ尺度」Exercise Identity Scale を作成する。 | 51名の大学生に，9項目からなる「運動アイデンティティ」を測定する質問紙を実施。また，この各自から「運動」に関する自己報告の資料（1週間に何度運動を行うか，1週間当たりの運動時間，1回の運動時間，運動の激しさ）を聴取。 | ①この尺度の1週間間隔の再検査信頼性は.93が，Cronbachのα係数は.94が得られた。②項目－全体得点相関ならびに主成分分析により尺度の単一構造が確認された。③この尺度と自己報告により得られた他の変数との間に，すべて有意な正の相関が得られ，尺度の妥 |

| | | | | | 当性が確認された。 |
|---|---|---|---|---|---|
| White, A. M., Olivieira, D. F., Strube, M. J. & Meertens, R. H. | 1995 | 民族に対する同一視を測定する，「黒人に関する主題」(TCB:Themes Concerning Blacks)がアフリカ系アメリカ人，アフリカ系オランダ人，アフリカ系スリランカ人のサンプルで有効か否か検討する。 | アフリカ系アメリカ人，アフリカ系オランダ人，アフリカ系スリランカ人合計109名を対象に，TCBの20枚のカードのうち13枚を実施した。各対象者は，各カードに書かれた絵を見ながら，「現在その絵に何が起こっているか」，「この場面の前に何が起こったか」，「その絵の人物は何を感じたか」，「この場面の後で何が起こるか」について，ストーリーを作るよう求められた。 | ①一般的に，TCBのカードのほとんどの特性は，3つのサンプルの集団において，類似の傾向を示した。即ち，記録された主題が最も多いカードは3つの集団で同じであり，ほとんどのストーリーの感情のトーンはやや悲観的であり，ほとんどのストーリーの結末は中立的であった。②期待されたように3つの集団間でストーリーの主題や結末に関して有意差は得られなかった。③アフリカ系アメリカ人の得点が，アフリカ系オランダ人やアフリカ系スリランカ人の得点と有意に異なるという仮説は支持された。④民族同一視の得点に関して，アフリカ系オランダ人の得点がアフリカ系スリランカ人の得点と有意に異なるという仮説は支持されなかった。 |

独自の方法を開発した。そして，この方法によって得られたアイデンティティ得点は，他のアイデンティティ尺度得点とは正の，不安尺度とは負の関係が認められるなど，妥当性を支持する結果が得られたことを報告している。

このGorbeña, S. (1992) の研究は，学位論文の抄録のため方法論の詳細は不明であるが，その方法論の整備次第では，アイデンティティを測定する一つの新たな測定法として，あるいは注目に値するものかもしれない。

### (4) まとめと今後の課題

冒頭にも述べたように，この5年間において，アイデンティティ測定に焦点を当てた研究は数自体少なく，また，内容的にも注目すべき研究はほとんどみられなかった。しかし，民族・人種アイデンティティの測定を目指そうとする研究は非常に多く（本章第6節参照），その問題の深刻さが，この領域の研究の数に反映されていると考えられる。

## 2．アイデンティティ形成に関する研究

アイデンティティ形成に関する研究領域の論文数は，全体で130編みられた。本章では，これらを1．理論に関する研究，2．アイデンティティ・スタイルに関する研究，3．人格特性との関連，4．関係性に関する研究の順に紹介し，論評する。

### 1）理論に関する研究

アイデンティティ形成についての理論に関する研究は，11編の論文を取り上げた（表3-4）。

まずはじめに，アイデンティティ形成に関する研究の中で，新しい概念を提出しているもの，もしくは検討しているものについて取り上げたい。

Flum, H.（1994 a）は論考により，まだアイデンティティ達成には至らない青年のアイデンティティのあり方として，アイデンティティ形成の「進化的スタイル」Evolutive Style（Flum, H., 1990）の概念的特徴を示し，アイデンティティ・ステイタスとの比較を行った。その特徴についてまとめると，①両親との近接・信頼・愛着を継続し，それを基礎として自律性・個性化が促進，②激しい危機は経験せず，特定の目標がまだ定義できていなくても，目的と方向性の感覚をもって将来に接近する傾向，③発達的課題を回避しないが全体的に危機や混乱を経験せず，限定された葛藤領域を経験する傾向であった。これら「進化的スタイル」の特徴は，「予定アイデンティティ」Foreclosureとは①が近似しているが②と③が異なり，モラトリアムとは③が異なる。またアイデンティティ拡散とは①が異なる。以上からFlum（1994 a）は，「進化的スタイル」が，Marcia, J. E.（1966, 1993）のアイデンティティ・ステイタスと概念的にも異なることを示した。また，モラトリアムもしくは「進化的スタイル」を経由して，アイデンティティ達成へ進む可能性についても示唆している。

これは，青年期平穏説を説明する1つの証拠として有効であろう。特徴の②や③は「アイデンティティ＝フリー」identity-free（西平，1996）とも共通するものである。また，アイデンティティ形成を，そのプロセスとしてとらえる試みをしており，大変興味深い。しかしながら，現代社会に適応している無自覚なタイプを測定している可能性も考えられる。また本論文で取り上げている縦断研究において，「進化的スタイル」である青年が，10年後，「予定アイデンティティ」やモラトリアムになる可能性も示されていることなどから，まだこの概念が混乱している可能性も考えられる。今後，概念のさらなる検討が望まれる。なお，この概念を用いた研究として，以下に述べる実証的研究（Flum, H., 1994 b）や小説の分析（Flum, H. & Porton, H. 1995）も

## 2. アイデンティティ形成に関する研究

**表 3-4 理論に関する研究**

| 著者 | 年代 | 目的・仮説 | 方法 | 結果・考察 |
|---|---|---|---|---|
| Flum, H. | 1994a | アイデンティティ形成の「進化的スタイル」Evolutive Style (Flum, H., 1990) の概念的特徴を示し、アイデンティティ・ステイタス (Marcia, J. E., 1966, 1983) との比較を行う。 | 論考。 | 「進化的スタイル」の特徴は、①両親との近接・信頼・愛着を継続し、それを基礎として自律性・個性化が促される。②激しい危機は経験せず、特定の目標がまだ定義できていなくても、目的と方向性の感覚ももって将来に接近する傾向がある。③発達的課題をバイパスしないが、危機や混乱を全体的に経験せず、限定された葛藤領域を経験する傾向がある。以上から、「進化的スタイル」はアイデンティティ・ステイタスの概念と異なる。 |
| Flum, H. | 1994b | アイデンティティ・ステイタスの前兆としてのアイデンティティ形成スタイルを特定した。高校生においてMarciaのパラダイムとは異なるスタイルを特定することが可能か検討する。 | 878名の男女を対象に質問紙、文章完成法、自分自身に関する文章作成を実施。第1研究で判別分析を行い、Marciaの3つのステイタスに該当する調査対象者を判別。第2研究では、第1研究の判別分析により分類できなかった99名の特徴について判別分析をし、そのステイタスの特徴を記述した。 | 第1研究で判別できなかった99名の特徴を分析。「進化的スタイル」Evolutive Styleとしたこの年代では、自分自身の条件の中ではアイデンティの問題を解決するかもしれないが、内的アイデンティティ混乱を経験していないと指摘した。 |
| Kishton, J. M. | 1994 | Newman, B. M. & Newman, P. R. (1991) が提出したEriksonの「個体発達分化の図式」を8段階から11段階への改訂を心理伝記的資料の分析によって検討する。 | Miller, H.によって書かれた心理伝記的資料の分析。 | 追加された3段階、「胎児期」prenatal stage,「後期青年期」later adolescence,「最老齢期」very old ageのうち、「胎児期」については検討されていないが、老年期の重要性と、研究視点の再検討の必要性が強調されている。 |
| Lavoie, J. C. | 1994 | アイデンティティの理論・構造・ステイタス移行に関するレヴューを行い、今後アイデンティティ研究に必要な方向性を示す。 | レヴュー、論考。 | 理論：関係的・文脈的要素についてより注目することが必要である。構造：領域によって段階が異なるので、より深い構造の研究のためには領域ごとの評定・領域の移行プロセス・被 |

| | | | | | |
|---|---|---|---|---|---|
| | | | | | 験者にレレバントな領域の測定を行うべきだ。そのために面接による縦断研究が必要だ。移行：ステイタス移行の時期には，分離と個体化，変化へのレディネスと葛藤の体験などの前触れがあらわれる。変化の同定のために，縦断研究や内容の領域の分析が必要だ。 |
| Cohen, C. R., Chartrand, J. M. & Jowdy, D. P. | 1995 | キャリア発達に関して，論文レヴューから導き出された4つの下位類型，「決定への準備状態」 ready to decide,「発達的未決定」 developmentally undecided,「選択不安」 choice anxious,「慢性的優柔不断」 chronically indecide と Erikson 理論との関係を明らかにする。 | 大学生423名に対する質問紙調査，「職業要因調査票」(CFI: Career Factors Inventory),「自我発達尺度」 Ego Development Scale など。 | | 全体的にアイデンティティに関する各特性の得点は，「決定への準備状態」がもっとも高く，「慢性的優柔不断」がもっとも低い傾向があり，4つの下位類型の間には，有意な差が示された。 |
| Flum, H. & Porton, H. | 1995 | 青年期におけるアイデンティティ形成の過程，殊にアイデンティティ形成における関係性の文脈を小説 A Separate Peace の分析によって検討する。 | 論考。 | | 小説の中に現れた青年の心理力動を分析することで，「映し返し」 mirroring,「理想化」 idealization,「脱理想化」 deidealization,「混乱」 confusion,「目と目による映し返し」 eye-to-eye mirroring,「危機」 Crisis などの心の動きの具体的な実例を示しながら，青年期における他者の果たす役割の重要性を指摘した。 |
| Adams, G. R. & Marshall, S. K. | 1996 | アイデンティティ形成の社会化に関する「発達社会心理学」 developmental social psychology 的理論を導き出す。 | レヴュー，文化観察，臨床的体験，論考。 | | アイデンティティ形成を社会化という視点で研究する際に役立つ，いくつかの理論的説が提示された。①社会化のプロセス，②自己の本質，③成長と発達のプロセス，④「文脈における人」 person-in-context, ⑤マクロな環境とミクロな環境とのつながり。 |
| Baumeister, R.F. & Muraven, | 1996 | 社会・文化的環境の変化と，個人のアイデンティティとの関連を分析する。 | レヴュー，論考。 | | 社会・文化的文脈の変化（個人の選択の自由化，内的自己のあらわれ，価値基礎の喪失による代替的価値の出現，ユ |

## 2. アイデンティティ形成に関する研究

| | | | | |
|---|---|---|---|---|
| M. | | | | ニークネスへの切望と実現の難しさ）によって，個人のアイデンティティの感覚やその性質は変化してきた。アイデンティティとは，社会的文脈，個人の選択，生物学的プログラムが相互に影響し合うもので，この現象を記述するには「個人のアイデンティティは社会的文脈への適応である」という説明が有効だ。 |
| Côté, J. E. | 1996b | 発達に影響する社会的文脈に関して，一貫した研究体系を示す枠組みを用いることで，社会的文脈内での個人のアイデンティティ形成に関する研究を系統立てる。 | 論考。 | 「カルチャー−アイデンティティ・リンク」culture-identity link（Côté, J. E., 1996a）は，社会構造（マクロな環境要因）・相互作用的要因（ミクロな環境要因）・パーソナリティの3つの分析レベルから成り立つ。この枠組みを当てはめることで，これまで研究されてきたさまざまなアイデンティティ概念を系統立てることができた。さらに，流動的な現代の消費社会で有利に生きていくためには，心理社会的スキルを含んだより多様化した資本（＝「アイデンティティ資本」identity capital）が必要であることが示された。 |
| Meeus, W. | 1996 | 1966-1993年のアイデンティティ・ステイタスに関する英語で発表された論文のレヴューと，「積極的関与」commitment と「探求」exploration とを別々に測る尺度を基礎として，アイデンティティ・ステイタスが構成できるか，そこに前進的発達傾向がみられるか，アイデンティティと精神的健康の関係について検討する。 | レヴュー，および，「ユトレヒト青年発達研究」Utrecht Study of Adolescent Development で収集された10,000家族から抽出された12〜24歳のオランダの青年の被調査者について，「ユトレヒト−グロニンゲンアイデンティティ発達尺度」（U-GIDS: Utrecht-Groningen Identity Development Scale）および「GHQ 精神健康調査票」（GHQ: General Health Questionnaire）などを実施。 | ①約4分の1の論文でアイデンティティ・ステイタスの発達的傾向が示されたが，ほとんどの論文はステイタスの分類と他の変数との相関に重点を置いていた。②アイデンティティ・ステイタスを測る尺度よりも，「積極的関与」と「探求」別々に測る尺度のほうがより発達的な傾向を示していた。③U-GIDSによって，「積極的関与」と「探求」の得点から，アイデンティティ・ステイタスを構成することができた。 |

| | | | | | ④精神的な健康との関連では，モラトリアムがもっとも低く，それに続いて，拡散，高い「積極的関与」のステイタスが得点が高かった。|
|---|---|---|---|---|---|
| Ramsey, M. | 1996 | 「人種—民族アイデンティティの発達の段階モデル」DID Model と，訓練プログラムの提案と紹介 | 論考。 | | 人は，多様な人種—民族との出会いにおけるアイデンティティ形成のプロセスに関して，a) 支配的な文化を優先した上での最小限の気付きである「すくみ」fascination，b) 多文化接触と気付きの増加である「分化」differentiation，c) 民族中心的な考えの優先と敵意である「対峙」confrontation，d) 多様な文化に関する正しい再評価である「適応」application の段階をとる。|

存在する。

　Flum（1994 b）は，Flum（1994 a）を理論的な基礎として，早期青年期と中期青年期を対象に，アイデンティティ・ステイタスの前兆としてアイデンティティ形成スタイルを特定することを目的とした調査を行った。878 名のサンプルを対象に質問紙調査，文章記述による葛藤のレポート，文章完成法，「自己記述的陳述評定尺度」Self-Descriptive Statement-Rating Scale，過去，現在，予想する将来の自分についての文章を完成する，といった調査を行った。その結果を判別分析し，拡散，「予定アイデンティティ」，モラトリアム，の 3 タイプが確認され，さらに「進化的スタイル」がこの時期の青年におけるステイタスとして確認された。このステイタスの特徴は，アイデンティティの混乱の低さ，高い内的方針決定という個人内変数と，集団圧力に対する高い耐性能力，両親に対する依存性の低さという社会的変数によって規定された。この年代では，自身の中でアイデンティティの問題を解決しているかもしれないが，内的アイデンティティ混乱を経験していないというプロセスにおいて，達成とは異なるとしている。Marcia（1966）のアイデンティティ・ステイタスが果たしてどの年齢まで有効であるかという疑問は研究者たちが抱いているものであり，初期や中期の青年期でそれが異なるとすればどのように異なり，その異なっていることの源泉は何なのかということは大変興味深いものであろう。本研究においては，その点についても，自律性と楽観主義という側面，両親との関係性からの検討を行っている。

Flum, H. & Porton, H.（1995）は，「映し返し」mirroring,「理想化」idealization,「脱理想化」deidealization,「混乱」confusion,「目と目による映し返し」eye-to-eye mirroring,「危機」crisis などの，青年期におけるアイデンティティ形成に関連の深いと考えられる概念について，Knowles, J.の小説 *A Separate Peace* を分析する事で，その具体的な事例を示すとともに，それらの概念の重要性について指摘した。その中で特に，「映し返し」，すなわち，「他者の中に（鏡の反射のように）映し出されたわれわれ自身。それらを発見する中で，他者はわれわれに反応しわれわれは自分自身の確かな存在を確信する。」というプロセスを指摘している。結論としては，青年期における他者の果たす役割の大きさについて強調している。

この論文のように小説を分析対象とする研究は，非常に数が少ない。その原因としては，導き出された知見の信頼性，妥当性の検討が難しいことが考えられるだろう。しかし，仮説生成的な研究として考えると，小説という形の中で人間の心理力動の典型が示されていることの可能性を考えることができる。なぜなら，多くの読者が自身の心理力動に引きつけて共感的に理解する場合が多いからである。つまり，小説というテキストから導き出された知見が，そのまま人間の心理力動の一般性を示していると断言することはできないが，そこから生成された仮説を，実証的な研究によって検証していくというプロセスは，有効な研究手段の一つと考えることができる。

Ramsey, M.（1996）は，「人種－民族アイデンティティの発達の段階モデル」（DID Model：Model for Diversity Identity Development）の提案と，それにもとづいた訓練プログラムの紹介を行っている。DID Model は，いくつかのこのテーマに関する論文から導き出されており，その内容は，a）支配的な文化を優先した上での最小限の気付きを示す「すくみ」fascination, b）多文化接触と気づきの増加を示す「分化」differentiation, c）民族中心的な考えの優先と敵意を示す「対峙」confrontation, d）多様な文化に関する正しい再評価を示す「適応」application の段階をとるという。

このモデルをベースとした訓練に参加することで，人は，a）自分たち自身を文化的な存在としてみる，b）文化的多様性は，多層で複雑な概念であることを悟る，c）相互作用の中で違う文化的な同一化のインパクトを経験すると述べられている。

アメリカのような多文化社会ゆえに，こうした問題意識，訓練プログラムなどへの興味関心は高いのであろうが，我が国においても，多文化に関する態度形成という教育的意味に加えて，方法論的にもこのような実践的研究は大いに参考にすべきであろう。

Cohen, C. R.ら（1995）は，それまでの研究知見のレヴューから，青年期のキャリア発達に関して，「決定への準備状態」ready to decide,「発達的未決定」developmentally undecided, 「選択不安」 choice anxious, 「慢性的優柔不断」chronically indecide の4つの下位類型を導き出し,「個体発達分化の図式」epigenetic chart の各段階の発達主題の得点を比較することで, 4つの下位類型の妥当性を検討するとともに, それぞれの下位類型の特徴を明らかにしている。

アイデンティティ理論を基礎にした4つの下位類型の仮説生成も妥当なものであると考えられるし, 質問紙による実証データによる検証でも妥当な結果を得ている。さらに論文の中で, カウンセリングに応用できそうなこの研究の意味についての討論があり, 視野の広い問題意識が読み取れる。全体として学ぶべき点の多い研究であるが, これらの4下位類型の違いが, 共通特性や態度の量的違いなのか, 発達段階や心理力動の違いなど質的違いによるものかなどについて明らかにしていくことが望まれる。

次に, アイデンティティ・ステイタスに関するレヴューと, 大規模な調査によって, 方法論的な問い直しを行っている研究として, 以下のものがある。

Meeus, W. (1996) は, 1966〜1993年のアイデンティティ・ステイタスに関する英語で発表された論文のレヴューによって, 163論文中49論文でアイデンティティ・ステイタスの発達的傾向が示されたが, ほとんどの論文はステイタスの分類と他の変数との関連に重点を置いていたこと, また, アイデンティティ・ステイタスを測る尺度よりも,「積極的関与」commitment と「探求」exploration を別々に測る尺度のほうがより発達的な傾向を示していたことなどを明らかにし, これにもとづいて,「ユトレヒト青年発達研究」Utrecht Study of Adolescent Development で収集された 10,000 家族から抽出された 12〜24 歳のオランダの青年の被調査者からのデータを分析している。

この研究では, Meeus, W. & Dekovic, M. (1995) が作成した「積極的関与」と「探求」を別々に測る尺度である「ユトレヒト-グロニンゲン アイデンティティ発達尺度」(U-GIDS: Utrecht-Groningen Identity Development Scale) を用い,「積極的関与」と「探求」の得点から, アイデンティティ・ステイタスを構成することができることを示した。また, 2つのステイタスにおける前進的発達傾向が明確に示された。さらに, 精神的な健康との関連では,「GHQ 精神健康調査票」(GHQ: General Health Questionnaire) の項目,「人生のはしご段」cantril ladder などとの関連から, 幸福感はモラトリアムがもっとも低く, それに続いて, 拡散,「積極的関与」の高いステイタスの順に得点が高くなることを示した。

このような大規模な調査研究から得られた知見は, 妥当性に富むものである。我が国でも, このような研究が望まれる。

さらに,「個体発達分化の図式」そのものの再検討を行っている研究として, 以下のものがある。

## 2. アイデンティティ形成に関する研究

　Kishton, J. M.（1994）は，Newman, B.M. & Newman, P.R.（1991）が提出した Erikson, E. H.の「個体発達分化の図式」の改定案に関して，Miller, H.によって書かれた心理伝記的資料の分析というユニークな方法で検討を試みている。

　Erikson 自身が，Luther や Gandhi など多数の伝記資料の分析を行い，そこから得られた知見が，「個体発達分化の図式」の重要な基礎になっている。このことから，ここで行われている心理伝記的方法は，再発見，再認識される必要があるだろうし，特に仮説生成的研究などでは大いに用いられるべきであると考えられる。我が国においてもわずかではあるが，この方法にもとづいた西平（1983, 1990, 1996），大野（1996）などの研究がある。

　次に，Newman & Newman（1991）が提出した8段階から11段階への「個体発達分化の図式」の改訂について述べる。「胎児期」prenatal stage についてはこの論文では検討されていないが，この段階は誕生以前の生育環境という観点からは意味があろう。また，青年期を初期青年期，後期青年期に分けて考えることは，青年期が長期化する現代において妥当であると考えられる。さらに，これまでの老年期を，「後期成人期」later adulthood，「最老齢期」very old age の2つに分ける考え方も，老年期の長期化から考えて妥当かもしれない。またこの論文では，これまでの老年学が，ステレオタイプによって肯定的か否定的かという一元論に陥りがちであることを批判し，老年期の多様性と複雑性を研究視点に入れるべきであることを強調している。

　最後に，アイデンティティ形成における社会・文化的，文脈的側面に特に焦点を当てた理論的考察もみられる。以下に代表的な4つの研究を取り上げる。

　Baumeister, R. F. & Muraven, M.（1996）は，レヴューと論考により，社会・文化的環境の変化と，個人のアイデンティティとの関連を分析した。文脈の中に生きる個人のアイデンティティについて記述するため，社会・文化的文脈の変化について具体的に示し，それらとアイデンティティとの関連をみている。考察として，①社会・文化的文脈の変化（個人の選択の自由化，内的自己の現われ，価値基礎の喪失による代替的価値の出現，ユニークネスへの切望と実現の難しさ）によって，個人のアイデンティティの感覚やその性質は変化してきたこと，②アイデンティティは，社会的文脈・個人の選択・生物学的プログラムが相互に影響し合って形成されるもので，いずれかのみでは成り立たないこと，③ ②の意味で，「個人のアイデンティティは社会的文脈への適応である」という説明がアイデンティティの記述に有効であることを述べている。

　社会・文化的視点を重視することは，Erikson, E. H.（1950）が述べる心理−社会的な存在としてアイデンティティをとらえるのに有効だろう。個人のアイデンティティを通してその社会の特徴を垣間見ることができるし，社会のあり方が個人のアイデン

ティティに反映されると思われる。しかし注意したいのは、Baumeister らが「適応」という語を中心に据えていることである。本来の概念（Erikson, 1950）に立ち戻ると、心理的-社会文化的両側面が相互に絡みあうことでアイデンティティは形成される。とすれば、社会への適応と、健康で成熟したあり方とが必ずしも同じものとは限らないのではないだろうか。例えば現代日本では、アイデンティティ達成よりも「予定アイデンティティ」のほうが、むしろ適応的に生きている可能性も考えられる。「適応」という語を強調するあまり、社会・文化の側面に寄り過ぎ、個人の主体性の重要性が軽視されてしまう危険性を考慮する必要があるのではないだろうか。

　Côté, J. E. (1996 b) は、「カルチャー-アイデンティティ・リンク」culture-identity link (Côté, 1996 a) という枠組みを用い、アイデンティティ形成について述べている。Côté (1996 a) によると、「カルチャー-アイデンティティ・リンク」は社会構造（マクロな環境要因）と相互作用的要因（ミクロな環境要因）、そしてパーソナリティの3つの分析レベルから成り立ち、この分析レベルは相互に影響し合う。各レベルは時間軸に沿って変化し、①社会構造は、農業から工業生産、さらに消費社会へ、②社会化を行う相互関係（養育者―被養育者関係）は、養育者が伝統的規範により支配する関係から、その権威が疑問視され、さらに親の導きが有効でなくなる関係へ、③パーソナリティは、伝統的なタイプから、選択や主導性のタイプへ、さらに消費社会から影響を受けた変動しやすい他者の賞賛を求めるタイプへと変化している。この枠組みにより、これまで研究されてきたさまざまなアイデンティティ概念を系統立てることができる。さらに経済の概念が投入され、消費が主となり流動的な現代においては、人が有利に生きていくためには、心理社会的スキルを含んだより多様化した資本（=「アイデンティティ資本」identity capital）が必要であると主張している。

　社会構造や歴史的変化を体系的にとらえ、近年のさまざまなアイデンティティ概念を統合しようとした試みは興味深い。しかし、この論文における明快な構造や、消費を中心に据えた理論は、上述の Baumeister & Muraven (1996) の論文に関する指摘と同様に、社会構造を重視するあまり、本来のアイデンティティ概念そのものを示すことができていない危険性があると思われる。そこで、概念のさらなる検討が望まれる。

　Adams, G. R. & Marshall, S. K. (1996) は、理論書および研究論文のレヴューや文化観察、著者の臨床体験から、アイデンティティ形成を社会化という視点で研究する際に役立つ、いくつかの理論的学説（①社会化のプロセス、②自己の本質、③成長と発達のプロセス、④「文脈における人」person-in-context、⑤マクロな環境とミクロな環境とのつながり）を提示している。Adams & Marshall (1996) によれば、アイデンティティは社会化の2つの機能（「個の機能」individual function と「社会

的機能」social function)によって発達する。対人関係や個人内において，「個の機能」は「分化」differentiation,「社会的機能」は「統合」integration として働く。両機能のバランスが重要であり，社会的体験を通して個人は社会を形成し，その社会が次に個人を形成するといった循環が存在する。つまり，アイデンティティ形成にとって，文脈と個のあり方の双方が大切だと主張した。

これらの説は，アイデンティティ形成について研究する際に，社会的・環境的要因について熟考する必要性があることを示しており，具体的な研究をする際の有用なヒントとなりうるだろう。

Lavoie, J. C. (1994) は，理論・構造・ステイタス移行に関するアイデンティティ研究のレヴューによりこれまでの概念をまとめ，今後アイデンティティ研究に必要な方向性を示した。ステイタス理論については，関係的・文脈的要素についてより注目することが必要だとし，現在，Kegan, R. (1982) が提示した発達モデルがもっとも有望だと述べている。アイデンティティ構造については，領域によって段階（ステイタス）が異なるので，より深い構造を研究するためには，全体的なステイタスを評定するのではなく，領域ごとの評定や領域の移行プロセス，被験者に適切な領域の測定を行うべきだとした。そのための研究方法として，面接による縦断研究を挙げている。また発達プロセスをとらえようとするならば，移行メカニズムの理解が必要であるとしている。移行プロセスをとらえる視点の例として，「移行形成学習」transformative learning を挙げている。これは，①自己の信念・態度・情緒反応の解釈，②自他の違いへの気付き，③自他の欲求などの調整，④自己の変化，⑤選択・行動のプロセスであり，アイデンティティ形成における個人の構造的変化との類似点が指摘されている。

アイデンティティに関する研究に限らず，このように研究形態そのものについて検討することは，概念を整理し今後の研究に具体的かつ効果的な示唆を与えるものと考えられる。

## 2) アイデンティティ・スタイルに関する研究

ここでは，Berzonsky が提唱したアイデンティティ・スタイルに関する研究，5編を紹介する。これらは表 3-5 にまとめた。

Berzonsky, M. D. (1989) は，アイデンティティ・ステイタスを認知（情報処理）スタイルの差異としてとらえ直し，意思決定の前に自己に関与する情報を積極的に探索し，精緻化する「情報志向」Information Orientation（モラトリアムおよびアイデンティティ達成に相当），親などの重要な他者たちの基準に従う「規範志向」Normative Orientation（予定アイデンティティに相当），問題や葛藤に直面することを

表 3-5 アイデンティティ・スタイルに関する研究

| 著者 | 年代 | 目的・仮説 | 方法 | 結果・考察 |
|---|---|---|---|---|
| Berzonsky, M. D. & Sullivan, C. | 1992 | 「情報志向」、「規範志向」、「拡散／回避志向」の3つからなるアイデンティティ・スタイルと、認知欲求、開放性、個人的・社会的アイデンティティ、内省性などとの関連性を検討する。 | 163名の女子大学生に、「アイデンティティ・スタイル目録」(ISI: Identity Style Inventory)、「認知欲求尺度」Need for Cognition Scale、「開放性目録」Openess to Experience Inventory、「個人的・社会的アイデンティティ尺度」Personal and Social Aspects of Identity Scale、「内省性尺度」Introspectiveness Scaleを実施した。 | ①「情報志向」は、「情報処理」と「自己内省」の2つの因子に分かれた。「情報志向」は、認知欲求が高く、全般的に開放性が高かった。②「規範志向」は、「価値」と「活動」に関する開放性が低かった。③「拡散／回避志向」は、個人的アイデンティティの程度が高かった。 |
| Berzonsky, M. D. | 1992 | アイデンティティ・スタイルと、ストレッサーに対するコーピング方略との関連性を検討する。 | 171名の大学生に、「改訂版アイデンティティ・スタイル目録」Revised Identity Style Inventory、「コーピング様式チェックリスト」Ways of Coping Checklist、「達成不安テスト」Achievement Anxiety Testを実施した。 | 「拡散／回避志向」と「規範志向」は、情動焦点型のコーピング方略を用いる傾向がみられ、「情報志向」は、問題焦点型のコーピング方略を用いる傾向がみられた。 |
| Berzonsky, M. D. | 1993 | Berzonsky & Sullivan (1992) の追試的研究として、アイデンティティ・スタイルと認知欲求、開放性、内省性などとの関連性に加え、性差についても検討する。 | 175名（男65名、女110名）の大学生に、「改訂版アイデンティティ・スタイル目録」、「開放性目録」、「認知欲求尺度」、「内省性尺度」を実施した。 | ①アイデンティティ・スタイルの分類や他の変数などで、性差は認められなかった。②「情報志向」は、認知欲求や開放性が高かった。③「規範志向」は、「価値」と「活動」に関する開放性が低かった。④「拡散／回避志向」は、積極的関与が低かった。 |
| Berzonsky, M. D. | 1994 | アイデンティティ・スタイルと、自己アイデンティティ（社会的アイデンティティ、個人的アイデンティティ、集団的アイデンティティ）との関連性を検討する。 | 175名の大学生に、「改訂版アイデンティティ・スタイル目録」、「アイデンティティ様相質問紙」Aspects of Identity Questionnaireを実施した。 | 自己定義において、「情報志向」は個人的アイデンティティ、「規範志向」は集団的アイデンティティ、「拡散／回避志向」は社会的アイデンティティを強調するという結果が得られた。 |
| Clancy, S. M. & Dollinger, S. J. | 1995 | アイデンティティ・スタイルと5因子モデルとの関連性を検討する。 | 189名の大学生に、「改訂版アイデンティティ・スタイル目録」、「NEO人格目録」(NEO-PI: NEO Personality Inventory)を実施した。 | 「情報志向」は開放性と、「規範志向」は誠実性と正の相関があった。「拡散／回避志向」は誠実性と負の相関があった。 |

避け,状況が行為の方向性を要求するまで決定を遅らせようとする「拡散／回避志向」Diffuse/Avoidant Orientation（アイデンティティ拡散に相当）という3つのアイデンティティ・スタイルを概念化した。そして,3つのアイデンティティ・スタイルを用いる程度と,積極的関与の程度を測定する「アイデンティティ・スタイル目録」(ISI: Identity Style Inventory) を作成した（鑪他,1997を参照）。

Berzonsky, M. D. & Sullivan, C. (1992) は,アイデンティティ・スタイルの社会認知的側面を検討するために,認知欲求,経験への開放性,内省性,個人的・社会的アイデンティティなどの変数との関連性について検討した。全下位尺度間の相関マトリックスから,因子分析（**Varimax**回転）を行ったところ,4因子が抽出された。情報志向性は第1因子,第2因子の両因子に.40以上の負荷を示した。第1因子は,認知欲求や知識に関する開放性に負荷が高いことから「情報処理」Information Processing,第2因子は,内省性,個人的アイデンティティ,感情や空想に関する開放性に負荷が高いことから「自己内省」Self-Reflection と名付けられ,情報志向には2側面があることが示唆された。第3因子は,規範志向性に負の負荷があり,価値観や活動に関する開放性に正の負荷があることから,「規範的処理」Normative Processing と名付けられた。つまり,このことは規範志向性の高い者は,価値観や活動などの自己領域に関する開放性が低いことを意味し,自己を脅かす不協和な情報から自己を防衛していることを示唆すると考察している。また,第4因子は,拡散／回避志向性に高い正の負荷があることから,そのまま「拡散／回避」Diffuse/Avoidant と名付けられた。さらに,「アイデンティティ・スタイル目録」の3下位尺度得点を標準得点に変換し,各被験者について3変数のうちもっとも得点の高いものをもって,その被験者のアイデンティティ・スタイルとするという分類を行った。そして,アイデンティティ・スタイルを独立変数として,各下位尺度得点をそれぞれ従属変数とする一元配置分散分析・多重比較を行った結果,情報志向型は認知欲求が高く,全般的に開放性が高いのに対して,拡散／回避志向型は認知欲求,内省性,知識に関する開放性,個人的アイデンティティなどが低く,規範志向型は価値観に関する開放性が低いという結果を得ている。

Berzonsky, M. D. (1992) は,アイデンティティ・スタイルとコーピング方略およびテスト不安反応との関連について検討した。「アイデンティティ・スタイル目録」については,改訂がなされ,「情報志向」,「規範志向」,「拡散／回避志向」の各下位尺度の $\alpha$ 係数が,原尺度では順に.53, .52, .59だったものが (Berzonsky, 1989),「改訂版アイデンティティ・スタイル目録」Revised Identity Style Inventory では.62, .66, .73となった。「改訂版アイデンティティ・スタイル目録」,「コーピング様式チェックリスト」Ways of Coping Checklist,「達成不安テスト」Achievement

Anxiety Test の全下位尺度得点を変数として，因子分析（*Oblimin* 回転）を行ったところ，4因子が抽出された。第1因子は，拡散／回避志向に高い負荷を示すとともに，願望的思考，隔離化，緊張緩和などのコーピング方略に高い負荷を示し，「拡散，回避アプローチ」Diffuse, Avoidant Approach と名付けられた。第2因子は，情報志向に高い負荷を示すとともに，問題焦点化，ソーシャル・サポートなどのコーピング方略に高い負荷を示し，「問題焦点化，情報アプローチ」Problem-Focused, Informational Approach と名付けられた。第3因子は，テスト不安における促進的不安に正の負荷，抑制的不安に負の負荷がみられるだけで，他の変数と独立しており，「促進的不安反応」Facilitative Anxiety Reactions と名付けられた。第4因子は，「改訂版アイデンティティ・スタイル目録」における規範志向と積極的関与にのみ高い負荷があり，「予定アイデンティティ」Foreclosure とされた。さらに，Berzonsky & Sullivan（1992）と同一の手法で，アイデンティティ・スタイル分類を行った上で，5つのコーピング方略と2つの不安反応の合計7変数について因子分析を行い，「情動焦点化」，「問題焦点化」，「促進的テスト不安」の3因子を抽出し，その3つの因子得点をそれぞれ従属変数とする一元配置分散分析・多重比較を行った。その結果，「拡散／回避志向型」と「規範志向型」は，情動焦点型のコーピング方略を用い，「情報志向型」は問題焦点型のコーピング方略を用いる傾向が明らかにされた。

　Berzonsky, M. D.（1993）は，女性だけを対象とした Berzonsky & Sullivan（1992）の追試的研究として，性差も考慮し，アイデンティティ・スタイルと認知欲求，開放性，内省性などとの関連性について検討した。Berzonsky & Sullivan（1992）と同一の手法で，アイデンティティ・スタイル分類を行った上で，$\chi^2$検定によってスタイル分類の性差の検討を行ったが有意ではなかった。また，アイデンティティ・スタイルと性別の2要因を独立変数とし，認知欲求などの9つの変数を従属変数とした多変量分散分析（*MANOVA*）を行ったところ，スタイルと性別の交互作用は有意ではなかった。このことから，性が異なっていても同一のスタイルに分類された者は，従属変数において有意な差はないということが示された。さらに，スタイルを独立変数，各変数を従属変数として，一元配置の分散分析・多重比較を行ったところ，Berzonsky & Sullivan（1992）の結果がほぼ再現された。

　Berzonsky, M. D.（1994）は，アイデンティティ・スタイルと「個人的アイデンティティ」personal identity,「集団的アイデンティティ」collective identity,「社会的アイデンティティ」social identity などの自己アイデンティティとの関連について検討した。Berzonsky & Sullivan（1992）と同一の手法で，アイデンティティ・スタイル分類を行い，自己アイデンティティの3変数のうち従属変数とする変数以外の2変数を統制した上で，一連の共分散分析を行い，修正平均値について比較した。その

結果，情報志向型では個人的アイデンティティ，規範志向型では集団的アイデンティティ，拡散／回避志向型では社会的アイデンティティが有意に高かった。この結果は，各アイデンティティ・スタイルは，自己定義の強調点が異なるということを示唆している。

Clancy, S. M. & Dollinger, S. J. (1995) は，アイデンティティ・スタイルとパーソナリティの5因子モデルとの関連について検討した。「改訂版アイデンティティ・スタイル目録」と「NEO人格目録」(NEO-PI: NEO Personality Inventory) との相関を求めたところ，情報志向では開放性と正の相関があり (.40)，規範志向では誠実性と正の相関があり (.35)，拡散／回避志向では誠実性と負の相関があった (-.36)。

Berzonskyのアイデンティティ・スタイルに関する研究は，アイデンティティ・ステイタスを情報処理という観点から認知心理学的にとらえ直したものであり，理論的にも整然としており，研究結果についても明解である。アイデンティティ・ステイタス研究において混乱・矛盾の原因ともなっている過去の「危機／探索」の有無という問題（谷，2001b）も克服している。Marcia法を新たな観点からとらえ直し，操作的定義をした点においては，アイデンティティ研究の1つの方向性として評価できるものであろう。

しかしながら，アイデンティティ・スタイルは，あくまでもMarcia, J. E.のアイデンティティ・ステイタス・パラダイムに立脚し，概念化されたものであり，Eriksonのアイデンティティ理論との整合性については，若干疑問を感じる（谷，2001a, 2001b）。

また，アイデンティティ・スタイルの測定尺度である「アイデンティティ・スタイル目録」については，下位尺度の$\alpha$係数が低く，「改訂版アイデンティティ・スタイル目録」にしてもいまだ低い値しか示されておらず，内的整合性の点において問題があろう。これまで，「アイデンティティ・スタイル目録」の項目についてのみ因子分析をした結果は示されていないが，各下位尺度の$\alpha$係数が低いことを考慮するならば，因子的妥当性が確認できるとは推測しがたい。したがって，測定尺度の精緻化という問題は残されているであろう。

また，Berzonsky & Sullivan (1992) の研究で，スタイル分類の手法が提案され，Berzonsky (1993, 1994) の研究では，スタイル分類にもとづく分析結果しか示されていない。「アイデンティティ・スタイル目録」では各スタイルを用いる程度が連続量として測定されているのだから，単純に各被験者のもっとも高いスタイル得点をもって分類し，分析する方法は，データ処理法としてはやや粗雑ではないだろうか。むしろ，Berzonsky & Sullivan (1992) やBerzonsky (1992) の研究で行っているよう

に各下位尺度間の相関を示した上で，因子分析するような方法の方が適切かと思われる。類型化は，ステイタス法の伝統に従ったものと考えられるが，類型論特有の問題にも注意を払う必要があるだろう（谷，2001 a; 2001 b）。

### 3）人格特性との関連

この節では，アイデンティティ形成と人格特性の関連を扱った研究，7編を取り上げる。これらは表3-6に示した。

まず，アイデンティティを目的変数として，それを説明する人格特性を検討したもの，アイデンティティと相関のある人格特性を検討したものなどを紹介する。

Iedema, J.ら（1996）は，Tazelaarの心理的不適合理論（1983）とMarciaのアイデンティティ・モデル（1966, 1980, 1993）の概念を結合し，Nurmiの青年期のライフプランニングの枠組み（1991, 1993）を用いて，アイデンティティの理論的モデルを作成した。すなわち社会的関係領域，教育領域でのスタンダード（あるべき状況）が，心理的不適合感（スタンダードと実際の自分の状況・行動に対する認知のズレ）に影響を与え，それが各領域のアイデンティティにどの程度の影響を及ぼすのかについて，共分散構造分析を用いて検討した。その結果，データとモデルの適合は良好であり，高いスタンダードは直接的にはより成熟したアイデンティティをもたらすが，間接的には心理的不適合感を通じて，人格発達を妨げる原因となることを示した。

ここで用いられている分析法は，近年急速に普及した共分散構造分析である。「探索」と「積極的関与」を別々に測る尺度（Meeus & Dekovic, 1995; Meeus, 1996）の得点を観測変数として，アイデンティティという潜在変数を構成するというモデルを設定し，理論的にそれに影響を与えると予測される変数からパスが引かれている。このように共分散構造分析は今後，アイデンティティやパーソナリティという直接的には測りにくい概念を扱う研究において有効な方法となるであろう。しかしながら，たとえ同じ観測変数を用いたとしても，研究者が異なれば同じモデルが構成されるとは限らないのが，共分散構造分析のおもしろいところでもあり，また難しいところでもある。そのため，論文の中に再分析ができるだけの完全な情報を掲載し，モデル構成の妥当性を世に問う姿勢をとることも必要であるといえよう。

Lopez, F. G.ら（1992）は，自立した親と後期青年期の青年の関係であれば，青年は感情の管理に関して大きな責任を引き受けることになり，結果としてポジティブな気分状態をより多く経験するようになるだろうと考えた。それに付随して特性的自己効力感は増すと考えられるため，親からの独立，気分制御，特性的自己効力感は，後期青年期のアイデンティティ発達の重要な相互決定因であるという仮説が導かれたのである。それを検討した結果，現在の親—青年関係の性質が，気分制御と特性的自己

## 2. アイデンティティ形成に関する研究

**表 3-6 人格特性との関連に関する研究**

| 著者 | 年代 | 目的・仮説 | 方 法 | 結果・考察 |
|---|---|---|---|---|
| Lopez, F.G., Watkins, C. E., Manus, M. & Hunton-Shoup, J. | 1992 | 親からの葛藤的な独立、気分制御、特性的自己効力感が、後期青年期のアイデンティティ発達にどの程度影響を与えるのかについて検討する。 | 大学生224名（男性81名・女性143名）を対象に、Hoffmanの「心理的分離目録」Psychological Separation Inventoryの一部である「葛藤独立」（CI: Conflictual Independence），McNairらの「気分状態プロフィール」（POMS: Profile of Mood States), Tiptonらの「特性的自己効力感尺度短縮版」（GSE: Generalized Self-Efficacy), Eriksonの最初の6つの発達段階を測るMcClainの「自己記述用紙」（SDB: Self-Description Blank）の第Ⅴ段階を実施。 | 現在の親-青年関係の性質は、気分制御と特性的自己効力感とともに、後期青年期のアイデンティティに大きな影響を与える。 |
| Glodis, K.A. & Blasi, A. | 1993 | Loevingerの自我発達段階の再分析から得られた、連続する4つのアイデンティティ様式の中の2つの様式に焦点を当て、その妥当性について検討する。 | 高校3年生15名（平均17歳)、成人15名（平均32歳)の女性を対象に、自己の感覚についての質問紙調査，自己の経験に焦点を当てた面接調査，Adamsらの「アイデンティティ・ステイタス測定の客観尺度」（OM-EIS）を実施。 | 対象者の反応パターンは「観察されたアイデンティティ」Identity Observed,「アイデンティティ管理」Management of Identityの様式に密接に関連している。これらの様式は連続的であり、中期青年期と成人期のグループとを区別するだけの妥当性をもっているということが示された。 |
| Haviland, J.M., Davidson, R. B., Ruetsch, C., Gebelt, J. L. & Rutgers, C. L. | 1994 | アイデンティティを個人的記憶が自己の感覚を与えたり作ったりすることからとらえ、その構造を情動的な傾向を持つ自己構造モデルとして説明する。 | 第1研究：20名の女性被調査者（15歳、17歳、19歳、25歳)，第2研究：49名の男性および女性被調査者（年齢10歳から17歳）が自分の役割のリストと個人的特性のリストを作成。その双方を縦横軸にとったマトリックスに，特性の当てはまる度合いを記入した数値を用いてクラスター分析。 | 得られた構造は，「互いに関連した構造」Connected Structure,「収縮構造」Contracted Structure,「拡張構造」Expanded Structureの3種類。この構造をアイデンティティ・ステイタスと関連づけ，「互いに関連した構造」を達成，「収縮構造」を予定アイデンティティ，「拡張構造」を拡散，あるいはモラトリアムの構造だと考察。 |
| Pulkkinen, L. & Roenkae, A. | 1994 | 個人のライフ・オリエンテーションの構成要素を明らかにし，それが長期間にわたる発達的プロセ | 26歳までの縦断的なデータの揃っている287名（男性145名・女性142名）を対象にPulkkinenの「パーソナル・ | 個人の人生の方向づけは「肯定的方向づけ」（PO: Positive Orientation）と「動機づけられた探究」（MQ: |

| | | | スを反映しているということを検証する。 | コントロール目録」Personal Control Inventory, アイデンティティ形成に関する半構造化面接, 将来への方向性, 適応の指標に関する質問紙を実施。子どもの頃（8，14歳）に教師が査定した攻撃性, 不安, 多動性, 社交性についてのデータを使用。 | Motivated Questioning）によって構成されており, POはMQよりも適応的な心理的機能と強く関連する。男性：現在の適応的心理的機能が, ライフ・オリエンテーションに強く影響。女性：8，14歳時の学業的成功と社会経済的地位が, POとMQの両方に強く影響。 |
|---|---|---|---|---|---|
| O'Connor, B.P. | 1995 | 青年期の自己中心性が高い自己意識とユニークネスの感覚, 親の養育態度とどう関連しているかを検討。 | | 12歳から21歳までの418名の被調査者にAdamsらの「アイデンティティ・ステイタス測定の客観尺度改訂版」（EOM-EIS）, 養育態度, Enrightらの「青年期自己中心性尺度」（AES: Adolescent Egocentrism Scale）とElkindらの「仮想の観衆尺度」（IAS: Imaginary Audience Scale）の質問紙, Feningsteinらの公的意識尺度, Rosenbergの自尊心尺度を実施。 | ①AESとIASという2つの尺度では, 自己中心性を測定するには, AESのほうが適切。②アイデンティティの発達は養育態度より強く明確に, 自己中心性と関連。 |
| Adamson, L. & Lyxell, B. | 1996 | 青年期の自己概念の特徴とこの発達の年代に個人内に起こってくる実存的な問いや考えの領域を探索し, 記述。さらに, この2つの関連についての検討。 | | 44名（女性19名, 男性25名）の南スウェーデンのカレッジの学生を対象に,「社会的行動分析」（SASB: Analysis of Social Behavior）を実施。「人生に対する私の問い」というタイトルで短いエッセイを作成してもらい, その内容に関連する質問紙調査を実施。 | ①被調査者の多くにとってポジティブでしっかりした自己概念がはっきり示され, 人生の質問は未来の質問に関連。②アイデンティティの発達にとって社会的環境は幼児期初期の間だけでなく, 青年期でも重要である。 |
| Iedema, J., Meeus, W. & de Goede, M. | 1996 | 社会的関係領域, 教育領域での心理的不適応感が, アイデンティティ形成にどの程度影響を及ぼすのかについて, 共分散構造分析を用いて検討する。 | | オランダの青年1,230名（男性583名・女性647名）を対象に面接調査, その後, 社会的関係と教育における心理的不適応感, アイデンティティに関する質問紙調査を実施。 | データとモデルの適合は良好。高いスタンダードは直接的には成熟したアイデンティティをもたらすが, 間接的には心理的不適応感を通じて, 人格発達を妨げる原因となることを示した。 |

効力感とともに，後期青年期のアイデンティティに大きな影響を与えていることが明らかにされた。そこから，青年期のクライエントをカウンセリングするときには，親との関係の性質を注意深く査定すべきであるというように，カウンセリング実践への具体的な示唆がなされている。このようにカウンセリング実践への応用に直結するアイデンティティ研究は，研究と実践の橋渡しとしての役割を果たし，社会に対する貢献も大きいと考えられる。

しかしながらこの研究のように，どの変数がもっともアイデンティティを予測するのか，あるいはアイデンティティを発達させるにはどの変数を上昇させたらよいのかという問題意識をもつ場合，それらを客観的数値で実証しようとするあまり，仮説の上に仮説を立てる状態に陥りやすい。その結果，変数間の関係が複雑になり，結論が曖昧になってしまっている点が残念である。

Pulkkinen, L. & Roenkae, A. (1994) は，個人の人生の方向づけライフ・オリエンテーションの構成要素を明らかにし，それが長期間にわたる発達的プロセスを反映しているということを検討した。その結果，個人の人生の方向づけライフ・オリエンテーションは「肯定的方向づけポジティブ・オリエンテーション」Positive Orientation : PO（パーソナル・コントロールの自己知覚，将来への肯定的ポジティブな評価，アイデンティティ達成）と「動機づけられた探究」Motivated Questioning : MQ（アイデンティティ探索，将来の方向への動機づけ，現在の達成への不満）によって構成されており，POはMQよりも適応的な心理機能に含まれている変数（生活満足度，職業安定度，ソーシャルネットワーク）に強く関連することが明らかになった。またパス解析により，男性においては適応的心理的機能に含まれている現在の変数（生活満足度，価値，ソーシャルネットワーク）がライフ・オリエンテーションに強く影響し，女性においては8歳と14歳における学業的成功と社会経済的地位がPOとMQの両方に強く影響するということが示された。

この研究は個人のライフ・オリエンテーションの構成要素を明らかにする際に，恣意的に項目を選んで因子分析を行っているにもかかわらず，出てきた結果が2因子であったために，それぞれ「肯定的方向づけ」POと「動機づけられた探求」MQと名付け，後の分析はすべてこの2因子で行っている。つまり後の分析に対して明確なビジョンがないままに分析を進めたために，現象記述的な結果を導くことしかできず，考察を深めることができない状況に追い込まれてしまっている。26歳までの縦断的なデータの揃っている287名を対象に，半構造化面接と質問紙調査を実施して得た大規模なデータを生かした分析が望まれる。

O'Connor, B. P. (1995) は，青年期の自己中心性が高い自己意識とユニークネスの感覚，親の養育態度とどう関連しているかを検討している。彼は，青年期の自己中

心性について，アイデンティティ発達への自己の関心や社会的要請の高まりが青年の自己中心性をもたらしている（O'Connor, B. P. & Nikolic, J., 1990），とする論文を提出している。本研究では，この1990年の結果の追試を進め，(1)アイデンティティ発達と養育態度の作用が青年の自己中心性に独立して関連しているのか，重複，オーバーラップして関連しているのか，(2)これらの変数間の関連の方向性を明確にするという2点を検討することを主な目的としている。

アイデンティティ発達については，Adamsらの「アイデンティティ・ステイタス測定の客観尺度改訂版」（EOM-EIS），養育態度については，Adams & Jones（1982, 1983）と同様の尺度を用いており，自己中心性については，「青年期自己中心性尺度」Adolescent Egocentrism Scaleと「仮想の聴衆尺度」Imaginary Audience Scaleという2つの一般的に使われている尺度を使用している。

本研究はアイデンティティの研究というよりは，アイデンティティを1つの観測変数として，自己中心性を検討したものであるといえる。ここでのアイデンティティは，操作的に定義されたものである。このような研究においては，アイデンティティという概念の操作的定義についての十分な検討が必要である。その尺度で何を測定しているかということに対する配慮を欠いている場合には，単なる尺度間の相関を検討しただけの研究に終わってしまうことを指摘しておきたい。

次に，アイデンティティの感覚そのものにアプローチしたものとして次の研究がある。

Glodis, K. A. & Blasi, A.（1993）は，Loevingerの自我発達段階の再分析（Blasi, 1983, 1988）から得られた連続した4つのアイデンティティ様式（「社会的役割アイデンティティ」Social Role Identity,「観察されたアイデンティティ」Identity Observed,「アイデンティティの管理」Management of Identity,「真正なアイデンティティ」Identity as Authenticity）を見出した。Blasi, A. & Milton, K.（1991）は「社会的役割アイデンティティ」と「観察されたアイデンティティ」の様式に焦点を当てたが，本研究では特に「観察されたアイデンティティ」と「アイデンティティの管理」の様式に焦点を当て，その妥当性について検討した。高校3年生15名（平均17歳），成人15名（平均32歳）の女性を対象に，自己の感覚についての質問紙調査，自己の経験に焦点を当てた面接調査，Adamsらの「アイデンティティ・ステイタス測定の客観尺度」（OM-EIS）を実施した結果，「観察されたアイデンティティ」と「アイデンティティの管理」の様式が中期青年期と成人期のグループを識別するだけの妥当性をもっているということが示された。

さらに，面接による質的な検討を通して，その結果を裏付ける試みを行っている。高校3年生のAnneは「人が見ていないのは，本当の私じゃない。」と話し，「社会的

役割アイデンティティ」(外的な活動にもとづいたアイデンティティの感覚) に分類された。同じく高校3年生であるBarbaraは「人の本当の自己が変化するとは思わない……人はそれを試みるけど、それが変化するとは思えない。」と語り、「観察されたアイデンティティ」(人間の本当の性質、自発的な内的経験に焦点が当てられたアイデンティティの感覚) に分類された。小学校の教師先生であり、妻であり母である40歳くらいのDoreenは、絶えず「自分がしてきたことを再評価すること」によって、自分自身の本当の自己を管理しており、「私は変化するための試みをする……そして私には我慢できない一部がある……だけどその部分、つまり私の意地の悪い部分を変えながら仕事をしている。」と述べ、「アイデンティティの管理」(人が責任のあると感じる理想の選択に関して創られたアイデンティティの感覚) に分類された。

この研究はアイデンティティの感覚そのものに正面から取り組んでおり、しかも量的な研究の裏付けとして質的なデータを積極的に活用している点で、アイデンティティに関する研究方法の1つとして推奨されるべきである。しかしながら最終の様式である「真正なアイデンティティ」の特徴は、他の様式に比べて明確には定義されておらず、この研究のように教育程度の高い成人サンプルにおいてさえ、なかなか見出すことができなかった。「真正さ」AuthenticityはEriksonが拠り所としている概念の1つでもあり、一義的に定義するとその内容の大部分が失われてしまうため、これまでと同じ方法による妥当性の検討は困難であるということを示しているのかもしれない。

最後に、アイデンティティそのものを測定しているわけではないが、アイデンティティに関連する人格構造や自己概念について取り扱ったものを紹介する。

Haviland, J. M.ら (1994) は、アイデンティティを個人的記憶が自己の感覚を与えたり作ったりすることからとらえ、その構造を情動的な傾向をもつ構造として説明しようとした。彼らは、アイデンティティの構造によって、役割に対する一貫性や情動的な記述を確認し、階層クラスター法を用いることによって、自己構造モデルを生成した。用いられた方法は、15歳、17歳、19歳、25歳の被調査者に自分の役割のリストを作成してもらい、続いて個人的特性のリストを作成してもらった。その双方を縦横軸にとったマトリックスに、特性の当てはまる度合いを記入したものを用いてクラスター分析を行った。その結果、得られた構造は、「互いに関連した構造」Connected Structure, 「収縮構造」Contracted Structure, 「拡張構造」Expanded Structureの3種類が得られた。彼らはこの構造を以下のようにアイデンティティ・ステイタスと関連付けて考察している。1)「互いに関連した構造」は、情動と関わる個人的特性がきちんとしたネットワークを形成し、自己構造と関連しており、この特徴に該当するのがアイデンティティ達成である。2)「収縮構造」は、部分的にだけ固

定された情動と関わる個人特性がセットされており，この特徴に該当するのが，予定アイデンティティである。3)「拡張構造」は，情動と関わる個人的特性がバラバラでほとんどネットワークになっていない構造であり，この特徴に該当するのが，拡散，あるいはモラトリアムである。

本研究のように個人的記憶をどのようにもつことがその人の自己の感覚に影響を与えるかという視点は興味深いものであり，その感覚を自己構造のモデルで説明しようとする姿勢は意義深いものであるといえよう。

続いてAdamson, L. & Lyxell, B. (1996) の研究を紹介する。彼らは，青年期の自己概念の特徴とこの発達的年代に個人内に起こってくる実存的な問いや考えの領域を探索し，記述しようとした。さらに，この2つの関連についての検討を行った。

この研究で扱われている実存的問いは，死，未来，人生，神，自分自身，戦争や環境問題などのグローバルな問題などであり，このような観点を扱っている研究は他にはあまり見受けられず，その視点は青年期を考えるにあたり重要なものといえる。このような問いと自己概念の質の関連についての検討もなされており，自己概念の質（肯定的対否定的，ポジティブvsネガティブ）は，被調査者が彼らの存在に関する質問においてどのように大人の興味を体験しているかということと有意に関連していた。この結果から，アイデンティティの発達に対して社会的環境は幼児期初期の間だけでなく，青年期にとっても重要であることを彼らは指摘している。

また，彼らは，アイデンティティを扱う調査においては，統合の起こる過程に焦点を当てる必要があるとし，本研究では，この過程をみるために「社会的行動分析」（SASB : Analysis of Social Behavior) という方法を用いている。SASBの分析のモデルは，「投入」introjectionという概念を所属/絶縁，独立/相互依存という次元において検討することと，肯定的，ポジティブ/否定的，ネガティブという側面で自己概念を測定しているものである。このモデルは，「重要な他者」significant othersとの関係を取り込むことによって記述されるアイデンティティを想定しているものであり，この理論的モデルを用いることにより，統合の起こる過程に焦点を当てようとしたと述べている。

この2つの研究は，アイデンティティという概念を「注意喚起的」evocativeに用いており，直接的にアイデンティティを操作的に定義して測定しているものではない。このような方法は，アイデンティティというとらえにくい概念を検討し，研究として発展させていくためには有効な手段である。しかしながら，研究に用いたデータの意味するものとアイデンティティという概念との関連を研究者自身が明確に把握し，その概念に対応して用いているデータの妥当性が十分に検討されなければ，アイデンティティ研究としては発展性の少ない研究といわざるを得ないだろう。

### 4）関係性に関する研究

　ここでは，アイデンティティの関係性に関する7編の論文を取り上げる。これらは，表3-7にまとめた。

　Shaw, S. M. ら（1995）においては，アイデンティティ・ステイタス面接（領域は職業，宗教，政治，性役割態度，性的交渉についての態度）およびアイデンティティ発達尺度などを用い，アイデンティティの発達レベルと余暇活動の過ごし方との関連が検討された。その結果，女子では，アイデンティティ発達レベルと余暇活動のスポーツする時間との間に正の相関があり，スポーツや身体活動が既成の男女観に対する挑戦や，独立した自己の感覚を得ていく過程の中で自分自身の考えを探求していくことに役立つと考察された。男子においては，テレビを見る時間とアイデンティティ発達レベルに負の相関があり，男子は女子よりテレビを見ることを否定的で退屈なことであるととらえているためではないかとしている。

　Meeus, W. & Dekovic, M.（1995）では，12歳から24歳までの男女青年に対して，関係性や学校，仕事についての各領域における積極的関与および探求と，親や仲間のサポートとの関連を調べた。女子では，関係性の領域は，一貫して学校および仕事の領域より重要であるが，男子においては，21歳から24歳の群が低年齢群より，関係性の領域が他の領域より重要であった。さらに，アイデンティティ発達において，親から仲間へと重要な他者が置き換わり，仲間からの支援は関係性のアイデンティティの発達によい影響を与えるものであるとしている。

　Matula, K. E.ら（1992）は，Eriksonの発達モデルは男子青年向けであり，女子青年には適用できないのではないかというかねてからの問題を検討するために，男女の大学生を上位群と下位群に分けて，主に職業アイデンティティと，仕事と家庭への方向付け，ならびに異性との関係への関与との関連を検討した。その中で，Eriksonの発達モデルが適合するのは，下位群の男子学生であり，彼らは職業アイデンティティの形成過程にあり，異性との関係に関与することは少ない傾向にあった。上位群の男子学生および女子学生は，職業アイデンティティを明確にもち，異性との関係に関与していたが，上位群の女子学生においては，結婚より仕事を重視するか，結婚後も働くことを希望するならば，異性との関係にコミットすることに用心深くなるとしている。

　Skoe, E. E. & Diessner, R.（1994）においても，先の論文と同様に，アイデンティティ発達の男女の違いを何によって説明するかという大きな課題をテーマとしている。アイデンティティ・ステイタス，Gilliganの「ケア」Careの発達段階に基づく「ケアの倫理面接」（ECI: Ethic of Care Interview），Kohlbergの「正義」Justiceの発達段階理論に基づく「道徳判断面接」（MJI: Moral Judgment Interview）において，

表 3-7 関係性に関する研究

| 著者 | 年代 | 目的・仮説 | 方法 | 結果・考察 |
|---|---|---|---|---|
| Matula, K. E., Huston, T. L., Grotevant, H. D. & Zamutt, A. | 1992 | 大学生における，職業アイデンティティと女性についての態度，教育への要求目標，仕事と家族の意識，仕事へのコミットメント，デート地位との関連を検討する。 | 17歳から23歳までの学生（平均年齢19.9歳）223名（女子167名男子56名）。① Spence ら（1978）による「女性についての態度尺度」（ATWS: Attitude Toward Women Scale），②教育への要求目標，③ Holland ら（1980）の職業アイデンティティ尺度，④ Helmreich ら（1978）の仕事と家庭への方向付け，⑤ Komarovsky の仕事へのコミットメント，⑥デート地位。 | ①上位群の女子学生は，職業アイデンティティをもつほど，交際相手に積極的関与していたが，結婚後の仕事を考えている女性は，交際相手には積極的に関与していなかった。②上位群の男子学生は，職業アイデンティティが明確になればなるほど，関係性に積極的関与していなかった。③下位群の男子学生は，結婚より仕事を重視すればするほど，デートに関与していなかった。 |
| Kroger, J. | 1993 | ニュージーランドの社会的・経済的変化が青年期のアイデンティティ形成に与えた影響について検討する。 | 対象者1：1984年時の大学生140名（男子60名女子80名）。対象者2：1990年時の大学生131名（男子47名女子84名）。① Marcia（1966）のアイデンティティ・ステイタス面接に Matteson（1977）の性役割価値の領域を加える，② Levine ら（1986）の青年期の分離-個体化テスト，③ Loevinger（1976）の文章完成テスト。 | ①女子において1984年時に比べて1990年時の学生は，職業領域・政治領域・性役割領域において，予定アイデンティティが増えた。②男子においては，1984年時と1990年時の学生の間には，各領域及び全体的ステイタスにおいて，差はみられなかった。 |
| Skoe, E. E. & Diessner, R. | 1994 | 青年期におけるアイデンティティと，Gilligan のケアの倫理と Kohlberg の道徳判断のそれぞれの発達との関連を男女の違いに着目して検討する。 | 16歳から30歳までの大学生134名（男子58名・平均年齢21.0歳，女子76名・平均年齢21.6歳）。① Gilligan（1982）の発達段階理論にもとづく Skoe & Marcia（1987）による「ケアの倫理面接」（ECI: Ethic of Care Interview），② Marcia（1996, 1980）によるアイデンティティ・ステイタス面接（領域：職業，宗教，政治，性役割態 | ①ケアの倫理において，女子で，各アイデンティティ・ステイタス間に違いがあった。男子では，アイデンティティ拡散と他のステイタスとの間，予定アイデンティティと達成の間で，差がみられた。②女子においては，道徳判断とケアの倫理ともに，アイデンティティとの関連があった。さらに，道徳判断よりケアの倫理の |

## 2．アイデンティティ形成に関する研究

| | | | | |
|---|---|---|---|---|
| | | | 度，性的交際についての態度），③ Kohlberg（1984）の「道徳判断面接」（MJI: Moral Judgment Interview），④実際の生活におけるジレンマの内容分析。 | 方がよりアイデンティティとの関連がみられた。③男子においては，道徳判断とアイデンティティとの関係と，ケアの倫理とアイデンティティとの関係との間には，差がみられなかった。 |
| Meeus, W. & Dekovic, M. | 1995 | 青年期における，アイデンティティ発達と親及び仲間の支援との関連を検討する。 | 12歳から24歳までの2,699名（男子1,249名女子1,450名）。① Bosma（1985）をもとにした関係，学校，仕事の領域における積極的関与と探求を問うUtrecht-Groningenアイデンティティ発達尺度（U-GIDS），② Fischer(1982)，Meeus（1989）による親および仲間の支援尺度。 | ①関係性の領域における積極的関与と探求は，年齢が高まるにつれ強まっていった。②女子では，関係性の領域は，学校および仕事の領域より重要であった。③親密な友人からの支援が，関係性の領域において重要な影響を与えていた。 |
| Shaw, S. M., Kleiber, D. A. & Caldwell, L. L. | 1995 | 青年期のアイデンティティの発達と余暇活動との関連を，性差について検討する。 | 10学年生73名（男38名女35名・平均年齢15.8歳）。①余暇活動時間（運動，社会的活動，テレビ，自由時間），② Rosenthalら（1981）のアイデンティティ発達尺度，③ Marciaのアイデンティティ・ステイタス面接の簡略版，④ Rosenberg（1965）の自尊心尺度。上記の内，20名（男8名女12名）に⑤余暇活動の重要性と内容，個人的アイデンティティについて尋ねる。 | ①女子では，アイデンティティ発達レベルと余暇活動のスポーツする時間に，正の相関があった。男子においては，テレビを見る時間とアイデンティティ発達レベルに，負の相関があった。②面接では，男子はアイデンティティ発達レベルに関係なく，スポーツに関連して自己を記述する傾向があったが，女子におけるスポーツとアイデンティティ発達レベルとの関係は示されなかった。 |
| Nurmi, J.-E., Poole, M. E. & Kalakoski, V. | 1996 | オーストラリアとフィンランドにおいて都市と地方に住む，青年期の男女の年少者（13～14歳）年長者（16～17歳）におけるアイデンティティの違いについて検討する。 | オーストラリア：13～14歳。都市群146名（男子76名，女子70名）/地方群53名（男子19名，女子34名），16～17歳。都市群120名（男子71名，女子49名）/地方群48名（男子16名，女子32名）。フィンランド：13～14歳。都市群100名（男子47名， | ①オーストラリアでは都市で，年長者は年少者より，将来の教育への積極的関与が高かった。②オーストラリアでは，女子は男子より，将来の教育への積極的関与が高かった。フィンランドでは，男女差がなかった。③オーストラリアの地方を |

| | | | | 女子53名)/地方群53名（男子20名，女子33名），16〜17歳。都市群102名（男子36名，女子66名)/地方群61名（男子20名，女子41名)。① Nurmiら（1995）により，将来の生活（教育・職業・家族）における探求及び積極的関与のレベルを問う質問紙。 | 除いて，女子は男子より，将来の職業への探求が高かった。④オーストラリアの青年は，フィンランドの青年より，将来の職業への探求が高かった。 |
|---|---|---|---|---|---|
| Winefield, H. R. & Harvey, E. J. | 1996 | 初期成人期における社会的発達とアイデンティティの関連を検討する。 | | 23歳から26歳までの学生（平均年齢24.1歳）111名（男子56名女子55名)。① Goldberg（1972）による「総合健康調査」（GHQ: General Health Questionnaire，② Winefieldら（1992）による「多次元支援尺度」（Multi-Dimentionn Support Scale），③ Orlofskyら（1973）の社会的関係（親密性ステイタス）とアイデンティティについての面接。 | ①社会的孤立と分類された者は生活に不満がみられなかった。②前・成人（成人期以前の段階）と分類された者は，多くの友人と活動しているが，勉強へのコミットは低かった。③勉強家と分類された者は，限定的な対人関係をもち，学生としての明確なアイデンティティをもっていなかった。④成人と分類された者は，親密な関係とアイデンティティの感覚の両方をもっていた。 |

性差を検討した。女子においては，アイデンティティと「正義」との関連よりも，アイデンティティと「ケア」との関連の方が，より強いことが示された。このことから，女子におけるアイデンティティ発達においては，男子青年におけるいかに他者から自立し独立するかという見方ではなく，どのように他者と関係をもっていくかという「ケア」にもとづく発達こそ，中心的問題であるとしている。

　Winefield, H. R. & Harvey, E. J.（1996）では，Orlofskyらによる社会的関係及びアイデンティティについての分類と，友情・異性関係・親との関係，勉強への積極的関与，将来の仕事への確信との関連について検討した。どの変数においても性差はみられなかったが，社会的に孤立に分類された者は，生活の中での不満がみられなかった。前-成人（成人期以前の段階）に分類された者は，多くの友人と活動しているが，勉強への積極的関与は低かった。勉強家と分類された者は，限定的な対人関係をもち，学生としての明確なアイデンティティをもっていなかった。成人と分類された者は，

## 2. アイデンティティ形成に関する研究

親密な関係とアイデンティティの感覚の両方をもっていたことが示された。

　Kroger, J. (1993) では, ニュージーランドで1980年代半ばに起こった, 部分的社会経済から自由市場経済への転換という社会的変動における, 大学生のアイデンティティ・ステイタスの変化を検討するために, 1984年と1990年の2度にわたり調査を行った。女子において, 職業領域・政治領域・性役割領域で, アイデンティティ達成ステイタスが減少し, 予定アイデンティティが増加した。これは, 自由市場経済となったために生じた, 税の増加, 雇用の不安等に対して, 女子学生が家族の価値を保持することで安定性を得ようとしたのであろうと考察された。

　Nurmi, J.-E.ら (1996) では, オーストラリアとフィンランドの都市と地方に住む, 男女の年少者 (13〜14歳) と年長者 (16〜17歳) の将来の生活 (教育・職業・家族) における探求及び積極的関与の違いを検討した。オーストラリアでは, 都市部では, 年少者に比べ年長者の方が, 将来への教育への探求と積極的関与, および, 将来への職業への探求が高かったが, 地方群では逆の傾向を示した。これは, オーストラリアの地方における教育の機会と職業への見通し欠如であると考えられた。フィンランドでは, 都市群と地方群において, 差が見られなかった。この理由については, フィンランドの教育機関が国全体に公平に分布していること, さらには, サンプルとした地方以外にさらに貧しい地方が存在するためと考察された。

　以上の研究から概観すると, 以下のような点が指摘される。まず, アイデンティティをいかなる方法でとらえるかである。ここで紹介した研究では, Marciaのアイデンティティ・ステイタス, Rosenthalらのアイデンティティ発達尺度, Orlofskyらの社会的関係とアイデンティティなどであった。特に, アイデンティティ・ステイタスを取り上げると, いくつかの領域ごとに, 探求 (危機) と積極的関与の程度をみるものと, 全体的ステイタスをみるものがあった。研究の目的によって, 選択すべきものではあるが, 領域ごと分割すると, それぞれの側面について他の変数との関連で結果を明確に出すことができる反面, 本来個人を全体としてとらえるべきアイデンティティという概念を用いる意味がなくなってしまう危険があると考えられる。

　次に, アイデンティティ発達における性差に関する問題である。ここでも, さまざまな尺度を用いて性差を明らかにしようとしているのであるが, その中でも, Gilliganのケアの発達段階理論にもとづく研究 (Skoe, E. E. & Diessner, R., 1994) が注目される。女性における対人関係への着目は, 男性のアイデンティティのあり方もとらえ直すこととなり, 加えてアイデンティティ自体へのとらえ方そのものを検討することにつながるものといえる。アイデンティティはそもそも, Eriksonが述べているように, 個人の自立, 自主性, 主体性も重視されつつ, 個人と社会及び他者との相互作用, 関係をも重視される概念である。このような, 個人の側面と, 他者との関係

の側面の両面をいかに扱うかは，アイデンティティ概念の有効な点でもあり，ジレンマでもあるといえる。

　さらには，青年を取り巻く社会的状況をいかに扱うかについての問題がある。通常の調査では，社会変動自体の影響を扱うことは難しい。この点で，ニュージーランドでの1980年代半ばの社会的・経済的変化をはさんで，その前後の時期の大学生の比較を行った研究（Kroger, J., 1993）は，注目される。この研究のように直接に時代の影響に着目せずとも，いかなる視点で研究しようと，青年はその時代の影響を受けており，時代の影響を考察しつつ論じることが必要であると考えられる。

## 3．アイデンティティ・ステイタスに関する研究

　Marcia, J. E.（1966）によって提唱されたアイデンティティ・ステイタス・アプローチは，面接法（以下，Marcia法とする）によって，アイデンティティ達成の程度とその特徴を実証的に検討することを可能にした。Marcia法による研究は，アイデンティティ研究における重要な一領域であり，多くの研究の蓄積がある。本節では，Marcia法を用いたアイデンティティ・ステイタス研究を展望する。
　1992～1996年の5年間に発表された研究は38編で，その研究内容は以下のような4つの領域にまとめることができる。この領域は，前著第Ⅳ巻（鑪他，1997）の分類を基盤にしているが，研究の動向に応じて部分的に組み替えた。
　1．アイデンティティ・ステイタスの発達的側面を検討した研究
　2．アイデンティティ・ステイタスの背景要因を検討した研究
　3．アイデンティティ・ステイタスと社会的文脈との関連性を検討した研究
　4．アイデンティティ・ステイタスの女性にみられる特徴や性差について検討した研究（4は，上記1～3に分散して含まれる）
　この5年間のアイデンティティ・ステイタス研究の大きな特徴は，1と3の領域にあらわれている。まず，1については，アイデンティティ・ステイタスの理論そのものを検討する研究や発達的側面を検討する研究が，アイデンティティ・ステイタスの発達およびそのプロセスを強調する領域としてまとまったことである。これは，アイデンティティ発達の本質に迫ろうとする方向であり，検討のレベルの深まりとみることができる。また，3については，アイデンティティ・ステイタスに影響を与える社会的文脈への関心が高まり，これまで各領域に分散していた研究をこの観点からまとめることができたことである。これは，検討の範囲の広がりとみることができる。このように，アイデンティティ・ステイタス研究の分析の視点は，ステイタスの測定から新しい方向へと移行してきた。

### 1）アイデンティティ・ステイタスの発達的側面を検討した研究

　アイデンティティ・ステイタスの発達的側面を検討した研究は6編みられ，そのうち4編を表3-8に示した。
　第Ⅳ巻では，アイデンティティ・ステイタスは，アイデンティティ達成の程度を示す「結果」であるのか，「プロセス」であるのかという，Côté, J. E. & Levine, C.（1988）とWaterman, A. S.（1988）の論争が注目された。そこでも指摘されたように，この問題は，アイデンティティ・ステイタス理論が提唱されて以来，もっとも重

表 3-8 アイデンティティ・ステイタスの発達的側面に関する研究

| 著者 | 年代 | 目的・仮説 | 方法 | 結果・考察 |
|---|---|---|---|---|
| Stephen, J., Fraser, E. & Marcia, J. E. | 1992 | ライフスパンにわたるアイデンティティ発達に関わる要因を、「道具的志向性―経験的志向性」Instrumental-Experiential orientation と「形式的思考―弁証法的思考」Formistic-Dialectic reasoning の観点から検討する。 | 60名の大学生（男23名，女37名，22～40歳）に，Marcia法，「道具的―経験的志向性質問紙」（IEQ: Instrumental - Experiential Questionnaire），「社会的パラダイム信念目録」（SPBI: Social Paradigm Belief Inventory）を実施。 | ①予定アイデンティティ型は道具的志向性，モラトリアム型は経験的志向性が強かった。②モラトリアム型では他型より，高い弁証法的思考を示す者が多かった。③以上から，アイデンティティの発達は，構造の形成・維持と変化への柔軟性・開放性の間を行き来するプロセスであると示唆される。 |
| Kroger, J. | 1995 | 「堅固な」予定アイデンティティ型と「発達的な」予定アイデンティティ型の相違を検討する。 | 131名の大学生（女84名，男47名，17～23歳）に，Marcia法，「青年期分離―個体化テスト」（SITA: Separation-Individuation Test of Adolescence）の一部，早期記憶面接を実施。うち80名（女53名，男27名）について，2年後に同じ調査を実施。 | ①2回の調査ともに予定アイデンティティ型であった「堅固な」型は他型より，SITAにおいて養護を求める得点が高かった。②「堅固な」予定アイデンティティ型は他型より，早期記憶において安全を求めるテーマが多く出現した。③以上から，「発達的な」予定アイデンティティ型は「堅固な」型より，内在化された養育者への積極的関与から離れて，外界の探求に開かれていることが示唆される。 |
| Kroger, J. | 1996 | 精神分析学と発達心理学の視点から，青年期のアイデンティティ形成プロセスにおける退行の意味を検討する。 | 文献レヴューと論考。 | ①達成型からモラトリアム型への退行は，葛藤が引き起こす不均衡による。②達成型・モラトリアム型から予定アイデンティティへの退行は硬化によるもので，視野の狭まりを示す。③モラトリアム型・予定アイデンティティ型・達成型から拡散型への退行は解体による。これまでとは異なるアイデンティティの要素が重要になったため現在の要素を放棄する場合と，アイデンティティ危機に備えた |

| | | | | | |
|---|---|---|---|---|---|
| | | | | | 休息の場合がある。 |
| Valde, G. A. | 1996 | 達成型には，変化に対して「開かれた達成型」Open-achieved と「閉ざされた達成型」Closed-achieved とがあると指摘し，後者を第5のステイタス「Identity closure」として，構成概念妥当性を検討する。 | 25～35歳の南ウィスコンシン在住者41名（男21名，女20名）に，拡張されたMarcia法と「個人的志向性目録」（POI: Personal Orientation Inventory）を実施。 | 「開かれた達成型」は「閉ざされた達成型」よりPOIにおいて自己実現傾向が高かったことから，ある程度の妥当性が示された。 |

要な課題の1つであった。Marcia 自身の考え方も研究の発展につれて変化してきており，アイデンティティ・ステイタスは固定的なものではなく，流動的なプロセスの途上であるという方向へ動いてきている。

今回の6編からは，アイデンティティ・ステイタスの理論とその発達に関する研究は，「プロセス」という観点に収束したことがみて取れる。アイデンティティ・ステイタスにおける発達とは何か，それはどのようなプロセスか，といった問題について検討が深められている。とくに Stephen, J. ら (1992) の「MAMA サイクル」と，Kroger, J. (1996) のアイデンティティ・ステイタスにおける退行の検討は，アイデンティティ・ステイタスの発達を考える上で本質的な論文である。

Stephen らの研究では，共著者である Marcia 自身が，これまでのアイデンティティ・ステイタス研究のあり方を次のように反省している。アイデンティティ・ステイタス・アプローチは，アイデンティティ研究のパラダイムの発展には有益であったが，パーソナリティの類型としてのアイデンティティ・ステイタスという見方を導いた。したがって，研究の焦点を，アイデンティティの構造からアイデンティティ発達のプロセスへ移行させる必要があると述べている。こうした立場から彼らは，アイデンティティ・ステイタスの発達は，探求と積極的関与，モラトリアムと達成の連続によって特徴づけられるとして，これを「MAMA サイクル」と呼んだ。

彼らは，MAMA サイクルを促進する要因として，第1に価値志向性である「道具的志向性―経験的志向性」Instrumental-Experiential orientation を取り上げた。前者は目標や達成，後者は意味を志向するあり方である。第2に，認知的側面である「形式的思考―弁証法的思考」Formistic-Dialectic reasoning を取り上げた。前者は対象を文脈から切り離して抽象的にとらえ，後者は対象を文脈の中でとらえ，矛盾に対して開かれている。これらとアイデンティティ・ステイタスの関連を検討したところ，予定アイデンティティ型は道具的志向性，モラトリアム型は経験的志向性が強かった。また，モラトリアム型では他型より，高い弁証法的思考を示す者が多かった。つまり，アイデンティティの構造の形成・維持は道具的志向性，その変化は経験的志

向性や弁証法的思考に特徴づけられているのである。この結果は，MAMAサイクルは，これらの相反する内的要因に支えられ，両者の間を行き来するプロセスであることを示唆する。

　Krogerの研究は，高いステイタスから低いステイタスへの退行という観点から，アイデンティティ発達に迫ろうとしている。アイデンティティ・ステイタスの変化に関する先行研究のレヴューと論考から，アイデンティティ・ステイタスにおける退行には，3つの種類があることが見出された。それらは，葛藤が引き起こす不均衡による退行，硬化や視野の狭まりによる退行，解体による退行である。このうち，葛藤が引き起こす不均衡による退行は，発達段階の移行のプロセスにあらわれ，さらなる発達を導くと考えられた。

　退行という観点からアイデンティティ発達をとらえたことで，これまで変則的であるとか測定上の問題であると考えられてきた低いステイタスへの移行には，それぞれ意味があることが明らかになった。このことは，アイデンティティ発達は，単に直線的な上昇ではなく，ときに退行しながら進むプロセスとして考える必要があることを示唆している。本来，Eriksonの心理社会的発達論は，前進と退行の分岐点としての危機の概念を有する。その意味で，Krogerの論考は，アイデンティティ発達に関する考え方を，Erikson理論の本質に近づけたものとして評価することができるだろう。

　他方，Kroger（1995）とValde, G. A.（1996）は，ともに特定のステイタスに着目することによって，アイデンティティ発達について検討している。

　Kroger（1995）は，先行研究（Kroger, 1985など）で，同じステイタスの個人にも多様性があり，特に予定アイデンティティ型と拡散型に，「発達的な」個人と「堅固な」個人がいることが明らかになってきたことを指摘している。そこで，本研究では予定アイデンティティ型に焦点をあわせて両者の相違を検討した。彼女は，同一の青年群を2回にわたって調査し，2回の調査ともに予定アイデンティティ型であった堅固な個人は，2回目の調査でモラトリアム型あるいは達成型へ変化した発達的な個人より，「青年期分離—個体化テスト」で養護を求める得点が高く，早期記憶で安全を求めるテーマが多く出現することを見出した。このことから，同じ予定アイデンティティ型であっても，発達的な個人は堅固な個人より，内在化された養育者への積極的関与から離れて，外界の探求に開かれているという特徴をもつことが示唆された。また，この結果は，個人のアイデンティティ発達を予測したり，発達を促す適切な介入を行うための重要な示唆を含む。

　Valdeは，先に紹介したKroger（1996）と同様に，高いステイタスから低いステイタスへと退行する個人がいることに注目し，アイデンティティ・ステイタスを類型ではなく，プロセスの観点からとらえる必要性を指摘している。そして，高いステイ

タスであるモラトリアム型や達成型においても，変化に対して閉ざされている場合があるのではないかと仮定し，達成型に焦点をあわせて「開かれた達成型」と「閉ざされた達成型」の違いを検討した。その結果，開かれたタイプは閉ざされたタイプより，「個人的志向性目録」において自己実現傾向が高かったことから，2つのタイプを区別することの妥当性が確認された。達成型にこの2つのタイプが存在することは，アイデンティティの発達をプロセスとみる立場を支持し，ライフサイクルにわたるアイデンティティ発達を検討する視点を与えたといえる。

以上からわかるように，アイデンティティ・ステイタスの発達およびプロセスを重視する研究は，青年期だけではなくライフサイクル全体を視野に入れている点でも共通する。拡散から達成への一方向の変化だけではなく，退行のような逆方向の変化や，各ステイタスにおけるさらなる発達が考えられているので，これらの研究の知見は，いったんアイデンティティが形成された後の変化にも適用できる。成人期の発達とその要因の解明は重要な課題である。アイデンティティ・ステイタスの観点からの検討は，その有効な切り口になるだろう。

### 2）アイデンティティ・ステイタスの背景要因を検討した研究

各アイデンティティ・ステイタスと他の変数の関連性を検討し，各ステイタスの特徴を明確化しようとする傾向は，初期の研究からみられる。この傾向は継続しており，1992～1996年にももっとも多くの研究が発表された。そのうち6編を表3-9に示した。

#### (1) パーソナリティとの関連性

アイデンティティ・ステイタスの背景要因を検討した研究のうちもっとも多いのは，パーソナリティとの関連性を検討したものである。この傾向は第IV巻と同様で，これらの研究は13編みられた。

①社会的認知との関連性

情報処理スタイルや道徳判断などの社会的認知とアイデンティティ・ステイタスとの関連性を検討した研究が4編あった。認知的側面については，「衝動性―熟慮性」といった認知スタイルや道徳性との関連性という形で初期から研究されてきたが，この5年間は重点が社会的認知へ移行したようにみえる。自己に関する情報をどう処理するのか，自己と他者の関係をどうみるのかといった，自己と社会の関係の問題に焦点をあわせている。

Berzonsky, M. D. & Neimeyer, G.J.（1994）は，先行研究の積み重ねによって各ステイタスの特徴が明確にされてきたが，さらに検討すべきは社会的認知との関連であ

表 3-9 アイデンティティ・ステイタスの背景要因を検討した研究

| 著者 | 年代 | 目的・仮説 | 方法 | 結果・考察 |
|---|---|---|---|---|
| Clancy, S. M. & Dollinger, S. J. | 1993 | アイデンティティ・ステイタスとパーソナリティの5因子の関連性を検討する。 | 198名の大学生（男56名，女142名，18～25歳）に，「アイデンティティ・ステイタス測定の客観尺度改訂版」(EOM-EIS)，「NEO (neuroticism, extraversion, openness) パーソナリティ目録」(NEO-PI: NEO Personality Inventory) を実施。 | ①達成の得点は「外向性」extraversion および「誠実性」conscientiousness と正の相関，「情諸不安定性」neuroticism と負の相関，予定アイデンティティは「知性」openness と負の相関があった。②モラトリアムと拡散の得点は「情諸不安定性」と正の相関，「誠実性」と負の相関があり，加えて拡散は「同調性」agreeableness と負の相関があった。 |
| Berzonsky, M. D. & Neimeyer, G. J. | 1994 | アイデンティティ・ステイタスと自己に関する情報の処理スタイルの関連性を検討する。 | 560名の大学生（平均19歳）に「アイデンティティ・ステイタス測定の客観尺度」(OM-EIS) を実施し，純粋なステイタスに分類された172名のうち148名の大学生（男60名，女88名）が調査に参加。「アイデンティティ・スタイル目録」Identity Style Inventory を実施。 | ①予定アイデンティティ型は個人的な問題解決や意思決定に対して「規準的」normative，拡散型は「回避的」diffuse/avoidant 処理スタイルをとっていた。②アイデンティティ探求のあるステイタスは，「情報的」informational 処理スタイルをとっていた。③積極的関与の高まりは「情報的」処理をかえって抑制すると予測したが，結果は複雑であった。 |
| Hamer, R. J. & Bruch, M. A. | 1994 | アイデンティティ・ステイタスとシャイネス，私的自己意識の関連性を検討する。 | 171名の大学生（女105名，男66名，17～24歳）に，「アイデンティティ・ステイタス測定の客観尺度改訂版」(EOM-EIS)，「Cheek と Buss シャイネス尺度改訂版」(RCBSS: Revised Cheek and Buss Shyness Scale)，「自己意識尺度」(SCS: Self-Consciousness Scale) の「私的自己意識」の下位尺度，その他を実施。 | ①シャイネスは，拡散の得点と正の相関，達成と負の相関があり，私的自己意識は予定アイデンティティと負の相関があった。②結果から，特にシャイネスが青年期後期の心理社会的発達に重要な意味を持つことが示唆される。 |

## 3．アイデンティティ・ステイタスに関する研究

| | | | | |
|---|---|---|---|---|
| Markstrom-Adams, C., Hofstra, G. & Dougher, K. | 1994 | Erikson理論における人格的活力の1つ「忠誠」fidelityの観点から，宗教性とアイデンティティ形成との関連性を検討する。特に，「忠誠」が顕著に存在する宗教的マイノリティーを対象とする。 | 同じ地域の高校9～12年生のモルモン教徒36名（男15名，女21名）とカソリックおよびプロテスタント47名（男18名，女29名）に，「アイデンティティ・ステイタス測定の客観尺度改訂版」（EOM-EIS），教会への出席頻度をとらえる面接を実施。 | モルモン教徒の青年はカソリックおよびプロテスタントの青年より，予定アイデンティティの得点が有意に高かった。「忠誠」は，理論的には積極的関与のあるステイタスで高いが，予定アイデンティティの「忠誠」は，実質のない未熟なものである。この結果は，マイノリティー集団では，アイデンティティや集団の結束を強めるために「忠誠」が重視されることによると示唆された。 |
| Patterson, S. J. | 1994 | 女性において，アイデンティティ・ステイタスと「ケアにもとづく道徳判断」Care-based moral resoning，対処方略（他者の期待に対応する方略 vs. 自分の欲求に対応する方略）が関連していることを検証する。 | 79名の母親（第1子が6～18カ月）に，Marcia法，ケアにもとづく道徳判断および対処方略に関する調査を実施（詳しい記述なし）。 | ①アイデンティティは，ケアにもとづく道徳判断と強い関連があり，対処方略と弱い関連があった。②道徳判断と対処方略は関連がなかった。③ステイタスと道徳判断は，教育水準，職業的地位，収入と関連していた。 |
| Vondracek, F. W., Schulenberg, J., Skorikov, V., Gillespie, L. K. & Wahlheim, C. | 1995 | アイデンティティ・ステイタスと種々のキャリア未決定との関連を検討する。 | 407名の中学生および高校生（女250名，男157名）に，「アイデンティティ・ステイタス測定の客観尺度改訂版」（EOM-EIS），「キャリア決定尺度」（CDS: Carrer Decision Scale）を実施。CDSによって測定されるキャリア未決定には，「拡散」，「サポート」（決定までに若干のサポートが必要），「接近―接近型葛藤」，「外的障害」の4側面がある。 | ①達成型は，「サポート」の側面でのモラトリアム型を除いて，キャリア未決定のすべての側面で他型より得点が低かった。②予定アイデンティティ型は，キャリア未決定の得点が低いと予測されたが，積極的関与のないステイタスと大きな違いはなく，「拡散」，「接近―接近型葛藤」，「外的障害」の3側面で達成型より得点が高かった。③拡散型は，キャリア未決定のすべての側面で他型のいずれかより得点が高かった。 |

注）パーソナリティの5因子の日本語訳は，柏木ら（1993）に従った。

ると指摘した。第2節でも紹介したように，Berzonskyは，これまでも社会的認知を強調し，自己に関する情報の処理という観点からアイデンティティ・ステイタスの一側面として「アイデンティティ・スタイル」という概念を提出し，アイデンティティ・ステイタスとの関連を検討してきた（Berzonsky, 1989など）。

本研究では，まず，アイデンティティ・スタイルとアイデンティティ・ステイタスの関連が検討され，彼の先行研究と一致する結果を得た。つまり，予定アイデンティティ型は，重要な他者の規範に従う「規準的」normativeスタイルを，拡散型は，解決を先延ばしにする「回避的」diffuse/avoidantスタイルを用いていた。達成型とモラトリアム型は，意志決定の前に積極的に情報を収集し評価する「情報的」informationalスタイルを用いていた。

しかし，本研究のもう1つの目的である，積極的関与の高まりは「情報的」な処理を抑制するという予測については，結果は複雑であった。例えば，各ステイタスを積極的関与の低い群と高い群に分け，情報的スタイルの得点を検討したところ，積極的関与の低い群ではモラトリアム型が他型より確かに得点が高かったが，その得点は積極的関与の高い群のモラトリアム型より低かったのである。つまり，積極的関与が高まっても情報的スタイルが抑制されるとはいえなかった。この問題を検討することは，アイデンティティ発達にしたがって情報処理スタイルがどう変化するかという，発達のプロセスの解明につながる。Berzonsky自身が今後の課題に挙げているように，縦断研究などによって検討を続けることが期待される。

Patterson, S. J. (1994) は，女性を対象として，アイデンティティ・ステイタスと「ケアにもとづく道徳判断」との関連性について検討した。学位論文であるため詳しい情報が得られないが，両者の間には有意な関連がみられた。道徳性との関連は，前著第I巻（鑪他，1984）から指摘されてきたが，その多くはKohlberg理論にもとづいていた。しかし，Pattersonの研究は，Kohlberg理論による権利と公正にもとづく道徳判断ではなく，Gilligan理論による責任と他者への配慮にもとづく道徳判断に着目している。道徳性の中でも自己と他者の関係をどうみるのかといった，より社会的な側面に焦点をあわせた点で新しいといえる。

②自己意識との関連性

おもに社会心理学的な関心から，シャイネス，私的自己意識，自己提示などとアイデンティティ・ステイタスの関連性を検討した研究が2編あった。社会心理学的な関心は，前著第II巻（鑪他，1995）から自己提示，対人認知，同調行動などとの関連性を検討した研究としてみられたが，今回は，自己意識が中心となっている。

Hamer, R. J. & Bruch, M. A. (1994) は，これまでのアイデンティティ研究では，アイデンティティが態度や行動に与える影響は検討されているが，どのようなパーソ

ナリティや環境の要因がアイデンティティ発達を促進するかについて検討されていないと批判した。この批判の背景には，第IV巻で紹介された Grotevant, H. D. (1987) のプロセス・モデルがある。プロセス・モデルは，さまざまな内的・外的要因との関連でアイデンティティ発達をとらえており，その1つとしてパーソナリティ要因を挙げている。本研究では，パーソナリティのうちシャイネスおよび私的自己意識を取り上げ，アイデンティティ発達との関連を検討した。

その結果，特にシャイネスがアイデンティティ発達に負の意味をもつことが示唆された。具体的には，シャイネスは拡散の得点と正の相関，達成の得点と負の相関があった。彼らはこの結果から，シャイネスが青年期後期のアイデンティティ発達を抑制し，アイデンティティ発達がうまくいかないことで，さらに成人期のパートナーの選択，親役割，キャリア発達といった心理社会的発達の不調が導かれる可能性があると指摘している。シャイネスの影響が，成人期発達までおよぶかどうかは本研究のみでは断定することはできないだろう。しかし，現時点でのパーソナリティ要因とステイタスとの相関をみるだけでなく，長期的なアイデンティティ発達との関連を視野に入れている点は，この領域の多くの先行研究と異なっており興味深い。

③宗教性との関連性

宗教性とアイデンティティ・ステイタスとの関連性を検討した研究は，第IV巻で顕著に増加した領域として注目されており，この5年間でも3編みられた。

これらの研究では，宗教性とアイデンティティ・ステイタスの関連について一貫した結果はみられない。第IV巻でも，多くの研究で両者に関連がないことが報告されている。したがって，単に表面的な観点から関連を検討することには意味がなさそうである。その意味で，Markstrom-Adams, C.ら (1994) は，アイデンティティ・ステイタスを決定する鍵は何かという問題に踏み込んで検討しており，評価できる。

Markstrom-Adams らは，Erikson 理論における青年期の人格的活力である「忠誠」fidelity の観点から，宗教性とアイデンティティ形成との関連を検討した。特に，忠誠が顕著にみられる対象として宗教的マイノリティー（モルモン教徒）の青年に焦点をあわせ，カソリックおよびプロテスタントの青年との比較を行った。その結果，モルモン教徒の青年は，カソリックおよびプロテスタントの青年より，予定アイデンティティの得点が高かった。彼らにとっての忠誠は，教会へ出席するという表面的な行動であり，これは内面的なアイデンティティ探求とは必ずしも結びつかないものであった。しかし，彼らにとっては，それがマイノリティー集団の中で自分の忠誠を表現し，集団内の結びつきを強化し維持していくために重要であると考えられた。

④その他

その他として，パーソナリティの5因子，ナルシシズム，性役割などとアイデンテ

ィティ・ステイタスの関連性を検討した研究が4編みられた。

このうち、パーソナリティの5因子（いわゆる「ビッグファイブ」）とアイデンティティ・ステイタスの関連を検討したClancy, S. M. & Dollinger, S. J. (1993)の研究は、ビッグファイブ研究の高まりを背景とした新しい試みといえる。

Clancy & Dollingerによると、達成の得点は「外向性」extraversionおよび「誠実性」conscientiousnessと正の相関、「情緒不安定性」neuroticismと負の相関がみられ、予定アイデンティティの得点は「知性」opennessと負の相関がみられた。モラトリアムと拡散の得点はともに「情緒不安定性」と正の相関、「誠実性」と負の相関がみられ、加えて拡散の得点は「同調性」agreeablenessと負の相関があった。彼らは、モラトリアムと拡散が同様の特徴を示したことに注目し、これまでのアイデンティティ・ステイタス研究では、モラトリアム型は高いステイタス、拡散型は低いステイタスと考えられていたが、両者はともに高い程度で苦しんでいると解釈した。また、「同調性」に関する結果から、拡散型はアイデンティティをまったくもたないのではなく、社会の因習から外れた否定的なアイデンティティをもち、モラトリアム型は達成型のような肯定的なアイデンティティより否定的なアイデンティティの特徴をもつのではないかと述べている。

### (2) キャリアとの関連性

キャリアとアイデンティティ・ステイタスとの関連性を検討した研究は、第IV巻からみられる新しい傾向である（第IV巻では「職業」と記載）。この5年間では、キャリア未決定、キャリア探求、キャリア・コミットメントなどとの関連性を検討した4編の研究が発表された。

Vondracek, F. W.ら（1995）は、この10年間におけるキャリア未決定に対する関心の高まりを背景として、アイデンティティ・ステイタスとキャリア未決定の諸側面との関連を検討した。その結果、達成型は未決定のすべての側面で他型より顕著に得点が低く、逆に拡散型は得点が高かった。キャリア未決定の得点が他型より低いと考えられた予定アイデンティティ型は、予測に反して、積極的関与のない他のステイタスと比べて得点の大きな違いはなかった。

アイデンティティ発達において、職業決定やキャリア発達は中核的な問題である。ここで得られた知見は、学生に対する職業指導やアイデンティティ発達のための介入などの応用的な分野で生かすことができるだろう。

### (3) 学生生活との関連性

学生生活とアイデンティティ・ステイタスの関連性を検討した研究が1編が発表さ

れたが (Wires, J. W. ら, 1994), 研究目的が曖昧で意義ある結果を得たとはいえない。

以上, この5年間に発表されたアイデンティティ・ステイタスの背景要因を検討した研究からは, 2つの傾向を読みとることができる。1つは, この5年間においても, アイデンティティ・ステイタスの測定には「アイデンティティ・ステイタス測定の客観尺度改訂版」(EOM-EIS) が多く用いられていることである。アイデンティティ・ステイタス測定におけるこの尺度の有効性と汎用性がいっそう確認されつつあるといえるだろう。

もう1つは, 各ステイタスの特徴を明確にしようとする研究ばかりではなく, それを超えて, パーソナリティなどの要因が, アイデンティティ発達やそのプロセスにどのように寄与するのかについて言及した研究がみられることである。例えば, Berzonsky や Hamer & Bruch などである。第IV巻では, アイデンティティ・ステイタスの背景要因を検討した研究はかなりの数に上るにもかかわらず, 新しい結果はみられず出尽くした観があるとまとめられている。この5年間にみられたこうした新しい傾向が今後どのように展開していくのか, あるいは一時的な傾向にとどまりやはり出尽くしたということになるのか, 興味深いところである。

### 3) アイデンティティ・ステイタスと社会的文脈との関連性を検討した研究

1992～1996年におけるアイデンティティ・ステイタス研究のもう1つの大きな特徴は, アイデンティティ・ステイタスと社会的文脈との関連性を検討した研究である。これは第IV巻にはない研究領域であるが, 今後重要になると思われるため, 第IV巻でいくつかの領域に分散していた研究をまとめ, 新たな一領域を設定した。この領域に分類することができた研究は7編みられ, そのうち3編を表3-10に示した。

社会的文脈におけるアイデンティティ発達への関心は, 次の2つの点に端を発していると考えられる。第1は, Grotevant (1987) のプロセス・モデルである。先にも述べたように, プロセス・モデルはさまざまな内的・外的要因との関連でアイデンティティ発達をとらえる統合的なモデルである。そこには, アイデンティティ発達と相互に関連し合う社会的文脈として文化・社会, 家族, 仲間, 学校・職場環境が挙げられ, 両者にどのような関連があるのかを検討することの重要性が指摘されている。第2は, 1996年の *Journal of Adolescence* で「文脈におけるアイデンティティ発達」Identity development in context と題した特集が組まれたことである (Phinney, J. S. & Goossens, L., 1996)。この企画は, ここ数年の青年期の発達研究において, 社会的文脈に対する関心が一般に高まってきたことに加えて, 世界的な規模で個人をとりまく家族, 社会, 国家といった状況が急速に変化しはじめたことを背景としている。

パーソナリティなどの内的要因だけではなく, 社会的文脈という外的要因とアイデ

表 3-10 アイデンティティ・ステイタスと社会的文脈に関する研究

| 著者 | 年代 | 目的・仮説 | 方法 | 結果・考察 |
|---|---|---|---|---|
| Roker, D. & Banks, M. H. | 1993 | 私立学校と公立学校という異なる教育環境とアイデンティティ発達の関連性を検討する。 | イギリスの127名の女子学生（私立学校生67名、公立学校生60名、15～18歳、両親はすべて専門的・管理的職業に従事）を対象に、Marcia法の政治と職業の2領域を実施。 | ①私立学校生では、政治と職業の両方で積極的関与のあるステイタスが多かった。②私立学校生では政治と職業のいずれにも積極的関与のない者がいなかったのに対し、公立学校生では21.7％いた。③結果は、私立学校が高い同質性や保守性を、公立学校が幅広い選択肢を有するという政治的・職業的環境の相違によって説明できる。 |
| Schultheiss, D. P. & Blustein, D. L. | 1994 | 家族関係の要因がアイデンティティ・ステイタスと関連することを検証する。 | 174名の大学生（女92名、男82名、平均18.29歳）に、「アイデンティティ・ステイタスの客観尺度改訂版」(EOM-EIS)、「心理的分離目録」・(PSI: Psychological Separation Inventory)の「機能的独立」、「情緒的独立」、「葛藤的独立」、「態度的独立」の下位尺度、「親および仲間との愛着目録」(IPPA: Inventory of Parent and Peer Attachment)を実施。 | ①女性では、両親の態度への依存と愛着が高く、母親からの「葛藤的独立」を中程度に体験しているほど、予定アイデンティティと達成の得点が高く、拡散の得点が低かった。また、母親への愛着と母親からの「態度的独立」をある程度体験していると、拡散、予定アイデンティティ、モラトリアムの得点が低かった。②男性では、両親からの「態度的独立」が高いほど、拡散とモラトリアムの得点が高く、達成と予定アイデンティティの得点が低かった。 |
| Kroger, J. & Green, K. E. | 1996 | 青年期から成人期中期までのアイデンティティ・ステイタスの変化に関わる要因を検討する。 | 100名の中年期のニュージーランド人（男40名、女60名、40～63歳）に、Marcia法を用いて15歳から現在までの変化を説明させ、ステイタスの変化が起こった際にもっとも影響を与えた要因を挙げさせた。 | ①変化の要因として、「年齢に関連した出来事」、「内的変化」、「重要な他者の影響」などの7種が見出された。②「内的変化」は、達成型、モラトリアム型、拡散型への変化に、「重要な他者の影響」は、予定アイ |

| | | | | デンティティ型への変化にもっともよく関わっていた。③ステイタスの変化に「内的変化」が重要な役割を果たしていたことと，ステイタスの変化と要因との関連が，人口統計学的変数との関連より強かったことから，社会的環境が直接影響するのではなく，個人の人格変数に媒介されて影響することが示唆される。 |
|---|---|---|---|---|

ンティティ・ステイタスの関連性を検討しはじめたことは，アイデンティティ・ステイタス理論の新たな発展の方向性を示唆する。同時に，研究のモデルや方法論に対しても変革を迫る可能性がある。この領域はまだ十分に確立されたとはいえず，アイデンティティ・ステイタスと家族，学校，文化などの社会的文脈との関連性を検討するにとどまる研究がほとんどである。しかし，研究の視点は，社会的文脈が個人のアイデンティティ発達とどのように相互作用するのかという方向へ転換しつつあるとみることができる。

Roker, D. & Banks, M. H.（1993）は，Grotevant のプロセス・モデルを背景に，教育の経験がアイデンティティ形成に大きな意味をもつと考え，異なる学校のタイプとアイデンティティ・ステイタスとの関連を検討した。具体的には，イギリスの私立学校と公立学校の女子生徒を対象として，政治と職業についてアイデンティティ・ステイタスを測定して比較した。その結果，私立学校の生徒では，政治と職業の両方で積極的関与のあるステイタスが多かった。また，私立学校の生徒では政治と職業のいずれにも積極的関与のない者がみられなかったのに対して，公立学校では21.7％みられた。彼らは，この結果は，イギリスの私立学校では同質性と保守性が高く，公立学校では幅広い選択肢がみられるという，政治的・職業的な教育環境の相違がもたらしたものであると解釈している。

Schultheiss, D. P. & Blustein, D. L.（1994）は，家族関係がアイデンティティ・ステイタスとどのように関連しているのかを検討した。家族関係としては，分離─個体化と両親への愛着を取り上げ，性差にも注目して検討を行った。全体として，男女ともに分離の変数がアイデンティティ・ステイタスと顕著に関連しており，女性ではさらに両親への愛着が重要であるという結果を得た。この結果は，家族関係の質がアイデンティティ発達に大きな意味をもつことを検証した Grotevant らの一連の研究

(Grotevant, H. D. & Cooper, C. R., 1985など）を支持する。また，心理的な分離がアイデンティティ発達と関連することは，第Ⅳ巻でも紹介されたKroger（1990）の早期記憶との関連からも指摘されている。青年期において，重要な他者との関係の中で自我が構造化していくプロセスとアイデンティティ発達が深い関わりをもつことが確証されたといえる。

　Kroger, J. & Green, K.E.（1996）の研究は，さまざまな文脈の要因を総合的に検討している点で注目される。彼らは，中年期の男女にMarcia法を用いて15歳から現在までのアイデンティティ・ステイタスの変化を回想的に報告させ，変化が起こった際にもっとも影響を与えた要因を挙げさせた。変化の要因は，「年齢に関連した出来事」，「歴史に関連した出来事」，「危機的なライフイベント」，「家族ライフサイクル上の出来事」，「異なる文化・社会環境・情報源にさらされたこと」，「重要な他者の影響」，「内的変化」の7種類に分類された。

　アイデンティティ・ステイタスの変化とこれらの要因との関連を検討したところ，「内的変化」は達成型，モラトリアム型，拡散型への変化に，「重要な他者の影響」は，予定アイデンティティ型への変化にもっともよくあらわれていた。このようにアイデンティティ・ステイタスの広範な変化に「内的要因」が重要な役割を果たしていたことは，社会的文脈がアイデンティティ発達に直接的に影響するのではなく，個人のパーソナリティ変数に媒介されて影響することを意味すると解釈されている。これは，まさにGrotevantのプロセス・モデルが示すように，アイデンティティ発達とは，社会的文脈と個人的特徴の相互作用の中で起こるものであることを確証した重要な結果であるといえるだろう。

### 4）アイデンティティ・ステイタスの女性にみられる特徴や性差について検討した研究

　最後に，この5年間において，女性のアイデンティティ・ステイタスの特徴や性差を検討した研究がそれほど多くみられなかったことに触れる必要がある。女性の特徴や性差の検討は，1970年代以降の主要な動向であり，第Ⅳ巻でも重要な一領域として設定されていた。しかし，1992〜1996年に発表された研究のうち6編をこの領域に分類することができたが，そのうち1編以外は学位論文で，インパクトのある研究は公刊されていない。また，研究の内容が多岐にわたり，女性の特徴や性差よりアイデンティティ・ステイタスとパーソナリティや社会的文脈との関連性が前面に出ているため，1）〜3）の各領域に分散して含めた。

　この5年間で女性の特徴や性差を検討した有力な研究がみられなかった理由は，次のような点にあるのではないだろうか。1つは，1990年代までにアイデンティテ

ィ・ステイタスにおける女性の特徴や性差がかなり明らかになったことである。例えば，女性においては，性や結婚，家庭とキャリアの優先といった関係性に関わる領域が重要であること，ライフスタイルによってアイデンティティ・ステイタスの発達経路に違いがあることが明らかにされてきた。

もう1つは，第IV巻で紹介された Kroger, J. (1988) や Archer, S. L. (1989) といったアイデンティティ・ステイタス研究における中心的な女性研究者が，自身の研究でアイデンティティ・ステイタスの発達に大きな性差がないことを見出したことである。特に Archer は，フェミニズムの立場から性差を強調することに懐疑的である。こうしたことが，性差を検討する研究が減少傾向にあることと関連しているのかもしれない。

しかし，社会の中で男性と女性が異なる経験をしている以上，この研究領域を無意味であるとして無視することはできない。今後は，アイデンティティ・ステイタスにみられる一般的な女性の特徴や性差の問題からさらに進めて，ここで取り上げた1）〜3）の研究領域における女性の特徴を詳細に検討する必要があると思われる。実際，最近は，単に性差を明らかにする段階から，女性のライフサイクルにおける特有のアイデンティティの危機や問題を詳細に検討する段階へと，関心が移行してきている。こうした女性のライフサイクルに特有のアイデンティティをめぐる問題については，「8. ライフサイクルとアイデンティティ」で詳しく述べられており，今後の研究の有力な方向といえるであろう。

### 5）まとめと今後の課題

以上，アイデンティティ・ステイタスに関する研究を概観した。

はじめに述べたように，この5年間の大きな特徴の1つは，アイデンティティ・ステイタスの発達とは何か，そのプロセスはどのようなものであるか，という問題が検討されていることである。この傾向は，多くの研究が青年期のみならずライフサイクル全体を視野に入れるようになったことも意味する。ライフサイクルの全体的視座に立ったアイデンティティ・ステイタス研究については，その必要性が第II巻で，重要な知見が得られつつあることが第IV巻で指摘されたが，この5年間で定着したとみることができる。もう1つの大きな特徴は，社会的文脈に対する関心が高まってきたことである。個人は真空の中で生きているわけではない。したがって，このような視点をもつ研究が今後も増え，特定の時代や社会を生きる個人の，生き生きしたアイデンティティ発達の姿が浮かび上がることが期待される。

アイデンティティ・ステイタスを測定する方法については，第IV巻と同様にMarcia法と「アイデンティティ・ステイタス測定の客観尺度改訂版」(EOM-EIS) の2

つが中心になっている。おもに前者はアイデンティティ・ステイタスの発達とそのプロセス、後者はアイデンティティ・ステイタスの背景要因を検討する際に使用されており、研究者の関心によって使い分けられているようである。しかし、EOM-EISの普及の背景には、研究における簡便性の追求があることも推測される。アイデンティティ・ステイタスに関する研究の関心がプロセスへ移行している状況をふまえると、その様相を深くとらえることのできる面接法の有効性を改めて確認する必要があるのではないだろうか。

## 4．家族とアイデンティティに関する研究

　ここでは，家族関係とアイデンティティの関連性に関する研究を取り上げる。この領域の研究を分類する際に焦点となるのは，まず研究対象が青年であるか否かという点にある。青年を対象とした研究については，さらにシステム論的視座からのものと父母いずれかとの二者関係を取り扱ったものとに大別される。一方，成人期以降の者を対象とする研究は，家族役割への適応を扱ったものが多く，親役割と配偶者役割とに分けることができる。このことをふまえ，本節では１）親との関係や親の生活態度とアイデンティティ，２）家族のシステム機能や相互作用のスタイルとアイデンティティ，３）「親であること」とアイデンティティ，４）夫婦関係とアイデンティティ，５）その他に分けて紹介することとする。

### １）親との関係や親の生活態度とアイデンティティに関する研究

　親との関係や親の生活態度とアイデンティティに関する研究は，総数９編であり，そのうち５編の概要を表3-11に示した。この５年間に取り組まれた研究は，愛着とアイデンティティの関連性についての研究が大半を占めている。また，研究方法として，これまでの親子間の愛着に関する調査は質問紙法が主流であったが，Mainら（1985）の開発した「成人愛着面接」Adult Attachment Interviewを導入し，面接法によって青年の親との愛着とアイデンティティ発達の関連性を検討したものが２編みられた。

　Benson, M. J.ら（1992）は，大学生268名を対象に，以下の３つの仮説を検討している。①青年期における親との愛着は，アイデンティティ達成と正の相関を示し，アイデンティティ拡散と負の相関を示す。②同性の親との愛着が強い青年は，モラトリアム，アイデンティティ拡散の状態を示さない。③愛着とアイデンティティは生活満足度に影響をおよぼす。その結果，仮説①に関して，青年期における母親との愛着はアイデンティティ達成と正の相関を示し，アイデンティティ拡散と負の相関を示したが，父親との愛着との間には関連性はみられなかった。仮説②は支持されなかったが，青年の性別に関係なく，アイデンティティ達成型の青年は母親との愛着が強く，モラトリアム型，アイデンティティ拡散型は，母親との愛着が低かった。また予定アイデンティティ型は，父親との愛着が高かった。仮説①で父親との愛着は青年のアイデンティティ達成とは強い関連がみられなかったものの，仮説③の生活満足度に関しては，父親との愛着得点が高いほど満足度が高くなっていた。逆に，母親との愛着と生活満足度には関連性はみられなかった。また，生活満足度はアイデンティティ達成

表 3-11 親との関係や親の生活態度とアイデンティティに関する研究

| 著書 | 年代 | 目的・仮説 | 方法 | 結果・考察 |
|---|---|---|---|---|
| Benson, M.J., Harris, P. B. & Rogers, C. S. | 1992 | 以下の仮説について検討する。①青年期における親との愛着は，アイデンティティ達成と正の相関を示し，アイデンティティ拡散と負の相関を示す。②モラトリアム型とアイデンティティ拡散型の青年は同性の親との愛着が弱い。③愛着とアイデンティティは，生活満足度に影響をおよぼす。 | 18～22歳の男子大学生127名，女子大学生141名を対象に，「アイデンティティ・ステイタス測定の客観尺度改訂版」Extended Objective Measure of Ego Identity Status，「親や仲間との愛着目録」Inventory of Parent and Peer Attachment，生活満足度尺度を実施した。 | ①母親との愛着は，アイデンティティ達成と正の相関が，アイデンティティ拡散と負の相関がみられたが，父親との愛着には関連性がみられなかった。②第2の仮説は支持されなかったが，性別に関係なく母親との愛着は，アイデンティティ達成と正の相関を，モラトリアム，アイデンティティ拡散と負の相関を示した。また，父親との愛着は予定アイデンティティと負の相関を示した。③親との愛着と生活満足度は正の相関がみられた。さらに，生活満足度はアイデンティティ達成と正の相関を，モラトリアムと負の相関を示した。 |
| Huttunen, J. | 1992 | ①父親と息子の性役割アイデンティティにみられる類似性を検討する。②両者の関係における，父-子相互作用の媒体変数としての特徴について検討する。 | 12歳の男子179名とその父親113名を対象に，「ベム性役割目録」Bem Sex Role Inventoryと父と子の相互関係に関する質問紙が実施された。 | 父親の男性性と息子の男性性に正の相関が，父親の女性性と息子の男性性に負の相関がみられた。また，父-子相互関係の温かさと父親の息子に対するコントロールがそれらの関係を強めていた。 |
| Bush, N. F. | 1993 | 青年の幼少期における家族体験の記憶とその現在の意味づけ，およびアイデンティティ達成の関連性について検討する。 | 18～22歳の男子大学生20名，女子大学生41名に，「成人愛着面接」Adult Attachment Interview および「アイデンティティ面接」Ego-Identity Interview を実施した。 | ①幼少期の否定的な愛着体験を思い出した青年やその問題を解決していない青年は，アイデンティティ探求や，仕事，友人関係などへの関与が低く，アイデンティティ拡散を示した。②一方，幼少期の愛着体験を統合してきた青年には，一貫したアイデンティティを保持していく傾向がみられた。 |

| Warfield, J. W. | 1993 | 親子間における愛着の質と分化の程度が，青年のアイデンティティ発達におよぼす影響について検討する。さらに，親の離婚とアイデンティティ発達との関連性について検討を行う。 | 青年350名に質問紙調査を実施し，そのうちの45名に「成人愛着面接」Adult Attachment Interviewを実施した。 | ①親との安定した愛着を構築し，ほどよい境界をもっていることが，アイデンティティ探求を促進させるという仮説は支持されなかった。②しかし，安定した愛着を構築していることがアイデンティティ探求の際の不安を減少させ，また親との愛着にとらわれたり，親と纏綿した関係にあるとアイデンティティ探求が困難になる傾向にあった。③親が離婚した青年には，そうでない青年に比べ，現実性のないアイデンティティ探求をする傾向がみられた。 |
|---|---|---|---|---|
| Haigler, V. F., Day, H. D. & Marshall, D. D. | 1995 | 青年期の親子の愛着と，性役割アイデンティティとの関連性について検討する。 | 17～20歳の男子大学生88名，女子大学生130名を対象に，「ベム性役割目録」Bem Sex Role Inventoryと「親や仲間との愛着目録」Inventory of Parent and Peer Attachmentを実施した。 | ①親子の愛着に関して男女間に差は認められなかった。また，父親よりも母親との愛着が有意に高かった。②両性具有型，女性型の青年は，未分化型，男性型の青年より親との愛着レベルが高かった。 |

と正の相関，モラトリアムとは負の相関を示しており，親との愛着やアイデンティティの状態が生活満足度に影響を与えていることを示唆している。

Bush, N. F. (1993) は，男子青年20名，女子青年41名を対象に「成人愛着面接」と「アイデンティティ面接」を実施し，青年の幼少期における家族体験の記憶とその現在の意味づけ，および現在のアイデンティティとの関連性について検討している。その結果，幼少期における否定的な愛着体験を回想した青年や，その問題が未解決であったり，あるいは愛着体験の記憶を喪失した青年は，アイデンティティの探求と仕事や恋愛，友人関係への関与が低く，アイデンティティ拡散の状態であることが示された。一方，幼少期の愛着体験が統合されている青年は，一貫したアイデンティティを保持していく傾向がみられた。現在においてアイデンティティの探求を達成するには，過去の愛着体験をうまく解決，統合できているかどうかが重要となってくると結論づけている。

一方，Warfield, J. W. (1993) は，青年期における親子間の愛着の質と分化の程度が青年のアイデンティティ発達におよぼす影響について検討している。350名に質問紙調査を実施し，そのうち45名には「成人愛着面接」(Main ら，1985) を実施した。その結果，親との愛着が安定的で，なおかつ境界がほどよい状態にあることが，アイデンティティ探求を促進する上で最適な組み合わせであるとする仮説は支持されなかった。しかし，アイデンティティ探求の際の不安を減少させる傾向が示された。また，親との愛着にとらわれたり，親と纏綿した関係にある青年は，親の投資が著しい領域において，アイデンティティ探求が困難になる傾向がみられた。さらに，親の離婚とアイデンティティ発達との関連性についても検討し，親が離婚した青年は，親が離婚していない青年に比べて，現実性のないアイデンティティ探求をする傾向にあることが明らかとなった。

Bush, N. F.と Warfield, J. W.で用いられた「成人愛着面接」は，Main ら (1985), Main (1991) によって開発されたものである。青年期以降を対象に，子どもの頃に体験したアタッチメントの内的ワーキング・モデルを評定するものであり，今日の愛着研究では大いに注目されている。数井ら (2000) によると，「成人愛着面接」とは，分離や喪失などを含んだ過去の愛着体験および現在に対するその影響などを問う半構造化された面接であり，分析時にもっとも重要なのは，対象者の語る"過去の諸事象"ではなく，"現在の心的状態"である。これまでにも家族の領域において，親との愛着とアイデンティティ発達の関連について研究は重ねられてきたが，質問紙法を用いて行われるのが大半を占めていた。過去の諸事象を現在どのように自分の中で位置づけているか，いわゆる内在化というところまでを考慮して分析を行っていくには，質問紙調査だけでは不十分であることからも，「成人愛着面接」などの質的な研究を取り入れていくことの意義は大いにあると考えられる。このような点からみても，Bush, N. F.と Warfield, J. W.の研究は示唆に富むものである。この2つの論文は博士論文の抄録のため詳細については不明であるものの，特に Warfield の研究は，親からの分化の程度も合わせて分析しており，このことは注目すべきであろう。今後，アイデンティティ発達において，個人の内在化に焦点を当てた研究を行っていくためにも，量的研究だけでは不十分であり，ますます質的研究が増加していくことを期待したい。

## 2）家族のシステム機能や相互作用のスタイルとアイデンティティに関する研究

家族のシステム機能や相互作用のスタイルとアイデンティティに関する研究は，総数8編であり，そのうち5編の概要は表3-12に示した。

## 4. 家族とアイデンティティに関する研究

**表 3-12 家族のシステム機能や相互作用のスタイルとアイデンティティに関する研究**

| 著書 | 年代 | 目的・仮説 | 方法 | 結果・考察 |
|---|---|---|---|---|
| Bhushan, R. & Shirali, K. A. | 1992 | Olsonの家族円環モデルにおけるバランス型家族の青年は、両親とのコミュニケーションも肯定的であり、高いアイデンティティ達成を示すことを検討する。 | 18〜24歳の男子大学生411名を対象に、「アイデンティティ達成尺度」Identity Achievement Scale, 「家族適応性・凝集性評価尺度III」(FACES III: Family Adaptability and Cohesion Evaluation Scale III),「親子コミュニケーション尺度」Parent-Child Communication Scaleを実施した。 | ①バランス型家族の青年は、極端型家族の青年より、父母とのコミュニケーションの質においてより開放性が強く、問題が少ないものとなっていた。②バランス型家族の青年は、ほとんど(97.5%)がアイデンティティ達成のレベルが高く、一方、極端型家族の青年は、バランス家族のそれとは対照的であった。③アイデンティティ達成のレベルが高い青年は、肯定的なコミュニケーションが有意に多く、否定的なコミュニケーションが少なかった。 |
| Fiese, B. H. | 1992 | ①親と子の二世代間で、家族儀式の特質に類似性がみられるかを明らかにする。②家族儀式化の程度とアイデンティティ発達との関連性を検討する。③家族間で儀式化について不一致がみられる場合、それと青年のアイデンティティとの関連性を検討する。 | 17〜21歳の男子大学生86名、女子大学生155名を対象に、「家族儀式に関する質問紙」Family Ritual Questionnaire, 「多次元的自尊心目録」Multidimensional Self-Esteem Inventoryを実施し、調査協力に同意の得られた彼らの両親(一部)にも「家族儀式に関する質問紙」を実施した。 | ①「家族儀式に関する質問」から抽出された2因子(「意義」meaning,「決まり」enactment)に、親と子で類似性がみられた。②摘出された2因子のうちの意義因子が青年のアイデンティティ発達と強い正の相関を示した。③母子間の相違の程度と、愛情およびアイデンティティ統合との間に、また父母間の相違の程度と、自尊心およびアイデンティティ統合との間に負の相関がみられた。 |
| Markland, S. R. & Nelson, E. S. | 1993 | 以下の仮説について検討する。①Eriksonの第V段階以前の発達段階における家族内葛藤が高かったと認識している青年ほど、アイデンティティ得点は | 17〜22歳の男子54名、女子128名を対象に、Erwinの「アイデンティティ尺度」Identity Scale, 「家族環境尺度」Family Environment Scaleを実施した。 | ①家族内葛藤が高かったと認識している青年は、アイデンティティ得点が低く示された。②葛藤の認識と性別との間には、相互の影響というものはみられなかった。 |

| | | | | | |
|---|---|---|---|---|---|
| | | | | | 低い。②葛藤の認識と性別との間には相互の影響があり,特に女性は,葛藤の認識が高いほどアイデンティティ得点が男性より低くなる。 |
| Perosa, S. L. & Perosa, L. M. | | 1993 | Minuchin の構造的家族モデルと青年のアイデンティティ形成,コーピング・プロセスの関連を明らかにすることで,青年期の分離-個体化プロセスの理解を高める。 | 21〜28歳の男子大学生57名,女子大学生125名を対象に,「改訂版構造的家族相互作用尺度」Structural Family Interaction Scale - Revised,「アイデンティティ尺度」Ego-Identity Scale,「青年の問題経験に対するコーピング指向性尺度」Adolescent - Coping Orientation for Problem Experiences Scale を実施した。 | ①明確な家族の境界と葛藤の表出および解決は,アイデンティティの達成や肯定的なコーピング・スタイルと関連していることが示唆された。②コーピング・スタイルは,家族構造とアイデンティティの達成を結びつける媒介となることが示唆された。 |
| Perosa, L. M., Perosa, S. L. & Tam, H. P. | | 1996 | Minuchin の構造的家族モデルと,青年期の分離-個体化プロセスおよびアイデンティティ発達の関連性を検討する。 | 18〜25歳の女子大学生164名を対象に,「改訂版構造的家族相互作用尺度」Structural Family Interaction Scale - Revised,「親との関係目録」Parental Relationship Inventory,「アイデンティティ・ステイタス測定の客観尺度改訂版」Extended Objective Measure of Ego Identity Status を実施した。 | ① Minuchin の構造的家族モデルは,家族の相互性と親子の分離を基礎とした特徴があることが示唆された。②母子関係が密着している青年女子は,予定アイデンティティが多く,また,父子関係が乖離している青年女子は,モラトリアム,アイデンティティ拡散が多いことが示された。親子の境界線が明確な青年に,アイデンティティ達成が多いことが認められた。 |

　Perosa, S. L. & Perosa, L. M.（1993）は,男子青年57名,女子青年125名を対象に,Minuchin の構造的家族モデルと青年のアイデンティティ形成,コーピング・プロセスの関連性を明らかにし,青年期の分離-個体化プロセスの理解を高めることを試みている。その際,以下の仮説をたて,検討している。①自分の家族が明確な境界や弱い世代間同盟をもち,さらに家族に自分の意見を主張したり,葛藤を解決したりすることができると考える青年は,アイデンティティ達成型であり,さらに肯定的なコーピング・スタイルを示す。②仮説①に関して,アイデンティティ達成とコーピン

グ・スタイルにはジェンダー差がみられる。③コーピング・スタイルは，家族構造とアイデンティティ形成のプロセスを関連づける媒介となる。分析の結果，仮説①に関して，明確な境界や弱い世代間同盟を示し，さらに自分の意見の主張や葛藤解決を行っている青年の方が，アイデンティティ達成やポジティブなコーピング・スタイルを示すことが示唆された。さらに，これらの結果にはジェンダー差がみられ，特にコーピング・スタイルの，「薬物使用による緊張の緩和や怒りの表出」Relieving Tension through Substance Use and/or the Expression Anger，「家族関係への投資」Investing in Family Relationships，「家族外関係への投資とソーシャルサポートへの探求」Investing in Extra-Familial Relationships and Seeking Social Support に関しては，女性の方が有意に高得点を示した。仮説③に関しては，重回帰分析により，コーピング・スタイルは家族構造とアイデンティティ形成のプロセスを関連づける媒介となることが示唆された。

　以上のように，仮説は概ね実証される結果となったが，Minuchin のモデルにおける，纏綿状態でもなく遊離状態でもないバランスのとれた家族構造が青年の健康な発達を促す，ということを完全に支持する結果は得られなかった。その原因の1つとして Perosa, S. L. & Perosa, L. M.は「改訂版構造的家族相互作用尺度」の質問項目が，本来調査すべき性質をうまく取り出せる表現となっていなかった可能性を指摘している。しかしながら，問題が起きた時にどのように対応するかというコーピング・スタイルは危機対応能力を支える重要な要因であることから，Perosa, S. L. & Perosa, L. M.の着眼点はこれからの家族構造とアイデンティティ形成に関する研究にとって大変有益であると思われる。今後はさらに，アイデンティティの発達にともなって，コーピング・スタイルがどのように変容していくかということも，検討していく必要があると考えられる。

　1987年～1991年の間は，家族のシステム機能と相互作用のスタイルとアイデンティティの研究に関して，Olson の開発した「家族適応性・凝集性尺度」を中心とした質問紙調査が主流であったが，この5年間では「家族適応性・凝集性尺度」を使用したものは少数であった。しかし，依然としてこの領域では質問紙調査が主流である。Perosa, S. L. & Perosa, L. M.の研究でも考察されていたように，尺度による質問紙調査は，言葉のニュアンスなどによって，対象者側に本来の意味とは違って受けとめられ，結果に影響がおよんでくるということがある。Perosa らの場合，使用した尺度にみられた違いを改めて，再度検討しているが（Perosa, L. M.ら，1996），ここからも質問紙調査だけでは測ることのできない複雑さを，家族システム機能は備えているということがうかがえる。「アイデンティティ研究の展望IV」でも指摘しているように，面接法や観察法などによる事例的研究も合わせて検討していく必要があるだろう。

## 3)「親であること」とアイデンティティに関する研究

「親であること」とアイデンティティに関する研究は、総数13編であり、そのうち6編の概要を表3-13に示した。この領域の動向として注目すべきは、男性の親役割アイデンティティへの関心が高まってきている点であろう。とくに、離婚率の上昇にともない、対象者に離婚して子どもと別居している者を含めた研究も行われつつある。

その1つである Minton, C. & Pasley, K.（1996）は、結婚生活を継続している父親178名と離婚した父親92名を対象に、父親としてのアイデンティティと子育てへの関与について検討している。親役割アイデンティティ（満足感、コンピテンス、重要度、投資量からなる）と子どもとの日常的活動への関与に関する質問紙調査を実施した。離婚した父親に対しては、身体的および非身体的接触の現状についても調査した。分析の結果、男性の親役割アイデンティティは婚姻状態によって異なることが示唆された。すなわち、離婚後子どもと別居している父親は、結婚生活を継続している父親よりも、コンピテンスと満足感が低く、わずかではあるが重要度が高く示された。また親役割アイデンティティのうち、子どもとの日常的活動への関与と正の相関があったのは、結婚生活を継続している父親で、満足感、コンピテンス、投資量であったのに対し、離婚後子どもと別居している父親は、満足感とコンピテンスだけであった。離婚後子どもと別居している父親においては、親役割アイデンティティと身体的および非身体的接触との関連においても、満足感とコンピテンスが正の相関にあった。Minton, C. & Pasley, K.（1996）は、離婚後子どもと別居している父親を中心に考察しているが、彼らのコンピテンスの低さは離婚の前後とで子どもに対する支配力が弱まることにともない、親としてのアイデンティティを再構築したあらわれではないかと指摘している。

一方、Simon, R. W.（1992）は、18歳未満の子どもをもつ父親189名と母親259名を対象に質問紙調査を実施し、親役割アイデンティティと、親役割の疲労度および心理的不適応の関連性について検討している。仮説は以下の2つである。①親としてのアイデンティティは婚姻状態にかかわらず、男性よりも女性の自己概念にとって重要であろう。②女性において、親としてのアイデンティティが重要である者ほど、親役割の疲労が心理的不適応に寄与しているであろう。結果は次の通りとなった。まず、仮説①に関して、結婚生活の継続群と離婚群のいずれにおいても、男性より女性に高い心理的不適応が示されたが、このジェンダー差は女性の方が親役割の疲労度が高かったことと関連していた。また、仮説②に関しては、女性だけでなく男性にも関連性が示された。すなわち、男女いずれにおいても、親としてのアイデンティティの重要性は、親役割の疲労と心理的不適応の関連性を強める働きを有していた。Simon, R.

## 4. 家族とアイデンティティに関する研究

### 表3-13 「親であること」とアイデンティティに関する研究

| 著書 | 年代 | 目的・仮説 | 方　法 | 結果・考察 |
|---|---|---|---|---|
| Simon, R. W. | 1992 | 以下の2つの仮説を検証する。①「親としてのアイデンティティ」parental identityは婚姻状態にかかわらず男性よりも女性の自己概念にとって重要であろう。②女性では，親としてのアイデンティティが重要となっている場合，親役割の疲労が心理的不適応と密接につながっているだろう。 | 18歳未満の子どもをもつ成人448名（男性189名，女性259名）を対象に，「簡易症状目録」（BSI: Brief Symptom Inventory），親役割の疲労度，親アイデンティティの重要度からなる質問紙調査を実施した。 | ①結婚生活の継続群と離婚群のいずれも，男性より女性に高い心理的不適応が示された。②男女間にみられる心理的不適応の差異は，親役割の疲労にどれだけさらされているかで説明できることが示唆された。③男女ともに，親としてのアイデンティティが重要となっている場合，親役割の疲労と心理的不適応とが密接に結びついていた。 |
| Marsiglio, W. | 1993 | 現代の父親をめぐる社会的および研究的動向を，象徴的相互作用論とアイデンティティ論の立場から検討する。 | 理論的考察。 | ①文化の中の父親イメージとその変容，②社会心理学における父親の概念化，③父親の関わりがその子どもに与える影響を検討した実証研究の動向を明らかにするとともに，これからの父親を対象とする学問や社会政策のあり方を展望した。 |
| Lobar, S. L. | 1994 | 養子縁組により親となった者が，親アイデンティティを獲得するまでのプロセスを明らかにする。 | 私的な経路によって養子縁組を結び親となった14名を対象に面接調査するとともに，子どもとの関わりの様子を観察した。 | 親アイデンティティを獲得するプロセスは，試練を乗り越える段階，方向性を見出す段階，最適な状態を見出す段階，待機する段階，親になる段階から構成されていることが確認された。 |
| Zabielski, M. T. | 1994 | 産後女性の母親役割達成と母親アイデンティティを認識する時期が，出産した子どもが未熟児か否かによって異なるか検討する。 | 初産婦42名（うち21名は未熟児を出産）を対象に，質問紙調査と半構造化面接を実施した。 | 未熟児を出産した女性は，母親アイデンティティを認識する時期が相対的に遅かったが，その点をのぞけば，正常児を出産した女性と同様の母親役割達成プロセスを体験していた。 |
| Darlin, L. K. | 1995 | 父親の家庭内での諸活動でのかかわりの実際について，役割アイデンティティの観点から検討する。 | 小学校前の子どもをもつ男性213名を対象に，父親役割アイデンティティと実際の役割遂行に関する測度を実施した。 | 父親役割アイデンティティの構成要素として設定した，"しつけ"，"教育"，"稼ぎ手"，"栄養管理"，"世話"，"遊び相手"のうち，多く |

| | | | | |
|---|---|---|---|---|
| | | | | の父親が自覚していたのは"稼ぎ手"であった。同様に，"栄養管理"という立場も，多くの者が自覚していた。しかしながら，実際の遂行レベルをみると，家庭内での役割は伝統的なものとなっていた。 |
| Minton, C. & Pasley, K. | 1996 | 結婚生活を継続しているか否かによって，男性の親役割アイデンティティと子どもへの関わりが異なるかについて比較検討する。 | 結婚生活を継続している男性178名と離婚した男性92名を対象に「親役割自己認知尺度」Self-Perceptions of the Parental Role Scaleを一部修正したものと，子どもに関わる日常的活動への関与，さらに離婚男性に対しては身体的，非身体的接触に関する内容を含む質問紙調査を実施した。 | ①離婚男性は，結婚生活を継続している男性に比べて，有意に親役割アイデンティティのコンピテンスと満足感が低く，重要度が高かった。②親役割アイデンティティが高いほど，子どもに関わる日常的活動にも深く関与していた。 |

W.（1992）は，男性が親役割の疲労を受けているという結果に関して，男性は依然として，子どもにとって必要な身体面および情緒面のケアに対する実際的な期待を社会から受けていないものの，次第に子育てに関与するようになってきているためではないかと考察している。たしかに，親役割アイデンティティのジェンダー差を検討する際には，社会における性役割期待の一般的意見や規範に関する認知，およびそれらに対するプレッシャーとの関連についても注目する必要があるだろう。さらに，これまで女性のアイデンティティの問題として論じられることが多かった，仕事と子育てをめぐる葛藤の問題を男性に対して検討していくことも，ジェンダー差を理解する上で有益であると考えられる。

### 4）夫婦関係とアイデンティティに関する研究

夫婦関係とアイデンティティに関する研究は，総数13編であり，そのうち6編の概要を表3-14に示した。これまで夫婦関係は結婚生活に対する満足感や幸福感などで測定されることが多く，成人期のアイデンティティ（特にジェンダー・アイデンティティ）に関連する要因として検討されてきた。つまり夫婦関係はアイデンティティの背景的要因としての位置づけが主流であったと考えられる。しかしながら，次第に成人期のアイデンティティの主要な領域，すなわち配偶者役割アイデンティティとして検討されはじめている。この5年間の動向としては，表3-14に示すように，死別もしくは離婚というライフイベントによって，配偶者としての役割を喪失することが，

## 4．家族とアイデンティティに関する研究

**表 3-14　夫婦関係とアイデンティティに関する研究**

| 著　書 | 年代 | 目的・仮説 | 方　法 | 結果・考察 |
|---|---|---|---|---|
| DeGarmo, D. S. | 1993 | 配偶者を離婚または死別によって喪失した女性のアイデンティティとストレスの関連性について検討する。 | 配偶者と死別した173名と離婚した156名の女性に対し、別離を体験した4ヵ月後および18ヵ月後の時期に面接調査を実施した。 | ①離婚した女性よりも、配偶者と死別した女性の方が、心理的不適応のレベルが深刻であった。②配偶者と死別した女性と離婚した女性のいずれも、4ヵ月後のカップル・アイデンティティの重要性と別離によるアイデンティティの崩壊が、18ヵ月後の心理的不適応を予測していた。 |
| Jimenez, P. | 1993 | アイデンティティと夫婦内のコミュニケーションが夫婦関係の満足感におよぼす影響について検討する。 | 66組の夫婦を対象に、「アイデンティティ尺度」Ego Identity Scale、「基本的コミュニケーション目録」(PCI: Primary Communication Inventory)、「二者関係適応尺度」(DAS: Dyadic Adjustment Scale) を個別に実施した。 | ①アイデンティティとコミュニケーションは、有意に夫婦関係の満足感を予測し、とくにコミュニケーションの影響力の強さが示唆された。②自己と配偶者との間でアイデンティティ・レベルの認知に大きなズレがある場合、夫婦関係の満足感が有意に低くなることが示された。 |
| Shaffer, S. L. | 1993 | 配偶者と死別した中年女性の心理的適応のプロセスとアイデンティティの再構築について検討する。 | 死別により配偶者を喪失した45歳未満の女性12名（死別経過年数：平均2.5年）を対象に面接調査を実施した。 | 配偶者との死別を通じて、アイデンティティや自己定義が大きく変化することが確認された。配偶者喪失の危機は、個人の成長を刺激するとともに、信念や価値観を深める可能性を有していた。 |
| Bisagni, G. M. & Eckenrode, J. | 1995 | 離婚した女性の職業アイデンティティと自尊感情および心理的ディストレスの関連性について検討する。 | 26歳から53歳までの白人女性40名を対象に、「自尊心尺度」Self Esteem Scale、「疫学研究センター・抑うつ尺度」(CES-D: The Center for Epidemiological Studies-Depression Scale)、職業アイデンティティ尺度、自由記述からなる調査を実施した。 | 職業アイデンティティは、離婚した女性の心理的適応を促進する働きを有していた。 |

| Duran-Aydintug, C. | 1995 | 離婚および離婚後の相互作用における配偶者役割アイデンティティを放棄するプロセスを明らかにする。 | 離婚およびその手続きを進めている配偶者と別居中の者76名（男性36名，女性40名）に対する面接調査の資料をもとに分析した。 | 配偶者役割アイデンティティを放棄するプロセスは，別離を切り出した方と告げられた方とで異なることが示唆された。 |
|---|---|---|---|---|
| Riches, G. & Dawson, P. | 1996 | 子どもの死を経験した親のアイデンティティおよび夫婦関係に及ぼす影響について検討する。 | 文献ならびに事例研究をふまえての理論的考察。 | 子どもの死を経験した夫婦が各々のアイデンティティを構成・維持する上で配偶者との会話が重要であることと，夫婦内の会話を促進させる専門家およびボランティアによるサポートの貢献度について論じられた。 |

包括的なアイデンティティにどのような意味を有しているかというテーマを中心に展開してきたことが指摘できる。

　Duran-Aydintug, C.（1995）の研究もその1つであるが，離婚およびその手続きを進めている配偶者と別居中の者76名（男性36名，女性40名）に関する面接調査をもとに，配偶者としての役割アイデンティティをいかに放棄していくかといった心理的プロセスを検討している。その結果，配偶者としての役割アイデンティティを放棄するプロセスは，離婚を切り出す立場と，告げられる立場とで大きく異なっていた。Duran-Aydintug, C.（1995）は，とくに離婚が自己概念に与える影響の違いに注目している。すなわち，離婚を切り出す立場にある者は，配偶者と自分とを切り離した単身者として自己定義し，結婚生活での経験は離婚後のアイデンティティに反映されていなかった。それに対し，告げられる立場にある者は，自分自身を離婚した相手の"元夫，元妻"と定義し，配偶者としての役割アイデンティティは離婚後も自己の重要な一部として機能していた。こうした両者の違いは，離婚に対する自発性や主導権，それに周囲からの承認やサポート体制などに起因しているとDuran-Aydintug, C.（1995）は指摘している。これまでにも，離婚が個人の心理的適応におよぼす研究はかなり取り組まれているが，アイデンティティ論の立場からのプロセス研究は乏しい。今後は，どちらが離婚を切り出したかという観点だけでなく，結婚して離婚に至るまでに配偶者としての役割アイデンティティがどのように個々人の中で機能していたかといった，それまでのプロセスの多様性にも着目した研究が望まれる。

　この他にJimenez, P.（1993）の研究を紹介しておく。この研究では，アイデンティティおよびコミュニケーションと夫婦関係の満足感との関連性が検討されている。対象者は66組の夫婦で，個別に質問紙調査が実施された。分析の結果，アイデンティティとコミュニケーションはいずれも夫婦関係の満足感を有意に予測していた。さ

らに夫婦のペア分析から，自己と配偶者との間で，アイデンティティの認知レベルに大きなギャップがある場合，夫婦関係の満足感は有意に低いことが示された。Jimenez, P.（1993）の研究は学位論文の抄録であるが，夫婦間におけるアイデンティティの相互性を実証的に検証している点で注目すべきであろう。夫婦関係は成人期のアイデンティティ発達にとって重要な文脈であると考えられるが，アイデンティティの相互発達という視点から検討する動きはまだあまりみられない。Jimenez, P.（1993）で得られた知見は，自己のアイデンティティと配偶者のアイデンティティとの対応関係に注目する必要性を示唆している。結婚生活の継続の中で，夫と妻のアイデンティティは互いにどのような影響をおよぼし合っているであろうか。夫と妻どちらかの転勤・転職や子どもの誕生，親の介護などによって生じうる，自己と相手のアイデンティティをめぐるジレンマなども，今後の重要な研究テーマになってくることが予想される。

### 5）家族とアイデンティティに関するその他の研究

　家族とアイデンティティに関するその他の研究は，総数14編であり，そのうち6編の概要を表3-15に示した。この5年間においても，養子・里子の生みの親への同一化をめぐる問題と，両親の離婚により一方に引き取られた子どもが受ける否定的影響を検討した研究が多くみられた。

　養子・里子を対象とした研究としては，例えばSalahu-Din, S. N. & Bollman, S. R.（1994）は，少なくとも1年以上里親に育てられている11歳から15歳までの青年116名（男子59名，女子57名）に質問紙調査を実施し，生みの親のいる家族への同一視のレベルが高い者ほど，より高い自尊心を有することができているとする仮説を検証している。分析の結果，仮説どおり生みの親のいる家族への同一視と自尊心との間には有意な正の相関がみられ，生みの親のいる家族への同一視が乏しい青年は自尊心が低いことが示唆された。なおこの分析から，多くの里子にとって同一視の対象が生みの親のいる家族であることも明らかとなった。これらの結果から，Salahu-Din, S. N. & Bollman, S. R.（1994）は，里子となった青年には生みの親と分離した体験について語る機会が提供されるとともに，過去と現在とを統合するための支援が重要であると結論づけている。この研究では，同一視の測定において，その対象を選択肢（生みの親のいる家族，里親の家族，友人，専門家など）の中から選ばせるという方法をとっているが，どちらの家族に対しても肯定的感情を抱いている可能性がある。したがって，里親との関係に関しても，生みの親との関係とは切り離して，より丁寧な分析が必要であると考えられる。

　一方，養子の生みの親を捜す姿勢に注目した研究もある。Tucker, A. B.（1995）

表3-15 家族とアイデンティティに関するその他の研究

| 著書 | 年代 | 目的・仮説 | 方法 | 結果・考察 |
|---|---|---|---|---|
| Yancey, A. K. | 1992 | 青年期の養子のアイデンティティ形成と社会的不適応について，特にアメリカ合衆国で社会的マイノリティの人種，民族に焦点を当てて検討する。 | 近年の社会状況や実証研究をふまえての理論的考察。 | アフリカ系およびラテン系を中心とするアメリカ合衆国の養子青年には，社会問題による過剰な負担が重くのしかかっている。彼らの社会的不適応は，アイデンティティの障害を反映したものであると考えられる。 |
| Giudice, M. E. | 1994 | 父親不在が，その息子の性アイデンティティ，統制の所在，および自尊心に与える影響について検討する。 | 大学生の男子74名（うち23名は両親が離婚している）を対象に，人物画テスト，ベム性役割目録，Coopersmithの「自尊心尺度」Self Esteem Scale, Rotterの「内的-外的統制の所在尺度」Internal-External Locus of Control Scaleを実施した。両親が離婚した者は，頻繁かつ継続的に父親と会っている群とそうでない群とに分類された。 | ①人物画テストをのぞき，性アイデンティティ，自尊心，統制の所在においては，3群間（両親がいる群，離婚後父親と頻繁かつ継続的に会っている群，離婚後父親とあまり会っていない群）で有意差は認められなかった。②父親の物理的不在と，息子の父親に対する情緒的親密さの認知との間に有意な相関が示された。 |
| Salahu-Din, S. N. & Bollman, S. R. | 1994 | 青年前期の里子における生みの親家族への同一化と自尊心の関連性について検討する。 | 里親に育てられている青年116名（男性59名，女性57名）を対象に，「ボルチモア自尊心尺度」Baltimore Self-Esteem Scaleと生みの親家族への同一化に関する質問紙を実施した。 | 生みの親のいる家族への同一化レベルが低い青年よりも，それが高い青年の方が，自尊心が高かった。 |
| Hursh, P. | 1995 | 両親の離婚後，母親に引き取られた青年において，別居している父親とのかかわりとアイデンティティ発達がどのように関連しているか，両親が結婚生活を継続している青年との比較もふまえ検討する。 | 両親が結婚生活を継続している高校生と両親が離婚し母親に引き取られた高校生各64名ずつを対象に，「アイデンティティ・ステイタス測定の客観尺度改訂版」（EOM-EIS），「父親の容認-拒絶尺度」（PARS: Paternal Acceptance - Rejection Scale），「家族経歴質問紙」Family Background Questionnaireを実施した。 | ①離婚しても別居している父親と継続的な関係性を持つ家族の青年と，両親が結婚生活を継続している家族の青年のアイデンティティ発達は類似していた。②両親が離婚した青年では，性と父子関係の質によってアイデンティティ発達に違いがみられた。③訪問よりも電話による連絡の方が，別居している父親と子どもの関係を良好で持続的なものにして |

## 4. 家族とアイデンティティに関する研究

| | | | | | |
|---|---|---|---|---|---|
| | | | | | いた。④時間的経過，居住地の移動，再婚は，別居している父子間の訪問および電話によるやりとりに否定的に作用していた。 |
| Imbimbo, P. V. | 1995 | 両親の離婚後，母親と同居している大学生のアイデンティティ形成における性差について検討する。 | 両親が離婚し母親に引き取られた大学生の男子39名と女子57名を対象に，「親の行動に対する子どもの評価目録」(CRPBI: Children's Report of Parental Behavior Inventory)とアイデンティティ・ステイタス面接を実施した。 | | ①包括的アイデンティティ・ステイタスでは，男女間で有意差は示されなかった。②職業領域および婚前交渉領域のアイデンティティ・ステイタスでは，女性の方により多くの達成型がみられた。③男子は女子と比べて，有意に母親が自分に容認的であるとともに，支配的でないと認知していた。 |
| Tucker, A. B. | 1995 | 生みの親を捜す姿勢が異なる養子女性の心理社会的発達と家族における親密性と個別性について比較検討する。 | 養子群168名と対照群（人数不明）に対し，Constantinopleの「心理社会的発達目録」とWilliamsonの「家族システムにおける個人的権威性質問紙」を実施した。養子は，生みの親を捜す姿勢から"無関心"，"消極的関心"，"捜索中"，"再結合"の4群に分類された。 | | ①養子群は，ほとんどの下位尺度において，対照群よりも低得点であることが示された。②生みの親を捜索中の養子および再結合を果たした養子と，捜す姿勢の乏しい養子とを，区別してとらえることの必要性が示された。 |

は，養子女性の心理社会的発達と家族内の親密性と個別性について比較検討している。養子は，生みの親を捜す姿勢から"無関心"，"消極的関心"，"捜索中"，"再結合"の4群に分類された。さらに，養子ではない女性も対照群として調査対象者に加えられた。調査は質問紙法によって行われ，心理社会的発達の測定にはConstantinopleの「心理社会的発達目録」が，また家族内の個別性と親密性の測定にはWilliamsonの「家族システムにおける個人的権威性質問紙」が用いられた。各群間で比較検討した結果，"無関心"群は，"捜索中"群と"再結合"群よりも，Eriksonの第Ⅰ段階および第Ⅴ段階と，世代間の親密性および個別性の得点が高かった。さらにEriksonの第Ⅵ段階は"再結合"群より高得点であった。また"捜索中"群と"再結合"群では，概して対照群より低得点の傾向がみられたのに対し，"無関心"群と"消極的関心"群は，ほぼ同レベルの得点が示された。特に"無関心"群の世代間の親密性と配偶

者/友人に対する個別性の得点は,対照者群のそれを上回っていた。このことから,Tucker, A. B.(1995)は,生みの親を捜索中の養子や再結合を果たした養子と,捜す姿勢の乏しい養子とは,同じ養子という立場であっても,両者を分けて取り扱う必要があるとしている。

このような傾向は,IV巻で紹介したRiggs, R. P.(1989)の研究でも確認されているが,生みの親を捜す姿勢は,養子先の家族関係の良否が大きく影響していると考えられる。そのことは"無関心"群で,世代間の親密性および個別性の得点が高かったことからうかがえる。また,"捜索中"群と"再結合"群でEriksonの第V段階の得点が低かったのは,彼らがアイデンティティ探求の最中にあることが考えられる。すなわち,生みの親捜しや再会した生みの親との関係を形成する中で,自己のアイデンティティをより完全なものにしようと模索していることが得点に表れたのではないだろうか。

両親の離婚がその子どもに与える影響については,母親が子どもを引き取ったケースに焦点をあてた研究が比較的行われている。例えば,Hursh, P.(1995)は,両親が結婚生活を継続している高校生64名と,両親が離婚し母親に引き取られた高校生64名を対象に,以下の3つの仮説について検討している。①両親が結婚生活を継続している青年は,両親が離婚し母親に引き取られた青年に比べて,より強固なアイデンティティ感覚を有する。②両親が離婚しているか否かにかかわらず,アイデンティティ発達は青年の性別と父親との関係の質によって異なる。③両親が離婚し母親に引き取られた青年に関して,アイデンティティ発達は父親との対面の機会が機能しているか否かで異なる。結果は次の通りとなった。まず,両親が離婚し母親に引き取られ,別居中の父親と継続的な関係をもつ青年は,両親が結婚生活を継続している青年と,アイデンティティ発達のレベルが類似していた。両親が離婚した青年では,性別と父子関係の質によってアイデンティティ発達に違いがみられた。すなわち,女子青年が強いアイデンティティ感覚を獲得するには,父親との対面のスケジュールがより自己主導的である必要性が示唆された。また,両親が離婚した青年のアイデンティティ発達にとって,父子関係が温和で受容的であることが重要となっていた。さらに,訪問よりも電話による連絡の方が,別居している父親と子どもの関係を良好で持続的なものにしていることや,時間的経過と居住地の移動ならびに再婚は,別居している父子間の訪問および電話によるやりとりに否定的に作用していることなどが示唆された。

Hursh, P.(1995)の研究は,父親との対面の頻度だけでなく,その設定のされ方や,実際にどのような父子関係にあるのかといった質的側面にまで踏み込んでいる点,さらには別居している父子をとりまく諸環境にまで視野に入れている点で注目すべきであろう。なお,この研究では両親が結婚生活を継続している青年を対照群としてい

るが，結婚生活の継続のあり方も一様ではない。そのため，今後は彼らの両親が結婚生活にどれほど適応しているかという夫婦関係の質的側面もきめ細かに取り扱われることを期待したい。

このほか，Giudice, M. E. (1994) と Imbimbo, P. V. (1995) も，同じく両親の離婚後母親に引き取られた青年を対象とする研究であった。Giudice, M. E. (1994) は男子青年のジェンダー・アイデンティティの問題を，一方 Imbimbo, P. V. (1995) は青年期男女のアイデンティティ・ステイタスとの関連性を検討していた。いずれにしても，対象者の離婚しているか否かといった違いだけを問題としており，こうした傾向は依然として強い。喪失体験とアイデンティティの関係については，Streitmatter, J. (1987) が子どもの親との死別適応に関して検討しているように，その事象前後におけるサポート体制やその家族の対人ネットワークの開放性なども視野に入れた研究が必要であるといえる。また，社会の動向を反映してか，母親に引き取られた青年を対象とした研究が多くみられたが，今後は父親に引き取られたケースについても，研究の蓄積が求められる。

### 6）まとめと今後の課題

以上，1992～1996年の5年間で発表された，家族とアイデンティティに関する研究について概説した。前著（1997）では，母子関係に焦点が当てられた研究が多数を占めていたが，1）親との関係や親の生活態度とアイデンティティの研究動向からわかるように，父子関係についても同様に積極的に検討されていた。こうした傾向は，3）「親であること」とアイデンティティの研究においてもみられ，男性の父親役割アイデンティティが注目されていた。女性の職業的自己実現の高まりとともに，男女双方の親役割アイデンティティの研究は今後一層必要となってくると予想される。この種の研究は，有配偶者を対象とする場合，必然的に夫婦間のパートナーシップのあり方も問われるであろう。また，親子関係の研究に関していえば，この5年間も青年期のアイデンティティ発達に焦点が当てられていた。しかしながら，高齢社会の到来とともに，生涯発達的視座から親子関係をとらえる必要性が高まっている。そのため，成人期に達した子どもが自分の老親との関わりの中で，どのようにアイデンティティ発達を遂げるかといった問題も，家族領域において重要な今日的課題と考えられる。最後に，社会変動とともに家族のあり方も絶えず変化を遂げている。ステップ・ファミリーや国際結婚，非法律婚のカップルなど，これまでアイデンティティ研究ではあまり取り組まれてこなかったテーマについても積極的に検討されることを期待したい。

## 5．職業アイデンティティに関する研究

本節では，職業アイデンティティ occupational identity, vocational identity と専門家アイデンティティ professional identity に関するアイデンティティ研究論文を取り上げ解説する。

15年前に，職業アイデンティティ領域に関する研究の動向を展望した折には，次のような問題点と課題が挙げられていた。

①職業アイデンティティとアイデンティティ全体へ関連すなわち概念の明確化，②専門職の職業アイデンティティと非専門職の職業アイデンティティの異同，「専門家」の定義，③職業自体が目的となる人の職業アイデンティティと手段となる人の職業アイデンティティの異同，④②，③の異同を考慮に入れてアイデンティティの測定理論と方法論は作られているか，⑤研究対象となる人々の標本が職種，地理的変数などの面で限られていること，⑥人生全体のライフサイクルの中で，職業アイデンティティの変化・発展を検討すること，⑦職業アイデンティティ独自の発達段階を構成することが可能かどうか，など。

この点を視野において，1992～1996年の職業アイデンティティ研究を展望してみることとする。

まず，職業アイデンティティに関する研究論文全体の数的変遷は，1980年以前が17編，1980～1985年69編，1986～1991年71編，1992～1996年72編である。1980年代から大幅に増加している。

本書で対象とする1992～1996年の研究は，内容によってみると，1．職業アイデンティティ（職業アイデンティティの測定・概念，アイデンティティ・ステイタス）〈12編〉，2．キャリア発達と学生の職業アイデンティティ〈9編〉，3．専門家アイデンティティ（心理的援助職，教師，看護士の専門家アイデンティティ）〈23編〉，4．女性の職業アイデンティティ〈6編〉，5．民族アイデンティティと職業アイデンティティ〈8編〉，6．その他〈3編〉に分類できる。

ただ，5．の民族アイデンティティと職業アイデンティティの分類項目は，本書において新しく追加され登場する分類である。

### 1）職業アイデンティティの測定・概念等に関する研究

この項目に分類される論文は12編あり，①職業アイデンティティの測定・概念に関するもの6編　②アイデンティティ・ステイタスに関するもの3編　③その他に分類されるものが3編であった（表3-16）。

## 5．職業アイデンティティに関する研究

### 表3-16 職業アイデンティティの測定・概念等に関する研究

| 著書 | 年代 | 目的・仮説 | 方法 | 結果・考察 |
|---|---|---|---|---|
| Leung, S. A., Conoley, C. W., Scheel, M. J. & Sonnenberg, R. T. | 1992 | 職業アイデンティティと「一貫性」consistency，「分化」differentiationの概念について検証する。 | 対象：学業的に優秀な高校2年生564名（男子211名，女子353名）。方法：「私の職業状況」My Vocational Situationの「職業アイデンティティ尺度」Vocational Identity Scale，「自己探索尺度」Self-Directed Search Scaleからの「興味得点」Interest Score。 | 職業アイデンティティは，一貫性や分化に関係しないという結果が示唆され，カウンセリングのもつ意義が論じられた。 |
| Northam, S. J. | 1992 | ①予定アイデンティティと，職務ストレスとの関係について調査する。②研究仮説は，予定アイデンティティの青年期アイデンティティ達成は，小さな危機によって達成されたイデオロギーへのコミットメントである。 | 対象：168名の公認看護婦。郵送法。方法：「アイデンティティ・ステイタス目録」Identity Status Inventory，「状態・特性不安目録」State-Trait Anxiety Inventoryの特性不安部分，「健康職業ストレス目録」Health Profession Stress Inventory。 | ①予定アイデンティティと知覚された職務ストレスとの関係は有意であった。②教育的準備，年齢，実践と経験の臨床分野は，知覚された職務ストレスにおける変数の，有意な予測とはならなかった。③予定アイデンティティの危機未経験は，危機やストレスを扱う能力を減じる。 |
| Vondracek, F. W. | 1992 | アイデンティティ構成概念の現状と，それの職業発達における現代的理論と研究への適用について検討する。 | 論考。 | 職業アイデンティティ概念の存在可能で動的な発達的概念化を定式化する必要条件を検討する必要性が示唆された。 |
| Adams, L. J. | 1993 | 「分離」separate，「結合」connectedアイデンティティから，学生の仕事価値と職業資源選択を予測できるかどうかを検討する。 | 対象：286名（男子183名，女子103名）の学部在学生。郵送法。方法：「関係自己目録」Relationship Self Inventory，「仕事価値目録」Work Values Inventory，「職業資源選択質問紙」Vocational Resource Options Questionnaire。 | 「分離」，「結合」アイデンティティの程度は仕事価値や職業資源選択に性別より効果をもつことなどが見出された。 |

| Krupnick, R. N. | 1993 | 多面的アイデンティティへの「積極的関与」を仕事領域と非仕事領域とに関連づけるモデルを開発し検討する。 | 対象：428名の大金融サービス組織の専門家スタッフ。方法：仕事領域（職務，組織，職業）と，非仕事領域（家族，社会，個人的余暇）への「積極的関与」を測定。専門家の支配人が職務行動と組織の一員としての行動について評価し，配偶者が家族役割の行動を評価した。 | 仕事・非仕事領域での行動の最もよい予測指標は他方への「積極的関与」であること，モデルはアイデンティティの階層性や各領域間の関連をうまく描けることなどを示した。 |
|---|---|---|---|---|
| Alvesson, M. | 1994 | 広告代理業に従事する人々が自己のアイデンティティをどのように統制しているかを検討する。 | 対象：スウェーデンの小規模な広告会社の広告業従事者。方法：数カ月間の観察，計画的な面接，非公式の会話を資料化し分析。 | 広告業従事者の組織内での談話の分析から，彼らが自分，仕事，職業，組織，顧客等を反官僚的なスタイルで表現することによって，アイデンティティと自己イメージを維持していることが報告された。 |
| Peck, D. C. | 1994 | 職業満足は，職業役割アイデンティティの主観的感覚と関連をもつことを調査し検討する。 | 対象：コンピュータ部門の社員。方法：20の最小限に構造化されたオープンエンドの面接を実施し，逐語録の質的主題内容分析を行った。 | コンピュータ事業は，コンピュータ部門の社員の職業アイデンティティの探求に肯定的に関与している。 |
| Wallace - Broscious, A., Serafica, F. C. & Osipow, S. H. | 1994 | 青年期の職業発達と自己概念，発達，アイデンティティ形成の関係について，Superの職業発達理論，自己概念発達，アイデンティティ形成から派生する概念の枠組みを使用して検討する。 | 対象：私立高校の9年生134名と12年生134名（いずれも男子58名，女子76名）。方法：「キャリア発達目録」Career Development Inventory，「キャリア決定尺度」Career Decision Scale，「自己知覚プロフィール」，Self-Perception Profile，「アイデンティティ・ステイタス測定の客観尺度」Extended Objective Measure of Ego Identity Status。 | ①職業成熟における，探索，計画，確信，不決断について，学年および性に有意差がみられた。②自己概念，アイデンティティ・ステイタスと職業成熟との関係についての仮説は，部分的に確かめられた。③アイデンティティ・ステイタスは，職業成熟を反映するものとして，自己概念より強力であることが明らかになった。 |

## 5. 職業アイデンティティに関する研究

| 著者 | 年 | 目的 | 対象・方法 | 結果 |
|---|---|---|---|---|
| Frone, M. R., Russell, M. & Cooper, M. L. | 1995 | 「仕事圧力」work pressure, 自律性の欠如, 抑圧に至る役割の曖昧さ, 身体的健康, 重度のアルコール使用との関係に対する,仕事への没頭」の媒介変数としての効果を検討する。 | 対象：795名の成人の従業員から,無作為に選ばれた,地方の家族。方法：面接。 | ①「仕事への没頭」がストレスを弱める効果があることを限定的に支持した。②高い「仕事への没頭」は,役割の曖昧さと身体的健康,役割の曖昧さと重度のアルコール使用,仕事圧力と重度のアルコール使用との関係を強める。 |
| Jackman-Wheitner, L. R. & Renee, L. | 1995 | アイデンティティ,「快適さ」Well-beingの感覚,人生の目的のレベルから,職業アイデンティティが予測できるかどうかを検討する。 | 対象：93名（男子32名,女子61名）の学生。方法：「職業アイデンティティ尺度」Vocational Identity Scale を含む「私の職業状況」My Vocational Situation,「アイデンティティ尺度」Ego Idetity Scale,「カリフォルニア人格目録の健康感覚尺度」Sence of Well-being Scale of the California Psychological Inventory,「人生の目的」テスト Purpose-in-Life Test。 | ①各々の変数のペア（アイデンティティ,職業アイデンティティ,快適さの感覚,人生の目的）の相関は有意であった。②多重回帰分析は,アイデンティティ,快適さの感覚,人生の目的は,職業アイデンティティを予測し得ることを示した。 |
| Harry, B. | 1996 | 調査者のアイデンティティとそのアイデンティティが調査過程における決定に与える影響を検討する。 | 対象：低-中所得者層の障害児を抱えているアフリカ系アメリカ人,ラテン系アメリカ人家族。方法：民族誌的方法で,参加観察者として非構造化及び半構造化面接を家族構成員や専門家に行い,学校の書類を検討。 | 調査者の4つのペルソナ（①アフリカ系ラテン系アメリカ人 Afro-Latina, ②第三世界の母,③統合教育 Inclusion の旗手④主唱者としての調査者）の影響を実例で示した。 |
| Murphy, G. M., Petitpas, A. J. & Brewer, B. W. | 1996 | ①大学生運動競技者の職業成熟のレベル,運動競技者アイデンティティと,予定アイデンティティを調べる。②ジェンダー,選手地位（レギュラーと非レギュラー）,競技種目（収入と非収入）の機能として,予定アイデンティティ,運動競技者アイデンティティ, | 対象：国立大学運動競技者協会のIクラスに登録された124名（男子99名,女子25名）の大学生運動選手。方法：「アイデンティティ・ステイタス測定の客観尺度」Objective Measure of Ego-Identity Status,「運動競技者アイデンティティ測定尺度」Athletic Identity | ①予定アイデンティティと運動選手アイデンティティは,職業成熟と反する関係にある。②職業成熟は,ジェンダー,選手地位,競技種目に有意な効果がみられた。 |

| | | 職業成熟における差異を検討する。 | Measurement Scale,「職業成熟目録の態度尺度」Atttitude Scale of the Career Maturity Inventory。 | |

## (1) 職業アイデンティティの概念・測定

　Peck, D. C. (1994) は，職業満足は，職業アイデンティティの主観的感覚と関連しているという概念を，コンピュータ分野の在職者を対象として検討した。彼によると，職業アイデンティティは，投影および相互の社会的確認として概念化され，「生産的ライフサイクル」productive life cycle を通じて形成されるという。人々はこのライフサイクルを潜在的に理解し，生産対象に関わらずさまざまな段階で自らを，異なった能力，好みをもつ者と考えるようになる。また仕事上の満足は，仕事の現状がこの見地にもっとも近いとき最高になる。コンピュータ事業は，これに従事する人々にライフサイクルの組織的発達を与え，職業的に確立するために，彼らはライフサイクルの組織的発達と関連してアイデンティティを探求することが報告された。

　Frone, M. R. ら (1995) は，個人にとっての職業役割の心理学的重要性や重大さが職業ストレスと健康との関係を媒介するかどうかを，仕事圧力・自律性の欠如・抑圧に至る役割の曖昧性・身体の健康・重度のアルコール使用との関係における「仕事への没頭」job involvement の影響を調べることによって検討した。その結果，「仕事への没頭」がストレスを悪化させることが限定的に支持された。特に，高いレヴェルの「仕事への没頭」は，役割の曖昧性と身体健康，役割の曖昧性と重度のアルコール使用，仕事圧力と重度アルコール使用の関係を悪化させた。成功的役割遂行を妨げる職業ストレッサーに限定されるが，「仕事への没頭」の影響は重要な役割アイデンティティに関する個人の自己評価を蝕むことが示唆された。

　また，Krupnick, R. N. (1993) は，最近のアイデンティティ理論の展開にもとづいて，「多面的アイデンティティ」multiple identity への「積極的関与」commitment を仕事と仕事外の領域の活動とに関連づけてとらえるモデルを作り検討している。このモデルは仮説を支持できなかったものの，アイデンティティの階層性や各領域間の関連をうまく描けることなどを示した。

　上記3つの論文は，職業アイデンティティを職業的役割との関連からとらえ，役割遂行上の職業満足やストレス，複数の役割への「積極的関与」とその統合をテーマとしている。役割アイデンティティの観点は，その役割と自己のズレや関係を浮き彫りにして，職業アイデンティティの概念や職業とアイデンティティとの関係を明らかにしていく上で今後も重要であろう。

## 5. 職業アイデンティティに関する研究

　Leung, S. A.ら（1992）は，Hollandの「一貫性」consistency（第1と第2の興味領域が似ている程度）と「分化」differentiation（興味の曖昧性または特殊性の程度）との関係を調べることによって，職業アイデンティティの意味を明確にしようと試みた。そのため高校生を対象として，職業アイデンティティを「私の職業状況」（MVS: My Vocational Situation／従来「自己職業状況調査」と訳出）の「職業アイデンティティ」（VI: Vocational Identity Scale／従来「職業アイデンティティ尺度」VISと訳出）を用いて測定した。Hollandは上記3つの概念は，職業的目標の明確さと確実性の程度を示すと仮定したため，職業アイデンティティと「一貫性」，「分化」の間には強力な理論的関係が期待されたが，見出せなかった。そこで彼らは，職業アイデンティティの構成概念は曖昧な概念のままであること，キャリア・カウンセリングにおいて「私の職業状況」MVSを使用する際には，注意を要することを論じている。

　Vondracek, F. W.（1992）は，アイデンティティ概念の現状と，それの職業発達における現代的理論と研究への適用について検討した。その結果，BordinとHollandは職業アイデンティティ概念を彼らの理論に組み入れる重要な努力をしたが，アイデンティティ概念を定式化することにおいて，Erikson以上に職業発達研究に貢献した者はなかったと報告している。また彼は，職業アイデンティティ概念の，存在可能で動的な発達的概念化を定式化する必要条件を精密に検討する必要性を示唆した。

　Jackman-Wheitner, L. R.（1995）は，アイデンティティ，「快適さ」well-beingの感覚，人生の目的が職業アイデンティティを予測できるかどうかについて，HollandのVI尺度を含む「私の職業状況」MVSなどの尺度を用いて調べた。その結果，これらは互いに関連し，アイデンティティ，健康の感覚，人生の目的は，職業アイデンティティを有意に予測することを示した。

　Hollandについては前著（鑪他，1995 a，1997）でも取り上げられているが，上記の論文を参照しながら，再度彼の理論と「私の職業状況」MVSの現状について考えてみる。

　Hollandは，職業アイデンティティを「ある人が目標，興味，能力の明確で確実なイメージを所有する程度」と定義した。そこで，明確な職業アイデンティティは，職業決定における自信があること，志望を少数の職業的目標に限定していることによって証明される。Hollandの職業アイデンティティの構成概念は，次のような点で重要と考えられている。第1は，診断用概念としてデザインされたことである。個人の職業アイデンティティのレヴェルを知ることは，カウンセラーにクライエントの適切な目標を示唆する。第2は，Hollandの職業興味の理論に新しい次元を付け加えたことである。職業アイデンティティは職業発達における自己概念の形成と関係しているこ

とから，Superの「具体化」crystallizationの概念を連想させる。第3にHollandは職業アイデンティティを職業興味を予測する補足的概念とみなした。職業アイデンティティの程度は一貫性や分化の概念と共に職業的確実性や職業的満足に関係すると仮定した。Hollandの職業アイデンティティに関する調査研究は，複合した知見を得ている。例えば，職業アイデンティティは職業成熟や合理的決断スタイルと関係しているという報告や，因子構造は，Superの「明快さ」clarityや「確実性」certaintyと似た2因子に負荷して，Hollandの職業アイデンティティについての理論的仮定を支持したなどの報告がある一方，VI尺度は職業決定の尺度と強い相関関係にあり，職業決定のもう一つの尺度ではないかというものもある。

このようにHollandの職業アイデンティティは有用な構成概念であるが，上記論文でも指摘されているように，その概念の理論的詳述とVI尺度の概念妥当性を検討する研究が今後さらに必要である。

(2) アイデンティティ・ステイタス

アイデンティティ・ステイタスに関する論文は3編みられた。

Superは，職業発達を人生を通じての課題であるとし，職業探索と決定の過程が青年期の中心課題であり，職業発達は自己概念と関係するとした。この点について，Wallace-Brosciuos, A. ら（1994）は，青年期の職業発達を高校生を対象として，Superの職業発達理論，自己概念発達，アイデンティティ形成の概念的枠組みを用て検討した。その結果，アイデンティティ・ステイタスは，自己概念よりも強力に職業成熟を予測できることが報告された。

Murphy, G. M. ら（1996）は，「国立大学運動競技者協会」NCAA: National Collegiate Athletic Associationの競技者を対象にアイデンティティ（予定アイデンティティと「運動競技者アイデンティティ」athletic identity）と職業成熟の関係を調べた。その結果，予定アイデンティティと「競技者アイデンティティ」は，職業成熟とは逆の関係を有していることがわかった。他の役割探索に失敗することと，運動競技者役割に強く同一化することは，大学生運動競技者のキャリア発達を遅らせ，特に収入がある競技の男性レギュラー選手は，職業決定スキルを獲得し損なう危険な状態にあることを示唆した。また，大学生運動競技者へのキャリア発達教育において，「運動競技者アイデンティティ」の問題を理解することの重要性と，競技との関連づけて職業への関心をもたせ，キャリア発達を検討させることが重要であることを示した。

Northam, S. J. (1992) は，予定アイデンティティと知覚された職業ストレスの関係を検討した。予定アイデンティティによって達成された青年期のアイデンティティ

は，危機の未経験故に人生における危機やストレス対処能力が弱いと考えられる。そこで，看護婦を対象に質問紙を用いて，危機の有無と積極的関与の状況，特性不安の程度，職業ストレスのレヴェルを測定した。その結果，予定アイデンティティと職業ストレスとの間には有意な関係がみられた。

その他，職業アイデンティティの概念や測定の研究領域に入るものとして，「分離」seperated また「結合」connected アイデンティティが学生の仕事価値や職業資源選択を予測するかどうかを調査法で検討した Adams, L. J.（1993）や，広告業従事者の組織内での談話とアイデンティティや自己イメージの統制の関連を面接法でみたAlvesson, M.（1994），そして，調査者のアイデンティティが調査過程にいかに影響を与えるかを面接調査過程の分析を通して検討した Harry, B.（1996）の研究がみられた。

## 2) キャリア発達と学生の職業アイデンティティ

キャリア発達・学生の職業アイデンティティを扱った研究に分類される論文は，総数9編であった。そのうちキャリア発達と職業アイデンティティを扱ったものが4編，学生（青年）の職業アイデンティティを扱ったもが5編みられた。（表3-17）。

### (1) キャリア発達と職業アイデンティティ

職業アイデンティティ研究にとって，職業アイデンティティがどのようなプロセスを経ながら発達・形成されるかを検討することは，重要な研究テーマである。

キャリア・カウンセリングについて，Dorn, F. J.（1992）は，クライエントのキャリア選択に際して，個人的な感情的要素とキャリア発達が職業的「健康さ」wellness全体に影響を与えると述べ，キャリア・カウンセリングにおいて健康さを鍵概念としてキャリア発達を促進させる必要があると主張している。キャリア・カウンセリングにおいて，職業的「健康さ」を重視したカウンセリングを提案している。

Mayes, C. A.（1993）は，神に従う宗教的課題解決スタイルが，外的統制の所在およびキャリア決定と職業アイデンティティ獲得の困難さに関係があるのではないかという仮説をたて，「宗教的課題解決スタイル」「キャリア発達の統制の所在」「統制の所在尺度－宗教改訂版」「キャリア決定尺度」の4つの測度を用いて調べた。その結果，①課題解決スタイルは統制の所在，キャリア決定，職業アイデンティティとはあまり関係がない，②宗教改訂版で測った統制の所在はキャリア発達の統制の所在も含めた他の変数と関係がないという結論を出している。神に従うという宗教的課題解決スタイルは，キャリア決定と職業アイデンティティ獲得には大きく影響を与えていないということを示唆している。

表3-17 キャリア発達と学生の職業アイデンティティに関する研究

| 著書 | 年代 | 目的・仮説 | 方法 | 結果・考察 |
|---|---|---|---|---|
| Dorn, F. J. | 1992 | カウンセリングを行っているカウンセラーや研究者に，職業的「健康さ」wellnessを鍵概念としてキャリア発達を考える意義を論じる。 | 論考。 | キャリア・カウンセリングでは，クライエントのキャリア選択に際して，個人的な感情的要素とその発達が職業的「健康さ」全体へ影響を与えることについて理解を促進する必要がある。 |
| Gehlert, K., Timberlake, D. & Wager, B. | 1992 | 職業アイデンティティと大学新入生の学業成績との関連を調べる。①キャリア・カウンセリングの臨床経験からすると，職業アイデンティティと学業成績の間には正の相関があるだろう。②学業面での成功の予測に職業アイデンティティ測度を加えると予測精度が上がるであろう。 | 対象：アメリカ中西部の大学で，夏季オリエンテーション・プログラムに参加した新入生，1,290名（男子515名，女子759名，不明16名）。方法：職業アイデンティティVI得点，「学業適性テスト」(SAT: Scholastic Aptitude Test)，「高等学校パーセンタイルランクとアメリカ大学検査」(ACT: high school percentile rank and American College Test)，「高等学校学年得点平均」(GPA: high school grade point average)。 | ①職業アイデンティティと1年次第一セメスターの学業成績の間には実際的に意味ある関連はない。②学業面での成功の予測に職業アイデンティティ測度を加えても精度は向上しない。 |
| Munson, W. W. | 1992 | スーパーのライフスパン・キャリア発達の理論を使って，高校生のセルフ・エスティームと職業アイデンティティとキャリア特徴の関係を調べる。 | 対象：都市部，郊外，郡部および職業高校のジュニアクラスから無作為に選ばれた251名。方法：「セルフ・エスティーム目録様式B」Self-Esteem Inventory) Form B，「職業アイデンティティ尺度」Vocational Identity Scale，「キャリア特徴目録」Salience Inventory。 | 職業アイデンティティと学校または家族の役割分担によってとらえたキャリア特徴（参加，関与，予期される価値）得点は，セルフ・エスティームが高い生徒の方が低い生徒よりはるかに高かった。しかし労働，地域社会または余暇の役割において差異がみられた。 |
| Mayes, C. A. | 1993 | 神に従う宗教的課題解決スタイルが外的統制の所在およびキャリア決定と職業アイデンティティ獲得上の困難とに関係があ | 対象：私立キリスト系短期大学に入学した学生。方法：「宗教的課題解決スタイル」Religious Coping Styles，「キャリア | ①課題解決スタイルは統制の所在，キャリア決定，職業アイデンティティとはあまり関係がない。②宗教的改訂版で測った統 |

## 5．職業アイデンティティに関する研究

| 著者 | 年 | 目的 | 対象・方法 | 結果 |
|---|---|---|---|---|
| | | るのではないか。 | 発達統制の所在」Career Development Locus of Contorol,「統制の所在尺度-宗教改訂版」Locus of Contorol Scale-Religious Revision,「キャリア決定尺度」Career Decision Scale。 | 制の所在はキャリア発達の統制の所在も含めた他の変数と関係がない。 |
| Gerken, L. D. | 1994 | 管理職または技術職を志望する工学学生の職業的関心と職業アイデンティティの関連を調べる。 | 対象：ヴァージニア州立工芸大学で電気工学と機械工学を専攻している182名。方法：「私の職業状況」MVSの「職業アイデンティ」VI,「エンジニア志望」Engineering Aspiration チェックリスト。 | ①管理職と技術職を望む学生は異なるパーソナリティのタイプである。②キャリア不決断の学生は管理部門を望む学生より明らかに職業アイデンティティが低い。③アジア人の学生が白人より明らかに職業アイデンティティが低い。 |
| Jacobsen, B. R. | 1995 | 学業成績低位の生徒のキャリア発達に与える，コンピュータによるキャリアガイダンス「CHOICES」の効果を検討する。 | 対象：コロラド州オーロラの公立高校の学業成績低位の10年生74名。方法：「私の職業状況」My Vocational Situation,「キャリア決定尺度」Career Decision Scale。 | 学業成績低位群は，統制群の生徒と比べると，統計的に有意に，職業アイデンティティが高く，キャリア未決定は低かった。キャリアガイダンスの有無がキャリア発達に影響を与えることを示唆。 |
| Jowdy, D. P. | 1995 | ①家族構成とアイデンティティ形成における分離-個体化の過程の関係や職業アイデンティティとキャリア探求の関係を検討する。②アイデンティティ・ステイタスが，家族構成や親からの分離とキャリア発達を仲介するか否かを検討する。 | 対象：短大も大学も含む約350名。方法：「家族適応と凝集性尺度」Family Adaptability and Cohesion Scale,「青年期の分離-個体化テスト」Separation and Individuation Test of Adolescence,「アイデンティティ・ステイタス測定の客観尺度」Extended Objective Measure of Ego Identity Status,「職業アイデンティティ尺度」Vocational Identity Scale,「目標不安定尺度」Goal Instability Scale,「キャリア活動性 | ①データは，家族適応と凝集性，健康的な分離は，健康的なアイデンティティとキャリア発達の組立とに関連を有するというモデルをうまく説明していた。②アイデンティティ・ステイタスが仲介変数として働くことは支持されなかった。 |

| | | | 尺度」Career Activity Scale。 | |
|---|---|---|---|---|
| Pocius, K. E. | 1995 | ①青年は職業ステレオタイプをもっている。②青年の職業ステレオタイプの確実さは、調査対象者の青年とそれら職業グループの間のジェンダーや興味また人格特性における類似性に関係している。 | 対象：大学年齢の青年期の174名。方法：2つの職業グループ（秘書と建築士）について、その職業の技術、活動性、興味を評定させた。 | 青年は、秘書については正確な職業ステレオタイプを有し、建築士についてはもたなかった。職業ステレオタイプの正確さは、職業への接触の機会に依存する。また、職業グループとのジェンダーや人格特性との類似性には関係がない。 |
| Blustein, D. L. & Noumair, D. A. | 1996 | キャリア発達の理論と実践において、自己とアイデンティティのもつ意義の検討。 | 論考。 | 自己とアイデンティティの理論的進歩が、文化的背景の重要性に焦点をあてた結果、個人内体験と社会的、歴史的、文化的背景の互いの関連が明らかになった。 |

　Jowdy, D. P.（1995）は、アイデンティティ形成段階における分離-個体化の過程と家族構成、職業アイデンティティとキャリア探索の関係およびアイデンティティ・ステイタスが家族構成や親からの分離とキャリア発達を仲介するか否かを検討した。その結果、家族適応と凝集性、健康的な分離は、健康的なアイデンティティと職業発達に関連するというモデルをうまく説明したが、アイデンティティ・ステイタスが仲介変数として働くことは支持されなかった。このことは、アイデンティティ形成には家族からの健康な分離が必要で、分離-個体化の過程の重要性が示唆されているように思われる。

　その他、Blustein, D. L. & Noumair, D. A.（1996）は、キャリア発達において自己とアイデンティティのもつ意義を検討して、文化的背景に焦点を当てることにより、個人内体験と社会的、歴史的、文化的背景との相互関連が明らかになったと述べている。

　これらの研究は、キャリア発達と職業アイデンティティの関係を検討しているが、キャリア発達における自己要因との関係が強いという結果が得られた。キャリア発達においてアイデンティティの重要さが認識された。

### (2) 青年（学生）の職業アイデンティティ

　青年および学生の職業アイデンティティに関する論文は5編みられた。

　Munson, W. W.（1992）は、Superのライフスパン・キャリア発達の理論を使って、高校生の自尊心と職業アイデンティティ、キャリア特徴の関係を調べた結果、職業ア

イデンティティと学校または家庭の役割分担によってとらえたキャリア特徴（参加，関与，予期される価値）得点はセルフ・エスティームが高い生徒の方が低い生徒よりはるかに高かった。しかし，労働，地域社会または余暇の役割において差異が見られた。

　Gerken, L. D. (1994) は，管理職または技術職を志望する工学専攻の学生の職業的関心と職業アイデンティティの関連を調べた。その結果次の3点が示された。①管理職と技術職を望む学生は異なるパーソナリティのタイプである。②キャリア未決定の学生は管理部門を望む学生より明らかに職業アイデンティティが低い。③アジア人の学生の方が白人の学生より明らかに職業アイデンティティが低い。今後パソナリティのタイプと職業アイデンティティとの関係の検討が期待される。

　Gehlert, K.ら (1992) は，職業アイデンティティと大学新入生の学業成績との関連を調べるために4つの測度『職業アイデンティティVI得点，「学校適性テスト」(SAT: Scholastic Aptitude Test),「高等学校パーセンタイルランクとアメリカ大学試験」(ACT: high school percentile rank and American College Test),「高等学校学年得点平均」(GPA: high school grade point average)』を使用した。その結果，職業アイデンティティ得点と「学業成績」との間には弱い負の相関が見られたが，他の研究では正の相関が見られていることもあり，結論的には，職業アイデンティティと学業成績の間には実際的な意味ある相関はないとみなしている。また，伝統的に学業成功を予測すると思われていた「高等学校パーセンタイルランクとアメリカ大学試験」や「高等学校学年得点平均」などの測度に職業アイデンティティ測度を加えてもその予測精度は向上しないことがわかったとする。

　Jacobsen, B. R. (1995) は，学業成績低位の生徒のキャリア発達に与える，コンピュータによるキャリアガイダンス・システム「CHOICES」(a computer-assisted career guidance system) の効果を検討した。学業成績低位群は，統制群の生徒と比べると，統計的に有意に職業アイデンティティが高く，キャリア未決定の程度が高いとはいえない結果であった。このことは，学業成績の要因だけではなく，キャリアガイダンスの有無がキャリア発達に影響を与えることを示唆している。

　Pocius, K. E. (1995) は，職業ステレオタイプが青年の職業アイデンティティ形成にある役割を演じているとして，秘書と建築士の二つの職業を取り上げて，①青年は職業ステレオタイプを確かにもっているという仮説と，②青年の職業ステレオタイプの確実さには，調査対象者の青年とそれら職業グループの間のジェンダーや興味また人格特性における類似性が関係している，という仮説を検討した。結果は，職業ステレオタイプの正確さは，職業への接触の機会に依存すること，職業グループとのジェンダーや人格特性との類似性には関係がないこと，が明らかになったとする。

　職業アイデンティティの分野におけるこの5年間の研究では，これまであまり用い

れられていなかった「キャリア決定尺度」が多く使用されている。キャリア未決定と職業アイデンティティとの関係が注目されているようになってきているように思われる。また，青年（学生）の職業アイデンティティの研究からは，職業アイデンティティ形成におけるキャリア教育の重要性が示唆されている。

### 3) 専門家アイデンティティ

「専門家アイデンティティ」professional identity に関する論文は，鑪他（1995 a）では，心理学領域（精神分析を含む）が20編，医学・看護の領域6編，ソーシャルワークの領域が5編，教師その他が5編で，総数31編の論文がみられた。また，鑪他（1997）では，総数が20編，職業別内訳は，心理職関連領域（精神分析家，ライセンス・サイコロジスト，カウンセラー，ソーシャルワーカー等の心理臨床家もしくはその関連職）における専門家アイデンティティに関する論文が13編と最も多かった。つづいて，スーパービジョンと専門家アイデンティティに関する論文が4編，その他の専門家アイデンティティに関する論文が3編であった。

今回は，専門家アイデンティティに関する論文は合計23編であり総数の増減はそれほどない。内訳は，職業別に見ると，心理学並びに近接領域（精神分析家，カウンセラー，学校心理学者，心理療法家，ソーシャルワーカー）の専門家アイデンティティに関する論文が8編，看護士が6編，教師5編，音楽家1編である。専門家アイデンティティ全般に関する論文が2編みられた。（表3-18）

#### (1) 専門家アイデンティティ全般に関する論文

専門家アイデンティティの形成に与える教育や訓練，教育課程などの効果を研究した論文として，次の2編がある。

Henry, P. (1993) は，職業開発コースが，その参加学生の専門家アイデンティティに与えた影響を，「私の職業状況」MVS で測定評価し，同時に性差があるか否かを検討している。参加者は全員医科/歯科予備コースの学部生か院生で，20～34歳の男性18名と女性46名の計64名。全員が1年間にオリエンテーションセミナー，医学セミナー，臨床体験セミナーに参加した。「私の職業状況」MVSの得点は，セミナー前後で異なり，全測定平均値で，セミナー後の数値が，セミナー前の数値より有意に高かった。下位尺度である職業アイデンティティに関しては，セミナー前後で大きな変化がみられたが，性差は認められなかったことを報告している。

Bruss, K. V. & Kopala, M. (1993) は，心理学者になる発達過程では専門的，個人的レヴェルでの質の変化が含まれるが，心理学者の専門家アイデンティティの発達に，大学院での心理学の訓練過程がどのように影響するのかについて文献が少ないことを

## 5. 職業アイデンティティに関する研究

**表3-18 専門家アイデンティティに関する研究**

| 著　書 | 年代 | 目的・仮説 | 方　法 | 結果・考察 |
|---|---|---|---|---|
| Hiebert, B., Simpson, L. & Uhlemann, M. R. | 1992 | カウンセラーとカウンセリング心理学者間で専門家アイデンティティについて調査し，カウンセラーやカウンセリング教育者に専門家アイデンティティに対する関心を高める。 | 対象：カナダガイダンス・カウンセリング学会カウンセラー教育者分科のカウンセラー教育者部門とカナダ心理学会カウンセリング心理学部会のカウンセリング心理学部門の全会員。方法：郵送法調査。質問内容は，カウンセリング心理学，実践領域，他の援助専門職と類似と差異，将来の方向など。 | ①9％の低回答率。②三群間のカウンセリング心理学定義にはかなりの一致が見られたが，定義と実践間には大きな差異があった。③「科学者実践家モデル」scientist - practitioner modelがふさわしい養成モデルと思われるが，カウンセラー像について広く議論する時に来ている。 |
| Hoover, R. M. | 1992 | カウンセリングと看護学の大学院生の性役割アイデンティティの違いにより，倫理上の指向性のレベルに違いがあるかどうか検討する。 | 「倫理判断尺度」(EJS: Ethical Judgment Scale)。「ベム性役割目録」Bem Sex-Role Inventory。 | 道徳的発達は，性，年齢，訓練のレベル，そして専門家としての倫理について訓練を受けているかどうかに関係がみられた。 |
| Kannerstein, D. | 1992 | 性，職業，および性役割について女性が主に働いている職場で，仕事と彼女自身についての感じ方を調査する。 | 対象：フィラデルフィア地方の132名の看護婦とソーシャルワーカー（男女を含む）。方法：質問紙調査。「ミネソタ満足感質問紙」(MSQ: Minnesota Satisfaction Questionnaire)「テネシー自己概念尺度」Tennessee Self-Concept Scale「私の職業状況」MVS「ベム性役割目録」Bem Sex-Role Inventory。 | ①男性は女性に比べ働く環境に満足している。女性に自尊心の高い傾向がみられた。②男性のソーシャルワーカーは男性の看護士に比べて勤務状況に満足していた。そして職業的アイデンティティが有意に高かった。 |
| Lawrence, D. | 1992 | 失業率上昇を含む経済の構造的変化と教育と訓練の目的についての概念が変化した結果，専門家アイデンティティの危機に直面している進路指導教官の実態を調査する。 | 対象：イギリス中部の大都市勤務の新任から主任で16～19歳の若者を担当する進路指導教官49名。方法：各々2時間～8時間の半構造化面接を実施。 | 進路指導教官は，若者優先から雇用者優先へと，また進路指導教育から就職斡旋へと重点を移すよう求められており，それは専門家アイデンティティの根幹である自律性を失うことを意味する。 |

| | | | | | |
|---|---|---|---|---|---|
| Norman, E. M. | 1992 | ベトナム戦争は従軍した看護婦にとって，どのような影響があったか，自分自身への見方や看護婦としての役割についてどのような影響があったかを検討する。 | 対象：軍の所属の看護婦が23名，民間の医療機関の看護婦が27名。12カ月にわたって野戦病院，病院船，航空機を持ち場にベトナム戦争を体験した50名の看護婦が対象となった。<br>方法：面接調査のテープを集積して分析した。 | ベトナム戦争に従軍したことによって，①看護婦としての専門家アイデンティティをより強くもつようになった者，②臨床的な仕事の遂行がいまだ影響を受けている者，③別の方向で職業的アイデンティティを高めていこうとしている者の3タイプがある。 |
| Roberts, B. A. | 1992 | カナダの大学における音楽教育を受けた学生の音楽家としてのアイデンティティの社会的構造を検討する。 | 対象：西オンタリオ大学の教育学部と音楽学部の学生，アルバータの大学とブリティッシュコロンビア大学の学生。<br>方法：半構造化または非構造化面接と行動観察。 | ①明白な孤立の感覚と音楽学校の象徴的なコミュニティの発展，外部者の認知は，閉ざされたコミュニティの形成に促進的に働く。<br>②自己と他人の関係を克服するプロセスは音楽家アイデンティティの形成を説明できる。 |
| Rosenbloom, S. | 1992 | 精神分析家の生活に内在する障害に注意を払いながら，成熟した「活動自我」work ego の形成に必要な技術面に焦点を当て，精神分析家のアイデンティティ形成に含まれている発達過程を検討する。 | 論考。 | 多様な患者へ対応には精神分析家の「分析的活動超自我」psychoanalytic work superego が，より柔軟になり開放的になるような方向へ進むべきである。「活動超自我」work superego がうまく働かないときには患者の現実生活に過度に没頭しすぎ，患者の言葉自体を聞き逃す。 |
| Bruss, K. V. & Kopala, M. | 1993 | 心理学者の専門家アイデンティティの発達に大学院の心理学の訓練過程の与える影響についてレビューする。自己発達と専門家アイデンティティの発達の相互作用を研究し，施設や院の実習環境との関係で検討する。 | 論考。 | 訓練に入った院生は，Winnicott のいう，人生の1年目で，個人の健全な発達には極めて重要な初期段階にある。訓練施設はできる限り個人の「真の自己」true self への侵害を控え，適度な環境の提供を目標とすべきである。 |
| Buysse, V. & Wesley, P. W. | 1993 | 「幼年特殊教育」(ECSE) および早期介入における専門家役割を概念化するための伝統的な枠組みを再検討する。 | 論考。 | ECSE や早期介入における専門家役割の伝統的枠組は，役割葛藤や役割過重を避けるために，専門家が多数の役割のバランスをどのよう |

## 5．職業アイデンティティに関する研究

| | | | | | |
|---|---|---|---|---|---|
| | | | | | にとれるかについては，言及していない。 |
| Fagan, T. K. | 1993 | アメリカ心理学会 APA の D16（学校心理学者部門）とアメリカ学校心理学会 NASP の組織の構成と特徴，学校心理学に対してもつ意義，貢献について検討する。 | 論考。 | | 学校心理学は，実践に基づく NASP と科学的心理学に基づく D16 の二つの組織で，念願の組織としてのアイデンティティを達成した。学校心理学は独立した居場所を得，学校心理学者は尊敬されうる職業を得た。ただし NASP は組織的な独立を選んだが，心理学内での平等性は得ていない。D16 は心理学界との組織的統一を選んだが平等性は達成していない。しかし 1960 年以来の多くの達成を考えれば，職業的平等性は近づきつつある。 |
| Henry, P. | 1993 | 三つの職業開発コースが学生の専門家アイデンティティに与える影響を，「私の職業状況」(MVS: My Vocational Situation) で測定，評価し，検討する。 | 対象：20～34歳の医科/歯科予備コースの学部生/院生。男性 18 名女性 46 名。方法：全員が 3 コースのオリエンテーション。セミナー，医学セミナー，臨床体験セミナーに参加。MVS をセミナーの最初と最後のセミナーで実施。 | | ①MVS のスコアはセミナー前後で異なるが，あらゆる測定平均値でセミナー後の数値がセミナー前より高かった。②性差は認められなかった。 |
| Karp, G. G. & Williamson, K. | 1993 | 学部アイデンティティ，行動態度に影響する組織構造や社会的条件に関する研究をレビューし論考する。 | 論考。 | | アイデンティティに強い影響を与えるのは，学部をとりまく文化的，政治的，個人的枠組みであろう。 |
| Moore, R. L. | 1993 | 「教師文化」と定義される社会的アイデンティティと個人のアイデンティティの葛藤を分析する。 | 対象：1916～1980年に，メリーランド公立学校で教えた 19 名の女性。方法：各 3 回の面接。 | | 秩序の受諾と心理学的統制を教えこむための女性教師の活用は 20 世紀の米国文化の重要な要素であった。 |
| Stewart, S. | 1993 | 「アイデンティティ研究」Ego Identity Research の理論と方法を用いて看護士（婦）のアイデンティティの発達を調べる。 | 対象：Southern California 大学卒業生 230 名。方法：「アイデンティティ測定の客観尺度」(EOMEIS-2: Extended Objective Measure of Ego Identity Status)，「ミネソタ満足感質問紙」 | | ①高い職業的アイデンティティを持った看護士（婦）は，より自分の職業に満足している。②仕事への満足は人格的アイデンティティを洗練されたものにしていく。③アイデンティティの発達 |

| 著者 | 年 | 目的 | 対象・方法 | 結果 |
|---|---|---|---|---|
| | | | (MSQ‐LF:Minnesota Satisfaction Questionnaire‐Long Form)。 | と教育レベルが関係している。 |
| Tyler, D. | 1993 | 直接サービス実践を行うカウンセリング心理学者のコンピテンスと仕事役割またアイデンティティとの関係を調べる。 | 対象：博士レベルの著名な実践的カウンセリング心理学者の2グループと一般的グループ1つの合計189名。方法：「カウンセリング心理学者職務目録」（CPTI: the Counseling Pshychologist Task Inventory)。 | 実践的カウンセリング心理学者グループと一般グループ間の差は、仕事に費やす時間においてのみ認められた。 |
| Derry, P. S. | 1994 | 母親であることが心理療法家としての専門家アイデンティティにどのように影響するのかを検討する。 | 対象：3年以上の臨床経験を持つ心理療法家で、両親が揃っている家庭の母親。方法：半構造化面接を逐語記録し、専門家アイデンティティについての箇所をテーマ別に分析、その頻度を調べる。 | ①臨床医であり母親であるグループと、臨床医で子どもがないグループでは、仕事への関わりや満足度には量的差はなかった。②個人生活が専門家アイデンティティの重要性に影響を与えうることが示された。 |
| Perlman, F. T. | 1994 | ソーシャルワークを行う精神分析家と、心理学者である精神分析家の集団に現れる、二重の専門家アイデンティティの特徴を調べる。①ソーシャルワークを行っている精神分析家はソーシャルワークの専門家特性を示しているか。②ソーシャルワークに携わっている精神分析家は、心理学分野の同僚である精神分析家と区別がつくか否か。 | 対象：精神分析訓練所の在学生と卒業生から186名のソーシャルワーカーと188名の心理学者を選択。方法：郵送法質問紙調査。 | ①両者とも、心理療法や精神分析を個人開業することで、その専門家としての生活の大部分を費やし収入の大部分を得ている。②わずかな例外をのぞき、ソーシャルワークを行っている精神分析家たちは伝統的なソーシャルワークの仕事は行っていない。 |
| Sahlin -Anderson, K. | 1994 | 看護婦の職業的アイデンティティは、病院での看護婦同志あるいは、看護婦と医師との日常的な関わりによって獲得されていることを示す。 | 病院でのエピソードの記述とその分析。 | 女性の職業的アイデンティティにとり、看護するということは密接な関連がある。 |

## 5. 職業アイデンティティに関する研究

| | | | | | |
|---|---|---|---|---|---|
| Millward, L. J. | 1995 | 看護士の職業的アイデンティティの発達を調べる。 | 対象：看護士になったばかりの者から，経験を積んだ正看護士178名を対象。方法：Q分類により看護士としての特性を検討した。 | 看護士は職業的アイデンティティ発達の方向性として2タイプに分かれた。 | |
| Short, R. J. & Rosenthal, S. L. | 1995 | 博士課程修了者の学校心理学者で，学校に基盤を置く者と学校外に基盤を置く者の専門家アイデンティティと職業的経歴に関係する変数について調べる。 | 対象：学校心理学の博士課程修了者273名。方法：14項目のアンケート調査。 | ①博士課程修了の専門家である学校心理学者の場合，学校以外でも実践し，自分のことを学校心理学者だとは考えていない。②経験豊富な学校心理学者が博士の学位取得後，実践の場を学校外へ移している理由（給料，特権等）。③職業的心理学の専門化は現実には実践の場で生じる。 | |
| Wyatt-Brown, A. M. | 1995 | 末期ガン患者，ソーシャルワーカーPhilip, C.の日記と専門的著述の中に創造性と職業という二つのテーマを探る。 | 論考。 | ①死に逝く者とその家族友人間の複雑な相互関係。②彼女の作家としての新たな出発。③関係者すべてを支えた読書や執筆活動。④彼女を支えた関係者と彼女の創造性，またその彼女の勇敢さに慰められた関係者たち。 | |
| Brannen, R. | 1996 | 教師アイデンティティ概念の検討と資質の訓練について検討する。 | 対象：英国東部の専門学校の16歳以降のコースにおける特別な教育的ニーズを持つ学生。方法：個別およびグループ面接を実施。面接のなかから，教師役割についての隠喩的記述を捜した。 | 学生の教師認知には，①権力者，②支援者，③一定の環境下では学生より弱者の3つがある。 | |
| Galindo, R., Aragon, M. & Underhill, R. | 1996 | 教師役割アイデンティティの定義についての，伝記的経験の影響を検討する。 | 対象：「シカナ」Chicana（メキシコ系アメリカ人）教師2名の生活と教職の物語。方法：1年に3回の面接と短い教育上の自伝および卒業プログラム。 | 物語形式から読み取られ，構築される教師役割アイデンティティは，物語的に構成された自己イメージとして定義される。 | |

指摘し，情報のレビューと展望を示した。そして，アイデンテイテイの発達と専門家アイデンティティの発達の相互作用を，研究施設や院での訓練中の実習環境との関係で検討している。大学院生は専門家としては乳幼児期にあると考え，被訓練者の発達にWinnicottのモデルを適用し，専門家アイデンティティの健康な発達を阻害するものは何か，また，どのように専門家アイデンティティが強化され得るのか，を探っている。心理学における大学院での訓練に入った学生は，Winnicottのいう，人生の一年目であり，健全なアイデンテイテイの発達には極めて重要な段階である。発達上の観点から，大学院での訓練が専門家アイデンティティに与える強い影響を探り，その過程を妨害する障害物を指摘し，訓練施設においては，個人の「真の自己」true selfの侵害を，可能な限り控え，母親が行う，適度な包み込む環境の提供を提唱している。

(2) **心理的援助職と専門家アイデンティティ**

精神分析学，カウンセリング心理学，学校心理学に関する専門家アイデンティティの論文がそれぞれ2編，心理療法家，医療ソーシャルワーカー各1編がみられる。

カウンセリング心理学またはその近接領域の専門家アイデンティティについては，鑢他（1997）で紹介されている，オーストラリアにおけるカウンセリング心理学の専門家アイデンティティ調査（Schoen, L. G.）やVan Hersteren, F. & Ivey, A. E.らが行った，「米国人事・ガイダンス協会」American Associaton for Personnel and Guidanceから改名した「米国カウンセリング発達協会」American Association for Counseling and Developmentの学問的専門性に関する調査などがある。今回は，次の2つの論文がみられた。

Hiebert, B.ら（1992）は，カナダにおけるカウンセリング専門家のアイデンティティ混乱の一因は，その育成を教育学部や心理学部，人間発達学部等の複数分野で担っている現実にあると指摘している。しかし同時に，最大の原因は，専門職として明確なアイデンティティ意識がないことにある，と述べている。「カナダガイダンス・カウンセリング学会カウンセラー教育者分科会」（CGCA : the Counselor Educators Chapter of the Canadian Guidance and Counseling Association）と「カナダ心理学会カウンセリング心理学部会」（CPA : the Counseling Psychology Section of the Canadian Psychological Association）の会員による質問紙調査結果から，カウンセリング心理学の定義にはかなりの一致がみられたが，定義と実践間には大きな差異があることや，他の心理援助専門職との類似や差異についてはほとんど一致がないことが判明した。専門家養成プログラムにおいては，「科学者実践家モデル」scientist-practitioner modelがふさわしいであろうが，根本的な問いである「カウンセラーで

あることの意味」を全国レヴェルで討議すべきだと主唱している。

　Tyler, D.（1993）は，実際にカウンセリングを行っているカウンセリング心理学者の能力と，仕事役割や活動，専門家アイデンティティの関係を，博士レヴェルの著名カウンセラー2グループと，一般のカウンセラー1グループ，の189名に対し，「カウンセリング心理学者職務目録」CPTI: the Counseling Pshychologist Task Inventory を用い考察している。その際，広範囲な仕事領域を8区分，73項目に分け，3つの従属変数，仕事の重要性，専門家アイデンティティへの関わり，個々の仕事に費やす相対的な時間を設定し，24項目の分散分析を行った結果，仕事に費やす時間においてのみ，グループ間の差が認められた。つまり，カウンセリングに比較的時間を割いている人は，本質的には仕事の重要性を低く見ていること，また，仕事の3領域（スーパービジョンと訓練，カウンセリング，専門性の発達）は優先されており，カウンセリング心理学の「生涯を通じての発達」という倫理との一致が確認されたとし，将来の調査のための提案がなされている。

　精神分析家の専門家アイデンティティに関しては，次の2つの論文がある。

　1つは，ソーシャルワークを行っている精神分析家の専門家アイデンティティに関する Perlman, F. T.（1994）の論文である。そこでは，ソーシャルワークを行う精神分析家のグループと，心理学者である精神分析家のグループを比較して，二重の専門家アイデンティティの特徴を調べた。ソーシャルワークを行う精神分析家はソーシャルワークの専門家としての特性を示しているか，また，ソーシャルワークを行う精神分析家と心理学者である精神分析家との間に差が認められるかを調べている。方法は，精神分析訓練所の在学生と卒業生から186名のソーシャルワーカーと188名の心理学者を選び，質問紙を送付した。在学生43名，卒業生107名の計150名（ソーシャルワーカーと精神分析家の重複資格を有する2名以外の82名がソーシャルワーカー，66名が心理学者）から回答を得ている。結果として，精神分析家は精神保健の専門家であり，ソーシャルワーク，心理学，精神医学に携わり，その活動は，心理学者である精神分析家の活動と本質的には差がないこと，両者とも心理療法や精神分析を個人開業することで，その専門家としての生活の大部分を費やし収入の大部分を得ている。ただし，わずかな例外を除き，ソーシャルワークを行っている精神分析家たちの，ソーシャルワーク活動はいわゆる伝統的なそれではないと指摘している。

　2つ目は，Rosenbloom, S.（1992）の論文である。彼は，精神分析家の生活に内在するさまざまな障害に留意しながら，成熟した「活動自我」work ego の形成に必要な技術面に焦点を当て，精神分析家のアイデンティティの発達過程を検討している。卒後の自立の不安，スーパーバイザーの理想視や，自分の失敗事例から，新卒分析家の心理的現実を開示し，理論と実践の溝の埋め方を提唱している。安定した「活動自

我」を得るための過程を検討し，見習中の分析家が直面する困難を明確化するために，「精神分析的活動超自我」psychoanalytic work superego という用語を提案している。そして，多様化する患者に適切に対応するため，個々の精神分析家の「精神分析的活動超自我」が，より柔軟になり開放的になる方向へ進むべきであること，また，「活動自我」がうまく働かないときは，精神分析家が，患者の現実生活に過度に没頭しすぎ，患者の大切な言葉さえも聞き逃す危険があることを，事例を挙げて，指摘している。そして，堅固な専門家アイデンティティを得るためには，訓練中に身に付けた陳腐な常識や実践はすべて吟味し修正するよう提唱している。

次に，学校心理学の専門家アイデンティティに関する論文は2編みられた。

まず，Short, R. J. & Rosenthal, S. L. (1995) は，学校心理学博士課程修了かつ学位取得者273名を対象に，学校心理学者として学校に職業生活の基盤をおく者と，学校外に基盤をおく者の専門家アイデンティティと職業経歴に関係する変数について調べている。対象者の学位取得後の平均期間は14.9年で，全体の75％が Ph. D.を持ち，62.4％が男性の回答であった。回答者の三分の一が，学校心理学者あるいは教員や管理職などの学校を基盤とした実践家である。調査方法は，14項目からなるアンケートである。

結果の要点は，博士課程修了の専門家である学校心理学者の場合，実践の場は学校以外にもあり自分のことを学校心理学者だとは考えていないこと，また，経験豊富な学校心理学者が博士の学位取得後，実践の場を学校から他へ移すことの具体的な理由（高額の給料，特権など）を提示している。さらに，職業的心理学の核は，専門性全般にわたる一般的な経験であり，専門化は現実には実践の場で生じることを指摘している。回答率が低い点，対象が博士課程レヴェルのみである点，検討がなされているのが博士課程の訓練の構造的要素のみである点など，論文の限界については今後の検討課題としている。

Fagan, T. K. (1993) は，1945年の「米国心理学会」(APA: the American Psychological Association) 再編前後に，学校心理学者が属していた組織の歴史的展開を詳細にたどっている。第一部では，「米国心理学会」，「米国臨床心理学会」(AACP: the American Associaton of Clinical Pscyohologists)，「米国心理学会」の臨床心理学部門，「米国臨床心理学会」や「米国心理学会」が与えた影響と，「米国心理学会学校心理学部門」(D 16: Division 16) の形成とその最初の5年間の意義と苦闘を特定する。第二部においては，1950～1970年の20年間の，「米国心理学会学校心理学部門」の貢献と1969年の「全国学校心理学者協会」(NASP: theNational Association of School Psychologists) の設立をめぐる状況に焦点を当て，第三部では「米国心理学会」-「全国学校心理学者協会」の「合同委員会」(IOC: Interorganizational Committee), 州の協会などの成長や,「州政府学校心理学サービス・コンサルタント全国協会」(NASCSPS: the National Association of State Consultants for School Psychological Services) を含め,「米国心理学会学校心理学部門」と「全国学校心理学者協会」の主要な発展と関係を再検討し, 第四部の結論を導いている。各組織は活動分野のイデオロギーをその目的, 会員の条件, 委員会の構成員等で表明するものであるが,「米国心理学会」が, 博士号を有しない大多数の学校心理学者の利益を代弁出来なかったため, 学校心理学者は「米国心理学会」から分離し独立した組織「全国学校心理学者協会」を設立し独自の発展を遂げた。その「全国学校心理学者協会」の存在意義と「米国心理学会」内に残る道を選んだ「米国心理学会学校心理学部門」の存在意義, またそれらの組織が学校心理学に与えた貢献について, それらの組織の構成, 特徴的傾向, 影響力を論じ, 結論として, 学校心理学は実践の場にもとづく「全国学校心理学者協会」と科学的心理学にもとづく「米国心理学会学校心理学部門」の2つの組織という形で, 長らく求めていた独立した組織としてのアイデンティティを達成したとする。つまり, 学校心理学は学問領域において独立した居場所を得たこと, それとともに学校心理学者は尊敬されうる職業を得たこと, その結果, 彼らの自己認知は一世代前よりずっと肯定的になったことを述べている。ただし, 今後の課題として,「全国学校心理学者協会」は組織的な独立を,「米国心理学会学校心理学部門」は心理学界との組織的統一を達成したものの, 未だに臨床心理学者, カウンセリング心理学者, 最後に学校心理学者との序列が存在することを指摘し, 専門家アイデンティティの完全なる平等性獲得への一層の努力を求めている。

つづいて, 心理療法家の専門家アイデンティティについては Derry, P. S. (1994) の論文がある。そこでは, 母親であるということが, 心理療法家としての専門家アイデンティティにどのように影響するのかを探っている。対象者は25名全員, 3年以上の臨床経験をもつ活躍中の女性心理療法家で, 両親健在家庭の, 14歳以下の子どもをもつ母親である。半構造化面接が行われ, すべて逐語訳され, 専門家アイデンティティについての個所をテーマごとに分析し, その頻度を調べている。結果は対象者が男性を主とする, これまでの研究とは異なる, 逆の傾向が認められること, つまり, 個人生活が専門家アイデンティティの重要度や限界に影響を与える, との報告を行っている。ただし, 面接が一度限りであり, 情報量が限られていること, サンプルの規模と性質がかなり制限されたものであることなどは, 今後の課題としている。

そして, 医療ソーシャルワーカーの専門家アイデンティティに関する研究では, 1編である。

Wyatt-Brown, A. M. (1995) は, 末期ガン患者で, 医療ソーシャルワーカーのPhilip, C.の日記と著作を取り上げ, 創造性と職業という2つのテーマを探っている。

Philip, C.は，その著作で，嫌悪の逆転移を感じたり，新規患者の受け入れ要請に逡巡したり，長期患者の処遇に苦闘するカウンセラーの姿を露わにする。しかし，同時に死を直視し病を公表していく姿をとらえ，とぎすまされた専門家アイデンテイテイを臨床的に解明しようとする，まだ数少ない分野の貴重な文献を提供している。

### (3) 教師の専門家アイデンティティ

教師，教育家を対象とした論文は5編である。厳密な意味で職業人としの専門性や専門家アイデンティティを検討した論文は3編であり，教師の役割アイデンティティの検討，教師の個人と社会とのアイデンティティ葛藤の分析に関するものが2編ある。

Karp, G. G. & Williamson, K.（1993）は，文献によって，教育家のアイデンティティ，行動，態度に影響を与える組織的構造や社会的条件に関する研究を検討した。その結果，組織構造と個人や専門家アイデンティティが相互につながっていることが報告された。また，アイデンティティに強い影響を与える差異を特徴づけるのは，学部ををとりまく文化的・政治的・個人的枠組みであることが示唆された。

Buysse, V. & Wesley, P. W.（1993）は，幼年特殊教育のアイデンティティ危機における専門家役割の使命について検討した。また専門家養成と実践上の拡大する役割について論じた。そして，伝統的枠組みは，職務の直接的サービス部門だけに焦点が向けられ，役割葛藤や過重を避けるために，専門家がどのように多重役割のバランスをとることができるかについて言及してこなかったことを論じた。

Brannen, R.（1996）は，教師アイデンティティについて検討するために，精神的障害ではないが特別の教育的ニーズを持つ教育大学の学生たちに面接し，彼らが教師の役割と見なす3つの観点を引き出した。それは，①権力者，②支持者，③一定の環境下では生徒よりも弱者であった。そこで，教員スタッフの開発においては，これらの役割を認識し，それらを適切なものとして身につけるよう奨励すべきだと主張している。

Galindo, R.ら（1996）は，教師の役割アイデンティティについて検討するため，2人のシカナ族教師の生活と職業物語を通して，彼らがどのように教師役割を定義したかについての伝記的経験の影響を検討している。

Moore, R. L.（1993）は，女性教師の生活物語から，個人と社会とのアイデンティティの葛藤について分析した。1890年以来，女性教師は"教師文化"と定義されるソーシャル・アイデンティティを分けもっていた。1910年以降，大部分のアメリカ人がこのアイデンティティの影響下にあった。このソーシャル・アイデンティティにおける価値重要性を定義し明確にするために，19名のメリーランド公立学校の女性教師が面接された。

彼らは強い母親と権威主義の父親との家庭に育ち，その文化と経済的状態ゆえに教師となった。そして，社会への進歩的なアプローチを強調する普通学校で訓練を受け，女性指導教師をモデルとして仕事を始めた。当初彼らは子どもたちを統制できるかどうか恐れていたが，心理学的手段によって子どもたちを統制することを学び，教師として成功した。退職後，彼らの社会変革への態度は，仕事を始めた頃より保守的になっていた。秩序の受諾と心理学的統制を教えこむための，女性教師の活用は20世紀アメリカ文化の重要な要素であることが示唆された。

その他の教育関連の論文には，Lawrence, D.（1992）の研究がある。彼は，イギリス中部都市勤務の新任から主任まで，総勢46名の進路指導教官に，1988年秋～1999年冬，各々2～8時間の半構造化面接を実施した。そして，16～19歳の若者の自立を援助する進路指導教育を最優先したはずの進路指導教官の専門家アイデンティティが脅かされているとする実態報告を行っている。進路指導教官は，仕事の対象を若者から雇用者へ向けること，自立を助ける教育的指導から，市場原理を優先した就職斡旋へと方針を変更することを政府から強く求められている。著者は，政府の方針変更要請の影響について，専門家アイデンティティの根幹である自律性が脅かされていること，進路指導教官の専門性とは異なる仕事を命じられている実態を呈示し，進路指導現場の混乱を危惧している。

上記の教師アイデンティティをその形成過程や役割の観点から検討した研究では，教師アイデンティティを役割アイデンティティととらえ，その根底に，個人の生活史や家族価値があることを明らかにしている。職業における役割とは，特定の地位や位置を占める在職者に，その遂行が期待される規範的な活動からなる。しかし，この役割とその責務を遂行する個人の実際の行為とは厳密には別ものである。そこで役割遂行上の個人の行為は，その個人の役割アイデンティティとともに個人のアイデンティティとも相互的に深く関わることになる。それ故，教師アイデンティティを役割アイデンティティの観点から検討することは，教師に期待される役割と実際の必要に迫られ繰り出す行動とのズレや，個人が教師になる以前に抱いていたイメージと実際の職場において要請される役割とのズレなどの実相と，それらが生じるメカニズムを明らかにしていく上で重要な意義をもつといえよう。

また，教師の役割アイデンティティは，教師としての職業的社会化とともに形成されていくと考えられているが，単純に経年と共に確立するのではなく，周囲や社会の役割期待の変化，加齢にともなう心身の変化などによって危機を迎える局面があるだろう。この危機は，いったん獲得された教師アイデンティティを問い直し，再体制化する節目となる可能性を提供することにもなりうる。この危機をどう乗りこえて，教師アイデンティティを再体制化していくかは，個人の教師の置かれた条件や選択によ

る。今後，教師が教師になっていく過程や教師のライフサイクルを検討する研究や，教師アイデンティティの形成過程とその再体制化の様相を明らかにする研究が期待される。

### (4) 看護士の専門家アイデンティティ

本書からは，看護婦を看護士の職業アイデンティティとしてまとめて扱っている。この分野の論文は6編であった。

Hoover, R. M. (1992) の研究は，カウンセリングと看護学の大学院生の性役割アイデンティティの違いにより，倫理上の指向性のレベルに違いがあるかどうか検討している。「倫理判断尺度」(EJS: Ethical Judgment Scale) が倫理上の指向性を測定するために使われた。「ベム性役割目録」Bem Sex-Role Inventory がジェンダー・アイデンティティの査定に使われた。これまで，ジェンダー・アイデンティティと道徳的発達の関連を検討する研究はなされてこなかった。本調査では，道徳的発達が，性，年齢，訓練のレベル，そして専門家としての倫理について訓練を受けているかどうかに関係することが，明らかになった。

Kannerstein, D. (1992) は，性，職業，および性役割について女性が主に働いている職場で，仕事と彼女自身についての感じ方を調査した。調査対象はフィラデルフィア地方の合わせて132名の看護婦とソーシャルワーカーである（男女を含む）。質問紙調査のデータ集計には人口の背景と就業している地域が考慮され，「ミネソタ満足感質問紙」(MSQ: Minnesota Satisfacation Questionnaire) が仕事への満足度に，「テネシー自己概念尺度」Tennesee Self-Concept Scale が自尊心の尺度として用いられた。また，「私の職業状況」MVS が職業的アイデンティティの尺度として用いられ，「ベム性役割目録」が性役割アイデンティティの尺度として使用された。結果は，①男性はMSQの得点によれば，女性に比べ働く環境に満足していることがわかった。仕事への満足度，自尊心，職業的アイデンティティを含めて他に性差はなかった。女性に自尊心の高い傾向がみられた。②性役割アイデンティティに関しては分散分析，多変量解析による有意差はなかった。両性の研究協力者ともに本質的に仕事に満足し，高い自尊心をもっている様相がうかがわれた。③男性のソーシャルワーカーは男性の看護士に比べて勤務状況に満足していた。そして職業的アイデンティティが有意に高かった。④このことは，インタビューの結果においても同様に重要な職業上の違いとして男性の看護士と男性のソーシャルワーカーの違いがみられた。

Norman, E. M. (1992) は，ベトナム戦争は従軍した看護婦にとってどのような影響があったか，自分自身への見方や看護婦としての役割についてどのような影響があったかを検討した。12ヶ月にわたって野戦病院，病院船，航空機を持ち場にベトナ

ム戦争を体験した50名の看護婦が対象となった。面接調査のテープを集積して分析した。結果として，ベトナム戦争に従軍したことによって，看護婦としての専門家アイデンティティをより強くもつようになった者，ベトナム戦争に対する懐疑的な見方をもち，臨床的な仕事に対していまだに影響を受けている者，ベトナム従軍看護婦という名誉よりも，別の方向で職業的アイデンティティを求めていこうとしている者のいることが報告されている。

Stewart, S. (1993) は「アイデンティティ研究」Ego Identity Research の理論と方法を用いて看護士（婦）のアイデンティティの発達を検討した。1982年～1985年にかけて看護の学習を始め，看護学の学士号取得者 Southern California 大学の卒業生230名に対し，「アイデンティティ測定の客観尺度」(EOMEIS-2: Extended Objective Measure of Ego Identity Status) と「ミネソタ満足感質問紙」(MSQ-LF: Minnesota Satisfaction Questionnaire-Long Form) が実施された。もっとも重要な発見は，高い職業的アイデンティティをもった看護士（婦）は，より自分の職業に満足していることであった。そして，仕事への満足は人格的アイデンティティを洗練されたものにしていくこと，アイデンティティの発達と教育レベルが関係していた。

Sahlin-Anderson, K. (1994) は，看護婦という職業を持つ女性としての職業的アイデンティティは，病院での看護婦同志あるいは，看護婦と医師との日常的な組織や仕事の基本的内容といった関わりによって獲得されていく。日々の病院でのエピソードを記述し，分析した。初心者の看護婦も「病院言葉」とでもいうべき独特の言葉の使い方により，看護婦らしくなっていく。たとえ仕事のやり方が変わっても，とりわけ女性の職業的アイデンティティにとって，看護するということは密接に関連があることを報告している。

Millward, L. J. (1995) は，看護士（婦）としての職業的アイデンティティの発達が，社会的表象によって影響されることを検討した。看護士になったばかりの者から，経験を積んだ正看護士178名を対象に，Q分類により看護士としての特性を検討した。看護士としてのふさわしさという社会的表象から大きく2つのグループに分類された。2つのグループは，職業的アイデンティティ発達の方向性として2つのタイプがみられた。1つは，一般の人々の間で役に立つ，いわば患者中心指向，もう1つは医療関係者のなかで有能な，いわば明瞭なプロフェッショナル指向である。このうち患者中心指向のグループは初心者の看護士のなかでも業績の低い者，さらに女性が多かった。対照的に業績の良い者さらに男性の看護士はプロフェッショナル指向であったことが報告されている。

(5) その他の専門家アイデンティティ

また，Roberts, B. A. (1992) は，「音楽家アイデンティティ」musician identity の形成について，カナダの大学で音楽教育を受けた学生の音楽家アイデンティティの社会的構造を明らかにするため，半構造化または非構造化面接と行動観察を行った。その結果，孤立の感覚と音楽学校のコミュニティの形成，外部者の認知要因は，閉じたコミュニティの形成を促すことと，また，自己と他人の関係を克服するプロセスにおいて音楽家アイデンティティ形成が促進されることを指摘している。

### 4) 女性の職業アイデンティティの獲得

女性の職業アイデンティティの発達に関する論文や，母親であることの職業アイデンティティ形成に与える影響に関する論文等の6編がみられた。（表3-19）

Pruitt, D. W. (1993) は，コミュニティ・カレッジに再入学してくるヒスパニック系の女性が職業アイデンティティを獲得していく要因を分析し，職業アイデンティティを発達援助教育プログラムの作成を意図した研究である。テキサス公立短大 Texas Pubulic Junior College に再入学したヒスパニック系の女性77名を対象に 1991～1992 年の秋学期に調査は行われ「私の職業状況」MVS と「キャリア決定尺度」Career Decision Scale が使用された。結果は，職業アイデンティティは教育期間の長さと，給与をもらって働いていた期間の長さに関係があり，多くの人々にとってカウンセリング・プログラムに参加することは職業上の情報を得ることや自分自身の発達や家族への援助のためのものであった。

Gurman, E. B. & Long, K. (1994) は，女子大学生を対象として，伝統的でない女性は「職業役割アイデンティティ尺度」（WROS: Work Role Orientation Scale）で，リーダーシップ性を測定できれば，それを発揮できる職場へ進出の道が開かれるかどうかについて検討した。結果は，他メンバーからの評価によると，WROS 得点の高い女性が，伝統的な女性に比べてより良いリーダーとなる適性を備えていることが実証された。

Baxter, J. (1994) は，人がどの社会階層に所属していると思っているかは，従来男性の職業上の地位に焦点が当てられ，女性に関しては無視されるか，家庭の中で主たる男性に従属するものとされてきた。しかしながら最近の見解ではこれまでの慣習的な見方が女性の男性からの独立によって揺らいでいる。本研究では，アメリカ，スウェーデン，ノルウェー，オーストラリアのデータを比較しながら，夫と妻の所属していると感じる社会階層が独立したものであるとの仮説を検証しようとしたものである。方法は各国でランダム・サンプリングした結婚している個人への面接調査（対面法もしくは電話面接）で 1980 年から 1986 年の間に各国ごとに行われた。階層は経営

## 5. 職業アイデンティティに関する研究

**表 3-19 女性の職業アイデンティティに関する研究**

| 著書 | 年代 | 目的・仮説 | 方法 | 結果・考察 |
|---|---|---|---|---|
| Wiley, M. G. & Crittenden, K. S. | 1992 | ①知的（専門的）職業における成功・失敗の原因の1つは，アイデンティティの性差である。②成功・失敗は，その人のアイデンティティにより説明が異なる。 | 対象：政治学者，社会学者として博士課程まである大学院の助教授で，2つの学会誌から233名を選出。方法：郵送法質問紙調査。 | 成功する女性のアカデミストは職業的アイデンティティの発達において矛盾をかかえている。 |
| Pruitt, D. W. | 1993 | コミュニティ・カレッジに再入学してくるヒスパニック系の女性が職業アイデンティティを獲得していく要因を分析し，教育上の困難さを越えて職業上のアイデンティティを発達させていくことを援助する教育プログラムを作成する。 | 対象：テキサス公立短大に再入学したヒスパニック系の女性77名。方法：1991〜1992年の秋学期。調査票「私の職業状況」と「キャリア決定尺度」Career Decision Scale が使用された。 | ①職業アイデンティティは教育期間の長さと，給与をもらって働いていた期間の長さに関係があった。②多くの人々にとってカウンセリング・プログラムに参加することは職業上の情報を得ることや自分自身の発達や家族への援助のためのものであった。 |
| Baxter, J. | 1994 | 夫と妻の所属していると感じている社会階層の間には関係がないことを明らかにする。 | 対象：アメリカ，スウェーデン，ノルウェー，オーストラリアで無作為抽出した既婚者。方法：対面／電話インタビュー実施。 | ①夫の社会的階層が，有意に妻の社会的階層への所属感に影響を与えている。②教育が社会的階層への所属感へ大きな影響を与える。③国による有意差はない。 |
| Gurman, E. B. & Long, K. | 1994 | リーダーシップは，男性性と関連が深いことから，伝統的でない（社会通念的な意味で女性的でない）女性は，WROS でリーダーシップを測定できれば，リーダーシップを発揮できる職場への道が開かれる。 | 対象：心理学専攻の96名の女子大学生。方法：職業役割アイデンティティ尺度（WROS: Work Role Orientation Scale），ベム性役割目録。質問紙調査実施後，被験者を1グループ3名から5名の22グループに分け，3つの討議課題を各20分，全体で1時間で課題を解決させる。課題達成後リーダーシップに関して，各々自分と他のメンバーを評価させる。 | ①WROS 得点と他のメンバーからのリーダーシップ評価の間に，相関関係があり，WROS の得点の高い女性は，伝統的な女性よりも良いリーダーとなる特性を備えている。②WROS 得点とリーダーシップの自己評価との間には，相関はみられなかった。③BSRI は，リーダーシップについての他のメンバーからの評価及び自己評価のどちらとも，相関がみられなかった。 |

| Keen, P. T. | 1994 | 女性の職業上の成長を調査し家族歴や職業上の経験について調査する。 | 対象：サンフランシスコ・マクラーレン経営学大学院を1976，1980，1981，1982年に修了した「経営学修士」Masters in Business Administrationをもつ女性28歳から38歳の女性12名。方法：一人2回の面接調査。 | ①職業について父親が娘に心構えをさせることが有意に職業についての差を産み出す。②母親が娘の職業について関わることが娘に葛藤を生じさせている。③業績にこだわる女性は男性優位の職場を回避している。 |
|---|---|---|---|---|
| Winterowd, C. L. | 1994 | 職業歴と母親としての経験が乳幼児の母親の職業アイデンティティへ与える影響を調べる。 | 対象：99名の母親。方法：「私の職業状況」と「決定要因目録」Salience Inventory。 | ①初めて母親になった女性は，2人あるいは3人子どものいる母親に比べて，職業への意欲が高い。②子どもの数とこれまでの職業歴が，子どもが6ヵ月の時以降の職業的アイデンティティを予測させる。③母親の年齢，職業歴，夫の地位が有意に母親の職業的アイデンティティに関係した。④子どもの人数とこれまでの職業歴が職業に対する意欲の高さに関係した。 |

　者から労働者まで6階層に分けられた。主たる結果は，①夫の社会的階層が，有意に妻の社会的階層への所属感に影響を与えていること，②教育が社会的階層への所属感へ大きな影響を与えていること，③これらの結果は国別の有意な差はないこと，であった。

　Winterowd, C. L. (1994) の研究は，母親のこれまでの職業歴と母親としての経験が職業アイデンティティの発達を予測できるとの仮説にもとづき，乳幼児の母親99名の職業的アイデンティティを調べた。「私の職業状況」MVSと「決定要因目録」Salience Inventoryを生後6ヶ月に行い，乳児が9ヶ月になったときに職業歴の面接調査を行った。結果は，初めて母親になった女性は，2人あるいは3人の子どもの母親に比べて，高い職業意欲を持っていた。子どもの数とこれまでの職業歴が，6ヶ月時以降の職業アイデンティティを予測させることがうかがわれた。また，母親の年齢，職業歴，夫の地位が有意に母親の職業的アイデンティティに関係し，子どもの人数とこれまでの職業歴が職業に対する意欲の高さに関係することが示された。

　また，Wiley, M. G. & Crittenden, K. S. (1992) は，専門誌へ採用された論文の研

究者233名を対象に原因帰属についての質問紙調査を行っている。その結果,男性の社会学者は男性的であることが成功の要因であることを支持し,典型的な女性のアカデミストは高度な専門性からではなく,女らしさが魅力を高める要因であった。このように,成功する女性のアカデミストは職業的アイデンティティの発達において矛盾をかかえていることなどが示された。

この他に,キャリア発達におよぼす家族史の影響を調べるために,28〜38歳の女性12名の「経営学修士」Masters in Business Administration に対して,家族歴や職業上の経験について面接調査を行った Keen, P. T. (1994)の研究がある。

### 5) 民族アイデンティティと職業アイデンティティ

民族アイデンティティと職業アイデンティティに関する論文は,8編がみられた。

職業選択,職業行動等,職業アイデンティティの獲得に,民族アイデンティティの発達や形成が与える影響を研究した論文3編,民族アイデンティティと職業教育や心理的援助に関連する論文3編,その他2編がある。(表3-20)

#### (1) 民族アイデンティティ発達と職業アイデンティティ

Morales, P. C. (1994) は,民族性が職業アイデンティティに影響をおよぼすか否か,いいかえれば,「文化変容度測度」acculturation instrument で測った場合,民族性の水準が職業アイデンティティの水準と関係があるかどうかを検討した。「私の職業状況」MVS等の測度が用いられた。自分自身をヒスパニックと規定している467名の大学生を任意に選び,調査票を郵送した。回答率は32％であった。職業アイデンティティは,ヒスパニック系の大学生の間では,文化変容と反比例の関係にあり,高い職業アイデンティティをもつヒスパニックは,文化的により多数派の文化に同化していることがわかったとしている。

Helms, J. E. & Piper, R. E. (1994) の論文では,まず Helms (1990 a, b)の考えに従って,黒人と白人の「人種アイデンティティ理論」racial identity theory を要約している。Helms は,人種アイデンティティ理論を類型としてではなく,発達を遂げる「自我ステイタス」ego statuses ととらえている。人種アイデンティティの発達過程は,黒人の場合は「同調」conformity から「統合意識」integrated awareness へ,白人の場合は「接触」contact から「自律」autonomy への各段階に分かれている。しかし,この発達過程は,階層構造というより,むしろ多層的な円環構造をなしており,それぞれの「自我ステイタス」は併存しており,もっとも大きな場所を占有する「自我ステイタス」が人間の行動形態にもっとも大きな影響をおよぼす,とする。Helms は,この個人に関する理論を社会集団に当てはめ,人種アイデンティティが

表3-20 民族と職業アイデンティティに関する研究

| 著書 | 年代 | 目的・仮説 | 方法 | 結果・考察 |
|---|---|---|---|---|
| Robinson, G. F. | 1992 | 人種アイデンティティ，自己受容，主張性が職業役割モデルの効果におよぼす影響を検討する。 | 対象：219名の黒人の被験者（男性57名，女性162名）方法：モデルの影響の知覚，自己受容，主張性を評価する目録。 | 「内在化」された態度，自己受容，主張性の高い黒人は，黒人，白人双方からの肯定的な影響を受ける，など。 |
| Ponterotto, J. G. | 1993 | 白人アイデンティティと多文化間の職業カウンセリングにおける諸問題を考察し，カウンセリング訓練教育のあり方を検討する。 | 「多文化間カウンセリング領域における白人アメリカ人研究者：重要性と挑戦」と題したシンポジウムの反響を，Mio & Iwamasa (1993)の論説にもとづいて分析する。 | 白人アイデンティティの発達過程を促進するには，白人カウンセラーが，多人種におよぶ教授や同僚，行政担当者及び多文化的なカリキュラムの下で，異人種間の相互作用と議論を通じて，人種アイデンティティを発達させる機会を保障する必要がある。 |
| Pope-Davis, D. B., Menefee, L. A. & Ottavi, T. M. | 1993 | 白人の大学教職員と学生間，及び同男女間における，白人としての人種アイデンティティの違いを調べ，人種間の緊張が増加しつつある大学における心理教育のあり方を検討する。 | 対象：153名（男性87名，女性66名）の大学教職員と234名（男性104名，女性130名）の学生。方法：「白人アイデンティティ態度尺度」(WRIAS: White Racial Identity Attitude Scale)と「人口統計質問紙」Demographic Questionnaireを実施。 | ①学生が教職員に比べ，また，男性が女性に比べて，人種問題との直面に気詰まりと混乱を示す。②教職員が学生より，また，女性が男性より，人種の相違を心理的に受け入れられる。③大学における心理教育は，異なる白人アイデンティティを持つ教職員と学生の相互作用を通じて営まれる。 |
| Helms, J. E. & Piper, R. E. | 1994 | 個人的なレベルにおける人種アイデンティティの発達と「職業発達」vocational developmentの関連を検討し，そのような内的世界を持つ個人が職場環境とどのように相互交渉するかを考察する。 | 論考。 | 「職業発達」は，「自我ステイタス」の発達と相互に作用し合っている。職場環境に対する労働者の「満足度」や，職場環境からの労働者に対する「評価」は，労働者の人種アイデンティティの発達段階によって異なる。したがって，人種アイデンティティの発達は，職業選択行動に大きな影響をおよぼすと考えられる。 |

5．職業アイデンティティに関する研究

| | | | | |
|---|---|---|---|---|
| Leong, F. T. L. & Chou, E. L. | 1994 | アメリカ在住のアジア系アメリカ人の民族アイデンティティおよび「文化変容」acculturation が，職業選択行動とどのように関わっているかについて検討する。 | アジア系アメリカ人の民族アイデンティティと文化変容のモデルを，Berry (1980) のモデルを中心に考察する。次いで，アジア系アメリカ人の民族アイデンティティと職業選択行動との関係を民族アイデンティティのタイプから検討する。 | ①職業選択に際して，「分離」，「固定化」，「差別」を被りやすいのは，それぞれ「分離者」アイデンティティ，「統合者」アイデンティティ，「同化者」アイデンティティの順であった。②職業に対する願望と予測の一致度を表す「キャリア成熟度」に関しては，「分離者」アイデンティティと「統合者」アイデンティティは比較的に高く，「同化者」アイデンティティは低い。「周辺者」アイデンティティは，自文化および白人文化双方に否定的であるため，就職自体をさける傾向がみられた。 |
| Morales, P. C. | 1994 | 「文化変容」acculturation 度で測った場合，民族性の水準は，職業アイデンティティの水準と関係があるか否かを検討する。 | 「私の職業調査」等により，自分をヒスパニックと規定している467名の大学生を任意に選び，調査票を郵送。回答率は32%。 | 職業アイデンティティは，ヒスパニック系の大学生の間では，文化変容と反比例の関係にあった。 |
| Nicholas, L. & Pretorius, T. B. | 1994 | 南アフリカの黒人の学生の「私の職業状況」における職業アイデンティティ尺度に関する標準化データの報告。 | 対象：ウエスタンケープ大学に入学した1,558名（男子696名，女子852名）の黒人の学生。方法：「私の職業状況」。 | 信頼性は，Holland の報告するアメリカのデータと比べて低いものの，十分とみなすことができる。 |
| Hernandez, T. J. | 1995 | 職業概念，キャリア発達及び職業獲得の現状に関して調査し，職業カウンセリングに対する示唆を得る。 | 対象：アメリカ在住のプエルトリカンの大学生4名を対象。方法：個別に2時間の面接を行い，後でキーワード一覧表にもとづいて面接を振り返る文章を書かせ，そこから職業概念，職業発達および職業獲得の実態について資料を得る。 | プエルトリカンの大学生にとって，職業選択は，第一に家族，次いで共同社会，最後に自分という「三位一体」trinity にとっての利益になるかどうかという観点からなされる。 |

集団によって共有された主題の周辺に,個人が寄り集まって連合形成し,それが独特な「人種的風土」racial climate を形成する,とする。このようにして,Helms は人種アイデンティティの発達を,個人的な側面からだけでなく,個人が機能する場としての職場環境の特質との関連で考えようとする。

人種アイデンティティと「職業発達」vocational development は,共通の「主題」themes をもっており,相互に作用し合っている。「自我ステイタス」と職業発達の各段階は,相互に関連しているのである。個人の職業選択行動に重要な影響をおよぼす要素として,「人種決定性」racial salience の概念を紹介している。これは,人が,職業選択に際して,人種特性を重要な決定要因と見なす,その度合いを意味する。具体的には,ある職業は白人だけしか就くことができないという思い込みは,これに当たる。次いで,職場環境における人種アイデンティティの影響について考察を加えるに当たって,「満足度」satisfaction と「評価」satisfactoriness の考え方を打ち出している。「満足度」とは,労働者の側から職場環境に対して表明された適応度である。「満足度」に関しては,Watts & Carter の研究を評価しながら,「出会い前」pre-encounter の「自我ステイタス」の持ち主は,白人優位の差別的職場環境において,現状維持に傾き,比較的高い「満足度」を示すが,「没頭と出現」immersion/emersion あるいは「内在化」internalization の「自我ステイタス」の持ち主は,職場環境に否定的で,「満足度」は低い,としている。一方「評価」とは,環境の側からの労働者に対する認識および評価のことである。「評価」を決めるのは,職場環境内の人種的風土と評価者の人種態度だけでなく,労働者自身の人種アイデンティティも関与している。一般に,黒人労働者は白人労働者より評価が低いが,黒人労働者に最も苛酷な評価を下すのは黒人「管理者」managers であるともいわれる。また,黒人管理者の場合は,職場環境内における人種間緊張の存在を否定すれば,昇進や昇給などにつながる良好な評価に結びつくが,人種間緊張を認めれば,トラブルメーカーとの評価を下される。この場面では,黒人の人種アイデンティティの発達が未熟であれば評価に有利に働き,成熟していれば不利に働くという屈折した状況が明らかにされている。

この論考は,個人的なレヴェルにおける人種アイデンティティの発達と職業発達との相関を吟味し,そのような内的世界をもつ個人が,職場環境(労働環境)とどのようにして相互作用し,職業的に行動するかを考察したものである。これまでの関連論考の吟味と批判の上になった本論は,各論考が提出している概念の統合を目指した論文といえるだろう。

Leong, F. T. L. & Chou, E. L.(1994)の論文は,アメリカ在住のアジア系アメリカ人の民族アイデンティティ及び「文化変容」acculturation が,職業選択行動とど

のように関わっているかについて検討したものである。はじめに，アジア系アメリカ人の民族アイデンティティと文化変容に関する文献を通観している。初期には，アジア系アメリカ人の民族アイデンティティの確立は，マイノリティから支配的な民族へという一方向的な「同化」assimilation に焦点がおかれたが，研究が進むにつれて，より複雑な過程を説明し得るものとして，文化変容の視点が採用されるようになったとする。いくつかの文化変容のモデルの中で Berry の概念が包括的で，文化変容の過程をもっともよくとらえており，さまざまな人種，文化，および民族集団に適用できる。Berry は，民族アイデンティティモデルと文化変容モデルを統合したものとして，「統合者アイデンティティ」Integrationist Identity,「同化者アイデンティティ」Assimilationist Identity,「分離者アイデンティティ」Separationist Identity,「周辺者アイデンティティ」Marginalist Identity を提唱している。そこで，この論文では，Berry のモデルに基づいて，民族アイデンティティの統合モデルを提出している。

続いて，上記のそれぞれのアイデンティティが，アジア系アメリカ人の職業選択におよぼす影響について述べる。

職業選択に際しての「分離」segregation（白人との間の職種における棲み分け），「固定化」stereotyping,「差別」discrimination をこうむりやすいのは，それぞれ分離者アイデンティティ，統合者アイデンティティ，同化者アイデンティティをもつ者の順である。また，同化者アイデンティティ，統合者アイデンティティをもつ者は，職業を欧米人のように仕事自体の価値で選ぶのに対して，分離者アイデンティティをもつ者は，職業を，金銭的な保障というような目的に対する手段とみなす傾向がある。就きたい職業に対する「要求」aspiration と，現実に就きそうな職業に対する「予期」expectation という観点があり，要求が予期に近ければ近いほど，「キャリア成熟度」career maturity が高いと考える。すると，統合者アイデンティティの持ち主は，現実的な選択をすることにより，要求と予期をより近づけることになり，分離者アイデンティティの持ち主は，予期したものに合わせるために要求を下げる傾向がある。一方，周辺者アイデンティティの持ち主は，要求の対象となる職業には，差別を受けるという理由で，また予期できる職業には，それが嫌いであるという理由で，就こうとしない。名誉や社会的尊敬を得ることのできる「職業的信望」occupational prestige の点からみれば，分離者アイデンティティの持ち主は，信望度の低い職業に就き，その結果，満足も低くなる傾向がある。それに対して，統合者アイデンティティの持ち主と同化者アイデンティティの持ち主は，白人の社会の価値観に敏感で，信望度の高い職業を目指すが，差別などの障害のために，それができずストレスや職業的信望と実際との乖離に苦しむことになる。「職業的流動性」occupational mobility の観点からみれば，一般に，マイノリティは白人に比べて上方への職業的流動性は低

い。分離者アイデンティティの持ち主は，上方への移動は閉ざされている。同化者アイデンティティの持ち主，統合者アイデンティティの持ち主は，分離者アイデンティティの持ち主よりも上方への移動は容易で有利である。

この論考は，アジア系アメリカ人の民族アイデンティティと文化変容の統合モデルを構築し，それが職業（選択）行動におよぼす影響を，仔細に検討し，示唆に富む仮説を導き出しているといえる。

### (2) 民族アイデンティティと職業教育や心理的援助

大学では，カウンセリング場面で，カウンセラーとクライエントが互いに人種が異なるケースは珍しくない。多様な人種的および文化的背景をもったクライエントに十分に対応できる熟練したカウンセラーを養成する課程が必要とされている。そのためには，カウンセラーを養成する大学や教室における人種態度が重要な要素となるが，その人種態度に影響をおよぼすのは，教職員や学生に他ならない。このような視点から，Pope-Davis, D. B. ら（1993）は，心理学系の大学における，白人の教職員と学生の間の人種アイデンティティの類似点と相違点を調査した。

白人の教職員と学生の人種アイデンティティを調べるために，Helms & Carter が開発した「白人アイデンティティ態度尺度」（WRIAS：White Racial Identity Attitude Scale）を用いている。被験者は，アメリカのミッドウェスタン大学の153名の教職員（男性87名，女性66名）と，234名の学生（男性104名，女性130名）である。この尺度（WRIAS）は，白人アイデンティティの発達水準を示す5つのサブスケールをもっており，低い段階から「接触」contact,「崩壊」disintegration,「回復」reintegration,「偽りの自立」pseudo-independence,「自律」autonomy, と規定している。WRIAS の結果わかったことは，学生の方が，「接触」「崩壊」「回復」の項目でより高い値を示し，教職員に比べて人種問題との直面に気詰まりと混乱を示すのに対して，教職員の方が，「偽りの自立」「自律」の項目でより高い値を示し，学生より人種の相違を心理的に受け入れられる，ということである。合わせて，ジェンダーの違いによる結果としては，男性の方が，「崩壊」「回復」の項目でより高い値を示し，女性に比べて人種問題との直面に気詰まりと混乱を示し，女性の方が，「偽りの自立」の項目でより高い値を示し，男性より人種の相違を心理的に受け入れられることが示された。

この調査により，大学における白人の教職員と学生の間には，白人アイデンティティの発達に相違がみられることが明らかとなった。したがって，大学における教育の過程は，異なる白人アイデンティティの発達水準にある教職員と学生の相互作用を通して営まれる，ということができる。Helms は，カウンセリング関係においては，

カウンセラーとクライエントの人種アイデンティティの水準が，カウンセリングの過程と結果に影響をおよぼす，としている。そして，カウンセラーとクライエントの相互作用を，「平行的；現状維持」parallel,「進歩的；問題克服」progressive,「退行的；人種間葛藤」regressive,「対立的；闘争」crossed の4つのタイプに分類している。このことは，大学の教職員と学生の関係についても当てはまる。したがって，筆者はこの論考で，大学における白人の教職員と学生の白人アイデンティティの発達水準と，彼らの間の相互作用のタイプを見極めることは，カウンセリング心理学の教育場面において，重要であることを示唆している。

具体的な論点として，以下の点を提示している。
①白人アイデンティティの水準によって，「人種問題に対する姿勢」racism を予測できる
②白人アイデンティティの水準に気づくことによって，より個人の発達水準に即した教育方法が可能になる。
③臨床訓練におけるスーパービジョンのあり方に示唆を与える。
④白人アイデンティティの発達に基づいた，より現実的な「介入方略」intervention strategies が，教育場面における解決策として提示できる。

Ponterotto, J. G. (1993) は，白人アイデンティティと多文化間の職業カウンセリングにおける諸問題を検討し，カウンセリング訓練教育に対して提言を行っている。

多文化領域の白人研究者としての筆者が主催した「多文化間カウンセリング領域における白人アメリカ人研究者：重要性と挑戦」と題したシンポジウムにおいて生じた，Parham の発表に対する情動反応を，Mio, J. S. & Iwamasa, G.(1993) は，「緊迫した雰囲気が明らかにみてとれ，あらゆる人種の人々が落ち着かない様子だった」，「Parham の率直な意見に対して，白人研究者および聴衆は，居たたまれない感じを抱いた」と報告している。Joseph は，この聴衆の反応を，白人アイデンティティの発達概念で説明する。その際，Sabnani ら (1991) が白人カウンセラー用に統合した概念モデルを用いている。それは，第1段階「接触以前」Pre-Exposure/Pre-Contact, 第2段階「葛藤」Conflict, 第3段階「マイノリティ支持／人種差別反対」Pro-Minority/Anti-Racism, 第4段階「白人文化への退却」Retreat into White Culture, 第5段階「再定義と統合」Redefinition and Integration である。Joseph は, Mio, J.S. & Iwamasa, G. (前出) が報告した聴衆の情動反応は，この第2段階の「葛藤」状態に他ならないことを指摘している。Sabnani ら (前出) のいう「葛藤」状態とは，より詳しくいえば，「多文化間シンポジウムによって知的刺激を受けた白人カウンセラーが，自身の白人アイデンティティを認識し，白人文化の価値観の再検討に向かい，その結果，白人グループの規範に同一化するか，人道的で平等主義

的な価値観を支持するかの葛藤に陥る」ことを意味している。Mio, J. S. & Iwamasa, G.（前出）の報告は，聴衆のかなりの部分が人種アイデンティティの発達段階の低もしくは中段階（葛藤）にいる事実をつきつけており，このことは，カウンセリング訓練計画に対する一般の評価がさほど高くないことと符号している。したがって，カウンセリング訓練計画を策定する上で重要なことは，人種アイデンティティの発見を促進する訓練環境を準備することである。言い換えれば，それは白人カウンセラーが，多人種におよぶ（文化的に多様な）教授や同僚，行政担当者および多文化的なカリキュラムの下で，異人種間の相互作用と議論を通じて，人種アイデンティティを発達させる機会を保障されなければならないということである。

Hernandez, T. J.（1995）の論文は，プエルトリカンの男子大学生の職業意識および職業発達と職業選択について面接法を中心に調査し，カウンセリングに役立てようとする研究である。結果は，プエルトリカンの大学生の「職業」概念は，単なる仕事ではなく，人生の経験，役割，選択の連鎖ととらえている。プエルトリカンの大学生の「職業」に対する個人的な価値観は，職業は自分にとって有意義であるだけでなく，家族や共同体にとっても積極的な意義を有するものでなくてはならないというものである。伝統的なプエルトリカンの文化は，個人を家族，共同体との三位一体の中に取り込むことによって，存在の安定感を保障しているが，一方で，個人の志向を全体性への犠牲に供することによって，個人の職業発達に対しては絶望と無力感をもたらしている。よって，プエルトリカンの男子大学生の職業カウンセリングに際しては，援助の過程で，彼らの職業選択における欲求不満や無力感を，十分に理解すること，絶望と怒りを引き起こしている社会力動を認識することで，彼らの感情の言語的表出，自己への気付き，社会的障害の克服を促す。彼らの属する三位一体の伝統文化を過少評価せず，その文化の枠組みの中で，個人の職業発達を促進することで，カウンセラーの役割が達成される。

その他，人種アイデンティティ，自己受容，主張性が，職業役割モデルの効果の知覚におよぼす影響について検討した Robinson, G. F.（1992）の研究や，南アフリカ黒人の「私の職業状況」MVS 調査の標準化データを扱った Nicholas, L. & Pretorius, T. B.(1994)の研究がみられた。

## 6）その他の職業アイデンティティに関する研究

退職，離職，失業，挫折体験に伴う職業アイデンティティの変容に関する論文3編を取り上げる。これらは新しい研究分野といってよいだろう。（表3-21）

Norman, E. M.（1992）は，失業体験をアイデンティティの危機ととらえ，「アイデンティティ交渉」identity negotiation のための方略を検討した。アイデンティ

5．職業アイデンティティに関する研究　　　　　　　　　　　　149

表 3-21　その他の職業アイデンティティ研究

| 著　書 | 年代 | 目的・仮説 | 方　法 | 結果・考察 |
|---|---|---|---|---|
| Norman, E. M. | 1992 | 失業体験を，「アイデンティティの交渉」identity negotiation という観点から考察する。 | 論考。 | 失業者が失ったアイデンティティを再獲得するためには，a 個人的な興味，価値観，スタイル適性を調べる（自己省察）b 刻々と変化する労働市場に関する情報を得る（環境の省察），c 実際に，雇用者，職業紹介所，重要人物と接触し，その過程を自己の認識を通して濾過し，アイデンティティへと統合する（自己省察と環境省察との相互浸透），という3つの段階を経なければならない。 |
| McFadyen, R. G. | 1995 | 失業者の「アイデンティティの揺らぎ」threatened identity に対する反応や対処法を説明する理論的論拠を提出する。 | 論考。 | ①アイデンティティの揺らぎに対して，失業者が用いる方略は，自分を「失業者」と分類するか，主婦とか退職鉱夫などの他のカテゴリーに入れるかによって影響される。②失業者が自己をカテゴリー化し，不名誉や低い自尊心に対処する方法を予測する一般的モデルを提出した。 |
| Crisp, R. | 1996 | 障害者の自尊心と職業アイデンティティ，「地域参加」community integration との関連について調べる。 | 対象：106名（男性73名，女性33名）の職業リハビリ所に出席している障害者（脳障害，精神障害，慢性痛，身体または感覚障害）。方法：「コミュニティ統合質問紙」Community Integration Questionaire,「自尊心目録」Self-esteem Inventory,「職業アイデンティティ尺度」Vocational Identity Scale. | ①地域参加のレベルは，精神障害，身体（無痛）または感覚障害をもつ人は，後天的な脳傷害や慢性痛の人に比べて，非常に高い。②自尊心は，慢性痛，身体障害をもつ人の方が，脳傷害や精神の障害を持つ人に比べ高い。 |

ィの獲得には,以下の三段階の方略が考えられる。第1は,個人的な興味,価値観,スタイル,適性を調べることである(自己省察)。第2は,刻々と変化する労働市場に関する情報を得ることである(環境への省察)。そして,第3は,実際に雇用者,職業紹介所,重要人物と接触し,その過程を自己の認識を通して濾過し,アイデンティティへと統合することである(自己省察と環境への省察との相互浸透)。

この3つの段階を達成するのに重要な要素が4つある。他人からの援助を期待することであり,例えば,職業斡旋,任意団体を作りその職員となること,失業者の相互扶助グループに仲間入りすること,地域の活動に積極的に参加することなどである。他人とのやりとりに際して,セルフ・トークを実践する。自分について知り,計画・準備をし,労働市場に打って出て,コミュニケーション・スキルを駆使して,売り込む。情報を調査・分析して,目標を絞り込み,粘り強く努力する。

アイデンティティ獲得の原則を職業カウンセリングに適用すると,以下の通りとなる。失業しているクライエントの現状をアセスメントする(その際,クライエントの自己認知を尊重する)。クライエントの情報に基づいて,励まし,支持し,より詳しく質問し,アイデンティティの再定義の仕方を模索する。クライエントの過去の実績によって証明されている,技能や素養について振り返り,詳しく話してもらう。過去の肯定の上に,アイデンティティ再獲得の契機が訪れるのを待つ。目標を絞り込み,粘り強く実行に移す。

失業者のアイデンティティ再獲得に必要なことは,伝統的な労使関係よりも,個人的な能力や態度に基礎を置く新しい枠組みであり,この視点の転換により,失業者により精神的な力強さを与え,失業や職探しのストレスに対処する能力を高めることができる。

McFadyen, R. G.(1995)は,アイデンティティの揺らぎとして失業者の自己再カテゴリー化について検討した。彼は,アイデンティティの揺らぎへの対処や不名誉についての文献をレヴューして,失業者が不名誉や低い自尊心に対処し,自己カテゴリー化する方法の一般的予想モデルを提出した。そこでは,失業者が用いるアイデンティティの揺らぎに対する方略は,その個人が自分を「失業者」としてカテゴリー化するか,主婦,退職鉱夫などの他のカテゴリーをとり入れるかに影響を受けることが論じられた。個人は,失業の異なる局面によりよく対処するために,状況や個人的要因によって演じられる役割を考慮にいれて,再カテゴリー化することが示唆された。

Crisp, R.(1996)はその多くが失業中で職業訓練所に出席している障害者の自尊心と職業アイデンティティ,地域参加について調べた。その結果,地域参加は障害のタイプによって媒介され,その参加レヴェルは精神障害,身体(無痛)または感覚障害の者は,後天的な脳傷害や慢性痛の者より大きく,自尊心は,脳傷害や精神の障害を

持つ者に比べて，慢性痛，身体（無痛）または感覚障害の者の方が高かった。また，規則的に職業的，心理学的／精神的サービスの両方を受ける者は，職業的サービスだけ受ける者に比べて，自尊心と職業アイデンティティが低かった。しかし，地域参加は受けたサービスのタイプとは無関係であった。

### 7）まとめと今後の課題

職業アイデンティティ，専門家アイデンティティの領域の今後の研究課題や問題点は以下の通りである。
①職業アイデンティティの概念に関する研究では，職業アイデンティティを職業的役割との関連からとらえ，役割遂行上の職業満足やストレス，複数の役割への「積極的関与」とその統合をテーマとしている。役割アイデンティティの観点は，その役割と自己のズレや関係を浮き彫りにして，職業アイデンティティの概念や職業とアイデンティティとの関係を明らかにしていく上で今後も重要であると考えられる。

また，従来検討の必要が示唆されていたHollandの職業アイデンティティの概念についての研究がいくつかみられたが，賛否両論の結果がであり，さらに今後の検討が必要である。
②研究方法の面では質問紙調査法や尺度を用いた研究が多く，とりわけHollandらの「私の職業状況」MVSもしくは「職業アイデンティティ尺度」VISを用いた研究は10編と多い（1981〜1985年が3本，1986〜1990年が9本）。①で述べた通り，Hollandの「私の職業状況」と「職業アイデンティティ尺度」Ⅳに関しては，未検討な部分を残している。Leung, S. A. ら（1992）の指摘にあるように，キャリア・カウンセリングなどの臨床への適用には，今後，一層の研究の集結が必要であろう。
③青年（学生）のキャリア発達と職業アイデンティティの分野で「キャリア決定尺度」が頻繁に使用されている。職業アイデンティティとキャリア未決定の関係についての研究とキャリア教育やカウンセリングの実践に結びついた検討が必要であろう。
④職業アイデンティティの関係が，職業発達やストレスとの関係において検討された研究など，職業自体を人生の目的としないフリーターの増加など，職業に対する人々の意識が変化しつつある社会における職業の位置づけとアイデンティティ形成についての研究が望まれる。
⑤専門家アイデンティティに関しては，1981〜1990年までの研究動向と比較すると，1991〜1995年においては，職業別の専門家アイデンティティの論文数では，医師，精神分析家，クリニカル・サイコロジストに関する論文の減少が顕著である。医師に関する論文は，この10年間に1本も見られず，精神分析とクリニカルサイコロジストについては，1991〜1995年に各1本あるのみである。それに対して，看護の領域

では増加しているのが明らかである。また，1991～1995年において，学校教育関係（教師，スクール・サイコロジスト）の論文数の増加がみられる。さらに，1991～1995年に，スーパービジョンに関する論文がみられないのも特徴の1つである。

⑥精神分析家の専門家アイデンティティ，そしてスーパービジョンに関する論文が激減しているのは，精神分析家とソーシャルワーカーの活動を比較した研究にみられるように，純粋に精神分析技法のみで臨床に携わる人は少なく，クライエントや職場の条件に合わせて，技法を修正して実践を行っていることを暗示させる。また，スーパービジョンに関する論文が皆無であることと考え合わせると，長期の訓練とそのために不可欠とされるスーパービジョン，教育分析のシステムと専門家アイデンティティの形成に関する研究が今後望まれる。

⑦学校教師を対象とした職業アイデンティティ研究は増加する傾向を示している。今後，個人アイデンティティと教師の職業アイデンティティとの関連，さらに，周囲や社会の役割期待の変化，加齢にともなう心身の変化などによる教師アイデンティティの危機と再体制化の過程を明らかにする研究が期待されよう。

⑧専門家アイデンティティとは，その職業に就くために一定の資格を有する専門家になって初めて可能となる専門職においての職業アイデンティティをさす用語である。これまでの研究において，専門家アイデンティティ研究が対象としてきた職業は，心理学や医療，福祉，教育等にかなり限定される傾向にあった。「専門家」という概念自体は，必ずしも免許や資格を要件としないであろう。芸術家や職人と呼ばれる技術者の世界は，学校や資格制度とはむしろ無関係に成り立つものも多い。本書でもわずかに見えたが，音楽家アイデンティティ，競技者アイデンティティなどより広い職域における専門家アイデンティティ研究の展開が望まれる。

⑨退職や失業体験に伴う職業アイデンティティの崩壊とその再構築に関する研究は，キャリア教育，職業指導および心理的援助職にとり実践上必要性の高い研究テーマであり，今後の論文数の増加が望まれる。

## 6．民族・人種アイデンティティに関する研究

　本節では，民族・人種アイデンティティに関する論文を概観する。なお，前著第IV巻（鑪他，1997）まで「民族アイデンティティ」ethnic identity と「人種アイデンティティ」racial identity を区別せずに，民族アイデンティティとして一括して扱っていたが，本巻からは両者を区別して記載することにした。

　民族・人種アイデンティティに関しては，どの国・地域に関しても論文数がかなり増加している。アメリカについていうと，前巻でも触れられていたように，「黒人」の代わりに使用されるようになった「アフリカ系アメリカ人」African American という呼称が定着し，論文のタイトルにも黒人という呼称はほとんど登場しなくなった。本節で紹介される Speight, S. L. ら（1996）を引用すると，アフリカ系アメリカ人という呼称を選ぶ人は，自らの起源がアフリカにあるということに意図的につながりを感じようとしている。そして，"Black"から"African American"への呼称の変化は，1960年代に政治的・文化的確信を反映して黒人の一般的呼称が"Negro"から"Black"へと変化したことに匹敵する変化であるという。もちろん，アメリカ以外の国や地域に関しても，民族・人種的アイデンティティの意識はさらに高まっているように思われる。依然として，少数民族・人種が政治的・社会的に不利な立場におかれることに変わりはないであろうが，民族・人種アイデンティティを強調・尊重する趨勢は確実に進展しているようである。

　このような変化が生じてきた歴史的・社会的背景としては，次のようなことが考えられるであろう。アメリカでは，公民権運動以来の人種差別撤廃への努力と，アフリカ系アメリカ人（黒人）の間での人種的・文化的独自性の意識の高まりが影響しているであろう。世界的規模で考えると，冷戦構造の崩壊と並行して旧ソビエト連邦に属していた地域での民族紛争が注目されるようになり，ユーゴスラビア連邦の崩壊に伴ってバルカン地域での民族対立も顕著になった。おりしも本書の編集過程において，ニューヨーク貿易センタービルの破壊という世界を震撼させる事件が発生し，にわかにアフガニスタンやその周辺地域での人種対立に関心が集まった。これらに代表されるように，かつては大国の陰に隠れて見えなかった民族・人種・地域の差異と独自性の主張を無視できなくなっているのが，現代の趨勢である。また，交通やメディアの発達につれて，スポーツ，音楽，芸術などでの国際交流はさらに盛んになり，民族・人種・国の壁を超えて活躍するスポーツ選手，音楽家，文化人なども増えてきた。これらのことがあいまって，上に述べたような変化が促進されているのであろう。

　民族・人種アイデンティティに関する研究は，前巻の時代と大きく異なるわけでは

ないが，少しずつ成熟してきているようである。アメリカにおける「人種アイデンティティ態度」Racial Identity Attitude などのモデルはさらに定着し，人種アイデンティティ研究の共通言語のようになっている。民族・人種アイデンティティと他変数との関連の検討だけでなく，人種・民族アイデンティティの形成のプロセスと関連した諸研究も注目される。つまり，民族・人種に特有のアイデンティティ形成，それに影響する要因，その要因の1つとしての民族・人種的社会化 socialization などについての研究である。また，異なる民族・人種アイデンティティをもつ人たちへの理解を促進する教育モデルやプログラムについて検討した実践研究も注目される。民族・人種アイデンティティの実態についての研究だけでなく，その発達を促進する要因についての研究，その発達を援助する方法についての研究は，これからの重要な課題になるかもしれない。

### 1) アメリカ合衆国を対象とした研究

ここではアメリカ合衆国の民族アイデンティティに関する研究を展望する。この領域の研究は1992～1996年の5年間に57編見られたが，その中から重要と思われる22編を取り上げた。

アメリカはさまざまな移民を受け入れてきた歴史的背景をもつ多民族国家であり，アイデンティティ分野の研究論文も多民族の視点から考察しているものが多くみられる。これらの論文を内容によって，「他民族との関わりとアイデンティティについての研究」，「白人の差別意識とアイデンティティ形成についての研究」，「異文化理解とアイデンティティについての研究」の3つの領域に分類し，以下に論じていく。

#### (1) 他民族との関わりとアイデンティティについての研究

アメリカは人種のるつぼともいわれており，多種多様な民族がともに暮らしている。そのため，私たち日本人と比べて多民族と関わる機会が多く，自他の民族アイデンティティに対する意識も高いと考えられる。実際，その影響についての研究も多い。ここでは，学校などの教育機関でさまざまな民族と長期間一緒に過ごす場合と，移住した先で先住民と暮らす場合における，民族アイデンティティとの関係についての研究7編を取り上げて概観する（表3-22）。

まず，教育機関での他の民族との関わりについての研究として，Phillips, L. D. (1995) は，多様な民族が通学する高校の生徒800名に対して，民族アイデンティティと適応（自尊心と抑うつ傾向），青年期における仲間集団の特性（民族気質と民族態度）の両者の関係性を質問紙調査した。自尊心と抑うつ傾向の測定と同様に，民族の重要性や自身のグループに対する態度，同じ民族の友達への態度などを検討した結

## 6. 民族・人種アイデンティティに関する研究

**表 3-22　他民族との関わりとアイデンティティについての研究**

| 著者 | 年代 | 目的・仮説 | 方法 | 結果・考察 |
|---|---|---|---|---|
| Phinney, J. S. | 1992 | 民族アイデンティティと、さまざまな民族グループ間に共通する相関関係を比較した上で、それを測定する質問紙を作成する。 | 民族的に分離された学校出身の大学生136名、高校生417名に質問紙を実施。クローンバックのα係数によって信頼性を検討した。 | この質問紙では、民族アイデンティティとさまざまな人口統計学的な変数、および自己尊重との関係、また民族アイデンティティの類似や相違を調査可能であることが明らかになった。 |
| Kassabian, L. | 1993 | 個人の移住が民族アイデンティティに影響を与えること、移民のステイタスと人種アイデンティティが心理的幸福感に関係することを査定する。 | 南カリフォルニアに住む100名のアルメニア系アメリカ人に個人面接調査を実施。 | 移住によって、アルメニア人は順応性や品行を高め、文化の統合は心理的幸福感と関係があることが示された。 |
| Smith, M. E. | 1994 | ヨーロッパ・アメリカ教育、アメリカン・インディアンの双方の歴史的研究、「価値システム」value system を調査している。また、アメリカ政府による社会政策概念も調査している。 | 修正主義的で直感的な方法が利用された。アメリカン・インディアンの、1819～1934年における教育場面での経験を議論したインタビュー（85名）、伝記、自筆文書が使われた。 | アメリカン・インディアンの社会政策における細分化を議論し、小民族アイデンティティの発達と連続性の研究の結果、教育的変遷について議論している。 |
| Phillips, L. D. | 1995 | 民族アイデンティティと適応（自尊心と抑うつ傾向）、および青年期における仲間集団の特性（民族気質と民族態度）の両者の関連性を4つの民族グループから検討する。 | 約800名の高校生に質問紙を実施し、自尊心と抑うつ傾向、民族の重要性や自分自身のグループに対する態度、同じ民族の友人に対する態度を測定した。 | 生徒たちは多様な仲間集団に所属しており、その事は類似した民族集団に属するよりも肯定的な結果が得られ、自身の強い民族アイデンティティ態度にも影響をおよぼしていた。 |
| Cotrell, G. L. | 1995 | 支配・服従といった、2元的文化に基づく民族におけるアイデンティティ・モデルの構成について検討する。 | 12名の混血女性に、民族アイデンティティの発達について、さまざまなデータを用いて分析した。 | 対象者の心理学的機能には多少なりとも違いはみられたが、アイデンティティの発達と混乱というグループに大別された。 |
| Ichiyama, M. A., McQuarrie, E. F. & Ching, K. L. | 1996 | 進学時の転居による社会的文脈の変化が、民族アイデンティティに与える影響について検討する。 | ハワイ出身学生の女性62名、男性57名、計119名に質問紙を郵送し回答させた。質問紙は、グループ態度変数、ハワイ人としての自覚、他のハワイ出身学生との関係、本土での滞在年数の4つの測度変数からなる。 | いくつかの仮説が支持され、社会的文脈の変化に伴って民族アイデンティティも移行することが示された。 |

| Phinney, J. S. | 1996 | 民族の多様性について，民族アイデンティティの役割の視点から考察する。 | 論考。 | 民族アイデンティティの学習によって，自身や他者の民族アイデンティティの意味を探求し，ステレオタイプを排除し，より良い異民族間関係を築くことができる。 |
| --- | --- | --- | --- | --- |

果，生徒は多様な仲間集団に所属する方が，同じ民族集団のみに属するよりも肯定的な結果が得られ，自身の民族アイデンティティ態度が強化されることが示唆された。また，Ichiyama, M. A. ら（1996）は，大学進学のためにハワイから本土に移り住んだ大学生119名に対して，社会的文脈の変化が民族アイデンティティに与える影響について調べた。グループ態度変数，ハワイ人としての自覚，他のハワイ出身学生との関係，本土での滞在年数の4つの測度変数を評価する質問紙を作成し，回答させた。その結果，自分の所属集団が多数民族から少数民族へと変化するという社会的文脈の変化に伴い，本土での滞在年数に比例して民族アイデンティティが変容し，同じハワイ出身学生にとる態度や同じハワイ出身学生との関係，本土出身学生にとる態度に変化がみられた。

また，民族アイデンティティとさまざまな民族グループとの関連をもとに，質問紙を試みた研究として，Phinney, J. S.（1992）が挙げられる。この研究については第1章を参照されたい。

次に，移住とアイデンティティとの関係について，Kassabian, L.（1993）は，移住が民族アイデンティティとどのように関連しているのか，移民のステイタスと人種アイデンティティが心理的幸福感に関連しているのかを査定した。南カリフォルニアに住む100名のアルメニア系アメリカ人に面接調査を実施したところ，移住したアルメニア人の順応性や品行が高まったこと，文化の統合が心理的幸福感と関連していることが明らかになった。

このように，他の民族との関わりによって，最初は多少の混乱やとまどいがあったとしても，結果として，民族アイデンティティに肯定的な影響が与えられていることがわかる。これについては，民族の多様性について民族アイデンティティの役割の視点から考察したPhinney, J. S.（1996）も，民族アイデンティティを学ぶことは，自他の民族アイデンティティの意味を探求することになり，それによってステレオタイプな考え方を排除することになると述べている。

また，アメリカの先住民族であるアメリカン・インディアンについての研究も報告されている。Cotrell, G. L.（1995）は，支配・服従といった2元的文化にもとづく民

族アイデンティティ・モデルの発達・構成について検討している。この研究は12名の混血女性に対して行われ，被験者の心理学的機能には多少の違いはみられたものの，大別してアイデンティティの発達と混乱というグループに分類できることがわかった。

以上のように，民族アイデンティティについてはさまざまな見地からの研究がなされている。これは，アメリカでの民族アイデンティティに対する意識の高さを反映しているといえよう。研究結果からも，民族アイデンティティを学ぶことによって，より良い異民族間関係を築くことができると考えられることから，今後のさらなる研究の深まりに期待したい。

(2) 白人の差別意識とアイデンティティ形成についての研究

アメリカは多様な民族が混在する国家であるだけに，異民族間での差別意識は避けては通れない問題である。とりわけ民族アイデンティティにおける心理学的研究の分野では，多数派である白人の視点から差別意識を考察した研究が多くみられた。ここでは7編取り上げる。それらは異人種との間で取り交わされる偏見や差別意識に関するものであり，大別して「白人アイデンティティ発達」と「白人の差別意識」に分類することができる。これらの研究の概要は，表3-23に示した。

「白人アイデンティティ発達」White Racial Identity Development 研究に関しては，異人種環境における白人の行動をもとに考えられた Helms, J. E. (1990 a) の5段階モデルとの関連で取り上げられているので，まず彼の5段階モデルについて概説する。

第1段階　接触 Contact：自分自身が恩恵を受けている白人であることを意識せず，単純に黒人に対する好奇心や恐れから近づこうとする。

第2段階　崩壊 Disintegration：社会の状況が黒人と白人は平等に扱われていないことに気付き，そのことに対して個人的な罪責感や不安を抱える。

第3段階　再統合 Reintegration：崩壊段階で生じた罪責感や不安を，白人が優秀であり，黒人が劣るという信念をもつことで解消する。黒人に対しては，恐怖や怒り，敵意の感情を持ち，白人に肯定的な見方をするようになる。

第4段階　偽りの自立 Pseudo-Independent：肯定的な白人のアイデンティティをもち，人種偏見をなくした段階である。黒人に対しては知的レベルで理解し，関心を抱くが，黒人文化を機能しないものと考え，それが制度的文化的人種差別を生み出していると考える。

第5段階　自律 Autonomy：白人という民族意識に支配されず，人種的違いを受け入れ，文化の多様性に価値を置く。人種グループによって個人を判断せず，また積極的に他の文化を持つ集団から学ぶ機会を求める。制度的，文化的，個人的に偏見を

表 3-23 白人の差別意識とアイデンティティ形成についての研究

| 著者 | 年代 | 目的・仮説 | 方法 | 結果・考察 |
| --- | --- | --- | --- | --- |
| Pope-Davis, D. B. & Ottavi, T. M. | 1992 | 多文化コミュニケーションの視点から，大学教員の人種的態度の一因となるであろう社会的・心理学的要因について考察する。 | 無作為に選ばれた大学教員250名から，153名の有効回答を得た。「白人アイデンティティ態度尺度」(WRIAS: White Racial Identity Attitude Scale)，「新人種差別尺度」New Racism Scale，人口統計学的アンケートを実施した。 | 人種差別は白人アイデンティティ態度によって，明確な傾向をもつことが示された。特に下位の再統合尺度において，白人男性の人種差別傾向が明らかであった。また，白人教官は男女を問わず，人種差別的な態度を取っていることが明らかになった。 |
| Carter, R. T., Gushue, G. V. & Weitzman, L. M. | 1994 | 白人アイデンティティ発達理論に一致する，人種アイデンティティ態度，職業価値という2つの心理的変数を比較し，その関連性を明らかにする。 | 米国中西部の白人大学生109名を対象に，「白人アイデンティティ態度尺度」(WRIAS: White Racial Identity Attitude Scale)，価値観尺度，個人の性格や家族背景を知るデータ・シートを実施した。 | 白人アイデンティティの発達理論に一致する関連性がみられた。 |
| Rowe, W., Bennett, S. K. & Atkinson, D. R. | 1994 | 「白人アイデンティティ発達」(WRID: White Racial Identity Development)モデルの有用性について検討。特に，このモデルが外集団に対する態度に焦点付けられている点，その発達過程が生来的なものであるという点を疑問視している。「白人アイデンティティ発達」に代わる白人の意識構造を解明する。 | 理論的研究。 | 白人の白人アイデンティティ意識類型は達成されているか否かの2段階である。前者は支配的・葛藤的・反動的・統合的の4型，後者は回避的，依存型，不調和型の3型がみられた。一度4型のどれかに到達すると他の型に変わることは難しいが，不調和な個人的体験や社会的な変動が意識類型の変化に影響することが示唆された。 |
| Block, C. J., Roberson, L. & Neuger, D. A. | 1995 | 異人種で構成される労働関係における，白人の反応と白人のアイデンティティ態度との関係を検証する。 | テキサス州私立大学の社会人学生98名を対象に，「白人アイデンティティ態度尺度」(WRIAS: White Racial Identity Attitude Scale)と「異人種の労働状況における反応調査」(RISWQ: Reaction to Interracial Situation at Work Questionnaire)を実施した。 | Helms (1990)の白人アイデンティティ発達の5段階説が支持されたが，発達段階過程で，「接触」に関する肯定的側面，「偽りの自立」に関する否定的側面が見られた。「白人アイデンティティ態度尺度」と「異人種の労働状況における反応調査」は相関があるが，後者については有効性を高めるために，再検討が必要である。 |

| Corbett, M. M. | 1995 | 人種的特徴が，アメリカの白人にとって重大な心理学的，精神的健康問題であるかを検討する。 | 216名の白人大学生に，白人の特権のない新しい人種秩序の社会にいると想像させることにより，特権がナルシシズムやアイデンティティに与えている影響を調査。 | 人種における特権の尊重が，白人のアイデンティティ形成に重要な影響を与えている。 |
|---|---|---|---|---|
| Webster, C. B. | 1995 | 白人大学生が，民族アイデンティティの発達，人種意識，反人種差別的態度について自己探求することで，白人の民族アイデンティティにどのように影響するのかを検討する。 | 11名のグループに集中訓練を受けさせた。比較対象として全く訓練を受けないグループ，限られた訓練を受けるグループが用意された。集中訓練の前後に「白人人種差別意識発達尺度」White Racism Consciousness Development Scale と「現代人種差別尺度」Modern Racism Scale を実施した。 | 小グループに対する9週間の組織的な訓練が，白人の民族アイデンティティに対する認識・自覚，また感受性を増加させ，人種差別的態度を減少させた。 |
| Carter, R. T. & Parks, E. E. | 1996 | フェミニスト・アイデンティティの態度と多くの心理学的徴候に関する女性の自己報告との関係を検討する。 | 中西部の大学の，心理学専攻女子大学生218名の内，アフリカ系アメリカ人67名と白人147名に対して質問紙調査を実施した。 | 白人女性に関しては，女性の理想化に関する態度・男性至上主義の積極的な拒絶・伝統的女性役割の強迫的な受け入れと関連づけられたが，黒人女性には関連がみられなかった。 |

もたない段階である。

　以上のモデルを踏まえ，Block, C. J. ら（1995）はこの理論モデルと，異人種で構成される労働環境における白人の態度との関連を調べている。それによると，「接触」の段階でより肯定的な側面が見出されたが，「偽りの自立」に関しては否定的な要素がみられたため，再検討が必要であるとしている。また Carter, R. T. ら（1994）は，この白人のアイデンティティ発達と職業に対する価値観との関連を研究し，白人のアイデンティティ発達と職業観に関連のあることを確認している。

　一方で，Helms, J. E.（1990a）の発達モデルの有効性について批判的な研究がある。Rowe, W. ら（1994）は，Helms, J. E. の白人アイデンティティ発達モデルが，マイノリティのアイデンティティ発達を抑圧して作られたモデルである点，主に外集団に対する態度に焦点付けられている点，アイデンティティ発達過程を生来的であるととらえている点から，Helms, J. E. の発達モデルに代わる白人の意識構造を解説している。それによれば，白人の意識類型は達成されているか否かの2段階に分かれ，

さらに前者は，支配型・葛藤型・反動型・統合型，後者は回避型・依存型・不調和型に分類される。一度，前者4型のいずれかに到達すると他の型に発展することは難しいが，不調和な個人的体験や社会的変動などが意識類型を変化させることもあるという。

続いて「白人の差別意識」に関する研究を2編取り上げる。いずれも学生を対象とした研究である。まず，Corbett, M. M. (1995) は，人種的特徴がアメリカの白人の精神衛生にどの程度影響しているかを検討した。ここでは白人学生に対し，白人特権のない新しい社会にいると想像させ，その回答によって白人のナルシシズムやアイデンティティへの影響を調べている。その結果，白人特権の尊重は，白人のアイデンティティ形成に重要な影響を与えていることが明らかになった。

一方，Webster, C. B. (1995) は，訓練によって差別意識は減少することを明らかにしている。彼は，白人の大学生によるアイデンティティの発達，人種意識，反人種差別的態度についての自己探求が，白人の民族アイデンティティにどのように影響をおよぼすかを検討した。その結果，自己探求により白人の民族アイデンティティに対する認識・自覚・感受性は増加し，人種差別的態度は減少すると報告している。

その他，大学教員を対象とした「白人の差別意識」に関する研究も1編みられる。Pope-Davis, D. B. & Ottavi, T. M. (1992) は大学教員の人種的態度の一因になるであろう社会的・心理学的要因について検討した。方法としては，無作為に選ばれた大学教員を対象として質問紙調査を行った。その結果，人種差別は白人アイデンティティ態度によって明確に異なるという傾向が見られた。また，白人教官は男性・女性を問わず，人種差別的態度を異なった様式であらわしていることも指摘している。

以上，白人の差別意識とアイデンティティ形成についての研究を概観した。今回取り上げた研究は，いずれも多数派である白人の視点から差別意識を取り上げたもの，とりわけ Helms, J. E. (1990 a) の5段階モデルと関連したものが中心であったが，Rowe, W. ら (1994) の指摘にもあるように，多民族国家の中の少数派民族の視点にたった研究の発展が望まれるところである。

### (3) 異文化理解とアイデンティティについての研究

異文化理解とアイデンティティについての研究では，異文化が民族アイデンティティにおよぼす影響や異文化に対する理解，また異文化への理解を深める試みに関する研究などを8編紹介する。そのうち，異文化が民族アイデンティティにどのように影響を与えるか，また民族アイデンティティが異文化におよぼす影響ということに着目した研究が次の4編である。これらは表3-24に示した。

まず Hofstad, M. E. (1992) は，同じ文化間と異文化間において友情のあり方や個

## 6. 民族・人種アイデンティティに関する研究

**表 3-24 異文化理解とアイデンティティについての研究**

| 著者 | 年代 | 目的・仮説 | 方法 | 結果・考察 |
|---|---|---|---|---|
| Davidson, J. R. | 1992 | 人種教育モデル適用の効果を,「白人アイデンティティ態度尺度」(WRIAS: White Racial Identity Attitude Scale) を用いて評価する。 | 北テキサス大学において, 2つの白人学生のクラスで人種教育モデルを提示して実験した。 | 実験グループの学生は人種に対する理解を深め, 黒人に対して好意的な意識を持つように変化した。なお, 用いた尺度の信頼性に問題がみられた。 |
| Hofstad, M. E. | 1992 | 同じ文化間での友情と異文化間の友情に相違点があるのかどうか, また個人のアイデンティティ発達と同じ文化間での友情, 異文化間での友情でそれぞれ関連性があるのかどうかを検証する。 | 大学の学部学生と留学生60名に対して,「改訂版バーレット・レナード関係目録」Revised Barrett-Lennard Relationship Inventories と「改訂版エリクソン心理社会的発達段階目録」Revised Erikson Psychosocial Stage Inventory を使用して調査を行い, 併せて10名の生徒に個人面接調査を実施した。 | 異文化間の友情とアイデンティティの発達には非常に肯定的な関係があり, 同じ文化間の友情と, アイデンティティの発達の間にも肯定的な相互関係がみられた。 |
| Glisan, M. H. | 1993 | リベラルな環境にある芸術大学の学生は, アイデンティティ尺度と人種に対する態度が, 性別・ギリシャ国籍の有無・学年によって差があり, さらにギリシャ系男性の新入生は他よりも人種の偏見が強いという仮説を検証する。 | 無作為に抽出された芸術大学所属の白人学生を対象に,「白人アイデンティティ態度調査」White Racial Identity Attitude Survey,「人種的態度と評価の尺度」Racial Attitude and Opinion Scale を実施した。 | 仮説はほぼ実証された。ギリシャ系男性の新入生は, 人種と人種差別に関する教育の機会を付与する必要があるだろう。大学は人種と人種差別問題にいっそう取り組むべきである。 |
| Willson, K. L. | 1993 | 人種およびフェミニスト・アイデンティティ態度間の関係と, 白人大学生男女における人種感受性訓練の影響を検討する。 | 対象者は, 人種感受性治療グループ (97名), 人種問題討論グループ (80名), 統制群 (119名)。「白人アイデンティティ態度尺度」(WRIAS: White Racial Identity Attitude Scale) と「フェミニスト・アイデンティティ尺度」(FIS: Feminist Identity Scale) により, 性, 性役割態度の集団間差異を測定した。 | 白人大学生において, 特に女性は人種およびフェミニスト・アイデンティティ態度, 自由主義的な性役割態度をとりやすい。また, 性役割が自由主義的な人は, 進歩的な人種およびフェミニスト・アイデンティティ態度をとりやすい傾向がみられた。 |

| Gaertner, S. L., Rust, M. C., Dovidio, J. F., Bachman, B. A. & Anastasio, P. A. | 1994 | 民族グループ間の偏見や葛藤を減少させるには，接触仮説が効果的であることを検証する。さらに，情緒的反応がグループを全体的に好ましい態度にすることと，グループの認知的情緒的接触が二重にアイデンティティ役割を持つ民族グループにどのように影響するのかを検討する。 | アメリカ北東部の高校生1,357名（黒人1.6%，中国系1.6%，ヒスパニック3.7%，日系4.4%，韓国系18.0%，コーカサス系67.7%）にGreen, C. W. ら（1988）の接触仮説を修正した質問紙を実施した。 | 接触条件に関しては，Green,C.W. らに近似した，平等である環境，相互依存，相互作用，規範といった4つの因子が見出された。情緒的反応，相手に対する好ましい態度は，外集団より内集団において高い数値を示したが，二重にアイデンティティ役割をもつグループでは，偏見の減少はわずかであった。 |
|---|---|---|---|---|
| Akhtar, S. | 1995 | 国から国への移住が個人にもたらすアイデンティティ変化の過程と，影響を与える諸要因，精神分析的過程と技術のための関わり合いについて論究する。 | 文献研究。 | 個々のアイデンティティは移住によって変容するとともに，衝動と影響，空間，時間，社会的所属の4要因の影響を受ける。精神分析の技術的態度と過程は，分析者，被分析者が移民であるということに強い影響を受ける。 |
| Patterson, L. A., Cameron, J. E. & Lalonde, R. N. | 1996 | 女性学において，有色人種女性が排斥されていること，有色人種の女性学のカリキュラムが分離されていることの2点を人々が認知しているかどうかを調査する。 | 女性学を受講している学生110名に対して，アイデンティティと態度を測る質問紙調査を実施した。 | 女性学において有色人種が排斥されていることや，有色人種女性が現在の教育プログラムから排斥されている点に気づくことによって，人々の態度にも変化がみられた。 |
| Schneider, M. E. | 1996 | 民族アイデンティティが，自尊心にどのように影響するかを検討する。 | さまざまな人種グループから成る166名（黒人52，白人53，アジア人42名を含む）のデータを収集。 | 集団的自尊心と個人的自尊心には強く結び付いており，肯定的な評価が自尊心を高めるという結論が得られた。 |

人のアイデンティティの発達に違いがあるか否かを検討している。留学生を含む大学生に「改訂版バーレット・レナード関係目録」Revised Barrett-Lennard Relationship Inventories と「改訂版エリクソン心理社会的発達段階目録」Revised Erikson Psychosocial Stage Inventory を用いて調査したところ，異文化間の友情とアイデンティティの発達には非常に肯定的な関係があることが示され，面接調査においても同様な結果が得られた。

しかし一方で，Glisan, M. H. (1993) は，リベラルな環境にある芸術大学おいてはアイデンティティ尺度と人種に対する偏見的態度が性別・ギリシャ国籍の有無・学年によって差がみられるという仮説を検証するために，「白人アイデンティティ態度

調査」White Racial Identity Attitude Survey,「人種的態度と評価の尺度」Racial Attitude and Opinion Scale, 個人調査票を使用して白人学生に調査を行った。仮説はほぼ実証され，大学教育では人種問題を取り扱うべきであると提案している。

また Akhtar, S. (1995) はその研究において，移住は個々のアイデンティティの変容をもたらし，衝動と影響・空間・時間・社会的所属の4つの要因が影響をおよぼすと述べている。また，精神分析の技術的態度とその過程は，分析者・被分析者が移民であることに強い影響を受けることにも言及している。

さらには Schneider, M. E. (1996) は，グループ・アイデンティティとしての民族アイデンティティが自尊心にどのように影響をおよぼすかという研究において，黒人・白人・アジア人を含むさまざまな人種グループからデータを集め，集団的自尊心と個人的自尊心は強く結び付いており，肯定的な評価が自尊心を高めるという結果を得ている。

以上のように，異文化は個人や集団における民族アイデンティティの発達に肯定的な影響を与える一方で，民族アイデンティティが存在するが故に異文化に対する差別や偏見等の障壁を生む素因が潜在していることをうかがわせる。このことより，異文化に対する理解を深める試みに関する研究は，アメリカにおける民族アイデンティティを研究する上で重要な課題であると考えられる。こうした現状をふまえ，次に紹介する4編の論文は，民族・人種間の理解を深めることで偏見や葛藤を減少させる試みに関する研究である。

まず多様な民族に関する研究として，Gaertner, S. L. ら（1994）のものが1編見られる。黒人，中国系，ヒスパニック，日系，韓国系，コーカサス系などの高校生に質問紙を用いて調査を実施し，民族グループ間の偏見や葛藤を減少させるには接触仮説が効果的であることを実証している。

続いて，白人が有色人種・黒人に対する理解を深める研究を3編紹介する。Davidson, J. R. (1992) の研究では，白人に対する「人種教育モデル」Education Model for Race 適用の効果が研究された。「人種教育モデル」を提示して実験を行った結果，白人学生は人種に対する認識を深め，黒人に対して好意的な見方を示すようになったことが報告された。

また，同様の研究として，Willson, K. L. (1993) のものがある。彼は白人男女に「人種感受性訓練」Racial Sensitivity Training を行い，その異なる影響を分析した。あわせて人種とフェミニストのアイデンティティ態度には関連があるかどうかも検討した。その結果，「人種感受性訓練」には効果があり，白人大学生の人種・フェミニストのアイデンティティ態度間には強い関連のあることが認められた。さらに，人種や男女に差別的態度の無い女性は，自由主義的な性役割態度を取りやすいことを明ら

かにしている。

　Patterson, L. A. ら（1996）の研究では，女性学やそのカリキュラムにおいて有色人種女性が排斥されているという仮説のもとに，女性学を受講している学生に対して質問紙調査を実施したところ，仮説を支持する結果が得られた。しかもその調査を実施したことにより，有色人種女性が女性学から排斥されているという気付きをもたらす結果となった。

　このように，アメリカでは白人が他人種に対する理解を深める試みや，多くの民族間で偏見や葛藤を減少させようとする研究は非常に重要視されており，本編で紹介した以外にも数多くの研究がなされている。これらの研究は異人種・多民族を抱えるアメリカならではのテーマであり，多民族・異文化を理解することがいかに困難であるかのあらわれともいえよう。人種や民族，そして異文化に関しての教育的指導やそれらの意識化がお互いの理解を深めることに有効であることが，ここで紹介した異文化理解とアイデンティティついての研究において実証されている。

　以上，アメリカにおける民族アイデンティティに関する研究を概観した。多様な民族が混在する歴史的背景をもつ国家であるだけに，日常生活での現実的な課題を受けて，多様な民族を対象にした，さまざまな研究への取り組みのなされていることが特徴である。今後，世界経済の発展に伴って，地球規模での民族移動がいっそう進むと予想されるが，アメリカでの多民族共生に関する研究的取り組みは，他国家にも多いに価値あるものになると考えられる。今後のさらなる研究の発展が望まれるところである。

### 2）メキシコ・中南米を対象とした研究

　1992〜1996年の5年間に発表されたメキシコ・中南米における民族アイデンティティに関する研究は25編で，対象となっている民族は，メキシコ13編，ラテン系4編，プエルトリコ4編，西インド諸島2編，グアテマラ，ニカラグアがそれぞれ1編であった。このうち6編を表3-25に示した。

　この5年間では，特にメキシコに関する研究の増加が顕著であった。これらは，すべてメキシコ系アメリカ人に関する研究である。その他の地域についても，多くの研究がアメリカへの移民や，アメリカ（西インド諸島は欧米）との接触における民族アイデンティティの問題を扱っている。前著第IV巻（鑢他，1997）でも指摘されたように，中南米諸国が地理的にアメリカに近く，またアメリカへ多くの移民を送ってきた歴史的な背景があり，そのことから起こる人種差別や適応の困難さなどの問題が，研究を動機づけていると考えられる。

　第IV巻と比較すると，研究対象となっている国家あるいは民族が一部をのぞいて異

6. 民族・人種アイデンティティに関する研究　　　　　165

**表 3-25　中南米における民族アイデンティティに関する研究**

| 著　者 | 年代 | 目的・仮説 | 方　法 | 結果・考察 |
|---|---|---|---|---|
| Knight, G. P., Bernal, M. E., Garza, C. A., Cota, M. K. & Ocampo, K. A. | 1993 | メキシコ系アメリカ人の子どもの民族アイデンティティの発達における家族背景と社会化の役割を検討し、民族アイデンティティの社会化モデルを検証する。 | 対象は6～10歳のメキシコ系アメリカ人の児童45名（女29名、男16名）とその母親。母親には文化的志向性、世代、子どもへのメキシコ文化の教育、民族的誇りと差別の教育、家庭にあるメキシコの品物、子どもには民族アイデンティティに関する面接調査を行った。 | 家族背景（文化的志向性、世代）、教育、子どもの民族アイデンティティの3者には関連性がみられたが、教育の変数を統制すると、家族背景と子どもの民族アイデンティティの関連性はなくなった。この結果は、民族的な家族背景は、子どもに対する民族的な教育を媒介として、子どもの民族アイデンティティに影響をおよぼすという社会化モデルを支持する。 |
| Knight, G. P., Cota, M. K. & Bernal, M. E. | 1993 | メキシコ系アメリカ人の子どもの民族アイデンティティが、彼らの協同的・競争的・個人主義的な社会的行動に影響をおよぼすことを検討する。 | 対象は、9～12歳のメキシコ系アメリカ人の児童59名（男31名、女28名）とその母親。母親には民族的背景、子どもへのメキシコ文化の教育、子どもには民族アイデンティティ、協同的・競争的・個人主義的行動の選好に関する面接調査を行った。 | 母親の民族的背景は、子どもへのメキシコ文化の教育に関連し、それはさらに子どもの民族アイデンティティに関連していた。また、子どもの民族アイデンティティが、彼らの社会的行動の選好と関連するというモデルが検証された。特に、民族アイデンティティが強い子どもほど、協同的な選好を示した。 |
| Morris, N. E. | 1993 | プエルトリコを例として、国家アイデンティティの形成と維持について検討する。 | 文献レヴューと、プエルトリコの14名の政治家に対する面接および政党の青年組織のメンバーに対する11のフォーカス・グループを実施（詳しい記述なし）。 | ①アメリカ合衆国からの影響がある一方で、プエルトリコのアイデンティティを示すシンボルは存在し続けている。過去には英語への抵抗や旗の掲揚、20世紀前半には、国際的なスポーツへの参加がこれに加わり、現在ではスペイン語への愛着や伝統を通して、アイデンティティが表出される。②重視されるシンボルは、時代や対象者が同一視する地域（カリブ地域、ラテンアメリカ、アメリカ合衆国）によって異なる。 |

| 著者 | 年 | 目的 | 方法 | 結果 |
| --- | --- | --- | --- | --- |
| Félix‑Ortiz, M., Newcomb, M. D. & Myers, H. | 1994 | アメリカとラテンの2つの文化に親和性をもつ個人の，多次元的な文化的アイデンティティを把握する。 | 対象は，アメリカ西海岸の大学に在籍する130名のラテン系学生（メキシコ系，サルバドラン系など）で，40％が1世，50％が2世。調査内容は，ラテン文化とアメリカ文化に対する親和性，スペイン語と英語の選好・能力，態度・価値観などに関する情報。 | ①ラテン系の青年の文化的アイデンティティには，言語の選好・熟達度，ラテンおよびアメリカ文化に対する親和性，価値観・態度といった内容が含まれていた。②ラテンおよびアメリカ文化に対する親和性の程度によって，言語の選好や文化的な行動に違いがみられたが，価値観では違いがみられなかった。 |
| Gurin, P., Hurtado, A. & Peng, T. | 1994 | アメリカにおける「メキシカノ」Mexicano（メキシコからの移民1世）と「シカノ」Chicano（移民2世以降）の社会的アイデンティティの構造の違いを分析する。特に，マクロな社会的状況を媒介するミクロな社会的状況である「集団内・集団間の接触」intra-group/intergroup contactのおよぼす影響に注目する。 | 対象は，メキシカノ（スペイン語使用者）318名とシカノ（英語使用者）436名。調査内容は，集団内・集団間の接触（メキシコ系および他の民族集団との接触の程度），社会的アイデンティティ（人種，民族，階級などをあらわす32のラベルから自分に適合するものを複数選択）。 | ①シカノのアイデンティティの構造はメキシカノより分化しており，内容も異なっていた。②在住年数，使用言語，居住地域などの違いから，シカノはメキシカノより他の民族集団と多く接触していた。③シカノにおいて，集団内・集団間の接触と社会的アイデンティティとの関連がみられ，メキシコ系との接触は集団内の強い結びつきを示すアイデンティティ（家族アイデンティティなど）と，他の少数民族集団との接触は政治的なアイデンティティと関連していた。 |
| Hurtado, A., Gurin, P. & Peng, T. | 1994 | アメリカにおける「メキシカノ」と「シカノ」の社会的アイデンティティおよび文化受容の違いを検討する。マクロレベルの社会的特徴と，それを媒介するミクロレベルの社会的特徴を結びつけるために，社会心理学的な分析を使用する。 | 対象は，メキシカノ（スペイン語使用者）318名とシカノ（英語使用者）445名。調査内容は，社会的アイデンティティ（人種，民族，階級などをあらわす30のラベルから自分に適合するものを複数選択），文化受容の4次元（家族主義，バイリンガリズムへの肯定的態度，スペイン文化の選好，メキシコ文化伝承の重視），人口統計学的変数。 | ①社会的アイデンティティ理論と一致して，他の民族集団との接触が多いシカノのアイデンティティの構造は，メキシカノより分化していた。②アイデンティティ形成の「反発プロセス」reactive processの見解と一致して，メキシカノとシカノの両方で，もっとも問題の大きいアイデンティティの側面（階級や人種など，価値を低められるもの）が，文化受容に強い影響をもつことが示された。 |

## 6. 民族・人種アイデンティティに関する研究

なることから、この領域では単発的な研究が多いことが推察される。そのため全体的な傾向を読みとることが難しいが、次のような点は重要と思われる。

まず、個人の民族アイデンティティと学業成績、パーソナリティ、適応などとの関連性を検討した研究もあるが、文化、歴史、社会情勢などの歴史的・社会的文脈との関連性を考慮した研究が中心である。プエルトリコに関する Morris, N. E. (1993)、ラテン系アメリカ人に関する Félix-Ortiz, M. ら (1994) の研究はその例といえる。

Morris は、文献レヴュー、政治家に対する面接、政党の青年組織のメンバーに対するフォーカス・グループから、プエルトリコの人々が、アメリカとの関係でどのようにして国家アイデンティティを形成し維持しているのかを検討した。その結果、アメリカとの強い結びつきの中でも、プエルトリコのアイデンティティを示すシンボルが時代とともに形を変えながら社会の中に存在し続けていることが見出された。旗、国際社会への国家としての参加、言語への愛着など、時代によってさまざまなシンボルが重要視されてきたという。一方、個人のレベルでこれらのシンボルのうちどれが特に重要であるかは、その個人の生きる時代や同一視する地域によって異なるという。

Félix-Ortiz らは、アメリカ西海岸に在住するラテン系学生を対象として、アメリカとラテンの2つの文化に親和性をもつ個人における多次元的な文化的アイデンティティを把握する調査を行った。その結果、彼らの文化的アイデンティティには、言語、アメリカおよびラテン文化に対する親和性、価値観・態度といった幅広い内容が含まれていることがわかった。また、いずれの文化に親和性をもつかによって、彼らの言語の選好や文化的な行動に違いがみられた。

次に、メキシコ系アメリカ人に関する研究では、民族的な背景と民族アイデンティティを媒介する要因にふみ込んだ重要なものが多いことが注目される。これらの研究は、民族アイデンティティがどのような背景要因との関連において形成され、そのようにして形成された民族アイデンティティが個人の行動にどのような影響をおよぼすのかということを、明確な理論的背景やモデルをもって検討している。

この分野では、第IV巻でも紹介された Gurin, P. や Hurtado, A. が、引き続き研究を進めている。彼らは、社会的アイデンティティ理論の立場から、メキシコからアメリカへ移民した1世（「メキシカノ」Mexicano）と2世以降（「シカノ」Chicano）について、社会的アイデンティティの構造と内容を比較した。その結果、人種、民族、階級などに関するさまざまな要素について、シカノの社会的アイデンティティの構造はメキシカノより分化しており、内容も異なっていた。この相違には、在住年数、使用言語、居住地域などの違いによって、シカノはメキシカノより他の民族集団と多く接することが関連していた (Gurin, P. ら, 1994)。このことから、個人の社会的アイデンティティの形成には、自民族および他民族の集団との接触のあり方が重要な意味

をもつことが示唆される。さらに，このようなシカノとメキシカノの社会的アイデンティティの相違が，彼らの文化受容に強い影響をもつことが見出された（Hurtado, A. ら, 1994）。

Knight, G. P. らは，民族アイデンティティの形成の背景要因として家族における社会化に着目したモデルを示し，検証を重ねている。彼らによれば，子どもの民族アイデンティティの形成には家族の民族的背景が重要な意味をもつが，それは親が子どもに行う民族的な教育を媒介として伝えられる（Knight, G. P., Bernal, M. E. ら, 1993）。また，このようにして形成された子どもの民族アイデンティティは，彼らの社会的行動のあり方に影響をおよぼすことも見出された（Knight, G. P., Cota, M. K. ら, 1993）。

以上のように，この領域の研究が単発的なものに終わらず意義ある成果をあげていくためには，民族アイデンティティの形成に関する理論的な枠組みをもつ研究が必要ではないだろうか。ここで紹介した，社会的アイデンティティ理論や文化の影響の媒介に関する社会化モデルは，1つの有効な方向を示唆している。

### 3）カナダ・ヨーロッパ・オーストラリアを対象とした研究
#### (1) カナダ

カナダ人を対象とした研究の総数は，5編であった。研究対象や研究方法はさまざまである。ここではそのうち言語と関連する1編の論文を表3-26に取り上げて紹介する。

Nishimura, M. (1996) は10名のカナダに住むバイリンガルの日系人二世学生の会話録音を分析することによって，彼らの日常会話で行われる言語選択とアイデンティティの関連について検討を行った。言語選択は対話者のアイデンティティ，あるいはアイデンティティの組み合わせにもとづいて決められている。日系人二世はカナダを訪れているネイティブ日本人（英語が堪能な者）と話すときに，ほとんど日本語を使うが，二世同士においては基本的に英語で会話をすることが明らかになった。また，ネイティブ日本人と二世，あるいは帰化二世（幼い頃日本で教育を受けた後カナダに戻った人々）と二世の間では日本語と英語交えて話す。このような3種類の言語の対応様式，特に英語の中で日本語を交えて話すことは自らの民族アイデンティティの確認でもある。

Nishimuraの実際交わされている会話を分析する研究手法は興味深いものである。大学生に限らず，年齢層をより広げ，発達的な観点を取り入れた研究を，今後期待したい。

6. 民族・人種アイデンティティに関する研究

表 3-26 カナダにおける民族アイデンティティに関する研究

| 著　者 | 年代 | 目　的 | 方　法 | 結果・考察 |
|---|---|---|---|---|
| Nishimura, M. | 1996 | カナダに住む日系人二世の言語選択とアイデンティティについて検討する。 | 10名の学生の会話録音について分析を行った。 | 二世はカナダを訪問しているネイティブ日本人と話すときは，英語を少し借用するが基本的に日本語で会話する。二世同士の間では日本語を少し交えるが基本的に英語で会話する。そして帰化二世などとは日本語，英語を半々用いて会話する。この3つの対応様式は二世の礼儀正しさを示すと同時に，彼らは両言語を上手に用いることによって自身の民族アイデンティティに対する確認を行っていることが示唆された。 |

(2) ヨーロッパ

　ヨーロッパ人を対象とした研究は31編見られ，かなりの数にのぼっている。対象とされた国は，ハンガリー，ブルガリア，オランダ，ギリシャ，ドイツ，ポーランド，トルコなど，また研究テーマも多岐にわたっている。これらは，内容によって次の3つにまとめられる。
1. 少数民族のアイデンティティ意識や帰属意識を検討した研究
2. 歴史的事象をアイデンティティ論の視点から分析した研究
3. 国家あるいはその民族の特徴を，アイデンティティの「構成要素」や特質として分析した研究

　ここでは，そのうち重要と思われる8編を表3-27に紹介した。
　Verkuyten, M. (1992) は，3,000名を越えるオランダ人，トルコ人，モロッコ人，スリナム人の青年を対象に，オランダ人青年と少数民族に属する青年の民族アイデンティティの評価と民族集団への帰属意識の関連性を検討している。その結果，自分の民族アイデンティティへの意識・態度が肯定的であるほど，帰属集団への友好性は高かった。特に，社会的ステイタスの高いオランダ人青年は，他の少数民族群に比べて，自分の帰属集団をより好ましく感じていた。さらに，帰属集団へ強く同一化しているオランダ人は，少数民族集団を拒否・嫌悪する傾向がみられたが，他の少数民族の青年ではこの同一化の強さと他民族への拒否・嫌悪の関連性はみられなかった。
　このような少数民族のアイデンティティ意識や帰属意識を検討した研究には，他にZaleski, Z. (1992) がみられる。「境界人」であることの自覚からアイデンティティ

表 3-27 ヨーロッパ人のアイデンティティに関する研究

| 著者 | 発表年 | 目的 | 方法 | 結果・考察 |
|---|---|---|---|---|
| Larsen, K. S., Killifer, C., Csepeli, G., Krumov, K., Andrejeva, L., Kashlakeva, N. & Pordany, L. | 1992 | 国家アイデンティティの構成要素について検討する。 | 対象者：〈研究Ⅰ〉2,027名の大学生（アメリカ人，アメリカ合衆国在住のハンガリー人，ブルガリア人，ギリシャ人等，9カ国），〈研究Ⅱ〉対象者：155名のハンガリー在住のハンガリー人大学生，〈研究Ⅲ〉128名のブルガリア在住のブルガリア人大学生，〈研究Ⅳ〉24名のギリシャ人大学生。方法：質問紙調査。 | ①アメリカの国家アイデンティティを表象する構成要素は，①自由，②社会的な発展，③政治的価値が上位を占めており，社会的政治的次元の要素が代表的であった。②ハンガリーの国家アイデンティティを表象する要素は，①悲観主義などの否定的特性，②知的，友好的などの肯定的特性など，個人・人格的特性を示す要素が上位を占めていた。③ブルガリア人では，①愛想のよさ，ユーモアなどの肯定的特性と，柔順な，ナイーブな，など否定的特性が上位を占め，ハンガリーと同様個人・人格的特性を示す要素がブルガリア人のアイデンティティをあらわしていた。④ギリシャ人も，ハンガリー，ブルガリアと同様に，個人・人格的特性を示す要素が上位を占めていた。 |
| Verkuyten, M. | 1992 | オランダ人および少数民族の青年の民族アイデンティティの評価と，民族集団への帰属の関連性を検討する。 | 対象者：2,710名のオランダ人，464名のトルコ人，モロッコ人，スリナム人の青年（年齢：13～16歳）。方法：Rosenberg (1979) の「民族集団帰属評価尺度」Racial Group Disidentification Scale, Kuhn & McPartland (1954) の「20答法テスト」Twenty Statement Test,帰属集団への友好性，否帰属集団への嫌悪を測定する質問紙。 | ①自分の民族アイデンティティへの態度が肯定的であるほど，帰属集団への友好性は高いであろうという仮説は支持された。②社会的ステイタスの高いオランダ人青年は，他の少数民族群に比べて自分の帰属集団をより好ましく感じていた。③オランダ人の帰属集団への同一化と，それを好ましいとするパターンは，少数民族集団の拒否と関連していた。この傾向は，少数民族集団の青年ではみられなかった。 |

## 6. 民族・人種アイデンティティに関する研究

| 著者 | 年 | 目的 | 対象・方法 | 結果 |
|---|---|---|---|---|
| Zaleski, Z. | 1992 | 民族アイデンティティ，所属集団内のソーシャル・サポートと活動，他集団の人々への協力準備性の関連性について検討する。〈仮説〉少数民族内の親社会的活動と民族アイデンティティは高い相関を示すであろう。 | 対象者：ポーランド東部の同じ村に在住の白ロシア共和国人60名とポーランド人62名。方法：質問紙調査。 | ①白ロシア共和国人はポーランド人に比べて，民族アイデンティティと社会的サポートが低いがポーランド人との協力準備性は高い。②白ロシア人において，民族アイデンティティと社会的サポート，および所属集団に親和的な活動に有意な関連性が見られた。③認知レベルでは，少数民族の民族アイデンティティは，社会的態度や集団内外の活動において，より顕在化するのに対して，多数民族群は，より国家に同一化していることが示唆された。 |
| Zalewski, Z. & Ronowski, B. | 1994 | ポーランド人／ドイツ人留学生とアメリカ人の，ヨーロッパおよびヨーロッパ・アイデンティティの認知について検討する。 | 対象者：ドイツ人留学生117名，ポーランド人留学生334名，アメリカ人学生282名。方法：フランス，ドイツ，ギリシャ，ノルウェー，ポーランド，スペイン，ロシア，イギリスのそれぞれの国に対する友好性，利得性，脅威性，協力性，指導性等に関する質問紙。 | ①フランスは，最も友好的で居住したい国であった。②ドイツは，ドイツ人，他国人両者から，統合ヨーロッパの将来のリーダーと認知されていた。③ポーランド人は，ドイツとロシアをヨーロッパ民主主義にとって脅威的であると認知していた。④ポーランド人よりもドイツ人にとって，「ヨーロッパ」は「自己」構造により束縛されたものであることが示唆された。 |
| Puddifoot, J. E. | 1995 | イギリスのコミュニティ・アイデンティティに関する研究のレヴューにより，コミュニティ・アイデンティティの次元について考察する。 | 論考。 | コミュニティ・アイデンティティは，次の5つの次元から成立し，構成されている。①所在，②他との区別，③同一化，④方向づけ，⑤コミュニティでの生活の質の評価。 |
| Peaff. S. | 1996 | 1989年の東西ドイツ統一革命がなぜ平和に終結したのかについて，旧東ドイツ人のアイデンティティの視点から考察する。 | 論考。 | 「集団的アイデンティティ」collective identity が小規模のネットワークの間に存在し，位置づけられていたという「総合的な歴史的に特殊なアプローチ」から東西ドイツ統一革命を解釈した。この革命を可能にした決定的な要因は， |

| | | | | | |
|---|---|---|---|---|---|
| | | | | | 不平・不満が共有されたことと，社会的な結束への期待があったことである。旧東ドイツ人は，政治的には従属的な立場であったが，一般市民は，不平・不満を表出し，信頼できる小グループに居場所を得ていた。集団的アイデンティティへ自己を付託することが，この革命が平和に進行することを支えたと考えられる。 |
| Stoller, E. P. | 1996 | フィンランド系アメリカ人2世，3世の民族アイデンティティをエスノグラフィの手法で検討する。 | 対象者：34名のフィンランド系アメリカ人（2世 18名，3世 16名）。年齢32～84歳。方法：面接調査。 | 民族アメリカは，次のような複次元的測定モデルで理解できることが示された：①民族性と自己（親和性，認識，行動，アイデンティティ意識），②フィンランドへの志向性（移住した世代，先祖の祖国，現在のフィンランド），③現実世界の民族性（民族的な基盤・下位構造，家族と民族性，日常生活），④社会的解釈としての民族性（象徴的な民族性，創造的な民族性）。 |
| Woelfing, S. | 1996 | ドイツへの移住者にとって，「もの」と「場所」がどのようにアイデンティティを確認する機能を果たしているかを検討する。 | 対象者：ドイツへの移住者115名（ドイツに3～5年居住している者71名，3年未満の者44名）。年齢18～30歳24名，31～50歳31名，51～60歳32名，61歳以上28名。方法：面接調査。（対象者にとって特に重要な，あるいは大切に思っているものと場所について，それらがどのようにアイデンティティに関わる機能を果たしているかについて尋ねる。） | ①年長者群は年少者群よりも，自分のアイデンティティを確認するために，できるだけアイデンティティに関連した「場所」の機能を用いた。②ドイツへの居住3年未満の者も，①と同様の結果を示した。③3～5年の居住経験をもつ者は，アイデンティティを確認するために，アイデンティティに関わる「もの」を用いた。 |

が鮮明に意識されることから考えると，このような研究は，まさに民族アイデンティティの研究らしい研究であると思われる。また，見出された結果も妥当なものである。

Peaff, S. (1996) は，1989年の東西ドイツ統一革命がなぜ平和裏に終結したのかについて，旧東ドイツ人のアイデンティティの視点から論考している。このような歴史的事象をアイデンティティ論の視点から分析することは，時間的，空間的にマクロな視野でその民族のおかれている立場や心理を理解することにつながり，心理歴史論としても重要な意味をもっている。このような研究は，今後の民族アイデンティティ研究にとって重要なヴィジョンを提供するものであると考えられる。

また，国家あるいはその民族の特徴をアイデンティティの「構成要素」として分析した研究に，Larsen, K. S. ら (1992) や Zalewski, Z. & Ronowski, B. (1994) がある。これらはいずれも，いくつかの国の学生に質問紙調査を行い，その民族や国家の特性を分析したものである。しかしながら，これらは分析が表面的であり，これらを彼らの民族アイデンティティ，あるいは国家アイデンティティととらえてよいかどうかは検討の余地を残している。

(3) オーストラリア

オーストラリア人を対象とした研究の総数は，5編であった。人類学の視点からオーストラリア原住民の継続と再建に関する事例研究や，オーストラリアにおける象徴的な境界，つまり「友達」と「敵」，および「外部」と「内部」，と国家アイデンティティに関する研究などがある。そのうち1編を表3-28にとりあげて紹介する。

Petta, G. & Walker, I. (1992) はイタリアからの移住民を対象として「相対的剥奪感」(RD: relative deprivation) と民族アイデンティティについて研究を行った。RDの理論は集団間の関係などを調べるための社会科学の分野で使われており，本質は社会の比較である。つまり，不満は絶対的な感情ではなく，むしろ関係によるものであり，また，主観的な満足は客観的な状況と対応する必要がない。Pettaらは102名（男性49名，女性53名，平均年齢50歳，オーストラリアに平均27年住んでいる）のイタリア系オーストラリア人を対象に，「民族アイデンティティ尺度」Ethnic Identity Scale (RDの4要素が含まれている) を用いて調査を行った。その結果，RDを構成する「認知」cognitive と「感情」affective，および「利己主義的なRD」egoistic RD と「友愛的なRD」fraternalistic RD タイプが類型化された。また，4種類のRD，つまり，認知において利己主義的なRD，感情において利己主義的なRD，認知において友愛的なRD，感情において友愛的なRDと民族アイデンティティの強さとの関連性を検討したところ，4種類のRDは全て民族アイデンティティと関連していたが，回帰分析によって認知の友愛的なRDだけは，民族アイデンティ

表 3-28 オーストラリアにおける民族アイデンティティに関する研究

| 著者 | 年代 | 目的 | 方法 | 結果・考察 |
|---|---|---|---|---|
| Petta, G. & Walker, I. | 1992 | 「相対的剥奪感」（RD: relative deprivation）と民族アイデンティティの関連性を検討する。 | 対象者：102名（男性49名，女性53名，平均年齢50歳，オーストラリアに平均27年住んでいる）のイタリア系オーストラリア人。方法：「民族アイデンティティ尺度」Ethnic Identity Scale。 | ①RDを構成する認知と感情，およびRDの利己主義的，友愛的タイプにおいてRDの相違が見出された。これらによって4種類のRDが類型化された。②4種類のRDは全て民族アイデンティティと関連しているが，認知の友愛的なRDだけは民族アイデンティティを予測することに関して重要な影響をもつことが示唆された。民族アイデンティティを構成する態度，行動因子ごとに検討したところ，類似した結果が見出された。 |

ィを予測することに関して重要な影響をもつことが示された。さらに，民族アイデンティティを構成する2因子，つまり「態度に関する民族アイデンティティ」attitudinal ethnic identity 因子，「行動に関する民族アイデンティティ」behavioural ethnic identity 因子ごとに分析を行ったところ，類似した結果が見出された。このような幅広い年齢層を対象とした民族アイデンティティの研究は大変重要な意味をもち，見出された結果も妥当性が高いものである。

### 4）アジアを対象とした研究

1992から1996年の5年間の間に発表されたアジア人を対象とした研究は，37編見られた。前著（鑪他，1997）第Ⅳ巻の9編と比べて4倍以上に増えている。対象とされた国は，日本，トルコ，韓国，中国（台湾，香港を含む），ベトナム，マレーシア，インド，フィリピン，タイ，スリランカ，インドネシアなどである。その内訳としてはトルコ2編，日本2編，韓国6編，中国12編（台湾1編，香港1編が含まれる），ベトナム1編，マレーシア1編，インド1編，フィリピン2編，タイ1編，スリランカ1編，インドネシア3編，そしてアジア全体を対象とするものは5編があった。年代は児童から老人までみられ，研究テーマも実に多彩である。これらは，内容によって次の5つにまとめることができる。

1．文化変容と自尊心，自信，不安に関する研究

2．民族アイデンティティとジェンダーに関する研究
3．民族アイデンティティと親子関係に関する研究
4．個人主義，あるいは集団主義における民族アイデンティティに関する研究
5．民族アイデンティティと言語に関する研究

そのうちの8編を表3-29にまとめた。

はじめに，アジア系アメリカ人を対象にした民族アイデンティティと文化変容，不安，自信，達成動機づけ，ジェンダーに関する研究について紹介する。Kohatsu, E. L. (1993) は267名のアジア系アメリカ人大学生を対象に不安，自信，帰属意識に対する人種アイデンティティと文化変容の効果について，5つの尺度から構成される質問紙を用いて調査研究を行った。「文化変容」acculturation とは，異なる文化に接触することにおける個人の文化的適応を示す。人種アイデンティティは不安，自信，対人関係における気付き，政治的な人種差別と関連があることが明らかになった。この結果は白人のものと同様である。文化変容は「帰属アイデンティティ」（AI: Ascribed Identity）と「個人的アイデンティティ」（PI: Personal Identity）の変数によって簡単に説明できないため，むしろ「人種アイデンティティ」racial identity の方がアジア系アメリカ人の文化適応を考えるために有効であることが示唆された。

また Wu, J. T. (1992) は合計118名の中国系，フィリピン系のアメリカ人学生を対象に民族アイデンティティ，文化変容，達成動機づけ，自己概念に関する質問紙を用いて調査を行った。その結果，民族アイデンティティと達成動機づけとの関連においては複雑な関係が存在することが示唆された。そしてこの関係は自己概念とアカデミック的な期待に役に立っていることが示された。

Woollett, A. ら (1994) はイーストロンドンで子育てをしているアジア女性を対象に，民族アイデンティティとジェンダーについて面接調査を行った。アジア系の心理学者によって彼女らの出産，避妊，家族構成，育児，そしてアジア女性としての自分をどのように見ているかについて質問された。調査は必要に応じて英語，パンジャブ語，ウルドゥー語，ヒンディー語が用いられた。結果としては，彼女らの民族性の構造と民族アイデンティティはジェンダー，そして子育てによる母性の発達に伴って変化していることが明らかになった。そして民族性と民族アイデンティティは同一カテゴリーではなく，ジェンダーと発達心理学的な視点を考慮に入れて女性の民族性の意味について論じる必要があることが示唆された。

Rhee, E. ら (1995) は「20答法検査」（TST : Twenty Statements Test）を用いて個人主義，そして集団主義文化における自己記述のし方と民族アイデンティティについて，韓国人105名，ヨーロッパ系アメリカ人97名，アジア系アメリカ人151名，合計353名の大学生を対象に検討した。これまでの研究においては，自己記述のし方

表 3-29 アジアにおける民族アイデンティティに関する研究

| 著者 | 年代 | 目的・仮題 | 方法 | 結果および考察 |
|---|---|---|---|---|
| Wu, J. T. | 1992 | 中国系アメリカ人とフィリピン系アメリカ人における民族アイデンティティと達成動機の関係について検討する。 | 118名の中国系,フィリピン系のアメリカ人学生を対象に民族アイデンティティ,文化変容,達成動機づけ,自己概念に関する質問調査を行った。 | 民族アイデンティティと達成動機づけの間に複雑な関係が存在すること,この関係は自己概念と学業成績への期待に関連していることが示唆された。 |
| Kohatsu, E. L. | 1993 | アジア系アメリカ人大学生における不安,自信,帰属意識に対する人種アイデンティティと文化変容の効果について検討する。 | 日本人70名,中国人84名,韓国人71名,ベトナム人42名を対象に質問紙調査を行った。質問項目は「文化アイデンティティ態度尺度」Cultural Identity Attitudes Scales,特性不安目録(STAI-Y), Ruthusの自信尺度,英国およびアジア文化変容尺度,文化不信尺度から構成されている。 | ①人種アイデンティティは不安,自信,対人関係における気づき,政治的な人種差別と関連がみられた。②文化変容は人種アイデンティティ態度と関連するが,「個人的アイデンティティ」(PI: Personal Identity),「帰属的アイデンティティ」(AI: Ascribed Identity)変数レベルにおいて「関係集団志向性」(RGO: Reference Group Orientation)は独立した概念であることが示唆された。③人種アイデンティティ態度はアジア系アメリカ人の文化適応を考えるために有効である。 |
| Woollett, A., Marshall, H., Nicolson, P. & Dosanjh, N. | 1994 | イーストロンドンで子育てをするアジア女性のジェンダーと民族アイデンティティについて検討する。 | アジア系心理学者によって面接調査が行われた。調査対象はイーストロンドンに住む32名の女性(平均年齢26.4歳,平均結婚期間6.03年)であった。 | ①彼女らの民族性の構造と民族アイデンティティはジェンダー,そして母性の発達に伴って変化することが示された。②民族性と民族アイデンティティは同一カテゴリーではなく,ジェンダーと発達心理学的な視点を考慮に入れ女性の民族性の意味を論じる必要がある。 |
| Rhee, E., Uleman, J. S., Lee, H. K. & Roman, R. J. | 1995 | 個人,および集団文化における自発的な自己記述のし方と民族アイデンティティについて検討する。 | 「20答法検査」(TST: Twenty Statements Test)を用いて韓国人(105名),ヨーロッパ系アメリカ人(97名),アジア | ①彼らの民族アイデンティティは,個人主義および集団主義を文化的な変数として,自己記述の抽象性-特定性,自治-社会系 |

6. 民族・人種アイデンティティに関する研究

| | | | | | |
|---|---|---|---|---|---|
| | | | | アメリカ人（151名），合計454名の大学生を対象に調査を行った。 | という2つの次元とそれぞれ関連していることが明らかになった。②TSTは少数派のアイデンティティを調査するのに有効であることが示唆された。 |
| Seidman, S. J. | | 1995 | ハワイの日系アメリカ人大学生のアイデンティティ形成に関する民族的，文化的同一化の役割について検討する。 | 204名日系アメリカ人大学生を対象に日本文化との同一化（行動面，主観面），ハワイ地元文化との同一化，自己構成（独立と相互依存）について調査が行われた。Marciaのアイデンティティ・ステイタス・パラダイムにもとづく質問紙を実施した。 | ①日本人の行動，主観化されたアイデンティティは予定アイデンティティと関連がみられた。②日本人の主観化されたアイデンティティはアイデンティティの達成にあまり影響をおよぼしていない。③自立，および相互依存的な自己の特性はアイデンティティの達成にプラスに影響する。④女性にはアイデンティティ達成が多く，男性には予定アイデンティティが多くみられた。 |
| Taylor, R. D. & Oskay, G. | | 1995 | トルコ，アメリカの青年における家族内の決断，アイデンティティ形成，および自尊心について比較研究を行う。 | トルコ人女性60名，男性22名，そしてアメリカ人女性55名，男性46名が調査対象とされた。「アイデンティティ・ステイタス測定の客観尺度改訂版」（EOM-EIS: Extended Objective Measure of Ego Identity Status）を実施した。 | ①アメリカ青年の方がアイデンティティ・ステイタス（アイデンティティ達成とモラトリアム）が高かった。②トルコ青年における親との対立，個人的な決断をすることはアイデンティティ形成にプラスに影響していた。③両グループにおいて，家族による管理，親との対立は低い自尊心と関連性があり，自己管理は高い自尊心と関連性がみられた。④自尊心はアイデンティティ達成と正の相関が，アイデンティティ拡散と負の相関がみられた。 |

| | | | | | |
|---|---|---|---|---|---|
| Noels, K. A., Pon, G. & Clement, R. | 1996 | 文化受容プロセスにおける言語に関する自信の役割について検討する。 | 179名の北米の大学に在学する、中国語を母国語とする大学生を対象に、アイデンティティ、民族間の接触、言語における自信、および心理適応について調査を行った。 | ①英語を用いてカナダ人と接触する場合、英語に対する自信が増え、カナダ人との同一化が進む。②中国語を用いて中国人と接触する場合、英語と同様な結果が得られた。③使用する言語は特に心理適応との関連には相違は見出されなかった。 |
| Wang, W. & Viney, L. L. | 1996 | Eriksonの心理社会的発達について、中国とオーストラリアの子どもを対象に異文化間比較を行う。 | 1歳から12歳の中国人334名、オーストラリア人150名を対象に「心理社会的成熟の内容分析尺度」(CASPM : Content Analysis Scale of Psychosocial Maturity) を実施した。 | ①CASPM 得点は、両国間に相違がみられなかった。②オーストラリア人は、親密性と自律性において高い得点を、中国人は、基本的信頼感、アイデンティティ、世代性、統合性では高い得点を示した。③劣等感、アイデンティティ拡散、停滞と絶望の得点は両国間に差はみられなかった。 |

および民族アイデンティティに関する相違は、個人主義あるいは集団主義という文化によるものであるといわれてきた。Rheeらの研究によって、個人主義および集団主義は文化的な変数として、自己記述の抽象性-特定性、自治-社会という2つの次元とそれぞれ関連していることが明らかになった。

　民族アイデンティティの研究においては、個人レベルで文化がアイデンティティ形成に果たす役割についての実証的な研究が重要である。Seidman, S. J. (1995) は、204名の日系アメリカ人大学生を対象に、行動レベルと主観的意識レベルでの日本文化との同一化、ハワイ地元文化との同一化、自立と相互依存に関する自己の側面について検討した。Marciaのアイデンティティ・ステイタス・パラダイムに基づく質問紙調査によって、アイデンティティ達成、モラトリアム、アイデンティティ拡散、予定アイデンティティという彼らのアイデンティティの形成状況を分析した。その結果、行動、および主観的意識での日本文化との同一化は、予定アイデンティティと関連性がみられることが示唆された。また自立的、および相互依存的な自己の特性はアイデンティティの達成に肯定的に影響することが示唆された。さらに、性差について検討したところ、女性においてアイデンティティ達成が多く、男性において予定アイデンティティが多くみられた。日系人三世、四世の男性は、女性より高い日本、地元文化

との同一化がみられ,世代間の相違はみられなかった。この研究は同一化を行動と,主観的な認知面に分けて考察した点が興味深く,見出された結果も妥当なものであると思われる。

　Taylor, R. D. & Oskay, G. (1995) はトルコとアメリカの青年を対象に家族内の決断,アイデンティティ形成,および自尊心について比較研究を行った。トルコ人82名,アメリカ人101名を対象に,「アイデンティティ・ステイタス測定の客観尺度改訂版」(EOM-EIS : Extended Objective Measure of Ego Identity Status) が実施された。その結果,アメリカ人よりもトルコ人から家族による独裁的な管理が多く報告された。またアメリカ青年の方がアイデンティティ達成とモラトリアムが多く,アイデンティティ・ステイタスが高いことが明らかになった。アメリカ人,トルコ人とも,家族によって管理されることや,親との対立は低い自尊心と,自己管理は高い自尊心と関連していた。また,自尊心はアイデンティティの達成と肯定的に,アイデンティティ拡散と否定的に関連していることが明らかになった。青年期の親子関係の変化,つまり親離れ,子離れは青年のアイデンティティ達成に影響をおよぼしていることは,臨床心理学の事例研究によって多く報告されているが,本研究はこれを質問紙調査によって検証したものである。

　Wang, W. & Viney, L. L. (1996) は,Eriksonの心理社会的な発達についての異文化間比較を,中国とオーストラリアの子どもを対象に検討している。6歳から18歳の子ども,中国人334名,オーストラリア人150名を対象に,Eriksonの個体発達分化の図式が検討された。「心理社会的成熟の内容分析尺度」(CASPM : Content Analysis Scale of Psychosocial Maturity) の得点を国別に検討したところ,両国間に類似したパターンがみられ,全体的な相違は見出されなかった。オーストラリア人の方が親密性と自律性において高い得点を示しており,中国人が基本的信頼感,アイデンティティ,世代性,自我の統合性では高い得点を示した。また劣等感,アイデンティティ拡散,停滞と絶望の得点は両国間に差異がみられなかった。これらの結果について,Wangらは社会・文化的背景,教育制度の違いから検討し,中国の子どもたちはアイデンティティの発達より学業の達成を重視していることがこのような結果をもたらしたと考察している。発達的な視点を入れた比較研究として本研究は非常に興味深いが,調査対象となった中国人の中・高校生は220人であるに対して,オーストラリア人はわずか49人であった。そのアンバランスなサンプルから得られた結果については,今後検討の余地を残している。

　Noels, K. A. ら (1996) は「文化変容プロセス」accuturation process における言語に関する自信の役割,つまりアイデンティティと言語行動の変容について検討している。179名の北米の大学に在学している,中国語を母語とする大学生を対象に質問

紙調査を行った。質問紙は中国人のライフスタイル，言語使用，中国人の活動への参加，カナダ人との接触の頻度と質，英語に関する不安，カナダ人としてのアイデンティティ，中国人としてのアイデンティティ，心理的適応（自尊心，自己統制，ストレス，楽しさ，生活への満足）などに関する項目から構成された。その結果，英語を用いてカナダ人と接触する場合，英語に対する自信が増し，カナダ人との同一化が進むことが示唆された。中国語を用いて中国人と接触する場合，英語と同様な結果が得られた。しかし，使用する言語は特に心理的適応との関連には相違が見出されなかった。今後，言語の教育，あるいは文化変容への動機づけなどの変数を考慮に入れた研究が期待される。

この5年間は前著第IV巻（鑪他，1997）の5年間と比べて，アジアの人々を対象とする民族アイデンティティに関する研究は4倍に増加している。この現象は，アジアには様々な民族が葛藤を抱えながら共存していること，そして世界へ移住するアジア人の数が増え続けていることと関連していると思われる。また，アジア出身の心理学者も増えており，彼らが自分自身の民族に対する問題意識を追求した結果であるともいえるだろう。しかし，この5年間の研究を全体的にみると，調査対象を得ることは困難なこともあり，必ずしも高い成果をあげているとはいえない状態である。今後の発展が期待される。

## 5）ユダヤ・イスラエル・アラブを対象とした研究

ユダヤ・アラブ・イスラエルの民族・人種アイデンティティに関する文献は24編であった。そのうちユダヤ人のアイデンティティに関する研究が15編，アラブ人のアイデンティティに関する研究が5編，ユダヤとアラブの比較研究2編，その他が2編であった。本領域の主潮流をなすと思われる研究，および注目すべき新しいアプローチなど代表的な研究8編を表3-30に示した。

### (1) ユダヤ人・イスラエル人に関する研究

ユダヤ人・イスラエル人に関する研究を対象によってさらに大別すると，ユダヤ系アメリカ人に関するもの8編，イスラエル人に関するもの4編，イギリスのユダヤ人に関するもの2編，ギリシャのユダヤ人に関するもの1編となる。
①アメリカのユダヤ人に関する研究

本領域でもっとも多くみられたテーマである。例えばKivisto, P. & Nefzger, B. (1993) は，アメリカ中西部の比較的小規模なユダヤ人コミュニティにおいて，「象徴的アイデンティティ」symbolic identity (Gans, H., 1979) に関しての実証的研究を行った。象徴的アイデンティティとは，所属行動的なものがなくとも民族アイデンテ

## 6. 民族・人種アイデンティティに関する研究

**表3-30 ユダヤ・イスラエル・アラブ人のアイデンティティに関する研究**

| 著　者 | 年代 | 目的・仮説 | 方　法 | 結果・考察 |
|---|---|---|---|---|
| Roberson, M. K. | 1992 | アラブ・パレスチナ紛争によって難民となったパレスチナ人女性の「難民アイデンティティ」refugee identity の変容の分析。 | 1948年の紛争で，10歳にして生地を離れた一パレスチナ人女性との6時間の個人面接による生育史聴取。 | 難民という立場を自覚し，難民アイデンティティを受け入れるとともに，難民としてのプライドももつようになる。やがて，イスラエル占領下でパレスチナ人としてのアイデンティティが生じ，難民アイデンティティに取って代わっていった。 |
| Short, G. & Carrington, B. | 1992 | イギリスではアフロカリビアンや南アジア人の人種差別問題への関心が強く，反ユダヤ主義は看過されている。本研究は，イギリスの小学生の反ユダヤ主義に関する広範な調査の一部で，ユダヤ人のアイデンティティ，文化，関連する問題に関しての児童の理解の発達を検討した。 | 8歳から13歳の児童28名に対する半構造化された面接調査。 | 10～11歳と12～13歳を比較すると，年長の児童のほうがパーソナリティに関連するような反ユダヤ的ステレオタイプをよく知っていた。また，宗教用語以外でのユダヤ人アイデンティティについて，想像することは困難であった。 |
| Kivisto, P. & Nefzger, B. | 1993 | 象徴的民族性という理論は，民族アイデンティティと民族的行動，集団への帰属の関連が希薄であると予測させる。 | アメリカ中西部のユダヤ人コミュニティでの無作為抽出された590名（うち回答者435名，回収率74％）への質問紙調査。 | Gans, H. (1979) は，所属行動的なものがなくても民族アイデンティティは形成されるという，「象徴的アイデンティティ」symbolic identity 概念を提唱したが，本調査の結果はそれを支持しなかった。被調査者は，ユダヤ人であることを重要視し，そのことを行動的にも表現しようとしていたのである。 |
| Amyot, R. P. & Sigelman, L. | 1996 | アメリカにおいて，信心深さ，他のユダヤ人との個人的接触がユダヤ人としての同一化にどう影響するのか。 | 510名のユダヤ系アメリカ人に面接調査を行った。信心深さの尺度，ユダヤ人との社会的接触尺度，ユダヤ人としての同一化の強度尺度を実施した。 | 低水準の信心深さやユダヤ人との社会的接触の低さは，ユダヤ系アイデンティティ感覚の弱さと関連する。とりわけ信心深さは，社会的接触以上にユダヤ系アイデンティティの中心的役割を果たしている。 |

| Dinur, R., Beit-Hallahmi, B. & Hofman, J. E. | 1996 | イスラエルにおける一般的なファーストネームに関するステレオタイプの証左を明らかとし、イスラエル系ユダヤ人の宗教的アイデンティティと、それらの名の評価との関係を検討する。 | イスラエルの408名の高校生、大学生に、イスラエル系とユダヤ系の典型的な12のファーストネームをSD法で評定させた。 | 学生はより新しいイスラエル風のファーストネームを好み、パレスチナに帰還したユダヤ人によくみられる聖書的な名がその次に好まれた。好まれなかったのは「離散したユダヤ人」diasporaに関連すると考えられる名であった。そこには、「離散したユダヤ人」の拒絶というシオニズム思想が反映されている。人々は自身の肯定的なアイデンティティを求めるのである。 |
|---|---|---|---|---|
| Epstein, A. & Levin, R. | 1996 | よく統合された自己像や集団アイデンティティを有する移民は、移民という変動にもより容易に適応できる。 | イスラエルに移民した約500名のソビエト系ユダヤ人への調査。ユダヤ人アイデンティティ測定尺度、心理的苦痛を測定する尺度など。 | ユダヤ人アイデンティティが強固なほど、適応をより良好にするという仮説が部分的に支持された。 |
| Horenczyk, G. & Nisan, M. | 1996 | 社会的および個人的アイデンティティの実現について、①アイデンティティ関連の意志決定への、アイデンティティ実現状態による影響、②ユダヤ系アメリカ人学生へのユダヤ民族アイデンティティ実現の機会を提供すること、の2つの研究からなる。 | ①アメリカの263名の学生にユダヤ人アイデンティティに関連する物語を提示し、それに関する質問紙に回答させる。②120名のユダヤ系アメリカ人学生を3グループに分け、イスラエル大学で1年間のプログラムに参加させる。3グループとは、a. ユダヤ人アイデンティティ実現グループ、b. 非実現グループ、c. 統制群である。 | 民族アイデンティティ実現の要求と他の個人的あるいは社会的動因の葛藤に直面したとき、個人はアイデンティティ実現のバランスを考慮する傾向にある。その状態が低いほど、アイデンティティを実現しようとする強いモティベーションをもつ。逆に、実現バランスが高い人は、アイデンティティ実現を控えるのである。 |
| Ruttenberg, J., Zea, M. C. & Sigelman, C. K. | 1996 | ソーシャル・アイデンティティ理論では、自己概念が個人の特性と同様に、社会集団のメンバーであることに基づくと仮定してきた。本研究は、アメリカのユダヤ系とアラブ系学生における「集団的アイデンティティ」collective identityと、互いの集団間の偏見に関して調査した。 | 18歳から24歳のユダヤ系大学生42名、アラブ系大学生49名に「集団自尊心」Collective Self-Esteem尺度(Luhtanen, R. K. & Crocker, J.,1992)、反アラブ(反ユダヤ)感情スケールを実施し、さらにアラブ(ユダヤ)のマンガやジョークをみせられた。 | ①ユダヤ系学生においては、集団的アイデンティティ指標は偏見と無関係であった。また、反アラブ感情を最小限しか表明しない学生がもっとも宗教的でもあった。②アラブ系学生では、a. 公的集団自尊感情が低く、b. 宗教的民族組織への関与度が高いものがもっとも偏見を抱いていた。す |

|  |  |  |  | なわち，自集団に深く関与しながら，自集団は他者から好ましくみられていないと信じている者は，より肯定的なソーシャル・アイデンティティを獲得しようとして，外集団のメンバーを毀損する可能性が示唆された。 |
|---|---|---|---|---|

ィティは形成されるという概念であり，民族アイデンティティと，民族的行動や集団への帰属のあいだの関連は希薄であると予測されていた。ところが仮説に反して本研究の結果は，被調査者がユダヤ人であることを重要視し，そのことを行動的にも表現しようとしていることが示された。

Amyot, R. P. & Sigelman, L.（1996）は，信心深さや他のユダヤ人との個人的接触がユダヤ人アイデンティティに影響するかどうかについて，ユダヤ系アメリカ人に対して面接調査を行っている。その結果，いずれもユダヤ人アイデンティティに影響するが，とりわけ信心深さは，ユダヤ人との社会的接触以上にアイデンティティ形成の中心的役割を果たしていることを明らかにした。

また Horenczyk, G. & Nisan, M.（1996）は，アメリカにおけるユダヤ民族アイデンティティに関して，Nisan（1986，1993）の「アイデンティティ・バランス・モデル」balanced identity model という観点から研究を行った。自己を構成するさまざまなアイデンティティのうち，どのアイデンティティを「実現」actualization するかについては基本的な傾向があると考えられてきた。しかし，ヒエラルキーがあって，それによりどのアイデンティティを実現するかが決定されているなら，下層のアイデンティティが実現される余地はなくなってしまう。そこで，アイデンティティ・バランス・モデルでは，特定のアイデンティティが「当然そうである」ought という感覚と結びつくと，非常に突出したアイデンティティであっても，それに従ってふるまう必要がなくなると考えるのである。この研究では，質問紙調査に加えて，アメリカの大学生をイスラエル大学での1年間のプログラムに参加させるという大がかりな実験も行われたが，その結果，アイデンティティ・バランス・モデルが支持されている。すなわち，民族アイデンティティ実現の要求と，他の個人的あるいは社会的動因のあいだに葛藤が生じるような場面に直面した際，アイデンティティ実現の状態が低いほどアイデンティティ実現を重視し，逆にアイデンティティ実現のバランスが高い人は，アイデンティティ実現のほうを控えるという，バランスをとろうとする動きがみられたのである。

なお，イギリスにおける本領域の研究が少ないのは，アフロカリビアンや南アジア人への人種差別問題のほうがイギリスではより重要であると考えられているためであるという（Short, G. & Carrington, B., 1992）。近代イギリスおよびアメリカにおけるユダヤ人迫害の実態については，佐藤（1995, 2000）を一読されたい。

② イスラエル人に関する研究

イスラエル人の民族・人種アイデンティティに関しては，イスラエルへの移民というテーマが3編中2編で扱われていた。イスラエルの移民問題とアイデンティティに関してはコンスタントに研究が発表されており，本領域のもう1つの焦点であろう。

例えばEpstein, A. & Levin, R.（1996）は，ソビエトからイスラエルに移民したユダヤ人への大規模な調査を実施している。Erikson, E. H.（1964）は，移民などのような，ある人のアイデンティティを脅かす経験にもちこたえるためには，よく形成されたアイデンティティが必要であると指摘しているが，本調査結果もそれを支持するものであった。すなわち，ユダヤ人アイデンティティが強固な移民ほど，イスラエルでの生活への適応が良好だったのである。

ユダヤ民族の歴史が現在のイスラエルにも影を落としている例として，Dinur, R.ら（1996）によるイスラエルにおけるファーストネームに関する研究も注目される。彼らは，イスラエルの高校生，大学生408名にイスラエル系とユダヤ系の代表的なファーストネーム名12個をSD法によって評定させた。12個の名はWeitman, S.（1981）による過去100年に用いられたユダヤ人名の分類から選択されたもので，一般的なユダヤ人名（Aharon, Tsvi），「離散したユダヤ人」diaspora（もとは「離散」を意味するギリシア語で，パレスチナを去って世界各地に居住する「離散したユダヤ人」とそのコミュニティを指す）に関連する名（Yahiel, Mendel, Leon, Herzl），聖書を出典とするイスラエル人名（Amnon, Michael），新しく作られたイスラエル人名（Uri, Tomer, Guy），非ユダヤ系の名（Robert）に大別される。その結果，新しいイスラエル風の名がもっとも好まれ，逆にユダヤ人迫害の歴史を象徴する「離散したユダヤ人」の名はもっとも好まれなかった。そこにはシオニズム（ユダヤ人を独自の民族とみなし，紀元前1000年から西暦1世紀にユダヤ教徒の王国が存在したとされる現在のパレスチナに移住して，ユダヤ人の独立国家を建設することが，ユダヤ人迫害からの解放であるとする思想。その結果，1948年にイスラエル建国が宣言された）が反映され，ユダヤ系イスラエル人が自身の肯定的アイデンティティを求めようとする傾向があらわれたものと考察されている。

(2) アラブ人に関する研究

一方，イスラエル建国によって分割統治されたパレスチナ人の側に関しても研究が

みられた。Roberson, M. K. (1992) は，アラブ・イスラエル紛争の争点であるパレスチナ分割にともない，1948年に生地を離れ難民となった一女性の生育史を分析している。そこでは「難民アイデンティティ」refugee identity の変容がテーマとなった。彼女は，難民という汚名を受けた立場であることを自覚しはじめ，難民アイデンティティを受け入れていき，さらに難民としてのプライドをもつようになる。やがてはイスラエル占領下のパレスチナ人としてのアイデンティティが育まれて，難民アイデンティティに取って代わっていく。このようにイスラエル占領地の女性たちは，「インティファーダ」intifada（1987年に始まったイスラエル占領地でのパレスチナ住民の抗議運動）に参加することによって，彼女らのアイデンティティを「犠牲者」victim から「生き残ったもの」survivor へと変容することが可能となるのだと考えられている。

なお，アラブ人の民族・人種アイデンティティに関しては5編中3編が学位論文であり，今後の研究の展開が待たれるところである。

### (3) ユダヤ系市民とアラブ系市民の比較研究

Ruttenberg, J. ら (1996) は，ソーシャル・アイデンティティ理論をもとに，アメリカの18歳から24歳までのユダヤ系大学生とアラブ系大学生における「集団的アイデンティティ」collective identity と，互いの集団間の偏見に関して調査を行った。その結果，ユダヤ系学生においては，反アラブ感情をあまり示さない学生のほうが宗教的であったが，アラブ系学生は逆で，宗教的民族意識が強い学生ほど，ユダヤ人に対して強い偏見を抱いていた。この結果から，社会的他集団から好ましくないと思われている集団ほど，より肯定的な社会的アイデンティティを得ようとして，他集団のメンバーを毀損する傾向を有するものと考察された。

このような比較文化的研究には，その成果が異文化間の相互理解に資する可能性も潜在しており，アラブ・イスラエル間に限らず，人種・民族間抗争解決のひとつの糸口としても，その重要性は高いであろう。

## 6）アフリカ系アメリカ人（黒人）を対象とした研究

アフリカ系アメリカ人（黒人）の人種・民族アイデンティティに関する論文は98編にのぼり，そのうち博士論文を除く雑誌論文は50編であった（このうち1編は他の節で取り上げる論文と重複している）。先にも触れたが，論文のタイトルに現れる呼称のほとんどが「黒人」Black ではなく，「アフリカ系アメリカ人」African American になってきていることは，時代の趨勢をうかがわせる。ここでは，雑誌論文のなかから26編を取り上げて紹介することにしたい。アフリカ系アメリカ人（黒

人）の人種アイデンティティに関する論文を大雑把に分類すると，次のようになるであろう。やはり一番目立つのは，Cross, W. E.（1971）*のモデルに基づいて Parham, T. A. & Helms, J. E.（1981）が作成した「人種アイデンティティ態度尺度」Racial Identity Attitude Scale（RIAS）用いた研究であり，RIAS が人種アイデンティティを測定する尺度として定着していることがわかる。RIAS を用いた研究は，この尺度の信頼性・妥当性の検討，人種アイデンティティ態度の発達過程，規定要因，他の諸変数との関連など，多岐にわたる。もちろん，人種アイデンティティ態度とは別の枠組みから人種（民族）アイデンティティと他の諸変数との関連を検討した論文も多い。次に，人種アイデンティティの形成と関連の深いテーマとして，「人種的社会化」Racial Socialization があり，これと人種アイデンティティとの関連を検討した論文がいくつかみられる。最後に，黒人と白人の間に生まれた混血児 Biracial の人種アイデンティティに関する研究も重要なトピックになっているようである。

(1) **人種アイデンティティ態度尺度を用いた研究**

人種アイデンティティと関連する変数や，人種アイデンティティの発達に影響する要因についての研究の中でもっとも多いのが，Cross, W. E（1971）のモデルにもとづいて Parham, T. A. & Helms, J. E. が作成した「人種アイデンティティ態度尺度」Racial Identity Attitude Scale（RIAS）を用いた研究である。表 3-31 には 14 編の論文を取り上げたが，内容を概観すると，人種アイデンティティ態度とその他の変数との関連を取り扱ったものが多く，RIAS が人種アイデンティティの発達段階を測定する尺度として定着していることをうかがわせる。Brookins, C. C.（1994）のように，他の質問紙の構成概念妥当性を検証するための基準として RIAS を用いた研究すら

---

\* Cross, W. E.（1971）のモデルでは，人種アイデンティティは，以下の段階を経て発達すると考えられている。
①出会い前 pre-encounter：白人的な準拠枠から世界を眺め，自分が黒人であることを否定するような考え方や行動の仕方をする。
②出会い encounter：自分の準拠枠と一致しない出来事に出会うところからこの段階が始まる。自己像を再評価する結果，傷つきやすくなるか，アイデンティティが不確かになる。人種集団と結びつくというよりも，「人間」としてみられることを求める。
③没頭／出現 immersion/emersion：出会い前の段階の対立項である。新しい準拠枠を採用し始め，白人的なアイデンティティを排除しようとし，黒人的であることのすべての要素に固執する。
④内在化 internalization：他文化や他人種との共存を考えるようになり，人種差別的ではなくなる。穏やかで安心感のある態度になり，自分自身を肯定的にとらえる。
⑤内在化と積極的関与 internalization and committment：政治的に積極的になり，他の黒人のために変化をもたらそうとするようになる。

ある。しかしながら，作成から20年以上を経て，RIAS そのものに対する疑問も提起されている。

その最たるものが，Yanico, B. J. ら（1994）の研究であろう。Yanico, B. J. らは，先行研究を概観した上で，RIAS の問題点として，出会い前 pre-encounter，出会い encounter，没頭／出現 immersion/emersion，内在化 internalization という4つの下位尺度の内的一貫性が低いこと，下位尺度間の区別が困難であること，尺度構成の際の被験者数が少なかったこと（54名の大学生）などを挙げている。また，RIAS には項目数やスコアリング方法の異なる3つのヴァージョンがあることを述べ，それぞれの研究においてこれらのうちのどのヴァージョンが用いられたのかが明らかでないと指摘している。その上で，540名という多数の被験者にRIAS の短縮版（項目数は原版の50に対して30）を施行し，その尺度としての性質ともに，異なる2つのスコアリング方法（RIAS-A と RIAS-B）が同じものとみなせるかどうかを検討した。その結果，内的構造に問題があること，4つの下位尺度のうちでも特に出会い前 pre-encounter と内在化 internalization に問題があること，2種類のスコアリング方法は同じものとはみなせないことなどを明らかにしている。

さらに，RIAS の基盤となっている Cross, W. E. のモデルそのものについても，疑問が提起されている。Cross のモデルにおいては，人種アイデンティティは段階的・直線的な発達過程を辿るとされている。しかしながら，Parham, T. A. & Williams, P. T.（1993）の研究では，人種アイデンティティの発達過程において，停滞，循環，退行といったことが生じうることが示されている。また，Plummer, D. L.（1995）やPlummer, D. L.（1996）によれば，「黒人においてもまず白人的な枠組みの世界観がある」（pre-encounter）とする前提は，Cross がモデルを提示した時代には当てはまったとしても，90年代においては必ずしも当てはまるとはいえない。つまり，かつてとは異なり，幼少期から人種アイデンティティを大切にするような社会的状況がある現在では，かつてのモデルで人種アイデンティティ態度を考えるわけにはいかないということである。そして，Plummer, D. L. は，人種アイデンティティの測定に際しては対象者のコホートの影響を考慮すべきであると示唆している。

その一方で，先にも紹介した Speight, S. L. ら（1996）のように，人種アイデンティティ態度のモデルの有効性を示唆するような研究もみられる。Speight, S. L. らは，自分の人種についての呼称と人種アイデンティティ態度の関連を検討している。Speight, S. L. らによると，黒人ではなくアフリカ系アメリカ人という呼称を選択することの中には象徴的・政治的・文化的な意味あいが込められており，アフリカ系アメリカ人という呼称を好む人は自分の起源であるアフリカとのつながりを感じようとしており，「アフロセントリズム」Afrocentrism 的イデオロギー傾向を示した。そ

表3-31　人種アイデンティティ態度尺度 Racial Identity Attitude Scale (RIAS) を用いた研究

| 著　者 | 年代 | 目的・仮説 | 方　法 | 結果・考察 |
|---|---|---|---|---|
| Mitchell, S. L. & Dell, D. M. | 1992 | 学生が関与するキャンパスでの活動と，人種的アイデンティティ態度との間にある関連について検討する。 | 黒人大学生101名に，「人種アイデンティティ態度尺度」(RIAS : Racial Identity Scale) と個人的情報に関する質問紙を施行。後者においては，キャンパスでの活動への関わりその他について問うた。大学での活動については，その一次的な焦点が黒人の欲求や興味にあるものを文化的な活動，そうでないものを非文化的とみなした。 | ①「出会い」encounter, 「没頭／出現」immersion/emersion, 「内在化」internalization の態度は文化的な活動と正の相関を示し，「出会い前」pre-encounter は負の相関を示した。また，「内在化」は非文化的な活動とも正の相関を示した。②自らの人種的アイデンティティについての不安が低減するにしたがって，文化的および非文化的な活動の両方に対して興味を示し，開放的となることが示唆された。 |
| Taub, D. J. & McEwen, M. K. | 1992 | 黒人および白人女子大学生における，人種的アイデンティティ態度と，自律性および成熟した対人関係といった心理社会的発達との関連を検討。 | 黒人女子学生83名，白人女子学生135名，計218名の被験者に，以下の質問紙を施行した。「人種アイデンティティ態度尺度B」(RIAS-B : Racial Identiti Attitude Scale-B)，「白人用人種アイデンティティ態度尺度」(WRIAS : White Racial Identity Attitude Scale)。「学生用発達課題・ライフスタイル質問票」Student Developmental Task and Lifestyle Inventory，および「学生用発達課題質問票-2」Student Developmental Task Inventory-2 の自律性尺度。 | ①黒人女子学生の場合，人種的アイデンティティ態度の発達と心理社会的発達とは，全く異なった過程であり，並行して進むものではない。②白人女子学生の場合，2つの発達似通った過程であり，両者は並行して進むものである。 |
| Watts, R. J. | 1992 | 中流階層のアフリカ系アメリカ人において，人種主義撤廃のための社会変革方略として民族主義（人種別の国家や社会をうち立てる活動を志向す | アメリカ東部の州で働く，142名の黒人公務員を被験者とした。社会変革方略を問う質問紙として，「人種差別主義低減方略尺度」Strategies for Reducing | ①差別的慣習かどうかを裁判で確かめること，差別反対の法律制定のための陳情，白人に対する差別反対の教育，アフリカ系アメリカ人の動員，とい |

| | | | | |
|---|---|---|---|---|
| | | る方略）と同化主義（既成の社会の中での機会均等を志向する方略）とのどちらが好まれるかを、人種的アイデンティティ態度との関連で検討する。 | Racism Scale を、人種的アイデンティティ態度の測定には「人種的アイデンティティ態度尺度」（RIAS：Racial Identitiy Attitude Scale）を用いた。 | う4つの方略が好まれている。<br>②「出会い前」pre-encounter 態度は上記の方略のいずれとも負の相関を示し、「没頭／出現」immersion/emersion 態度と internalizaiton 態度は正の相関を示した。<br>③民族主義－同化主義という二分法や人種アイデンティティ態度理論を洗練させる必要性が示唆された。 |
| Parham, T. A. & Williams, P. T. | 1993 | ①人種的アイデンティティ態度と、様々な人口統計学的変数との間の関係を明らかにする。<br>②アイデンティティ発達の過程に影響する要因について、被験者がどのように感じているかを明らかにする。<br>③人種的アイデンティティ発達の過程は直線的なものであるのか、また、白人に対するネガティブな経験のみが同一性変容の過程を生じさせるのかということについて検討する。 | 18～68歳の黒人114名を対象に、以下の質問紙を施行した。「人種的アイデンティティ態度尺度」（RIAS：Racial Identity Attitude Scale）。人口統計学的変数として、性別、人種の呼称、社会経済的状態、教育水準、収入、出生地域。また、どのようなタイプの社会化を受けてきたか、アイデンティティ発達に影響を与えた要因は何であると考えているかを回答させた。<br>発達検査：成長過程で両親から受けた典型的な人種特徴的なメッセージについて回答させた。 | ①全体的にみて、人種的アイデンティティ態度は、その個人が出生した地域や成長した地域と関連していることが示唆された。また、教育水準と人種的アイデンティティ態度との間にも関連が見られた。<br>②白人との対人経験は、ポジティブなものであっても、アイデンティティ変容の触媒となりうる。また、個人の洞察もアイデンティティ変容に影響する。<br>③人種的アイデンティティの発達は、必ずしも直線的に進むものではなく、停滞、循環、退行が生じうる。 |
| Bagley, C. A. & Copeland, E. J. | 1994 | アフリカ系アメリカ人大学院生とアフリカ人大学院生との間の、人種的アイデンティティ態度、および問題解決方略を比較検討する。 | アフリカ系アメリカ人大学院生48名、アフリカ人大学院生34名の被験者に、以下の質問紙を施行した。「人種的アイデンティティ態度尺度」（RIAS：Racial Identity Attitude Scale）。「問題解決方略質問票」（PSI：Problem-Solving Inventory）。個人情報調査票：性別、人種、居住地域、アメリカ滞在年数、心理相 | ①アフリカ系アメリカ人では「内在化」internalizaiton の態度が、アフリカ人では「出会い前」pre-encounter の態度が優勢であった。<br>②アフリカ人については、アメリカに滞在する期間の長さによって、文化変容効果がみられた。<br>③問題解決方略については、両者で差がみられなかっ |

| | | | | 談歴，ストレスについて尋ねる。 | た。 |
|---|---|---|---|---|---|
| Brookins, C. C. | 1994 | 「信念体系分析尺度」(BSAS: Belief System Analysis Scale) の妥当性を検証する。構成概念妥当性を検証するために，「人種アイデンティティ態度尺度」(RIAS: Racial Identity Attitude Scale) と「アフリカ人自己意識尺度」(ASCS: African Self-Consciousness Scale) を用いた。 | アフリカ系アメリカ人大学生171名に，左記の3つの尺度を施行した。 | ①RIASとの関連から，BSASの構成概念妥当性について肯定的結果が得られた。いくつかの下位尺度に検討課題があるものの，BSASがアフリカ中心主義的信念を測定する有効な尺度であることが示された。②BSASとASCSの間には関連が見られなかったが，これはBSASが人種を越えた価値を測っているのに対して，ASCSは人種特有の価値を測っているためではないかと考えられる。 |
| Evans, K. M. & Herr, E. L. | 1994 | アフリカ系アメリカ人の専門職の選択と，人種アイデンティティ態度との関連について検討。 | アフリカ系アメリカ人大学生111名に，以下の質問紙を施行した。人口統計学的調査票：人種，年齢，性別，両親の職業を尋ねる。「人種アイデンティティ態度尺度B」(RIAS-B: Racial Identity Attitude Scale-B)。「チューナー黒人差別意識尺度」(BDS: Tuner Perception of Discrimination against Black Scale) および「チューナー女性差別意識尺度」(WDS: Tuner Perception of Discrimination against Women Scale)。 | ①人種的アイデンティティ態度と専門職選択との間には，関連が見られなかった。②アフリカ系アメリカ人や女性に対する差別の認知についても，専門職選択との間に関連はみられなかった。 |
| Munford, M. B. | 1994 | 黒人における，性別，自己評価，社会階層，人種アイデンティティ態度と抑うつ性との関連について検討する。 | 黒人大学生146名，および黒人社会人83名に，以下の質問紙を施行した。「ベック抑うつ質問票」(BDI)，「ローゼンバーグ自尊心尺度」Rosenberg Self-Esteem Scale，「ホリングシェッド2因子社会的地位目録」Hollingshead Two-Factor Index of Social | ①「出会い前」pre-encounter得点と「出会い」encounter得点は，抑うつ性との相関を示した。このことは，低い人種的アイデンティティ態度が，高い抑うつ性と関連があるという仮説を支持するものであった。②大学生では自己評価と |

| | | | | Position,「人種的アイデンティティ態度尺度」(RIAS: Racial Identity Attitude Scale)。 | 「出会い」encounter 態度が,一般人対象者では自己評価と「出会い前」pre-encounter 態度が,抑うつ性の有効な予測因子となった。 |
|---|---|---|---|---|---|
| Yanico, B. J., Swanson, J. L. & Tokar, D. M. | 1994 | 「人種アイデンティティ態度尺度B」(RIAS-B: Racial Identiti Attitude Scale-B)の心理測定学的特性について検討する。また,RIASの短縮版であるRIAS-AとRIAS-Bとが同じものとみなせるかどうかについても検討する。 | アフリカ系アメリカ人540名に,RIAS-A, RIAS-Bを施行した。 | ①「出会い前」pre-encounter および「没頭／出現」immersion/emersion の尺度についてはほぼ問題はないが,内的一貫性について不安が残る。②「内在化」internalization および「出会い」encounter の尺度については,妥当性に問題がある。③以上のような結果から,RIAS-Bは修正される必要がある。④RIAS-BとRIAS-Aは同じものとはいえない。 |
| Plummer, D. L. | 1995 | 青年期のアフリカ系アメリカ人男女における,人種アイデンティティ態度の発達パターンを同定すること。 | 14～18歳の青年期アフリカ系アメリカ人285名に,「人種アイデンティティ態度尺度B」(RIAS-B: Racial Identity Attitude Scale-B)を施行した。 | ①「内在化」internalization の態度がもっとも優勢であり,「出会い前」pre-encounter 態度がもっとも低かったが,これはCrossのモデルが提示された時代とは違って,対象者が白人優位の枠組みで物事を考えることがなくなっていることによると考えられる。②「出会い前」pre-encounter の態度については,性差（男＞女）が見られたが,これは,認知発達の差異にもとづくと考えられる。③RIAS-Bは,本研究の対象者が属するコホートにふさわしいものではない可能性がある。 |

| Ewing, K. M., Richardson, T. Q., James-Myers, L. & Russell, R. K. | 1996 | アフリカ系アメリカ人大学院生における，自分が「能力許称」imposter phenomenon（能力についての客観的証拠を欠いているにもかかわらず，実際よりも自分のことを頭が良くて能力がある者と他者に思わせること）をしているという感情と，学問的自己概念，人種アイデンティティ態度，および世界観との関係について検討する。 | アフリカ系アメリカ人大学院生103名に，以下の質問紙を施行した。「ハーヴェイ能力許称感尺度」（IPS：Harvey Imposter Phenomenon Scale）。「人種アイデンティティ態度尺度」（RIAS：Racial Identity Attitude Scale）。「信念体系分析尺度」（BSAS：Belief Systems Analysis Scale）。「学業自己概念尺度」（ASCS：Academic Self-Concept Scale）。個人情報に関する質問紙（年齢，性別，学位などについて聞く）。 | ①能力許称感と世界観との間には関連がみられ，世界観が全体的・統合的になるにつれて能力許称感は減少する。②能力許称感と人種アイデンティティ態度との間に関連はみられなかったが，学問的自己概念と組み合わせて分析した場合，能力許称感と「没頭／出現」immersion/emersion 態度とは負の相関を示した。③能力許称感と学問的自己概念は，強い負の相関を示した。 |
|---|---|---|---|---|
| Parks, E. E., Carter, R. T. & Gushue, G. V. | 1996 | 黒人，白人それぞれの女性の，人種アイデンティティ態度と「女性主義」womanist アイデンティティ態度との関連を検討する。 | 黒人女子大学生67名，白人女子大学生147名に，以下の質問紙を施行。「女性主義者アイデンティティ態度尺度」（WIAS：Womanist Identity Attitude Scale）。「人種アイデンティティ態度尺度B」（RIAS-B：Racial Identitiy Attitude Scale-B）。「白人用人種アイデンティティ態度尺度」（WRIAS：White Racial Identity Attitude Scale）。個人情報調査票（年齢，所属クラス，社会経済的階層などを聞く）。 | ①黒人女性の場合，人種アイデンティティ態度と女性主義者アイデンティティ態度には，関連が見られ，黒人女性の女性主義者アイデンティティの発達過程に，人種的アイデンティティ発達が影響をおよぼしていることが示唆された。②白人女性の場合，人種的アイデンティティ態度と女性主義者アイデンティティ態度との間に関連はみられなかった。③黒人女性と白人女性では，女性主義者アイデンティティ発達の過程は異なったものであった。 |
| Plummer, D. L. | 1996 | 青年期，成人期前期，成人期中期という3つの発達段階における，黒人の人種アイデンティティの構造を検討する。 | 14～59歳の黒人アメリカ人476名に，以下の質問紙を施行した。人種アイデンティティ態度尺度B（RIAS-B）。人口統計学的調査票（生年月日，生誕場所，教育水準などを聞く）。 | ①青年期では，「内在化」internalization 態度が優勢であったが，これは，子ども時代の自己概念の持ち越し，および両親や教師の態度のモデリングによると考えられる。②成人期前期では，「出会い」encounter 態度が優れは，発達過程を経て獲 |

6．民族・人種アイデンティティに関する研究            193

| | | | | |
|---|---|---|---|---|
| | | | | 勢であったが，これは，人種の違いに起因する問題への遭遇によって生じてきたものと考えられる。③成人期中期では，「内在化」internalization 態度が優勢であったが，これは，発達経過を経て獲得されたものと考えられる。④社会状況の変化やコホート効果を考えると，RIASを用いて現代の黒人の体験を測定することには問題がある。 |
| Speight, S. L., Vera, E. M. & Derrickson, K. B. | 1996 | アフリカ系アメリカ人における，人種的アイデンティティ態度，人種に関わる自己呼称，自己評価，人口統計学的諸変数の間の関連を検討する。 | アフリカ系アメリカ人の男女232名に，以下の質問紙を施行。「人種的アイデンティティ態度尺度」(RIAS: Racial Identity Attitude Scale)。「無条件的自己尊重尺度」(USRS1: Unconditional Self-Regard Scale)。人口統計学的調査票（年齢，性別，年収，教育水準，婚姻の有無，信仰，自分が好む人種的呼称とそれを好む理由について聞く）。人種的呼称の選択肢は，African American, Afro - American, American, Black, Colored, Negoro, その他であった。 | ①人種的呼称で最も好まれたのは「黒人」Black (41%)であり，続いて「アフリカ系アメリカ人」African American (30%)であった。アフリカ系アメリカ人という呼称の選択には，象徴的・政治的・文化的な理由があることが示唆された。アフリカに繋がりを感じようとしている者は，この呼称を好み，アフロセントリシズム Afrocentrism的イデオロギーを示した。"African American"という呼称の使用は，1960年代に黒人の一般的呼称が"Negro"から"Black"へと変化したことに匹敵する現象であると考えられる。②人種アイデンティティ態度と人種的呼称との間には，明確な関連が認められた。 |

して，人種的呼称と人種アイデンティティ態度との間には，明確な関連が認められた。例えば，黒人という呼称を好む者は「出会い前」(pre-encounter)態度の得点が高く，「没頭／出現」(immersion/emersion)態度の得点は中位であったのに対して，

アフリカ系アメリカ人という呼称を好む者は、「出会い前」（pre-encounter）態度の得点が低く、「没頭／出現」（immersion/emersion）態度の得点が高かったのである。

このように人種アイデンティティ態度尺度については、社会状況の変化やコホート差に注意しながら、その基礎となっている視点・理論も含めて、さらに検討が続けられる必要があると思われる。

(2) その他の尺度による人種・民族アイデンティティと他変数との関連についての研究

人種アイデンティティとの関連を検討する研究でよく取り上げられている変数としては、政治的態度、自己評価、麻薬、飲酒などがある。ここでは5編を取り上げる（表3-32）。

Makkar, J. K. & Strube, M. J.（1995）は、人種アイデンティティおよび自己評価が美への評価におよぼす影響について実験を通して検討している。その結果、人種アイデンティティの確立した女性の方が白人の美の基準に左右されにくく、自分の魅力度を高く評価する傾向が見出された。人種アイデンティティの低い女性は、白人の基準と比較されることに敏感で、そのために自己受容度が低下しやすいことが示唆された。Blash, R. R. & Unger, D. G.（1995）では、アフリカ系アメリカ人の肯定的な自己評価と関連する諸要因が検討された。民族アイデンティティと自己評価との間には、有意な正の相関が見られた。自己評価および民族アイデンティティをそれぞれ基準変数とし、他の諸変数を説明変数として重回帰分析を行った結果、自己評価をもっともよく説明したのは、効力感と父親からのサポートであった。民族アイデンティティをもっともよく説明したのは、アフリカ系アメリカ人の歴史についての知識、重要な成人との交流、アフロセントリシズム的組織への関与であった。自己評価は民族アイデンティティと関連はあるものの、異なる次元であると判断された。この2つの研究では、自己評価をもっともよく説明する要因が自己効力感と父親からのサポートであることがわかったが、これは、回答者が男性であることを考慮すると興味深い結果である。

ところで、アフリカ系アメリカ人（黒人）が白人よりも自己評価が低いかのように考えられた時期もあるが、研究が蓄積されるにつれて、必ずしもそうとはいえないことがわかってきた。例えば学業面でのドロップ・アウトを例にあげると、Whaley, A. L.（1993）によれば、黒人の社会や文化では学業面の達成が白人の場合ほど重要視されないためにドロップ・アウトが起きやすいのであり、必ずしも自己評価が低いからではない。Whaley, A. L. がいうには、アフリカ系アメリカ人の心理社会的適応に影響する要因は文化的アイデンティティ（人種アイデンティティよりも広いアイ

## 6. 民族・人種アイデンティティに関する研究

**表 3-32 その他の尺度による人種アイデンティティと多変数との関連についての研究**

| 著者 | 年代 | 目的 | 方法 | 結果・考察 |
|---|---|---|---|---|
| Whaley, A. L. | 1993 | アフリカ系アメリカ人の子どものアイデンティティ形成において最も研究されてきた側面である自己評価と文化的アイデンティティについての文献を展望する。 | 文献展望。 | ①自己評価と文化的アイデンティティは、アイデンティティの別の側面であり、両者とも認知発達に規定される。抽象化された一般的自己評価が成立するのは、形式的操作段階に達してからである。②アフリカ系アメリカ人の心理・社会的適応への影響が大きいのは自己評価よりも文化的アイデンティティ（人種アイデンティティよりも広い概念）の方である。例えば、学校からドロップアウトする若者たちは、学業面での有能さが彼らの文化においてもっとも重要なことではないからであり、必ずしも自己評価が低いのではないと思われる。③人種的不平等の影響を一番受けやすいのは、個人的な効力感（コンピテンスの別称）であり、効力感に焦点を当てる方が有益である。 |
| Arroyo, C. G. & Zigler, E. | 1995 | 学業成績の良いアフリカ系アメリカ人生徒は、自分の人種のコミュニティや文化から離れてヨーロッパ系アメリカ人の態度・行動・価値観をとり入れており（「人種喪失」racelessness）、そのために文化的疎外感、抑うつ、不安を体験しているという説が正しいかどうかを検証する。 | 対象：〈研究1〉青年608名（平均年齢16.8歳）、〈研究2〉公立学校生徒：女子196名、男子145名（平均年齢16.7歳）、〈研究3〉公立高校生徒156名（平均年齢17歳）。いずれもアフリカ系アメリカ人と白人を含む。方法：「人種性喪失尺度」Racelessness Scale、「抑うつ体験質問票」（DEQ：Depressive Experience Questionnaire）、「状態・特性不安質問票」（STAI： | ①研究1では、達成的態度、印象管理、疎外、ステレオタイプな信念という4因子から成る人種性喪失尺度を作成した。②研究2では、人種性喪失尺度の得点に対して、人種と達成水準を要因とする分散分析を行ったが、人種の主効果や人種と達成水準の交互作用は確認されず、アフリカ系アメリカ人も白人も達成水準の高い人は人種性喪失得点が高かった。これは、人種性喪失尺度の項目内 |

| 著者 | 年 | 目的 | 方法 | 結果 |
|---|---|---|---|---|
| | | | State-Trait Anxiety Inventory)。 | 容が人種を問わず高達成群に当てはまるものになっているためかもしれない。<br>③研究3では，人種性喪失尺度の得点と抑うつや自己効力感などとの相関を検討したところ，白人では相関がみられなかったのに対して，アフリカ系アメリカ人では人種性喪失と抑うつに相関がみられ，人種性喪失が重要な心理的結果をもたらすのではないかということが示唆された。 |
| Blash, R. R. & Unger, D. G. | 1995 | アフリカ系アメリカ人の青年は，不利な社会的状況におかれながらも，多くの人は健康で積極的な人生観をもっている。彼らの肯定的な自己評価と関連する諸要因を探求する。 | 対象：アフリカ系アメリカ人の高校生男子68名。<br>方法：質問紙法。変数は，効力感，学業への両親のサポート，アフロセントリシズム的組織への関与，コミュニティへの所属感，自己評価，民族アイデンティティなど。 | ①自己評価と民族アイデンティティには有意な正の相関があったが，自己評価は民族アイデンティティとは異なる次元と思われる。<br>②自己評価および民族アイデンティティをそれぞれ基準変数とし，他の諸変数を説明変数として重回帰分析を行った結果，自己評価を最もよく説明したのは，効力感と父親からのサポートであった。民族アイデンティティをもっともよく説明したのは，アフリカ系アメリカ人の歴史についての知識，重要な成人との交流，アフロセントリシズム的組織への関与であった。 |
| Makkar, J. K. & Strube, M. J. | 1995 | 人種アイデンティティの確立した黒人女性は，白人の美の基準に依存しなくなる結果，自己の魅力の評価が上昇し，また全般的な自己評価も上昇するので自己評価も自己の魅力の認知に影響するであろうという仮説を検討 | 対象：黒人女子大学生60名。<br>方法：実験法。被験者は，予め用意された黒人または白人の女性の写真のなかで自分がもっとも魅力的と判断した人の魅力度を評定し，次に自分自身の魅力度を評定する。尺度は，「自己評価尺度」， | ①白人モデルを提示された場合でも，人種アイデンティティの確立した女性は，そうでない女性に比べて，自分の魅力度を高く評価していた。しかし，黒人モデルを提示された場合には，人種アイデンティティの影響は見られ |

## 6. 民族・人種アイデンティティに関する研究

| | | | | |
|---|---|---|---|---|
| | | する。 | 「アフリカ人自己意識尺度」(ASCS: African Self-Consciousness Scale), 身体評価の尺度, 魅力度の尺度。 | なかった。つまり, 人種アイデンティティの低い女性は, 白人の基準と比較されることに敏感で, 自己受容が低下しやすいと思われた。<br>②自己評価は, 人種アイデンティティとは独立に, 美の基準への反応を媒介する変数になっていた。モデルの人種を問わず, モデル提示後の身体評価は, 自己評価と正の関連を有していた。自己評価は, モデルが黒人の場合に, モデルの評価と正の関連を有しており, 自己評価の高い女性は黒人モデルの魅力度への評価も高かった。 |
| Herd, D. & Grube, J. | 1996 | 黒人の民族アイデンティティについての研究は, 政治的行動や自己評価などの心理的変数との関連に集中しているが, 飲酒行動との関連についての研究は見られない。黒人アイデンティティの飲酒パターンへの影響を検討する。 | 対象: 5,221名を対象に行われた飲酒に関する全国的調査のなかの黒人回答者 (男女; 18歳以上) 1,947名。<br>方法: 標準化された面接 (60〜75分; 対象者の家庭で面接)。 | ①面接項目への回答を主成分分析した結果, 民族アイデンティティに4因子 (黒人メディアへの嗜好, 黒人的社会・政治意識, 同族結婚, 黒人の社会的ネットワークへの関与) が見出された。<br>②構造方程式モデル (共分散構造分析) を用いて, 民族アイデンティティと飲酒との関係のモデルが検証された。民族アイデンティティの中の黒人的社会・政治意識や黒人社会ネットワークへの関与は, 飲酒規範や宗教性を強めることを介して飲酒を軽減させる効果を持っていた。一方, 同族結婚は飲酒の低減と直接的に関連しており, 黒人メディアへの嗜好は飲酒の増大と直接的に関連していた。 |

デンティティ概念）であり，人種的不平等の影響を受けやすいのは自己評価ではなく個人的な効力感である。学業成績の良さが重視されないコミュニティ・文化においては，そこから自分を切り離さなければ高い達成に向かおうとする姿勢は生まれない。学業成績の良いアフリカ系アメリカ人学生は，このような状況に直面しており，自分の文化から距離をおくことに伴う文化的疎外感，抑うつ，不安などを体験しやすいという説（「人種性喪失」racelessness）がある。この説が正しいかどうかを検証するために，Arroyo, C. G. & Zigler, E. (1995) は，「人種性喪失尺度」Racelessness Scale を作成し，人種性喪失と不安や抑うつとの関連を検討した。その結果，アフリカ系アメリカ人においてのみ人種性喪失と抑うつとの間に相関がみられるなど，一部上記の仮説を支持する結果も見出されたが，仮説は完全には実証されなかった。ただ，人種性喪失尺度の項目内容が人種を問わず学業の高達成群にあてはまる内容であったために，アフリカ系アメリカ人と白人の間に差が出なかった可能性もあると，Arroyoらは述べている。

### (3) 人種（民族）的社会化についての研究

「人種（民族）的社会化」racial (ethnic) socialization とは，他人種（民族）からの敵対がありうるような社会のなかで子どものアイデンティティ感覚を強化するようなメッセージや行動を親が子に伝達するプロセスである（Stevenson, H. C., 1995）。

ここでは3編を取り上げて紹介する（表3-33）。Marshall, S. (1995) と Stevenson, H. C. (1995) の研究は，いずれも人種アイデンティティ態度尺度 Racial Identity Attitude Scale を用いたものであるが，人種的社会化に重点があるので，ここで取り上げることにした。Marshall (1995) の研究では，人種的社会化に努力したと報告した親の子どもは「出会い」encounter 段階の特徴を示しており，白人社会の基準や価値への忠誠を疑問視する段階にいた。ただ，この結果は，対象となった子どもの年齢（9〜10歳）も考慮して解釈しなければならないであろう。また，人種的社会化を受け，「出会い」段階にあった子どもの方が学業成績（「読解」reading）が悪いという結果が見られたけれども，これは，Marshall 自身もいうように，出会い段階の心理的プロセスが学業へのとりくみを妨げる要因として働いたためかもしれない。

Stevenson, H. C. (1995) の研究では，人種的社会化を複数の側面に分けて人種アイデンティティへの影響を検討している。その結果，男女とも「人種差別に気付かせる教育」は「出会い前」pre-encounter の態度を減少させること，また「文化的誇りの強化」は，女子においては「没頭」immersion の態度を，男子においては「内在化」internalization の態度を促進するということが推測された。

## 6. 民族・人種アイデンティティに関する研究

**表3-33 人種（民族）的社会化についての研究**

| 著者 | 年代 | 目的 | 方法 | 結果・考察 |
|---|---|---|---|---|
| Harris, D. | 1995 | 幼少期の異人種間接触と人種的社会化が成人の黒人アイデンティティに与える影響を検討する。また，社会化は，伝統的黒人教会への関与や他人種集団への意識を媒介にして人種アイデンティティに影響を与えるという仮説を検討する。 | 対象：黒人2,107名（年齢17〜101歳）。方法：面接。従属変数は，さまざまな階層の黒人や他の少数人種に対する親近感。独立変数：幼少期の人種間接触と親から受けた人種的社会化。 | ①幼少期の異人種間接触は，成人後の黒人への親密感と負の関係を示した。②親による社会化は，個人主義的・汎人種的（人種の重要性を否定），統合的・主張的（集団志向），慎重・防衛的（黒人の力を強調）に分けて検討されたが，他の有色人種への親近感という変数を統制すると，すべての面で黒人への親密感と関連していた。③親による社会化は，伝統的黒人教会への関与や他人種集団への意識を媒介にして人種アイデンティティに影響するのではないかという仮説は支持されなかった。 |
| Marshall, S. | 1995 | 親が子どもに対して行う民族的社会化が子どもの人種アイデンティティや学業成績にどのような影響を与えるのかについて検討する。 | 対象：白人のいる学校に通う9〜10歳の黒人の子ども58名（女28, 男20）とその母親。方法：社会化についての質問紙；「人種アイデンティティ態度尺度」（RIAS-B: Racial Identity Attitude Scale-B）。 | ①子どもの民族的社会化に努力した親の子どもは，RIASにおける「出会い」encounter 段階の特徴を示しており，基準や価値への忠誠を疑問視する段階にいた。②親から民族的社会化を受けたと自己報告する子どもほど，「読解」reading の成績が悪かった。民族的社会化が成績の低下を招くのか，子どもの成績の低さが親による民族的社会化を促すのか，あるいは「出会い」段階の特色が子どもの達成を低下させてしまうのかもしれない。 |
| Stevenson, H. C. | 1995 | 人種アイデンティティ態度の理論が青年期の人に適用できるのかどうかを | 対象：287名のアフリカ系アメリカ人青年（平均年齢14.6歳；女172，男 | ①先行研究によりSORS-Aは4因子（精神的・宗教的対処，大家族への |

| | | 確かめる。人種的社会化が人種アイデンティティに影響を与えるのかどうかを検討する。 | 115)。方法：著者が作成した「青年期用人種的社会化尺度」(SORS-A :Scale of Racial Socialization for Adolescents)。「人種アイデンティティ態度尺度」(RIAS-B: Racial Identity Attitude Scale -B)。 | 世話，文化的誇りの強化，人種差別に気づかせる教育）が妥当である。RIASは，今回の因子分析では3因子（「出会い前」pre-encounter,「没頭」immersion,「内在化」internalization）が妥当であった。②人種アイデンティティにおける「出会い前」の態度に対しては，男女とも，人種差別に気付かせる教育が負の方向で影響していた。「没頭」の態度に対しては，女子では，大家族への世話が負の方向に影響しており，文化的誇りの強化は正方向に影響していた。「内在化」の態度に対しては，男子では文化的誇りの強化が正の方向に影響を与えていた。 |
|---|---|---|---|---|

### (4) 混血人種アイデンティティについての研究

　黒人と白人の混血児は，どちらかの人種に振り分けられる場合には黒人として位置づけられるにもかかわらず，どちらの人種にも同一化しにくいといわれる（境界性 marginality）。こうした混血人種アイデンティティ biracial identity の問題に関して，ここでは4編の論文を取り上げた（表3-34）。

　まず，Kerwin, C. ら（1993）は，16歳以下の混血児を対象に調査したところ，子どもたちは概して混血であることを問題視しておらず，自分を境界人のように感じてはいなかった。Brown, U. M.（1995）の調査では，18歳以上の青年・成人が対象であり，Kerwin, C. ら（1993）よりも回答者の年齢が高いこともあって，大部分の回答者が人種アイデンティティに関する葛藤を経験していた。しかし，62％の人は人種アイデンティティの問題を解決していると判断された。そして，この人たちにおいては，公的アイデンティティとしては黒人，私的アイデンティティとしては「混血人種」interracial というように，2つの自己認識を併存させるという対処法が用いられていた。Tizard, B. & Phoenix, A.（1995）の調査でも，やはり80％の人が混血を肯定的にとらえており，60％の人が肯定的な人種アイデンティティを有していたとのことである。ただ，この研究では，ロンドンに住む混血児が研究の対象になってお

6. 民族・人種アイデンティティに関する研究　　　201

**表 3-34　混血人種アイデンティティについての研究**

| 著　者 | 年代 | 目　的 | 方　法 | 結果・考察 |
|---|---|---|---|---|
| Bowles, D. D. | 1993 | アフリカ系アメリカ人と白人との混血である成人のアイデンティティを精神内界に焦点を合わせて検討し、混血児のアイデンティティの情緒的側面への理解を促進する。 | 著者が過去30年間に臨床実践の場で関わった10事例に基づく理論的考察。母が白人・父が黒人の4事例：すべて女性（治療開始時は10代後半から20代）。母が黒人・父が白人の6事例：女性4事例，男性2事例。 | ①母親が白人である4事例のうち3事例では、母親が白人との同一化を強要しており、子どもは中核にある混血的な自己を否定していることによる恥感情、非現実感、孤立感などを体験していた。もう1事例は、娘が混血児として黒人・白人両方に同一化していくことを認めており、娘はより統合的で凝集的な自己感を有していた。②母親が黒人である6事例では、両親は子どもが黒人に統一化していくのがよいと判断しており、子どもは片方の親のラインでしか同一化を行えないことによる恥感情や不安を体験していた。このうち男性の2事例では、青年期に白人の父親に同一化できなかったことから問題が生じ、恥や不安の他、軽度から重度にわたる抑うつを体験していた。 |
| Kerwin, C., Ponterotto, J. G., Jackson, B. L. & Harris, A. | 1993 | まだ実証的研究の少ない、黒人と白人の混血児の混血児アイデンティティの発達において、顕著な問題を質的研究によってとり出し、今後の質的・量的研究のための仮説を生成する。 | 対象：ニューヨーク近郊に住む6家族（1家族のみ片親）。子どもの総数9名（女6・男3：5～16歳）。方法：半構造化された面接（少なくとも一人の親と面接した後に子ども全員と面接）。エスノグラフィー的分析。 | ①親との面接で出現した主なテーマは、人種名、予想される人種差別への備え、居住地であった。子どもの場合には、それに加えて、自己記述と人種認識のテーマがみられた。②子どもたちは、概して混血であることをそれほど問題視しておらず、自分を黒人と白人の文化のどちらにも所属できない境界人であるようには感じてはいなかった。人種認識などについては、年齢の違いと関連した発達的 |

| 著者 | 年 | 目的 | 対象・方法 | 結果 |
|---|---|---|---|---|
| | | | | 移行が認められた。③両親も，子どもが黒人あるいは白人の集団に同一化するように要求してはおらず，子どもの人種所属が両親の葛藤を生んでいることはなかった。また，異人種間結婚によって親類から疎外されているという報告は見られなかった。 |
| Brown, U. M. | 1995 | 黒人と白人の両方の血を引く若い成人を対象にして，どのような人種的自己認識を持っているか，人種アイデンティティに関してどのくらい葛藤を経験しているか，人種アイデンティティの問題をどのように解決しているかなどについて検討する。 | 対象：アフリカ系アメリカ人の親とヨーロッパ系アメリカ人の親の間に生まれた人119名（18～35歳）。方法：半構造化された面接（黒人に同一化している程度や人種アイデンティティに関する葛藤について聞く）。 | ①人種アイデンティティに関しては，いずれかの選択を迫られるなら黒人と答える人が多いが，強制されなければ「混血人種」interracial と答える人が多く，このようにとらえる傾向は年齢と共に増加していた。②大部分の人が人種アイデンティティに関して葛藤を経験したことがあり，3分の1以上が成人してからも人種的集団帰属の問題と格闘していたが，62％の人は人種アイデンティティの問題をかなり解決していると答えた。そのような人たちにおいては，公的アイデンティティとしては黒人，私的アイデンティティとしては混血人種という自己認識を併存させるという対処法が用いられていた。 |
| Tizard, B. & Phoenix, A. | 1995 | 黒人と白人の混血青年のアイデンティティ（黒人と白人のどちらかに同一化しているか，どちらでもないと感じているか，アイデンティティに関して混乱しているか，など）について検討する。 | 対象：ロンドン市内の学校に通う，白人と黒人（親の片方が白人，もう片方がアフリカ系またはアフリカ-カリブ系）の混血青年58名（14～18歳；女性42名，男性16名）。方法：半構造化された面接。 | ①大部分の人が自分を「混血人種」mixed-race, half-caste と表現した。81％の人が混血であることを喜んでおり，そのなかの60％の人は肯定的な人種アイデンティティを有していると査定された。②肯定的な人種アイデンティティが生じるかどうか |

|  |  |  |  | は，黒人アイデンティティ，社会階層，政治的立場などとは無関係で，むしろ多人種の学校に通っていることとの関連が見られた。<br>③混血アイデンティティが肯定的にとらえられている背景には，人種差別への意識の変化に加えて，混血女性の一部（ファッションモデルなど）が憧れの的になるなど，混血の人にとっての役割モデルが出現したことがあると思われる。 |
|---|---|---|---|---|

り，アメリカとは社会的背景が異なることも考慮しなければならないであろう。Kerwin, C. ら（1993）の研究は回答者が少なく，Tizard, B. & Phoenix, A.（1995）の研究も回答者が女性に偏るなど，サンプリングの問題がないとはいえないが，概して混血児は混血であることを肯定的にとらえており，深刻なアイデンティティの問題をもつ者は少ないという結果である。ただ，「黒人と白人の混血は黒人」という見方が残存する社会のなかでは，Brown, U. M.（1995）の研究で見られたように，外的には黒人として自己呈示し，内的に混血性を大事にするというのが，人種アイデンティティをめぐって混血児が取れる最善の方策なのかもしれない。

また，Kerwin, C. ら（1993）の研究や Bowles, D. D.（1993）の論文では，混血児における肯定的な人種アイデンティティの形成に寄与する家族要因が示唆されている。それは，子どもが混血であることに対して両親がどのような態度をとるかということや，子どもが親とどのように同一化できるかという問題である。Kerwin, C. ら（1993）が研究した9家族では，両親が混血を肯定的にとらえており，子どもに対して黒人と白人の両方の文化に同一化していくことを許していた。Bowles, D. D.（1993）が取り上げている事例では，親の片方または両方が一方の人種のみへの同一化を求めたために，子どもは自己の一面を否定せざるをえず，それが恥や抑うつを引き起こしていた。

### 7）まとめと今後の課題

以上のように，民族・人種アイデンティティに関しては，雑多ともいえるくらい多様な問題意識，対象，方法による研究が行われている。そのなかで，かなり普及した

モデルも登場してはいるが，全体としては，統一的なモデルや理論は乏しいように思われる。それだけで終わってしまうような断片的な研究も多い。理想としては，研究は一定のモデルの生成を目指して進み，1つのモデルが作成されたら，次にはそのモデルの検証と修正へと向かうべきであろうが，そのような展望に立った研究は決して多いとはいえない。研究方法に関しても，フィールドワーク的手法を用いた研究や，歴史的事象をアイデンティティ論の視点から分析した研究など，方法論的に興味深い研究も一部みられるが，全体としては従来の域を脱していない。民族・人種アイデンティティの領域は歴史，政治，社会との関わりが特に強い領域であるから，今後は新たな方法も導入されていく必要があるだろうし，学際的な研究も興味深いであろう。多数の人を対象にした調査研究だけでなく，一事例や少数事例による研究も重要である。さらに，今後は，本巻でも少し紹介されているような実践研究の発展が望まれる。つまり，異なる民族・人種アイデンティティへの理解を促進する教育・訓練モデル，民族・人種アイデンティティの健全な発達を促進する方法や民族・人種アイデンティティと関連した問題を抱えた人への援助システムなどについての研究が期待される。

## 7．ジェンダー・アイデンティティに関する研究

　本節では，1992~1996年の5年間にみられたジェンダー・アイデンティティに関する論文138編のうち，心理学の分野に直接関係すると思われるもの49編を表中に取り上げ，1）ジェンダー・アイデンティティに関する理論的研究と，2）ジェンダー・アイデンティティに関する実証的研究とに分けて概説する。ジェンダー・アイデンティティに関する論文は，心理学分野のものだけではなく，教育学や社会学，文学などでも広くみられたが，今回は心理学分野のものだけに絞った結果，これまでに比べて論文数がかなり減っている。

　なお，ジェンダー・アイデンティティを表現する用語は，「性アイデンティティ」sexual identity,「ジェンダー・アイデンティティ」gender identity,「性役割アイデンティティ」sex role identity,「ジェンダー・ロール・アイデンティティ」gender role identity,「クロス・ジェンダー・アイデンティティ」cross gender identity と表記した。これまでのアイデンティティ研究の展望では，「性アイデンティティに関する研究」として領域を示していたが，「性アイデンティティ」sexual identity という用語はほとんど使われなくなっていることから，性よりもジェンダーという概念が定着してきたと考えて，今回からは「ジェンダー・アイデンティティ」に関する研究として領域を示した。

### 1）ジェンダー・アイデンティティに関する理論的研究

　ジェンダー・アイデンティティに関する理論的研究を表 3-35 に示した。理論的研究は，これまでに比べると5編と少なく，内容的にも大きな展開はみられなかった。特に，概念などについての論考は少なく，臨床事例から女性のジェンダー・アイデンティティや男性の男性的異性愛アイデンティティ，男女のジェンダー・アイデンティティ形成の差について論究していく研究がみられた。臨床事例は，これまでの展望では文献から極力除き，別編集で臨床に関する展望としてまとめてきたが，今回は臨床的研究のうち，理論につながるものを研究として加えている。

　Horst, E. A. (1995) は，Erikson のアイデンティティと親密性の段階に対する，Gilligan, C. (1982), Hodgson, J. W. & Fisher, J. L. (1979), Morgan, E. & Farber, B. A. (1982) などの代表的なフェミニストの批判点についてまとめた。そして，それらの批判に対して，Erikson はそれぞれの段階の「対人関係」interpersonal と「個人の心の中」intrapersonal のテーマ両方を，理論の中に編み込んでいたが，女性に発達図式をどう使うかをうまく示すことができていないと述べている。そして，

表 3-35 ジェンダー・アイデンティティに関する理論的研究

| 著書 | 年代 | 目的・仮説 | 方法 | 結果・考察 |
|---|---|---|---|---|
| Mann, T. D. | 1992 | 男子学生と女子学生の分離に関係した体験と、うつのあらわし方へのジェンダー・アイデンティティ形成の効果を検討する。 | 論考、および女子学生と男子学生の事例研究。 | ①女子学生は分離に関係したうつをあらわしやすく、助けを求める。男子学生ではうつを行動化で表現しやすく、さびしさや抑うつが払いのけられる。②「依存ライン」anaclitic line と「取り入れライン」introjective line という2つの基本的な発達ラインがあり、男女ともに分離-個体化に取り組んでいるが、ジェンダー・アイデンティティ発達の違いにより、うつのあらわれ方が異なる。 |
| Horst, E. A. | 1995 | Eriksonのアイデンティティと親密性の段階に対するフェミニストの批判をまとめ、これらの批判がErikson理論を誤解していることを論じ、新しい研究パラダイムを描き出す。 | 文献レヴューと論考。 | 代表的なフェミニストのErikson理論への批判点についてまとめた。MarciaやOrlofskyの発展した研究道具は、Erikson理論の概念を十分に説明していない。性差を説明でき、Erikson理論を十分に反映する方法で研究しなければならない。 |
| Mayer, E. L. | 1995 | 男根去勢コンプレックスに根ざす発達ラインと、一次的女性性に根ざす発達ラインの2つが、女性のジェンダー・アイデンティティの達成に寄与していることを示唆する。 | 事例研究。29歳のうつの女性。 | 2つの発達ラインは、少女が女性になっていくのに必要なものである。去勢コンプレックスと一次的女性性を、危険に対する異なる感情-防衛形態として概念化することが望ましい。臨床例にどのようにあらわれるかを見分けることで、実践に有効である。 |
| Lucente, R. L. | 1996 | 対象関係論と自我心理学から、青年期男性が男性的異性愛アイデンティティに到達したプロセスについて概念化を行う。 | 先行研究のレヴューと事例研究（9歳の男の子に性的関係を強制した16歳の高校生男子との約2年間の治療）。 | 事例では、特に幼少の頃からの父親との近すぎる関係に起因する葛藤と性アイデンティティの混乱がとり扱われた。治療の結果、仲間集団と関われるようになり、男性性と異性愛に到達できた。 |

| Money, J. | 1996 | ボデイ・イメージ障害と男女の差について論説する。 | 論考。 | ①ボデイ・イメージ障害には,ボデイ・イメージ精神病とボデイ・イメージ神経症,「ボデイ・イメージ整形症候群」body-image cosmetology syndrome がある。 ②ボデイ・イメージの問題から身体の変更を行ったり,「性の再付与」sex reassignment を行うことがある。性の再付与の事例では,3つの行動指針があり,どのような階層としてそれをもっているかを考慮すべきである。 |
|---|---|---|---|---|

　Josselson(1987)の研究法を,Marcia のアイデンティティ・ステイタスのカテゴリーを再検討し再定義したという点で,高く評価している。さらに,Marcia や Orlofsky が発展させた研究方法は,Erikson がアイデンティティと親密性という言葉で表そうとした多次元的な意味を十分に説明していないと論じている。したがって,研究者は関係性の要素をアイデンティティ研究に組み入れて,それを親密性ではなく,アイデンティティへの取り組みとして明確に示さなければならず,それを男女ともに測定できる方法を工夫しなければならないと述べ,新しいパラダイムを示唆している。しかしながら,論考だけで終わっており,具体的な方法や研究の道具は提案されておらず,測定法・尺度の具体的改訂にまではつながっていない。
　Mann, T. D.(1992)は,男子学生と女子学生の分離に関連した体験とうつのあらわし方に対するジェンダー・アイデンティティ形成の効果を検討している。そして,女子学生は分離に関連したうつをあらわしやすく,依存・寂しさ・無力感など抑うつ的な形で表明しやすく,助けを求めてくる。また,親密な同性の友だちや異性関係を作ることが前エディプス的母親からの分離を埋め合わせるものとして機能している。一方男子学生では,うつを薬物乱用や見境のない性関係などで行動化しやすく,それは同時に前エディプス欲求を満たしてもいる。そして男性は,罪悪感や自己批判などを取り入れた形で達成・競争・自律に関したものとしてあらわしやすい,と述べている。彼は,考察において,「依存ライン」anaclitic line と「取り入れライン」introjective line という2つの基本的な異なる発達ラインがあると述べている。「依存ライン」の発達では,対象は満足させてくれるか不満足かで定義され,発達の方向としては成熟した満足する対人関係の形成に導くものであり,そのラインの問題は関係性の

問題として現れる。一方,「取り入れライン」の発達では,対象は賞賛と受容の源として定義され,発達の方向としては安定した現実的・肯定的な自己アイデンティティに導くものであり,そのラインの問題は自己形成の問題として現れる。青年期の男女は共に分離-個体化に取り組んでいるが,ジェンダー・アイデンティティ発達の違いにより,関係性や自律性,分離,対象世界に対する志向の違いが生じ,うつのあらわれかたが異なってくるとしている。

臨床事例から女性のジェンダー・アイデンティティへの2つの発達ラインを示唆したのが,Mayer, E. L. (1995) である。彼女は,最初に去勢コンプレックス・モデルを用いて分析を行い症状が軽減したが,女性としての問題が残ったので,女性性のイメージの傷つきと欠如を取り扱った結果よくなった,うつの女性の事例を用いた。そして,去勢コンプレックスと一次的女性性という2つの発達ラインが,女性のジェンダー・アイデンティティの達成に寄与しているということを示唆し,あわせて臨床実践への示唆を行っている。

Lucente, R. L. (1996) は,同性愛の問題を持っていた青年期男性が,男性性を獲得し女性を愛せるようになるまでの事例を用いて,男性的異性愛アイデンティティに到達するプロセスについて概念化を行っている。

また,Money, J. (1996) は,ボディ・イメージ障害とジェンダー・アイデンティティについて臨床例をもとに論考を行っている。

以上のように,ジェンダー・アイデンティティに関する理論的研究は,これまでに比べて量的にも質的にも減少しているといえる。特に,概念に関する理論的展開は出尽くした観があるのか,Horstの研究のみである。一方,女性のジェンダー・アイデンティティのみならず,男性のジェンダー・アイデンティティについても,臨床事例からその発達ラインやジェンダー差を描き出そうとしたり,概念化しようとする研究がいくつかみられた。これまでのような発達モデルだけではなく,臨床モデルからジェンダー・アイデンティティの発達や病理の理論化が進められ,それらを統合することによって一層の概念化が進められる必要があると思われる。

## 2）ジェンダー・アイデンティティに関する実証的研究
### (1) ジェンダー・アイデンティティ尺度に関する研究

ジェンダー・アイデンティティの尺度に関する研究を表3-36に示した。尺度に関する研究は4編みられたが,従来に比べて少ないといえよう。前著（鑪他,1997）でみられたような新しい尺度の開発・作成や,これまでの尺度の具体的な修正・改訂に関わるような研究はみられなかった。尺度と尺度の関係や尺度と特性間の関係について検討している研究は従来通りみられた。また新しい展開としては,これまでに用い

## 7. ジェンダー・アイデンティティに関する研究

表 3-36　ジェンダー・アイデンティティの尺度に関する研究

| 著　書 | 年代 | 目的・仮説 | 方　法 | 結果・考察 |
|---|---|---|---|---|
| Krein, L. K. | 1993 | ジェンダー，ジェンダー・ロール・アイデンティティ，認知的および情緒的共感性，社会的望ましさ，自己愛の関係について検討する。 | 450名の男女大学生を対象に，「ベム性役割目録」Bem Sex Role Inventory，「対人関係反応性指標」Interpersonal Reactivity Index，「マーロウ-クロウン社会的望ましさ尺度」Marlowe-Crowne Social Desirability Scale，「自己愛人格目録」Narcissistic Personality Inventory を実施した。 | ①女性は，認知的共感性・情緒的共感性どちらでも高かった。両性具有的な人は，他の群に比べて社会的望ましさが高かった。女性的な人と両性具有的な人は，認知的共感性と情緒的共感性の両方で高かった。男性的な人と両性具有的な人は，自己愛が高かった。②ジェンダーよりも，ジェンダー・ロールの方が，共感性，社会的望ましさ，自己愛のよい指標となる。 |
| Harris, A. C. | 1994 | 「ベム性役割目録」(BSRI: Bem Sex Role Inventory) の分析が，以下の目的で行われた。(1) BSRI は現代文化の男性性・女性性の定義に妥当な指標であるかどうか。(2)男性性・女性性の文化的定義は，アフリカ系アメリカ人，アングロ系アメリカ人，ラテン系アメリカ人という文化群で異なっているかどうか。 | 30～39歳の中間層のアメリカ人3,000名（アングロ系男・女，アフリカ系男・女，ラテン系男・女それぞれ500名づつ）を対象に，「ベム性役割目録」Bem Sex Role Inventory を実施した。 | ①BSRI は今もなお，アングロ系アメリカ人の男性性・女性性の文化的定義として妥当な指標である。②しかしながら，アフリカ系アメリカ人とラテン系アメリカ人に対しては，男性性・女性性の測度としては妥当性が低下する。③アングロ系でない人たちにも使える文化-特異的な性役割の尺度の発展が必要である。 |
| Kurian, G. & Kukreja, S. | 1995 | 若い女性のクロス・ジェンダー・アイデンティティと関係している人格因について，質問紙法を用いて検討する。 | 21.6～24.2歳の女子大学生100名を対象に，「男性性ジェンダー・アイデンティティ尺度ーパートA」(MGIS: Masculine Gender Identity Scale-Part A)，「16PF質問紙」(16 PF: Sixteen Personality Factor Questionnaire)を実施した。高MGI群と低MGI群に分けて，16PFの得点の差異を検定した。 | ①高MGI群は，16PFのE，F，Q1で有意に高かった。これは男性性の高い女性が，自己主張的で自信があり，独立的，敵対的，外罰的で，活気があって表出的であることを示している。②高MGI群は，16PFのA，I，Nで有意に低かった。これは男性性の高い女性が，冷静で，タフで，現実的で責任感が強いことを示している。 |
| Ng, S. H., Dunne, M. & | 1995 | ①アメリカで作られた「フェミニスト・アイデンティティ発達尺度」(FIDS: | ニュージーランドの18～52歳の女子大学生145名を対象に，「フェミニスト・ア | ①FIDS の因子構造は，アメリカでの先行研究では5因子（発達の5段階に相当す |

| Cataldo, M. | Feminist Identity Development Scale) が、ニュージーランドの女子大学生にも一般化が可能かどうかを調べる。②FIDSで測定したフェミニスト・アイデンティティと、女性の自己概念を促進するための好みの方略の関係を検討する。 | 「フェミニスト・アイデンティティ発達尺度」(FIDS)と「自己-概念方略質問紙」Self-Concept Strategy Questionnaire を実施した。 | る)だったが、本研究では4因子であった。②早期のフェミニスト・アイデンティティ発達と個人-志向的自己概念方略に正の相関が、また後期のフェミニスト・アイデンティティ発達と、グループ-志向的自己概念方略に正の相関が得られた。③FIDSは、ニュージーランドのフェミニスト・アイデンティティ発達にも使用可能で、文化差を越えて一般化が可能である。 |
|---|---|---|---|

られた尺度が、民族差や文化差・時代差を越えて適応可能であるか否か検討しようとしたものがある。

　Krein, L. K. (1993) は、ジェンダー、ジェンダー・ロール・アイデンティティ、認知的および情緒的共感性、社会的望ましさ、自己愛の関係について、「ベム性役割目録」Bem Sex Role Inventory などを用いて検討している。そして、ジェンダーよりも、ジェンダー・ロールの方が共感性、社会的望ましさ、自己愛の良い指標となることを明らかにしている。この研究でも明らかなように、これまでの男女の「性差」sex という変数は、「ジェンダー」gender という用語・概念で一般的に表現されるようになっている。日本においても、性差でなく、ジェンダー差といいあらわされるべきであろう。

　尺度間の関係について検討したもう1つの研究は、Kurian, G. & Kukreja, S. (1995) である。彼らは女性のクロス・ジェンダー・アイデンティティと関係している人格特性について検討した。しかしながら、その関係を明らかにしただけで終わっており、研究としては得るものが少ない。

　新たなジェンダー・アイデンティティに関する尺度の開発・作成に関する研究も、修正・改訂に関する研究もみられなかったが、従来から用いられているジェンダー・アイデンティティ尺度の民族差、文化差、時代差を越えた適応についての検討が、2つの研究で行われた。

　Harris, A. C. (1994) は、「ベム性役割目録」Bem Sex Role Inventory が、アメリカの現代文化の中で妥当な指標であるかどうかと、アメリカ人の中の民族・文化差を越えて使用可能かどうかについて検討を行った。その結果、現代のアングロ系アメリカ人に対しては使用可能であるが、アングロ系でないアメリカ人に対しては妥当性が

低下するとして,文化・特異的な性役割の尺度の開発が必要であると示唆している。

また,Ng, S. H.ら(1995)は,Bargad, A. & Hyde, J. S. (1991)がアメリカで作成し,信頼性や妥当性について検討した「フェミニスト・アイデンティティ発達尺度」(FIDS:Feminist Identity Development Scale)を用いて,ニュージーランドの女子大生にも一般化が可能かどうかの検討を行った。その結果,FIDS はニュージーランドのフェミニスト・アイデンティティ発達にも使用可能であり,文化差を越えて一般化が可能であると結論づけている。しかしながら,Ng らの研究では Bargad & Hyde の研究と比べて,因子構造が異なり,研究対象の偏りや項目の言葉の問題から考察が行われており,文化差を越えて一般化が可能であると簡単に結論づけることには問題があるのではないかと考えられる。

以上,ジェンダー・アイデンティティやジェンダー・ロール・アイデンティティの尺度に関する研究について概観したが,従来に比べて停滞しているという印象を受ける。これは,ジェンダー・アイデンティティに関する理論研究の停滞と同様である。そのなかでも,民族差や文化差,時代差を考慮して,これまでに用いられてきた尺度の適応・一般化可能性について検討する研究があらわれてきたことは,1つの新しい展開といえるであろう。また,クロス・ジェンダー・アイデンティティやフェミニスト・アイデンティティなどといったジェンダー・アイデンティティに関係する概念の尺度化と検討が進められている。ジェンダー・アイデンティティの尺度については,従来から既成の尺度の見直しの必要性が示唆され,多次元的,多角的な視点からとらえようとする動きがあったにもかかわらず,理論面での新たな概念化や理論の構築がなかなか進んでこなかった。そのなかで,既成の尺度を使用して,民族差や文化差を超えた適応を検討したり,近接概念の尺度化が進むことによって,また違う潮流や新たな展開があらわれてくるかもしれないと考えられる。

(2) **ジェンダー・アイデンティティの発達・形成に関する研究**

ジェンダー・アイデンティティの実証的研究の中で,その発達・形成に関するものは15編であった。ジェンダー・アイデンティティ,性役割アイデンティティの発達・形成についての実証的研究は,1987～1991年の文献をレヴューした前著(鑢他,1997)では,ジェンダー・アイデンティティが,各年齢でどう変化するのかに主眼を置いた研究と,親子関係に焦点をあてた研究が中心であった。また,ジェンダー・アイデンティティの発達・形成に関する実証的研究の方向性が,青年期だけでなく,ライフサイクル全般にわたってその様態をみていこうとする視点に移行していることが明らかとなった。

本編で扱う1992～1996年の実証的研究では,ジェンダー・アイデンティティの発

達・形成に関する変数に，ライフサイクル全般を視野にいれながら，さらに社会的，文化的，または民族的な環境を加味した研究と，特殊性或いは個別性の高い研究からとらえようとする視座が特徴的であった。

ジェンダー・アイデンティティの発達・形成について，①ジェンダー・アイデンティティの発達・形成の関連要因を検討し，どのようなことがジェンダー・アイデンティティ発達に影響を及ぼすのかを調べた研究8編（表3-37），②成人期の性役割アイデンティティの視点から論じた研究2編（表3-38），③民族的・比較文化的視点に焦点をあてた研究5編（表3-39）とに大別して紹介する。

①ジェンダー・アイデンティティの発達・形成の関連要因に関する研究

親子関係がジェンダー・アイデンティティの発達・形成におよぼす影響については，1987～1991年の5年間の間に研究が進展し，親側と子ども側のそれぞれから焦点があてられた。親側からみた子どものジェンダー・アイデンティティに対する影響という視点で，子どものクロス・ジェンダー・アイデンティティの形成要因を検討する研究が新たに1編（Zucker, K. J.ら，1993）登場した。また，シングル・マザーという親の結婚歴が，青年期の子ども（息子）の性役割アイデンティティに与える影響を調べた研究1編（Whitehead, C., 1992）と，親側の宗教的な実践，信念，態度が，子どものジェンダー形成にどのように影響をおよぼすかという問題を，地域の中での子どもの社会化という視点から扱った研究1編（Levitt, M., 1995）がみられた。

ライフサイクルという視座からジェンダーを論じた研究としては，女性のジェンダー発達・形成のプロセスについての研究1編（Shatan, G. R., 1992），働く成人女性のジェンダー・アイデンティティ形成を組織社会的影響との関連で調査した研究1編（Ely, R. J., 1995），中年期に生じると考えられている「ジェンダー・アイデンティティ・クロスオーバー」Gender Identity Crossover 仮説を検討した研究1編（James, J. B.ら，1995）が目新しい。

また，ジェンダー発達とアイデンティティ発達の関連性を，青年期を対象として取り上げた研究が2編（Castor-Scheufler, M.-G., 1995; Bartle-Haring, S. & Strimple, R. E., 1996）見出された。

Zucker, K. J.ら（1993）は，母親による新生児への性別期待とクロス・ジェンダー・アイデンティティ形成の影響を臨床事例から質的に検討した。研究では，生まれてきた子どもの性別が母親の期待と異なった場合，母親の養育態度や心理的要素が，子どものジェンダー発達に深刻な影響をもたらしたかどうかという点が調べられた。事例の母親は，女児の出産を渇望し，男児誕生後の命名が8週間遅延され，名前も女児誕生を期待して考えられていた女性的な名前に類似したものであった。対象は，ジェンダー・アイデンティティ障害と診断された2歳の男児とその母親および環境とし

## 7. ジェンダー・アイデンティティに関する研究

表 3-37　ジェンダー・アイデンティティの発達・形成の関連要因に関する研究

| 著　書 | 年代 | 目的・仮説 | 方　法 | 結果・考察 |
|---|---|---|---|---|
| Shatan, G. R. | 1992 | ライフサイクルの視点から女性のジェンダー・アイデンティティ形成について調べる。 | 女性性について、もっとも印象的であった出来事（4点）を取り上げた半構造的面接、「ベム性役割目録」Bem Sex Role Inventory を実施。 | ①女性性の知覚と自己定義化は、意識的かつ建設的なプロセスをたどり、幼児期に獲得されてその後変化しないものではなく、ライフサイクル全体を通して「拡大発展」evolution するという仮説が支持された。②女性のジェンダー・アイデンティの発達・形成のプロセスは、年齢とは独立したもので、「葛藤」conflict と「統合」integration の2つから構成される「複合性」complexity として示された。 |
| Whitehead, C. | 1992 | 親の結婚歴が、子どもの自尊感情と性役割アイデンティティに与える影響を検討する。 | 労働者階級の黒人シングルマザーとその青年期の息子らに、自尊感情測定の尺度（不明）と「ベム性役割目録」Bem Sex Role Inventory を実施。 | ①母親の結婚歴と息子の自尊感情及び性役割アイデンティティ間には、顕著な関連性は示されなかった。②母親と息子の女性性、男性性、および両性具有性の得点に類似がみられ、母親と息子の性役割アイデンティティの得点には、相関が認められた。 |
| Zucker, K. J., Bradley, S. J. & Ipp, M. | 1993 | 出生後の子どもの性別が、母親が望んでいた性別と異なった場合、子どものジェンダー発達に及ぼす影響を「クロス・ジェンダー・アイデンティティ」Cross-Gender Identity の生起との関連から調べる。 | 事例研究。ジェンダー・アイデンティティ障害と診断された2歳の男児とその母親からなる一組の母子、状況に応じて父親あるいは家族全体を対象。ジェンダー発達を査定するために、子どもに対して「人物画テスト」Draw-a-Person Test、知能検査を実施。母子また両親との関係査定の目的で、両親への半構造的面接および「ボーダーライン患者への診断的面接」Diagnostic Interview Borderline | ①母親が女児の出産を期待していた点は、子どものクロス・ジェンダー・アイデンティティに直接関与しなかった。②親の期待とは異なる性別をもつ子どもを育てる場合、親の様々な反応は、子どものジェンダー発達に意味をもつことが示唆された。 |

| | | | | Patients,「診断的面接一覧表」Diagnostic Interview Schedule を実施。 | |
|---|---|---|---|---|---|
| Castor-Scheufler, M.-G. | | 1995 | 「ジェンダー・アイデンティティ」,「共感性」および「道徳性の発達」という視点から,『もう一つの声』(Gilligan, 1982)の主張を検討する。 | 約600名の大学生（18～35歳）に,「問題定義づけ検査」Rest's Defining Issues Test,「拡大個人的属性質問紙」Extended Personality Attributes Questionnaire,「対人関係反応指数」Interpersonal Reactivity Index を実施。 | Gilligan (1982) の主張した2つの道徳性発達の志向性, すなわち「正義と配慮」justice and caring が, 性別の他に,「ジェンダー・アイデンティティ」, または「共感性」に関連しているという仮説は支持されなかった。 |
| Ely, R. J. | | 1995 | 働く女性の「ジェンダー・アイデンティティ」形成が, 社会的環境によってどのように影響されるかを検討する。 | 法律家として5年以上のキャリアを持つ白人女性30名に, 行動面, 心理面の帰属性を測定する質問紙調査と, 半構造化面接を実施。 | ①高いキャリアの女性の少ない会社組織では, 女性のジェンダー・ロールはステレオタイプ的であった。②ジェンダーとは, 現在進行形の社会的に形成される産物であり, より複合的な見方を要する点が示唆された。 |
| James, J. B., Lewkowicz, C., Libhaber, J. & Lachman, M. | | 1995 | 「中年期において男性は共同社会的, 親和的な関係維持的人格側面を発達させ, 一方女性は自己拡大のために個体維持性を強め能力や支配力に興味を抱く」という, 中年期の「ジェンダー・アイデンティティ・クロスオーバー」gender identity crossover 仮説を人格的な移行, 転換という側面から検討する。 | 大多数が白人の男女150名（男性66名, 女性84名, 24～84歳, 平均年齢58.51歳）に,「主題統覚検査」Thematic Apperception Test の一部,「ゴールドベルク50項目双極性尺度」Goldberg 50-Bipolar Scale から「個体維持性」agency,「関係維持性」communion の下位項目を選択実施。なお, 被験者を年齢により, 若年齢群, 中年期群, 高齢群の3群に類別し比較検討。 | ①中年期男性は自己能力拡大の要求が若年群男性よりも低く, 他者との親交を求める親和性への要求が若年男性よりも有意に高かった。②「個体維持性」と「関係維持性」については, 年齢による差はみられなかった。③仕事と家庭での役割について, 男性は伝統性の面を強調し, 女性は非伝統的な面を論じた。 |
| Levitt, M. | | 1995 | キリスト教宗教の実践, 信念, 態度と「ジェンダー」の形成について, 家庭や地域社会での宗教的社会化の枠組みから検討する。 | 縦断的な調査研究。英国ケルト地方小村在住の男女子ども38名（10～11歳）とその家族に, 行動観察と面接法を実施。 | ①女子は男子よりも宗教に対して積極的な態度と信念を示した。この点は彼らの母親が父親よりも宗教的興味と関心を強く抱いている態度と一致した。②宗教的な意味での子どもの社会化は, 今日, ジェンダー形成とあまり関連がないことが示唆された。 |

| 著者 | 年代 | 目的・仮説 | 方法 | 結果・考察 |
|---|---|---|---|---|
| Bartle-Haring, S. & Strimple, R. E. | 1996 | ジェンダーと「性役割志向性」sex-role orientationが，アイデンティティと親密性の獲得に関して，どのように影響するかを検討する。 | アメリカの大学生，1年生と4年生165名（男性59名，女性106名，大多数が白人，平均年齢19.8歳）に，「アイデンティティ・ステイタス測定の客観尺度改定版」Revised Extended Version of the Objective Measure of Ego Identity Status，「対人関係能力質問紙」Interpersonal Competence Questionnaire から「自己開示」，「情緒的支持」の下位尺度，「ベム性役割目録」Bem Sex Role Inventoryを実施。 | ①性役割を統制する場合，アイデンティティ達成と「親密性」の間に男性には関連がみられなかった。②性役割を統制する場合，女性に関しては，対人関係を含んだアイデンティティ達成と異性との交際場面での親密性の間に有意な関連が見出された。 |

表 3-38 成人期におけるジェンダー・アイデンティティの発達・形成に関する研究

| 著者 | 年代 | 目的・仮説 | 方法 | 結果・考察 |
|---|---|---|---|---|
| Signorello, R. L. | 1992 | 性役割アイデンティティ，心理社会的発達（自律性，アイデンティティ，親密性）及び家族システムにおける「個体化」individuationと「個人的権威」personal authorityの発達が，ヤングアダルト（成人初期）においてどのような関連がみられるかを検討する。 | 235名の大学生に，「個人的属性質問紙」Personal Attributes Questionnaire，「心理社会達尺度」Measure of Psychosocial Development，「家族システム質問紙C版」Family System Questionnaire Version Cから「個人的権威」の下位尺度を実施。 | 心理社会的発達と「個体化」及び「個人的権威」の間には関連があることが示され，Eriksonのライフステージと家族システムの中での「個人的権威」の間に明確な関連が認められた。 |
| Parker, R. A. | 1994 | 成人初期および成人中期における性役割アイデンティティ発達に，社会的役割がどのように影響するかを検討する。 | 645名の大学院入学者に，「総括的パーソナリティ目録」Omnibus Personality Inventory，「社会的役割尺度」Social Roles Measureを実施。なお，被験者を3つのコホート（1969, 1979, 1989年）に群別し，10年ごとに再調査を実施した。 | ①パーソナリティと価値観は，年齢，コホート，時期による有意差が認められた。男性は女性よりも男性性について有意に高い得点を示し，男女とも20代では男性性優位，30代で安定化した。②パーソナリティは個体発生的な様式に従い，一方価値観は社会的モデルを支持した。 |

表3-39 民族的・比較文化的視点からのジェンダー・アイデンティティの発達・形成に関する研究

| 著書 | 年代 | 目的・仮説 | 方法 | 結果・考察 |
|---|---|---|---|---|
| Van der Kwaak, A. | 1992 | ソマリアで7, 8歳の少女に実践されている女性性器切除（割礼）についての問題を，ジェンダー・アイデンティティの発達の観点から取り上げる。 | 1987年10月及び，1988年1月から1989年1月の13カ月間にソマリア南部の二つの地域で行ったフィールドワークとそれにもとづく論考。 | ①ソマリアで実施されている女性性器切除は，イスラム経典の「コーラン」にその記述を発し，女性の純潔の象徴と婚姻への深い信頼と価値に結びついていた。②女性性器切除は，アイデンティティ発達の観点からは，女性の人生の分岐点であり，この習慣を通して女性のコミュニティの一員としての権利が認められ，それは女性の徳と深い関係があると認められた。 |
| Condon, R. G. & Stern, P. R. | 1993 | 中央カナダ北極圏に住むイヌイット族青年の「ジェンダー・ロール選好」gender-role preference, ジェンダー・アイデンティティ，ジェンダー・ロールの社会化についての現代的パターンを調べる。 | ホールマンとよばれるイヌイット共同社会の41名の青年男女，（11〜19歳—1983年時）に，「人物画テスト」Draw-a-Person Testなどを実施。さらに男女各5名，合計10名を選出しての集中的面接，男女別の特性を調べるための「意味的面接」Semantic Interviewを実施。 | ①近年の急速な社会変化にも拘らず，青年期男女は親世代のジェンダー・ロールを踏襲していた。②ジェンダー・ロールの社会化の側面については，青年女子は青年初期から両親の期待に応えて家庭での家事労働，経済活動などをひきうけ大人の社会的責任を果たしていた。③青年男子は，特定のジェンダー・ロールを見出さずに，生産性の伴わない仲間との自由活動が主体であった。 |
| de Leon, B. | 1993 | 民族性の違いを含む異文化研究の視点から性役割アイデンティティについて調べ，民族性と性別が男性型，女性型への自己帰属におよぼす要因を検討する。 | 民族の違いから分類された大学生男女763名に，「ベム性役割目録」Bem Sex Role Inventoryの簡易版を実施。対象者の分類は，①プエルトリコ在住のプエルトリコ人大学生203名（男性77名，女性126名，平均年齢21.10歳），②アメリ | ①対象者の51.4%の男女が両性具有型であることが示された。②女性は女性型については類似した結果が得られたが，男性型についてはグループ間に有意差が生じ，男性性は黒人女性がもっとも高く，続いてプエル |

| 著者 | 年 | 目的 | 方法・対象 | 結果 |
|---|---|---|---|---|
| | | | カ在住のプエルトリコ人大学生197名（男性73名，女性124名，平均年齢25.08歳），③白人大学生198名（男性93名，女性105名，平均年齢20.56歳），④アフリカ系アメリカ人大学生170名（男性90名，女性80名，平均年齢20.47歳）の4群。 | トリコ人女性，もっとも低い値が白人女性であった。③男性は男性型得点に関して有意差はなかったが，女性型については，プエルトリコ男性の2グループの得点が白人と黒人のグループよりも有意に高かった。④社会的環境は，性役割の発達やジェンダーの自己帰属性に，影響をおよぼさなかった。 |
| Damji, T. & Lee, C. M. | 1995 | イスラム教徒のコミュニティにおけるジェンダー・ロール・アイデンティティと男女のジェンダー・ロールの知覚について検討する。 | カナダ在住（平均居住年数16.19年）のイスラム教徒男女81名（男性46名，女性35名）に，「ベム性役割目録」Bem Sex Role Inventory,「女性に対する態度尺度」Attitude toward Woman Scale, ジェンダー，年齢，結婚歴，子どもの数，職業，教育歴，カナダ在住年数などから構成される人口統計学的質問紙を実施。 | ①イスラム女性は，イスラム男性よりも女性型アイデンティティが優位であり，ジェンダー・ロールの知覚は伝統や偏見にとらわれない柔軟な性質であった。②イスラム男女のジェンダーは，両性具有型を示し，伝統的な見解に対して，開放的で自由であることが示唆された。③教育過程は，イスラム教徒のジェンダー・ロールとその知覚について影響をおよぼすことが判明した。 |
| Harris, A. C. | 1996 | 中産階級に属するアフリカ系アメリカ人とアングロサクソン系アメリカ人のジェンダー・アイデンティティを比較対照し，その形成の様相について検討する。 | アングロサクソン系アメリカ人932名（男性451名，女性481名）とアフリカ系アメリカ人808名（男性378名，女性430名）の総合計1,740名（平均年齢群40～49歳）に，「改訂版ベム性役割目録」Modified Bem Sex Role Inventoryを実施。 | ①アフリカ系アメリカ人男女は，アングロサクソン系アメリカ人男女に比べて両性具有型が有意に高かった。②アフリカ系アメリカ人男女は，共に自己記述が男性型を示す傾向にあり，アングロサクソン系アメリカ人の間では，男性が女性よりも自ら男性型が強い自己記述をした。③2民族の女性は共に男性よりも自らが女性的であると述べたが，この傾向 |

| | | | | は幾分アングロサクソン系女性が上回った。④ジェンダーに適応した特徴をみいだす傾向は，アングロサクソン系アメリカ人がアフリカ系アメリカ人よりも有意に高かった。|
|---|---|---|---|---|

ての父親・家族であり，投影法，半構造化面接，診断的面接および質問紙等が実施された。結果から，母親の新生児への性別期待と実際の子どもの性別間に食い違いが生じた場合，この問題が子どものクロス・ジェンダー・アイデンティティ生起につながる心理社会的要因とはならないことが示された。しかしながら，両親の反応が生育環境上，子どものジェンダー発達に重要な役割を担うことが示唆された。

クロス・ジェンダー・アイデンティティの研究は，個人に内包する実際の性別とは異なるジェンダー・アイデンティティとして概念化されているが，その発達・形成の要因については，量的な研究のみならず，個別的，臨床的な側面からの質的な接近解明が今後さらに待たれるといえよう。

Ely, R. J. (1995) は，働く女性のジェンダー・アイデンティティが，社会的に構築されるという特性を実証した。法律家として会社勤務歴5年以上のキャリアを有する白人女性30名（平均年齢32歳，既婚2/3）を対象に，行動面と心理面を測る独自の質問紙と半構造化面接を実施した。対象者は，2群に分けられ，女性就業率が会社組織の5％以下であり，男性優位とみなされる会社所属群15名と，女性就業率が38〜47％であり，男女統合度の高い会社所属群15名とを比較検討した。その結果，高いキャリアで活躍する女性の少ない会社では，女性のジェンダー・ロールは比較的ステレオタイプであり，束縛をうけ，適応性，抵抗感，自己卑下，低い自己評価，統合調和という5つの項目に問題が見出された。さらに，ジェンダーの概念についての考察がなされ，ジェンダーについて，現在進行形で社会的に形成される，より複合的な見方の必要性が強調された。また，働く成人女性のジェンダーは，女性が組織社会の階級制度の中で地位の高い位置を担っているかどうかという，キャリアの男女構成の比率に関連して影響を受けるという特徴があり，社会的な地位権力の裏づけでもあるという一面が指摘された。

James, J. B.ら (1995) は，人生後半にジェンダー・ロールの転換が生じ，男性はそれまでに比べて，世話的な人格側面が発達し相互の関係性を生きるようになり，女性は活動的で個人優勢な面が比較的強くなる（Jung, 1933; Gutmann, 1964, 1990）という仮説を新しいモデルを立てて検討することを試みた。研究では，対象群を年齢別

に若年群（20〜39歳），中年群（40〜65歳），高齢群（66〜84歳）に類別し，活動的で個人優勢な側面と，親和的で関係を維持する側面の課題が，各年齢群でどのように変化するか，あるいはそれらの転換点があるかどうかについて男女比較を行った。結果から，中年期男性群に，自己拡大を促す「個体維持」agency の特性が減少し，親和性を強める「関係維持」communion の特性が上回り，若年期から中年期にかけて両者の特性の間に交替があることが明らかとなった。この点から，男性と女性のジェンダー・ロールが，ライフサイクル全般の環境や家族，対人関係など色々な関連要因から変更され，新たに付加され，人格的な変化を伴うことが示唆された。なお，どのようにして中年期にジェンダー・アイデンティティのクロスオーバーが生じるかという問題については，細かな変数を扱う実証的な研究が今後期待される。

②成人期におけるジェンダー・アイデンティティの発達・形成に関する研究

この領域においては，ジェンダー・アイデンティティの発達・形成について，青年期を中心に検討した研究から，明確に成人期を対象に論じる研究への移行が特徴づけられた。以下の2編は，成人期の性役割アイデンティティを他の変数との関連性からとらえたものとして興味深い。

Signorello, R. L.(1992)の研究は，ヤングアダルト（成人初期）における性役割アイデンティティ，心理社会的発達，家族システムにおける個人的権威の間にどのような関連性が見出されるかを質問紙を用いて検討したが，性役割アイデンティティ（男性型，女性型）と心理社会的な発達の側面（自律性，アイデンティティ，親密性）および個性化と個人的権威との間に相互の関連性はみられなかった。なお，アジア人は，黒人と白人と比較して，自律性や個性化が有意に低く，さらに個人的な権威の獲得についても，黒人，白人，ヒスパニックよりも有意に低いなど，成人初期における民族差が指摘された点は，今後の研究へとつながる一視点と考えられる。

Parker, R. A.(1994)は，成人初期と成人中期を比較する縦断研究から，性役割アイデンティティの発達には，社会的役割（親になることのタイミングと職業に関連した役割）の影響が関与している点を示した。それによると，性役割アイデンティティは，男女とも20代では男性性が有意に高く，30代で安定化し，性役割の発達は，社会的役割を担うタイミングに男女とも影響を受け，社会化によって修正されることが見出された。

③民族的・比較文化的視点からのジェンダー・アイデンティティの発達・形成に関する研究

1992〜1996年のジェンダー・アイデンティティの発達・形成に関する研究には，新たに民族的，比較文化的視点から論じた研究5編が加えられ，クロス・カルチャーの観点から論じた研究2編（de Leon, B., 1993; Harris, A.C., 1996）と特殊な民族文

化を背景としたジェンダー・アイデンティティの発達・形成を示す研究 3 編（Van der Kwaak, A., 1992; Condon, R. G. & Stern, P. R., 1993; Damji, T. & Lee, C. M., 1995）がみられた。

de Leon, B.（1993）の研究は，青年期の大学生男女を対象とし，「ベム性役割目録」Bem Sex Role Inventory の簡易版を実施し，白人，アフリカ系アメリカ人，プエルトリコ人の 3 民族の民族性の違いによる性役割アイデンティティを異文化比較の視点から分析した。仮説では，民族性と性別は，男性型，女性型の性役割アイデンティティへの自己帰属を促す要因であると考えられていたが，結果より仮説は支持されず，居住地の地理的条件，文化の影響，異文化との接触による文化変容などが，性役割やジェンダー・アイデンティティに影響をおよぼさなかった点が強調された。

Harris, A. C.（1996）は，中産階級に属する成人期のアフリカ系アメリカ人とアングロサクソン系アメリカ人を対象として，「改訂版ベム性役割目録」The Modified Bem Sex Role Inventory を用いて大規模な質問紙調査を実施し，表 3-39 に示したような結果が見出された。

単一民族の個別性や特性とジェンダー・アイデンティティに関しては，特殊なテーマが取り上げられた。Van der Kwaak, A.（1992）の研究は，女性の割礼としてイスラムの宗教性と結びつき，現在もなおソマリアの社会で，7，8 歳の女子に実践されている女性性器切除について問題として取り上げた。約 1 年間のフィールドワークによる調査研究から，女性性器切除は，ソマリア社会の経済基盤の一端を担いつつ，ジェンダー・アイデンティティ発達との関連では，女性のコミュニティ参加への保障という根拠が見出された。一方，この風習はエイズ発病の原因や女性の死亡率増加の傾向をもたらすとされ，人道的な考え方からの批判にも曝される現代の社会問題でもあり，問題を含んだジェンダー・アイデンティティの発達であることが論じられた。

Condon, R. G. & Stern, P. R.（1993）は，コミュニティが急速に異文化の影響を受けて近代化へと変貌を遂げる，現代のイヌイット社会*に暮らす青年のジェンダーを，ジェンダー・ロール選好，ジェンダー・アイデンティティ，および社会化の観点から調査研究した。親世代のジェンダー・ロールは，時代の変化にもかかわらず青年男女に継承されていたが，行動面では，男性が狩猟中心の伝統的行動から離れ，雇用社会で労働するという役割を課され，女性よりも実生活への適応や心理的な過重を担っている様相が報告された。

Damji, T. & Lee, C. M.（1995）の研究は，青年期から成人初期のイスラム教徒の

＊　グリーンランド，北アメリカ最北端，アラスカ，アジア大陸北東端などに居住する種族で，独自の言語と文化を持ち，自らをイヌイット（人の意，複数）と称している。俗称エスキモー（アメリカ・インディアン語）。

男女に関するジェンダー・ロール・アイデンティティとジェンダー・ロールの自己知覚を取り上げ、イスラム女性のジェンダーは女性型が優勢であり、ジェンダーの知覚については柔軟でリベラルであるという特徴が見出された。また、男女ともにジェンダーは心理的両性具有型が含まれ、ジェンダーの知覚は、カナダ人標本との比較からも、伝統や偏見にとらわれていないことが判明した。またそれらの要因には、教育が関与している点も明らかであった。

以上をまとめると、ジェンダー・アイデンティティの発達・形成の研究の流れは、一方では、ライフサイクル全般を視野にいれた生涯発達の枠組みをそなえ、成人期以降も現在進行形で、社会的に形成されるといったように、社会・文化的視座が強調されるようになっている。また、民族的・比較文化的視点が加わることによって、時代の変貌と人間観の深化拡大に沿った環境との相互作用の中で、ジェンダー・アイデンティティをみていこうとする傾向が強まりつつある。今後さらに、多様な現代人のジェンダー・アイデンティティの発達基盤とそのプロセスについて、具体化、明確化することが求められる。

(3) **ジェンダー・アイデンティティと適応・臨床に関する研究**

ジェンダー・アイデンティティと適応・臨床に関する研究は12編みられた。そのうち8編を表3-40に示した。その中で、女性の自尊心とジェンダー・アイデンティティ、ジェンダー・ロール・アイデンティティとの関係について検討した研究は4編あった。

まず、女子学生を対象とした研究を2編挙げる。Kleinplatz, P.ら（1992）は、伝統的な女子学生と非伝統的な女子学生の、ジェンダー・ロール・アイデンティティと自尊心との関係について比較検討している。その結果、非伝統的な女子学生のほうが、自尊心が高く、かつ自分自身のライフスタイルについても満足していた。また、伝統的な女子学生のほうが、自分の信念を通さず、規範に従うことに葛藤や不安を感じていた。Kleinplatzらは、女性が高い自尊心を保つためには、それぞれが社会に適応できる方法で、自分自身の不安に対処していく必要性を論じている。

次に、Ossana, S. M.ら（1992）は、「ウーマニスト・アイデンティティ」womanist identityの4段階モデル（Helms, 1990 b）と女性の自尊心との関係について検討している。Helmsはフェミニスト作家であるBrown（1989）の用いた「ウーマニスト」womanistという用語を使って、女性の自己定義のあり方や女性らしさの質を、ウーマニスト・アイデンティティと定義した。そして、ウーマニスト・アイデンティティが、外的・社会的な定義から、女性自身の価値観、信念、能力といった内的な定義へと移行するプロセスを見出した。Ossanaらは、Helmsのウーマニスト・

表 3-40　ジェンダー・アイデンティティと適応・臨床に関する研究

| 著　書 | 年代 | 目的・仮説 | 方　法 | 結果・考察 |
|---|---|---|---|---|
| Kleinplatz, P., McCarrey, M. & Kateb, C. | 1992 | 女性のジェンダー・ロール・アイデンティティと, 自尊心, ライフスタイルについての満足感, 葛藤・不安との関連について検討する。<br>[仮説]<br>①伝統的な女性は, 非伝統的な女性より, 自尊心は低いが, ライフスタイルについては満足しているだろう。<br>②伝統的・非伝統的な女性はどちらも葛藤や不安が高いであろう。 | 女子大生541名を対象に,「ベム性役割目録」Bem Sex Role Inventory,「女性に対する態度尺度」Attitudes towards Women Scaleを実施した。 | ①非伝統的な女性は, 伝統的な女性より, 自尊心が高く, 自分自身のライフスタイルについても満足感を示していた。<br>②伝統的な女性は, 非伝統的な女性より, 葛藤や不安を強く感じていた。 |
| Ossana, S. M., Helms, J. E. & Leonard, M. M. | 1992 | ウーマニスト・アイデンティティと, 女子大生の自尊心および大学内での性的な偏見の認知との関連について検討する。 | 女子大生659名を対象に,「ローゼンバーグ自尊心尺度」Rosenberg Self-Esteem Scale,「キャンパス環境検査」Campus Environment Survey,「ウーマニスト・アイデンティティ態度尺度」Womanist Identity Attitudes Scaleを実施した。 | ①女性としてのアイデンティティを肯定的に受け入れ, 内在化することと, 自尊心が高まることには, 関連性がみられた。<br>②大学内で性的な偏見を認知していると, 自尊心が低下する傾向がみられた。 |
| Hien, D. A. | 1993 | 幼少期の記憶を実験的に想起させることで, 自己概念と他者との結びつきに重要な, 分離体験, ジェンダー, ジェンダー・アイデンティティの影響について検討する。 | 男性60名, 女性78名を対象に,「個人的属性質問紙」Personal Attributes Questionnaireを実施し, 4つの型に分類した。その後, TATを用いて幼少期の記憶を想起させた。 | ①男性型, 両性具有型が幼少期の分離体験を想起した場合, 自己概念や他者との結びつきに達成感を強く感じているという傾向がみられた。<br>②分離体験を想起した男性型の女性は, 他の型よりも, 他者との結びつきに親密さを感じる傾向がみられた。 |
| Jarecke, P. M. | 1993 | 中学校に進学する青年期前期女子の適応に関する, ジェンダー・ロール・アイデンティティの影響について検討する。 | 小学6年生の女子71名に対して,「青年期役割目録」Adolescent Sex-Role Inventory,「ハーター自己認知プロフィール」Harter Self-Perception Profile,「学級環境尺度」 | ①男性役割の志向が強い女子は, 女性役割の志向が強い女子より, 中学進学後の自尊心の低下が少なかった。<br>②進学後にデートや初潮などを経験した女子は, そ |

| 著者 | 年 | 目的 | 方法 | 結果 |
|---|---|---|---|---|
| | | | Student Classroom Environment Measure を実施した。その後，中学1年生になった同対象者に，同じ質問紙で再調査を行い，結果を比較検討した。 | うでない女子より，自分の外見に対する自己評価が著しく低下する傾向がみられた。 |
| Jenkins, E. A. | 1993 | 抑うつと性役割アイデンティティ，ジェンダー，年齢との関連を検討する。 | 中年期と老年期の男女207名を対象に，「ベム性役割目録」Bem Sex Role Inventory,「うつ病自己評価尺度」(CES-D: The Center for Epidemiological Studies-Depression Scale), 抑うつに対する信念と対処方略について，自己報告型の質問紙調査を実施した。 | ①男性よりも女性，老年期よりも中年期の男女のほうが，抑うつ傾向が高かった。②男性性の高い男女は，そうでない男女よりも，抑うつを露わに示す傾向がみられた。③老年期の女性は，抑うつであることを表面化せずにごまかす傾向がみられた。 |
| Kopper, B. A. | 1993 | ジェンダー，性役割アイデンティティ，タイプAの怒りの表現との関連について検討する。 | 大学生629名（男性222名，女性407名）を対象に，「怒りの特性尺度」Trait Anger Scale,「怒りの表現尺度」Anger Expression Scale,「ベム性役割目録」Bem Sex Role Inventory,「バス・ダーキー敵意目録」Buss-Durkee Hostility Inventory,「対人関係行動検査」Interpersonal Behavior Survey,「ジェンキンス活動性尺度」Jenkins Activity Scale を実施した。 | ①男性は暴力や攻撃によって，女性は間接的な敵意や短気，依存によって，怒りを表現する傾向がみられた。②男性型は易怒性が高く，人や物に怒りをぶつける傾向があった。女性型は怒りを抑制する傾向がみられた。③女性型がもっとも抑うつ傾向が高かった。④タイプAの女性型は，易怒性が高く，これはタイプAのパーソナリティ特性と関係していると考えられた。 |
| Upmanyu, V. V. & Upmanyu, S. | 1994 | インドの青年期男女の性役割アイデンティティと，絶望感，抑うつとの関連について検討する。 | インドの大学生男女，各100名を対象に，「ベム性役割目録」Bem Sex Role Inventory,「ベック抑うつ目録」Beck Depression Inventory,「絶望感尺度」Hopelessness Scale を実施した。 | ①抑うつ，絶望感ともに，女性は男性より高い傾向がみられた。②男性型の女性は，男性型の男性より，抑うつ，絶望感ともに高い傾向がみられた。 |

| Horton, M. S. | 1995 | ジェンダー・アイデンティティと、地位、自尊心、可能自己（いまだ実現していない自己についてのイメージ）との関連について検討する。<br>[仮説]<br>①女性は、自分自身が女性であることを重要視しているだろう。<br>②女性は男性より、同性との結ぶつきや分裂が激しいだろう。<br>③同性集団の価値観、特徴、地位は、本人の自尊心や可能自己と関係があるだろう。 | 男女142名に対して、同性集団内での地位、評価、結びつきの強さ、所属することによる自尊心や可能自己、異性集団からの評価、ジェンダーの重要性について、回答を求めた。 | ①女性は男性より、自分の地位が低いと認識し、女性としての意識が強く、女性同士の関わりを好む傾向がみられた。<br>②本人の地位は、男性の場合は同性からの評価、女性の場合は異性からの評価と関係があった。<br>③女性は、安定した可能自己をもつために、あまり活動的に振る舞わないようにする傾向がみられた。 |

アイデンティティの4段階モデルをもとに行った研究の結果、女子学生はモデルの最終段階である「内在化」Internalizationの時期に、女性としてのアイデンティティを肯定的に受容し、内在化する。そして同時に、自尊心も高まると報告している。しかし、社会（この場合、大学）からの偏見を感じている時期では、自尊心は低い。例えば、ジェンダーに対するステレオタイプ的な見方に疑問を抱き始める第2段階の「出会い」Encounterの時期や、ジェンダーの偏見を積極的に拒否し、女性としての自己主張をする方法を模索する第3段階の「没頭－出現」Immersion-Emersionの時期においても、女性の自尊心は高まらないという結果がみられている。さらに、Ossanaらは女子学生にカウンセリングをする場合、それぞれの段階に適したアプローチが必要であり、ジェンダーの偏見に疑問を抱きはじめてから、本人の自尊心をカウンセリングで取り上げることの重要性を論じている。

また、Jarecke, P. M.（1993）の青年期前期の女子を対象とした研究では、同対象者に小学6年生時と中学1年生時に同じ質問紙調査を実施したところ、女性役割の志向が強い女子は、進学後に自尊心が低下する傾向が認められた。Horton, M. S.（1995）は、ジェンダー・アイデンティティと地位との関連について、女性は男性よりも自分自身の地位が低いと認識し、男性からの評価に左右されるという研究結果を報告している。男性の地位が同性からの評価に影響されるという結果も考えると、男女のそれぞれの地位の認識が、社会的・文化的な背景と関係しているとHortonは述べている。

以上、ジェンダー・アイデンティティと自尊心に関する研究を概観した。女性の自尊心が高められる、あるいは、低められる要因についての研究が多くみられた。今後

は，いまだ女性への偏見がみられる社会の中で，いかに女性が自分自身の自尊心を高められるかについて，具体的な臨床的研究や教育的研究が必要なのではないかと考えられる。

また，抑うつや怒りとジェンダー・アイデンティティ，性役割アイデンティティとの関係について検討した研究は4編あった。そのうち，Jenkins, E. A. (1993) は中年期と老年期を対象に，Upmanyu, V. V. & Upmanyu, S. (1994) は大学生を対象に，男女の抑うつの強さについて比較検討している。その結果，男性より女性のほうが抑うつ傾向が強いことで，2編の研究は一致していた。また，ベム性役割目録によって4つの型に分類した場合，Kopper, B. A. (1993) の研究では，女性性の高い女性型がもっとも抑うつ傾向が高かった。Upmanyuらの研究では，男性性が高い男性型の男女を比較した結果，男性型の女性は男性型の男性よりも抑うつ傾向が高いことが認められた。

Mann, T. D. (1992) の抑うつの表現の仕方と分離不安について，大学生男女で比較検討した研究は，本節の1）で紹介した。また，Kopperは怒りの表現の仕方を男女で比較検討している。その結果，女子学生は依存したり，短気になることで怒りを表現しやすかった。それに対して，男子学生の怒りは，暴力や攻撃によって表現されるという結果が認められた。さらに，性役割アイデンティティの型を分類した場合，男性型は怒りやすく，その怒りを人や物にぶつける傾向がみられた。一方，女性型は怒りを抑制する傾向が認められた。

Mann, T. D.の研究では，女性はカウンセリングなどの心理的な援助を求めるが，男性はあまり援助を求めず，心理療法的なサービスの利用も少ないという結果も報告された。このことについて，男性は自分自身の感情を退行的な形で表現することに防衛的になるため，人との関わりを求めにくいのではないかと説明している。

以上，抑うつや怒りとジェンダー・アイデンティティに関する研究について概観した。結果として，男性と女性では，抑うつの強さが異なること，抑うつや怒りの表現の仕方に違いがあるという研究が多かった。また，男性より女性のほうが心理的な援助を求めているという研究もあった。これらは，カウンセリングなどの心理的な援助を行なう上で，参考となる重要な結果といえるであろう。すなわち，ジェンダーや男性性・女性性の強さによって，アプローチの仕方を考える必要性を示唆している。

ジェンダー・アイデンティティと適応・臨床の研究では，いまだ男性至上主義的な見方から研究がされており，男性中心の社会の中で，自尊心を高めることが，女性にとっての適応と考えられている。しかし実際には，男性，女性を問わず，不適応に陥り，女性は抑うつや怒りを比較的感情として表現するが，男性は行動化して表現しやすいという研究がある。研究の流れは，実証的研究が多く，男性性，女性性の強さや

ジェンダーの違いから、適応を考える方向が続いている。今後は、性役割アイデンティティやジェンダーの側面からだけでなく、その人のおかれた状況や環境といった社会・文化的文脈もふまえた適応のあり方について検討していくことが課題であろう。また、適応に導くための具体的な援助方法や、不適応に陥らないための予防策などを考える必要もあるのではないかと考えられる。

### (4) ジェンダー・アイデンティティと態度・行動に関する研究

この領域での研究は、8編みられ、これを表3-41に示した。買い物、科目の評価、リーダーシップ行動など「行動」を扱ったものが3編、到達への動機づけや性的嫌がらせ、コンピュータ態度、他者コントロール、成功への恐れなどの「態度」を扱ったものが5編であった。

Gurman, E. B. & Long, K. (1992) は、グループ場面でのリーダーシップ行動の表出とそれについての自己評価、他者評価を測定し、性役割アイデンティティとの関連を検討している。「ベム性役割目録」Bem Sex Role Inventory を用いて性役割タイプを分類し、Hemphill (1950) の尺度を参考に、著者によって開発された14項目からなる「リーダーシップ尺度」の評定を、女性のみのグループ場面、男女混合のグループ場面で測定し、比較検討している。その結果、男女の性による自己評価、他者評価の有意差はみられなかった。また、女性のみのグループ場面では、自己評価、他者評価とも性役割アイデンティティタイプによる有意差も見られず、先行研究 (Goktepe & Scheier, 1989) や Bem の理論に反する結果であった。しかし、男性のいるグループ場面では、両性具有型の女性は、未分化型よりも有意に高く自己評価していることから、女性にとって男性のいないグループ場面では、男性性はリーダーシップ表出の有意な要因とはならない可能性があるとしている。さらに、両性具有型と女性型では、他者評価よりも自己評価の方が有意に高くなっていたが、男性型、未分化型では、自己評価と他者評価の有意差はみられなかった。この結果から、女性では女性性は、グループ内での自己の貢献を他者が同様に評価しなくても、より自己を肯定的に感じる要因であり、男性性が強いほど、他者の見方と同じ程度に自己を評価する事ができることを意味するのではないかと考察している。

Colley, A. M.ら (1994) は、コンピュータ態度へのジェンダー・ステレオタイプの影響を検討している。女性のコンピュータ使用頻度は、男性に比べ有意に少なく、家庭での操作も男性に多く薦められる傾向が見られ、コンピュータの使用という行動自体、男性にステレオタイプされたものであると考えられた。コンピュータ操作の経験と男性性が、コンピュータへの不安、信頼、好みといった態度を規定する上で重要であるが、女性にとっては、母親が日常的にコンピュータを使用していることが、コン

## 7. ジェンダー・アイデンティティに関する研究

**表 3-41 ジェンダー・アイデンティティと態度・行動に関する研究**

| 著 書 | 年代 | 目的・仮説 | 方 法 | 結果・考察 |
|---|---|---|---|---|
| Diwan, N. A. & Menezes, L. | 1992 | 女性への態度に対するジェンダーや性役割アイデンティティの影響について検討を行う。<br>仮説1：女性は、男性に比べ、女性への態度が有意に好意的で平等主義的である。<br>仮説2：両性具有型は、他のタイプに比べより好意的で平等主義的な態度を示す。 | ボンベイにある、4つの大学から抽出されたインド人学生、男女160名で、社会経済的に中流から上流階級に属している者を対象に、「ベム性役割目録」Bem Sex Role Inventory（修正版）、「女性への態度尺度」（ATWS: Attitudes Toward Women Scale）を実施し、分散分析によりその関連を分析した。 | ①女性は、男性に比べ有意に好意的で平等主義的であった。<br>②両性具有型は、未分化型に比べ有意に好意的で平等主義的であった。<br>③男女別性役割アイデンティティ群間の比較では、男性では、両性具有型は、未分化型よりも有意に平等主義的であり、女性では、両性具有型は、女性型よりも、有意に平等主義的であった。<br>男性における女性性、女性における男性性の存在が、より平等主義的な態度と関連していた。 |
| Gurman, E. B. & Long, K. | 1992 | リーダーシップ行動の自己評価および他者評価における女性の性役割アイデンティティの影響を検討する。 | 研究1：39名の女子学生と21名の男子学生。<br>研究2：96名の女子学生平均年齢21.21歳（18～46歳）。<br>・「ベム性役割目録」Bem Sex Role Inventory<br>・「リーダーシップ尺度」Leadership Rating Scale<br>それぞれの研究で3～5名の小グループを構成し、グループ内における自己のリーダーシップ評価とグループ内メンバーに対してのリーダーシップ評価を個々に査定してもらった。 | ①男性の存在による差；女性のみの群では、性役割アイデンティティによる有意な差はみられなかったが、混合群では、性役割アイデンティティによる自己評価に有意な差がみられ、両性具有型と女性型は有意に未分化型よりも高かった。<br>②性役割アイデンティティによる自己評価と他者評価の差；両性具有型と女性型では、他者評価よりも自己評価の方が有意に高かったが、男性型、未分化型では有意な差はみられなかった。男性型の女性は、他者の見方として自己をみることができると考えられた。 |
| Murrell, A. J. & Dietz-Uhler, B. L. | 1993 | 性的嫌がらせ（セクシャルハラスメント）の態度を予測するものとしてのジェンダー・アイデンティティと | ピッツバーグ大学の学生107名（19～48歳）を対象に以下のデータを収集し、重回帰分析を行った。 | ①男子大学生にとっての性的嫌がらせの経験は、彼らを性的嫌がらせの問題に対して敏感にするより |

| | | | | | |
|---|---|---|---|---|---|
| | | | 異性に対する考えの影響を検討する。 | ・性的嫌がらせについての態度尺度<br>・性的嫌がらせの体験<br>・個人的考え<br>・性的な寛容さ,性の道具性,性的な主導権（権力）<br>・女性への態度<br>・女性のジェンダーステレオタイプ<br>・「異性についての考え方尺度」Adversarial Sexual Beliefs Scale<br>・「自尊感情尺度」The Collective Self-esteem Scale | も鈍感にしていた。<br>②女性については,性的嫌がらせの態度にもっとも影響する要因は,異性の性的な考えへの是認やジェンダー・グループ・アイデンティティなどグループレベルの要因のみであった。<br>③性的嫌がらせへの最も効果的な介入方法は,学生の"征服者"対"誘惑者"というステレオタイプな性的関係の定義を変え,より平等で対立的な関係でなくなることを目指すことであろう。 |
| Colley, A. M., Gale, M. T. & Harris, T. A. | 1994 | | コンピュータ態度（不安,信頼,好ましさ）に対する,これまでの経験（コンピュータコースの選択,家庭での使用）,およびジェンダー・ステレオタイプの与える影響を検討する。 | 144名の心理学コースの大学生（男性41名,女性103名。21歳以下）を対象に,<br>・大学入学以前でのコンピュータ科目の選択経験<br>・家庭での使用経験の有無<br>・家庭環境<br>・「コンピュータ態度尺度」Computer Attitude Scale<br>・「ベム性役割目録」Bem Sex Role Inventory<br>が実施された。 | ①以前の経験と男性的にステレオタイプされた行動特性は,コンピュータ態度を規定する要因として重要である。<br>②信頼と好ましさへの経験とジェンダー・ステレオタイプの影響は,男女で異なる。<br>③家庭における使用経験は,男性の信頼と女性の好ましさへ影響していた。<br>④男兄弟の使用や親の使用は,両性にとって肯定的な影響を与えていた。 |
| Dittmar, H., Beattie, J. & Friese, S. | 1995 | | 衝動買いをするときの判断に対する,ジェンダー・アイデンティティの影響を検討する。 | 年齢25～35歳のサセックス大学の学生（男女20名,計40名）を対象に,<br>・衝動買いしやすい品目<br>・その理由<br>について,個別の聞き取り調査を行った。 | ①アイデンティティに関連する製品は,衝動買いの対象となりやすかった。<br>②男性と女性では衝動買いの対象となるものが異なっていた。<br>③衝動買いをするときに,その判断の基準となるのは,男性は道具的なもの,女性は情緒的で他者志向的なものであった。 |
| P, S. & Thomas, I. | 1995 | | 女性の成功への恐れと性役割アイデンティティと自尊感情との関連を検討する。 | 20～45歳の150名の女性（有職95名,学生55名）を対象に, | ①女性性が高いほど自尊感情が低く,成功への恐れを強くもっていた。 |

# 7. ジェンダー・アイデンティティに関する研究

| | | | | | |
|---|---|---|---|---|---|
| | | | ・「成功への恐れ」(FOS: Fear of Success)<br>・「ケララ男性性, 女性性尺度」Kerala Masculinity-Femininity Scale<br>・「自尊心目録」Self-Esteem Inventory<br>を実施した。 | ②女性性, 自尊感情共に有意な主効果が見られたが, 交互作用はみられなかった。 |
| Stets, J. E. | 1995 | 親密な関係にあるパートナーのコントロールとジェンダー・アイデンティティ, マステリィ・アイデンティティとの関連を検討する。 | 465名（男性42%, 女性58%）の大学生を対象に,<br>・パートナーのコントロールの認知<br>・「個人的属性質問紙」(PAQ: Personal Attributes Questionnaire)<br>・「マステリィ尺度」Mastery Scale<br>・属性（性, 家の収入：対象者の家族年収）<br>・パートナーとの関係の継続状況<br>について調査し, 回帰分析を行った。 | ①自己統制感が低い人は, パートナーをよりコントロールしようとする傾向がある。<br>②男性的なジェンダー・アイデンティティをより多く備えている人は, 女性的なジェンダー・アイデンティティをより多く備える人に比べ, パートナーをコントロールしようとする傾向が強い。<br>③女性的なジェンダー・アイデンティティを備える人は, 低いマステリィを認知する傾向がある。従って, 女性的なジェンダー・アイデンティティを備える人は低いマステリィ状態ではパートナーをコントロールしようとする傾向がある。 |
| Whitehead, J. M. | 1996 | 共学校の生徒における科目についての男性らしさ, 女性らしさの認識と性役割に関連した他の態度, 性的特性, 学習の動機づけ, Aレベルでの科目選択との関連を検討する。 | イングランドとウェールズにある, 14ヵ所の共学の生徒（11歳と13歳）342名（男子147名, 女子195名）を対象に,<br>・内的な動機づけ<br>・外的な動機づけ<br>・仕事への認識<br>・性役割ステレオタイプ<br>・性的特性質問紙<br>・科目に対する認識とAレベルでの選択<br>について調査した。 | ①科目についてステレオタイプな見方をもたない女子は, 女性的な定義も男性的な定義も共にもつことができた。<br>②男子で, 男性的な科目を選ぶ子は, よりステレオタイプな見方をもっていた。<br>③男女共に, 本質的な内的動機づけは, より女性的な科目選択と関連があり, 外的な動機づけは, 男性的な科目選択と関連していた。<br>④性に適合した科目選択を |

| | | | | する男子は，外的な動機づけをされる傾向にあり，他者による評価に価値を置き，競争の中で他者よりもできることを楽しみ，高いステイタスの高収入の仕事に就きたいと考える傾向があった。|
|---|---|---|---|---|

ピュータへの肯定的な態度と関連しており，身近な同性モデルの存在が，コンピュータ行動の男性ステレオタイプにとらわれない態度としてあらわれることが示された。

また，Stets, J. E.（1995）は，社会構造に密接に関連する役割アイデンティティである，ジェンダー・アイデンティティと個別的な自己概念に関連する「マステリィ・アイデンティティ」Mastery Identity との関連を，親密な交際関係を持つ青年のパートナーのコントロールにおいて，それらがどのように影響するかについて検討している。マステリィとは，「人が，自分の人生に重要な影響を及ぼす力をコントロールする者として，自己を認識する程度」（Pearlin ら，1981）と定義し，「統制感の自己認知」としている。結果として，男性的なジェンダー・アイデンティティをもつ人は，パートナーをよりコントロールする傾向があった。これは，男性的なジェンダー・アイデンティティを誇示しようとするものであり，これまでの研究結果と一致するものであった。また，個としてマステリィ・アイデンティティが低い人も，パートナーをよりコントロールする傾向がみられた。これについて，低い自己統制感の認知を補完しようとするものと解釈している。しかし，女性的なジェンダー・アイデンティティをもつ人において，自己のマステリィ・アイデンティティを低く認知する傾向があり，従って，低い統制感の状況では女性的なジェンダー・アイデンティティをもつ人もまた，パートナーをコントロールしようとすることが予測された。この結果は，男性的ジェンダー・アイデンティティだけでなく，女性的なジェンダー・アイデンティティも他者をコントロールしようとする要因としてとらえられることを示唆していると考えられる。これは，家庭内暴力，虐待，ストーカーなど，親密な関係にある他者をコントロールしようとする行動の解釈に説得力をもつものとして非常に興味深い。

同様に，P, S. & Thomas, I.（1995）は，20歳から45歳の150名の女性を対象に，「成功への恐れ」と性役割アイデンティティ，自尊心との関連を検討している。その結果，女性性と自尊心の有意な負の相関がみられ，女性性が高いほど「成功への恐れ」を強く認知していた。分散分析では，女性性と自尊心の交互作用はみられなかった。クロス集計では，自尊心の高群が，もっとも「成功への恐れ」が低くなっていたが，他のクロス群との有意差はみられなかった。

以上，ジェンダー・アイデンティティと態度・行動に関する研究の主なものを紹介した。これらの研究は，女性的なアイデンティティがさまざまな行動や態度におよぼす影響について積極的に検討しようとするものであり，適応の観点から望ましいアイデンティティの方向性を考える上で，研究の流れの変化と前進を感じるものであった。主な研究結果は，女性的なアイデンティティが自己否定的な感情や自己認知と関連があり，行動の少なさやコントロール，恐れなどの否定的な態度としてあらわれることに影響する要因であることを示していた。一方，男性的なアイデンティティは，自己否定的な側面との関連はみられず，活動性の多さ，コントロールといった主体的な態度へ影響するものであることを示していた。特に，Stets, J. E.の研究は，第Ⅲ巻（鑪他，1997）で取り上げた，Burke, P. J.ら（1988）の「虐待行動は，感情的な結びつきの強い異性関係を求める女性的ジェンダー・アイデンティティの"行動化 acting-out"としてとらえるべき」という提案と同様の方向性を示すものである。また，女性のリーダーシップ表出と性役割アイデンティティを検討した Gurman, E. B. & Long, K.の研究でも，先行研究に反して，男性型で，リーダーシップ表出の評価に有意差がなく，両性具有型と女性型で，自己評価が他者評価よりも有意に高く，男性の存在がある時には，有意に未分化型より高くなる結果が示された。このことは，女性性に含まれる自己概念を低くとらえる傾向の補完的反応と考えればある程度納得できる。ここにきて，Bem による性役割アイデンティティ・パターンのみによって行動や態度の違いを，はっきりと区別して説明するには無理があることを示す研究が増えており，社会的文脈や社会文化的視座を入れてながめる必要性が示唆される。虐待や家庭内暴力といった，さまざまな不適応行動を適切に解釈していくためにも，今後は，男性的，女性的，両性具有といった性役割パターンによる比較だけでなく，さらにそれぞれのパターンに含まれる特性に焦点を当て，その組み合わせによってどのような行動，態度の違いがあるかといった詳細な分析を試みる方向での研究の蓄積が期待される。

(5) **ジェンダー・アイデンティティと職業に関する研究**

　この領域では，知的専門職や職場でのリーダーシップ，部下の評価，職業自己決定，自己効力感，仕事と家族関係，任務遂行における結果の原因帰属などとジェンダー・アイデンティティ，性役割アイデンティティ，フェミニスト・アイデンティティとの関連を扱った研究6編がみられた。これを表3-42に示した。このうち4編が，「ベム性役割目録」Bem Sex Role Inventory を用いたものであり，これまで同様，性役割タイプ別の比較によって，Bem の性役割理論を実証的に検証しようとするものであった。

表 3-42 ジェンダー・アイデンティティと職業に関する研究

| 著書 | 年代 | 目的・仮説 | 方法 | 結果・考察 |
|---|---|---|---|---|
| McGowen, K. R. & Hart, L. E. | 1992 | 仕事場面での態度，行動へのジェンダーアイデンティティの影響について明らかにする。<br>［仮説］は，以下の通りである。<br>①女性のキャリアは，男性に比べ人間関係の葛藤により影響される。<br>②女性は，職場に於いて男性よりも親密性や人間関係の調和を維持するために，より用いられる。<br>③女性は，仕事の満足感や幸福感を個人的な側面からよりも，関係的な文脈から引き出す。 | アメリカ全土から無作為に抽出された心理学者1000名を対象に，郵送による質問紙調査が行われた。有効回答は，315名（男性234名，女性81名），平均年齢48.2歳であった。<br>・9つの仮想的な仕事場面における反応（関係の優先順位のジレンマ，孤立対接近，自己中心性対他者への順応）<br>・その状況の実際の有無<br>・実行の有無<br>・職場での教育や仕事の満足度，幸福感の程度 | ①女性は，男性に比べ家族関係を危うくするような仕事を断る傾向があるが，両性とも家族関係と仕事のバランスをとる努力をしていた。<br>②満足度の低い職場に，仕事上の義務以外の理由で留まる傾向は，女性に多く見られた。<br>③仕事の満足度に影響を与えていたのは，男性では名声や収入，女性では仕事の自由度であった。<br>④仕事の幸福感では，女性はやりがいの有無を重要視していた。 |
| Dray, T. | 1993 | アメリカの航空宇宙産業に従事する専門職を対象に，性役割アイデンティティと仕事の満足度との関連を明らかにする。 | 南カリフォルニアの航空宇宙科学専門職に従事する者を対象に，<br>・「ベム性役割目録」Bem Sex Role Inventory<br>・仕事に関する自由記述<br>・属性<br>を実施した。 | ①大部分の対象は，男性型であった。<br>②両性具有型は，仕事内容について有意に満足度が高かった。<br>③男女間で満足度に有意な差は，みられなかった。 |
| Sundvik, L. & Lindeman, M. | 1993 | 職場における部下の評価に対する，上司の性と性役割アイデンティティの複合的効果について検討する。 | 年齢28〜64歳の大手輸送，コミュニケーションサービス会社の管理職257名（男性159名，女性98名，平均年齢49.9歳）を対象に，新しい中堅管理職採用評価場面でデータが収集された。<br>［評定者］<br>・社員評価スケール<br>・「ベム性役割目録」Bem Sex Role Inventory<br>［被評定者］<br>・社員評価スケール（自己評価）<br>・属性（年齢，勤続年数，学歴，地位） | ①男性型，女性型の性役割タイプを持つ上司は反対の性の部下に対して好意的な差別をしていた。<br>②部下の自己評価に対する上司の性，性役割アイデンティティ，部下の性の影響は有意ではなかった。 |

## 7. ジェンダー・アイデンティティに関する研究

| | | | | | |
|---|---|---|---|---|---|
| Galloway, R. J. | 1995 | 個々の男性性, 女性性の違いが, 職業上の任務における成功や失敗の原因帰属に影響しているかどうかを検討する。 | 3ヵ所のオクラホマ銀行の職員146名を対象に,<br>・「ベム性役割目録」Bem Sex Role Inventory<br>・「原因帰属尺度II」Causal Dimension Scale IIを実施し, 業務上の成功と失敗についての認識を性役割タイプ別に比較した。 | ①男性性, 女性性によって成功と失敗の原因帰属に有意差は, みられなかった。<br>②対象者の, 成功と失敗の状況にもとづく結果の解釈には, 有意差がみられた。 |
| Gianakos, I. | 1995 | 職業自己決定における, 自己効力感への性役割アイデンティティの影響を検討し, 理論的な根拠を明確にする。 | アメリカ中西部の大規模大学の学生(心理学専攻)178名(女性134名, 男性44名, 平均年齢27.57歳)を対象に,<br>・「ベム性役割目録」Bem Sex Role Inventory<br>・「キャリア決定の自己効力感尺度」(CDMSE: Career Decision Making Self Efficacy Scale)<br>・職業探索行動<br>・「スーパー仕事の価値目録」Super's Work Values Inventory<br>を実施し, 多変量分散分析を行った。 | ①性役割型によって, 職業自己決定における自己効力感は, 有意に異なった。未分化型の人はすべての自己効力変数においてもっとも低い結果となった。<br>②未分化型と女性型では, 目標設定においては, 有意差はみられなかった。<br>③職業探索活動への性役割の有意な影響が見られた。未分化型は, 他の型よりも有意に低かった。 |
| Sinner, M. E. | 1995 | フェミニスト・アイデンティティと職業的自己効力感との関連を検討し, フェミニスト・アイデンティティ発達と女性のキャリア上の自己効力感との2つの研究領域を統合する。 | 10種類の伝統的職業と10種類の非伝統的職業に従事する女性を対象に,<br>・フェミニスト・アイデンティティ(年齢, 就学, 結婚, 専攻, 自尊心)<br>・職業上の自己効力感を測定し, フェミニスト・アイデンティティ発達の各ステージで比較検討しているが, 分析方法の詳細は不明。 | ①女性の職業上の自己効力感は, フェミニスト・アイデンティティの発達段階によって異なっていた。統合段階にある女性は, 受身的な段階にある女性よりも自己効力感が高く, 任務の遂行が多く見られた。<br>②職業上の自己効力感は, 伝統的職業に従事している女性の方が高かった。 |

Dray, T. (1993) は，アメリカ航空宇宙産業に従事する専門職を対象に，「ベム性役割目録」Bem Sex Role Inventory を用いて性役割アイデンティティを分類し，仕事の満足度との関連を検討している。その結果，大部分の対象者は，男性型アイデンティティをもっていたが，両性具有型の人は，仕事内容についての満足度が有意に高かった。また，男女間で，満足度に有意差はみられなかった。
　Sundvik, L. & Lindeman, M. (1993) は，大手輸送・コミュニケーションサービス会社の管理職 257 名を対象に，職場での上司の部下に対する評価についての性役割アイデンティティの影響を検討し，性役割型（男性型，女性型）の上司は非性役割型（両性具有型，未分化型）に比べ，自分とは反対の性の部下を好意的に評価しており，性役割型の人は，情報を「性」に基づいて処理する一般的な特性があるとする Bem の理論を支持していた。さらに，就職活動での学生の職業自己決定における性役割アイデンティティを扱った Gianakos, I. (1995) の研究では，未分化型は，職業自己決定についての目標設定や自己効力感，職業探索活動のいずれにおいても有意に他の型よりも得点が低く，自立性や対処能力の低さを検証する結果であった。全体として，Bem の理論を積極的に否定するものはみられなかった。
　その他，McGowen, K. R. & Hart, L. E. (1992) は，心理学者を対象とした調査で，職場での態度，行動における性差について検討している。その結果，男女とも家族関係と仕事とのバランスをとろうと努力しているが，女性には，家族の関係を危うくするような仕事を拒否する傾向があり，また職務的な義務によらず，職場での人間関係を維持する目的から，不満足な職場であってもそこに留まる傾向があることを見出している。仕事の満足度に影響を与える要因として，男性は「名声」や「収入」を上げたが，女性は「仕事の自由度」をあげ，仕事についての幸福感では，「やりがいの有無」を重視していることが見出されている。この結果は，女性のアイデンティティが男性と異なり，"他者との関係の中での自己" という文脈の中で維持されているという事実を示すものであり，職場での態度・行動の表れ方における男女のジェンダー・アイデンティティの違いが予測されたものと考えられる。しかし，このようなジェンダー・アイデンティティの違いが，単に社会的な文脈や文化的な状況に影響されての結果なのか，あるいは性による普遍的なアイデンティティ・ステイタスの発達経路の違いによるものなのかについては，依然，明確でなく，今後，縦断的な研究によって明らかにされることが望まれる。
　Sinner, M. E. (1995) は，伝統的職業と非伝統的職業各 10 種類に従事している女性を対象に，フェミニスト・アイデンティティと職業的自己効力感との関連を検討している。その結果，女性の職業上の自己効力感は，フェミニスト・アイデンティティの発達段階で異なり，統合段階にある女性は，受身的な段階にある女性よりも自己効

力感が高く，任務の遂行が多く見られた。また，伝統的職業についている女性の方が，自己効力感は高いことを見出している。この結果は，男女という枠にとらわれない自己概念を統合している女性は，社会の中の伝統的な職業領域においても有能な人材として活躍することができ，自己効力感を高く持つことができることを示唆しているとしている。

女性の社会進出は，今後も次第に拡大していくものと考えられるが，職業人としてのアイデンティティと家庭人としてのアイデンティティの統合が大きな課題であり，性役割意識に支配されている社会の現状では，女性にとって非常に困難なものとなっている。この現実と育児不安，育児ノイローゼ，虐待，少子化など母子を巡るさまざまな問題との関連は多くの研究で示唆されてきた。また，女性の社会進出に伴って男性の育児・家事参加への期待が高まっており，今後は，男性においても同じ課題が課せられ困難に直面するようになることも予測される。それによって，職業を持つ成人期男女のジェンダー・アイデンティティの様相は変化してくる事が考えられ，男性のアイデンティティの変化に着目した研究が期待される。

(6) ジェンダー・アイデンティティと**女性特有の問題に関する研究**

この領域での研究は，妊娠，流産と女性性との関連を検討したものと，月経態度と性役割イデオロギーに関するものの2編であった。論文数が非常に少なく，この領域における研究の停滞を感じると同時に性や生殖に関連した研究の困難さがうかがわれた。これを表3-43に示す。

Gubkin, R. (1992) は，過去に流産経験がある妊婦と初妊婦，非妊婦の女性，計73名を対象に，「個人的属性質問紙」(PAQ: Personal Attributes Questionnaire)，「テネシー自己概念尺度」Tennessee Self-Concept Scale によって自尊心，および生殖経験について調査し，妊娠および妊娠による喪失体験（流産）と女性としてのアイデンティティ，自尊心との関連を検討している。その結果，初妊婦と流産経験のある妊婦間での女性らしさの認知と自尊心の比較では，有意差は見られなかったが，流産経験者では，女性らしさの認知と自尊心との間に有意な正の相関が見られた。また，対象者の多くは，妊娠や母となる事を自己実現として受け止めており，流産は失敗として経験され，自己概念に関わる葛藤をもたらしていた。さらに，妊婦の全員が，母となった後に職場復帰することを望んでいた。職業人としての専門性の追求もまた，現代女性にとって重要なものであり，女性のアイデンティティは，多様な側面で構成されていることが示唆された。この研究結果は，妊娠や流産といった女性特有の体験が，女性らしさのアイデンティティや自己概念の統合に重大な影響を及ぼすことを示すものと考えられる。また，成人期の男性と女性のアイデンティティ統合のプロセス

表 3-43 ジェンダー・アイデンティティと女性特有の問題に関する研究

| 著書 | 年代 | 目的・仮説 | 方法 | 結果・考察 |
|---|---|---|---|---|
| Hardie, E. A. & McMurray, N. E. | 1992 | オーストラリア人女性の, 月経態度に対する自己のステレオタイプと性役割イデオロギーの影響について検討する。 | オーストラリア, クイーンズランド州にある小規模大学の女子学生351名（研究1）とメルボルンにある大規模大学の女子学生183名（研究2）を対象（17〜30歳）に,<br>・「性役割イデオロギー」Sex Role Ideology Scale<br>・「月経態度質問紙」(MAQ: Menstrual Attitude Questionnaire)<br>・月経時性行動<br>・「個人的説明質問紙」(PDQ: Personal Description Questionnaire)<br>を調査した。 | 研究1：郡部<br>①伝統主義的なイデオロギーを持つ女性は, 平等主義的なイデオロギーを持つ女性に比べ, 月経をより自然で面倒ではないととらえていたが, 価値には否定的であった。<br>②平等主義的な女性は, 月経時により性的な欲求の自覚があり, 性交もする傾向にあった。<br>研究2：都市部<br>①性役割イデオロギーは, 男性的な性役割特性と関連があった。<br>②男性的な特性は, 身体的な負担, 面倒さの認識で有意な負の関連がみられ, 性的な欲求の自覚で有意な正の関連がみられた。<br>性役割イデオロギーは, 月経時の態度に影響を与え, 社会的な同一化の程度や自己のステレオタイプ化は, 月経態度の選択にバイアスとなる。 |
| Gubkin, R. | 1992 | 妊娠や流産など生殖経験の有無と女性としてのアイデンティティ, 自尊心との関連を検討する。 | 過去に流産経験がある妊婦と初妊婦, 調査時に妊娠していない女性, 計73名を対象に,<br>・「個人的属性質問紙」Personal Attributes Questionnaire<br>・「テネシー自己概念尺度」Tennessee Self-Concept Scale<br>・生殖経験<br>の調査を行った。 | ①初妊婦と流産経験のある妊婦の, 女性らしさの認知と自尊心に有意な差はみられなかった。<br>②流産経験のある妊婦のみ, 女性らしさの認知と自尊心との間に正の相関がみられた。<br>③流産は, 失敗として経験され, 自己概念に関わる葛藤をもたらした。<br>④妊娠は, 自己実現, 生殖能力, 女性性と関連していた。 |

が，生殖機能の違いから得られる体験によって，普遍的に異なることを予測させるものでもあるといえよう。

　生殖の営みは，本来，生活の中の日常的な出来事であるが，男性にとっても，女性にとっても心理と密接に関連した行為であり，非常にデリケートな部分である。したがって，現代でも容易にふみ込むことができない領域と暗黙のうちに理解されている感がある。しかし，心理状態と密接に関連しているがゆえに，性と生殖に関連した体験による他の意識や行動への影響も大きいと考えられる。特に女性にとって，妊娠や流産は，身体的・生理的にダイナミックな変化を伴うものであり，どちらも大きな心理的葛藤をもたらし，成人期女性のアイデンティティを揺るがす危機的な状況であることが次第に明らかになりつつある。中でも，中絶や流産は一種の喪失体験であり，その後の個のあり方や発達にとって非常に重要な影響を与えうる体験と考えられる。Rut, G.の結果からも，流産によるトラウマをスムーズに乗り越えられなかった場合，自尊心が低くなる方向への自己概念の修正が起こる可能性があると考えられ，その後に，子どもを得た場合，親となる過程の態度や養育行動に何らかの影響があることも可能性として予測される。また，女性だけでなく，男性にとってもセックスを含めた生殖機能は個人的能力として，「親密さ」を獲得していく成人期の個のアイデンティティやジェンダー・アイデンティティと深く関連していると考えられ，暴力や他者コントロールなどの行為とも密接に関連していることが予測される。性と生殖にまつわる体験が，自己概念やジェンダー・アイデンティティのその後の発達的な変化や行動に，どの様に影響するかといった視点からさらなる知見の蓄積が期待される。

　このように，性と生殖は，われわれの日常の中でごく当たり前のことであるが，人の存在の根本に関わる部分であり，非常に多様な問題をはらんでいる領域である。離婚や再婚の増加，トランスセクシャル間の婚姻，生殖への人為的介入（人工授精）の拡大など，社会の急速かつ多様な変化に伴い，生殖を原点とした人間のつながりもより複雑になっており，それをベースとして，日常の中で体験する関わりの内容や質も変化し，人のアイデンティティのありようは，いっそう多様化してくると考えられる。特殊な環境におかれた人の自己概念やジェンダー・アイデンティティの発達が，どのような差異として現れていくのかはまだ未知数の部分が多い。今後は，男女を問わず，性と生殖に関連する多様な側面から，個のアイデンティティ・ステイタスやジェンダー・アイデンティティへの影響，それに伴う発達的変化などに焦点を当てた研究活動が活発に展開されることが期待される。

### 3）まとめと今後の課題

　以上みてきたように，ジェンダー・アイデンティティに関する研究は，前著（鑪他，

1997）に比べて量的には少なくなっている。前著と同様，理論的な研究から実証的な研究への移行が持続しており，認知心理学，発達心理学，社会心理学，臨床心理学，適応・パーソナリティなどのさまざまな心理学分野での研究が続けられている。しかしながら，ジェンダー・アイデンティティに関する理論や尺度の研究には，新たな大きな展開はみられず，停滞しているという印象はぬぐえない。

これまでと同様に，男女のジェンダー差として眺められていた現象や考えられていた事柄に対して，ベム性役割目録などを用いながら，単なるジェンダー差ではなく，その背後にあるジェンダー・ロールやジェンダー・ロール・アイデンティティという変数から眺め，これまでの「男だから」「女だから」というジェンダー・バイアスを払拭しようとする実証的な研究は，続けられている。

新たな研究の方向として，ジェンダー・アイデンティティ形成・発達に関して，民族的な視点，文化的な視点から眺めようとするものがあった。また同様に，これまでの既成の尺度を民族差，文化差を越えて適応可能であるのか検討しようとするものがあった。また，成人のジェンダー・アイデンティティ発達についての研究では，Ely（1995）のように女性のジェンダー・アイデンティティ形成が社会的に構築されていくことを示唆したものや，人生後半のジェンダー・ロールの転換を示唆するもの，性役割アイデンティティの発達には社会的役割の影響が関与していることを示唆するものがあった。さらに，社会心理学の研究の中では個人が置かれた文脈（社会的状況）を考慮した研究が，これまでと同様にあった。これらから，研究の一部が，個人とそのジェンダー・アイデンティティを社会・文化的，あるいは民族的な視座からとらえようとする方向に，大きく流れ始めているという印象をもつ。固定的にとらえられていたジェンダー・アイデンティティが，社会的，文化的，民族的な側面を強調されながら，眺められ始めたということかもしれない。今後もこの方向での研究は続いていくと思われる。また，女性の自尊心・適応を高める研究や，暴力・ストーカー行為など，今日的な問題の理解や実際の援助に役立つ研究が，今後も続けられると思われる。

また，今回は臨床事例の研究の一部を加えていたために，これまでの一般のあるいは共通するジェンダー・アイデンティティについてではなく，臨床事例など，個別性・異質性をあつかったものがみられた。先に述べたような，ジェンダー・アイデンティティを社会・文化・民族という外的要因との関係で集団的に眺める研究と，個人差の視点から眺める研究の2側面が，これまでのような性による発達経路の違いを明らかにしていく研究にプラスされて，展開していくことによって，停滞しているジェンダー・アイデンティティの概念や発達などに関する研究の新たな地平が産まれてくることが期待される。

さらに，現在の心理学の研究では身体は無視されがちであるが，ジェンダーやジェ

ンダー・アイデンティティの研究に関しては，性や生殖・子育てにまつわる身体的な経験（生理，妊娠，流産，出産，授乳，閉経，生殖器官の手術，不妊，不妊治療，精通，性的機能不全など）が，ジェンダー・アイデンティティにどのような影響を与えるかについて重視しなければならないのではないかと考える。せっかく，性 sex という生理学的・解剖学的レベルから離れた研究が始められているが，ジェンダー・アイデンティティに関する研究では，社会文化的視点と同時に，身体性（身体的視点）をも視野に入れた研究が必要ではないかと考えられる。

## 8. ライフサイクルとアイデンティティに関する研究

　アイデンティティの発達をライフサイクル全体からとらえようとした研究は，今日，注目を集めている分野の1つである。その背景には，前著第Ⅳ巻（鑪他，1997）においても述べたように，次のような2つの問題が見られる。第1は，長寿化・少子化というライフサイクルの変化，価値観や生き方の多様化，さらに社会の流動化という現代社会の大きな変化の中で，アイデンティティの探求，つまり自分らしい生き方の模索は，単に青年期だけの課題ではなく，中年期や現役引退期など，人生のあらゆる時期に重要な課題となっていることが考えられる。第2は，生涯発達心理学の進展にともなって，成人期，老年期の心の発達を，アイデンティティ論の視点から理解しようとする試みが行われるようになったことがある。成人期の発達は，単にパーソナリティ，対人関係，キャリア，家族など特定の限定された側面のみではなく，全人格的な視野からとらえることが不可欠である。アイデンティティ論は，人間のありよう，特に心の発達を全人格的に包括してとらえるための優れた視座を提供するものであると考えられる。

　本節では，1992～1996年までに発表されたライフサイクルとアイデンティティに関する研究を展望する。この領域の研究は，この5年間で64編見られ，それは内容によって，以下のようにまとめられる。
　1）　成人期を対象とした研究
　　(1)　成人女性のアイデンティティ発達に関する研究
　　(2)　成人男女のアイデンティティ発達に関する研究
　　(3)　キャリアとアイデンティティ発達に関する研究
　2）　老年期を対象とした研究
　　(1)　老年期のアイデンティティ達成とその要因を検討した研究
　　(2)　老年期の精神的健康をアイデンティティ論の視点から検討した研究
　　(3)　老いに対する年齢アイデンティティの研究

　ライフサイクル全体を展望したアイデンティティ研究は，これまでWaterman, A. S. (1982)*, Andrews, L. E. (1983), Franz, C. E. & White, K. M. (1985)*, Hamachek, D. (1990)*など，Erikson, E. H. (1950)の「個体発達分化の図式」Epigenetic Schemeを理論的に検討・修正した優れた研究がみられるのに対して，

---

　　＊　「アイデンティティ研究の展望Ⅴ-1」（鑪他，1998）に抄訳と解説が掲載されているため，参照されたい。

1992～1996年の5年間では, Erikson, E. H.のライフサイクル論を理論的に検討した研究はみられない。

### 1) 成人期のアイデンティティ発達に関する研究

成人期を対象としたアイデンティティ発達に関する研究は, 28編みられ, そのうち重要な研究と考えられる14編の概要を表3-44にまとめた。これらは, ①成人女性のアイデンティティ発達に関する研究, ②成人期のアイデンティティ発達に関して男性女性の両者を対象にした研究, ③キャリアとアイデンティティ発達との関連に焦点を当てた研究に大別できる。この領域の28編の論文のうち, 19編は女性を対象としたものである。成人女性のアイデンティティ発達に関する研究の増加は, 1980年代後半からみられた特徴の1つである。これは, 家庭とキャリアの両立, 子どもを産み育てること, 政治参加, ジェンダー問題など, 成人女性のアイデンティティをめぐる様々な問題に対する関心の高さのあらわれであろう。

#### (1) 成人女性のアイデンティティ発達に関する研究

近年, 女性のアイデンティティ発達を「個としてのアイデンティティ」のみならず「関係性」の視点からとらえる試みが注目されている。なかでもJosselson, R.L. (1992, 1994) は, アイデンティティの発達を関係性の文脈からとらえ直した興味深い研究を行っている。彼女は, アイデンティティ形成過程にみられる関係性のあり方を, 総合的な見地から検討し, アイデンティティ形成の根底にある自己と他者の間の8つの関係の次元を見出した。「それらは, 1. 抱きかかえ/しがみつき (holding), 2. 愛着 (attachment), 3. 情熱的な経験 (passionate experience), 4. 目と目による確認 (eye to eye validation), 5. 同一化 (identification), 6. 相互性 (mutuality), 7. 埋めこみ (embeddedness), 8. 慈しみ/ケア (tending, care) である。Josselsonによるこれらの次元の発見は, アイデンティティが関係性の中から現れること, それゆえにアイデンティティの形成においては, 他者との豊かな結びつきを維持する個人の能力が問われることを示唆している」(杉村, 1999, P.60)。

以下に取り上げられている研究も, 関係性の中でのアイデンティティ発達をとらえていくという意味で, Josselson, R.L.の視点と同一の研究の流れに沿ったものである。

成人女性のアイデンティティ発達に関する研究は9編みられ, アイデンティティ達成, 親密性, 世代性の課題について, 課題解決のプロセスに焦点を当てたものや, 課題の年齢的変化を検討したものなどがみられる。

Halpen, T. L. (1994) は, 23歳から32歳の成人初期の女性を対象に, Marcia法による面接調査と, Kegan, R. (1982) の構造主義的発達論に基づいた面接を行い,

第Ⅲ章　外国におけるアイデンティティ研究の展望

表 3-44　成人期のアイデンティティ発達に関する研究

| 著書 | 年代 | 目的・仮説 | 方法 | 結果・考察 |
|---|---|---|---|---|
| Perez, J. M. | 1992 | 3つの異なったライフステージにおいて，男女それぞれのアイデンティティ，親密性，世代性のテーマへのとりくみ・解決が同様の方法・順序でなされるかについて検討する。 | 対象者：大学生588名（3つの年齢群，18～21歳，22～34歳，35～55歳）。方法：質問紙調査。「改訂版エリクソン心理社会的段階目録」Modified Erikson Psychosocial Stage Inventory。 | ①アイデンティティ，親密性，世代性の課題解決に関して，年齢と性に有意差が認められた。②女性のアイデンティティは年齢とともに発達し，男性女性両者において世代性は年齢とともに発達することが示された。これらは Erikson, E. H.の漸成原理を支持するものであることが示唆された。③年齢や性だけが影響を与えるのではなく，社会的役割を有することが心理社会的課題の解決に貢献することが確認された。 |
| Shusman, F. I. | 1992 | 中年期女性の，「空の巣」期の決断に影響を与える要因について検討する。 | 対象者：中年期女性112名（40～57歳）。方法：質問紙調査。「自尊心尺度項目」Index of Self-Esteem, 「仕事・家族志向性質問紙」Work and Family Orientation Questionnaire,「ロキーチ価値観調査」Rokeach Value Survey,「私の職業状況調査」My Vocational Situation,「自己・役割概念調査」Self and Role Concept Instrument。 | ①キャリア志向の女性は，家庭志向の女性と比較して，高い自尊心と達成動機，低い親役割へのとらわれを示した。②自己概念，職業的アイデンティティ，価値観においては，両者に差はみられなかった。③キャリア志向か，家庭志向かのどちらに社会化されているかということが，人生においての選択に有意なインパクトを有していることが示唆された。 |
| Hittelman, G. J. | 1993 | 非伝統的なライフコースパターンを選択した女性における，中年期移行期の経験について検討する。 | 対象者：キャリアを優先し，少なくとも36歳まで子育てを延期した女性12名（40～45歳）。方法：面接調査。面接において語られた内容を,「グランディッドセオリーの方法論」Grounded theory methodology により分析する。 | ①キャリアを有する女性としての中核的アイデンティティは，中年期移行期において連続性の感覚を供給することが示された。②文献において示されている男性の危機と同様の危機を，彼女等が経験しているとはいえなかった。③中年期移行期において， |

| | | | | |
|---|---|---|---|---|
| | | | | 自己と取り組む，自分自身のこれまで認識されなかった側面の探求，新しい自分自身を自己の中に統合するということが重要であることが示唆された。 |
| Rotenberg, K.J., Schaut, G. B. & O'Connor, B. P. | 1993 | 夫，妻の両者において，アイデンティティ，親密性，結婚生活の成功のそれぞれの関連について明らかにする。 | 対象者：既婚カップル78組（平均年齢35.7歳，安定カップル40組，不安定カップル38組）。方法：質問紙調査。「アイデンティティ・ステイタス測定の客観尺度改訂版」Extended Objective Measure of Ego Identity Status,「結婚生活の質項目」Quality Marriage Index,「エリクソン心理社会的段階目録」Erikson Psychosocial Stage Inventory。 | ①安定した結婚生活を送っている夫は，アイデンティティも達成され，親密性も高く，結婚生活の満足度とも関連していた。②しかし，親密性が，夫のアイデンティティ達成やカップルの結婚生活の満足もしくは安定と必ずしも関連があるわけではなく，また夫のアイデンティティ達成と結婚生活の成功とが必ずしも関連があるわけではなかった。③妻においては，アイデンティティ達成と親密性もしくは結婚生活の成功との間には有意な関連はみられなかった。④夫，妻とも，アイデンティティ危機の経験は，カップルの不安定さや結婚生活に満足していないことと関連があった。 |
| Halpen, T. L. | 1994 | Marciaの発達理論Keganの理論の比較から，成人期初期の女性のアイデンティティ形成に関して検討する。 | 対象者：女性10名（23～32歳）。方法：面接調査。「Marcia法」Identity Status Interview,「主体-対象面接」Subject-Object Interview。 | ①アイデンティティの発達のプロセスは，他者との関係から独立したものとしてあるのではなく，他者との関係の中での個性化のプロセスであることが示唆された。②二つの理論はそれぞれ女性における発達の異なった側面に焦点を当てているのであり，両者の理論的構造は置き換えられるものではないことが示唆された。 |

| | | | | |
|---|---|---|---|---|
| Reitzes, D. C. & Mutran, E. J. | 1994 | 役割や役割に基づくアイデンティティ意識が，自尊心に与える影響について検討する。 | 対象者：フルタイム有職男女818名（58〜64歳）。方法：電話による面接調査。「ローゼンバーグ自尊心尺度」Rosenberg Self-Esteem Scale，有する役割の種類，それぞれの役割に対する意識。 | ①担う役割の数やその組み合わせは，自尊心には影響を与えなかった。②仕事，配偶者もしくはパートナー，親役割への積極的関与は自尊心に影響を与えた。③役割にもとづくアイデンティティの持つ意味の，自尊心に与える影響は，役割や性により変化した。 |
| Alchek, M. H. | 1995 | 自分自身の意志から子どもをもたない女性において，関係性に基づくアイデンティティと精神的充足感との関わりについて検討する。 | 対象者：女性46名（質問紙調査），女性18名（面接調査），30〜49歳。方法：質問紙調査及び面接調査。 | ①母親としてのアイデンティティをもたないこと，自分の出生家族のために時間を割かないこと，ステレオタイプとしての男性性，関係への積極的関与が，精神的充足感に影響していることが示された。②親としての責任を回避するために子どもをもたなかった者は低い充足感を，自分自身の可能性を求めるために子どもを持たなかった者は高い充足感を示した。③自分自身の母親の，母親としての有能感とは違う別の部分に自分自身を同一化しており，また母親が両価感情を有していたと回想する傾向があった。④母親としてのアイデンティティをもたないということは，他者との関係に関する能力を減じさせるということを意味しないことが示唆された。 |
| Burke, P. C. | 1995 | 中年期女性のアイデンティティの発達について，仕事と家庭の両立という視点から検討する。 | 対象者：有職女性31名（35〜50歳）。方法：面接調査。面接において語られた内容を，「グランディッドセオリーの方法論」Grounded theory methodologyにより分析する。 | ①キャリアと家庭を両立していく上で，自分の母親や，資質を生かして生きる女性モデルといった，重要な他者からの承認が必要不可欠なものであった。②1948年以降生まれのコホ |

8. ライフサイクルとアイデンティティに関する研究        245

| | | | | | ートは，社会の中での性役割観の変化の影響を受けていた。③女性のアイデンティティ発達プロセスにおいて，知性，個人のもつ性質，自主性が大きな役割を果たしていた。④明確な価値観，統合されたアイデンティティの意識，仕事への意気込み，自分が受けた恩恵に対する感謝，他者への還元への努力が，中年期女性のアイデンティティプロセスに大きく関係していた。|
|---|---|---|---|---|---|
| Franz, C. E. | | 1995 | イギリス作家Brittain, V.の，20代初期，30代初期の作品を対象に，Eriksonのアイデンティティ，親密性，世代性のテーマに関して検討する。 | 対象：イギリス作家Brittain, V.の20代初期30代初期の手紙・日記。方法：アイデンティティ，親密性，世代性のテーマの記述に関して，コーディングを行う。 | ①親密性と世代性に関する言及が多く，アイデンティティに関する言及は少なかった。②20代から30代にかけて，アイデンティティに関する表現が減少する一方で，アイデンティティの中のサブカテゴリーである職業的役割の言及の頻度は高くなっていた。③年齢とともに，アイデンティティのテーマへの関心が減少するのではなく，アイデンティティの表現がより行動化されたものへと変化していくと解釈された。|
| Helson, R., Stewart, A. J. & Ostrove, J. | | 1995 | 中年期女性を対象に，時代的背景の異なる3コホートにおけるアイデンティティの共通性，個人差について検討する。 | 対象者：1950年代，1960年代初期，1960年代後期に成人初期であった女性。方法：「カリフォルニア成人Qセット」California Adult Q-set,「Q分類アイデンティティプロトタイプ」Q-sort Prototypes for ego Identity,「カリフォルニア人格目録」CPI: California Psychological Inventory。| ①Q分類アイデンティティプロトタイプによりアイデンティティは，統合取り組み型（達成-モラトリアム），統合受容型（達成-予定アイデンティティ），非統合取り組み型（拡散-モラトリアム），非統合受容型（拡散-予定アイデンティティ）の4つに分類された。②アイデンティティのパタ|

| | | | | | ーンは，CPIによる社会生活に関する確信，社会的ルールの受容，現実化のそれぞれにおいて異なった3コホートで相似の関係を示した。③アイデンティティの統合受容型は，統合取り組み型よりもコホート間で相似の関係を示した。④統合取り組み型において，若いコホートは独立的で高い意欲を持ち，年長のコホートは自己や他者を動かすことに関心をもっていた。 |
|---|---|---|---|---|---|
| Pickens, D. S. | 1995 | 中年期女性において，人生経験のレヴューから，アイデンティティにおける世代性の課題解決プロセスについて検討する。 | 対象者：女性13名（40〜65歳）。方法：面接調査。中年期における人生経験の語りを行わせる。 | ①アイデンティティにおける世代性の課題に関して，語りは，ケアリングのモデルを提供する家族，自分自身のアイデンティティがこうありたいという期待，自己を成長させるきっかけとなった転換期，世代性の表現としての役割への関わりから構成されていた。②対象者は自分自身の人生の中で現在の中年期という時期が特別なものであると認知しており，自分自身が何者であるかについての探求に価値をおいていた。③彼らは望ましい社会として，不公平と偏見のない世界を願い，そのような社会の実現に対して，社会的世代性を自分自身のアイデンティティの中に組み込むことであるとした。 |
| Thoits, P. A. | 1995 | 自己概念の形成に対して，個人が重要であると認知する，肯定的・否定的ライフイベントが与える心 | 対象者：既婚者男女，離婚者男女532名（Time1では700名，Time2では532名）。 | ①個人の心理学的充足感と，それぞれの役割アイデンティティ階層の中で経験された肯定的・否定的ラ |

## 8. ライフサイクルとアイデンティティに関する研究

| | | | | |
|---|---|---|---|---|
| | | 理学的インパクトを検討する。 | 方法：面接調査。心理学的徴候を調べる指標として「簡易徴候目録」Brief Symptom Inventory,「人生への適応プロファイル尺度」Profile of Adaptation to Life Scale, 役割アイデンティティの階層, ライフイベント, 肯定的・否定的ライフイベント。 | イフイベントとは関連がなかった。②ライフイベントのもつ意味は, 個人がどの役割アイデンティティ階層の中に位置づけているかということよりも, それらの質的文脈を詳細に検討することにより明らかにされると考察された。 |
| Wickrama, K., Conger, R. D., Lorenz, F. O. & Matthews, L. | 1995 | 身体的健康度と, 職業, 結婚生活, 親役割の満足度との関係に関する性差について検討する。 | 対象者：共働き夫婦310カップル（結婚生活20年以上, 2人以上の子どもを有する）。方法：質問紙調査及び面接調査。仕事の満足度, 親役割満足度, 結婚生活満足度, 認知された身体的健康度, 職業的成功への積極的関与, 親役割への積極的関与。 | ①仕事の満足度は夫の健康に正の影響, 親役割の満足度は妻の健康に正の影響を与えた。②結婚生活の満足度は, 夫・妻の健康に影響を与えた。③妻の場合, 親役割に対する満足度が, 健康に与える影響において, 親役割に対していかに関わっているかということが関係していた。④夫の場合, 職業への積極的関与が, 仕事に対する満足感が健康に与える影響において, 仕事への積極的関与が関係していた。 |
| DeGarmo, D. S. & Kitson, G. C. | 1996 | 死もしくは離婚により夫を喪失した女性において, 夫に対する主観的評価や, 夫との関係のなかで意識する個人のアイデンティティ意識を調べ, 喪失事態に対する適応プロセスについて検討する。 | 対象者：未亡人女性173名, 離婚者女性156名。方法：面接調査。「簡易徴候目録」Brief Symptom Inventory, アイデンティティの混乱と変化, 配偶者との関係を通してのアイデンティティ意識, 夫に対する主観的評価, ライフイベントの経験。 | ①離婚者よりも未亡人となった女性の方がより抑うつ的であった。②しかし, 喪失という心理学的苦痛状況が与えるアイデンティティ意識の形成プロセスのインパクトという意味では, 両者には同様の適応プロセスが確認された。 |

アイデンティティの発達プロセスについてそれぞれの理論による比較を行っている。その結果，両者の理論はそれぞれ発達の異なる側面に焦点を当てたものであり，置き換えられるものではない，という結論にいたっている。また，女性のアイデンティティ形成プロセスは，他者との関係から独立したものとしてあるのではなく，重要な他者との関係を維持することに関心をもったり，関係の中で葛藤に直面することで自分自身を知り，定義づけるというように，他者との関係の中での個性化のプロセスであることが示された。

Franz, C. E. (1995) は，イギリスの著作家 Brittain, V.の20代初期，30代初期の日記や手紙を分析し，Erikson, E. H.のアイデンティティ発達論が，女性の発達へも応用できるかどうかを検討している。彼女はFranz, C. E. & White, K. M. (1985) において，Eriksonの個体発達分化の図式に愛着経路を加える形で，人間の生涯発達を個体化の発達と愛着の発達という2つの経路で理解しようと試み，「生涯発達に関する複線 (two-path) モデル」を提唱した。Franz (1995) は，すでに博士論文抄録として刊行されている Franz, C. E. (1988) を詳細にまとめたものであり，Franz & White (1985) の理論仮説をより実証的に示したものとして位置づけられる。方法としては，Brittain, V.の20代初期および30代初期の日記や手紙の中の，アイデンティティ，親密性，世代性のテーマに関する記述のコーディングを行った。その結果，青年期から成人期への移行期には，親密性のテーマが個人の中でより重要なものとなり，また世代性のテーマも親密性ほどでもないが，やはり重要なものへと変化していた。一方，アイデンティティのテーマは一見するとさほど重要でなくなるととらえられるが，その内容からみると，職業的役割への関心の増加といった，アイデンティティのテーマが別の形で表現化されるように変化することが認められた。この研究により，心理社会的テーマは，アイデンティティ，親密性，世代性の順に現れており，Eriksonの理論はほぼ支持されたといえる。また，アイデンティティのテーマは，年代によりその表現される内容が異なってくること，さらに，親密性や世代性といった関係性の中でのテーマが重要であるという本研究の知見によって，Franz & White (1985) で指摘された，人の生涯発達において，個の発達と関係性の発達の両者を視野にいれた視点が重要であることが確認されたといえよう。

一方，Pickens, D. S. (1995) は，40歳から65歳の女性を対象に，家族との関わり，アイデンティティに関してこうありたいという願望，自己を成長させるきっかけとなった転換期，役割への取り組みといった世代性の課題における解決プロセスについて検討している。この研究によって，成人女性は，世代性の課題へ取り組むことにより，自分自身が何者であるかというアイデンティティ意識が確認されること，またひいては望ましい社会の実現という社会的世代性を，自分自身のアイデンティティの中に組

み込んでいくことが見出された。これらの知見は非常に興味深いものである。

　これらの研究より，成人女性のアイデンティティ発達においては，親密性や世代性といった，他者とのかかわりが重要であることが実証的に示されている。つまり，成人期においては，他者との関係を維持することに関心をもったり，関係の中で葛藤に直面することで，自分自身を知り，定義づける (Halpen, T. L., 1994) という模索の中で，アイデンティティは発達していくのである。また，他者との関わりが重要であるがゆえに，アイデンティティ発達は，自己から他者，社会へと広がりをもつ。このことは，Erikson が成人中期の心理・社会的課題を世代性としていることを裏づけるものあろう。しかし，Pickens (1995) により指摘された社会的世代性は，長い成人期の中でのある時期からの年齢的特徴なのか，それとも世代性の心理・社会的課題のより高い次元に位置づけられるものであるかについては，この研究からは知ることができない。この点に関しては，長い成人期において，世代性の課題解決のプロセスに焦点を当てて検討する必要があろう。今後更なる実証研究が期待される。

(2) **成人期のアイデンティティ発達に関して男性女性の両者を対象にした研究**
　この領域の研究は，全部で 8 編みられた。
　今日，多くの成人は，社会生活を営んでいく上で，さまざまな役割関係を有している。このような社会的背景から，役割に注目した研究が行われるようになってきた。Thoits, P. A. (1983, 1986) は，この側面に注目して，「複数のアイデンティティ」Multiple Identity という概念を提案した。彼女によると，複数の役割アイデンティティをもっていることが，心理的に良い状態 psychological well-being や，その他の要因にプラスの影響を与える。「複数のアイデンティティ」という概念は，現代社会における成人期のアイデンティティをとらえる上で，非常に有益な視点である。しかし一方で，役割アイデンティティにおいて，役割を有することが個人にとってどのような意味をもっているのかという意義，役割間の葛藤，といったアイデンティティ発達において重要な影響を及ぼすことが予想される側面についての考察が，これまでは十分ではなかった。

　Thoits 自身もこのような問題意識を持ち，Thoits, P. A. (1995) において，成人既婚者・離婚者男女を対象に，親役割，職業を通しての役割など，担う役割を個人がどのように位置づけているかについて検討している。この研究においては，個人にとっての役割の重要度に着目し，さまざまな役割の重要度を高位，中位，下位に分類し，またそれぞれの階層における役割を担う上で経験された肯定的・否定的ライフイベントと，個人の心理学的徴候との関連を調べている。その結果，個人の心理的充足感と，それぞれの役割アイデンティティ階層の中で経験された肯定的・否定的ライフイベン

トとの間には関連がないことが示された。つまり,役割の階層構造に着目したこの研究においては,個人においてライフイベントのもつ意味は明らかにされず,個人にとっていかに役割が重要であるかということは,アイデンティティに関わるライフイベントのインパクトとは関連がないことが示された。この結果に対してThoitsは,個人にとっての意味は,役割を担う背景や状況といった質的文脈を詳細に検討することにより明らかになるであろうと考察している。

一方,Reitzes, D. C. & Mutran, E. J. (1994) は,58歳から64歳のフルタイムの有職男女を対象に,役割や役割に基づくアイデンティティ意識が,自尊心 (self-esteem) に与える影響について検討している。その結果,担う役割の数や組み合わせは自尊心には影響を与えず,仕事や配偶者,親役割への積極的関与,そして役割に基づくアイデンティティのもつ個人にとっての意味が自尊心に影響を与え,それらはまた役割の内容や性によって異なることが指摘された。

Perez, J. M. (1992) は,アイデンティティ,親密性,世代性の課題へのとりくみに関して,18歳から55歳までの男女を対象に,年齢と性差について検討した。その結果,年齢や性だけが課題への取り組みに影響するのではなく,他者との関わりの中で役割を担うことが課題への取り組みを促進させると述べている。つまり,配偶者との関係や,親としての満足,職業での満足が,心理社会的課題の解決の是非に大きく関わってくると結論づけている。

先にも述べたように,複数の役割を担って生きることが求められる現代においては,役割を担うことの意味が,とりわけ重要になってくるであろう。この点について,岡本 (1997, 1999) は,役割を担うこと,他者のケアをすることが,アイデンティティ形成におよぼす影響について考察している。つまり,職業においての役割,また家庭におけるさまざまな役割を有し,また他者への深い関心と配慮に裏づけられた積極的関与を行う中で,危機対応力や自我の柔軟性,しなやかさが成熟・発達していくというアイデンティティの側面があることを指摘している。

今日,従来の伝統的性役割観を背景とした女性を対象とした役割に関する研究のみではなく,男性・女性両者を対象に,役割を担うことの意味が検討されてきていることは,時代的変化に基づいた価値意識の変化であるといえよう。このような互いに役割を担い,支え,ともに生きる人間同士の関わりについての関心や着目は,次に述べるキャリアを有した女性のアイデンティティに関する研究にも大きく関係する問題である。

(3) **キャリアとアイデンティティ発達の関連に焦点をあてた研究**
このテーマに関する研究は,全部で7編みられた。

## 8. ライフサイクルとアイデンティティに関する研究

　この領域における中心課題は，伝統的な価値志向やライフスタイルをもつ女性と，非伝統的な女性のアイデンティティの相違に関する研究である。この問題に関しては，女性のライフスタイルによってライフサイクルの各時期におけるアイデンティティの感覚が異なることを明らかにした O'Connell, A. N. (1976) や，Erikson, E. H. (1968) の内的空間説に加えて，社会的・経済的活動によって家庭を維持するといった「外的空間」(outer space) についての検討の必要性を指摘した Hopkins, L. B. (1980) をはじめとして，1980年代までにすでに非常に示唆的な研究が発表されてきている。そして，1980年代から，成人女性がこれまでの伝統的役割や価値志向から脱却し，新しい個としてのアイデンティティを獲得しようとする際に生じる問題点を検討した研究が行われるようになった。このような問題は1990年代においても重要な課題である，さらにここ最近は，キャリアを有して生きることが，家族などの他者との関わりを軽視することにはならないこと，またむしろアイデンティティを発達させるものであるといったことを検証する動向がみられる。

　Alchek, M. H. (1995) は，子どもをもたないことを主体的に選択した30歳から49歳の女性を対象に，関係性にもとづくアイデンティティと精神的充足感との関連について，質問紙調査および面接調査を行った。この研究では，女性の他者との関わりを検討するにあたり，子どもをもたない心理的理由，現在の他者との関わり，自分自身の生育環境や自分の母親をどのようにとらえているか，について焦点が当てられている。その結果，子どもをもたない理由として，親としての責任を負いたくないことから子どもをもたない者は，低い精神的充足感を，自分自身の可能性を求めるために子どもをもたない者は，高い充足感を示していた。また，自分の母親に対して，母親的な側面以外のところに自分自身を同一化していること，また自分の母親が子どもを育てる上で両価的な感情を有していたことが報告されている。関係性にもとづくアイデンティティの様相についての詳細は不明であるが，母親としてのアイデンティティをもたないことが，他者との関わりの能力を減じることにはならない，と結論づけられている。

　キャリアをもつ女性のアイデンティティに関する研究として，他に Hittelman, G. J. (1993) や Burke, P. C. (1995) がある。彼らは，非伝統的なライフコースを選択した中年期女性を対象に，面接調査を行っている。その結果，Hittelman (1993) は，中年期移行期において，自分自身のこれまで認識されなかった側面の探求といった自分自身と取り組むことが重要であり，キャリアウーマンとしての中核的アイデンティティは，中年期という移行期において連続性の感覚を供給することを報告している。また，キャリアを有する女性の発達は，男性の発達とは異なるものであることも示された。

Burke, P. C. (1995) は，キャリアと家庭を両立していくためには，自分自身の母親，もしくはモデルとなる女性の承認が必要不可欠であること，また，葛藤や矛盾を絶えず経験し，模索する中で，アイデンティティがより確かなものとして形成されていき，これには知性や個人のもつ特質，自主性が大きな役割を果たしていることが示された。また，中年期女性のアイデンティティ形成プロセスにおいては，自分自身の仕事に対する意気込み，これまで自分が受けた恩恵に対して何か返していきたいという感謝の念，他者への還元の努力，明確な価値意識，統合されたアイデンティティの意識が重要な要因であることが示唆された。

また，Shusman, F. I. (1992) は，中年期女性の「空の巣」期における人生の選択について，キャリア志向の女性と，家庭志向の女性を対象に調査を行い，キャリア志向の女性は家庭志向の女性に比べて，自尊心と達成動機が高く，「空の巣」への欲求が低いことが示されたと報告している。

このように，非伝統的なライフスタイルを選択した中年期女性において，キャリア志向の生き方をしていることが，自分自身の自己実現のみを優先し，他者との関わりを軽視していることにはならないことが実証的に示されている。キャリア志向の女性のアイデンティティは，他者との関わりの中で葛藤を経験し，模索し，自分自身を再定義する中で，より確かなものとして再体制化され続けるものであることが示された。女性の生きる選択肢が広がった今日，このような指摘は，キャリアをもつ女性にとってはもちろんのこと，彼女らを支える者たちにとっても，非常に有益な示唆を与えることになろう。しかし，キャリアを有して生きることは，絶えずアイデンティティの再体制化を求められることになり，アイデンティティが発達していくが，その一方で再体制化がなされない，発達の方向に向かないというケースも非常に多く見受けられることは容易に考えられる。Shusman (1992) が，「空の巣」期という女性の発達における危機的な状況に焦点を当て，キャリア志向であるか，家庭志向であるかということが人生の選択に有意な影響をおよぼすことを検討したことは，非常に有益な示唆を与えている。しかし，ともすると，キャリア志向であれば発達の方向にあり，家庭志向であれば停滞の方向にあるという誤った信念を提供してしまう危険もある。女性がキャリアを有して生きることが非常に大きな脚光を浴びている今日，キャリア志向の生き方のどのような側面がアイデンティティの発達と関わっているのか，その要因や個人差について詳細に分析する研究が期待される。

### 2) 老年期を対象とした研究

老年期を対象としたアイデンティティに関する研究は，1992～1996年の5年間で11編発表されている。老年期を対象とした研究は1980年代から漸増の傾向にあるが，

## 8. ライフサイクルとアイデンティティに関する研究

前著（鑪他，1997）で対象になった1987～1991年においても老年期を対象とした研究は11編であり，この5年間においてそれほどの変化はみられない。11編のうち，重要であると思われる6編を表3-45に示した。

老年期を対象としたアイデンティティ研究は，①老年期のアイデンティティ達成とその要因を検討した研究，②老年期の精神的健康をアイデンティティ論の視点から検討した研究，③老いに対する年齢アイデンティティの研究の3つに大別することができる。社会学の立場から高齢者を対象とした老いを認識する要因の検討は比較的多くなされているが，心理学的視点から，上記の③のような老いの認識とアイデンティティの関連を検討した研究は，この5年間の新しい傾向と考えられる。

老年期のアイデンティティ達成とその要因を検討した研究は2編みられ，いずれも博士論文である。Hearn, R. S. (1995) は Erikson の個体発達分化の図式の第VIII段階の老年期の課題である統合性の様態を明らかにするため，65歳以上の高齢者100名を対象に半構造化面接を実施した。その結果，4つの様態（アイデンティティ達成・予定アイデンティティ・モラトリアム・アイデンティティ拡散）が認められた。そして第VIII段階で高齢者がライフレヴューを行うことは稀であるという結果が得られた。むしろ高齢者にとって重要なことは，生涯を通してこれまでに理解してきた自己に対する連続性の感覚をもつことであったと結論づけている。

この結果は従来の研究動向と矛盾するものである。高齢者のライフレヴューに関する研究は，1960年代に Erikson のアイデンティティ理論にもとづき，Butler, R. N. (1963) によるライフレヴューの提唱に始まり，その後急速に臨床・実践の場に広がっていった。1970年代は，ライフレヴューの概念化としてさらなる実践への応用が試みられた。1980年代は，数々の文献レヴューによって，ライフレヴューの理論的検討，臨床・実践の方法の再検討などが展開された。1990年代になると，よりいっそうの理論的深化と，科学的な裏づけをもつライフレヴューの臨床・実践の方法が探究されるようになった。ライフレヴューは，個人の内的世界への効果と，社会的・対外的世界への効果があるとされる。特に高齢者は，それまでの人生を振り返り，自己の連続性への確信を生み出すライフレヴューによって，自己の統合を行う傾向があるとされている。

Hearn (1995) の研究は，アイデンティティ達成型が少数であったため，このような結果になったことも推察される。しかし，老年期は人生の統合を達成する好機であるという視点から，ライフレヴューを行うことは重要なことである。自分の生涯にわたる連続性を確認していくことは重要な作業であるが，それだけでは不十分であり，自我の統合を目指す時，アイデンティティを確認する作業も必要である。ライフレヴューはそれを助ける一方法であると考えられる。ライフレヴューは，高齢者教育など

表 3-45 老年期のアイデンティティに関する研究

| 著書 | 年代 | 目的・仮説 | 方法 | 結果・考察 |
|---|---|---|---|---|
| Logan, J. R., Ward, R. & Spitze, G. | 1992 | 中年期から老年期の人々を対象に「老い」の認識に影響を与える要因を分析する。 | 対象者：40歳以上の男女1,200名。<br>方法：面接調査。 | ①老いの認識をする要因としては暦年齢，健康であるかどうか，子どもの有無，現在の結婚状態の4つが認められた。<br>②暦年齢より若いと感じている者は，感じていない者に比べて幸福感，生活満足感，ともに有意に高く肯定的であった。 |
| Taylor, B. C. | 1992 | 会話によって高齢者アイデンティティの脆弱さを整理し，表出し，克服できるのかどうかを考察する。 | 対象者：3名の高齢者と4名の大学生。<br>方法：高齢者と大学生が6週間，共同生活する中での会話を観察し，集中的面接法を実施。 | ①会話によって高齢者アイデンティティが整理され，表出された。<br>②対話を通して，高齢者アイデンティティの脆弱さがコミュニケーションの相手に病気や死に適応させるように働くとともに，高齢者と他世代のコミュニケーションを円滑なものにした。<br>③脆弱さによって，高齢者の経験とアイデンティティが明確になることが示唆された。 |
| Adelmann, P. K. | 1993 | 複数の役割アイデンティティの有無が生活満足感，抑鬱感，自尊心・自己評価（self-esteem）に影響を与えるかを検討する。 | 対象者：864名（黒人242名，白人622名）の60歳以上の女性。<br>方法：役割，日常行動に関する質問，「ニューガルトンらの生活満足指標」Neugarton, Havighust & Tobin Life Satisfaction Index,「疫学研究センター・抑うつ尺度」The Center for Epidemiological Studies-Depression Scale,「ローゼンバーグ自尊心尺度」Rosenberg Self Esteem Scale。 | ①1つの役割のみの女性（退職者，主婦）間に心理的健康性（well-being）の差はみられなかったが，両役割をもっている女性は1つの役割のみの女性より，高い自尊心を持ち，抑うつ感が低かった。<br>②心理的健康性とボランティアや自分自身で行う活動の他，年齢，健康，教育，結婚状態には相関がみられた。<br>③心理的健康性を最大限に達成するためには，複数の役割への適応と活動への活発な参加の重要性が示唆された。 |

## 8. ライフサイクルとアイデンティティに関する研究

| | | | | |
|---|---|---|---|---|
| Ernest, C. M. | 1994 | 自我の発達の促進，アイデンティティ意識，自尊心の促進に対する構造化されたライフレヴューの効果を検討する。 | 対象者：退職者用施設に居住している平均年齢85歳の高齢者（人数は記述なし）。方法：「計画的な心理学的教育」DPE:Deliberate Psychological Educationを用いた構造化されたライフレヴュー。 | ライフレヴューは自分と自分自身の人生を評価することに有効であった。また自我の発達を促し，対人関係や倫理，道徳のような重要な問題に意欲的に取り組めるようになることが明らかにされた。 |
| Hubley, A. M. & Hultsch, D. F. | 1994 | 高齢者の2つの異なる年齢尺度（自覚年齢と理想年齢）に対するパーソナリティー特性変数との関係を検討する。 | 対象者：①55〜75歳の高齢者241名②55〜85歳の高齢者355名。方法：①「主観的な年齢知覚」SAP: Subjective Age Perception,「暦年齢満足感」(CAS: Chronological Age Satisfaction),「レーベンソン統制の所在尺度24項目」Levenson Locus of Control Scale.他。② SAP, CAS,「NEO人格目録」NEO-PI: NEO Personality Inventory,「ブランドバーンの情動バランス尺度」Bradburn Affect Balance.他。 | ①暦年齢は自覚年齢と対応していなかった。②内的な統制の所在と外向性は知覚年齢尺度に関連性があり，勢力のある他者に対する統制の所在，神経質，外向性，経験の開示は理想年齢尺度と関連があった。③自覚年齢尺度と健康もしくは情動変数間での関連性はみられなかった。④神経質と経験の開示の双方は理想年齢尺度と情動変数間の関連性を変化させることが示された。 |
| Hearn, R. S. | 1995 | Erikson, E. H.の個体発達分化の図式の第Ⅷ段階老年期の課題である統合性の様態を分析する。 | 対象者：65歳以上の高齢者100名。方法：半構造化面接。 | ①アイデンティティ達成・予定アイデンティティ・モラトリアム・アイデンティティ拡散の4つの様態が認められた。②高齢者にとって，ライフレヴューを行うことは稀であり，むしろライフスパンを通して，既知の自己の連続性を認識することの方が目標であった。 |

の一環として徐々に行われてきているが，今後はライフレヴューを行うことによって，アイデンティティの様態がどのように変化し，心理的課題解決にどのような影響を与えたのかを検討することは重要であろう。

老年期の精神的健康をアイデンティティ論の視点から検討した研究は4編みられた。Taylor, B. C.（1992）は3名の高齢者と4名の大学生が，6週間共同生活する中での会話を観察し，面接を行うという方法で，高齢者アイデンティティの脆弱さが会話を通して，整理，表出，克服できるのかどうかを検討した。その結果，高齢者アイデンティティは，迫り来る死や現在の病気などを話すことで整理され，表出された。また病気や死についての脆弱さを表出した会話を共有することは，コミュニケーションしている相手に病気や死に適応させるように働くことが明らかとなった。また，「援助者」care-giver が未解決の問題をもっていた時，高齢者との関係の中で解決していく例もみられた。しかし，反対の例もみられた。これらのことから高齢者と他世代のコミュニケーションが高齢者自身のみならず，コミュニケーションの相手のアイデンティティにも何らかの影響をおよぼすことが示唆された。

Adelmann, P. K.（1993）は，60歳以上の女性864名を対象に，複数の役割アイデンティティの有無が生活満足感，抑うつ感，自尊心に影響を与えるかどうかを検討した。1つの役割のみの女性，つまり退職者と主婦との間に「心理的健康性」well-being の差はみられなかったが，退職者と主婦の両役割を持っている女性は1つの役割のみの女性より，高い自尊心をもち，抑うつ感が低かった。心理的健康性の達成にはボランティア活動や年齢，健康，教育，結婚状態が影響をおよぼしていることも明らかになった。これらのことから，心理的健康性を最大限に達成するためには，複数の役割への適応とボランティアなどの活動への活発な参加が重要であると結論している。この研究は，高齢社会を迎えた今日，高齢者の精神的に充足した晩年のあり方を考える上で，示唆的である。

老いに対する年齢アイデンティティの研究は5編みられた。Logan, J. R.ら（1992）は，これまでの研究では，年齢アイデンティティを扱う際に高齢者のみに焦点を当てたものが多かったのに対して，対象者を中年期，中年期から老年期への移行期にも拡大して，40歳以上の男女1,200名に対して調査を行った。年齢アイデンティティにおいて暦年齢は非常に重要であるが，それと同時に，社会的な満足感も重要である。これまでの先行研究から年齢アイデンティティと健康の間には関連性が示されている（Bultena, G. & Edward, P., 1978）が，Logan らはさらに，社会的な満足感としての仕事の分野と家庭の分野，両方に共通する4つの役割（親であること，年長の子どもであること，配偶者であること，仕事をもって働いていること）にも注目している。老年期になるとこれらの役割変化もしくは喪失が経験されるが，Logan の調査にお

いては，老いを認識する要因として，子どもの有無と現在の結婚状態のみが認められた。高齢者としての年齢アイデンティティを規定する要因としては暦年齢，健康であるかどうか，子どもの有無，現在の結婚状態の4つが認められた。また，暦年齢より若いと感じている者は，感じていない者に比べて心理的健康性は良好なものであった。暦年齢と自覚年齢の間に相違がみられること，その要因として心理的健康性が示されたことは，妥当であろう。またLoganは，ジェンダー差が重要な要因であると考えているが，彼によると，一般的に外見に価値を置く女性の方が男性よりも老いを感じやすいとされている程度で，実証的なデータが示された研究はみられない。しかし，時代背景から考えても，社会の中でジェンダー差がなかったとは考えづらく，個人差があるにしろ，ジェンダー差は年齢アイデンティティに影響をおよぼしていると考えられる。今後，明らかにしていく課題であろう。

Hubley, A. M. & Hultsch, D. F. (1994) は55～85歳の高齢者を対象に，自覚年齢と理想年齢という2つの異なる尺度に対するパーソナリティー特性との関係を検討している。その結果，上述のLogan, J. R.らと同様，暦年齢は自覚年齢とは一致しておらず，「内的な統制の所在」internal locus of controlと外向性は自覚年齢尺度に関連性があり，「強力な他者に対する統制の所在」powerful-others locus of control，神経質，外向性，経験の開示は理想年齢尺度と関連があることが明らかにされた。

年齢アイデンティティを考えていく際に，中年期や老年期とひとくちにいっても，社会の変化と共にその年齢カテゴリーの定義も変化していくものと思われる。調査を行う際に，対象者自身がどの年齢カテゴリーに位置しているかを問うだけでは不十分であり，他のカテゴリーをどう認識し，定義づけているかも検討する必要があろう。

老年期はライフサイクルの完結として位置づけられる時期であり，過去からの蓄積が一層，重みをもつ時期である。つまり，過去から現在，未来をも含めた諸経験の統合が高齢者にとって意味あるアイデンティティのあり方になるのである。老年期のみを切り離した形で扱うのではなく，人生の延長線上に老年期を位置づける必要があるだろう。老年期研究は今日のライフサイクルや社会の変化に伴って次第に実証的データも蓄積され始めてはいるが，更なる発展が望める領域でもある。老年期のアイデンティティの発達的変化に関する研究などは今後の研究の進展が期待される。また蓄積され始めた研究成果を高齢者教育などの実践場面で応用していくことも，老年期研究の課題であろう。

### 3）まとめと今後の課題

以上，ライフサイクルとアイデンティティに関する研究について概観した。本節のはじめに述べたように，成人期・老年期のアイデンティティ発達に関する研究は，今

日の社会の変化にともなって，今後さらに発展されるべき重要な領域であろう。

　前著第Ⅳ巻（鑪他，1997）で展望したように，1980年代後半より若手の女性研究者による成人女性のアイデンティティ発達や性役割アイデンティティに関する研究が精力的に行われるようになった。これらは，現代社会の新しい問題意識を反映したものであった。本書で取り上げた1992〜1996年においても，その傾向は変わらず，成人女性のアイデンティティ発達は，重要な研究課題である。特にこの5年間は，アイデンティティの発達を，従来の研究の大半を占めていた「個としてのアイデンティティ発達」にとどまらず，「関係性」の視点からとらえ，他者との関わりや積極的関与が，成人としてのアイデンティティ発達・成熟にどのように寄与するのかを検討した研究がいくつも発表されたことは特筆すべきことであろう。Josselson, R. L.（1992, 1994）の提唱した関係性の視点からアイデンティティ発達をとらえ直す理論的試みとともに，実証的研究も増加してきていることは注目に値する。

　また，老年期を対象としたアイデンティティ研究も，高齢社会を迎えた今日，重要な研究領域であるが，この5年間に発表された論文はいずれも，これまでもよくとりあげられた問題であり，特に新しい知見は認められなかった。しかしながら，人生の最晩年のアイデンティティを研究することは，高齢者の精神的健康性や充足感の獲得への援助の方策を示すのみならず，人間の発達の究極の姿とは何かという大問題に対する示唆を得ることでもある。今後の研究の進展を期待したい。

## 9. ソーシャル・アイデンティティに関する研究

　本節においては，ソーシャル・アイデンティティに関する研究を概観する。この分野に関する論文は，66編であった。ソーシャル・アイデンティティに関する研究は，本巻ではじめて取り上げる領域である。そこでまず，この領域に関する概観を行っておきたい。

　ソーシャル・アイデンティティに関する研究論文は，大部分，Tajfel, H.が中心となって提唱されてきたソーシャル・アイデンティティ理論を背景とし，その理論的枠組みの中で，あるいはその理論的枠組みをめぐって書かれている。ソーシャル・アイデンティティ理論について，ここでは簡単な要約にとどめたい。詳しくは，Hogg, M. A. & Abrams, D. (1988) による『社会的アイデンティティ理論』（吉森・野村訳）などを参照されたい。

　さて，ソーシャル・アイデンティティ理論とは，社会心理学の研究領域で提唱されてきた立場および方法である。それは，ある社会集団または社会的カテゴリーに属しているという事実あるいはそのような認知が，その個人の自己概念や他者理解，行動に影響をおよぼすとする理論的枠組みである。この枠組みにおいては，個人がある集団に所属しているとき，自己肯定感を高め，維持したいという動機づけに基礎づけられて，集団間比較による内集団びいき，外集団に対する偏見や差別が起きてくると考えられている。このように，ソーシャル・アイデンティティ理論は，集団間で生じる社会的過程を集団に関する個人の認知やそれに付随する動機づけによって説明する理論的枠組みであり，Eriksonのアイデンティティ概念とはまったく違った伝統に属する考え方である。したがって，ソーシャル・アイデンティティに関する研究の焦点はもっぱら社会的過程にあり，個人のパーソナリティには主要な関心は向けられていない。例えば，上にも述べた偏見や差別の問題は，個人のパーソナリティ傾向とは基本的に無関係な問題として，集団への所属，集団の成員性に由来する問題として理解され説明されている。

### 1) ソーシャル・アイデンティティ理論および概念についての研究

　ソーシャル・アイデンティティ理論に対し，理論としての問題点や不十分な点を批判的に検討したり，他の拮抗する理論との比較対照を行ったりする研究が一群を成している。この領域では，15編の論文が見られた。そのうち7編の論文について概要を表3-46にまとめた。ここではその中から，Campbell, C. M. (1995 a), Deaux, K.ら (1995), Reid, A. & Deaux, K. (1996) の3編の論文を取り上げる。

表 3-46 ソーシャル・アイデンティティの概念に関する研究

| 著 書 | 年代 | 目的・仮説 | 方 法 | 結果・考察 |
|---|---|---|---|---|
| Schiffmann, R. & Wicklund, R.A. | 1992 | Tajfel & Turner (1979, 1986) のソーシャル・アイデンティティ理論, それに関連する最小条件集団パラダイム, このパラダイムから生まれている2つの重要な見解について検討する。 | 論考。 | ソーシャル・アイデンティティ理論がその基礎としているデータは欠点に満ちているのに, そのことがこれまで無視されてきている。ソーシャル・アイデンティティ理論は, 社会心理学的な現象を十分に説明していない。 |
| Farsides, T. | 1993 | Schiffman & Wicklund (1992) の見解を批判的に検討する。 | 論考。 | ソーシャル・アイデンティティ理論に否定的なSchiffmanとWicklundの結論は早計であり, ソーシャル・アイデンティティ理論には今後の発展が期待される。 |
| Campbell, C. M. | 1995a | Tajfelらのソーシャル・アイデンティティ理論は動的に変化する社会的文脈によってアイデンティティが形成されていく点を軽視してきた。本研究はこの点を明らかにすることで, ソーシャル・アイデンティティ理論を拡張することを目指す。 | 17歳から23歳までの男女各20名ずつを対象とした半構造化面接による調査。 | 若者が直面している20の重要な人生の課題と, 彼らのアイデンティティ形成の基礎となる11の重要な集団成員性が明らかとなった。 |
| Deaux, K., Reid, A., Mizrahi, K. & Ethier, K. A. | 1995 | 社会的および集団的アイデンティティをタイプに分け, その基礎的な次元を明確にする。 | 50名の大学生に, 64種類の集団について, それぞれの類似性の判断を求めた。また, 被験者は259名の大学生。64種類の集団について, 15個の特性について評定を求めた。 | クラスター分析により, 個人的な関係, 職業, 政治的所属, 民族・宗教的集団, スティグマタイズされた集団の, ソーシャル・アイデンティティの5つのタイプが示された。 |
| Hogg, M. A., Terry, D. J. & White, K. M. | 1995 | 個人の行動と社会の構造とを媒介する社会的に構成された自己についての, 非常によく似た理論であるアイデンティティ理論とソーシャル・アイデンティティ理論を比較検討する。 | 論考。 | アイデンティティ理論はミクロ社会学に根ざした理論であり, ソーシャル・アイデンティティ理論は心理学に根ざした理論である。共に, 他方の成果を取り入れていくことが有用である。 |

| Kawakami, K. & Dion, K. L. | 1995 | 相対的剝奪感とソーシャル・アイデンティティ理論とを比較し，社会的比較についての統合的なモデルを作ることを目指す。 | 論考。 | 個人的な自己アイデンティティが顕出的である場合には，集団内比較が，集団的な自己アイデンティティが顕出的である場合には，集団間比較が行われる。比較の結果が否定的である場合には，否定的なソーシャル・アイデンティティが形成される。 |
|---|---|---|---|---|
| Reid, A. & Deaux, K. | 1996 | ソーシャル・アイデンティティと個人的アイデンティティとを含むアイデンティティの構造に関する分離モデルと統合モデルを比較検討する。 | 57名の大学生を対象にした実験的調査。 | ソーシャル・アイデンティティと個人的アイデンティティが別々にグループ化されていた点では分離モデルが支持されたが，ソーシャル・アイデンティティと個人的アイデンティティの結びつきのパターンの分析結果は，統合モデルを支持するものだった。 |

　Campbell, C. M.（1995 a）は，Tajfelらのソーシャル・アイデンティティ理論が，実験的研究から得られた資料に重きを置きすぎているという批判と，認知と動機づけのプロセスに焦点が当てられており流動する社会的文脈との相互作用という心理的プロセスが軽視されているという批判をふまえて，面接調査研究を行っている。

　対象は，南アフリカのダーバンの非白人指定地区に居住するズールー族の17歳から23歳の労働者階級の男女20名ずつ。調査は半構造化面接によって行われ，長時間にわたる詳細な面接が行われた。面接によって得られた資料は，集団成員性と行動の選択肢と生活上の課題との間の関連性を見る，三者関係モデルにもとづいて整理された。このモデルにおいては，ソーシャル・アイデンティティは日常生活のさまざまな状況や困難にとりくむための適応的な資源とみなされている。その結果，面接の中で言及される11の集団成員性のカテゴリーと20の生活上の課題のカテゴリーが抽出された。この研究は，ソーシャル・アイデンティティ形成過程においてその個人をとりまいている社会的文脈を重視し，個人の生活上の課題となっている具体的な社会的状況のカテゴリーの抽出を試みた点が注目に値する。一方で，そうした社会的文脈がソーシャル・アイデンティティ形成過程にどのように関係し影響しているのかについては示されていない。

　Deaux, K.ら（1995）は，数多くのソーシャル・アイデンティティが，それぞれどのように類似したものとして，あるいは違ったものとして認識されているのかを調査

する研究を行った。50名の学部学生を被験者に、64種類のソーシャル・アイデンティティについて類似したもの同士をグルーピングさせた。その結果をクラスター分析の手法を用いて整理したところ、①パーソナルな関係、②職業、③政治的関与、④スティグマタイズされた集団、⑤民族的または宗教的集団の、5つのクラスターに分類された。また、259名の学部学生を被験者に、これら64種類のソーシャル・アイデンティティを、15項目の形容詞対を用いてSD評定をさせた。結果を、多次元尺度構成法 multidimensional scaling を用いて整理し、第1次元：中心的-周辺的、パーソナル-ソーシャル、ジェンダー化された-ニュートラルな、感情的-行動的、生来的な-達成された、社会的に望ましい-望ましくない、第2次元：高いステイタス-低いステイタス、個別的-集合的、第3次元：能動性-受動性、第4次元：個人にもとづいた-対人関係にもとづいた、という4次元解が採用された。これらの4つの意味次元によって、ソーシャル・アイデンティティがグルーピングされて認知されていることが示された。これらの結果から、ソーシャル・アイデンティティは相互に同質なものが並列的にはたらいているのではなく、異質なものが多様な意味次元において認知されはたらいていることが示された。

　Reid, A. & Deaux, K.（1996）は、自己に含まれるさまざまな側面の中で、ソーシャル・アイデンティティとパーソナル・アイデンティティが、それぞれどのような関係の下に自己を構造化しているのかという問題を取り上げている。ソーシャル・アイデンティティとパーソナル・アイデンティティとは別個の認知的カテゴリーに分かれているとする分離モデル segregation model と、個々のソーシャル・アイデンティティとそれに関連するパーソナル・アイデンティティとが一つのクラスターを形成していて、そのようなクラスターがソーシャル・アイデンティティの数だけ存在しているとする統合モデル integration model とが比較検討された。

　57名の大学生を対象に、被験者自身が属するソーシャル・アイデンティティとそれに関連するパーソナル・アイデンティティの諸特性のリストを作成してもらい、1週間後に、自分が作成したリストの各項目について被験者自身にとっての重要性の評定と、リストの項目全体を想起してもらう課題を行った。実験の結果から、分離モデルよりも統合モデルの方が実験データをうまく説明できることが示された。このことから、ソーシャル・アイデンティティは、個人の特性の集まりであるパーソナル・アイデンティティと不可分に結びついて意味づけられ認知されていること、そのような複数のクラスターが自己についての認知構造を形成していることが示された。

　以上の3編の論文は、複数のソーシャル・アイデンティティが個人の中でどのような関係で認知され、どのように構造化されているかを探究している研究だといえる。ソーシャル・アイデンティティという構成概念が社会的過程の中で集団の中の個人に

どのような影響をおよぼしているかという視点ばかりでなく，個人の側がソーシャル・アイデンティティをどのようにとらえているのかという視点もふまえ，相互のダイナミズムを日常場面の中で明らかにしていくことが1つの研究課題をなしていることがうかがわれる。

## 2) 差別や偏見にソーシャル・アイデンティティがおよぼす影響についての研究

　研究の数においてこの領域の中心をなしているのが，集団間の差別や偏見をソーシャル・アイデンティティ理論の枠組みから説明しようと試みる実証的な研究である。多くの研究では，ソーシャル・アイデンティティ理論の中心仮説の1つである，「最小条件集団パラダイム」minimal group paradigm にもとづいた実験調査が行われている。
　最小条件集団パラダイムの基礎になっているのは，Tajfel が行った実験である。Tajfel が行った実験では，被験者たちは，ランダムに別々のグループに振り分けられたという最小限の条件の下でも，相手のグループよりも自分が属しているグループの方の利益を高めようと行動することが示された。つまり，個人の属性やパーソナリティ，その集団がもつ性質，集団間の関係の性質などとは無関係に，内集団（自分が属するグループ）と外集団（自分が属していないグループ）が区別されるだけで「内集団びいき」が起きるのである。この実験パラダイムにのっとって，さまざまな要因を操作することで，集団間差別や偏見を助長する要因を探り出そうと試みられているが，なかでも，内集団が外集団を脅威に感じるか否か，内集団のメンバーの集団への同一視の高低といった要因が独立変数として取り上げられ研究の主題となっていることが多い。この領域においては18編の論文がみられた。そのうち，6編の論文の概要を表3-47にまとめた。ここでは，Grant, P. R. (1992)，Hunter, J. A.ら (1996) の2編の論文を取り上げる。
　Grant, P. R. (1992) は，エスノセントリズムの問題を取り上げている。現実的集団葛藤理論 realistic group conflict theory においては，集団間に現実に存在する利益葛藤が，エスノセントリズム的な態度を増大させるとされている。これに対し，ソーシャル・アイデンティティ理論の視点からは，現実の利益葛藤が無くても，ソーシャル・アイデンティティに対する脅威が認知されると，ソーシャル・アイデンティティを防御し，強化しようとする願望によりエスノセントリズムが増大するという仮説が立てられる。この仮説が，実験を通じて検証された。
　被験者は44名の女性，46名の男性の大学生で，1グループ当たり2名から4名の同性同士のグループに分けられた後，男性グループと女性グループがペアで組み合わ

表 3-47 差別・偏見に関する研究

| 著書 | 年代 | 目的・仮説 | 方法 | 結果・考察 |
|---|---|---|---|---|
| Grant, P. R. | 1992 | ソーシャル・アイデンティティに対する脅威が知覚されたり、価値資源に対する脅威が知覚されると、エスノセントリズムが増大するという仮説と、強い権力を持った集団の方がエスノセントリズムが強いという仮説を検証する。 | 男性のグループと女性のグループの組み合わせ、16組と27組を被験者として実験を行った。 | 脅威を感じることで、エスノセントリズムは強められた。 |
| Branscombe, N. R., Wann, D. L., Noel, J. G. & Coleman, J. | 1993 | 内集団や外集団に対する極端な評価について検討する。 | 234名の大学生を対象にした実験的調査。 | 集団成員性の重要度が低い場合には外集団への極端視が起こり、内集団に対する同一視が強い場合には内集団への極端視が起きた。 |
| Grant, P. R. | 1993 | ソーシャル・アイデンティティが脅かされた時の反応としてのエスノセントリズムを検討。 | 被験者は大学生（男性54名、女性52名）。同性グループに分かれ、ジェンダーの平等のテーマについて論議させた。ソーシャル・アイデンティティに対する脅威の有無と、論議するテーマへの関心の高低が操作された。 | 脅威あり群は女性性役割ステレオタイプと態度次元において、内集団と外集団との間でエスノセントリズムに差がみられた。また、集団への同一視の強さはその差と有意に関連していた。脅威下では、議論のテーマへの高関心条件群は集団アイデンティティが増加したが、低関心条件群はその逆だった。 |
| Branscombe, N. R. & Wann, D. L. | 1994 | アイデンティティに対する脅威がある条件とない条件下での、外集団に対する蔑視の決定因となる、集団への同一視の程度と集団的自己評価の水準の役割を検討する。 | 40名の女子大学生を対象に、2（同一視の高・低）×2（脅威あり・なし）の要因計画による実験を行った。 | 脅威あり条件で外集団への蔑視が高く、集団的自己評価が高められた。 |
| Gagnon, A. & Bourhis, R. Y. | 1996 | 差別を説明する、ソーシャル・アイデンティティ理論と行動相互作用モデルを検討する。 | 最小条件集団パラダイムに基づいて、94名の大学生が、2（自律的vs.相互依存的）×2（集団内同一視が低いvs.高い）の要因計画でランダムにグループに振り分けられた。 | 行動相互作用モデルに反して、自律的なグループの被験者も相互依存的なグループの被験者と同様の差別を行った。集団内同一視が高いグループの被験者の方が強い差別を行ったという結果は、ソーシャル・アイデンティティ理論を支持した。 |

| Hunter, J. A., Platow, M. J., Howard, M. L. & Stringer, M. | 1996 | ソーシャル・アイデンティティ理論によれば，自己評価と集団間差別との間にはつながりがあると予想される。先行研究ではこの仮説は一貫して支持されているわけではない。先行研究の欠点を修正し，この仮説を検討する。 | 271名の16歳の男女を対象に，自己評価と，内集団（自分の学校の生徒）と外集団（他校の生徒）に関する評価を求める質問紙調査を行った。 | 集団間の偏見の評価に携わることで，自己評価の複数の下位尺度が高められた。他方で，全体的な自己評価には影響がなかった。 |
|---|---|---|---|---|

され，男女の平等な役割を促進するための方略をそれぞれのグループでディスカッションする課題が与えられた。その後，それぞれのグループに相手のグループのディスカッション内容についての虚偽のフィードバックが行われた。また，自分たちのジェンダーに関するディスカッションの内容は，異性である相手グループのディスカッション内容よりも重視されるという教示，あるいはこの反対の教示が行われた。このようにして，ソーシャル・アイデンティティに対する脅威の高・低，自グループの地位の他グループに対する高・低が操作された。従属変数は，他グループと自グループそれぞれについて，ステレオタイプと態度に関する尺度を評定するという課題によって測定された。実験の結果，予測どおり，ソーシャル・アイデンティティに対する脅威を高く認知したグループの方が，自グループよりも他グループの方が男性上位的であり，自グループよりも他グループの方を否定的に評価した。他方で，自グループの相対的な地位の高・低の変数は，自グループ・他グループの評価に有意な差を示さなかった。

Hunter, J. A.ら (1996) は，集団間差別に関する自己評価仮説を検証している。自己評価仮説は二つの部分から成り立っており，第1に，集団間差別を成就すれば自己評価が高まるという考え，第2に，自己評価が低い，あるいは自己評価が脅かされていると集団間差別が強まるという考えである。先行研究では，この仮説をはっきりと支持する結果は得られていない。Hunter, J. A.らは，先行研究の方法論上の欠点を修正した形で，調査研究を行った。

被験者は，北アイルランドの271名の16歳の高校生男女で，そのうち，119名がプロテスタント系の学校の生徒であり，152名がカトリック系の学校の生徒であった。自己評価の測定には，自己概念に関する13の下位尺度からなる「自己記述質問紙III」（SDQ III：Self-Description Questionnaire III）が用いられた。内集団と外集団に対する偏見の測度としては，計算力，誠実さ，学力，言語能力，運動能力，身体的外見の6次元についての評定が求められた。調査は，3週間の間隔を空けて2回行われた。1回目には被験者全員にSDQ IIIが施行された。2回目には，統制群はSDQ IIIのみ

を，実験群には内集団と外集団とに対する評定を行った後にSDQ IIIを施行した。その結果，プロテスタント系の学校においてもカトリック系の学校においても，いくつかの自己イメージに関する評価が高まった。SDQ IIIの13の下位尺度のうち，2回目の調査で有意な肯定的な変化がみられたのは，誠実さ，学力，言語能力，身体的外見，宗教，親との関係の6尺度であった。統制群においてはいずれの下位尺度においても有意な得点の上昇はなかった。また，全体的な自己評価に対しては集団間差別の影響は認められなかった。これにより，集団間の偏見を表明することが，自己評価の構成要素の一部分のみを高めることが示された。

以上の2編の論文にも見られるように，集団間の偏見，差別，ステレオタイプといった現象や行動が，ソーシャル・アイデンティティのはたらきに媒介されていること，中でも重要な要因は何であるのかを探究する研究がこの領域の中心をなしている。ソーシャル・アイデンティティ理論の視点からは，個人が何らかの集団に所属している，あるいは所属していると認知していること自体が，偏見や差別の源泉であり，個人のパーソナリティ傾向に関連づける伝統的な理解は批判され退けられている。

### 3）ソーシャル・アイデンティティの維持および形成過程についての研究

自分が所属している集団が，外集団に比較して社会的に劣等な地位にあると認知されているとき，個人としての自己肯定感や集団としての自己肯定感を回復するために，どのような認知的，行動的な方略がとられるのかを主題とした研究領域である。Tajfelらによって，自己の地位や自己肯定感の回復のためには社会移動，社会変化（社会的創造・社会的競争）の方略が用いられることが示され，その後の研究は，どのような状況や条件下で，どのような方略が用いられるのかを明らかにすることが軸となっている。

この領域では，22編の論文が見られた。ここでは，5編の論文について表3-48に概要をまとめ，そのなかから，Lalonde, R. N. & Silverman, R. A. (1994), Jackson, L. A.ら (1996) の2編を取り上げる。

Lalonde, R. N. & Silverman, R. A. (1994) は，集団の透過性（自分が内集団から外集団へと移動できるかどうかに関する信念）とソーシャル・アイデンティティの顕現性が社会的に不公平な状況における人々の行動選択にどのような影響をおよぼすかを，ソーシャル・アイデンティティ理論にもとづいて検討している。Lalonde & Silvermanは，集団間の透過性とソーシャル・アイデンティティの顕現性の程度を独立変数として実験的に操作したうえで，優位な集団から不公平な状況に置かれた被験者が，その状況を受け入れる，再検討を求める，集団で請願する，その状況から出ていくという4つの行動のタイプのうち，どのような行動を選択するかを検討した。

9. ソーシャル・アイデンティティに関する研究     267

表3-48 ソーシャル・アイデンティティの維持・形成に関する研究

| 著　書 | 年代 | 目的・仮説 | 方　法 | 結果・考察 |
|---|---|---|---|---|
| Turner, M. E., Pratkanis, A. R., Probasco, P. & Leve, C. | 1992 | 集団に対する脅威と集団の凝集性が集団思考におよぼす影響を検討する。 | 集団に対する脅威（高・低），集団の凝集性（高・低）の二要因を変数として，大学生を対象に集団討議を課題とする実験を行った。 | 結果は，集団には内集団に肯定的特徴づけを求め，肯定的な自己評価を得るためのバイアスを示す傾向があるというソーシャル・アイデンティティ理論を支持するものであった。 |
| Breinlinger, S. & Kelly, C. | 1994 | ソーシャル・アイデンティティ理論の枠組みを用いて，地位の不平等に対する女性の反応を検討する。 | 50名の女性を対象に，個人的移動，社会的創造性，社会的競争の三つの方略を反映した言明についてQ分類法を施行した。 | 因子分析の結果，4つの因子が抽出された。抽出された因子には，ソーシャル・アイデンティティ理論に一致するものと，重大な相違を示すものがあった。女性は自分の社会的状況を理解する際に，同時に異なるイデオロギーを用いていることが示唆された。 |
| Ethier, K. A. & Deaux, K. | 1994 | コンテクストの変化がアイデンティティの維持におよぼす影響，集団同一視を維持しようとする努力に暗黙的に含まれているもの，アイデンティティへの脅威と感じられるものが集団成員性に結びついた自己評価に及ぼす影響，これらについて検討する。 | 45名のヒスパニックの大学1年生を対象に面接調査を行った。 | 新たなコンテクストにおいて学生が自分の民族アイデンティティを扱うやり方には，2つの際立ったやり方が認められた。民族アイデンティティの強い学生は，文化活動に参加し同一視を強化していった。民族アイデンティティの弱い学生は，より強く脅威を感じ，集団成員性と結びついた自己評価が低下し，民族集団への同一視も低下した。 |
| Lalonde, R. N. & Silverman, R. A. | 1994 | 社会的に不公平な状況に対する人々の反応に影響をおよぼしている集団間コンテクストの特徴について検討する。 | 90名の大学生を対象に，集団の透過性とソーシャル・アイデンティティの顕現性を変数として，実験調査を行った。 | 透過性が開かれている場合には個人的方略のほうが選ばれやすかった。透過性が閉じている場合には，ソーシャル・アイデンティティの顕現性が高いほうが，より集団的行動を選択した。 |
| Jackson, L. A., Sullivan, L. A., Harnish, R. & Hodge, C. N. | 1996 | ネガティブな特徴をもつ内集団における社会的移動と社会的創造性の方略に関するソーシャル・アイデンティティ理論の仮説を検討す | 323名の大学生を対象に，最小条件集団パラダイムで実験を行った（実験1）。また，72名の大学生を対象に，喫煙者と非喫煙者との社会 | ネガティブな特徴を持つ内集団のメンバーは内集団から心理的に距離を取り，その特徴をそれほど望ましくないわけではないと見積も |

| | | |
|---|---|---|
| る。また，集団の境界の透過性が方略の使用に与える影響を検討する。 | 的比較に関する実験を行った（実験2）。 | り，内集団の別の特徴を，ネガティブな特徴をもたない内集団の場合よりも，肯定的に評価した。また，社会的創造性の方略は，集団の境界が非透過的であるほうがよく用いられた。 |

　被験者は72名の女子大学生と26名の男子大学生で，課題遂行の成績しだいで上位集団に加入できるという教示の下で，実験者の操作により，透過性3条件（高・中・低）×ソーシャル・アイデンティティの顕現性（自分がどのようなグループに所属しているかがはっきりと際立つ状態）2条件（あり・なし）の6条件に，ランダムに割り当てられたうえで上位集団への加入を拒否された後，引き続き研究に参加するにあたって，先に挙げた4つのタイプの行動を選択する意図がどの程度あるか評定を求められた。さらに，被験者の加入を拒否した上位グループをどの程度不公平だと認知しているかの評定が求められた。実験結果は，集団間の透過性がある，または部分的にある場合には，集団的な方略よりも個人的な方略のほうが好まれるという仮説を支持するものであった。その一方で，透過性がない不公平な条件でも，集団的方略と同程度に個人的方略が好まれることが示された。このような結果が得られた理由は，北米文化においては個人主義的傾向が極端に強いためであると彼らは解釈している。また，ソーシャル・アイデンティティの顕現性の要因に関しては，顕現的である場合には透過性がない条件下で集団的方略のほうが好まれるが，顕現的でない場合にはそうではないという仮説が支持された。こうして，社会的に不公平な状況における個人の行動選択を予測するうえでは，集団間の透過性とソーシャル・アイデンティティの顕現性が重要な要因であることが示された。

　Jacksonら（1996）は，ネガティブな特徴をもった内集団において社会的移動の方略と社会的創造の方略がどのように用いられるか，集団間の境界の透過性が方略の使用にどのように影響するかを検討している。そこでは，以下の5つの仮説が検討された。ネガティブな特徴をもつ内集団のメンバーは，①ネガティブな特徴をもたない内集団のメンバーに比べて，自分が内集団のメンバーに似ていると認知する度合いが低い。②自分たちをネガティブに特徴づけている次元を，そのような次元で特徴づけられてはいない内集団のメンバーに比べて，望ましくないと評価する度合いが低い。③自分たちをネガティブに特徴づけている次元以外の次元は，そのような次元で特徴づけられてはいない内集団のメンバーよりも，より好ましいと評価する。④集団間の透過性がない場合に比べ，集団間の透過性がある場合には，自分が内集団のメンバーに

似ていると認知する度合いが低い。⑤集団間の透過性がある場合に比べて，集団間の透過性がない場合には，内集団をネガティブに特徴づけている次元を望ましくないと評価する度合いが低く，その他の次元についてはより好ましいと評価する。これらの仮説を検証するための実験が行われた。

実験1は，最小条件集団パラダイムにもとづいて，323名の大学生を被験者として，内集団に関するネガティブな情報3要因（追従的・自己中心的・情報無し）×集団間の透過性2要因（あり・なし）で行われた。従属変数の測定には，内集団に対する類似度の認知，2つのネガティブな特徴の次元（追従的・自己中心的）の望ましさについての評定，4つの次元（追従的・自己中心的・好ましい・有能な）に関する内集団－外集団間の比較を尋ねる質問紙が用いられた。実験の結果，5つの仮説のうち4つは支持されたが，仮説4は支持されなかった。実験2は，現実の生活においてネガティブな特徴づけを持つ内集団（喫煙者）を対象に行われた。被験者は72名の大学生で，内集団に対する特徴づけ3要因（ネガティブ・ポジティヴ・なし）×集団間の透過性2要因（高・低）で実験が行われた。その結果，実験1と同様に，5つの仮説のうち4つは支持されたが，仮説4に関しては仮説と正反対の結果が示された。仮説4については，先行研究においても一貫した結果が得られていないが，この研究においてもはっきりとした結果は示されなかった。

ソーシャル・アイデンティティ理論においては，個人の地位や自己評価の維持が，集団間のダイナミズムを媒介として営まれていると理解される。このような理解が，個人のパーソナリティやその個人に特有な動機づけにもとづいた理解の枠組みとどのような関係にあるのか，社会的なレベルでの行動理解と個人的なレベルでの行動理解が，今後どのように統合されていくのか，あるいはそれぞれ独自の道を進むのか，今後の研究の展開の方向が興味深い。

### 4）社会的行動におよぼすソーシャル・アイデンティティの影響についての研究

ソーシャル・アイデンティティが政治的，文化的，経済的行動にどのような影響をおよぼしているのかを主要な主題とした研究領域である。12編の論文がみられたが，ここでは2編の論文の概要を表3-49にまとめて示すとともに，その内容を取り上げる。

Dietz-Uhler, B. (1996)は，「行きすぎたのめり込み」an escalation of commitment が生じうるような政治的状況における，ソーシャル・アイデンティティの役割を検討した。集団による意思決定が時に失敗に終わることが明白なプロジェクトに固執し続ける現象に，ソーシャル・アイデンティティ理論を適用して説明が試みられた。

**表 3-49 社会的行動にソーシャル・アイデンティティがおよぼす影響に関する研究**

| 著　書 | 年代 | 目的・仮説 | 方　　法 | 結果・考察 |
|---|---|---|---|---|
| Dietz-Uhler, B. | 1996 | コミットメントの増大が起こりうる政治的状況においての，ソーシャル・アイデンティティの役割を検討する。集団に強く同一化する人々は，弱く同一化する人よりも，集団によって選択された行動に関与し続けるだろうと予測された。 | 男女各2名ずつの集団を54集団つくり，ランダムに操作し「強いソーシャル・アイデンティティ集団」と「弱いソーシャル・アイデンティティ集団」とに分け，"ある町議会において，金銭問題に直面した運動場建設プロジェクトについての投資問題を話し合う"という場面を想定し，各集団で3回話し合わせた。 | すべての集団がプロジェクトへのコミットメントを増大させた。しかし，プロジェクトが失敗するかもしれないという厳しい状況になったとき，弱いソーシャル・アイデンティティ集団は強い集団よりも，投資金額を制限した。強いソーシャル・アイデンティティ集団は，彼らの決定が無分別だと分かったときより感情的になった。また投資に関する話合い中，より賛成議論の割合が高かった。 |
| Reicher, S. D. | 1996 | ソーシャル・アイデンティティアプローチを群衆行為の範囲まで拡大し，集団イベントや集団葛藤がどのように発生し時間の経過と共にどのように展開していくかそのプロセスを理解し，一般的理論を導くことを目的とする。 | 1988年に起きた，「ウェストミンスター闘争」について，①メディア②生徒からのプライベートビデオ③闘争を始めた人物へのインタビュー④闘争に参加した人の経験談⑤闘争の参加者へのインタビュー⑥闘争のビデオを視聴した大学生への調査，以上の資料を使って分析を行い，討論をする。 | ソーシャル・アイデンティティモデルはこれらの群衆行動における現象理解において適応可能である。集団行動に対する自己分類とソーシャル・アイデンティティの関連性がみいだされた。集団行動は社会的に繰り返されているだけでなく，社会変化をもたらしていることが考察された。 |

　ソーシャル・アイデンティティ理論にしたがい，集団への同一視の強い個人ほど，集団の意思決定が誤りであるとわかることがより強く脅威に感じられるため，軌道修正が困難でプロジェクトへの行きすぎたのめり込みに陥るという仮説が立てられた。216名の大学生を被験者として実験が行われた。男女2名ずつの4名1組のグループがランダムに，実験者によって操作されるソーシャル・アイデンティティの高い条件・低い条件にそれぞれ割り当てられた。各グループには，運動公園の建設を進めるか，進めるならどの程度の資金の投資を行うかについて，町議会のメンバーというロールプレイでグループとしての議論と意思決定が求められた。意思決定は3回に分けて行われた。1回ごとに市民の反応や町の財政などに関する情報がグループに示され，2回目，3回目と進むにつれ，状況が悪化している内容の情報が提供された。以上のような課題が遂行された後，被験者は，自分たちのグループの意思決定にどの程度自

信があるか，もう一度同じ課題を行ったとしたら自分たちのグループが同じ決定を下す可能性はどの程度あると思うかを尋ねる質問紙を施行した。

実験の結果，すべてのグループが追加の投資を行うという形で運動公園プロジェクトへののめり込みを強めた。ただしどのグループも，2回目，3回目と進むごとに，投資に慎重になっていった。ソーシャル・アイデンティティの強さによる違いは，2回目から3回目の間の投資行動のみにみられた。ソーシャル・アイデンティティの弱いグループは，強いグループよりも有意に投資額を制限した。このことから，のめり込み行動にソーシャル・アイデンティティが影響をおよぼすのは，取り組んでいる問題が危機的状況になってからであることが示唆された。また，質問紙の結果からは，どの被験者も自分のグループの決定には自信をもっており，やはり同じ決定を繰り返すと考えていること，それにはソーシャル・アイデンティティの影響はみられないことが示された。

Reicher, S. D. (1996) は，群集行動をソーシャル・アイデンティティ理論の枠組みで説明するに当たり，1988年に起きた「ウェストミンスター闘争」と呼ばれる，学生のデモ隊と警察とが衝突した実際の事件を取り上げ，この事件がどのようにして始まり，展開していったかを研究の主題としている。考察にあたって用いられた資料は，①テレビ・リポート，新聞記事，学生雑誌などのメディアの資料，②学生側の組織を通じて提供された学生側が撮影したプライベート・ビデオ，③学生組織の役員で当日の責任者へのインタヴュー，④現場にいた3名の学生から提供された自分たちの体験したことについての文書でのレポート，⑤15名の当日の参加者との面接のテープ記録，⑥7名の当日の参加者のグループに編集された事件のビデオテープを視聴してもらったうえでの彼らの反応，であった。

資料の分析の結果，群衆が闘争を始めそれが展開していくうえでは集団間のダイナミズムが決定的に重要な役割を果たすという見解が支持された。資料や研究協力者の偏りの問題や，当事者たちの回顧的な説明に頼ることなどの方法論上の問題は研究者自身も指摘しているが，多くの制約はあるとしても現実に起きた事件・行動を考察の対象としている点で興味深い研究である。

これまでにみてきたように，ソーシャル・アイデンティティ理論は，社会的過程においてみられる非常に幅広い現象に適用される包括的な理論である。研究の手法としては，実験的な研究が圧倒的に多い領域であるが，ここで取り上げたいくつかの研究にみられるような，現実の，あるいは自然な状況を対象とした研究が発展していくことが期待される。また，理論の発展の伝統はまったく異なっているが，個人のパーソナリティに焦点が置かれる意味でのアイデンティティと，このソーシャル・アイデンティティ理論との間でどのような対話が可能であるのか，興味深く思われる。

**引用文献**

Adams, G. R., & Jones, R. M. 1982 Adolescent egocentrism : Exploration into possible contribution of parent-child relations. *Journal of Youth & Adolescence,* **11** (1), 25-31.

Adams, G. R., & Jones, R. M. 1983 Female adolescents' identity development : Age comparisons and perceived child-rearing experience. *Developmental Psychology,* **19** (2), 249-256.

Andrews, L. E. 1983 A theoretical expansion of Erikson's psychosocial theory : On the necessity for postulating two additional adult stages of development. *Dissertation Abstracts International,* **44** (6-B), 1984.

Archer, S. L. 1989 Gender differences in identity development : Issues of process, domain and timing. *Journal of Adolescence,* **12**, 117-138.

Bargad, A., & Hyde, J. S. 1991 A study of feminist identity development in women. *Psychology of Women Quarterly,* **15**, 181-201.

Berry, J. W. 1980 Acculturation as varieties of adaptation. In A. M. Padilla (Ed.) *Acculturation : Theory, models and some new findings* Boulder, CO : Westview Press. pp. 9-25.

Berzonsky, M. D. 1989 Identity style : Conceptualization and measurement. *Journal of Adolescent Research,* **4**, 268-282.

Blasi, A. 1983 The self as subject : Its dimensions and development. Unpublished manuscript, University of Massachusetts at Boston.

Blasi, A. 1988 Identity and the development of the self. In D. K. Lapsley & F. C. Power (Eds. ), *Self, ego, and identity. Integrative approaches.* New York : Springer-Verlag. Pp. 226-242.

Blasi, A., & Milton, K. 1991 The development of the sense of self in adolescence. *Journal of Personality,* **59**, 217-242.

Brown, E. B. 1989 Womanist consciousness : Maggie Lena Walker and the Independent Order of Saint Luke. *Signs : Journal of Women in Culture and Society,* **14** (31), 610-633.

Bultena, G., & Edward, P. 1978 Denial of aging : Age identification and reference group orientations. *Journal of Gerontology,* **33**, 748-754.

Burke, P. J., Stets, J. E., & Pirog-Good, M. A. 1988 Gender identity, self-esteem, and physical and sexual abuse in dating relationships. *Social Psychology Quarterly,* **51** (3), 272-285.

Butler, R. N. 1963 The life review : An interpretation of reminiscence in the aged. *Psychiatry,* **26**, 65-76.

Côté, J. E. 1996 a Identity : A multidimensional analysis. In A. G. Adams, R. Montemayor, & T. Gullotta. (Eds), *Psychosocial development in adolescence.* Beverly Hills : Sage.

Côté J. E., & Levine, C. 1988 A critical examination of the ego identity status paradigm. *Developmental Review*, 8, 147-184.

Cross, W. E. 1971 The Negro-to-Black conversion experience: Towards a psychology of Black Liberation. *Black World*, 20, 13-27.

Erikson, E. H. 1950 *Childhood and society*. New York: W. W.Norton.
（仁科弥生訳 1977, 1980 幼児期と社会 1, 2. みすず書房）

Erikson, E. H. 1964 *Insight and responsibility*. New York: Norton.
（鑪幹八郎訳 1971 洞察と責任 誠信書房）

Flum, H. 1990 What is the evolutive style of identity formation? A paper of presented at the Third Biennial Meeting of the Society for Research on Adolescence, Atlanta, GA, USA.

Franz, C. E. 1988 A case study of adult psychosocial development: Identity, intimacy, and generativity in personal documents. *Dissertation Abstracts International*, 48, 3443 B.

Franz, C. E., & White, K. M. 1985 Individuation and attachment in personality development: Extending Erikson's theory. *Journal of Personality*, 53, 224-256.

Gans, H. 1979 Symbolic ethnicity: The future of ethnic groups and cultures in America. *Ethnic and Raciel Studies*, 2, 1-20.

Gilligan, C. 1982 In a different Voice: *Psychological theory and women's development*. Cambridge, MA: Harvard University.

Goktepe, J. R., & Scheier, C. E. 1989 Role of sex, gender roles, and attraction in predicting emergent leaders. *Journal of Applied Psychology*, 74, 165-167.

Grotevant, H. D. 1987 Toward a process model of identity formation. *Journal of Adolescent Research*, 2, 203-222.

Grotevant, H. D., & Adams, G. R. 1984 Development of an objective measure to assess ego identity in adolescence: Validation and replication. *Journal of youth & Adolescence*, 13, 419-438.

Grotevant, H. D., & Cooper, C. R. 1985 Patterns of interaction in family relationships and the development of identity exploration in adolescence. *Child Development*, 56, 415-428.

Grotevant, H. D., Thorbeche, W., & Meyer, M. L. 1982 An extension of Marcia's Identity Status Interview into the interpersonal domain. *Journal of Youth & Adolescence*, 11 (1), 33-47.

Gutmann, D. L. 1964 An exploration of ego configurations in middle and later life. In B. L. Neugarten & Associates (Eds.), *Personality in middle and later life*. New York: Atherton Press.

Gutmann, D. L. 1990 Psychological development and pathology in later adulthood. In R. A. Nemiroff & C. A. Colarusso (Eds.), *New dimensions in adult development*. New York: Basic Books.

Hamachek, D. 1990 Evaluation self-concept and ego status in Erikson's last three Psychosocial stages. *Journal of Counseling and Development*, 68, 677-683.

Helms, J. E. 1990 a *Black and White racial identity : Theory, research and practice*. Westport, CT : Greenwood.

Helms, J. E. 1990 b "Womanist" identity attitudes: An alternative to feminism in counseling theory and reseach. Paper in Progress, University of Maryland, College Park, MD.

Hemphill, D. M. 1950 *Leader behavior description*. Columbus: Ohio State University Personnel Research Board.

Hesteren, F. V. & Ivey, A. E. 1990 Counseling and Development: Toward a New Identity for a Profession in Transition. *Journal of Counseling & Development*, 68.

Hodgson, J. W., & Fisher, J. L. 1979 Sex differences in identity and intimacy development in college youth. *Journal of Youth and Adolescence*, 8, 37-50.

Hogg, M. A., & Abrams, D. 1988 *Social identifications : A social psychology of intergroup relations and group process*. Routledge. (吉森護・野村泰代訳 1995 社会的アイデンティティ理論：新しい社会心理学体系化のための一般理論 北大路書房)

Holland, J. L. 1985 *Making vocational choices : A theory of vocational personalities and work environments (2nd. ed.)*. Englewood Cliffs, NJ : Prentice-Hall.

Hopkins, L. B. 1980 Inner space and outer space identity in contemporary females. *Psychiatry*, 43, 1-12.

Josselson, R. 1987 *Finding herself : Pathways to identity development in women*. San Francisco : Jossey-Bass.

Josselson, R. L. 1992 *The space between us : Exploring the dimensions of human relationships*. San Francisco : Jossey-Bass.

Josselson, R. L. 1994 Identity and relatedness in the life cycle. In H. A.Bosma, T. L. G. Graafsma, H. D. Grotevant & D. J. de Levita (Eds.), *Identity and development : An interdisciplinary approach*. Thousand Oaks, CA : Sage. Pp. 81-102.

Jung, C. 1933 *Modern man in search of a soul*. New York : Harcourt Brace.

柏木繁男・和田さゆり・青木孝悦 1993 性格特性のBIG FIVEと日本語版ACL項目の斜交因子基本パターン 心理学研究, 64, 153-159.

数井みゆき・遠藤利彦・田中亜希子・坂上裕子・菅沼真樹 2000 日本人母子における愛着の世代間伝達 教育心理学研究, 48, 323-332.

Kegan, R. 1982 *The evolving self : problem and process in human development*. Harvard University Press.

Kroger, J. 1985 Separation-individuation and ego identity status in New Zealand university students. *Journal of Youth and Adolescence*, 14, 133-147.

Kroger, J. 1988 A longitudinal study of ego identity status interview domains. Journal of *Adolescence*, 11, 49-64.

Kroger, J. 1990 Ego structuralization in late adolescence as seen through early memories and ego identity status. *Journal of Adolescence*, **13**, 65-77.

Kuhn, M. H., & McPartland, T. S. 1954 An empirical investigation of self attitudes. *American Sociological Review*, **19**, 68-76.

Luhtanen, R., & Crocker, J. 1992 A Collective Self-Esteem Scale : Self-evaluation of one's social identity. *Personality and Social Psychology Bulletin*, **18**, 302-318.

Main, M. 1991 Metacognitive knowledge, metacognitive monitoring, and singular (coherent) vs. multiple (incoherent) model of attachment. In C. M. Parkes, J. Stevenson-Hinde & P. Marris (Eds.), *Attachment across the life cycle*. Tavistock : Routledge.

Main, M., Kaplan, N., & Cassidy, J. 1985 Security in infancy, childhood, and adulthood : A move to the level of representation. In I. Bretherton & E. Waters (Eds.), *Growing points of attachment-theory and research. Monographs of the Society for Research in Child Development*, **50** (1- 2 ), 66-106.

Marcia, J. E. 1966 Development and validation of ego-identity status. *Journal of Personality and Social Psychology*, **3**, 551-558.

Marcia, J. E. 1980 Identity in adolescence. In J. Adelson (Ed), *Handbook of adolescent psychology*. New York : Wiley. Pp. 159-187.

Marcia, J. E. 1993 The ego identity status approach to ego identity. In J. E. Marcia, A. S. Waterman, D. R.Matteson, S. L. Archer & J. L.Orlofsky (Eds), *Ego identity : A handbook for psychosocial research*. New York : Springer-Verlag. Pp. 3-21.

Meeus, W., & Dekovic, M. 1995 Identity development, parental and peer support in adolescence : Results of a national Dutch survey. *Adolescence*, **30**, 931-944.

Mio J. S. & Iwamasa, G. 1993 To do, or not to do : That is the question for White cross-cultural researchers. *Counseling Psychologist*, **21**, 197-212.

Morgan, E., & Farber, B. A. 1982 Toward a reformulation of the Eriksonian model of female identity development. *Adolescence*, **17**, 199-211.

Newman, B. M., & Newman, P. R. 1991 *Development through life : A psychosocial approach*. Pacific Grove, CA : Brooks Cole.

Nisan, M. 1986 Moral balance : A model for moral decision. In W. Edelstein & G. Nunner-Winkler (Eds. ), *Zur Bestimmung der Moral*. Frankfult am Main : Suhrkamp. Pp. 347-376.

Nisan, M. 1993 Balanced identity : Morality and other identity values. In G. Noam & T. Wren (Eds.), *Morality and the self*. Cambridge : MIT Press. Pp. 239-266.

西平直喜 1983 青年心理学方法論 有斐閣.

西平直喜 1990 成人になること 東京大学出版会.

西平直喜 1996 生育史心理学序説 金子書房.

Nurmi, J.-E. 1991 How do adolescents see their future? A review of the development of future orientation and planning. *Developmental Review*, **11**, 1-59.

Nurmi, J.-E. 1993 Adolescent development in an age-graded context : The role of personal beliefs, goals, and strategies in the tackling of developmental tasks and standards. *International Journal of Behavioral Development*, **16**, 169-189.

岡本祐子 1997 中年からのアイデンティティ発達の心理学—成人期・老年期の心の発達と共に生きることの意味 ナカニシヤ出版.

岡本祐子 1999 女性の生涯発達とアイデンティティ—個としての発達・かかわりの中での成熟 北大路書房.

O'Connell, A. N. 1976 The relationship between life style and identity synthesis and resynthesis in traditional, neotraditional, and nontraditional women. *Journal of Personality*, **44**, 675-688.

O'Connor, B. P., & Nikolic, J. 1990 Identity development and formal operations as sources of adolescent egocentrism. *Journal of Youth and Adolescent*, **19**, 149-158.

大野久 1996 ベートーヴェンのハイリゲンシュタットの遺書の「自我に内在する回復力」からの分析 青年心理学研究, **8**, 17-26.

Parham, T. A., & Helms, J. E. 1981 The influence of black students' racial identity attitudes on preferences for counselor's race. *Journal of Consulting Psychology*, **28**, 250-257.

Pearlin, L., Lieberman, M., Menaghan, E., & Mullen, J. 1981 The stress process. *Journal of Health and Social Behavior*, **22**, 337-356.

Phinney, J. S., & Goossens, L. 1996 Identity development in context. *Journal of Adolescence*, **19**, 401-403.

Riggs, R. P. 1989 The relationship of birth parent search to interpersonal style, ego identity achievement and self-concept in adult adoptees. *Dissertation Abstracts International*, **50** (5-B), 2163-2164.

Rosenberg, M. 1979 Conceiving the self. New York : Basic Books.

Sabnani, H. B, Ponterotto, J. G., & Borodovsky, L. G. 1991 White racial identity development and cross-cultural counselor training : A stage model. *Counseling Psychologist*, **19**, 76-102.

佐藤唯行 1995 英国ユダヤ人 講談社.

佐藤唯行 2000 アメリカのユダヤ人迫害史 集英社.

Schoen, L. G. 1989 In search of a professional identity : Counseling psychology in Australia. *Counseling Psychologist*, **17** (2), 332-343.

Streitmatter, J. L. 1987 The effect of gender and family status on ego identity development among early adolescents. *Journal of Early Adolescence*, **7** (2), 179-189.

杉村和美 1999 現代女性の青年期から中年期までのアイデンティティ発達 岡本祐

子（編）女性の生涯発達とアイデンティティ―個としての発達・かかわりの中で の成熟 北大路書房, pp. 55-86.
Super. D. E., Starishevsky, R., Matlin, N., & Jordaan, J. 1963 *Career development : Self-concept theory*. Princeton, NJ : College Entrance Examination Board.
Super. D. E., & Nevill, D. D. 1984 Work role salience as a determinant of career maturity in high school. *Journal of Vocational Behavior*, **25**, 30-44.
Super, D. E., & Nevill, D. D. 1986 *The Salience Inventory*. Palo Alto, CA : Consulting Psychologists Press.
谷冬彦 2001 青年期における同一性の感覚の構造―多次元自我同一性尺度（MEIS）の作成― 教育心理学研究, **49**, 265-273.
鑪幹八郎・宮下一博・岡本祐子（共編） 1995 アイデンティティ研究の展望Ⅱ ナカニシヤ出版.
鑪幹八郎・宮下一博・岡本祐子（共編） 1997 アイデンティティ研究の展望Ⅳ ナカニシヤ出版.
鑪幹八郎・宮下一博・岡本祐子（共編） 1998 アイデンティティ研究の展望Ⅴ-1 ナカニシヤ出版.
鑪幹八郎・山本力・宮下一博（共編） 1984 自我同一性研究の展望 ナカニシヤ出版.（1995「アイデンティティ研究の展望Ⅰ」として重版）.
Tazelaar, F. 1983 Van een klassieke attitude-gedragshypothese naar een algemeen gedragstheoretisch model. [From a classic attitude-behavior hypothesis to a general behavior model.] In S. Lindenberg & F. N. Stokman (Eds), *Modellen in de sociologie*. [*Model in sociology*.] Deventer : Van Loghum Slaterus.
Thoits, P. A. 1986 Multiple identities : Examining gender and marital status differences in distress. *American Sociological Review*, **51**, 259-272.
Thoits, P. A. 1983 Multiple identities and psychological well-being : A reformulation and test of the social isolation hypothesis. *American Sociological Review*, **48**, 174-187.
Waterman, A. S. 1982 Identity development from adolescence to adulthood : An extension of theory and a review of research. *Developmental Psychology*, **18**, 341-358.
Waterman, A. S. 1988 Identity status theory and Erikson's theory : Communalities and differences. *Developmental Review*, 8, 185-208.
Watts, R. J. & Carter, R. T. 1991 Psychological aspects in racism in organizations. *Group and Organization Studies*, **16**(3), 328-344.
Weitman, S. 1981 Some methodological issues in quantitative onomastics. *Names*, **29**, 181-196.

# 第IV章　日本におけるアイデンティティ研究の展望

　本章では，1992〜1996年の5年間に発表された我が国におけるアイデンティティに関する研究を展望する。文献の選択については，外国文献と同様，論文題目または副題に「アイデンティティ（同一性）」，もしくは「Erikson」という用語が明記されているものに限定した。ただし，我が国の文献においては，本書の外国文献では除外した心理臨床関係の文献も含めている。日本の文献の収集はすべて手作業にもとづいており，大学や研究所等の紀要などについては，あるいは収集漏れがあるかもしれない。しかしながら，これらについても直接，研究者に問い合わせるなど，手を尽くしたつもりである。また，本章の我が国の研究の展望も，外国における研究と同様に，本書 第VI巻全体の編集方針にしたがって，すべての論文を網羅的に紹介するのではなく，重要と思われる研究のみを精選して，文献表と本文において概観し，論評を加えた。

　Eriksonがアイデンティティ論を提唱して，半世紀が経過したが，アイデンティティという用語は，今日，我が国において，ほとんど日常用語として用いられるほど，広く知られるようになり，アイデンティティ論は，人間を理解する上で非常に有益かつ魅力的な概念として，心理学の中にしっかりと位置づけられ，根づいた感がある。

　アイデンティティという概念は，第2次世界大戦中，ErikosnがMt. Zion軍リハビリテーション病院で仕事をしていたとき，精神的な問題に苦しんでいる若者たちについての討論の中から生まれたものであると，Eriksonは自らの思い出の中で語っている（鑪・馬場，1993）。そして1950年に出版されたEriksonの最初の著書『幼児期と社会』において，アイデンティティの概念は，明確な心理学的な概念としての形を形成していった。この中でEriksonは，アイデンティティの問題を臨床的なテーマとともに，ライフサイクルのテーマのなかに位置づけて論じている。ここから，アイデンティティの研究は，臨床的な研究と，発達心理学的研究に大きく分化し，発展してきた。後者の分野が，アイデンティティの確立 対 拡散の問題を青年後期の発達的危機としてとらえ，一般の健康な青年の発達的問題に重点を移行して，膨大な研究が蓄積されているのに対して，前者の臨床的研究は，しだいに影が薄くなり，本家の

精神分析学の中では，ほとんど用いられることがなくなっているのが現状である（鑪・馬場，1993）。これは，精神分析学界内では，アイデンティティの概念自体がすでに常識化しており，研究の関心が薄れているためであろう。

青年を対象に始まったアイデンティティ研究も，次第にそのさまざまな側面，つまり性アイデンティティ，民族アイデンティティ，職業アイデンティティという多様な領域へ分化し，さらに青年期のみでなく，ライフサイクル全体を視座に入れたアイデンティティ発達の研究へと拡大している。本章では，1992～1996年までの我が国の研究を，(1)アイデンティティ理論・概念の再考，(2)青年期のアイデンティティ：1）アイデンティティ形成と対人関係，2）集団活動・仲間関係とアイデンティティの発達，3）親子関係とアイデンティティ，4）時間的展望とアイデンティティ形成，5）進路選択および職業アイデンティティ，6）ジェンダー・アイデンティティ，(3)成人期・老年期のアイデンティティ：1）成人期のアイデンティティ発達過程，2）老年期のアイデンティティ，3）女性のライフサイクルとアイデンティティ，(4)文化とアイデンティティ，(5)アイデンティティの心理臨床的研究 の順に展望する。使用する訳語は，前著 第Ⅴ巻（鑪他，1999）までと同様のものとする。ちなみに，「Identity」の訳語は「アイデンティティ」，Marcia（1964）による「Identity Status」は，「アイデンティティ・ステイタス」，「Foreclosure」は，「予定アイデンティティ」，「Commitment」は，「積極的関与」という用語を用いた。

## 1．アイデンティティ理論・概念の再考

アイデンティティの理論や概念に関する研究は，表4-1に示した。アイデンティティの理論や概念そのものを再考した最近の研究の中で注目されるのは，アイデンティティ発達の概念を，これまで強調されてきた個体化の次元のみでなく，関係性の文脈からとらえ直そうとする試みである。諸外国においては，Erikson（1950）の「精神分析的個体発達分化の図式」 Epigenetic Scheme を個体化経路と愛着経路の2つの経路で再構成したFranz & White（1985）の「Erikson理論を応用した生涯発達に関する複線（two-path）モデル」，関係性の発達を8つのレベルでとらえ，アイデンティティ形成のプロセスを再検討したJosselson（1994）の研究などは注目に値する。

我が国の研究においては，岡本（1995a）は，「関係性」の発達に関するこれまでの心理学研究を展望した上で，特に成人期のアイデンティティ発達には，単に「自分とは何者であるのか」「自分は何になるのか」という命題に収斂される「個としてのアイデンティティ」の確立・深化のみでなく，「自分は誰のために存在するのか」「自分は他者の役に立つのか」という命題に集約される「関係性にもとづくアイデン

## 1. アイデンティティ理論・概念の再考

**表 4-1 アイデンティティ理論・概念の再検討に関する研究**

| 著者 | 年代 | 目的・仮説 | 方法 | 結果・考察 |
|---|---|---|---|---|
| 岡本祐子 | 1995a | 「関係性」の発達に関する研究を展望しアイデンティティ発達における関係性の意味について考察する。 | 文献のレヴューおよび理論的考察。 | ①心の発達にとって「関係性」の重要性は古くから認識されてきたが、それは自我の発達の背景的要因として理解されてきた場合も少なくない。②アイデンティティの発達には、従来の「分離-個体化」を基盤とした「個としてのアイデンティティ」とともに「関係性に基づくアイデンティティ」の両者の調和のとれた発達と統合が重要である。 |
| 小沢一仁 | 1996 | アイデンティティの概念を居場所と物語としてとらえ直し、自己理解に対するこのとらえ方の有効性を検討する。 | 文献のレヴューおよび理論的考察。 | ① Erikson のアイデンティティ達成に関する記述は、①社会の中の適所の獲得、②自他の承認の感覚、③同一化群の統合の側面をもつ。①は「居場所」として、③は「物語」としてとらえることができ、アイデンティティはこの両者の重層構造のゲシュタルトと考えられる。②アイデンティティの危機は、このゲシュタルトの変化であり、居場所を変え、物語を書き換えることである。 |
| 杉村和美 | 1996 | 他者との関係の文脈からアイデンティティ形成を検討する。 | 文献レヴュー、理論的考察、事例の分析。 | ①アイデンティティの探求は、「人生の重要な選択を決定するために他者を考慮・利用したり、他者と交渉する個人のスキル」として再概念化された。その中心的プロセスは、自己と他者の考え方、期待、欲求などの間の相互調整、つまり他者の視点を自分のアイデンティティの中に統合する作業である。②事例研究から、アイデンティティ探求のプロセスにおいて、自己と他者との間の相互調整を中心として関係の構造・布置が再構築されることが、確認された。 |

ティティ」の発達、および両者の統合が重要であるというヴィジョンを提唱している。
　また杉村（1996）は、青年期のアイデンティティ形成に関する研究をレヴューし、「自己と他者との関係のあり方がアイデンティティである」というパラダイムをもつことの必要性を主張している。つまり、アイデンティティの探求は、「重要な人生の選択を決定するために、他者を考慮したり、利用したり、他者とネゴシエートすることである」と述べている。杉村の研究は、Josselson（1994）の主張する「関係性の中でアイデンティティは形成され、発達していく」というヴィジョンにもとづき、これを実証的に検証しようと試みている点で興味深いものである。

このような人間の発達・成熟を，単に分離-個体化や自律性の視点のみでなく，関係性の視点からとらえようとするヴィジョンは，Miller（1976）やGilligan（1982）をはじめとして，主として女性の研究者から提起されてきた問題意識である。アイデンティティというライフサイクルを通じての全人格的な発達をとらえる問題にも，この視点が大いに貢献することはいうまでもない。現在のところ，実証的研究による裏づけは，その途についたばかりであるが，今後の成果が期待されるところである。

一方，Eriksonの意図に反して，アイデンティティ測定尺度や面接法によってとらえられるもののみをアイデンティティであると誤解する傾向があることを批判して，アイデンティティの概念を原点に帰って再考しようとする動きも見られる。例えば小沢（1996）は，Erikson自身の記述からアイデンティティ概念をとらえ直し，居場所と物語としてのアイデンティティのとらえ方を提案している。

## 2．青年期のアイデンティティ

次に，アイデンティティに関する実証的研究を領域別に展望する。諸外国と同様に，我が国のアイデンティティ研究においても，青年期を対象にしたものが大部分を占めている。青年期のアイデンティティ形成に関する研究は，表4-2に示した。Marcia（1964）によって提唱されたアイデンティティ・ステイタス論とその測定法であるアイデンティティ・ステイタス面接は，アイデンティティ達成の質を実証的に検討することを可能にした。それは，青年期のアイデンティティ達成の様態を，模索・意志決定期間（危機）と積極的関与の有無によって評定するものであり，このパラダイムの導入によって，青年期のアイデンティティに関する実証的研究は，飛躍的に増大した。我が国においても，アイデンティティ・ステイタス論は広く知られ，この方法論を用いた研究は，かなり行われている。

### 1）アイデンティティ形成と対人関係

最近のアイデンティティ研究において注目されるのは，関係性もしくは対人関係の視点からアイデンティティの発達を検討しようとした研究の増加である。これは，1．で述べたような関係性の視点からのアイデンティティ理論・概念の再考とも連動している。

西川（1993）は，男女大学生を対象に，Gilligan（1982）によって提唱された人格の2面性，つまり「関係的自己」 Connected-selfと「分離した自己」Separated-selfの発達とアイデンティティ，自己評価との関連性について検討している。その結

**表 4-2 青年期のアイデンティティ形成に関する研究**

| 著者 | 年代 | 目的・仮説 | 方法 | 結果・考察 |
|---|---|---|---|---|
| 西川隆蔵 | 1993 | 大学生の自己の2面性（一体的な自己と分離的な自己）と、アイデンティティ、自己評価との関連性を検討する。 | Ss.：男女大学生242名<br>方法：一体性-分離性尺度（山本，1989），アイデンティティ尺度（Rasmussen, 1961），自己評価尺度。 | ①一体性と分離性の統合がアイデンティティの確立に重要である。特に、女子学生のアイデンティティは、高い一体性と高い分離性によって特徴づけられた。<br>②一体性-分離性の意識は、大学生の自己評価と関連性が見られ、特にこれは女子学生において強かった。 |
| 豊嶋秋彦<br>石永なお美<br>遠山宣哉 | 1993 | 過去の「いじめ・いじめられ体験」とアイデンティティの関連性について検討する。 | Ss.：大学寮に在住する女子大生122名。<br>方法：自我同一性地位判定尺度（加藤，1983），いじめに関する質問紙。 | ①約7割の対象者がいじめの被害体験、約6割の者が加害体験を有していた。<br>②全体的には被害体験・加害体験の強さとアイデンティティ発達の関連性はみられなかった。しかし、被害体験をもつ学生においては、被害体験が強いと、過去の生き方への迷いを強め、小学校低学年での被害が大学生期における「将来の自己投入の希求」を低下させることが示唆された。 |
| 都築 学 | 1993 | アイデンティティ・ステイタスと時間的展望との関連性を検討する。 | Ss.：男女大学生285名<br>方法：SD法による時間イメージ尺度, Circles Test, 自我同一性地位判定尺度（加藤, 1983）。 | ①時間的展望のあり方は、アイデンティティ・ステイタスによって差異がみられた。<br>②達成型は、過去・現在・未来をもっとも統合させた形でとらえており、未来志向的であった。<br>③拡散型は、自分の過去・現在・未来にすべてにおいて、ネガティブにイメージしており、この3者がバラバラなものとしてとらえられていた。 |
| 石谷真一 | 1994 | アイデンティティ・ステイタスによって、対人的関係性の正負の指向性と質が、意識水準と投影水準にわたって、どのように異なるかを検討する。 | Ss.：男子学部学生および大学院生157名。<br>方法：「自我同一性地位判定尺度」（加藤，1983），依存性質問紙，TAT。 | ①意識水準，投影水準の両者において、対人的関係性の「依存性」と「親密性」は関係への希求性を表し、「関係拒否性」と対極をなした。<br>②4つの「同一性地位」ごとに対人的関係性の特徴的な相違が、みられた。 |
| 杉山 成 | 1994 | 時間次元における自己像とアイデンティティのレベルの関連性を検討する。 | Ss.：男女大学生205名<br>方法：セルフ・ディファレンシャル尺度（長島 | ①過去・現在・予想・理想の自己像得点は、理想自己像に関しては、アイデンティティ混乱高・低群間 |

| | | | | ら，1967），同一性混乱尺度（砂田，1979)。 | に有意差がみられず，その他の自己に関してはすべて有意に，アイデンティティ混乱低群の方が高かった。②未来展望における理想と現実の分化が，アイデンティティのレベルによって異なり，アイデンティティ混乱高群は，予想と理想の未分化な未来の自己像を想定していることが示唆された。 |
|---|---|---|---|---|---|
| 天貝由美子 | 1995 | 対自的側面・対他的側面に着目した信頼感を測定する尺度を作成し，アイデンティティ発達におよぼす信頼感の影響について検討する。 | 〈研究Ⅰ〉Ss.：高校生570名。方法：質問紙調査。〈研究Ⅱ〉Ss.：高校生805名。方法:信頼感尺度，「自我同一性地位判定尺度（加藤,1983)，信頼感・不信感イメージ語のSD法尺度。 | ①安定した自分および他者に対する信頼感は，アイデンティティの獲得にとって重要である。②4つの同一性地位ごとに，自己と他者への信頼感について特徴的な相違がみられた。 |
| 井上忠典 | 1995 | 大学生の親との依存-独立の葛藤とアイデンティティの関連性を検討する。 | Ss.：男女大学生210名。方法：依存-独立葛藤尺度，自我同一性地位判定尺度（加藤，1983)。 | ①達成型は，依存欲求と独立欲求がほどよく保たれており，両者のバランスをとりながら，アイデンティティ探求が行われていた。②権威受容型は，独立欲求が弱く，依存欲求が強かった。③積極的モラトリアム型は，依存，独立の2次元でとらえることが困難で，バラバラな分布を示していた。④拡散型は，独立欲求が強く，依存欲求が弱かった。 |
| 金子俊子 | 1995 | 青年の友人との関係のもち方とアイデンティティ発達との関連性を検討する。 | Ss.：大学生および専門学校性262名。方法：自己-他者関係尺度，同一性拡散感尺度（中西ら,1982)，同一性測定尺度（遠藤，1981)。 | ①自己と他者の「違い意識」がある青年ほど，「自分への確信」がしっかりしていた。②「左右されやすさ」「距離をおくこと」の強い青年ほど，アイデンティティ拡散の感覚が強かった。 |
| 宮本真巳 | 1995 | 看護婦などの援助専門職が職務の中で体験する「異和感」に建設的に対処し，援助者アイデンティティを再構築していく方法と道筋を検討する。 | 事例研究。 | ①職務の中で体験する「異和感」は，看護職アイデンティティの揺らぎと考えられる。②援助者アイデンティティを再構築するには，「異和感」の対自化，「異和感」を感じた場面の自己分析，「異和感」の投げ返しなどが重要である。 |

## 2. 青年期のアイデンティティ

| 佐々木万丈 | 1995 | 職業決定に対するモラトリアム心理とアイデンティティ発達の関連性を検討する。 | Ss.：専門学校生735名。方法：モラトリアム尺度，アイデンティティ尺度（下山，1992）。 | ①アルバイト経験，クラブ活動経験，リーダー経験のある学生は，ない学生よりも職業決定に対して積極的な態度をもっていた。②職業決定に対するモラトリアム心理の状態は，男女とも3年生への進級時にもっとも消極的な傾向を示した。 |
|---|---|---|---|---|
| 高橋裕行 | 1995 | 職業と価値観の領域間でのアイデンティティ・ステイタスの関連性を検討する。 | Ss.：大学3,4年生64名。方法：面接調査。 | 職業と価値観の関連パターンを予め設定された6つのカテゴリーを用意し，職業，価値観それぞれの領域でのアイデンティティ・ステイタスとの連関を検討したところ，職業と価値観のいずれの領域のステイタスとも，職業・価値観のパターンと有意な連関が認められた。 |
| 土肥伊都子 | 1996 | 自己の性（sex と gender）の受容，父母との同一化，異性との親密性の3つの下位概念を仮定し，ジェンダー・アイデンティティ尺度を作成する。 | Ss.：男女大学生638名。方法：項目の収集，整理，予備調査の実施，の手続きをふんで，尺度作成を行った。 | 「性の受容」「父母との同一化」「異性との親密性」の下位尺度を設定することの妥当性が示され，各々10項目からなる男性用/女性用ジェンダー・アイデンティティ尺度が作成された。 |
| 井上知子 三川俊樹 芳田茂樹 | 1996 | 青年期のアイデンティティ達成の程度と親の養育態度の認知の関連性を検討する。 | Ss.：男女大学生294名。方法：親の養育態度認知尺度，自我同一性地位判定尺度（加藤，1983）。 | ①父親尺度（民主的態度，支持的態度，受容的態度，介入的態度），母親尺度（民主的態度，受容的態度，情緒安定的態度，介入的態度）の各4下位尺度からなる養育態度認知尺度が作成された。②男女大学生では，親の養育態度の認知に性差が，さらに父親と母親の認知にも相違がみられた。③親の養育態度の認知には，各々のアイデンティティ・ステイタスに特徴的な相違が見出された。 |
| 金子俊子 | 1996 | 自己-他者関係尺度改訂版を作成し，青年期の他者関係のあり方，アイデンティティとの関連性を検討する。 | Ss.：男女大学生346名。方法：自己-他者関係尺度（金子，1995），Y-G検査，自我同一性簡易尺度（田端，1978）孤独感類型判別尺度（落合，1983）。 | ①男性では，独立した他者関係と他者との十分な相互理解という他者関係のあり方と，アイデンティティ達成の間に関連性がみられた。②女性では，自己-他者関係尺度のどの下位尺度とも，アイデンティティ達成との関連性はみられなかった。つまり女性においては，アイデンティティを確立していく前提となる他者関係の特質は見出だされなかった。 |

| | | | | |
|---|---|---|---|---|
| 宮下一博 | 1996 | 通塾経験，遊び経験が青年のアイデンティティ発達におよぼす影響を検討する。 | Ss.：大学生295名。方法：アイデンティティ尺度（Rasmussen, 1961），その他。 | ①学習塾への通塾経験は，青年のアイデンティティ発達にプラスに働く。その際，通塾開始はやや遅いこと（13歳以降），子供自身が通塾に肯定的な感じ方をしていることが重要である。②稽古事への通塾経験については，子供自身が肯定的な感じ方をしていることが重要である。③遊び経験については，室内遊びや一人遊びをあまりしない方が，また屋外遊びや集団遊びをよくする方が，アイデンティティ達成得点が高かった。 |
| 佐藤公代 赤澤淳子 寺川夫央 | 1996 | 女子大学生のアイデンティティ達成度と性役割意識の関連性，および将来希望するライフスタイルとアイデンティティ達成度，性役割意識の関連性を検討する。 | Ss.：女子大学生200名。方法：アイデンティティ簡易尺度（Tan, 1977），性役割分業観，ライフスタイルなどに関する質問紙。 | ①アイデンティティ達成度の高い者は，男性性と肯定的な女性的特性を多く有し，両立型のライフスタイル，性に関して柔軟な考え方をもっていた。②職業・結婚・育児両立型のライフスタイルを希望する女性は，その他の女性よりもアイデンティティ得点が有意に高かった。③伝統型のライフスタイルを希望する者は，その他の者よりも固定的な性別役割分業意識をもっていた。また，脱伝統型の生き方を希望する者は，性別役割分業に関して否定的な意識をもち，女性性に対しても否定的な見方をしていた。 |
| 鈴木隆男 | 1996 | 保育学専攻の大学生が保母・保育者を志望した時期とアイデンティティ発達との関連性を検討する。 | Ss.：保育学専攻の短大生260名。方法：アイデンティティ尺度（Rasmussen, 1961），その他の質問紙。 | ①発達早期（幼稚園～小学生，中高校生）から保育者になろうと考えていた群は，進路先を決定しなければならなくなってから保育者になると決めた群よりも，アイデンティティ得点が低かった。②この結果は，職業選択をめぐる葛藤体験の回避と関連していると考えられ，アイデンティティ達成のための援助を保母養成プログラムの中に組み込むことの必要性が示唆された。 |
| 和田　実 | 1996 | 性役割アイデンティティと同性友人関係期待の関連性（男（女）らしさのイメージと自己イメージの一致度）を年齢別に検討する。 | Ss.：男女中学生129名，男女高校生243名，男女大学生168名。方法：性役割同一性尺度（若林ら，1981），友人関係に関する質問紙。 | 性役割同一性と友人関係期待には，特に意味ある関連性は見出せなかった。 |

果,関係的自己,分離した自己の両得点が高い者は,アイデンティティ達成度および自己評価が高く,特に女子学生においてその傾向が強かった。この結果は,関係性と分離性の統合がアイデンティティの達成に重要な意味をもつことを示しており,1.で述べた人格発達のヴィジョンを実証的に裏づけるものである。

金子(1995)は,青年とそのまわりの友人との関係のし方とアイデンティティ形成の関連性を分析している。自己と他者との関係において,「違い意識」「左右されやすさ」「距離をおくこと」の3因子とアイデンティティとの関連性を検討した結果,「左右されやすさ」や「距離をおくこと」が強い青年ほど「私は誰?」というようなアイデンティティ拡散の感覚が強く,「違い意識」がある青年ほど「自分への確信」がしっかりしているということが明らかになり,自己-他者関係の特徴とアイデンティティ確立の程度との関連性が見出された。

さらに金子(1996)は,上記の尺度を改訂した同質性,影響性,相互理解,誤解のなさの4下位尺度からなる「自己-他者関係尺度改訂版」を作成し,青年期の他者関係とアイデンティティ形成の関連性を検討している。その結果,男子大学生では,他者との関係のし方とアイデンティティ達成の間に関連性がみられたが,女子大学生では関連性はみられなかった。この点については,1.でも指摘したように,女性特有の対人関係の発達プロセスがあり,それを有効に反映させたアイデンティティ形成をとらえる視点を開拓していく必要があろう。

また,石谷(1994)の研究は,アイデンティティ形成のあり方と対人関係性のあり方の関連性を,意識水準のみでなく,投影水準にまで深めて検討した研究として注目される。この研究は,加藤(1983)の「同一性地位判別尺度」によって分類された各々のステイタスごとに,男子青年の対人的関係性の特徴を検討しており,各ステイタスの特質を明確に裏づける結果が得られている。しかしながら,対人的関係性の特徴を「分離-個体化」の視点のみでとらえようとしていることは,従来の青年発達観の枠組みにとどまっている。男子青年の関係性維持の方向づけ,例えば,他者への配慮,責任性などの視点から考察されれば,より有益な知見が得られたであろう。この問題は,今後,女子青年にまで研究対象を広げることによって,より明確にされてくると考えられる。

## 2)時間的展望・信頼感とアイデンティティ形成

過去,現在,未来の一貫した時間的展望の獲得は,青年期のアイデンティティ形成の重要な側面である。また,基本的信頼感は,Eriksonの図式に示されている通り,アイデンティティ発達の最も基本的な資質である。このような時間的展望,信頼感といった青年期におけるアイデンティティ形成にとって基本的な問題を検討した研究の

中に重要なものがいくつかみられる。

　都築（1993）は，男女大学生を対象に，アイデンティティ・ステイタスと時間的展望の関連性を検討している。加藤（1983）の同一性地位判別尺度，SD法による時間イメージ尺度，過去・現在・未来の3つの円の重なり具合の程度によって，時間的統合の程度を測定するサークル・テスト（Cottle, 1967）を実施したところ，各々のアイデンティティ・ステイタスの時間的展望のあり方には，次のような特徴が見出されている。達成群は，「時間的関連性」time relatedness がもっとも高く，過去・現在・未来をもっとも統合させた形でとらえており，未来志向的であり，変化に富んだ重要なものとして未来をイメージしていた。権威受容群も達成群と同様の傾向を示した。モラトリアム群も未来志向的であったが，統合度は達成群よりも低かった。拡散群は，他のステイタスと比較して自分の過去・現在・未来のすべてについてネガティブにイメージしており，それぞれがバラバラにとらえられており，過去志向的であった。アイデンティティは，過去・現在・未来の時間の流れの中で，自己についての連続性，一貫性，統合性の上に達成されるものである。都築の研究は，それを明確に裏づけるものである。

　一方，杉山（1994）は，個人の時間次元における自己概念という観点から，個人の過去，現在，未来の自己像とアイデンティティ達成の関連性について検討している。アイデンティティ混乱の程度によって分類した2群のパス解析において，過去の自己と現在の自己が，未来の予想の自己におよぼす影響力は，アイデンティティ混乱の低い群の方が大きかった。一方，未来の自己のもう1つの側面である理想自己と現在の自己との間には，有意な差異はみられなかった。このことから杉山は，Erikson の指摘するような自己の未来の概念に対応するのは，理想の自己ではなく，予想の自己であること，また，未来展望における理想と現実の分化がアイデンティティ達成の程度によって異なり，アイデンティティ混乱の程度の高い者は，予想と理想の未分化な将来の自己像を想定していると示唆している。

　天貝（1995）は，高校生を対象にアイデンティティ形成におよぼす信頼感の影響について検討している。まず，対自的側面，対他的側面に着目して，不信，自分への信頼，他人への信頼の下位尺度からなる信頼感尺度が作成された。この尺度と加藤（1983）の自我同一性地位判別尺度を用いて，アイデンティティ・ステイタスと信頼感の関連性を検討したところ，信頼感は「積極的関与」commitment の側面において影響を及ぼし，「危機」crisis の側面には影響をおよぼさなかった。さらに，男女とも，拡散群が不信がもっとも高く，自分への信頼，他人への信頼のいずれももっとも低かった。積極的モラトリアム群が男子では，自分への信頼，他人への信頼がもっとも高く，女子では不信がもっとも低かった。権威受容群，達成群は中間的な得点を

示した。また，発達的にみると，高校生の学年が上がるにつれて，不信感と信頼感（自分への信頼と他人への信頼）は，一定した高い関連性を示していた。これはきわめて妥当な結果である。

　天貝の研究は，Eriksonのアイデンティティ理論の中でも実証的研究の少ない信頼感とアイデンティティ形成の関連性を検討したものとして，興味深い知見を提出している。特に，SD法によって信頼感の質を分析したところ，各ステイタスによって，信頼感のイメージに特徴的な相違が見出されている。例えば，拡散群の信頼のイメージは，自分にはありのままの正直さを，他人には快楽性を求めるものであり，達成群のイメージは，充実した質的な安定性を示すものであった。Eriksonも述べているように，基本的信頼感はアイデンティティ形成の最も基本となる心理・社会的課題である。天貝の研究は，青年期のアイデンティティ形成においては，信頼感は質的な充実と安定性が重要であり，自己の積極的な希求や模索のエネルギー源として影響をおよぼすことを実証的に示唆するものである。

### 3）集団活動・仲間関係とアイデンティティの発達

　宮下（1996）は，青年の集団活動・友人関係とアイデンティティ発達の関連性を検討している。小学生・中学生時代のあそび経験については，室内あそびや一人あそびをあまりしない方が，また屋外あそびや集団あそびをよくする方がアイデンティティ得点が高かった。さらに宮下は，その後の研究において，大学生の集団活動への参加やかかわり方，友人関係のあり方と，アイデンティティ形成の関連性を検討している（宮下，1997，1998）。今日，青年の仲間関係の希薄さが指摘されているが，これらの結果は，青年のアイデンティティ形成力を高めるための具体的な示唆を与えるものである。

　また，過去のいじめへの対処と大学生のアイデンティティの関連性を検討した豊嶋・石永・遠山（1993）の研究は，青年期の仲間関係とアイデンティティ形成を異なった角度からとらえた研究として注目に値する。豊島らは，過去のいじめ・いじめられ体験と大学生時点でのアイデンティティ・ステイタスの関連性を検討している。調査対象者全体では，いじめの被害・加害体験とアイデンティティ達成の程度には関連性はみられなかった。しかしながら，被害体験をもつ学生では，被害体験が強いと過去の危機，つまり自分の生き方・あり方への迷いの体験を強め，大学生期での「将来の自己投入の希求」を低下させていた。また，被害に対して反撃や友人への相談といった積極的対処がとれた者は，アイデンティティ達成度が高かった。また，周囲のいじめに観衆的役割をとっていた者は，低いステイタスの者が多かった。この研究において豊嶋らは，いじめ被害体験を「成長のきっかけ」と意味づけることができるほど，

アイデンティティ達成に向かうと考察している。

### 4）青年期の親子関係とアイデンティティ

　アイデンティティと家族の問題を取り扱った研究領域は，アイデンティティ研究全体からみると，諸外国においても我が国においても，これまでそれほど多くの研究が行われてきたとはいえない。それは，アイデンティティの概念そのものが，個としての発達を念頭においたものであり，他の心理学の研究と同様，家族はその"背景"とみなされ，注目されることが少なかったためであろう。ようやく 1980 年代以降，一般的な青年を対象に，青年期のアイデンティティ形成と家族特性の問題が取り上げられるようになってきている。つまり，第 2 の分離-個体化期といわれる青年期に，青年が親や家族からの依存を脱し，個の確立をすすめていくプロセスや，そこに関わる家族特性の要因を，理論的または実証的にとらえようとする試みである。

　我が国においても，この流れにそった研究が散見する。井上（1995）は，青年は親との依存-独立の葛藤の解決を経る過程で自律性を発達させた後に，アイデンティティの確立が可能になると考え，大学生を対象として，親との依存-独立の葛藤とアイデンティティの関連性を検討している。続いて井上ら（1996）は，大学生を対象に，アイデンティティ・スタイタスと親の養育態度の認知の関連性について検討している。独自に作成された親の養育態度認知尺度（民主的態度，受容的態度，介入的態度，[以上父親・母親尺度]；支持的態度，[父親尺度]；情緒安定的態度，[母親尺度]）とアイデンティティ・スタイタスの関連性は，達成群は全般的に両親を民主的態度と認知しており，未分化群は介入的態度の認知が低かった。予定アイデンティティ群は，父親の支持的態度を比較的高く認知していた。

　以上のように，他者との関係性・対人関係の視点からアイデンティティ発達をとらえた研究は，この 5 年間にもっとも多く，最近の新しい流れであるといえよう。現在のところ，他者との関係性も，親子関係，仲間関係といった具体的なものから対人関係性の認知まで，さまざまな次元でとらえられ，その定義も一様ではない。このような関係性の次元と定義は，今後整理，検討していかねばならない。この研究領域は，アイデンティティ発達をとらえる理論的・概念的枠組みを提供し，それを実証的に裏づけるのみでなく，これからの青年期研究において求められる「アイデンティティ形成力」とは何か，それを獲得させるための教育とはどのようなものかといった教育の方向にも大きく寄与するであろうと思われる。

### 5）青年期の職業アイデンティティの形成

　職業アイデンティティの形成は，アイデンティティ発達にとって重要な領域である。高橋（1995）は，大学生3・4年生を対象に，アイデンティティ・ステイタス・パラダイムを用いて，職業的アイデンティティと価値的アイデンティティの関連性を検討している。職業と価値観の領域間の関連性について，5つのパターンを設定し，各々のアイデンティティ・ステイタスごとにそのパターンの特徴を分析している。アイデンティティ達成型は，「価値観から職業が導き出されるパターン」がもっとも多く，ついで「職業と価値観が互いに接近し，一つに収斂するパターン」，「職業と価値観がラセン状に絡み合い，互いに影響を及ぼしあっているパターン」がみられた。予定アイデンティティ型では，「職業と価値観が分離して互いに影響のないパターン」がもっとも多く，次に「職業から価値観が導出されるパターン」が多かった。モラトリアム型では，「価値観から職業が導出されるパターン」と，「職業と価値観が分離して互いに影響のないパターン」が半々にみられた。アイデンティティ拡散型は，そのステイタスの特徴から分類は不可能であった。高橋も考察しているように，予定アイデンティティ型に多くみられた，職業と価値観が分離して互いに影響のないパターンは，職業が生計を得る手段に終始し，生き方と関連してこないことを示している。また，アイデンティティ達成型のみにみられた，職業と価値観がラセン状に絡み合い互いに影響し合っていくパターンは，もっとも高次の職業・価値観の関連パターンであると考えられる。

　高橋の研究は，単に大学生の職業アイデンティティの形成としてのみでなく，青年期以降のアイデンティティ発達という視点からみても，興味深いものである。つまり，職業アイデンティティの達成度が試される社会人となった後に，それぞれのパターンはより明確に現れるであろうし，成人期の生き方や成人期に遭遇する危機への対応のし方にも，これらのパターンが認められ，アイデンティティの発達レベルを考察する手掛かりとなるであろう。

　鈴木（1996），佐々木（1995）は，青年期の職業選択をアイデンティティ発達の視点から検討している。鈴木（1996）は，保母養成コースの短大生を対象に，保母という選択を志望した時期とアイデンティティ達成の関連性を検討している。その結果，幼児期・児童期段階から保母になろうと考えていた者（対象者全体の33.8％）と，中学生・高校生段階からの者（48.1％）は，進学先を決定しなければならなくなった段階で保母を志望した者（18.1％）よりもアイデンティティ得点は低かった。鈴木は，この結果を，職業選択をめぐる葛藤体験の回避という視点から考察し，アイデンティティ達成度の低い学生には，アイデンティティの獲得という発達的課題を達成するための援助を，保母養成プログラムに組み込んでいく必要性を指摘している。

また，佐々木（1995）は，5カ年の教育課程をもつ工業専門学校生を対象に，職業決定および職業アイデンティティ形成について分析している。

これらの研究のように，大学あるいは専門学校入学の時点で，将来の職業がほぼ限定されてしまう青年の職業アイデンティティの研究は，教育的観点から見ても非常に重要であろう。特に，その職業に関する専門知識・技術の教育にとどまらず，その職業を自分のアイデンティティの中核に組み込んでいけるようなアイデンティティ形成のための教育が求められるところである。

また，青年期を対象とした研究ではないが，宮本（1995）は，看護婦をはじめとして援助専門職といわれる人々の仕事上のつまずき体験を「異和感」ととらえ，それらの人々が「援助者アイデンティティ」を獲得・発達させていくための指針を具体的に示している。この著書は看護教育のテキスト的に著されているが，人間を相手とする職業の職業アイデンティティの見直しと再構築という視点からみても示唆的である。

### 6）ジェンダー・アイデンティティ

社会的，文化的な影響を受けて形成される性アイデンティティを，ジェンダー・アイデンティティと呼ぶ。それに対して，生物学的性がどのように本人に受容され表現されるかという視点から性アイデンティティをとらえたものを，セクシュアル・アイデンティティという。前者のジェンダー・アイデンティティは，性役割論とも深く関連して，我が国でも関心のもたれている領域である。

この領域の研究としては，中学生・高校生・大学生を対象に，同性への友人関係期待と性役割アイデンティティの関連性を検討した和田（1996）の研究，大学生を対象にアイデンティティ達成度と性役割意識の関連性，および将来希望するライフスタイル別に見たアイデンティティ達成度・性役割意識の特徴を分析した佐藤ら（1996）の研究，「性の受容」「父母との同一化」「異性との親密性」の3つの下位尺度からなるジェンダー・アイデンティティ尺度を作成した土肥（1996）の研究などがみられる。

ジェンダー・アイデンティティは，特に女性のアイデンティティ発達にとって重要な問題を内包している。それは，ライフサイクル全般を通した女性の発達や，成人女性の多くが複数役割を担うことからくるアイデンティティ葛藤や危機にもつながるものである。これらの問題については，3．3)において述べる。

## 3．ライフサイクルへの展望―成人期・老年期のアイデンティティー

青年期以降の成人期，老年期のアイデンティティに関する研究は，表4-3にまとめ

## 1）成人期のアイデンティティ発達過程

　アイデンティティの発達を，青年期のみにとどまらず成人期，老年期にまで拡大したライフサイクル的視座のもとでとらえようとした研究は，1980年代以降，増加する傾向にあり，今日，成人期・老年期のアイデンティティ発達に対する社会的，学問的関心は高まりつつある。青年期以後の成人期におけるアイデンティティの発達・変容過程については，岡本による一連の実証的研究がある（岡本，1985，1986，1994；岡本・山本，1985）。岡本（1994）は，面接調査と質問紙調査にもとづくそれまでの研究結果を総括して，30代後半から40代前半の中年期前期と，60歳前後の現役引退期は，それまでのアイデンティティが問い直され，再体制化されるアイデンティティの危機期であるとし，図4-1のような「成人期におけるアイデンティティのラセン式発達モデル」を提出している。これは，Erikson（1950），Levinson（1978）をはじめ，それまでの成人発達理論の多くが，成人期の発達を，それぞれのライフステージ毎に特徴的な課題をもついわば階段状の発達としてとらえているのに対して，成人期のアイデンティティは，中年期前期や現役引退期という発達的危機に遭遇する毎に，アイデンティティそのものの危機とその再体制化という共通のテーマがみられ，いわばラセン的にアイデンティティは発達・成熟していくという考え方である。また，こ

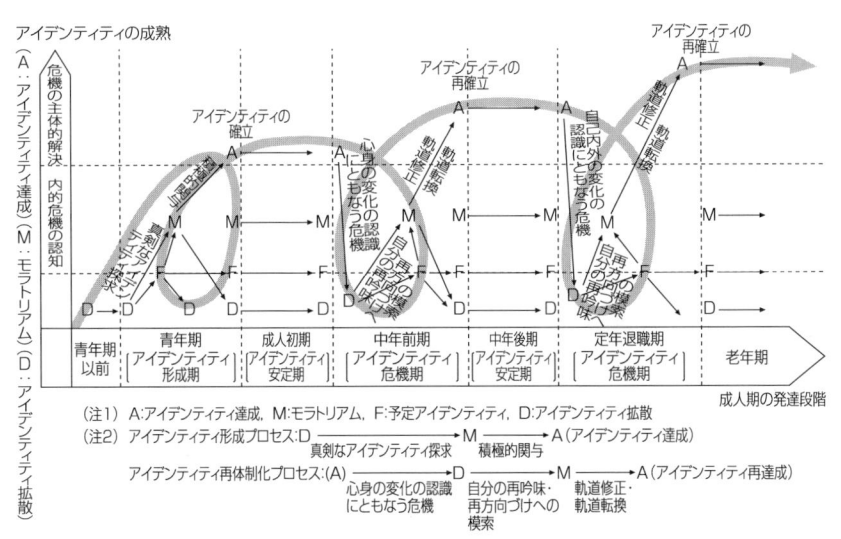

図4-1　アイデンティティのラセン式発達モデル（岡本，1994）

表 4-3 成人期・老年期のアイデンティティに関する研究

| 著者 | 年代 | 目的・仮説 | 方法 | 結果・考察 |
|---|---|---|---|---|
| 堀内(杉村)和美 | 1993 | 1．中年女性の身体感覚から世代性までの5領域における心理的変化について，看護婦，教師，専業主婦による相違を検討する。2．中年女性のアイデンティティ再構築の過程を分析する。 | Ss.：40代の中年女性（専業主婦17名，看護婦23名，教師19名）。方法：半構造化面接。 | ①3つの職業群のいずれも中年期にアイデンティティの変化を体験していた。②専業主婦群では，中年期に打ち込める活動を求める家庭外への志向性が特徴的であった。③看護婦群では，職業的アイデンティティを継続している者7名，アイデンティティの変化を認識していない者が8名，みられ，これらの人々は，中年期のアイデンティティの変化が少なかった。 |
| 岡本祐子 | 1994 | 青年期以降，老年期までのアイデンティティ発達過程とそれに関わる要因を検討する。 | 成人初期から老年期までの男女を対象に8つの研究が行われた。方法：半構造化面接と質問紙調査。 | 岡本(1985, 1986, 1987, 1991)の成人期のアイデンティティ発達と危機に関する一連の研究をまとめたものである。①中年期の入り口，現役引退期は，アイデンティティの変容が起こりやすい発達の危機期である。②そのアイデンティティ再体制化過程は，Ⅰ身体感覚の認識に伴う危機期→Ⅱ自己のあり方・生き方の問い直しの模索期→Ⅲ軌道修正・軌道転換期→Ⅳアイデンティティの再確定期というプロセスが見られ，これは，乳幼児期の分離=個体化，青年期のアイデンティティ形成のプロセスに類似した特質を示していた。③成人期のアイデンティティは，発達的危機期に同一のテーマを繰り返しながらラセン式に発達していくという「アイデンティティのラセン式発達モデル」が提出された。 |
| 前川あさ美無藤清子野村法子園田雅代 | 1996 | 複数役割を生きる成人女性が体験する葛藤を明らかにし，その危機解決や統合のプロセスを分析する。 | Ss.：小学校低学年までの子供をもつ専門職に就いている成人女性52名（27〜52歳）。方法：質問紙および半構造化面接。 | ①複数の役割間での葛藤は，職業人対母親の役割葛藤が最も多かった。特に，この葛藤は積極的関与している女性ほど有意に多かった。②成人女性がアイデンティティを発達させるためには，役割葛藤などの危機体験が積極的な意味をもっていることが示唆された。 |

| 岡本祐子 | 1996a | 現役引退後のアイデンティティ様態を分析し、それぞれの様態の心理社会的課題達成の特徴について検討する。 | Ss.：60〜80代の男性83名。<br>方法：Erikson(1950)の8つの心理社会的課題達成のあり方に関する質問紙、SCT。 | ①アイデンティティ達成型（積極的歓迎型、退職危機転換型）、予定アイデンティティ型（受動的歓迎型）、アイデンティティ拡散型（危機継続型、あっさり移行型）の5タイプが見出された。<br>②積極的歓迎型が全般的に高い得点を示し、どの段階の課題もよく達成されていた。危機継続型が、どの段階の得点ももっとも低かった。<br>③定年退職にともなうアイデンティティの再体制化が完了したタイプである積極的歓迎型と退職危機転換型の得点プロフィールは非常に類似していた。 |
|---|---|---|---|---|
| 岡本祐子 | 1996b | 幼児をもつ女性のアイデンティティ様態を個としてのアイデンティティと母親アイデンティティの葛藤・統合という視点から分析する。 | Ss.：3〜5歳の幼児をもつ母親147名。<br>方法：アイデンティティ尺度（Rasmussen, 1961)、母性理念尺度（花沢、1992)、その他の質問紙。 | ①統合型、伝統的母親型、独立的母親型、未熟型の4タイプが見出された。<br>②統合型の母親は、未熟型よりも家庭生活によく満足しており、伝統的母親型よりも夫からより理解・受容されていると認知していた。<br>③家族とのかかわり方や家族の認知のし方は、4タイプ間で著しい相違がみられた。 |

の研究によって、成人期の人々のほとんどがアイデンティティを「達成」しているわけではなく、自らのアイデンティティを問い直す岐路に立った時、その危機をどのように認知し、対応するかによって、成人期にもアイデンティティ拡散やモラトリアム的状態の人々もかなりの割合で存在することが示唆されている。

　岡本（1995a）はまた、1．で紹介したように、これまでのアイデンティティ発達の研究の多くが、個としてのアイデンティティの発達しか視野に入れていないことを指摘し、成人期のアイデンティティは、個としてのアイデンティティとともに、関係性、中でも「ケアすることによって発達していくアイデンティティ」Care-Based-Identity の側面も等しく重要であり、両者が統合された様態が成熟した成人期のアイデンティティであると述べている。この視点は、関係性の文脈からアイデンティティをとらえ直そうとする最近の研究の流れにそうものであり、特に、女性のアイデンティティ発達をとらえる際には不可欠の視点であろう。また、このヴィジョンは、男女共同参画社会、父性の見直し等の今日の社会の変化の中で、人間発達観の変革を促すものであろう。今後、さらに実証的研究の蓄積による裏づけが待たれるところである。

## 2) 老年期のアイデンティティ

老年期のアイデンティティに関する研究は、成人期を対象にした研究よりもさらに未開拓の領域であるといわざるを得ない。実証的研究としては、岡本（1996a）は、現役引退後のアイデンティティ様態を現役引退の受け止め方と現在の生活・活動への積極的関与の視点から分析し、各々のアイデンティティ様態にみられる心理社会的課題達成の特徴を検討している。現役引退期のアイデンティティ再体制化プロセスの通過のし方によって、積極的歓迎型、退職危機転換型（以上、アイデンティティ達成）、受動的歓迎型（予定アイデンティティ）、危機継続型、あっさり移行型（以上、アイデンティティ拡散）の5つの様態が見出された。Erikson, Erikson, & Kivnic (1986)に記述された各ライフステージの心理社会的テーマの老年期における現れ方を検討したところ、アイデンティティ達成に相当する様態は、いずれのライフステージの心理社会的課題もよく達成されていることが示唆された。この結果より岡本は、老年期のアイデンティティは、これまでの人生の各々のライフステージにおける心理社会的テーマが再吟味され、それらが統合された姿としてとらえることができると述べている。

心身共に元気な高齢者の多い今日では、退職後の人生は単なる楽隠居ではなく、第2の自己実現をめざす時期ととらえている人々も多い。このような人々にとって、老年期の「人生の統合」という課題は、より積極的な特質や意味合いをもっていると考えられる。つまり、過去においてやり残した課題や影になっていた自分、欠落していた生き方に光を当てて、これからの生き方に統合していくことは、「人生の統合」という老年期の課題のより積極的な達成のし方であろう。このようなより積極的な「人生の統合」のあり方の考察は、今後の重要な課題であると考えられる。

## 3) 女性のライフサイクルとアイデンティティ

成人期のアイデンティティは、ライフコースの多様化や家庭内役割の位置づけ、複数の役割をもつことからくるアイデンティティ葛藤など、男性と女性とでは、異なる特質をもつ場合が多い。成人女性のアイデンティティ発達に関する研究としては、堀内（1993）、前川・無藤・野村・園田（1996）、岡本（1996b）が行われている。

堀内（1993）は、現代女性の多くが複数役割をもつために、中年期のアイデンティティ再確立のあり方も、個々人のライフスタイルによって異なった様態を示すようになったことに注目し、岡本（1985）の分析を発展させて、中年期のアイデンティティ再確立における女性特有のパターンを見出している。看護婦、教師および専業主婦の中年女性を対象に、アイデンティティ危機とその再構築の相違を検討したところ、4つのパターンが見出された。堀内は、専業主婦は、人生後半期の自己の支えとなる活

動を家庭外に求めているのに対して，有職者は仕事という基盤を大きく崩すことなく，これを足場として個人的アイデンティティを獲得しようとしていたことから，中年女性のアイデンティティ再構築には，職業など個としての自分を確認できる活動や場があることの重要性を指摘している。

前川ら（1996）の研究は，綿密な面接調査によって専門職についている女性の，アイデンティティ葛藤と統合の様態やアイデンティティ・ステイタスの発達過程，および他者の関係性のあり方を分析したものであり，注目に値するものである。前川らは，乳幼児期から小学校低学年までの子どもをもつ専門職に従事している成人女性を対象に，成人女性のアイデンティティ発達について検討している。まず，成人期の現時点でのアイデンティティ・ステイタスは，達成型が77％ともっとも多く，モラトリアム型9.6％，予定アイデンティティ（早期完了）型5.8％とつづいていた。青年期を回想することによって推察される青年期のアイデンティティ・ステイタスと現在のステイタスの関連性については，44％の調査対象者が，アイデンティティ達成のステイタスを維持していた。次に，予定アイデンティティ型からアイデンティティ達成型への移行した者が多かった（29％）。

複数の役割間での葛藤は，職業人 対 母親の役割葛藤がもっとも多く，特にこの葛藤は積極的関与している女性はそうでない女性よりも有意に多かった。また調査対象者の多くは，経済的自立から精神的自立に及ぶ広い自立意識をもち，母親という役割を有していても，仕事をもったり自己実現をしたりすることをきわめて自然に考え，重視している一方で，同時に，社会や他者との関わりに心傾け，関心をもち，そこにおける相互的コミュニケーションや対等な関係を大切にしたいという意識を強くもっていたことが報告されている。これらの結果をふまえて前川らは，この研究の対象者が総じて自己評価も高く，物的人的資源やサポートに恵まれた人々であったことを認めながらも，成人期の女性がアイデンティティを発達させるためには，役割葛藤などの「危機」体験が積極的な意味をもっていること，つまり，複数の役割をもち，これに積極的に関与していくことによって，ストレスという否定的な影響ではなく，相乗作用的発達を遂げることを示唆している。すなわち，複数役割をもつ女性は，個体維持機能と関係維持機能の相互調整・統合という課題に向き合わざるを得ないために，アイデンティティの全体的発達が促進される可能性が高いと述べている。

前川らの研究は，独自に作成された半構造化面接によるものであり，対象者一人ひとりの生きざまからアイデンティティ葛藤をくみ取ることに成功している。そして，得られた結果も，個としての発達と関係性に基づく発達の統合のあり方を示す実証的なデータとして貴重なものである。今後，専門職女性のみでなく一般女性にまで調査対象を広げて，このような発達のヴィジョンが検討されることが期待される。

同じく育児期の女性を対象にアイデンティティ葛藤と統合について検討したものに，岡本（1996 b）がみられる。岡本は，個としてのアイデンティティと母親アイデンティティの葛藤・統合という視点から，育児期の一般女性のアイデンティティ様態と家族関係の関連性について考察している。個としてのアイデンティティと母親アイデンティティの高さによって，統合型，伝統的母親型，独立的母親型，未熟型という4タイプが見出された。統合型の母親は，未熟型の母親よりも家庭生活によく満足しており，伝統的母親型よりも夫からよく理解・受容されていると認知していた。また，家族との関わり方や家族の認知のし方は，4タイプ間で著しい相違がみられた。統合型が夫をもっとも肯定的に受け止めており，家族に対する積極的関与がもっともよくできていた。未熟型は，夫・子供に対して拒否的であったり，積極的関与が不十分である者がもっとも多かった。これらの結果から岡本は，夫との肯定的な関係や家族に対する積極的関与は，個としてのアイデンティティと母親アイデンティティの統合を支えるものであると示唆している。

## 4．文化とアイデンティティ

文化とアイデンティティに関する研究は，表4-4に示した。民族アイデンティティもしくは文化とアイデンティティに関する研究は，諸外国，特に多民族国家である米国においては，膨大な数の研究が行われているのに対して，我が国においてはそれほど大きな関心を集めてきているわけではない。しかしながら，在日朝鮮人青年を対象とした平ら（1995），中国残留婦人を対象にした時津（1996）などは，我が国の歴史的，文化的観点からみても重要かつ興味深い研究である。

平ら（1995）は，在日朝鮮人青年の名前の使い分けの注目して民族アイデンティティ意識が状況に応じてシフトすることを実証的に検討している。その結果，〈タイプⅠ〉すべての場面で一貫して本名を朝鮮語読みで使用している者，24.7％，〈タイプⅡ〉すべての場面で本名を用いるが，朝鮮語読みと日本語読みを併用する者，21.5％，〈タイプⅢ〉本名と通名を場面によって使い分ける者，53.8％が見出された。タイプⅡとタイプⅢは，状況によって民族アイデンティティがシフトしていることを示している。タイプⅠ～Ⅲのいずれのタイプも，「在日朝鮮人」としての意識を強くもっており，タイプ間で民族アイデンティティの強さに有意差は認められなかった。タイプⅡは，状況，特にその場にいる「相手の立場を考慮して」日本語読みを使用していること，タイプⅢには，民族学校の非経験者が多いこと，「民族文化的要素」の保持の程度が他のタイプに比べて低いことが特徴的であった。平らは，実感している民

## 表4-4 文化とアイデンティティに関する研究

| 著者 | 年代 | 目的・仮説 | 方法 | 結果・考察 |
|---|---|---|---|---|
| 高木秀明<br>張　日昇 | 1992 | 親子関係，友人関係とアイデンティティの関連性について日本と中国の青年を比較・検討する。 | Ss.：男女高校生・大学生，日本人2,264名，中国人1,562名。<br>方法：自我同一性地位判定尺度（加藤，1983）親子関係，友人関係に関する質問紙。 | ①「親からの精神的支持」は，日本の青年では，アイデンティティ発達を促進させるが，中国人青年のアイデンティティ発達とは関連性がみられなかった。<br>②「親への感謝・愛情」「親からの精神的独立性」は，日中青年ともに，アイデンティティの発達に伴って増大した。<br>③「親からの心理的圧迫」は，日中青年ともに，アイデンティティの発達を阻害するが，これの克服によってアイデンティティが達成される傾向も示唆された。<br>④親子関係と同様に，友人関係においても，アイデンティティとの関連は，日本の青年の方が強かった。中国人青年の場合，家庭教育や学校教育による道徳的規範が友人関係に影響を及ぼしていると推察された。 |
| 角川雅樹 | 1993 | ラテンアメリカの日系人の心理をアイデンティティの視点から分析する。 | Ss.：研修のため来日した日系ラテンアメリカ人23名（20～26歳）。<br>方法：MMPI，面接調査. | 日系2，3世の人々は，日本人と現地の人々の間で揺れ動いており，「自分は日本人でも現地人でもない」というアイデンティティの葛藤と不全感が見出された。 |
| 鈴木一代<br>藤原喜悦 | 1993 | 国際家族の子供の文化的アイデンティティの状態について考察する。 | Ss.：インドネシア人の父親，ドイツ人の母親をもつ男子青年とその母親。<br>方法：面接調査および参与観察。 | ①母親・子供双方に，インドネシア的なものとドイツ的なものの融合がみられたが，いずれもドイツ文化が優位を占めていた。これは，母親のドイツ文化優位の態度や教育・養育を媒介して，子供のドイツ文化優位となってあらわれたと考えられる。<br>②高校卒業後，ドイツ文化優位からインドネシア文化優位あるいは，どちらの文化優位ともいえない状態への文化的アイデンティティの推移が認められた。 |
| 平　直樹<br>川本ひとみ<br>慎　栄根<br>中村俊哉 | 1995 | 在日朝鮮人青年を対象に，民族的アイデンティティの状況によるシフトの存在を明らかにする。 | Ss.：日本の大学に通う在日朝鮮人青年93名（18～24歳）。<br>方法：名前の使用と抵抗 | 〈タイプⅠ〉すべての場面で一貫して本名を朝鮮語読みで使用している者，〈タイプⅡ〉すべての場面で本名を用いるが，朝鮮語読みと日本語 |

| | | | 感，アイデンティティ・ステイタス，民族的アイデンティティの強さ，民族文化的要素の保持の程度に関する質問紙。 | 読みを併用する者，〈タイプIII〉本名と通名を場面によって使い分ける者が見出された。タイプIIと，タイプIIIには，状況による民族アイデンティティのシフトが認められた。 |
|---|---|---|---|---|
| 時津倫子 | 1996 | 中国残留婦人のライフストーリーにあらわれる危機を乗り越える過程をアイデンティティの視点から分析する。 | Ss.：元中国残留婦人1名（64歳）。方法：面接調査。 | 本研究の対象者が「残留婦人」となった背景には，当時の日本の道徳教育が強く影響していた。異国でアイデンティティを保持するためには，「日本人」であるための価値観をもち，それを行動規範にすることが重要であったことが示唆された。 |

族文化が少ない現実の日本の状況に中で，「自分は在日朝鮮人である」という意識を強くもちながらも，状況に応じて民族アイデンティティがシフトするのは自然なことであり，これらを適応的な「しなやかな民族アイデンティティ」であると考察している。

　また，時津（1996）は，64歳で永住帰国した元・中国残留婦人の面接調査をもとに，ライフストーリーによるアイデンティティ研究を行っている。鈴木・藤原（1993）は，インドネシア人の父親とドイツ人の母親をもつ男子青年の文化的アイデンティティ形成について考察している。一方，角川（1993）は，来日したラテン・アメリカ諸国の日系人を対象に，MMPIと面接調査を実施し，2つの文化的背景をもつ日系人のアイデンティティ葛藤と不全感について考察している。

　以上のように，研究数は少ないが，いずれも我が国の民族・文化的アイデンティティの研究にとって重要な問題を包含するものである。

## 5．アイデンティティの心理臨床的研究

　アイデンティティの心理臨床的研究は，表4-5にまとめた。

　「はじめに」で述べたように，アイデンティティの臨床的研究，つまり心理臨床事例に基づいた研究は，アイデンティティ研究の出発点であった。この領域の研究については，鑪・宮下・岡本（1995）によって，1950～1991年までの諸外国で発表されたアイデンティティに関する臨床的研究を領域別に紹介・論評されている。また，「精神分析研究」では，鑪・馬場（1993）によって，精神分析臨床から見たアイデンティティ論が特集され，臨床的研究と実践におけるアイデンティティ論の意義を改め

## 5. アイデンティティの心理臨床的研究

**表 4-5 アイデンティティの心理臨床的研究**

| 著者 | 年代 | 目的・仮説 | 方法 | 結果・考察 |
|---|---|---|---|---|
| 鑪 幹八郎<br>馬場禮子 | 1993 | アイデンティティ概念の成立から今日までのアイデンティティ研究を概観し，臨床像としてのアイデンティティを明確化する。 | 文献レヴューと論考。 | アイデンティティの臨床像を，重症の精神病理にみられる部分症状としてのアイデンティティの問題とは別に，アイデンティティそのものを中心的葛藤としてとらえると，①青年期の発達的危機としてのアイデンティティの様々な葛藤，②青年期以降のライフサイクルにおけるアイデンティティ危機と葛藤，③民族的アイデンティティ，または異文化体験が引き起こすアイデンティティ危機と葛藤，④職業選択と職業的アイデンティティの危機と葛藤，⑤ジェンダーに関係するアイデンティティの問題，⑥人格障害，境界例など病理的に深い障害をアイデンティティの角度から見直した問題，の6つが見出された。 |
| 吉田圭吾 | 1994 | 子育てをめぐる危機が親を育てるプロセスの分析を通して，世代性について考察する。 | 登校拒否児の母親のカウンセリング過程の分析。 | 子供の登校拒否という家族内の葛藤を通して，親が自分の未解決の葛藤に気づき，それを解決していくプロセスのなかで，そのことが両親に個人的・社会的に新たな活力と生命力を与えることが認められた。子供は，未熟で脆弱でありながら，親を育てるほどの活力と創意工夫を発揮することが示唆された。 |
| 村瀬孝雄 | 1995 | 青年期の自己確立を中心に，アイデンティティの諸相について論考する。 | 論考および事例研究。 | 著者のこれまでのアイデンティティに関する研究論文の集大成。現代の大学生の自己確立の諸相を，「平穏」と「混乱」，「退行しながらの自己確立」などの視点から考察した。また，森有正，中野孝次，畑正憲の中年期のアイデンティティの再確立についても論じた。 |
| 岡本祐子 | 1995b | 中年の職場不適応の心理療法事例をもとに，中年期のアイデンティティ危機とその再体制化過程の特徴を考察する。 | 出社拒否，職場不適応の中年男性に対する心理療法2事例の事例研究。 | ①中年期はアイデンティティの危機期であり，それ以前のライフステージにおける未解決の課題や葛藤が再現されやすい。特に，青年期のアイデンティティ確立が未達成や不十分であった場合には，中年期の再確立が求められる。<br>②その心理療法過程には，Ⅰ問題の |

| | | | | 発現（アイデンティティの混乱と破綻）→Ⅱ自分の育ちや生き方の見直しと未解決の問題・課題の整理，→Ⅲ自分を主体としたアイデンティティ獲得へ向けての模索と軌道修正→Ⅳ適応的な職業・家庭生活への関与の達成（アイデンティティの再確立と安定）というプロセスが見出された。|
|---|---|---|---|---|
| 城野靖恵 | 1995 | 狂気恐怖，アイデンティティの揺らぎを訴える女子青年の心理療法過程を考察する。| 21歳の女子大生の事例研究。| Cl.の狂気恐怖について，故郷のもつ意味とアイデンティティの視点から考察された。|
| 鑪幹八郎<br>宮下一博<br>岡本祐子 | 1995 | 1950〜1991年までに諸外国で発表されたアイデンティティに関する臨床心理学的研究を展望し，論評する。| 文献レヴューと論評。| 左記の41年間に発表された論文は，508編あり，①アイデンティティ概念の臨床心理学的検討，②作品とアイデンティティ，③青年期とそれ以降のアイデンティティ拡散に関する研究，④精神障害とアイデンティティに関する研究，⑤身体・器質障害とアイデンティティに関する研究，⑥同性愛などジェンダー・アイデンティティに関する研究の6領域に分類された。|
| 鑪幹八郎<br>西園昌久<br>馬場禮子 | 1996 | 精神分析家の治療者としてのアイデンティティの形成とライフサイクルのなかでの変容過程について考察する。| 自らの体験過程の分析。| 3名の著者がそれぞれ自らの精神分析家アイデンティティの獲得とその後の発達プロセスをのべた上で，①ライフサイクルの年齢段階によって，分析家の基本的構えが異なること，②女性治療者においては，育児体験の利点と陥りやすい問題点とを明確にし，治療者としての研鑽を自覚的に行う必要性があること，などが示唆された。|
| 山口利勝 | 1996 | 聴覚障害学生における自己意識形成とアイデンティティ形成との関連性について検討する。| Ss.：聴覚障害学生48名。方法：自己意識形成に関する質問紙，疎外感尺度（宮下，1981），Erikson心理社会的段階目録検査（中西・佐方，1993）。| ①自己意識の様態と同一化分類に関しては，健聴者同一化，同一化混乱，消極的聴覚障害者同一化，積極的聴覚障害者同一化の4つの様態が見出された。<br>②聴覚障害学生の自己意識の変化は，青年前期に始まり，教育歴によってその様相はかなり異なっていた。また，聴覚障害者としての自覚は，高校卒業後に一段と高まり，消極 |

| | | | | 的聴覚障害者同一化から積極的聴覚障害者同一化へ移行する者が増加していた。<br>③調査時点では，Ss.のほとんどが積極的聴覚障害者同一化群であったため，アイデンティティ発達と疎外感得点に関しては，様態別の分析はできなかった。 |
|---|---|---|---|---|

て見直している。さらに，鑪・西園・馬場（1996）による「治療者のアイデンティティとライフサイクル」というシンポジウムでは，この3名の精神分析家が，それぞれ自らが専門家になっていくプロセスを語り，ライフサイクルを通してみられる治療者アイデンティティの発達について討議されている。これは，専門家としての職業アイデンティティの発達，またライフサイクルを通してのアイデンティティ発達という視点からも，極めて示唆的である。

心理臨床事例をアイデンティティの視点から読み解いた事例研究としては，吉田（1994），城野（1995），岡本（1995ｂ）などがみられる。また，村瀬による一連の事例分析を中心とした青年期のアイデンティティ確立に関する研究が単行本としてまとめられている（村瀬，1995）。

山口（1996）は，聴覚障害をもつ学生を対象に，聴覚障害者のアイデンティティ形成過程および健聴者の世界との葛藤について分析している。まず，健聴者・聴覚障害者への同一化に関する自己意識の様態は，健聴者同一化，同一化混乱，消極的聴覚障害者同一化，積極的聴覚障害者同一化の4つの様態がみいだされた。自己意識の変化は，中学校期から始まり，高校卒業後に顕著に増大していた。つまり，聴覚障害者としての自覚は，高校卒業後に一段と高まり，消極的聴覚障害者同一化から積極的同一化へ移行する者が多かった。また，自分と同じ聴覚障害者との出会いが自己意識の変化に大きな影響を与えていた。

## 6．今後の課題

アイデンティティに関する研究は，ここ半世紀増加し続け，今後もその傾向は変わることはないであろう。本章のまとめとして，アイデンティティ研究の今後の課題について述べておきたい。

第1は，ライフサイクル全体を視野に入れたアイデンティティ研究の必要性である。いうまでもなく青年期を対象にした研究は重要であるが，今日のように社会の流動化

やライフサイクルの変化の大きい時代においては，ライフサイクル全体の中で青年期のアイデンティティ形成のもつ意味やその質を考察していく視点は不可欠であろう。

第2は，成人期・老年期のアイデンティティ研究の進展が望まれる。特に，青年期に獲得したアイデンティティでは，必ずしもその後の人生を支えきれなくなった今日，また青年後期にアイデンティティを達成しきれない青年が増加している今日，成人期のアイデンティティの発達的研究は重要な課題である。

さらに，老年期のアイデンティティ研究は，成人期と並んで，今後研究の進展が期待される領域である。その際，老年期の研究対象を，心身ともに自立している高齢者と，介護の必要な，特に痴呆などの症状のみられる高齢者に分けてとらえる必要があろう。前者を対象にした研究は，Eriksonの図式の第Ⅷ段階の内容を精緻化し，検討を加える方向で進めることができる。しかし，後者を対象にした場合は，もはやErikson のいう「自我の統合性」という概念が適用できるかどうか，また鑪（1997）のいう「意志的に努力して得られる心的プロセス」としてとらえられるかどうかは，現在のところ定かではない。しかしながら，ライフサイクルを通じてアイデンティティの発達をとらえようとする時，これは極めて重要な課題であろう。つまり，発達のゴールは何か，人間はどこへたどりつけばよいのかという人間発達にかかわる本質的問題がそこに含まれているからである。

第3は，女性のアイデンティティ発達に関する研究である。すでに，2.，3.3)において述べたように，女性のライフサイクルは多様であり，体験されるアイデンティティ葛藤や危機も多い。これらの分析からみえてくるアイデンティティ発達の方向性は，男女を問わず人間の発達・成熟性についての有益なヴィジョンを示すものと思われる。

第4は，方法論的な問題である。アイデンティティの概念は，生身の生きた青年に接し，その自己形成の苦悩に関与するところから生まれてきたものである。現在，実証的研究の大半は質問紙調査によるものであるが，面接調査から得られるデータの深さと迫力を看過してはならない。本章で展望した諸研究においても，アイデンティティ研究の進展に貢献した優れた研究は，面接法を用いたものである場合が少なくない。

**引用文献**

Cottle, T. J. 1967 The circles test: an investigation of perceptions of temporal relatedness and dominance. *Journal of Projective Technique & Personality Assessment*, **31**, 58-71.

Erikson, E. H. 1950 *Childhood and society*. New York: W. W. Norton.（仁科弥生訳 1977, 1980 幼児期と社会, 1.2 みすず書房）

Erikson, E. H., Erikson, J. M., & Kivnic, H. Q. 1986 *Vital involvement in old age*. New York: W. W.Norton.（朝永正徳 訳 1990 老年期：生き生きしたかかわりあい みすず書房）

Franz, C. E., & White, K. M. 1985 Individuation and attachment in personality development: Extending Erikson's theory. *Journal of Personality*, **53**, 224-256.

Gilligan, C. 1982 *In a different voice: Psychological theory and women's development*. Boston:Harvard University Press.（岩男寿美子 監訳 1986 もうひとつの声 川島書店）

Josselson, R. 1994 Identity and relatedness in the life cycle. In H. A.Bosma, T. L. G. Graafsma, H. D. Grotevant & D. J. de Levita（Eds.）*Identity and development*. London: Sage.

加藤厚 1983 大学生における同一性の諸相とその構造 教育心理学研究, **31**, 292-302.

Levinson, D. J. 1978 *The seasons of a man's life*. New York: A. Knopf.（南 博 訳 1980 人生の四季 講談社）

Marcia, J. E. 1964 *Determination and construct validity of ego identity status*. Unpublished Doctoral Dissertation, The Ohio State University.

Miller, J. B. 1976 *Toward a new psychology of women*. Boston: Beacon Press.

宮下一博 1997 青年の集団活動への参加とアイデンティティ 千葉大学教育学部研究紀要, **45**, 7-14.

宮下一博 1998 青年の集団活動への関わり及び友人関係とアイデンティティ発達の関連 千葉大学教育学部研究紀要, **46**, 27-34.

岡本祐子 1985 中年期の自我同一性に関する研究 教育心理学研究, **33**, 294-306.

岡本祐子 1986 成人期における自我同一性ステイタスの発達経路の分析 教育心理学研究, **34**, 352-358.

岡本祐子・山本多喜司 1985 定年退職期の自我同一性に関する研究 教育心理学研究, **33**, 185-194.

鑢幹八郎 1997 ライフサイクルにおける老年期のアイデンティティー「統合」概念の吟味. 鑢幹八郎・宮下一博・岡本祐子（共編） アイデンティティ研究の展望Ⅳ ナカニシヤ出版, Pp.11-32.

鑢幹八郎・宮下一博・岡本祐子（共編） 1998 アイデンティティ研究の展望Ⅴ-1 ナカニシヤ出版.

鑢幹八郎・宮下一博・岡本祐子（共編） 1999 アイデンティティ研究の展望Ⅴ-2 ナカニシヤ出版.

# 第Ⅴ章 文献一覧

## 1. Erikson, E. H. に関する著作一覧

Erikson, E. H. 自身の論文が掲載されているものに限定した。
Friedman (1999) は，Erikson 自身の著作ではないが，Erikson の理解に極めて重要な文献であると考えられるため，ここに付加した。

Coles, R. (Ed.) 2000 *The Erik Erikson Reader*. New York : W. W. Norton.
Fiedman, L. J. 1999 *Identity's Architect : A Biography of Erik H. Erikson*. New York : Scribner.
Wallerstein, R. S. & Goldberger, L. (Eds.) 1998 *Ideas and Identities : The Life and Work of Erik Erikson*. Madison, Connecticut : International University Press.

## 2. 外国におけるアイデンティティ文献一覧 (1992〜1996年)
＊は臨床関係の論文を示す。

Abdullah, S., Kamberelis, G., & McGinley, W. 1992 Literacy, identity, and resistance within the African-American slave community and some reflection for new forms of literacy pedagogy. *National Reading Conference Yearbook*, **41**, 379-391.

Abrahams, N. 1996 Negotiating power, identity, family, and community : Women's community participation. *Gender & Society*, **10**(6), 768-796.

Abrams, D. 1994 Political distinctiveness : An identity optimising approach. *European Journal of Social Psychology*, **24**(3), 357-365.

Abrams, D., & Emler, N. 1992 Self-denial as a paradox of political and regional social identity : Findings from a study of 16- and 18-year olds. *European Journal of Social Psychology*, **22**(3), 279-295.

＊Abrams, K. K., Allen, L. R., & Gray, J. J. 1993 Disordered eating attitudes and behaviors, psychological adjustment, and ethnic identity : A comparison of Black and White female college students. *International Journal of Eating Disorders*, **14**(1), 49-57.

＊Acevedo, R. L. 1993 A comparative analysis of lesbian identity development

among acculturated Latina and Anglo lesbians. *Dissertation Abstracts International,* **54**(1-B), 515.
Adams, G. R. 1994 Revised classification criteria for the Extended Objective Measure of Ego Identity Status : A rejoinder. *Journal of Adolescence,* **17**(6), 551-556.
Adams, G. R., & Marshall, S. K. 1996 A developmental social psychology of identity : Understanding the person-in-context. *Journal of Adolescence,* **19**(5), 429-442.
Adams, L. J. 1993 An expansion of Gilligan's theoretical concepts and self-in-relation theory into the vocational domain : The relationship between connected identity, separate identity and people's endorsements of work values and vocational resource. *Dissertation Abstracts International,* **53**(9-B), 4993.
Adamson, L., & Lyxell, B. 1996 Self-concept and questions of life : Identity development during late adolescence. *Journal of Adolescence,* **19**(6), 569-582.
Adelmann, P. K. 1993 Psychological well-being and homemaker vs retiree identity among older women. *Sex Roles,* **29**(3-4), 195-212.
Adeofe, A. S. 1992 Personal identity and reidentification. *Dissertation Abstracts International,* **52**(12-A), 4351.
Afay, P. M. 1992 In search of an identity : A cross-cultural study of immigrant Iranian women. *Dissertation Abstracts International,* **53**(6-B), 3141.
Agaoglu, J. C. 1994 The castration complex : The challenge and myth of female identity formation. *Dissertation Abstracts International,* **55**(5-B), 1998.
Agatti, A. P. R. 1996 On the identity of theoretical psychology : A response to Rappard. *Theory & Psychology,* **6**(2), 301-304.
Agatti, A. P. 1993 The identity of theoretical psychology. *Theory & Psychology,* **3**(3), 389-393.
Ahuna, C. L. 1994 The dynamic nature of cultural identity. *Dissertation Abstracts International,* **54**(8-B), 4378.
Ainsworth, V. E. 1996 Women displacing reproductive identity : Childfree baby boomers confront the motherhood mandate. *Dissertation Abstracts International,* **56**(10-B), 5829.
Akins, A. L. 1995 Biracial identity development and alienation in racially mixed adults. *Dissertation Abstracts International,* **56**(5-B), 2851.
＊Akhtar, S. 1995 A third individuation : Immigration, identity, and the psychoanalytic process. *Journal of the American Psychoanalytic Association,* **43**(4), 1051-1084.
＊Akhtar, S., & Samuel, S. 1996 The concept of identity : Developmental origins, phenomenology, clinical relevance, and measurement. *Harvard Review of Psychiatry,* **3**(5), 254-267.
＊Al-Attia, H. M. 1996 Gender identity and role in a pedigree of Arabs with intersex

due to 5 alpha reductase-2 deficiency. *Psychoneuroendocrinology,* **21**(8), 651-657.

Albanese, M. N. 1996 The relationships between perceived parenting behavior, internal working models of parental attachment, and identity style. *Dissertation Abstracts International,* **57**(4-B), 2900.

Albert, A. P. 1993 The internal experience of identity formation of poets : An exploratory study using cross-sectional thematic data gathered from interviews with ten male poets. *Dissertation Abstracts International,* **53**(10-B), 5474.

Alchek, M. H. 1995 Other than mother : Identity and relationships among voluntarily childless women. *Dissertation Abstracts International,* **55**(10-B), 4598.

Aldridge, D. 1996 Notes on the phenomenon of "becoming healthy" : Body, identity, and lifestyle. *Advances,* **12**(1), 51-58.

Alexander, C. M. 1993 Construct validity and reliability of the White Racial Identity Attitude Scale (WRIAS). *Dissertation Abstracts International,* **53**(11-A), 3799.

\* Allen, R. C. 1996 Discovery of an embodying self : Cancer, identities, narratives. *Dissertation Abstracts International,* **56**(9-B), 5192.

\* Alpher, V. S. 1992 a Introject and identity : Structural-interpersonal analysis and psychological assessment of multiple personality disorder. *Journal of Personality Assessment,* **58**(2), 347-367.

\* Alpher, V. S. 1992 b Changes in identity and self-organization in psychotherapy of multiple personality disorder. *Psychotherapy,* **29**(4), 570-579.

\* Alpher, V. S. 1996 Identity and introject in dissociative disorders. *Journal of Consulting & Clinical Psychology,* **64**(6), 1238-1244.

\* Alquijay, M. A. 1993 The relationship among self-esteem, acculturation and lesbian identity formation. *Dissertation Abstracts International,* **54**(4-B), 2269.

\* Altekruse, M. C. 1994 White racial identity attitudes relationship with the ability to display empathy with African-American clients. *Dissertation Abstracts International,* **54**(9-B), 4899.

Alvesson, M. 1994 Talking in organizations : Managing identity and impressions in an advertising agency. *Organization Studies,* **15**(4), 535-563.

Amancio, L. 1993 Niveis de Analise no Estudo da Identidate Social. *Analise Psicologica,* **11**(2), 213-221.

Amaral, V., & Franco, A. 1996 O poder municipal no concelho de Cascais : Representacao social e identidades sociais. Um estudo exploratorio. *Analise Psicologica,* **14**(1), 87-109.

Amir, S., Yitzhaki-Verner, T., & Bar-On, D. 1996 "The recruited identity" : The influence of the intifada on the perception of the peace process from the standpoint of the individual. *Journal of Narrative & Life History,* **6**(3), 193-223.

Amundson, N. E. 1994 Negotiating identity during unemployment. *Journal of Employment Counseling*, **31**(3), 98-104.

Amyot, R. P., & Sigelman, L. 1996 Jews without Judaism? Assimilation and Jewish identity in the United States. *Social Science Quarterly*, **77**(1), 177-189.

Anderson, C. B. 1995 The athletic identity questionnaire : Development, initial validation, and relation to the stages of exercise adoption. *Dissertation Abstracts International*, **56**(5-B), 2932.

Andersen, D. C. 1993 Beyond rumor and reductionism : A textual dialogue with Erik H. Erikson. *Psychohistory Review*, **22**(1), 35-68.

Anderson, D. F., & Cychosz, C. M. 1994 Development of an exercise identity scale. *Perceptual & Motor Skills*, **78**(3, Pt 1), 747-751.

Anderson, D. F., & Cychosz, C. M. 1995 Exploration of the relationship between exercise behavior and exercise identity. *Journal of Sport Behavior*, **18**(3), 159-166.

Anderson, D. Y. 1996 Life-ties : Gender, identity and self-esteem. a new look at adult development. *Dissertation Abstracts International*, **56**(11-B), 6414.

Anderson, H. L. 1992 The association between identity development and professional self-confidence in prospective secondary teachers. *Dissertation Abstracts International*, **53**(6-A), 1871.

Anderson, K. J. 1995 The use of a structured career development group to increase career identity : An exploratory study. *Journal of Career Development*, **21**(4), 279-291.

Anderson, K. S. 1994 Ethnic identity in biracial Asian Americans. *Dissertation Abstracts International*, **54**(9-B), 4905.

Anderson, L. 1994 The relationship between Marcia's ego identity status paradigm and Erikson's psychosocial theory. *Dissertation Abstracts International*, **54**(9-A), 3603.

＊Anderson, L., & Gold, K. 1994 "I know what it means but it's not how I feel" : The construction of survivor identity in feminist counseling practice. *Women & Therapy*, **15**(2), 5-17.

Anderson, T. L. 1992 Identity transformation in drug addiction. *Dissertation Abstracts International*, **53**(5-A), 1671.

Anderson, T. L. 1994 Drug abuse and identity : Linking micro and macro factors. *Sociological Quarterly*, **35**(1), 159-174.

Anderson-Hanley, C. M. 1996 Identity development : The comparative effects of two outward bound-type programs and a control condition on college students. *Dissertation Abstracts International*, **57**(2-A), 0573.

Andrea, D. 1996 A helyidentitasrol. *Magyar Pszichologiai Szemle*, **52**(4-6), 363-391.

Angels, V. M., & Siguan, M. 1992 Aproximacion empirica de la Teoria de la Identidad Etnolingueistica en el contexto catalan. *Anuario de Psicologia*, **52**(1), 79-93.

Angrosino, M. V. 1995 Metaphors of ethnic identity : Projective life history narratives of Trinidadians of Indian descent. *Journal of Narrative & Life History,* **5**(2), 125-146.

Annese, S. 1995 Le public dans le talk show : le jeu rassurant des identites exhibees. *Psychologie Francaise,* **40**(2), 135-146.

Antaki, C., Condor, S., & Levine, M. 1996 Social identities in talk : Speakers' own orientations. *British Journal of Social Psychology,* **35**(4), 473-492.

Arnemann, C. F. 1996 Help-seeking avoidance among college students as a function of ethno-cultural identity. *Dissertation Abstracts International,* **56**(12-B), 7090.

Arroyo, C. G., & Zigler, E. 1995 Racial identity, academic achievement, and the psychological well-being of economically disadvantaged adolescents. *Journal of Personality & Social Psychology,* **69**(5), 903-914.

Aryee, S., & Luk, V. 1996 Balancing two major parts of adult life experience : Work and family identity among dual-earner couples. *Human Relations,* **49**(4), 465-487.

Ashforth, B. E., & Humphrey, R. H. 1993 Emotional labor in service roles : The influence of identity. *Academy of Management Review,* **18**(1), 88-115.

＊Ault, A. 1996 Ambiguous identity in an unambiguous sex/gender structure : The case of bisexual women. *Sociological Quarterly,* **37**(3), 449-463.

＊Auslander, B. A., & Dunham, R. M. 1996 Bulimia and the diffusion status of ego identity formation : Similarities of the empirical descriptors of self and parent. *Journal of Adolescence,* **19**(4), 333-338.

Baber, C. 1992 Ethnic identity development and literacy education. *Reading Psychology,* **13**(1), 91-98.

＊Babinski, S., & Reyes, A. 1994 Identity formation in adolescence : Case study of gender identity disorder and treatment through an intermediate-car day hospital. *Psychiatric Quarterly,* **65**(2), 121-133.

＊Bacha, C. 1996 The totem as identity : Sexual abuse and the female therapist. *Psychodynamic Counseling,* **2**(1), 117-121.

＊Backe-Hansen, E. 1994 Identitetsutvikling og opplevelse av kontinuitet og stabilitet hos sma barn i fosterhjem, belyst ved to kasus. *Tidsskrift for Norsk Psykologforening,* **31**(11), 983-996.

Bacova, V. 1994 Teorie osobnej a socialnej identity v socialnej psychologii. *Ceskoslovenska Psychologie,* **38**(1), 28-42.

Bagby, R. M., & Rector, N. A. 1992 Prejudice in a simulated legal context : A further application of social identity theory. *European Journal of Social Psychology,* **22**(4), 397-406.

Bagley, C. 1993 Chinese adoptees in Britain : A twenty-year follow-up of adjustment and social identity. *International Social Work,* **36**(2), 143-157.

Bagley, C. A., & Copeland, E. J. 1994 African and African American graduate students' racial identity and personal problem-solving strategies. *Journal of Counseling & Development,* **73**(2), 167-171.

Baik, M. J. 1996 Language shift and identity in Korea. *Journal of Asian Pacific Communication,* **3**(1), 15-31.

Bailly, N. 1995 Effet de l'auto-attention sur les reponses identitaires chez les personnes agees., *Bulletin de Psychologie,* **48**(420), 558-560.

Balistreri, E., Busch-Rossnagel, N. A., & Geisinger, K. F. 1995 Development and preliminary validation of the Ego Identity Process Questionnaire. *Journal of Adolescence,* **18**(2), 179-192.

Banchs, M. A., Cadenas, J. M., Dominguez, D., & Montero, M. 1993 Identidad nacional: Permanencia y cambio. *Revista Interamericana de Psicologia,* **27**(1), 107-113.

＊Banich, M. T., & Shenker, J. I. 1994 Dissociations in memory for item identity and item frequency : Evidence from hemispheric interactions. *Neuropsychologia,* **32**(10), 1179-1194.

Banks, H. D. 1993 The effect of self-esteem and racial-identity attitudes on academic performance among African-American male college students. *Dissertation Abstracts International,* **53**(9-A), 3144.

＊Banks, N. 1993 Identity work with Black children. *Educational & Child Psychology,* **10**(3), 43-46.

＊Banov, M. D., Kulick, A. R., Oepen, G., & Pope, H. G. 1993 A new identity for misidentification syndromes. *Comprehensive Psychiatry,* **34**(6), 414-417.

Bardon, J. I. 1994 Will the real school psychologist please stand up : Is the past a prologue for the future of school psychology? The identity of school psychology revisited. *School Psychology Review,* **23**(4), 584-588.

Barrett, B. 1995 Ethnomedical interactions: Health and identity on Nicaragua's Atlantic Coast. *Social Science & Medicine,* **40**(12), 1611-1621.

＊Barrett, D. C. 1993 The influence of multiple identities on the health behaviors of gay men. *Dissertation Abstracts International,* **54**(4-A), 1553.

Bartle-Haring, S., & Strimple, R. E. 1996 Association of identity and intimacy : An exploration of gender and sex-role orientation. *Psychological Reports,* **79**(3, Pt 2), 1255-1264.

Basu, J., & Chakroborty, U. 1996 Effect of sex role identity on academic achievement of late adolescents in India. *Journal of Social Psychology,* **136**(2), 257-259.

Basurto, R. Jr. 1996 The relationship of ethnic identity to self-esteem and stress as a function of perceived discrimination among mexican-americans. *Dissertation Abstracts International,* **57**(4-B), 2855.

Batchelder, T. H., & Root, S. 1994 Effects of an undergraduate program to integrate academic learning and service : Cognitive, prosocial cognitive, and identity outcomes. *Journal of Adolescence,* **17**(4), 341-355.

Batur-Vander Lippe, E. P. 1993 The discurse of counterattack : Ethnic movements and the formation of ethnic identity. *Dissertation Abstracts International*, **53**(8-A), 2999.
*Bauer, O. G. 1995 Eating disorders as a symptom of deficits in parental bonding and sense of gender identity. *Dissertation Abstracts International*, **56**(6-B), 3432.
Baumeister, R. F., & Muraven, M. 1996 Identity as adaptation to social, cultural, and historical context. *Journal of Adolescence*, **19**(5), 405-416.
Bautista de Domanico, Y., Crawford, I., & De Wolfe, A. S. 1994 Ethnic identity and self-concept in Mexican-American adolescents : Is bicultural identity related to stress or better adjustment? *Child & Youth Care Forum*, **23**(3), 197-206.
Baxter, J. 1994 Is husband's class enough? Class location and class identity in the United States, Sweden, Norway, and Australia. *American Sociological Review*, **59**(2), 220-235.
*Beahrs, J. O. 1994 Dissociative identity disorder : Adaptive deception of self and others. *Bulletin of the American Academy of Psychiatry & the Law*, **22**(2), 223-237.
*Beard, J., & Glickauf-Hughes, C. 1994 Gay identity and sense of self : Rethinking male homosexuality. *Journal of Gay & Lesbian Psychotherapy*, **2**(2), 21-37.
Beaton, A. M., Tougas, F., & Joly, S. 1995 sociale ou de perception de changement? *Science et Comportement*, **24**(2), 151-161.
Beck-Gernsheim, E. 1992 Arbeitsteilung, Selbstbild und Lebensentwurf, Neue Konfliktlagen in der Familie. *Koelner Zeitschrift fuer Soziologie und Sozialpsychologie*, **44**(2), 273-291.
Bekkari, M. 1992 Theoretical and clinical integration of Luria's thesis of cognitive development and Erikson's psychosocial stages. *Dissertation Abstracts International*, **53**(2-A), 144.
Bekker, M. H. 1993 The development of an autonomy scale based on recent insights into gender identity. *European Journal of Personality*, (3), 177-194.
Belgrave, F. Z., Cherry, V. R., Cunningham, D., & Walwyn, S. et al. 1994 The influence of Africentric values, self-esteem, and Black identity on drug attitudes among African American fifth graders : A preliminary study. *Journal of Black Psychology*, **20**(2), 143-156.
Belliveau, M. A. 1996 Understanding employee reactions to affirmative action implementation : Identity versus interest effects on procedural fairness judgments. *Dissertation Abstracts International*, **57**(3-B), 2194.
Belz, E. J. 1993 The relations among possible selves, ego identity status, and career exploratory behavior in undergraduate students. *Dissertation Abstracts International*, **53**(9-B), 4973.
*Bennett, E. L. 1992 The psychological and developmental process of maintaining

a positive lesbian identity. *Dissertation Abstracts International,* **52**(11-A), 3825.
Bennett, M., & Cormack, C. 1996 Other's actions can reflect on the self: A developmental study of extended identity. *Journal of Genetic Psychology,* **157**(3), 323-330.
Bennett, M., & Dewberry, C. 1994 "I've said I'm sorry, haven't I?" A study of the identity implications and constraints that apologies create for their recipients. Current Psychology: *Developmental, Learning, Personality, Social,* **13**(1), 10-20.
Bennett, P. C. 1995 Transforming family legacies: A study in adult identity formation. *Dissertation Abstracts International,* **56**(2-B), 1087.
Bensko, N. L., Canetto, S. S., Sugar, J. A., & Viney, W. 1995 Liberal or conservative? Gender, identity, and perception of historical religious positions. *Journal of Psychology,* **129**(6), 629-641.
Benson, C. 1994 A psychological perspective on art and Irish national identity. *Irish Journal of Psychology,* **15**(2-3), 316-330.
Benson, M. J., Harris, P. B., & Rogers, C. S. 1992 Identity consequences of attachment to mothers and fathers among late adolescents. *Journal of Research on Adolescence,* **2**(3), 187-204.
＊Bergin, A. E., & Niclas, M. A. 1996 Considerations for the treatment of children with gender identity disorder. *Art Therapy,* **13**(4), 270-274.
Beriss, D. I. 1992 To not be French: Counter-discourses of Antillean identity in France. *Dissertation Abstracts International,* **53**(3-A), 863.
Berman, L. A. 1996 First person identities in Indonesian conversational narratives. *Journal of Asian Pacific Communication,* **3**(1), 3-14.
Berman, S. L. 1996 Making life choices: Facilitating identity formation in young adults. *Dissertation Abstracts International,* **57**(4-B), 2901.
Berzonsky, M. D. 1992 Identity style and coping strategies. *Journal of Personality,* **60**(4), 771-788.
Berzonsky, M. D. 1993 Identity style, gender, and social-cognitive reasoning. *Journal of Adolescent Research,* **8**(3), 289-296.
Berzonsky, M. D. 1994 Self-identity: The relationship between process and content. *Journal of Research in Personality,* **28**(4), 453-460.
Berzonsky, M. D. 1995 Public self-presentations and self-conceptions: The moderating role of identity status. *Journal of Social Psychology,* **135**(6), 737-745.
Berzonsky, M. D., & Sullivan, C. 1992 Social-cognitive aspects of identity style: Need for cognition, experiential openness, and introspection. *Journal of Adolescent Research,* **7**(2), 140-155.
Berzonsky, M. D., & Ferrari, J. R. 1996 Identity orientation and decisional strategies. *Personality & Individual Differences,* **20**(5), 597-606.

Berzonsky, M. D., & Neimeyer, G. J. 1994 Ego identity status and identity processing orientation: The moderating role of commitment. *Journal of Research in Personality,* **28**(4), 425-435.

Bettencourt, B. A. 1993 The effect of threats to social-group identity of the intergroup bias of numerical minorities and majorities. *Dissertation Abstracts International,* **53**(12-B), 6611.

Bettis, P. J., Cooks, H. C., & Bergin, D. A. 1994 "It's not step anymore, but more like shuffling": Student perceptions of the civil rights movement and ethnic identity. *Journal of Negro Education,* **63**(2), 197-211.

Bhushan, R. 1993 a A study of adolescent identity achievement as related to family functioning variables. *Psychological Studies,* **38**(1), 1-6.

Bhushan, R. 1993 b Ego-identity research: A review and examination of the Indian viewpoints. *Indian Journal of Clinical Psychology,* **20**(2), 113-118.

Bhushan, R., & Shirali, K. A. 1993 Family types and communication with parents: A comparison of youth at different identity levels. *Journal of Youth & Adolescence,* **21**(6), 687-697.

Bhushan, R., & Shirali, K. A. 1993 Identity and family functioning link: An investigation of Indian youth. Psychologia: *An International Journal of Psychology in the Orient,* **36**(4), 266-271.

Bilsker, D. 1992 An existentialist account of identity formation. *Journal of Adolescence,* **15**(2), 177-192.

＊Binks, S. W. 1993 Self-esteem, splitting, anxiety, fear, depression, anxiety sensitivity and locus-of-control as they relate to the homosexual identity formation process. *Dissertation Abstracts International,* **54**(3-B), 1655.

Birnbaum, A. 1992 Measuring level of ethnic identity: A comparison of two new scales. *Dissertation Abstracts International,* **52**(10-B), 5567.

Bisagni, G. M., & Eckenrode, J. 1995 The role of work identity in women's adjustment to divorce. *American Journal of Orthopsychiatry,* **65**(4), 574-583.

Bjerrum Nielsen, H. 1994 Den magiske blokk-om kjonn og identitetsarbeid. *Psyke & Logos,* **15**(1), 30-46.

Blanch, A. K., Penney, D., & Knight, E. 1995 "Identity politics" close to home. *American Psychologist,* **50**(1), 49-50.

＊Blackwell, P. A. 1995 African American homosexual/bisexual males and the human immunodeficiency virus/acquired immune deficiency syndrome: A study of racial identity and health care attribution. *Dissertation Abstracts International,* **56**(2-B), 1088.

Blash, R. R., & Unger, D. G. 1995 Self-concept of African-American male youth: Self-esteem and ethnic identity. *Journal of Child & Family Studies,* **4**(3), 359-373.

Block, C. J., & Carter, R. T. 1996 White racial identity attitude theories: A rose by any other name is still a rose. *Counseling Psychologist,* **24**(2), 326-334.

Block, C. J., Roberson, L., & Neuger, D. A. 1995 White racial identity theory : A framework for understanding reactions toward interracial situation in organizations. *Journal of Vocational Behavior*, **46**(1), 71-88.

Blustein, D. L., & Noumair, D. A. 1996 a Self and identity in career development : Implications for theory and practice. *Journal of Counseling & Development*, **74**(5), 433-441.

Blustein, D. L., & Noumair, D. A. 1996 b "Self and identity in career development : Implications for theory and practice" : Correction. *Journal of Counseling & Development*, **64**(6), 568.

＊Boatwright, K. J., Gilbert, M. S., Forrest, L., & Ketzenberger, K. 1996 Impact of identity development upon career trajectory : Listening to the voices of lesbian women. *Journal of Vocational Behavior*, **48**(2), 210-228.

＊Bodlund, O., & Armelius, K. 1994 Self-image and personality traits in gender identity disorders : An empirical study. *Journal of Sex & Marital Therapy*, **20**(4), 303-317.

Bohleber, W. 1992 Identitaet und Selbst, Die Bedeutung der neueren Entwicklungsforschung feur die psychoanalytische Theorie des Selbst. Psyche : *Zeitschrift fuer Psychoanalyse und ihre Anwendungen*, **46**(4), 336-365.

＊Boles, J., & Elifson, K. W. 1994 Sexual identity and HIV : The male prostitute. *Journal of Sex Research*, **31**(1), 39-46.

Bombas, L. C. 1993 The Greek day school Socrates in Montreal : Its development and impact on student identity, adjustment and achievement. *Dissertation Abstracts International*, **53**(12-A), 4234.

Bonaiuto, M., Breakwell, G. M., & Cano, I. 1996 Identity processes and environmental threat : The effects of nationalism and local identity upon perception of beach pollution. Journal of Community & Applied Social Psychology, **6**(3), 157-175.

＊Bonner, C. W. 1994 An existential-phenomenological investigation of identity confusion as exemplified by adolescent suicide attempts. *Dissertation Abstracts International*, **54**(8-B), 4415.

＊Borecky, M. 1996 Konkurrenz und Identitaet unter sich veraendernden sozialpsychologischen Bedingungen in der Tschechischen Republik. *Zeitschrift fuer Psychoanalytische Theorie und Praxi*, **11**(4), 401-408.

Boski, P. 1994 Vers une psychologie culturelle de l'identite nationale : approches theorique et empirique. *Cahiers Internationaux de Psychologie Sociale*, **24**, 54-75.

Bosma, H. 1994 Le developpment de l'identite a l'adolescence. *Orientation Scolaire et Professionnelle*, **23**(3), 291-311.

＊Botticelli, S. R. 1994 Identity and its relation to several treatment-relevant outcomes among a sample of substance-abusers. *Dissertation Abstracts International*, **55**(4-B), 1660.

Bowles, D. D. 1993 Bi-racial identity : Children born to African-American and White couples. *Clinical Social Work Journal,* **21**(4), 417-428.

Bowman, S. R. 1994 Gender and grade-level differences in identity and the formation of educational and occupational aspirations. *Dissertation Abstracts International,* **54**(9-A), 3395.

Boyer, J.-C. 1996 Les etats d'identite et les strategies utilisees par les eleves du secondaire pour resoudre un probleme lie a l'identite. *Dissertation Abstracts International,* **57**(2-A), 0632.

Boyes, M. C., & Chandler, M. 1992 Cognitive development, epistemic doubt, and identity formation in adolescence. *Journal of Youth & Adolescence,* **21**(3), 277-304.

Bradby, D. 1992 Racial identity attitudes of Black students and academic persistence at a predominantly White university. *Dissertation Abstracts International,* **53**(5-A), 1412.

＊Brady, S., & Busse, W. J. 1994 The Gay Identity Questionnaire : A brief measure of homosexual identity formation. *Journal of Homosexuality,* **26**(4), 1-22.

＊Braga, J. C. 1995 O Psicanalista : Um Artifice e os Limites de sua Identidade. *Revista Brasileira de Psicanalise,* **29**(3), 481-488.

Branaman, A. 1994 Reconsidering Kenneth Burke : His contributions to the identity controversy. *Sociological Quarterly,* **35**(3), 443-445.

Brand, J. E. 1996 Effects of gender identity, child development and televised counter-stereotyped messages about masculinity on male children's gender stereotypes. *Dissertation Abstracts International,* **57**(2-A), 0495.

Brannen, R. 1996 Teacher identities : Hearing the voices of students with special educational needs. *Support for Learning,* **11**(2), 57-61.

Branscombe, N. R., & Wann, D. L. 1992 Physiological arousal and reactions to outgroup members during competitions that implicate an important social identity. *Aggressive Behavior,* **18**(2), 85-93.

Branscombe, N. R., & Wann, D. L. 1994 Collective self-esteem consequences of outgroup derogation when a valued social identity is on trial. *European Journal of Social Psychology,* **24**(6), 641-657.

Branscombe, N. R., Wann, D. L., Noel, J. G., & Coleman, J. 1993 In-group or out-group extremity : Importance of the threatened social identity. *Personality & Social Psychology Bulletin,* **19**(4), 381-388.

＊Braswell, P. 1995 The influence of self-monitoring on the body attitudes of lesbians at different stages of lesbian identity formation. *Dissertation Abstracts International,* **56**(6-B), 3434.

＊Braude, S. E. 1995 Commentary on "The social relocation of personal identity". *Philosophy, Psychiatry, & Psychology,* **2**(3), 205-208.

＊Braun, J., de Bianchedi, E. T., Bianchedi, M., & Pelento, M. L. 1995 Realidad social-realidad biologica-realitdad familiar : Algunos interrogantes sobre la

identidad de genero. *Revista de Psicoanalisis,* **52**(3), 773-778.
Breakwell, G. 1992 L'efficacite auto-imputee et l'eloignement: aspects de l'identite. *Cahiers Internationaux de Psychologie Sociale,* **15**, 9-29.
Breinlinger, S., & Kelly, C. 1994 Women's responses to status inequality: A test of social identity theory. *Psychology of Women Quarterly,* **18**(1), 1-16.
Brekhus, W. 1996 Social marking and the mental coloring of identity: Sexual identity construction and maintenance in the United States. *Sociological Forum,* **11**(3), 497-522.
Brenner, E. M. 1994 Identity formation in the transracially-adopted adolescent. *Dissertation Abstracts International,* **54**(7-B), 3871.
Breslav, G. 1996 The social situation of development and gender identity. *Journal of Russian & East European Psychology,* **64**(1), 40-45.
Bresler, L. E. 1996 Role taking and moral development: The impact of the identity of the story protagonist on moral judgment. *Dissertation Abstracts International,* **57**(4-B), 2901.
Brewer, B. W. 1993 Self-identity and specific vulnerability to depressed mood. *Journal of Personality,* **61**(3), 343-364.
Brewer, B. W., Van Raalte, J. L., & Linder, D. E. 1993 Athletic identity: Hercules' muscles or Achilles heel? *International Journal of Sport Psychology,* **24**(2), 237-254.
Brewer, M. B. 1993 Social identity, distinctiveness, and in-group homogeneity. *Social Cognition,* **11**(1), 150-164.
Brewer, M. B. 1996 When contact is not enough: Social identity and intergroup cooperation. *International Journal of Intercultural Relations,* **20**(3-4), 291-303.
Brewer, M. B., & Gardner, W. 1996 Who is this "We"? Levels of collective identity and self representations. *Journal of Personality & Social Psychology,* **71**(1), 83-93.
Brichacek, G. B. 1996 Psychosocial development and religious orientation in later life: An empirical study of Erikson and Allport. *Dissertation Abstracts International,* **57**(6-A), 2525.
Brisbin, L. A. 1992 Assessing identity status differences with measures of career indecision. *Dissertation Abstracts International,* **52**(12-B, Pt 1), 6675.
Britt, T. W. 1996 The identity regulation of close others. *Dissertation Abstracts International,* **56**(11-B), 6459.
Brock, K. A. 1996 Roman catholicism and women: Identity, faith, family, role and conflict. *Dissertation Abstracts International,* **56**(11-B), 6459.
Brookins, C. C. 1994 The relationship between Afrocentric values and racial identity attitudes: Validation of the Belief Systems Analysis Scale on African American college students. *Journal of Black Psychology,* **20**(2), 128-142.

Brookins, C. C. 1996 Promoting ethnic identity development in African American youth : The role of rites of passage. *Journal of Black Psychology,* **22**(3), 388-417.
Brookins, C. C., Anyabwile, T. M., & Nacoste, R. 1996 Exploring the links between racial identity attitudes and psychological feelings of closeness in African college students. *Journal of Applied Social Psychology,* **26**(3), 243-264.
Brown, J. D., Dykers, C. R., Steele, J. R., & White, A. B. 1994 Teenage room culture : Where media and identities intersect. *Communication Research,* **21** (6), 831-827.
Brown, S. P., Parham, T. A., & Yonker, R. A. 1996 Influence of a cross-cultural training course on racial identity attitudes of White women and men : Preliminary perspectives. *Journal of Counseling & Development,* **74**(5), 510-516.
Brown, U. M. 1992 A study of racial identity, conflict, self-esteem and experiential/psychical factors in young adults with one Black and one White parent. *Dissertation Abstracts International,* **53**(6-A), 2116.
Brown, U. M. 1995 Black/White interracial young adults : Quest for racial identity. *American Journal of Orthopsychiatry,* **65**(1), 125-130.
＊Brown, W. L. 1995 The muteness of humanity : Ineffability and identity in melville's 'mardi', 'moby-dick' and 'pierre'. *Dissertation Abstracts International,* **55**(11-A), 3498.
＊Browne, R. H. 1993 Relationship between eating disorder symptoms and racial identity and locus-of-control among African-American women. *Dissertation Abstracts International,* **54**(5-B), 2742.
＊Bruce-Jones, W. D., & Coid, J. 1992 Identity diffusion presenting as multiple personality disorder in a female psychopath. *British Journal of Psychiatry,* **160**, 541-544.
Bruess, B. J. 1996 A cross-sectional study examining the moral reasoning and identity development of first-year and graduating college students. *Dissertation AbstractsInternational,* **56**(11-A), 4290.
＊Brugman, I. M., & Collumbien, E. C. 1994 Autocastratie en genderidentiteit. *Tijdschriftt voor Psychiatrie,* **36**(3), 218-224.
Bruss, K. V., & Kopala, M. 1993 Graduate school training in psychology : Its impact upon the development of professional identity. *Psychotherapy,* **30**(4), 685-691.
Bryant, E. R. 1994 Determinants of age identity and the consequences of age identification for the health behavior of older persons. *Dissertation Abstracts International,* **54**(7-A), 2690.
＊Bryant, R. A. 1995 Autobiographical memory across personalities in dissociative identity disorder : A case report. *Journal of Abnormal Psychology,* **104**(4), 625-631.

Bryce-Jones, W. D., & Coid, J. 1992 Identity diffusion presenting as multiple personality disorder in a female psychopath. *British Journal of Psychiatry,* **160**, 541-544.
＊Burch, B. 1993 Gender identities, lesbianism, and potential space. *Psychoanalytic Psychology,* **10**(3), 359-375.
Burke, P. C. 1995 Identity development in midlife: A qualitative study of professional women in the 1990 s. *Dissertation Abstracts International,* **55**(9-A), 3004.
Burman, E. 1994 Experience, identities and alliances: Jewish feminism and feminist psychology. *Feminism & Psychology,* **4**(1), 155-178.
Bush, N. F. 1993 Links among adolescent reconstructions of early family experiences and current identity development. *Dissertation Abstracts International,* **54**(6-B), 3358.
Bushkoff, T. G. 1992 The relationship between late adolescents' attitudes toward persons with disabilities and identity formation. *Dissertation Abstracts International,* **53**(4-A), 1118.
Butler, L. H. Jr. 1995 African American identity formation: An Eriksonian approach. *Dissertation Abstracts International,* **56**(3-A), 0972.
Buxenbaum, K. U. 1996 Racial identity development and its relationship to physical appearance and self-esteem in adults with one black and one white biological parent. *Dissertation Abstracts International,* **57**(5-B), 3430.
Buysse, V., & Wesley, P. W. 1993 The identity crisis in early childhood special education: A call for professional role clarification. *Topics in Early Childhood Special Education,* **13**(4), 418-429.
＊Cabral, I. R. E. 1995 O Psicanalista: Um artifice e os Limites de sua Identidade. *Revista Brasileira de Psicanalise,* **29**(3), 483-463.
Callero, P. L. 1992 The meaning of self-in-role: A modified measure of role-identity. *Social Forces,* **71**(2), 485-501.
Campbell, C. M. 1995 a The social identity of township youth: An extension of Social Identity Theory: I. *South African Journal of Psychology,* **25**(3), 150-159.
Campbell, C. M. 1995 b The social identity of township youth: Social Identity Theory and gender: II. *South African Journal of Psychology,* **25**(3),160-167.
Canul, G. D., 1994 The influence of acculturation and racial identity attitudes on Mexican Americans' MMPI-2 performance. *Dissertation Abstracts International,* **54**(12-B), 6442.
Canul, G. D., & Cross, H. J. 1994 The influence of acculturation and racial identity attitudes on Mexican-Americans' MMPI-2 performance. *Journal of Clinical Psychology,* **50**(5), 736-745.
Capps, W. H. 1996 Erikson's contribution toward understanding religion. *Psychoanalysis & Contemporary Thought,* **19**(2), 225-236.
Caputi, M. 1996 National identity in contemporary theory. *Political Psychology,* **17**

(4), 683-694.

*Carlson, C. 1993 The damaged identity tag : A prematurely terminated analysis of a latency boy. *Journal of Child Psychotherapy,* **19**(1), 95-116.

*Carnerio de Castro, E. E. 1992 Toxicomanie et identite sexuelle. *Psychologie Medicale,* **24**(11), Spec Issue, 1182-1185.

*Carney, J. E. 1993 "Is it really so terrible here?" Karl Menninger's pursuit of Erik Erikson. *Psychohistory Review,* **22**(1), 119-153.

Carpenter, A., & MacLeod, J. C. 1996 Dissociative identity disorder and self-injury : A review of the literature and case history. *Issues in Criminological & Legal Psychology,* **22**, 84-89.

Carretta, T. R., & Ree, M. J. 1995 Near identity of congnitive structure in sex and ethnic group. *Personality & Individual Differences,* **19**(2), 149-155.

Carroll, C. E. 1995 Rearticulating organizational identity : Exploring corporate images and employee identification. *Management Learning,* **26**(4), 463-482.

Carter, D. E. 1994 Identity management strategies among the elderly. *Dissertation Abstracts International,* **54**(8-A), 2795.

*Carter, R. T., & Akinsulure-Smith, A. M. 1996 White racial identity and expectations about counseling. *Journal of Multicultural Counseling & Development,* **24**(4), 218-228.

Carter, R. T., Gushue, G. V., & Weitzman, L. M. 1994 White racial identity development and work values. *Journal of Vocational Behavior,* **44**(2), 185-197.

Carter, R. T., & Parks, E. E. 1996 Womanist identity and mental health. *Journal of Counseling & Development,* **74**(5), 484-489.

Cartmill, C. L. 1994 Cognitive performance in women as influenced by gender-role identity, competition conditions, and task difficulty. *Dissertation Abstracts International,* **55**(2-B), 627.

Castor-Scheufler, M.- G. 1995 Looking for gilligan's 'other voice' : The relation of gender identity, empathy, and moral development. *Dissertation Abstracts International,* **55**(10-B), 4619.

*Catina, A., Boyadjieva, S., & Bergner, M. 1996 Social context, gender identity and eating disorders in Western and Eastern Europe : Preliminary results of a comparative study. *European Eating Disorders Review,* **4**(2), 100-106.

*Caton, J. B. 1994 An application of Erik H. Erikson's psychosocial theory to the borderline personality disorder. *Dissertation Abstracts Internationalg,* **54**(9-B), 4911.

*Cavell, M. 1996 Erik Erikson and the temporal mind. *Psychoanalysis & Contemporary Thought,* **19**(2), 191-206.

Cavitolo, P. A. 1996 Attitudes toward feminism, sex-role identity and non-procedural touch among women in the health care system. *Dissertation Abstracts International,* **56**(11-B), 6032.

Chambers, H. E. 1993 Ego mastery style and gender identity in 43 to 53 year old, pre- and post-empty nest men. *Dissertation Abstracts International,* **53**(12-B), 6580.

Chambon, A. S., & Bellamy, D. F. 1995 Ethnic identity, intergroup relations and welfare policy in the Canadian context : A comparative discourse analysis. *Journal of Sociology & Social Welfare,* **22**(1), 121-147.

＊Chandiok, S., Woolley, P. D., & Jebakumar, S. P. R. 1995 Gender identity disorder and HIV disease. *International Journal of STD & AIDS,* **6**(3), 226.

Chapman, G. W. 1993 Anxious appropriation : Feminism and male identity in the writings of Black, Joyce, and Pynchon. *Dissertation Abstracts International,* **53** (8-A), 2822.

Chappell, C. D. 1995 Construct validity of the racial identity attitude scale. *Dissertation Abstracts International,* **55**(10-A), 3136.

Character, C. D. 1995 Racial identity as it relates to stress and anxiety among african american women. *Dissertation Abstracts International,* **56**(6-A), 2427.

＊Charmaz, K. 1994 Identity dilemmas of chronically ill men. *Sociological Quarterly,* **35**(2), 269-288.

＊Charmaz, K. 1995 The body, identity, and self : Adapting to impairment. *Sociological Quarterly,* **36**(4), 657-680.

＊Chazot, L., & Guyotat, D. 1994 Greffe de moelle allogenique et trouble de l'identite. *Psychologie Medicale,* **26**(Spec Issue 3), 320-322.

Chelcea, S., & Motescu, M. 1995 Identitates nationala la studenti romani : Autoimaginea si heteroimaginile etnice, identificarea nationala si culturala. *Revista de Psihologie,* **41**(3-4), 211-218.

Chelcea, S., Motescu, M., Gherghinescu, R., & Chiran, R. 1995 Reprezentarea Sociala a identitatii Nationale a Romanilor. *Revista de Psihologie,* **41**(1), 27-31.

＊Chiland, C. 1994 Homosexualite feminine et identite sexuee. *Revue Francaise de Psychanalyse,* **58**(1), 147-156.

Chin, M. G. 1995 An evaluation of social identity theory : Relating ingroup bias, transitory self-esteem, and mood state. *Dissertation Abstracts International,* **55** (10-B), 4640.

＊Choe, B. M., & Kluft, R. P. 1995 The use of the DES in studying treatment outcome with dissociative identity disorder : a pilot study. *Dissociation : Progress in theDissociative Disorders,* **8**(3), 160-164.

Choney, S. K., & Rowe, W. 1994 Assessing White racial identity : The White Racial Consciousness Development Scale (WRCDS). *Journal of Counseling & Development,* **73**(1), 102-104.

Christiansen, A. 1996 Masculinity and its vicissitudes : Reflections on some gaps in the psychoanalytic theory of male identity formation. *Psychoanalytic Review,* **83**(1), 97-124.

Chung, J. P. 1992 The out-of-class language and social experience of a clique of

Chinese immigrant students: An ethnography of a process of social identity formation. *Dissertation Abstracts International,* **53**(5-A), 1679.

Clancy, S. M., & Dollinger, S. J. 1995 Identity styles and the five-factor model of personality. *Journal of Research in Personality,* **29**, 475-479.

Clancy, S. M., & Dollinger, S. J. 1993 Identity, self, and personality: I. Identity status and the five-factor model of personality. *Journal of Research on Adolescence,* **3**(3), 227-245.

Clark, P. Y. 1995 The "cogwheeling" of Don Browning: Examining his Eriksonian perspective. *Pastoral Psychology,* **43**(3), 141-161.

*Clark, S. S. 1993 Anxiety, cultural identity, and solidarity: A Tahitian ethnomedical encounter. *Ethos,* **21**(2), 180-204.

Clemence, A. 1994 Protecting one's identity or changing one's mind? The social context of cognitive dissonance generation and reduction. *Schweizerische Zeitschrift fuerPsychologie,* **53**(4), 202-209.

Clement, R., Gauthier, R., & Noels, K. 1993 Choix langagiers en milieu minoritaire: Attitudes et identite concomitantes. *Canadian Journal of Behavioural Science,* **25**(2),149-164.

Clement, R., & Noels, K. A. 1992 Towards a situated approach to ethnolinguistic identity: The effects of status on individuals and groups. *Journal of Language & Social Psychology,* **11**(4), 203-232.

Clement, R., & Wald, P. 1995 Identite ethnolinguistique et notion de langue: representations fluctuantes dans le contact interculturel. *Bulletin de Psychologie,* **48**(419), 297-306.

*Coale, H. W. 1992 Costume and pretend identities: A constructivist's use of experiences to co-create meanings with clients in therapy. *Journal of Strategic & Systemic Therapies,* **11**(1), 45-55.

Coates, K. B. 1993 The relationship between selected personality factors and the resolution of certain Eriksonian stages in a group of female elders. *Dissertation AbstractsInternational,* **54**(2-A), 423-424.

*Coates, S. W., & Wolfe, S. M. 1995 Gender identity disorder in boys: The interface of constitution and early experience. *Psychoanalytic Inquiry,* **15**(1), 6-38.

Codman-Wilson, M. L. 1992 Thai cultural and religious identity and understanding of well-being in the U. S.: An ethnographic study of an immigrant church. *DissertationAbstracts International,* **53**(6-A), 1985.

*Coen, S. J. 1996 The passions and perils of interpretation (of dreams and texts): An appreciation of Erik Erikson's dream specimen paper. *International Journal of Psycho-Analysis,* **77**(3), 537-548.

Cohen, C. R., Chartrand, J. M., & Jowdy, D. P. 1995 Relationships between career indecision subtypes and ego identity development. *Journal of Counseling Psychology,* **42**(4),440-447.

Cole, E. R., & Stewart, A. J. 1996 Meanings of political participation among Black and White women : Political identity and social responsibility. *Journal of Personality & Social Psychology,* **71**(1), 130-140.

Cole, J. C. 1993 Perceptions of ethnic identity among Korean-born adoptees and their Caucasian-American parents. *Dissertation Abstracts International,* **54**(1-A), 317.

Cole, R. L. 1995 Power, sex, and social identity theory. Dissertation Abstracts International, **56**(1-B), 0564.

＊Cole, S. W., Kemeny, M. E., Taylor, S. E., & Visscher, B. R. 1996 Elevated physical health risk among gay men who conceal their homosexual identity. *Health Psychology,* **15**(4), 243-251.

Cole, S. W., Kemeny, M. E., Taylor, S. E., & Visscher, B. R.et al. 1996 Accelerated course of human immunodeficiency virus infection in gay men who conceal their homosexual identity. *Psychosomatic Medicine,* **58**(3), 219-231.

＊Coleman, E., Bockting, W. O., & Gooren, L. 1993 Homosexual and bisexual identity in sex-reassigned female-to-male transsexuals. *Archives of Sexual Behavior,* **22**(1), 37-50.

Coleman, N. C. 1992 The construction and validation of a measure of African-American identity development. *Dissertation Abstracts International,* **52**(8-A), 2861-2862.

Colley, A. M., Gale, M. T., & Harris, T. A. 1994 Effects of gender role identity and experience on computer attitude components. *Journal of Educational Computing Research,* **10**(2), 129-137.

Collinger, S. M. C. 1995 Identity styles and the five-factor model of personality. *Journal of Research in Personality,* **29**(4), 475-479.

Collins, J. L., & Godhino, G. V. 1996 Help for struggling writers : Strategic instruction and social identity formation in high school. *Learning Disabilities Research & Practice,* **11**(3), 177-182.

＊Colucci, A. M. 1995 Mudancas Institucuonais Comprometendo a Identidade do Analista. *Revista Brasileira de Psicanalise,* **29**(3), 524-531.

Comstock, J. M. 1992 Predicting adolescents' responses during conflict with their parents : An explication and initial test of the Identity Maintenance Model. *Dissertation Abstracts International,* **53**(5-A), 1322.

Condon, R. G., & Stern, P. R. 1993 Gender-role preference, gender identity, and gender socialization among contemporary Inuit youth. *Ethos,* **21**(4), 384-416.

Connelley, D. L. 1994 Toward an intergroup theory of diversity management : The role of social identity and relational models on intergroup conflict in a heterogeneous workforce. *Dissertation Abstracts International,* **54**(9-A), 3508.

＊Connor, T. M. 1993 An identity exploration of anorexia nervosa within a family context : I and II. *Dissertation Abstracts International,* **53**(8-A), 3003-3004.

Cook, C. J. 1995 Singing a new song : Relationality as a context for identity development, growth in faith, and Christian education. *Dissertation Abstracts*

*International*, **55**(7-A), 2011.
\*Cook, D. A. 1994 Racial identity in supervision. *Counselor Education & Supervision*, **34**(2), 132-141.
Cook-Huffman, C. B. 1994 Social identity in intra and intergroup conflict: A study of the interaction of social identity, conflict and gender in a local church group. *Dissertation Abstracts International*, **55**(3-A), 758.
Cooley, M. R. 1993 Ethnic identity, self-concept, and academic achievement of first-year Black college students. *Dissertation Abstracts International*, **54**(6-A), 2093.
Corbett, M. M. 1995 The relationship between white racial identity and narcissism. *Dissertation Abstracts International*, **56**(4-B), 2318.
Corenblum, B., & Annis, R. C. 1993 Development of racial identity in minority and majority children: An affect discrepancy model. *Canadian Journal of Behavioural Science*, **25**(4), 499-521.
Cornelius, A. 1995 The relationship between athletic identity, peer and faculty socialization, and college student development. *Journal of College Student Development*, **36**(6), 560-573.
Costuck, E. J. 1996 Relationship of the media and parental ethnic identity on doll preference in young black and white children. *Dissertation Abstracts International*, **57**(4-A), 1482.
Cota, M. K. 1996 The parental socialization of Spanish language use and ethnic identity among Mexican-American children. *Dissertation Abstracts International*, **56**(12-B), 7061.
\*Côté, H., & Wilchesky, M. 1996 The use of sexoanalysis for patients with gender identity disorder. *Canadian Journal of Human Sexuality*, **5**(4), 261-270.
Côté, J. E. 1993 Foundations of a psychoanalytic social psychology: Neo-Eriksonian propositions regarding the relationship between psychic structure and cultural institutions. *Developmental Review*, **13**(1), 31-53.
Côté, J. E. 1996 b Sociological perspective on identity formation: The culture-identity link and identity capital. *Journal of Adolescence*, **19**(5), 417-428.
Côté, J. E., & Levine, C. G. 1992 The genesis of the humanistic academic: A second test of Erikson's theory of ego identity formation. *Youth & Society*, **23**(4), 387-410.
Cotrell, G. L. 1995 Americans of indian and european descent: Ethnic identity issues. twelve lives in the annals of modern mixed bloods. *Dissertation Abstracts International*, **56**(1-A), 0356.
\*Cox, S., & Gallois, C. 1996 Gay and lesbian identity development: A social identity perspective. *Journal of Homosexuality*, **30**(4), 1-30.
\*Coyle, A. G. 1992 The construction of gay identity: I and II. *Dissertation Abstracts International*, **52**(8-B), 4519.
Crafts, S. D. 1993 The relationship of family dynamics, identity, and social

structure to mothers' well-being : A structural interactionist perspective. *Dissertation AbstractsInternational,* **54**(6-A), 2325.

Cramer, P. 1995 Identity, narcissism, and defense mechanisms in late adolescence. *Journal of Research in Personality,* **29**(3), 341-361.

Crisp, R. 1996 Community integration, self-esteem, and vocational identity among persons with disabilities. *Australian Psychologist,* **31**(2), 133-137.

Cross, K. A. 1995 Father absence and the father-daughter relationship as correlates of identity development and achievement tendency in late-adolescent women. *Dissertation Abstracts International,* **55**(11-A), 3451.

Curtis, C. L. 1994 White racial identity assessment scale : A validity study. *Dissertation Abstracts International,* **54**(8-A), 2892.

Cutler, R. P. 1995 Division in collegiate athletes and the relationship of high athlete identity salience with factors associated with quality of adjustment following retirement. *Dissertation Abstracts International,* **55**(7-B), 3009.

Dahlem, M. W. 1992 Self-identity and the social contract. *Dissertation Abstracts International,* **52**(11-A), 3958-3959.

Dainton, B. F. 1993 The nature and identity of the self. *Dissertation Abstracts International,* **53**(7-A), 2400.

Dalit, B. J. 1993 The relationship between ethnic identity and problem behavior in adolescent college population. *Dissertation Abstracts International,* **54**(4-B), 2260.

Damji, T., & Lee, C. M. 1995 Gender role identity and perceptions of Ismaili Muslim men and women. *Journal of Social Psychology,* **135**(2), 215-223.

Damji, T., Clement, R., & Noels, K. A. 1996 Acculturation mode, identity variation, and psychosocial adjustment. *Journal of Social Psychology,* **136**(4), 493-500.

＊Dankmeijer, P. 1993 The construction of identities as a means of survival : Case of gay and lesbian teachers. *Journal of Homosexuality,* **24**(3-4), 95-105.

Danziger, E. 1992 Semantics on the edge : Language as cultural experience in the acquisition of social identity among the Mopan Maya. *Dissertation Abstracts International,* **52**(11-A), 3981-3982.

Darlin, L. K. 1995 The relationship of commitment to father role-identity and role performance. *Dissertation Abstracts International,* **56**(2-A), 0707.

＊Darves-Bornoz, J.-M.,Degiovanni, A., & Gaillard, P. 1995 Why is dissociative identity disorder infrequent in France? *American Journal of Psychiatry,* **152** (10), 1530-1531.

＊Datler, W. 1992 Allgemeine Rahmentheorie, individualpsychologische Identitaet und Spezialfall im Detail : Auf dem Weg zu einer Theorie des Psychoanalytischen prozesses II. Eine Replik auf Eva Presslich-Titscher, Alwin Huttanus, Dieter Tenbrink und Helmuth Figdor. *Zeitschrift fuer Individualpsychologie,* **17**(3), 183-197.

Datler, W. 1996 Adlers schiefes Verhaeltnis zum Konzept des dynamischen Unbewussten und die identitaet der Individualpsychologie. *Zeitschrift fuerIndividualpsychologie,* **21**(2), 103-116.

Davidson, J. R. 1992 Evaluation of an model for race/ethnic sensitive social work and critique of the White Racial Identity Attitude Scale. *Dissertation Abstracts International,* **53**(1-A), 304.

Davies, M. F. 1996 Self-consciousness and the complexity of private and public aspects of identity. *Social Behavior & Personality,* **24**(2), 113-118.

Day, J. M., & Tappan, M. B. 1995 Identity, voice, and the psycho/dialogical perspectives from moral psychology. *American Psychologist,* **50**(1), 47-48.

de Abreu, G. 1995 A Matematica na Vida Versus na Escola : Uma Questao de Congnicao Situada ou de Identidades Sociais? *Psicologia : Teoria e Pesquisa,* **11**(2), 85-93.

De Assis, D. M. 1996 The influence of ego identity, separation from mother, and maternal employment on adolescent female's career decidedness. *Dissertation AbstractsInternational,* **57**(2-B), 1435.

Deaux, K. 1993 Reconstructing social identity. *Personality & Social Psychology Bulletin,* **19**(1), 4-12.

Deaux, K., Reid, A., Mizrahi, K., & Ethier, K. A. 1995 Parameter of social identity. *Journal of Personality & Social Psychology,* **68**(2), 280-291.

＊Debiak, D. M. 1995 Homophobia in men : A symptom of gender identity disturbance. *Dissertation Abstracts International,* **56**(4-B), 2320.

＊de Bonis, M., De Boeck, P., Lida-Pulik, H., & Feline, A. 1995 Identity disturbances and self ; other differentiation in schizophrenics, borderlines, and normal controls. *Comprehensive Psychiatry,* **36**(5), 362-366.

＊de Carvalho Ribeiro, P. 1993 Identite et seduction chez Heinz Lichtenstein. *Psychanalyse a l'Universite,* **18**(72), 71-79.

Deflem, M., & Pampel, F. C. 1996 The myth of postnational identity : Popular support for European unification. *Social Forces,* **75**(1), 119-143.

DeGarmo, D. S. 1993 The integration of stress and identity theory : The case of marital separation. *Dissertation Abstracts International,* **54**(2-A), 695.

DeGarmo, D. S., & Kitson, G. C. 1996 Identity relevance and disruption as predictors of psychological distress for widowed and divorced women. *Journal of Marriage & the Family,* **58**(4), 983-997.

De Haan, L. G. 1995 Identity development among adolescents living in urban poverty. *Dissertation Abstracts International,* **55**(12-B), 5581.

Delaney, T. 1995 Identity and community through sport boosterism. *Dissertation Abstracts International,* **55**(9-A), 2996.

de Leon, B. 1993 Sex role identity among college students : A cross-cultural analysis. *Hispanic Journal of Behavioral Sciences,* **15**(4), 476-489.

Delgado, F. P. 1994 The complexity of Mexican American identity : A replay to

Hecht, Sedona, and Ribeau and Miranda and Tanno. *International Journal of Intercultural Relations,* **18**(1), 77-84.

Delphin, M. E., & Rollock, D. 1995 University alienation and African American ethnic identity as predictors of attitudes toward, knowledge about, and likely use of psychological services. *Journal of College Student Development,* **36**(4), 337-346.

De Marco, A. P. 1996 Erikson's stages among women religious compared across age and historical period. *Dissertation Abstracts International,* **56**(10-B), 5792.

＊de Moraes, J. O. F. 1995 O Psicanalista : Um Artifice e os Limites de sua Identidade. *Revista Brasileira de Psicanalise,* **29**(3), 517-522.

Deng, F. M. 1996 Identity in Africa's internal conflicts. *American Behavioral Scientist,* **40**(1), 46-65.

Denton, D. S. 1995 Identity, intimacy, and sex-role orientation in a two-path model of psychosocial development. *Dissertation Abstracts International,* **56**(4-B), 2349.

＊Deraney-Reilly, S. M. 1994 A hermeneutic analysis of childhood verbal, physical, and sexual abuse and women's identity development. *Dissertation Abstracts International,* **54**(8-B), 4416.

Der-Karabetian, A., & Balian, N. 1992 Ingroup, outgroup, and global-human identities of Turkish-Armenians. *Journal of Social Psychology,* **132**(4), 497-504.

Derr, L. S. 1993 Leaving the lesbian label behind : Women who change their sexual orientation identity. *Dissertation Abstracts International,* **54**(4-B), 2271.

Derry, P. S. 1994 Motherhood and the importance of professional identity to psychotherapists. *Women & Therapy,* **15**(2), 149-163.

de Silva, S., Stiles, D. A., & Gibbon, J. L. 1992 a Girls' identity formation in the changing social structure of Sri Lanka. *Journal of Genetic Psychology,* **153**(2), 211-220.

de Silva, S., Stiles, D. A., & Gibbon, J. L. 1992 b "Girls' identity formation in the changing social structure of Sri Lanka" : Correction. *Journal of Genetic Psychology,* **153**(4), 461.

Des Jardins, K. S. 1996 Racial identity development and self concept in adopted Korean women. *Dissertation Abstracts International,* **56**(9-B), 5166.

DeSouza, E. R., & Hutz, C. 1995 Responses toward sexual stimuli in Brazil as a function of one's gender role identity and sex. *Revista Interamericana de Psicologia,* **29**(1), 13-21.

＊Devor, H. 1993 Sexual orientation identities, attractions, and practices of female-to-male transsexuals. *Journal of Sex Research,* **30**(4), 303-315.

＊de Zulueta, F. 1995 Bilingualism, culture and identity. *Group Analysis,* **28**(2), 179-190.

Diamond, M. L. 1994 The change in gender-role identity in midlife. *Dissertation*

Abstracts International, 54(9-B), 4913.
*Diamond, M. 1996 Self-testing among transsexuals: A check on sexual identity. Journal of Psychology & Human Sexuality, 8(3), 61-82,
Dias, A. C. 1996 Transformations identitaires au niveau du role sexuel feminin chez un groupe de femmes salvadoriennes durant leur integration dans une nouvelle culture. Dissertation Abstracts International, 57(2-B), 1499.
Diaz de Chumaceiro, C. L. 1992 On the identity of Sigmund Freud's "prima donna". American Journal of Psychoanalysis, 52(4), 363-369.
Dietz-Uhler, B. 1996 The escalation of commitment in political decision-marking groups: A social identity approach. European Journal of Social Psychology, 26(4), 611-629.
*Diggs, M. 1993 Surveying the intersection: Pathology, secrecy, and the discourses of racial and sexual identity. Journal of Homosexuality, 26(2-3), 1-19.
Dillon, M. 1996 The persistence of religious identity among college Catholics. Journal for the Scientific Study of Religion, 35(2), 165-170.
DiMarino-Linnen, E. L. 1993 Identity development from a dialectical perspective: Towards a richer understanding of the identity formation process. Dissertation Abstracts International, 54(1-B), 517-518.
Dimas, J. M. 1996 Psycho-social adjustment in children of inter-ethnic families: The relationship to cultural behavior and ethnic identity. Dissertation Abstracts International, 57(3-B), 2218.
Dinsmore, B. D., & Mallinckrodt, B. 1996 Emotional self-awareness, eating disorders, and racial identity attitudes in African American women. Journal of Multicultural Counseling & Development, 24(4), 267-277.
Dinur, R., Beit-Hallahmi, B., & Hofman, J. E. 1996 First names as identity stereotypes. Journal of Social Psychology, 136(2), 191-200.
Diplacido, J. 1993 Young adults' identity status, relationship maturity, and recollections of parental practices. Dissertation Abstracts International, 54(4-B), 2260.
Dittmar, H., Beattie, J., & Friese, S. 1995 Gender identity and material symbols: Objects and decision considerations in impulse purchases. Journal of Economic Psychology, 16(3), 491-511.
Diwan, N. A., & Menezes, L. 1992 Attitudes toward women as a function of the gender and gender-role identity of Indian college students. Journal of Social Psychology, 132(6), 791-793.
Dolinski, D. 1995 Polacy, Zydzi i Cyganie w percepcji licealistow. Tozsamosc spoleczna jako generator sadow o innych. Psychologia Wychowawcza, 38(4), 310-316.
Dollinger, S. J. 1996 Autophotographic identities of young adults: With special reference to alcohol, athletics, achievement, religion, and work. Journal of Personality Assessment, 67(2), 384-398.

Dollinger, S. J., & Clancy, S. M. 1993 Identity, self, and personality : II, Glimpses through the autophotographic eye. *Journal of Personality & Social Psychology*, **64**(6), 1064-1071.

\*Dollinger, S. J., Rhodes, K. A., & Corcoran, K. J. 1993 Photographically portrayed identities, alcohol expectancies, and excessive drinking. *Journal of Personality Assessment*, **60**(3), 522-531.

Dombeck, M. J. 1996 Development and validation of the threats to identity questionnaire : A means to study the relationship between self-structure and vulnerability to psychopathology. *Dissertation Abstracts International*, **56**(11-B), 6454.

\*Donnay-Richelle, J. 1994 Abus sexuels : identite et identite feminine a travers le test de Rorschach. *Bulletin de la Societe du Rorschach et des Methodes Projectives de Langue Francaise*, **38**, 85-90.

\*Doorn, C. D., Poortinga, J., & Verschoor, A. M. 1994 Cross-gender identity in transvestites and male transsexuals. *Archives of Sexual Behavior*, **23**(2), 185-201.

Dorn, F. J. 1992 Occupational wellness : The integration of career identity and personal identity. *Journal of Counseling & Development*, **71**(2), 176-178.

Dougherty, K. C., Eisenhart, M., & Webley, P. 1992 The role of social representations and national identities in the development of territorial knowledge : A study of political socialization in Argentina and England. *American Educational Research Journal*, **29**(4), 809-835.

Douglas, L. A. 1992 The impact of racial identification and gender identity on body distortion and body dissatisfaction. *Dissertation Abstracts International*, **53**(4-B), 2057.

Douglass-Woodruff, P. 1993 Gender bias among counselor educators and counselor graduate students, a comparative investigation of sex, gender-role identity and multidimensional gender-role stereotyping. *Dissertation Abstracts International*, **54**(6-A), 2053.

Dray, T. 1993 Gender role identity and job satisfaction of southern California aerospace professionals. *Dissertation Abstracts International*, **53**(12-B), 6598.

\*Driscoll, J. M., Kelley, F. A., & Fassinger, R. E. 1996 Lesbian identity and disclosure in the workplace : Relation to occupational stress and satisfaction. *Journal of Vocational Behavior*, **48**(2), 229-242.

Drwiega, M. W. 1995 The puzzle of ethnicity's persistence : Examining social identity and the psychological aspects of membership in ethnically based political parties. *Dissertation Abstracts International*, **56**(4-A), 1507.

Dubin, J. W. 1996 A descriptive study of career decision-making self-efficacy, career indecision, vocational identity, and the salience of yalom's therapeutic factors in a psychoeducational group work context. *Dissertation Abstracts International*, **57**(6-A), 2369.

Duncan, C., & Pryzwansky, W. B. 1993 Effects of race, racial identity development, and orientation style on perceived consultant effectiveness. *Journal of Multicultural Counseling & Development,* **21**(2), 88-96.

*Dunkle, J. H. 1996 Toward an integration of gay and lesbian identity development and Super's Life-Span Approach. *Journal of Vocational Behavior,* **48**(2), 149-159.

Duran-Aydintug, C. 1995 Former spouses exiting role-identities. *Journal of Divorce & Remarriage,* **24**(3-4), 23-40.

Dyson, A. H. 1994 The ninjas, the X-men, and ladies: Playing with power and identity in an urban primary school. *Teachers College Record,* **96**(2), 219-239.

Dyson, A. H. 1996 Cultural constellations and childhood identities: On Greek gods, cartoon heroes, and the social lives of schoolchildren. *Harvard Educational Review,* **66**(3), 471-495.

Echebarria Echabe, A., & Valencia Garate, J. F. 1993 Identidad de genero, etica protestante y atribucion de causalidad. *Revista de Psicologia Social,* **8**(2), 235-247.

Echebarria, A., Elejabarrieta, F., Valencia, J., & Villarreal, M. 1996 Representations socials de l'Europe et identities sociales. *Bulletin de Psychologie,* **45**(405), 280-288.

*Eder, D., Staggenborg, S., & Sudderth, L. 1995 The National Women's Music Festival: Collective identity and diversity in a lesbian-feminist community. *Journal of Contemporary Ethnography,* **23**(4), 485-515.

*Eiswerth-Cox, L. C. 1994 Sexual assault recovery: The influence of self-blame, feminist identity, and victim attitudes. *Dissertation Abstracts International,* **54**(9-B), 4915.

*Ekman, S.-L., Norberg, A., Robins Wahlin, T.-B., & Winblad, B. 1995 imensions and progression in the interaction between bilingual/monolingual caregivers and bilingual demented immigrants: Analysis of video-recorded morning care sessions in institutions coded by means of Erikson theory of "eight stages of man.". *International Journal of Aging & Human Development,* **41**(1), 29-45.

*Elbel, J. L. 1995 Sexual identity development and occupational choice in gay men. *Dissertation Abstracts International,* **56**(1-B), 0521.

Eliason, M. J. 1995 Accounts of sexual identity formation in heterosexual students. *Sex Roles,* **32**(11-12), 821-834.

*Eliason, M. J. 1996 Identity formation for lesbian, bisexual and gay persons: Beyond a "minoritizing" view. *Journal of Homosexuality,* **30**(3), 31-58.

*Ellason, J. W., & Ross, C. A. 1995 Positive and negative symptoms in dissociative identity disorder and schizophrenia: A comparative analysis. *Journal of Nervous & Mental Disease,* **183**(4), 236-241.

Ellason, J. W., & Ross, C. A. 1996 Million Clinical Multiaxial Inventory-II follow

-up of patients with dissociative identity disorder. *Psychological Reports,* **78**(3, Pt 1), 707-716.
*Ellason, J. W., Ross, C. A., & Fuchs, D. L. 1995 Assessment of dissociative identity disorder with the Million Clinical Multiaxial Inventory-II. *Psychological Reports,* **76**(3, Pt 1), 895-905.
*Ellason, J. W., Ross, C. A., & Fuchs, D. L. 1996 Lifetime Axis I and II comorbidity childhood trauma history in dissociative identity disorder. *Psychiatry : Interpersonal & Biological Processes,* **59**(3), 225-266.
*Elliott, A. 1995 Psychoanalysis and the seductions of postmodernity : Reflections on reflexive thinking and scanning in self-identity. *Psychoanalysis & Contemporary Thought,* **18**(3), 319-361.
Elliott, L. S. 1996 National identity and media system dependency in belize. *Dissertation Abstracts International,* **56**(11-A), 4189.
Elsbach, K. D., & Kramer, R. M. 1996 Members' responses to organizational identity threats : Encountering and countering the Business Week rankings. *Administrative Science Quarterly,* **41**(3), 442-476.
Ely, R. J. 1994 The effects of organizational demographics and social identity on relationships among professional women. *Administrative Science Quarterly,* **39** (2), 203-238.
Ely, R. J. 1995 The power in demography : Women's social contructions of gender identity at work. *Academy of Management Journal,* **38**(3), 589-634.
Emiliani, F., & Molinari, L. 1994 From the child to one's own child : Social dynamics and identities at work. *European Journal of Social Psychology,* **24** (2), 303-316.
Enck, J. W. 1996 Deer-hunter identity spectrum : A human dimensions perspective for evaluating hunting policy. *Dissertation Abstracts International,* **57**(3-B), 1529.
*English, C. 1993 Gaining and losing weight : Identity transformations. *Deviant Behavior,* **14**(3), 227-241.
Epstein, A., & Levin, R. 1996 The impact of Jewish identity on the psychological adjustment of Soviet Jewish immigrants to Israel. *Israel Journal of Psychiatry & Related Sciences,* **33**(1), 21-31.
Erb, C. R. B. 1994 The role of religious commitment within the framework of ego identity development. *Dissertation Abstracts International,* **55**(3-B), 1171.
Erdheim, M. 1992 Das eigene und das Fremde, Ueber ethnische identitaet. *Psyche : Zeitschurift fuer Psychoanalyse und ihre Anwendungen,* **46**(8), 730-744.
Erlanger, D. M. 1996 Empathy, attachment style, and identity development in undergraduates. *Dissertation Abstracts International,* **57**(5-B), 3430.
Ernest, C. M., 1994 A developmental group intervention for elderly adults : Structured life review to promote cognitive growth in ego and identity. *Dissertation Abstracts International,* **55**(4-A), 867.

Espeland, W. 1994 Legally mediated identity : The National Environmental Policy Act and the bureaucratic construction of interests. *Law & Society Review,* **28** (5), 1149-1179.

*Espin, O. M. 1996 Leaving the nation and joining the tribe : Lesbian immigrants crossing geographical and identity borders. *Women & Therapy,* **19**(4), 99-107.

Esterberg, K. G. 1992 Salience and solidarity : Identity, correctness, and conformity in a lesbian community. *Dissertation Abstracts International,* **53**(4-A),1278.

Ethier, K. A. 1996 Becoming a mother : Identity acquisition during the transition to parenthood. *Dissertation Abstracts International,* **56**(10-B), 5832.

Ethier, K. A., & Deaux, K. 1994 Negotiating social identity when contexts change : Maintaining identification and responding to threat. *Journal of Personality & Social Psychology,* **67**(2), 243-251.

Evans, K. M., & Herr, E. L. 1994 The influence of racial identity and the perception of discrimination on the career aspirations of African American men and women. *Journal of Vocational Behavior,* **44**(2), 173-184.

Evans, T. 1995 Matters of modernity, late modernity and self-identity in distance education. *European Journal of Psychology of Education,* **10**(2), 168-180.

Evans-Hughes, G. 1993 The influence of racial identity and locus-of-control on the adjustment and academic achievement of African American college students. *Dissertation Abstracts International,* **54**(4-A), 1239.

Ewing, K. M., Richardson, T. Q., James-Myers, L., & Russell, R. K. 1996 The relationship between racial identity attitudes, worldview, and African American graduate students' experience of the imposter phenomenon. *Journal of Black Psychology,* **22**(1), 53-66.

Fagan, T. K. 1993 Separate but equal : School psychology's search for organizational identity. *Journal of School Psychology,* **31**(1), 3-90.

Fagermoen, M. S. 1996 The meaning of nurses' work : A descriptive study of values fundamental to professional identity in nursing. *Dissertation Abstracts International,* **56**(9-B), 4814.

Farsides, T. 1993 Social identity theory-a foundation to build upon, not undermine : A comment on Schiffmann & Wicklund (1992). *Theory & Psychology,* **3**(2), 207-215.

*Fassinger, R. E. 1995 From invisibility to integration : Lesbian identity in the workplace. *Career Development Quarterly,* **44**(2), 148-167.

*Fassinger, R. E., & Miller, B. A. 1996 Validation of an inclusive model of sexual minority identity formation on a sample of gay men. *Journal of Homosexuality,* **32**(2), 53-78.

Fee, D. 1992 Masculinities, identity and the politics of essentialism : A social constructionist critique of the men's movement. *Feminism & Psychology,* **2**(2), 171-176.

Feinberg, R. A., Mataro, L., & Burroughs, W. J. 1992 Clothing and social identity.

*Clothing & Textiles Research Journal,* **11**(1), 18-23.
*Feldbrugge, J. T., & Haverkamp, A. D. 1993 Identity and development : The Dr. Henri van der Hoeven Kliniek in the nineties. *International Journal of Law & Psychiatry,* **16**(1-2), 241-246.
Feldman, B. 1996 Identity, sexuality and the self in late adolescence. *Journal of Analytical Psychology,* **41**(4), 491-507.
Félix-Ortiz, M. 1993 Cultural identity and vulnerability for drug use among Latina and Latino adolescents. *Dissertation Abstracts International,* **54**(6-B), 3338.
Félix-Ortiz, M., Newcomb, M. D., & Myers, H. 1994 A multidimensional measure of cultural identity for Latino and Latina adolescents. *Hispanic Journal of Behavioral Sciences,* **16**(2), 99-115.
Fennig, S., Naisberg-Fennig, S., Neumann, M., & Kovasznay, B. 1993 The psychiatrist as a psychotherapist : The problem of identity. *American Journal of Psychotherapy,* **47**(1), 33-37.
Fenster, M. A. 1993 The articulation of difference and identity in alternative popular music practice. *Dissertation Abstracts International,* **53**(7-A), 2144.
Ferenc, P. 1996 Elettoertenet es identitas (Uj toerekvesel az en-pszichologiaban). *Pszichologia : Az Mta Pszichologiai Intezetenek Folyoirate,* **16**(1), 3-47.
Ferm, B. R. 1992 Ego mastery style and gender identity self-attribution in 45-to -55 year old, active-parental and post-parental men. *Dissertation Abstracts International,* **53**(6-B), 3153.
Fernando, A. D. 1995 Ethnic identity in pilipino-americans : The relationship between mothers and young adults. *Dissertation Abstracts International,* **56**(6-B), 3474.
Ferrari, J. R., Wolfe, R. N., Wesley, J. C., & Schoff, L. A. et al. 1995 Ego-identity and academic procrastination among university students. *Journal of College Student Development,* **36**(4), 361-367.
Fiese, B. H. 1992 Dimensions of family rituals across two generations : Relation to adolescent identity. *Family Process,* **31**(2), 151-162.
*Finch, D. A. 1995 The relationship between Eriksonian psychosocial attributes, perceived uncertainty, coping, and outcomes following vascular surgery. *Dissertation Abstracts International,* **55**(8-B), 3237.
Finchilescu, G. 1992 Social identity theory and intergroup attributions. *Dissertation Abstracts International,* **53**(5-B), 2583.
Fine-Thomas, W. R. 1995 Ontic gender guilt and sexual identity in women. *Dissertation Abstracts International,* **56**(3-B), 1697.
Finn, L. J. 1994 The relationship between world view, identity development, and sexual-affectional orientation in Euro-American women. *Dissertation Abstracts International,* **55**(6-B), 2436.
Fischer, E., & Arnold, S. J. 1994 Sex gender identity, gender role attitudes, and

consumer behavior. *Psychology & Marketing,* **11**(2), 163-182.

Fisherkeller, J. E. 1996 Identity work and television : Young adolescents learning within local and mediated cultures. *Dissertation Abstracts International,* **57**(3-A), 0909.

Fitzgerald, T. K. 1994 Culture and identity, community and survival : What is the cultural in multiculturalism? *New Zealand Journal of Educational Studies,* **29**(2), 189-199.

Fitzpatric, O. D., & Shook, S. L. 1994 Belief in the paranormal : Does identity development during the college years make a difference? An initial investigation. *Journal of Parapsychology,* **58**(3), 315-329.

Flanders, J. A. 1993 An investigative study of the relationship between single-sex/coeducational school transition and sex role identity and achievement motivational factors. *Dissertation Abstracts International,* **53**(8-A), 2758.

＊Flaskerud, J. H., & Hu, L. 1992 Racial/ethnic identity and amount and type of psychiatric treatment. *American Journal of Psychiatry,* **149**(3), 379-384.

Fleming, J. L. 1996 Who are the proteges? the relationship between mentoring experiences, self-efficacy, career salience, attachment style, and Eriksonian life stage. *Dissertation Abstracts International,* **57**(5-B), 3431.

Flum, H. 1994 a The evolutive style of identity formation. *Journal of Youth & Adolescence,* **23**(4), 489-498.

Flum, H. 1994 b Styles of identity formation in early and middle adolescence. *Genetic, Social, & General Psychology Monographs,* **120**(4), 435-467.

Flum, H., & Porton, H. 1995 Relational processes and identity formation in adolescence : The example of A Separate Peace. *Genetic Social & General Psychology Monographs,* **121**(4), 369-389.

Ford, D. Y., Harris, J. J., & Schuerger, J. M. 1993 Racial identity development among gifted Black students : Counseling issues and concerns. *Journal of Counseling & Development,* **71**(4), 409-417.

Ford, J. D., & Ford, L. W. 1994 Logics of identity, contradiction, and attraction in change. *Academy of Management Review,* **19**(4), 756-785.

Forney, J. A. 1993 An investigation into the relationship between sex role identity and predictive elements of leadership style. *Dissertation Abstracts International,* **53**(10-A), 3591.

Fortier-Buckley, L. 1994 The effects of a short-term Eriksonian group life review on ego integrity versus despair in the elderly. *Dissertation Abstracts International,* **55**(2-B), 589.

＊Fountoura da Motta, A. C., Carmona Fernandes, J., Grzybowski, L. S., & Cardoso Brito, R. et al. 1995 Identidade do Psicologo : Construida ou Reproduzida? *Psico,* **26**(1), 171-184.

Fournier, G., & Bujold, C. 1996 Accroissement du sens de l'identite personnelle et sociale au cours de la transition etudes/travail. *Canadian Journal of Counsel-*

　　　　*ing*, **30**(3), 165-178.
＊Fox, R. C. 1995 Coming out bisexual : Identity, behavior, and sexual orientation self-disclosure. *Dissertation Abstracts International*, **55**(12-B), 5565.
＊Francis, L. J. 1992 Attitude towards alcohol, church attendance and denominational identity. *Drug & Alcohol Dependence*, **31**(1), 45-50.
＊Francis, L. J. 1994 Denominational identity, church attendance and drinking behavior among adults in England. *Journal of Alcohol & Drug Education*, **39**(3), 27-33.
　　Franco, A., Sousa, E., & Carvalho Teixeira, J. A. 1992 O Psicologo nos Centros de Saude : Dos Conteudos Semanticos aos Problemas de Identidade. *Analise Psicologica*, **10**(2), 205-211.
　　Franklin, L. M. 1996 Skin color self-esteem, and group identity among African-American adolescent girls and adult women. *Dissertation Abstracts International*, **57**(4-B), 2864.
　　Franklin, M. E., James, J. R., & Watson, A. L. 1996 Using a cultural identity development model to plan culturally responsive reading and writing instruction. *Reading & Writing Quarterly : Overcoming Learning Difficulties*, **12**(1), 41-58.
　　Franz, C. E. 1995 A quantitative case study of longitudinal changes in identity intimacy, and generativity. *Journal of Personality*, **63**(1), 27-46.
　　Frascarolo, F., Chillier, L., & Robert-Tissot, C. 1996 Relations entre l'engagement paternel quotidien, les representations des roles parentaux et l'identite sexuelle. *Archives de Psychologie*, **64**(250), 159-177.
＊Fraser, L. S. 1993 Classification, assessment and management of gender identity disorders in the adult male : A manual for counselors. *Dissertation Abstracts International*, **54**(3-A), 815.
＊Freeman, M. 1993 Seeking identity : Township youth and social development. *South African Journal of Psychology*, **23**(4), 157-166.
　　Freilich, E. F. 1994 Family individuation, attachment, and gender-role identity : Defining healthy relationship styles. *Dissertation Abstracts International*, **54**(12-B), 6443.
＊Freund, K., & Watson, R. J. 1993 Gender identity disorder and courtship disorder. *Archives of Sexual Behavior*, **22**(1), 13-21.
＊Fridell, S. R., Zucker, K. J., Bradley, S. J., & Maing, D. M. 1996 Physical attractiveness of girls with gender identity disorder. *Archives of Sexual Behavior*, **25**(1), 17-31.
＊Friedrich, H. 1993 Contemporary psychoanalytical identity and its roots in the history of science. *International Forum of Psychoanalysis*, **2**(4), 242-252.
　　Fromm, A. B. 1993 We are few : Folklore and ethnic identity of the Jewish community of Ioannina, Greece. *Dissertation Abstracts International*, **53**(9-A), 3325.

Frone, M. R., Russell, M., & Cooper, M. L. 1995 Job stressors, job involvement and employee health: A test of identity theory. *Journal of Occupational & Organizational Psychology*, **68**(1), 1-11.

Frucht, S. L. 1995 Family interaction, ethnic identity, and ego identity: A study of Mexican-American adolescent. *Dissertation Abstracts International*, **56**(6-B), 3443.

Fuller, R. C. 1996 Erikson, psychology and religion. *Pastoral Psychology*, **44**(6), 371-384.

Fullinwider-Bush, N., & Jacobvitz, D. B. 1993 The transition to young adulthood: Generational boundary dissolution and female identity development. *Family Process*, **32**(1), 87-103.

Fulton, C. P. 1994 The relationship between White racial identity development and multicultural competence among White trainee therapists. *Dissertation Abstracts International*, **55**(6-B), 2398.

＊Fusco, M.-C. 1995 En quete d'identite: L'homosexuel et son objet. *Topique: Revue Freudienne*, **25**(56), 87-106.

Gaertner, S. L., Dovidio, J. F., & Bachman, B. A. 1996 Revisiting the contact hypothesis: The induction of acommon ingroup identity. *International Journal of Intercultural Relations*, **20**(3-4), 271-290.

Gaertner, S. L., Rust, M. C., Dovidio, J. F., & Bachman, B. A. et al. 1994 The contact hypothesis: The role of a common ingroup identity on reducing intergroup bias. *Small Group Research*, **25**(2), 224-249.

Gagnon, A., & Bourhis, R. Y. 1996 Discrimination in the minimal group paradigm: Social identity or self-interest? *Personality & Social Psychology Bulletin*, **22**(12), 1289-1301.

Galindo, R., Aragon, M., & Underhill, R. 1996 The competence to a Act: Chicana teacher role identity in life and career narratives. *Urban Review*, **28**(4), 279-308.

＊Gallego Soares, L. F. 1995 Galatea Quer Saber se Gostam Dela Contribucao ao Tema "O Psicanalista: Um Artifice e os Limites de sua Identidade". *Revista Brasileira de Psicanalise*, **29**(3), 501-507.

Gallivan, K. A. 1994 Perceived influences of living within a religious community on the adult identity of Roman Catholic women religious. *Dissertation Abstracts International*, **54**(8-B), 4386.

Galloway, R. J. 1995 The impact of gender role identity on perceptions of causes of success and failure in the workplace. *Dissertation Abstracts International*, **56**(5-B), 2914.

Galvin, B. 1993 Female identity and desire in the novels of Richardson, Burney and Austen. *Dissertation Abstracts International*, **53**(12-A), 4332.

＊Gampel, Y. 1994 Identifizierung, Identitaet und generationsuebergreifende Transmission. *Zeitschrift fuer Psychoanalytische Theorie und Praxis*, **9**(3), 301-319.

\*Gamson, J. 1996 The organizational shaping of collective identity : The case of lesbian and gay film festivals in New York. *Sociological Forum,* **11**(2), 231-261.

\*Ganaway, G. K. 1995 Hypnosis, childhood trauma, and dissociative identity disorder : Toward an integrative theory. *International Journal of Clinical & Experimental Hypnosis,* **43**(2), 127-144.

Gao, G., Schmidt, K. L., & Gudykunst, W. B. 1994 Strength of ethnic identity and perceptions of ethnolinguistic vitality among Mexican Americans. *Hispanic Journal of Behavioral Sciences,* **16**(3), 332-341.

\*Gardner, S. 1995 Commentary on "The social relocation of personal identity". *Philosophy, Psychiatry, & Psychology,* **2**(3), 209-214.

Garey, A. I. 1994 Constructing identities as 'working mothers' : Time, space, and family in a study of women hospital workers. *Dissertation Abstracts International,* **54**(10-A), 3889.

\*Gatter, P. N. 1995 Anthropology, HIV and contingent identities. *Social Science & Medicine,* **41**(11), 1523-1533.

\*Gatti, E. R. 1995 Female therapists and male survivors of sexual abuse : The cultural and therapeutic construction of gender and sexual identity. *Dissertation Abstracts International,* **56**(6-B), 3444.

Gebelt, J. L. 1996 Identity, emotion and memory in college students. *Dissertation Abstracts International,* **57**(2-B), 1465.

Gehlert, K., Timberlake, D., & Wager, B. 1992 The relationship between vocational identity and academic achievement. *Journal of College Student Development,* **33**(2), 143-148.

\*Geller, M. H. 1994 Professional identity issue in college counseling/psychotherapy and their relationship to the long-term/short-term controversy. *Journal of College Student Psychotherapy,* **9**(2), 19-30.

Gerken, L. D. 1994 A study of the relationship of level of vocational identity and degree of congruence between expressed and measured vocational interests of engineering students aspiring to managerial or technical careers. *Dissertation Abstracts International,* **54**(7-A), 2480.

\*Ghindia, D. J. 1995 The effects of differing stages of homosexual identity integration, diminished self-esteem and a substance abusive familial history on substance abuse among homosexual men. *Dissertation Abstracts International,* **55**(9-A), 2989.

Ghuman, P. A. S. 1996 A study of identities of Asian origin primary school children. *Early Child Development & Care,* **132**, 65-74.

Gianakos, I. 1995 The relation of sex role identity to career decision-making self-efficacy. *Journal of Vocational Behavior,* **46**(2), 131-143.

\*Gianotti, A., & Sabatello, U. 1996 Lo psicoterapeuta di bambini e adolescenti. Riflessioni su identita e formazione. *Richard e Piggle,* **2**(1), 37-52.

Gilchrest, G. G. 1994 Racial identity and cultural worldviews among ethnically diverse White college students: A quantitative and qualitative analysis. *Dissertation Abstracts International,* **54**(8-A), 2894.

Gilden, D. M. 1994 The relationship between a temporal assessment of ego identity status and gender-linked variables: III. *Dissertation Abstracts International,* **54**(7-B), 3852.

Giles, H., Williams, A., Mackie, D. M., & Rosselli, F. 1995 Reactions to Anglo-and Hispanic-American-accented speakers: Affect, identity, persuasion, and the English-only controversy. *Language & Communication,* **15**(2), 107-120.

＊Gilmore, K. 1995 Gender identity disorder in a girl: Insights from adoption. *Journal of the American Psychoanalytic Association,* **43**(1), 39-59.

＊Ginsburg, H. J. 1992 Childhood injuries and Erikson's psychosocial stages. *Social Behavior & Personality,* **20**(2), 95-100.

Gioia, D. A., & Thomas, J. B. 1996 Institutional identity, image, and issue interpretation: Sense making during strategic change in academia. *Administrative Science Quarterly,* **41**(3), 370-403.

Giudice, M. E. 1994 Sons of divorce: Effects of father absence on gender identity, locus-of-control and self-esteem. *Dissertation Abstracts International,* **54**(9-B), 4942.

＊Glass, J. M. 1993 Multiplicity, identity and the horrors of selfhood: Failures in the postmodern position. *Political Psychology,* **14**(2), 255-278.

Glass, K. W. 1995 Racial identity, alienation, and psychiatric symptoms in american blacks: An empirical integration of nigresence and africentrist theory. Dissertation Abstracts International, **56**(1-B), 0523.

＊Gleaves, D. H. 1996 The sociocognitive model of dissociative identity disorder: A reexamination of the evidence. *Psychological Bulletin,* **120**(1), 42-59.

＊Glickman, N. S. 1993 Deaf identity development: Construction and validation of a theoretical model. *Dissertation Abstracts International,* **54**(6-A), 2344.

＊Glickman, N. S., & Carey, J. C. 1993 Measuring deaf cultural identities: A preliminary investigation. *Rehabilitation Psychology,* **38**(4), 275-283.

Glisan, M. H. 1993 White students' racial attitudes and racial identity development in a liberal arts environment. *Dissertation Abstracts International,* **53**(10-A), 3453.

Glodis, K. A., & Blasi, A. 1993 The sense of self and identity among adolescents and adults. *Journal of Adolescent Research,* **8**(4), 356-380.

＊Glover, H., Lader, W., & Walker-O'keefe, J. 1995 Vulnerability Scale scores in female inpatients diagnosed with self-injurious behavior, dissociative identity disorder, and major depression. *Psychological Reports,* **77**(3, Pt 1), 987-993.

Glover, R. J. 1996 Religiosity in adolescence and young adulthood: Implications for identity formation. *Psychological Reports,* **78**(2), 427-431.

Gobodo-Madikizela, P. 1995 Remembering and the politics of identity. *Psycho-*

*Analytic Psychotherapy in South Africa*, **3**, 57-62.
Godfrind, J. 1993 Identite feminine et identite du feminin. *Revue Francaise de Psychanalyse*, **57**(Spec Issue), 1559-1575.
Goins, C. L. 1996 Psychosocial and academic functioning of African-American college students : Social support, racial climate and racial identity. *Dissertation Abstracts International*, **56**(12-B), 7045.
Gold, J. M., & Rogers J. D. 1995 Intimacy and isolation : A validation study of Erikson's theory. *Journal of Humanistic Psychology*, **35**(1), 78-86.
＊Goldsmith, S. J. 1995 Oedipus or Orestes? Aspects of gender identity development in homosexual men. *Psychoanalytic Inquiry*, **15**(1), 112-124.
Goncalves, M. J. 1993 Sera menino ou menina? Ou a genese da identidade sexual. *Revista Portuguesa de Psicanalise*, **6**(2) [12] , 71-77.
Goncalves, M. M., & Goncalves, O. F. 1995 Funcoes politicas do conceito de identidade : A psicologia, o self e o poder. *Analise Psicologica*, **13**(4), 359-403.
Gonnella, J. S., Hojat, M., Erdmann, J. B., & Veloski, J. J. 1993 A case of mistaken identity : Signal and noise in connecting performance assessments before and after graduation from medical school. *Academic Medicine*, **68**(2, Suppl), 9-16.
Gonzalez de Chavez, A. 1992 Mujer : cultura, identidad y salud mental (II). *Revista de la Asociacion Espanola de Neuropsiquiatria*, **12**(41), 104-114.
Goodenow, C., & Espin, O. M. 1993 Identity choices in immigrant adolescent females. *Adolescence*, **28**(109), 173-184.
Goodstein, R. 1995 Racial and ethnic identity : Their relationship and their contribution to self-esteem. *Dissertation Abstracts International*, **56**(5-B), 2940.
Gopaul-McNicol, S.-A. 1995 A cross-cultural examination of racial identity and racial preference of preschool children in West Indies. *Journal of Cross-Cultural Psychology*, **26**(2), 141-152.
Gorbeña, S. 1992 Ego identity assessed via women's self-definitional essays : Development and validation of the ego identity scoring system. *Dissertation Abstracts International*. **53**(2-B), 1098.
＊Graham, J. A. 1995 Transcending an alcoholic identity : A phenomenological study. *Dissertation Abstracts International*, **56**(2-B), 1106.
Grandner, D. F. 1992 The relationship between White racial identity attitudes and moral development of college students. *Dissertation Abstracts International*, **53**(4-A), 1055.
Grant, P. R. 1992 Ethnocentrism between groups of unequal power in response to perceived threat to social identity and valued resources. *Canadian Journal of Behavioral Science*, **24**(3), 348-370.
Grant, P. R. 1993 Ethnocentrism in response to a threat to social identity. *Journal of Social Behavior & Personality*, **8**(6), 143-154.
Grant, P. R., & Brown, R. 1995 From ethnocentrism to collective protest :

Responses to relative deprivation and threats to social identity. *Social Psychology Quarterly,* **58**(3), 195-212.

Gray-Murray, J. A. B. 1993 Communicative practices and situated identity: An analysis strategies for accomplishing status and involvement in African-American community organizers' public talk and writing. *Dissertation Abstracts International,* **54**(6-A), 2348.

*Green, A. H. 1994 Impact of sexual trauma on gender identity and sexual object choice. *Journal of the American Academy of Physicians & Surgeons,* **22**(2), 283-297.

Greenwood, J. D. 1994 A sense of identity : Prolegomena to a social theory of personal identity. *Journal for the Theory of Social Behaviour,* **24**(1), 25-46.

Gregg, G. S. 1995 Multiple identities and the integration of personality. *Journal of Personality,* **63**(3), 617-641.

*Gregurek, R. 1994 Anorexia nervosa in males: The question of disturbed gender identity. *Psychiatria Danubina,* **6**(1-2), 109-111.

*Grey, A. 1993 Individuality, conformity and collective identity. *International Forum of Psychoanalysis,* **2**(1), 9-12.

Gubkin, R. 1992 Reproduction, feminine identity and self-esteem among women. *Dissertation Abstracts International,* **52**(10-B), 5534.

Gudykunst, W. B., Forgas, J. P., Franklyn-Stokes, A., Schmidt, K. L., & Moylan, S. 1996 The influence of social identity and intimacy of relationship on interethnic communication : An extension of findings from the United States to Australia and England. *Communication Reports,* **5**(2), 90-98.

Gumina, D. P. 1995 Ethnic identity, self-identity, and family values: A study of italian american late adolescents in the san francisco bay area. *Dissertation Abstracts International,* **56**(6-B), 3475.

Gunn, C. S. 1992 The relationship between career readiness and ego identity formation in college students. *Dissertation Abstracts International,* **52**(7-B), 3920-3921.

Gurin, P., Hurtado, A., & Peng, T. 1994 Group contacts and ethnicity in the social identities of Mexicanos and Chicanos. *Personality & Social Psychology Bulletin,* **20**(5), 521-532.

Gurman, E. B., & Long, K. 1992 Emergent leadership and female sex role identity. *Journal of Psychology,* **126**(3), 309-316.

Gurman, E. B., & Long, K. 1994 Work role identity and leadership behavior. *Journal of Psychology,* **128**(4), 397-401.

Gushue, G. V. 1993 Cultural-identity development and family assessment: An interaction model. *Counseling Psychologist,* **21**(3), 487-513.

Gushue, G. V. 1996 White racial identity attitudes as moderators of expectancy in three aspects of social memory: Memory sensitivity, response bias, and free recall. *Dissertation Abstracts International,* **57**(5-A), 1970.

Gustafson, G. E., Green, J. A., & Cleland, J. W. 1994 Robustness of individual identity in the cries of human infants. *Developmental Psychobiology,* **27**(1), 1-9.

Gustafson, L. T. 1996 The structure and content of organizational identity in hypercompetitive environments. *Dissertation Abstracts International,* **56**(12-A), 4852.

＊Gutman, S. A., & Napier-Klemic, J. 1996 The experience of head injury on the impairment of gender identity and gender role. *American Journal of Occupational Therapy,* **50**(7), 535-544.

＊Guttfreund, D. G., Cohen, O., & Yerushalmi, H. 1994 Integrating a shared patient ; psychotherapist crisis into one's professional identity : Israeli psychotherapists look back at the Gulf War. *Journal of Clinical Psychology,* **50**(6), 883-888.

Haeger, G., Mummendey, A., Mielke, R., & Blanz, M. 1996 Zum Zusammenhang von negativer sozialer Identitaet und Vergleichen zwischen Personen und Gruppen : Eine Felduntersuchung in Ost- und Westdeutschland. *Zeitschrift fuer Sozialpsychologie,* **27**(4), 259-277.

＊Haeseler, M. P. 1996 The absent father : Gender identity considerations for art therapists working with adolescent boys. *Art Therapy,* **13**(4), 275-281.

Haggard, L. M., & Williams, D. R. 1992 Identity affirmation through leisure activities : Leisure symbols of the self. *Journal of Leisure Research,* **24**(1), 1-18.

Haggins, K. L. 1995 An investigation of optimal theory applied to identity development. *Dissertation Abstracts International,* **55**(12-B), 5553.

Hahn, D. W. 1996 Effects of ingroup identity, number of ingroup members, and task uncertainty on social influences. *Korean Journal of Social Psychology,* **8**(1) [Whole No. 14] , 191-203.

Haidostian, P. A. 1995 American evangelical youth and political identity : The social-political aloofness of the armenian evangelical church in the near east in view of hovhannes aharonian's agenda for an involved ecclesiology and Erik H. Erikson's understanding of the continuity between individual and community. *Dissertation Abstracts International,* **55**(7-A), 2012.

Haigler, V. F., Day, H. D., & Marshall, D. D. 1995 Parental attachment and gender-role identity. *Sex Roles,* **33**(3-4), 203-220.

Hall, D. L. J. 1995 Global precedence for identity and orientation decisions about letters and geometric shapes. *Dissertation Abstracts International,* **56**(2-B), 1134.

Hall, S. E. 1995 The influence of a structured curricular intervention on the identity development of college students. *Dissertation Abstracts International,* **56**(2-A), 0462.

Halpen, T. L. 1994 A constructive-developmental approach to women's identity

formation in early adulthood : A comparison of two developmental theories. *Dissertation Abstracts International,* **55**(3-B), 1201.
*Hamarneh, M. E. 1996 The impact of racial identity training on anti-black attitudes of white counselors-in-training. *Dissertation Abstracts International,* **57**(2-B), 1441.
Hamer, R. J., & Bruch, M. A. 1994 The role of shyness and private self-consciousness in identity development. *Journal of Research in Personality,* **28**(4), 436-452.
Hamid, P. N. 1996 The validity of an unobtrusive measure of social identity. *Social Behavior & Personality,* **24**(2), 157-167.
Hamilton, L. A. 1996 Dyadic family relationships and gender in adolescent identity formation : A social relations analysis. *Dissertation Abstracts International,* **57**(6-B), 4056.
Hammoud, M. M. 1992 The role of communication in the preservation of national and cultural identity of a nation in exile : The Palestinian case. *Dissertation Abstracts International,* **53**(6-A), 1711.
*Hamner, K. M. 1992 Gay-bashing : A social identity analysis of violence against lesbians and gay men. *Confronting violence against lesbians and gay men,* 179-190.
Hansen, B., & Trana, H. 1994 Det verdige moderskap i etterkrigstiden-en sosialpsykologisk studie av forbindelseslinjene mellom kulturelle endringer og kvinnelige identitet. *Tidsskrift for Norsk Psykologforening,* **31**(9), 797-816.
*Hanson, L. L. 1994 Women, identity, and intimacy. *Dissertation Abstracts International : Section A : Humanities & Social Sciences,* **54**(10-A), 3890.
Hardie, E. A., & McMurray, N. E. 1992 Self-stereotyping, sex role ideology, and menstrual attitudes : A social identity approach. *Sex Roles,* **27**(1-2), 17-37.
*Harel, S. 1993 Le recit posthume, A propos de la transmission de l'identite narrative. *Psychanalystes,* **48**, 133-149.
Harrington, J. A. 1995 Codependency as a function of identity development. *Dissertation Abstracts International,* **55**(8-A), 2280.
Harrington-Hill, R. 1992 Levels of masculinity and femininity and the resolution of Erikson's psychosocial crises as it relates to marital satisfaction. *Dissertation Abstracts International,* **53**(4-B), 2083.
Harris, A. C. 1994 Ethnicity as a determinant of sex role identity : A replication study of item selection for the Bem Sex Role Inventory. *Sex Roles,* **31**(3-4), 241-273.
Harris, A. C. 1996 African American and Anglo-American gender identities : An empirical study. *Journal of Black Psychology,* **22**(2), 182-194.
Harris, C. D. 1993 Social identity, class and empowerment : Television fandom and advocacy. *Dissertation Abstracts International,* **53**(10-A), 3401.
Harris, D. 1995 Exploring the determinants of adult Black identity : Context and

Process. *Social Forces,* **74**(1), 227-241.

Harris, P. B., & Brown, B. B. 1996 The home and identity display : Interpreting resident territoriality from home exteriors. *Journal of Environmental Psychology,* **16**(3), 187-203.

Harrison, M. E. 1994 Translating racial identity development models to a model of gender identity development for men. *Dissertation Abstracts International,* **55**(3-B), 1171.

Harry, B. 1996 These families, those families : The impact of researcher identities on the research act. *Exceptional Children,* **62**(4), 292-300.

＊Hart, B. S. 1996 Repairing the effects of threats to ethnic identity : Trauma healing and reconciliation workshops in liberia during the civil war. *Dissertation Abstracts International,* **57**(3-A), 1277.

Hart, D., Fegley, S., Chan, Y. H., & Mulvey, D. 1993 Judgments about personality identity in childhood and adolescence. *Social Development,* (1), 66-81.

Hartman, S. J. 1996 Narrative style/narrated identity : Resistance to categories of gay identity in the coming out story. *Dissertation Abstracts International,* **56** (11-B), 6391.

Harwas-Napierala, B. 1993 Ksztaltowanie sie tozsamosci plciowej : niektore rodzinne uwarunkowania. *Psychologia Wychowawcza,* **36**(4), 312-319.

Hasan, Q., & Khatoon, N. 1996 Situational arousal of identity among Muslims. *Journal of the Indian Academy of Applied Psychology,* **22**(1-2), 73-78.

Haskins, W. L. 1992 The relationship of self-concept to stages of White racial identity attitudes. *Dissertation Abstracts International,* **53**(1-B), 553.

Haslam, S. A., McGarty, C., Oakes, P. J., & Turner, J. C. 1993 Social comparative context and illusory correlation : Testing between ingroup bias and social identity models of stereotype formation. *Australian Journal of Psychology,* **45** (3), 97-101.

Hasse, L. A. 1993 Multiple role-identities, implications for identity change, and domains of life satisfaction : Identity accumulation versus scarcity. *Dissertation Abstracts International,* **53**(9-A), 3372.

＊Hassin, J. 1993 Social identity, gender, and the moral self : The impact of AIDS on the intravenous drug user. *Dissertation Abstracts International,* **54**(4-A), 1438.

＊Hassin, J. 1994 Living a responsible life : The impact of AIDS on the social identity of intravenous drug users. *Social Science & Medecine,* **39**(3), 391-400.

Haviland, J. M., Davidson, R. B., Ruetsch, C., & Gebelt, J. L. et al. 1994 The place of emotion in identity. *Journal of Research on Adolescence,* **4**(4), 503-518.

Hayes, D. H. 1995 Relationship between stress, perceived and sex role identity for single student mothers. *Dissertation Abstracts International,* **55**(10-B), 4591.

Hayes, N. 1993 Social identity, social representations and organizational culture. *Dissertation Abstracts International,* **53**(8-A), 3004.

Hazen, S. L. H. 1995 The relationship between ethnic/racial identity status and ego identity status. *Dissertation Abstracts International,* **55**(11-B), 5050.

Hearn, R. S. 1995 Integrity, despair and in between : Toward construct validation of Erikson's eighth stage. *Dissertation Abstracts International,* **55**(9-B), 4103.

Heath, A. E. 1993 The effects of training in racial identity stage theory on attitudes and perceptions of Whites toward Blacks. *Dissertation Abstracts International,* **53**(10-B), 5445.

Hecht, M. L. 1993 2002-a research odyssey : Toward the development of a communication theory of identity. Communication Monographs, **60**(1), 76-82.

＊Heenen-Wolff, S. 1995 Identity and the death instinct : Aspects of transcultural research. *Group Analysis,* **28**(2), 157-165.

Heidrick, S. J. 1993 Margaret Laurence and feminine identity in the Canadian context. *Dissertation Abstracts International,* **53**(12-A), 4328.

Heiligers, P. 1995 Sociale representaties van de dubbele identiteit. *Psycholoog,* **30**(1), 14-19.

Heilman, E., & Goodman, J. 1996 Teaching gender identity in high school. *High school Journal,* **79**(3), 249-261.

Heine, M. K., & Scott, H. A. 1994 Cognitive dichotomies : "Games" "sport" and Dene cultural identity. *Communication & Cognition,* **27**(3), 321-336.

＊Hellmich, L. B. 1996 The effects of childhood sexual abuse on identity development and career decision-making in college women. *Dissertation Abstracts International,* **56**(11-B), 6392.

＊Helms, J. E. 1993 I also said "White racial identity influences White researchers". *Counseling Psychologist,* **21**(2), 240-243.

Helms, J. E. 1994 Racial identity and career assessment. *Journal of Career Assessment,* **2**(3), 199-209.

Helms, J. E., & Piper, R. E. 1994 Implications of racial identity theory for vocational psychology. *Journal of Vocational Behavior,* **44**(2), 124-138.

Helson, R., Stewart, A. J., & Ostrove, J. 1995 Identity in three cohorts of midlife women. *Journal of Personality & Social Psychology,* **69**(3), 544-557.

Henderson, K. A., Bedini, L. A. & Hecht, L. 1996 "Not just a wheelchair, not just a woman" : Self-identity and leisure. *Therapeutic Recreation Journal,* **28**(2), 73-86.

Hendrickson, A. B. 1993 Historical idioms of identity representation among the Ovaherero in southern Africa. *Dissertation Abstracts International,* **53**(8-A), 2868.

Hendry, B. A. 1992 Ethnicity and identity in a Basque borderland : Rioja Alavesa, Spain. *Dissertation Abstracts International,* **53**(2-A), 541.

Henneberger, S. C. B. 1995 Figuring the paradox : Dialogic identities in 'jane eyre' by charlotte bronte, 'wide sargasso sea' by jean rhys, and 'beloved' by toni morrison. *Dissertation Abstracts International,* **56**(5-A), 1792.

Henry, P. 1993 Effectiveness of career-development courses for nontraditional premedical students: Improving professional identity. *Psychological Reports,* **73**(3, Pt 1), 915-920.

Henry, P. 1996 Perceived problem-solving and vocational identity: Implication for nontraditional premedical students. *Psychological Reports,* **78**(3 Pt 1), 843-847.

Henwood, K. L. 1993 Women and later life: The discursive construction of identities within family relationship. *Journal of Aging Studies,* **7**(3), 303-319.

Herald, C. 1995 Bulimic behavior and the problem of female self-identity: Sense of self in relation, family environment, and the superwoman ideal. *Dissertation Abstracts International,* **56**(5-B), 2866.

Herd, D., & Grube, J. 1996 Black identity and drinking in the US: A national study. *Addiction,* **91**(6), 845-857.

Hernandez, J. T., & DiClemente, R. J. 1992 Self-control and ego identity development as predictors of unprotected sex in late adolescent males. *Journal of Adolescence,* **15**(4), 437-447.

Hernandez, T. J. 1995 The career trinity: Puerto Rican college students and their struggle for identity and power. *Journal of Multicultural Counseling & Development,* **23**(2), 103-115.

Herring, R. D. 1995 Developing biracial ethnic identity: A review of the increasing dilemma. *Journal of Multicultural Counseling & Development,* **23**(1), 29-38.

＊Hettlage-Varjas, A., & Kurz, C. 1995 Von der Schwierigkeit, Frau zu werden und Frau zu bleiben. Zur Problematik weiblicher Identitat in den Wechseljahren. *Psyche: Zeitschrift fuer Psychoanalyse und ihre Anwendungen,* **49**(9-10), 903-937.

Heyer, D. L., & Nelson, E. S. 1993 The relationship between parental marital status and the development of identity and emotional autonomy in college students. *Journal of College Students Development,* **34**(6), 432-436.

Hickel, D. B. 1992 The effects of paternal loss on the developing ego identity of the male adolescent. *Dissertation Abstracts International,* **52**(8-B), 4491.

Hiebert, B., Simpson, L., & Uhlemann, M. R. 1992 Professional identity and counsellor education. *Canadian Journal of Counselling,* **26**(3), 201-208.

Hien, D. A. 1993 Impact of separation, gender, and gender identity on needs for self-definition and connection with others. *Dissertation Abstracts International,* **53**(11-B), 5977.

＊Hill, J. 1994 Heimatgefuel und Identitaet. *Analytische Psychologie,* **25**(3), 182-207.

Hinkle, J. E. 1994 Assessing the development of the self-identity in Christian adolescents through participation in a Christian experiential wilderness program. *Dissertation Abstracts International,* **55**(6-A), 1516.

＊Hinshelwood, R. D. 1995 The social relocation of personal identity as shown by psychoanalytic observations of splitting, projection and introjection. *Philoso-*

*phy, Psychiatry, & Psychology,* **2**(3), 185-204.

＊Hinz, M. A. 1995 Correlates of vocational identity in incarcerated males. *Dissertation Abstracts International,* **56**(1-B), 0525.

Hirsch, C. 1996 Understanding the influence of gender role identity on the assumption of family care giving roles by men. *International Journal of Aging& Human Development,* **42**(2), 103-121.

Hirschfeld, L. A. 1995 The inheritability of identity : Children's understanding of the cultural biology of race. *Child Development,* **65**(5), 1418-1437.

Hite, K. J. R. 1996 The formation and transformation of political identity : Leaders of the childean left, 1968-1990. *Dissertation Abstracts International,* **57** (5-A), 2190.

Hittelman, G. J. 1993 Enrichment of identity : The midlife transition in women following a non-traditional developmental path. *Dissertation Abstracts International,* **54**(2-B), 1121-1122.

Ho, D. Y. F. 1995 Selfhood and identity in Confucianism, Taoism, Buddhism, and Hinduism : Contrasts with the West. *Journal for the Theory of Social Behaviour,* **25**(2), 115-134.

＊Ho, P. S.-Y. 1995 Male homosexual identity in Hong Kong : A social construction. *Journal of Homosexuality,* **29**(1), 71-88.

＊Hobbs, D. L., & Coons, P. M. 1994 Educational problems in patients dissociative identity disorder. *Dissociation : Progress in the Dissociative Disorders,* **7**(4), 221 -228.

＊Hoffman, L. E. 1993 Erikson on Hitler : The origins of "Hitler's Imagery and German Youth". *Psychohistory Review,* **22**(1), 69-86.

＊Hoffman, R. E., Oates, E., Hafner, R. J., & Justig, H. H. et al. 1995 "Auditory hallucinations and dissociative identity disorder" : Reply. *American Journal of Psychiatry,* **152**(9), 1404.

Hofstad, M. E. 1992 Inter-cultural friendship and identity development among international and American university students. *Dissertation Abstracts International,* **53**(4-B), 2083.

Hogg, M. A., Terry, D. J., & White, K. M. 1995 A tale of two theories : A critical comparison of identity theory with social identity theory. *Social Psychology Quarterly,* **58**(4), 255-269.

Hogg, M. E. 1996 Identity, cognition and language in intergroup context. *Journal of Language & Social Psychology,* **15**(3), 372-384.

＊Holden, J. M., & Holden, G. S. 1995 The Sexuality Identity Profile : A multidimensional bipolar model. *Individual Psychology : Journal of Adlerian Theory, Research & Practice,* **51**(2), 102-113.

Holland, J. L., Johnston, J. A., & Asama, N. F.1993 The Vocational Identity Scale : A diagnostic and treatment tool. *Journal of Career Assessment,* **1**(1), 1-12.

＊Hollander, J., & Haber, L. 1992 Ecological transition : Using Bronfenbrenner's model to study sexual identity change. *Health Care for Women International,* **13**(2), 121-129.

Holman, W. D. 1996 The power of poetry : Validating ethnic identity through a bibliotherapeutic intervention with a Puerto Rican adolescent. *Child & Adolescent Social Work Journal,* **13**(5), 371-383.

Holmer-Nadesan, M. 1996 Organizational identity and space of action. *Organization Studies,* **17**(1), 49-81.

＊Holmes, R. H. 1993 A proposed stage model of lesbian identity development. *Dissertation Abstracts International,* **53**(12-B), 6554.

Homolka, W. K. 1993 From essence to existence : Leo Baeck and religious identity : Continuity and change in liberal Jewish and Protestant theology. *Dissertation Abstracts International,* **54**(4-A), 1422.

Hoover, R. M. 1992 Relationship of sex-role identity and ethnical orientation of graduate students in two helping professions : Counselors and nurses. *Dissertation Abstracts International,* **52**(10-A), 3530.

＊Hopkins, J. R. 1995 Erik Homburger Erikson (1902-2994) : Obituaries. *American Psychologist,* **50**(9), 796-797.

Horenczyk, G., & Nisan, M. 1996 The acualization balance of ethnic identity. *Journal of Personality & Social Psychology,* **70**(4), 836-843.

＊Horevitz, R. 1996 The treatment of a case of dissociative identity disorder. *Casebook of clinical hypnosis,* 193-222.

Horst, E. A. 1995 Reexamining gender issues in Erikson's stages of identity and intimacy. *Journal of Counseling & Development,* **73**(3), 271-278.

Horton, M. S. 1995 Gender identity in relation to status, self-esteem, and possible selves. *Dissertation Abstracts International,* **56**(4-B), 2384.

＊House, P. A. 1993 The effect of parent Christian life identity on problem behavior in children with learning disorders. *Dissertation Abstracts International,* **53**(9-B), 4975.

Huang, Z., & Wang, Z. 1994 Study of the development of gender identity in Chinese pupils. *Psychological Science (China),* **17**(1), 28-32.

Hubley A. M., & Hultsch, D. F. 1994 The relationship of personality trait variables to subjective age identity in older adults. *Research on Aging,* **16**(4), 415-439.

Hudson, B. A. 1993 Middle and late life transitions in ethnic identity. *Dissertation Abstracts International,* **53**(11-B), 6039.

Hughes, G., & Degher, D.1993 Coping with a deviant identity. *Deviant Behavior,* **14**(4), 297-315.

Hughes, H. M. 1995 The relationship between noncognitive factors and racial identity attitudes in black and white west point cadets. *Dissertation Abstracts International,* **55**(7-A), 1876.

Hunt, S. A., & Benford, R. D. 1994 Identity talk in the peace and justice movement : *Journal of Contemporary Ethnography*, **22**(4), 488-517.

Hunter, J. A., Platow, M. J., Howard, M. L., & Stringer, M.1996 Social identity and intergroup evaluative bias : Realistic categories and domain specific self-esteem in a conflict setting. *European Journal of Social Psychology Dept*, **26**(4), 631-647.

Hunter, J. A., Stringer, M., & Watson, R. P. 1992 Intergroup attribution and social identity. *Journal of Social Psychology*, **132**(6), 795-796.

＊Hunter, J. 1996 Emerging from the shadows : Lesbian, gay, and bisexual adolescents, personal identity achievement, coming out, and sexual risk behaviors. *Dissertation Abstracts International*, **57**(5-B), 3432.

Hursh, P. 1995 Adolescent identity development in a context of post-divorce visitation. *Dissertation Abstracts International*, **55**(8-B), 3609.

Hurtado, A., Gurin, P., & Peng, T. 1994 Social identities : A framework for studying the adaptations of immigrants and ethnics : The adaptations of Mexicans in the United States. *Social Problems*, **41**(1), 129-151.

Huttanus, A. 1992 Beitrag zu der aktuellen Diskussion um die IP-Identitaet im allgemeinen und den Wirkfaktoren in der analytischen Beziehung im besonderen. *Zeitschrift fuer Individualpsychologie*, **17**(3), 209-214.

Huttunen, J. 1992 Father's impact on son's gender role identity. *Scandinavian Journal of Educational Research*, **36**(4), 251-260.

Ichiyama, M. A., McQuarrie, E. F., & Ching, K. L. 1996 Contextual influences on ethnic identity among Hawaiian students in the mainland United Stats. *Journal of Cross-Cultural Psychology*, **27**(4), 458-475.

Iedema J., Meeus, W., & de Goede, M. 1996 The effects of educational and relational mental incongruity on identity formation. *Social Behavior & Personality*, **24**(4), 393-404.

Imbens-Bailey, A. L. 1996 Oral proficiency and literacy in an ancestral language : Implications for ethnic identity. *Dissertation Abstracts International*, **56**(11-A), 4299.

Imbimbo, P. V. 1995 Sex differences in the identity formation of college students from divorced families. *Journal of Youth & Adolescence*, **24**(6), 745-761.

Ingalsbee, T. 1996 Earth First! Activism : Ecological postmodern praxis in radical environmentalist identities. *Sociological Perspectives*, **39**(2), 263-276.

Inouye, F. M. 1994 Acculturation, attitudes toward women, and feminist identity development in Asian American women. *Dissertation Abstracts International*, **54**(9-B), 4966.

Insko, C. A., Schopler, J., Kennedy, J. F., & Dahl, K. R. et al. 1992 Individual-group discontinuity from the differing perspectives of Campbell's Realistic Group ConflictTheory and Tajfel and Thrner's Social Identity Theory. *Social Psychology Quarterly*, **55**(3), 272-291.

\* Isgro, K. G. 1994 The relationship between parental alcoholism and the vocational identity, occupational self-efficacy, and career decision-making status of university Students. *Dissertation Abstracts International*, **54**(9-B), 4923.

\* Ivey, J. B. 1992 Defining characteristics of personal identity disturbance in adolescent females. *Dissertation Abstracts International*, **53**(1-B), 201-202.

Jackman-Wheitner, L. R. 1995 Vocational identity and psychological health. *Dissertation Abstracts International*, **55**(10-A), 3139.

\* Jackson, K. G. 1996 Violence against women : The relationship between victim identity and observer's attitudes. *Dissertation Abstracts International*, **57**(4-B), 2867.

Jackson, L. A., Sullivan, L. A., Harnish, R., & Hodge, C. N. 1996 Achieving positive social identity : social mobility, social creativity, and permeability of group boundaries. *Journal of Personality & Social Psychology*, **70**(2), 241-254.

\* Jacobs, B. A. 1993 Getting narced : Neutralization of undercover identity discreditation. *Deviant Behavior*, **14**(3), 187-208.

\* Jacobs, D. H., Shuren, J., &Heilman, K. M. 1995 Impaired perception of facial identity and facial affect in Huntington's disease. *Neurology*, **45**(6), 1217-1218.

\* Jacobs, M. 1994 Psychodynamic counseling : An identity achieved? *Psychodynamic Counseling*, **1**(1), 79-92.

Jacobsen, B. R. 1995 The effect of 'choices' on the vocational identity and career indecision of low-achieving students. *Dissertation Abstracts International*, **55**(7-A), 1828.

\* Jacobsen, T. 1995 Case study : Is selective mutism a manifestation of dissociative identity disorder? *Journal of the American Academy of Child & Adolescent Psychiatry*, **34**(7), 863-866.

Jaffe, L, J. 1994 The unique predictive ability of sex-role identity in explaining women's response to advertising. *Psychology & Marketing*, **11**(5), 467-482.

James, J. B., Lewkowicz, C., Libhaber, J.,& Lachman, M. 1995 Rethinking the gender identity crossover hypothesis : A test of a new model. *Sex Roles*, **32**(3-4), 185-207.

James, K., Lovato, C., & Khoo, G. 1994 Social identity correlates of minority workers' health. *Academy of Management Journal*, **37**(2), 383-396.

Janz, W. R. 1992 The extension of identity into home fronts : Two Milwaukee, Wisconsin neighborhoods. *Journal of Architectural & Planning Research*, **9**(1), 48-63.

Jarecke, P. M. 1993 Effects of gender role identity on the adjustment of early adolescent females to junior high school transition. *Dissertation Abstracts International*, **54**(3-A), 867-868.

\* Jeltsch-Schudel, B. 1993 Konstituierende Faktoren der Identitaetsentwicklung behinderter Menschen unter Beruecksichtigung von weiblicher Identitaetsentwicklung und Sehbehinderung. Erste Resultate eines qualitativen Forschungsprojektes. *Vierteljahresschrift fuer Heilpaedagogik und ihre Nachbargebiete,* **62**(4), 454-470.

Jenkins, E. A. 1993 Gender, age, sex role identity, and the depressive experience. *Dissertation Abstracts International,* **54**(1-B), 548.

Jennings, S. Y. 1993 The relationship of self-esteem, racial identity, and membership in an Africentric organization to academic achievement among African -Americans. *Dissertation Abstracts International,* **53**(10-A), 3685.

Jensen, L. A. 1992 Identity formation in late adolescence : A study focusing on the role of separation-individuation and defects in self development. *Dissertation Abstracts International,* **53**(6-B), 3155-3156.

Jessum, R. L. 1996 The relationship between white racial identity development and level of conservatism to perceived emotional intensity and cognitive appraisal of a hypothetical interracial conflict encounter. *Dissertation Abstracts International,* **57**(2-B), 1443.

Jetten, J., Spears, R., Manstead, A. S. R. 1996 Intergroup norms and intergroup discrimination : Distinctive self-categorization and social identity effects. *Journal of Personality & Social Psychology,* **71**(6), 1222-1233.

Jimenez, P. 1993 The role of ego identity and communication practices on marital satisfaction. *Dissertation Abstracts International,* **54**(2-B), 1077.

＊Johnson, D. B. 1993 Masks of identity : Performance, persona, poetry therapy, and AIDS. *Dissertation Abstracts International,* **54**(5-A), 1595.

Johnston, R. A. 1992 Accessing information about individual identity. *Dissertation Abstracts International,* **52**(12-B Pt 1), 6689.

Jones, R. M., Akers, J. F., & White, J. M. 1994 Revised classification criteria for the Extended Objective Measure of Ego Identity Status (EOMEIS). *Journal of Adolescence,* **17**(6), 533-549.

＊Jones, S. R. 1996 Voices of identity and difference : A qualitative exploration of the multiple dimensions of identity development in women college students. *Dissertation Abstracts International,* **57**(3-A), 1045.

Jordan, E. A. 1994 Family system, object relations, and identity formation in late adolescent college women. *Dissertation Abstracts International,* **54**(7-B), 3873.

Jowdy, D. P. 1995 The influence of family structure, separation from parents, and ego identity formation, on career identity development and career exploration. *Dissertation Abstracts International,* **55**(10-B), 4606.

＊Juarez-Cullen, M. 1996 Relationship between white counselors' racial identity development and their judgments of the effectiveness of black and white female counselors. *Dissertation Abstracts International,* **57**(4-B), 2868.

＊Juntunen, C. L., Atkinson, D. R., Reyes, C., & Gutierrez, M. 1994 Feminist identity and feminist therapy behaviors of women psychotherapists. *Psychotherapy,* **31**(2), 327-333.

Kamwangamalu, N. M. 1996 Multilingualism and social identity in Singapore. *Journal of Asian Pacific Communication,* **3**(1), 33-47.

Kannerstein, D. 1992 The relationship between sex and job satisfaction, self-esteem, and vocational identity in female-concentrated professions. *Dissertation Abstracts International,* **52**(7-B), 3907.

Kanning, U. P., & Mummendey, A. 1993 Soziale Vergleichsprozesse und die Bewaeltigung negativer sozialer Identitaet-Eine Feldstudie in Ostdeutschland. *Zeitschrift fuer Sozialpsychologie.,* **24**(3), 211-217.

\*Kapac, J. S. 1993 Chinese male homosexuality, Sexual identity formation and gay organizational development in a contemporary Chinese population. *Dissertation Abstracts International,* **53**(12-A), 4380.

\*Kapfhammer, H. P., Neumeier, R., & Scherer, J. 1993 Identitaetsstatus im Uebergang von Jugend und jungem Erwachsenenalter: Eine empirische Vergleichsstudie bei psychiatrischen Patienten und gesunden Kontrollprobanden. *Praxis der Kinderpsychologie und Kinderpsychiatrie,* **42**(3), 68-77.

Karasawa, M. 1995 Group distinctiveness and social identity of a low-status group. *Journal of Social Psychology,* **135**(3), 329-338.

Karklins, R., & Zepa, B. 1996 Religious-centered multiethnic societies: Multiple identities and ethnopolitics in Latvia. *American Behavior Scientist,* **40**(1), 33-45.

Karlis, G. 1994 The relationship between cultural recreation and cultural identity among Greek immigrants of Toronto. *Dissertation Abstracts International,* **54**(10-A), 3874.

\*Karner, T. X. 1995 Masculinity, trauma, and identity: Life narratives of vietnam veterans with post traumatic stress disorder. *Dissertation Abstracts International,* **55**(9-A), 2997.

\*Karp, D. A. 1994 Living with depression: Illness and identity turning points. *Qualitative Health Research,* **4**(1), 6-30.

Karp, G. G., & Williamson, K. 1993 PETE faculty t work : The reciprocal nature of organizational structures and identity. *Journal of Teaching in Physical Education,* **12**(4),413-423, 447-466.

\*Kasee, C. R. 1995 Identity, recovery, and religious imperialism: Native American women and the new age. *Women & Therapy,* **16**(2-3), 83-93.

Kassabian, L. 1993 Like grains of sand swept up in the wind: The relative contribution of displacement status and ethnic identity to psychological well-being. *Dissertation Abstracts International,* **54**(2-B), 739.

Katz, R. S. 1994 The psychodevelopmental achievements of identity and intimacy in males and females: Relationships to marital satisfaction and sexual satisfaction. *Dissertation Abstracts International,* **55**(5-B), 1992.

Kauffman, R. 1992 Parking court: A linguistic analysis of instrumental adaptation to addressee, time, adversary, and identity. *Dissertation Abstracts Interna-*

*tional,* **52**(11-A), 3906.

Kawakami, K., & Dion, K. L. 1993 The impact of salient self-identities on relative deprivation and action intentions. *European Journal of Social Psychology,* **23** (5), 525-540.

Kawakami, K., & Dion, K. L. 1995 Social identity and affect as determinants of collective action: Toward an integration of relative deprivation and social identity theories. *Theory & Psychology,* **5**(4), 551-577.

Keefe, S. E. 1992 Ethnic identity: The domain of perceptions of and attachment to ethnic groups and cultures. *Human Organization,* **51**(1), 35-43.

Keen, P. T. 1994 Some hypotheses about the career development of women: A study of the identity and the career anchor status found in a group of women MBA graduates. *Dissertation Abstracts International,* **54**(12-B), 6499.

＊Kellogg, S. H. 1994 Identity and recovery: Theoretical and empirical explorations. *Dissertation Abstracts International,* **55**(2-B), 595.

＊Kellogg, S. 1993 Identity and recovery. *Psychotherapy,* **30**(2), 235-244.

Kelly, C., & Breinlinger, S. 1995 Identity and injustice: Exploring women's participation in collective action. *Journal of Community & Applied Social Psychology,* **5**(1), 41-57.

Kelly, C., Sachdev, I., Kottsieper, P., & Ingram, M. 1993 The role of social identity in secound-language proficiency and use: Testing the intergroup model. *Journal of Language & Social Psychology,* **12**(4), 288-301.

Kenedy, R. A. 1996 'right around the circle and back to the children: The case study of a fathers for justice collective identity. *Dissertation Abstracts International,* **57**(1-A), 0464.

＊Kennedy, D. 1994 Ego development, gender identity development and eating disorder symptomatology in two matched cohorts: College-aged daughters and their middle-aged mothers. *Dissertation Abstracts International ,***55**(3-A), 740.

Kennington, P. A. D. 1994 Encouraging friendship relationship between women who volunteer and women who live in shelters: An educational action research study focusing on social justice, interpersonal forgiveness, and womanist identity. *Dissertation Abstracts International,* **55**(4-A),868.

Kerpelman, J. L. 1995 Anticipation of future identities: A control theory approach to identity development within the context of serious dating relationships. *Dissertation Abstracts International,* **55**(12-B), 5601.

Kerwin, C. 1992 Racial identity development in biracial children of Black/White racial heritage. *Dissertation Abstracts International,* **52**(7-A), 2469.

Kerwin, C., Ponterotto, J. G., Jackson, B. L., & Harris, A. 1993 Racial identity in biracial children: A qualitative investigation. *Journal of Counseling Psychology,* **40**(2), 221-231.

Khoury, M. C. 1992 Ethnic identity maintenance among Greek-American mothers.

*Dissertation Abstracts International,* **53**(3-A), 742,

Kidwell, J. S., Dunham, R. M., Bacho, R. A., & Pastorino, E. et al. 1995 Adolescent identity exploration : A test of Erikson's theory of transitional crisis. *Adolescence,* **30**(120), 785-793.

Kielgast, K., & Linnemann, G. 1993 Perception af kon og identitet. *Nordisk Psykologi,* **45**(2), 120-138.

＊Kihlgren, M., Hallgren, A., Norberg, A., & Karlsson, I. 1996 Disclosure of basic strengths and basic weaknesses in demented patients during morning care, before and after staff training : Analysis of video-recordings by means of the Erikson theory of "eight stages of man". *International Journal of Aging & Human Development,* **43**(3), 219-233.

Kilgannon, S. M., & Erwin, T. D. 1992 A longitudinal study about the identity and moral development of Greek students. *Journal of College Student Development,* **33**(3), 235-259.

Kim, Jeong-ran 1992 College student's identity development and its relationship to gender, gender role, and family interaction style. *Dissertation Abstracts International,* **52**(8-B), 4492.

Kim, Myoung-hye 1992 Korean-American identity in the postmodern condition : Narrative accounts of the politics of identity. *Dissertation Abstracts International,* **53**(6-A), 1725.

Kim, S. 1994 a Ethnic identity, role integration, quality of life, and mental health in Korean American women. *Dissertation Abstracts International,* **54**(12-B), 6134.

Kim, S. 1994 b Ethnic identity, attribute factors, and self-esteem among Korean American college and high school students. Dissertation Abstracts International, **55**(5-A), 1225.

Kim, S., & Rew, L. 1994 Ethnic identity, role integration, quality of life, and depression in Korean-American women. *Archives of Psychiatric Nursing,* 8 (6), 348-356.

Kimbauer, E. M. 1993 The relationship of ethnic identity and self-esteem to strategies of dealing with prejudice in ethnic minority adolescents. *Dissertation Abstracts International,* **54**(4-B), 2207.

＊Kinney, D. A. 1993 From nerds to normals : The recovery of identity among adolescents from middle school to high school. *Sociology of Education,* **66**(1), 21-40.

Kirkland-Harris, L. I. 1995 A qualitative study of the relationship between double-consciousness and religious identity in nine African American women. *Dissertation Abstracts International,* **56**(5-A), 1823.

Kishton, J. M. 1994 Contemporary Eriksonian theory : A psychobiographical illustration. Gerontology & *Geriatrics Education,* **14**(4), 81-91.

Kistner, M. A. 1995 Adjustment to divorce as related to stability and change in identity in a midlife cohort of women. *Dissertation Abstracts International,* **56** (4-A), 1543.

*Kitzinger, C., & Wilkinson, S. 1995 Transitions from heterosexuality to lesbianism : The discursive production of lesbian identities. *Developmental Psychology,* **31**(1), 95-104.

Kivisto, P., & Nefzger, B. 1993 Symbolic ethnicity and American Jews : The relationship of ethnic identity to behavior and group affiliation. *Social Science Journal,* **30**(1), 1-12.

Klein, W. N. 1993 An examination of the interactive effects of monetary consequences and degree of identity disclosure on socially desirable responding. *Dissertation Abstracts International,* **54**(4-B), 2255.

Kleine, R. E., Kleine, S. S., & Kernan, J. B. 1993 Mundane consumption and the self : A social-identity perspective. *Journal of Consumer Psychology,* **2**(3), 209-235.

Kleinplatz, P., McCarrey, M., & Kateb, C. 1992 The impact of gender-role identity on women's self-esteem, lifestyle satisfaction and conflict. *Canadian Journal of Behavioral Science,* **24**(3), 333-347.

Klimt, A. C. 1993 Temporary and permanent lives : The construction of identity among Portuguese migrants in Germany. *Dissertation Abstracts International,* **53**(7-A), 2433.

*Kline, A. 1996 Pathways into drug user treatment : The influence of gender and racial/ethnic identity. *Substance Use & Misuse,* **31**(3), 323-342.

*Klingenspor, B. 1994 a Geschlecht, soziale Identitaet und bulimisches Esverhalten. *Zeitschrift fuer Sozialpsychologie,* **25**(2), 108-125.

*Klingenspor, B. 1994 b Gender identity and bulimic eating behavior. *Sex Roles,* **31** (7-8), 407-431.

*Kluft, R. P. 1995 Six completed suicides in dissociative identity disorder patients : Clinical observations. *Dissociation : Progress in the Dissociative Disorders,* **8** (2), 104-111.

Kluft, R. P. 1996 a Outpatient Treatment of Dissociative Identity Disorder and Allied Forms of Dissociative Disorder Not Otherwise Specified in Children and Adolescents. *Child & Adolescent Psychiatric Clinics of North America,* **5** (2), 471-494.

*Kluft, R. P. 1996 b Treating the traumatic memories of patients with dissociative identity disorder. *American Journal of Psychiatry,* **153**(Suppl), 103-110.

Knight, G. P., Bernal, M. E., Garza, C. A., & Cota, M. K. 1993 Family socialization and the ethnic identity of Mexican-American children. *Journal of Cross-Cultural Psychology,* **24**(1), 99-114.

Knight, G. P., Cota, M. K., & Bernal, M. E.1993 The socialization of cooperative, competitive, and individualistic preferences among Mexican American children : The mediating role of ethnic identity. *Hispanic Journal of Behavioral*

Sciences, **15**(3), 291-309.
* Knowlton, S. R. 1992 Sexual orientation, sex role identity and men's parental relationships (gay, heterosexual). *Dissertation Abstracts International*, **53**(3-B), 1594.

Kodama, K., & Canetto, S. S. 1995 Reliability and validity of the Suinn-Lew Asian Self-Identity Acculturation Scale with Japanese temporary residents. Psychologia : *An International Journal of Psychology in the Orient*, **38**(1), 17-21.

Kohatsu, E. L. 1993 The effects of racial identity and acculturation on anxiety, assertiveness, and ascribed identity among asian american college students. *Dissertation Abstracts International*, **54**(2-B), 1102.

* Kohte-Meyer, I. 1994 Ich bin fremd, so wie ich bin.Migrationserleben, Ich-Identitaet und Neurose. *Praxis der Kinderpsychologie und Kinderpsychiatrie*, **43**(7), 253-259.

* Kolak, D. 1993 Finding our selves : Identification, identity and multiple personality. *Philosophical Psychology*, **6**(4), 363-386.

Kolligian, J. 1993 Assessing narcissism in adolescence : Relations to basic personality traits, defensiveness, and identity. *Dissertation Abstracts International*, **54**(3-B), 1671-1672.

Kondos, A. 1992 The politics of ethnic identity : "Conspirators" against the state or institutional racism? *Australian & New Zealand Journal of Sociology*, **28**(1), 5-28.

Kools, S. M. 1993 The process of adolescent identity development in the context of foster care. *Dissertation Abstracts International*, **54**(3-B), 1335.

Kopper, B. A. 1993 Role of gender, sex role identity, and Type A behavior in anger expression and mental health functioning. *Journal of Counseling Psychology*, **40**(2), 232-237.

Kopper, B. A. 1996 Gender, gender identity, rape myth acceptance, and time of initial resistance on the perception of acquaintance rape blame and avoidability. *Sex Roles*, **34**(1-2), 81-93.

Kosmitzki, A. C. 1995 Social identity in the context of acculturation : A study of monocultural and bicultural Germans and Americans. *Dissertation Abstracts International*, **55**(8-B), 3625.

Kosmitzki, C. 1996 The reaffirmation of cultural identity in cross-cultural encounters. *Personality & Social Psychology Bulletin*, **22**(3), 238-248.

Koudou, O. 1993 Pratiques educatives parentales et identite negative chez les adolescents inadaptes sociaux en Cote d'Ivoire. *Revue Internationale de Criminologie et de Police Technique*, **46**(3), 345-358.

Kowalski, R. M., & Wolfe, R. 1994 Collective identity orientation, patriotism, and reactions to national outcomes. *Personality & Social Psychology Bulletin*, **20**(5), 533-540.

Kramer, R. M., Pommerenke, P., & Newton, E. 1993 The social context of negotiation: Effects of social identity and interpersonal accountability on negotiator decision making. *Journal of Conflict Resolution*, **37**(4), 633-654.

*Kraus, A. 1995 Psychotherapy based on identity problems of depressives. *American Journal of Psychotherapy*, **49**(2), 197-212.

Krein, L. K. 1993 Multidimensional empathy and gender role identity. *Dissertation Abstracts International*, **53**(7-B), 3778.

Kroger, J. 1993 The role of historical context in the identity formation process of late adolescence. *Youth & Society*, **24**(4), 363-376.

Kroger, J. 1995 The differentiation of firm and developmental foreclosure identity statuses: A longitudinal study. *Journal of Adolescent Research*, **10**(3), 317-337.

Kroger, J. 1996 Identity, regression and development. *Journal of Adolescence*, **19**(3), 203-222.

Kroger, J., & Green, K. E. 1996 Events associated with identity status change. *Journal of Adolescence*, **19**(5), 477-490.

Kroll, K. E. 1992 Body image and sexual identity in self-mutilating female adolescents. *Dissertation Abstracts International*, **53**(3-B), 1611.

Krupnick, R. N. 1993 Commitments to multiple work and nonwork identities: An investigation of interrelationships and effects on work and family performance. Dissertation Abstracts International,, **53**(8-B), 4406-4407.

Kuhlman, T. L. 1995 Identity politics and the Tower of Babel. *American Psychologist*, **50**(1), 48-49.

Kuentzel, W. F. 1995 Leisure identities: Instrumental action or everyday routine? a panel study of sailing commitment. *Dissertation Abstracts International*, **55**(12-A), 3996.

*Kunkel, N. A. 1996 Dissociative identity disorder and borderline personality disorder: Differential diagnosis on the mmpi-2. *Dissertation Abstracts International*, **56**(12-B), 7088.

Kurian, G., & Kukreja, S. 1995 16 PF correlates of masculine gender identity: A preliminary report. *Psychological Studies*, **40**(3), 175-178.

Kurpinsky, M. 1994 The self-identities of single women. *Dissertation Abstracts International*, **55**(2-B), 578.

Kurtzweil, P. L. 1996 The influence of life experience and social desirability on the development and measurement of white racial identity attitudes. *Dissertation Abstracts International*, **56** (10-B), 5836.

*Kushner, H. I. 1993 Taking Erikson's identity seriously: Psychoanalyzing the psychohistorian. *Psychohistory Review*, **22**(1), 7-34.

Kvernmo, S., & Heyerdahl, S. 1996 Ethnic identity in aboriginal Sami adolescents: The impact of the family and the ethnic community context. *Journal of Adolescence*, **19**(5), 453-463.

Kyrouz, E. M. 1995 Affective ties to changing organizations : Valuation of institutional identities as a source of attachments to nested organizational groups. *Dissertation Abstracts International,* **56**(6-A), 2436.

Kwon, H. J., & Yoon, C. H. 1993 Mother adolescent communication patterns and ego-identity developments in adolescents. *Korean Journal of Child Studies,* **14**(1), 167-177.

Lacombe, A. M. C. 1996 Gender differences in adolescent development of identity and intimacy. *Dissertation Abstracts International,* **56**(9-B), 5196.

Lalli, M. 1992 Urban- related identity : Theory, measurement, and empirical findings. *Journal of Environmental Psychology,* **12**(4), 285-303.

Lalonde, R. N., & Silverman, R. A. 1994 Behavioral preferences in response to social injustice : The effects of group permeability and social identity salience. *Journal of Personality & Social Psychology,* **66**(1), 78-85.

Lane, S. D. 1996 Complex stimuli and emergent arbitrary relations : Identity matching to complex samples. *Dissertation Abstracts International,* **56**(12-B), 7036.

Lanehart, S. L. 1996 Language, literacy, and uses of identity. *Dissertation Abstracts International,* **56**(12-A), 4743.

\*Lang, D. G. 1995 The relationship between preference for counselor race and racial identity among three African American religious groups. *Dissertation Abstracts International,* **56**(1-A), 0144.

\*Lang, R. 1995 Innerspace : A spectacular voyage to the heart of identity. *American Imago,* **52**(2), 205-235.

\*Lang, S., 1995 Two-Spirit People. Geschlechterkonstruktionen und homosexuelle Identitaeten in indigenen Kulturen Nordamerikas. *Zeitschrift fuer Sexualforschung,* **8**(4), 295-328.

Langford, N. L. 1995 First generation and lasting impressions : The gendered identities of prairie homestead women. *Dissertation Abstracts International,* **56**(4-A), 1544.

Langley, M. R. 1993 Effects of cultural/racial identity, cultural commitment and counseling approach on African-American males' perceptions of therapist credibility and utility. *Dissertation Abstracts International,* **53**(12-B), 6560.

Langley, T. P. 1995 Racial identity development in African-American children. *Dissertation Abstracts International,* **56**(4-B), 2353.

\*Langs, R., Rapp, P. E., Pinto, A., & Cramer, G. et al. 1992 Three quantitative studies of gender and identity in psychotherapy consultations. *American Journal of Psychology,* **46**(2), 183-206.

Lansing, S. W. 1994 A longitudinal comparison of conception of self and identity status in first- and second-year female college students : A group X cohort repeated measures design. *Dissertation Abstracts International,* **55**(2-B), 612.

\*Lanza, A. F. A. 1995 Social role identity, social support, competence and psychological well-being among hispanic women with arthritis. *Dissertation Abstracts International,* **55**(11-B), 5125.

Larkey, L. K., & Hecht, M. L. 1995 A comparative study of African American and European American ethnic identity. *International Journal of Intercultural Relations,* **19**(4), 483-504.

Larkey, L. K., Hecht, M. L., Martin, J. 1993 What's in a name? African American ethnic identity terms and self-determination. *Journal of Language & Social Psychology.* **12**(4), 302-317.

Larocque, M. A. 1994 Reductionism, non-reductionism and personal identity. *Dissertation Abstracts International,* **54**(9-A), 3468.

Larsen, K. S., Killifer, C., Csepeli, G., & Krumov, K. et al. 1992 National identity : A new look at an old issue. *Journal of Social Behavior & Personality,* **7**(2), 309-322.

Larson, L. A. 1995 Black-white biracial adolescents : Ethnic identity, self-label, and adaptive functioning. *Dissertation Abstracts International,* **56**(6-B), 3477.

Lash, S. C. 1992 The effects of racial identity and cultural communication style on the evaluation pf client involvement in psychotherapy by Black students. *Dissertation Abstracts International,* **53**(4-B), 2066.

Lassegard, M. A. 1992 Erikson's theory of Psychosocial development applied to predict adolescents' safer-sex attitudes and behavior. *Dissertation Abstracts International,* **52**(12-B, Pt 1), 6678.

\* Laszlo, C. 1995 Is there a hard-of-hearing identity? *Journal of Speech-Language Pathology & Audiology,* **18**(4), 248-252.

Latendresse, D., Smith M., & Rettig, S. 1996 Black identity : The O. J. Simpson case. *Journal of Social Distress & the Homeless,* **5**(3), 273-303.

Latkovski, S. M. 1992 An ethnography of language identity : Latvians in America. *Dissertation Abstracts International,* **53**(6-A), 1891.

\* Lauerma, H. 1996 Distortion of racial identity in schizophrenia. *Nordic Journal of Psychiatry,* **50**(1), 71-72.

\* Laval-Hygonenq, M. F. 1996 Fonction synthetique du moi et ebranlement identitaire. *Revue Francaise de Pyschanalyse,* **60**(Spec Issue), 1629-1641.

Laverie, D. A. 1995 The influences of identity related consumption, appraisals, and emotions on identity salience : A multi-method approach. *Dissertation Abstracts International,* **56**(5-A), 1887.

Lavoie, G. 1995 L'identite psychoeducative comme point de reference de la formation pratique a l'Universite du Quebec en Abitibi-Temiscamingue. *Revue Canadienne de Psycho-Education,* **24**(2), 121-139.

Lavoie, J. C. 1994 Identity in adolescence : Issues of theory, structure and transition. *Journal of Adolescence,* **17**(1), 17-28.

Lawrence, D. 1992 Under pressure to change : The professional identity of careers officers. *British Journal of Guidance & Counseling,* **20**(3), 257-273.

Laws, G. 1995 Embodiment and emplacement : Identities, representation and landscape in Sun City retirement communities. *International Journal of Aging & Human Development,* **40**(4), 253-280.

＊Layton, L. 1995 Trauma, gender identity and sexuality : Discourses of fragmentation. *American Imago,* **52**(1), 107-125.

Lazar, K. E. 1996 Feminist psychological identity development : A descriptive study of women in the widener university psy. d. program. *Dissertation Abstracts International,* **57**(4-B), 2908.

＊Lazrove, S., & Fine, C. G. 1996 The use of EMDR in patients with dissociative identity disorder. *Dissociation : Progress in the Dissociative Disorders,* **9**(4), 289-299.

Leamon, A. C. 1994 Shades of sexuality : Colors and sexual identity in the novels of Blaise Cendrars. *Dissertation Abstracts International,* **54**(12-A), 4459.

Lebedeva, N. M. 1996 Russian diaspora : Dialogue of civilizations and the crisis of social identity. *Psikhologicheskiy Zhurnal,* **17**(4), 32-42.

Lecacheur, M., & Massonnat, J. 1993 Analyse retrospective de l'impact d'evenements de la vie scolaire sur la construction de l'identite. *Canadian Journal of Counselling,* **27**(4), 236-248.

Leck, G. M. 1993 Politics of adolescent sexual identity and queer responses. *High School Journal,* **77**(1-2), 186-192.

Lee, Fu-lin Y. 1992 The relationship of ethnic identity to social support, self-esteem Psychological distress, and help-seeking behavior among Asian-American college students. *Dissertation Abstracts International,* **52**(7-A), 2470.

Le Guen, A. 1994 Filiation feminine et identite sexuelle. *Revue Francaise de Psychanalyse,* **58**(1), 195-203.

Leidy, N. K., & Darling-Fisher, C. S. 1995 Reliability and validity of the Modified Erikson Psychosocial Stage Inventory in diverse samples. *Western Journal of Nursing Research,* **17**(2), 168-187.

Leili, F. 1993 Mothers and their adult daughters : A study of Eriksonian developmental stages and mutuality. *Dissertation Abstracts International,* **54**(5-B), 2784.

＊Leinen, S. H. 1993 Gays in law enforcement : A study of status conflict and identity management. *Dissertation Abstracts International,* **53**(11-A), 4089.

Leitman, E. M. 1994 Ethiopian immigrant women : Transition to a new israeli identity? I & II. *Dissertation Abstracts International,* **54**(8-A), 3088.

Lemon, R. L., & Waehler, C. A. 1996 A test of stability and construct validity of the Black Racial Identity Scale, Form B (RIAS-B) and the White Racial Identity attitude Scale (WRIAS). *Measurement & Evaluation in Counseling & Development,* **29**(2), 77-85.

Leong, F. T. L., & Chou, E. L. 1994 The role of ethnic identity and acculturation in the vocational behavior of Asian Americans : An integrative review.

*Journal of Vocational Behavior,* **44**(2), 155-172.
* le Rider, J. 1992 Viennese modernity and crises of identity. *Psychohistory Review,* **21**(1), 73-106.
  Lester, D., Martin, R., Serrecchia, T., & Sgro, J. 1992 The desire to lose one's identity. *Personality & Individual Differences,* **13**(12), 1351-1352.
* Lester, R. J. 1995 Embodied voices : Women's food asceticism and the negotiation of identity. Ethos, **23**(2), 187-222.
* Leung, C. M., Lai, K., Shum, K., & Lee, G. 1995 Pseudologia fantastica and gender identity disturbance in a Chinese male. *Australian & New Zealand Journal of Psychiatry,* **29**(2), 321-323.
  Leung, S. A., Conoley, C. W., Scheel, M. J., & Sonnenberg, R. T. 1992 An examination of the relation between vocational identity, consistency, and differentiation. *Journal of Vocational Behavior,* **40**(1), 95-107.
  Leuthold, S. M. 1993 Telling our own story : The aesthetic expression of collective identity in Native American documentary. *Dissertation Abstracts International,* **53**(7-A), 2146.
* Lever, J., Kanouse, D. E., Rogers, W. H.,& Carson, S. et al. 1992 Behavior patterns and sexual identity of bisexual males. *Journal of Sex Research,* **29**(2), 141-167.
* Levick, M. F. 1995 The identity of the creative arts therapist : Guided by ethics. *Arts in Psychotherapy,* **22**(4), 283-295.
  Levine, H. B. 1994 An exploration of a model of women's sexual identity development. *Dissertation Abstracts International,* **55**(4-A), 869.
  Levine, P. G. 1994 The influences of identity, marital intimacy, and age on paternal satisfaction in first-time fathers. *Dissertation Abstracts International,* **55**(1-B), 6724.
  Levitt, L. S. 1994 Reconfiguring home : Jewish feminist identity/ies. *Dissertation Abstracts International,* **54**(12-A), 4609.
  Levitt, M. J. 1996 Intersections/missed connections : Racial and womanist identity development in a group of black and white women. *Dissertation Abstracts International,* **56**(9-A), 3753.
  Levitt, M. 1995 Sexual identity and religious socialization. *British Journal of Sociology,* **46**(3), 529-536.
* Levy, A. S., Joes, R. M., & Olin, C. H. 1992 Distortion of racial identity and psychosis. *American Journal of Psychiatry,* **149**(6), 845.
* Levy, Z. 1993 Negotiating positive identity in a group care community : Reclaiming uprooted youth. *Child & Youth Services,* **16**(2), 123.
* Lewis, B. 1995 Commentary on The social relocation of personal identity. *Philosophy, Psychiatry, & Psychology,* **2**(3), 215-218.
  Lewis, D. O. 1996 Diagnostic Evaluation of the Child With Dissociative Identity Disorder/Multiple Personality Disorder. *Child & Adolescent Psychiatric Clinics of North America,* **5**(2), 303-331.

Lewis, M. P. 1995 Social change, identity shift and language shift in k'iche' of guatemala. *Dissertation Abstracts International,* **55**(8-A), 2367.

Li, Mei-chih 1992 The effect of group identity on reaction to injustice as a function of individualism and collectivism. *Dissertation Abstracts International,* **53**(5-B), 2585.

＊Lifton, R. J. 1996 Entering history : Erik Erikson's new psychological landscape. *Psychoanalysis & Contemporary Thought,* **19**(2), 259-275.

Liittschwager, J. C. 1995 Children's reasoning about identity across transformations. *Dissertation Abstracts International,* **55**(10-B), 4623.

＊Lindeman, R. F. 1993 Sex-role identity and alcohol abuse in women. *Dissertation Abstracts International,* **53**(7-A), 2573.

Lindsay, M. M. 1995 Self-in-relation theory : Relational identity, accurate empathy, and self-esteem in adolescent females. *Dissertation Abstracts International,* **56**(6-B), 3477.

Lindt, M. 1992 Effects of practice, noise validity and noise identity on the development of interference and facilitation in the compatibility paradigm. *Dissertation Abstracts International,* **53**(2-B), 1089.

Litt, J. 1996 Mothering, medicalization, and Jewish identity, 1928-1940. *Gender & Society,* **10**(2), 185-198.

Lobar, S. L. 1994 Fulfilling parental identity thorough private adoption. *Dissertation Abstracts International,* **54**(11-B).

Lobel, S. A., & St. Clair, L. 1992 Effects of family responsibilities, gender, and career identity salience on performance outcomes. *Academy of Management Journal,* **35**(5), 1057-1069.

Lobiondo, D. L. 1993 Mental representations of God, paternal internalizations, and ethnic identities of Italian American women. *Dissertation Abstracts International,* **54**(3-B), 1674.

Lock, H. M. 1993 A case of mis-taken identity : Detective undercurrents in recent African-American fiction. *Dissertation Abstracts International,* **53**(9-A), 3213.

Logan, J. R., Ward, R., & Spitze, G. 1992 As old as you feel : Age identity in middle and later life. *Social Forces,* **71**(2), 451-467.

Longmire, B. J. 1996 Communicating social identity in a job interview in a Cambodian-American community. *Journal of Asian Pacific Communication,* **3**(1), 49-58.

Lopez, F. G., Watkins, C. E., Manus, M., & Hunton-Shoup, J. 1992 Conflictual independence, mood regulation, and generalized self-efficacy : Test of a model of late-adolescent identity. *Journal of Counseling Psychology,* **39**(3), 375-381.

Lopez Saez, M. 1993 Tipicidad de identidad de genero y comparacion intergrupal. *Revista de Psicologia Social.* 8(2), 189-200.

Lortie-Lussier, M. 1992 L'identite minoritaire emergente et ses representations

per la minorite et la majorite. *Cahiers Internationaux de Psychologie Sociale,* **14**,19-34.
* Low, J. 1996 Negotiating identities, negotiating environments : An interpretation of the experiences of students with disabilities. *Disability & Society,* **11**(2), 235-248.

Lowenberg, P. H. 1996 Language policy and language identity in Indonesia. *Journal of Asian Pacific Communication,* **3**(1), 69-77.

Lucente, R. L. 1996 Sexual identity : Conflict and confusion in a male adolescent. *Child & Adolescent Social Work Journal,* **13**(2), 97-114.

Ludlam, D. E.1992 A sociolinguistic investigation of talk and the construction of social identities in peer instructional writing groups. *Dissertation Abstracts International,* **53**(6-A), 1780.

* Luey, H. S., Glass, L., & Elliot, H. 1995 Hard-of- hearing or deaf : Issues of ears, language, culture, and identity. *Social Work,* **40**(2), 177-182.

Luhtanen, R. K. 1996 Identity, stigma management and psychological well-being in lesbians and gay men. *Dissertation Abstracts International,* **56**(10-B), 5773.

Luhtanen, R., & Crocker, J. 1992 A collective self-esteem scale : Self-evaluation of one's social identity. *Personality & Social Psychology Bulletin,* **18**(3), 302-318,

* Luk, S.-L. 1993 Adolescent identity disorder : A case presenting with cultural identification problem. *Australian & New Zealand Journal of Psychiatry,* **27** (1), 108-114.

Luo, D. 1996 Group identity, crosscultural contact, intergroup attitude and adjustment of chinese sojourners in the united states. *Dissertation Abstracts International,* **56**(4-A), 2565.

* Lyons, C. C. 1994 Internalized homophobia reconsidered : Self-discrepancy theory as a tool for understanding lesbian identity and experience. *Dissertation Abstracts International,* **55**(6-B), 2405.

* Mabilde, L. C. 1995 O Psicanalista : Um Artifice e os Limites de sua Identidade. *Revista Brasileira de Psicanalise,* **29**(3), 509-515.

* Macdonald, I. 1992 Identity development of people with learning difficulties through the recognition of work. *Dissertation Abstracts International,* **52**(12-B, Pt 1), 6690.

* Machado, L. M. K. 1995 O Psicanalista : Um Artifice e os Limites de sua Identidade. *Revista Brasilieira de Psicanalise,* 2 **29**(3), 489-499.

Mackinnon, J. L. 1996 Patterns in women's development : Interrelationships among attachment, identity and cognitive sophistication. *Dissertation Abstracts International,* **56**(11-B), 6419.

* MacMahon, B. 1995 The Freudian slip revisited : A case of mistaken identity in Finnigans Wake. *Language & Communication,* **15**(4), 289-328.

* Madigan, S. 1996 The politics of identity : Considering community discourse in the

externalizing of internalized problem conversations. *Journal of Systemic Therapies*, **15**(1), 47-61.

Madiot, B. 1996 Identite sociale et positionnement dans le champ professionne : Le cas des musiciens de jazz. Cahiers *Internationaux de Psychologie Sociale*, No, 33-53.

＊Magee, M. 1994 A response to Weille's Reworking developmental theory : A case of lesbian identity. *Clinical Social Work Journal*, **22**(1), 113-117.

Maier, R. 1996 Forms of identity and argumentation. *Journal for the Theory of Social Behaviour*, **26**(1), 35-50.

Makkar, J. K., & Strube, M. J. 1995 Black women's self-perceptions of attractiveness following exposure to White versus Black beauty standards: The moderating role of racial identity and self-esteem. *Journal of Applied Social Psychology*, **25**(17), 1547-1566.

Malley, G. B., & Strayer, D. L. 1995 Effect of stimulus repetition on positive and negative identity priming. *Perception & Psychophysics*, **57**(5), 657-667.

Malvin, R. L. 1996 An examination of the relationship between skin color and racial identity among afrian-american adults. *Dissertation Abstracts International*, **56**(12-B), 7079.

Mamontoff, A. -M. 1996 Transformation de la representation sociale de l'identite et schemes estranges : le cas des gitans. *Cahiers Internationaux de Psychologie Sociale*, **29**, 64-77.

＊Manalansan, M. F. 1993 (Re) locating the gay Filipino : Resistance, postcolonialism, and identity. *Journal of Homosexuality*, **26**(2-3), 53-72.

Mandelker, S. R. 1993 Form elsewhere : An examination of extraterrestrial identity. *Dissertation Abstracts International*, **54**(1-A), 227.

Mann, T. D. 1992 The influence of gender identity on separation related depressive phenomena in college men and women. *Journal of College Student Psychotherapy*, **6**(3-4), 215-231.

Mao, L. 1998 Invitational discourse and Chinese identity. *Journal of Asian Pacific Communication*, **3**(1), 79-96.

＊Marcus, B. F. 1993 Vicissitudes of gender identity in the female therapist/male patient dyad. *Psychoanalytic Inquiry*, **13**(2), 258-269.

＊Marcuse, H. D. 1993 Nazi crimes and identity in West Germany : Collective memories of the Dachau concentration camp, 1945-2990. *Dissertation Abstracts International*, **53**(11-A), 4051.

Markland, S. R., & Nelson, E. S. 1993 The relationship between familial conflict and the identity of young adults. *Journal of Divorce & Remarriage*, **20**(3-4), 193-209.

Markstrom-Adams, C., Ascione, F. R., Braegger, D., & Adams, G. R. 1993 Promotion of ego-identity development : Can short-term intervention facilitate growth? *Journal of Adolescence*, **16**(2), 217-224.

Markstrom-Adams, C., Hofstra, G.& Doughter, K. 1994 The ego-virtue of fidelity: A case for the study of religion and identity formation in adolescence. *Journal of Youth & Adolescence,* **23**(4), 453-469.

Markstrom-Adams, C., & Smith, M. 1996 Identity formation and religious orientation among high school students from the United States and Canada. *Journal of Adolescence,* **19**(3), 247-261.

Marshall, J. L. 1994 Toward the development of a pastoral soul: Reflections on identity and theological education. *Pastoral Psychology,* **43**(1), 11-28.

Marshall, S. 1994 The relationship of ethnic-related socialization and ethnic identity to the academic achievement of young African American children attending predominantly White schools. *Dissertation Abstracts International,* **55**(6-B), 2147.

Marshall, S. 1995 Ethnic socialization of African American children: Implications for parenting, Identity development, and academic achievememt. *Journal of Youth & Adolescence,* **24**(4), 377-396.

Marsiglia, F. F. 1992 The ethnic warriors: Ethnic identity and school achievement as perceived by a group of selected mainland Puerto Rican. *Dissertation Abstracts International,* **52**(7-A), 2441.

Marsiglio, W. 1993 Contemporary scholarship on fatherhood: Culture, identity and conduct. *Journal of Family Issues.* **14**(4), 484-509.

Marterer, P. J. 1992 Narrative expressions of identity and intimacy concerns in college students. *Dissertation Abstracts International,* **52**(12-B, Pt 1), 6665-6666.

\*Martin, J. J., Adams-Mushett, C., & Smith, K. L. 1995 Athletic identity and sport orientation of adolescent swimmers with disabilities. *Adapted Physical Activity Quarterly,* **12**(2), 113-123.

Massey, D. S., & Denton, N. A. 1992 Racial identity and the spatial assimilation of Mexicans in the United States. *Social Science Research,* **21**(3), 235-260.

\*Massey, S. G., &Ouellette, S. C. 1996 Heterosexual bias in the identity self-portraits of gay men, lesbians, and bisexuals. *Journal of Homosexuality,* **32**(1), 57-76.

Masson, C. N., & Verkuyten, M. 1993 Prejudice, ethnic identity, contact and ethnic group preferences among Dutch young adolescents. *Journal of Applied Social Psychology,* **23**(2), 156-168.

Massucci, J. D. 1994 The unique identity of Catholic high schools: A comparison of the church's expectations and a school community's experiences and beliefs. *Dissertation Abstracts International,* **54**(11-A), 4051.

Masuda, W. T. 1996 A participatory study of the self-identity of kibei nisei men: A subgroup of second generation japanese-american men. *Dissertation Abstracts International,* **57**(3-B), 2178.

\*Mathieson, C. M. 1993 Renegotiating identity: Cancer narratives. *Dissertation*

Abstracts International, **54**(2-B), 1139-1140.

Matula, K. E., Huston, T. L., Grotevant, H. D., & Zamutt, A. 1992 Identity and dating commitment among women and men in college. *Journal of Youth & Adolescence,* **21**(3), 339-356.

Maxey, J. D. 1992 Kooris adapting: An anthropological case study of the maintenance and reconstruction of the cultural identity of Aboriginal Australians in New South Wales, Australia. *Dissertation Abstracts International,* **52**(11-A), 3983-3984.

*Mayer, E. L. 1995 The phallic castration complex and primary femininity: Paired developmental lines toward female gender identity. *Journal of the American Psychoanalytic Association,* **43**(1), 17-38.

*Mayer, E. L. 1996 Erik H. Erikson on bodies, gender, and development. *Psychoanalysis & Contemporary Thought,* **19**(2), 237-257.

*Mayer-Bahlburg, H. F. L. 1994 Intersexuality and the diagnosis of gender identity disorder. *Archives of Sexual Behavior,* **23**(1), 21-40.

Mayerson, S. E. 1992 Social identity theory and the use of social creativity strategies in the minimal group, *Dissertation Abstracts International,* **52**(9-B), 5019.

Mayes, C. A. 1993 Religious problem-solving styles and locus-of-control, and career indecision and vocational identity of college students enrolled at a private Christian College. *Dissertation Abstracts International,* **54**(1-A), 92.

*Mayhall, C. A. 1992 Adult children of alcoholics: Intimacy and identity. *Dissertation Abstracts International,* **53**(6-B), 3181.

*Mcadam, R. I. 1993 The irony of identity: Self and imagination in the drama of Christopher Marlowe. *Dissertation Abstracts International,* **53**(12-A), 4334-4335.

Mcadams, J. 1993 Adolescent depressive versus aggressive symptomatology and eriksonian psychosocial stage resolution. *Dissertation Abstracts International,* **53**(10-B), 5436-5437.

Mcaferty, M. L. 1993 The relationship between gender, ego identity status, psychological separation, and anxiety in late adolescent college students. *Dissertation Abstracts International,* **54**(6-A), 2098.

*McCarn, S. R., & Fassinger, R. E. 1996 Revisioning sexual minority identity formation: A new model of lesbian identity and its implications. *Counseling Psychologist,* **24**(3), 508-534.

Mccarthy, T. J. 1993 Reading sympathy: Identity and relationship in English Romanticism. *Dissertation Abstracts International,* **53**(11-A), 3922.

*McChrystal, J. 1994 Sex-role identity and "being-in-relation": The implications for women counsellors. *Counselling Psychology Quarterly,* **7**(2), 181-198.

*McChrystal, J., & Dolan, B. 1994 Sex-role identity and separation-individuation pathology. *Counselling Psychology Quarterly,* **7**(1), 25-34.

McConaghy, N., & Zamir, R. 1995 Sissiness, tomboyism, sex-role, sex identity and orientation. *Australian & New Zealand Journal of Psychiatry,* **29**(2), 278-283.

Mccowan, C. J. 1995 The interplay between racial identity, african self-consciousness, and career decidedness for female african american students in university environments. *Dissertation Abstracts International,* **55**(11-A), 3455.

＊McCreery, M. F. 1995 The repudiation of femaleness : Understanding one patient's identity conflict. *Psychotherapy,* **32**(3), 430-436.

＊McDevitt, J. B. 1996 A childhood gender identity disorder : Analysis, preoedipal determinants, and therapy in adolescence. *Psychoanalytic Study of the Child,* **50**, 79-105.

Mcdonald, D. M. 1995 Cooperation failure in small problem-solving groups : A test of an attribution and social identity model. *Dissertation Abstracts International,* **56**(2-A), 0719.

＊McDougall, J. 1993 Sexual identity, trauma and creativity. *International Forum of Psychoanalysis,* **2**(2), 69-79.

McFadyen, R. G. 1995 Coping with threatened identities : Unemployed people's self-categorizations. *Current Psychology : Developmental, Learning, Personality, Social,* **14**(3), 233-256.

McGowen, K. R., & Hart, L. E. 1992 Exploring the contribution of gender identity to differences in career experiences. *Psychological Reports,* **70**(3, Pt 1), 723-737.

McKay, S. L., & Wong, S. C. 1996 Multiple discourses, multiple identities : Investment and agency in second-language learning among Chinese adolescent immigrant students. *Harvard Educational Review,* **66**(3), 577-608.

McKillop, K. J., Berzonsky, M. D., & Schlenker, B. R. 1992 The impact of self-presentations on self-beliefs: Effects of social identity and self-presentational context. *Journal of Personality,* **60**(4), 789-808.

Mckinley, E. G. 1996 Swimming with the tide Discursive identity construction as girls and young women talk about beverly hills, 90210. *Dissertation Abstracts International,* **57**(2-A), 0498.

＊McLaren, P. 1993 Moral panic, schooling, and gay identity : Critical pedagogy and the politics of resistance. *High School Journal,* **77**(1-2), 157-168.

McLean, C. R. 1994 Differences in self-disclosure intimacy and flexibility as a function of self-esteem, gender, age, identity, and learning style. *Dissertation Abstracts International,* **54**(12-A), 4394.

McMahon, M. 1993 Motherhood : Gender identities and gendered selves. *Dissertation Abstracts International,* **54**(2-A), 696.

＊McMinn, M. R., & Wade, N. G. 1995 Beliefs about the prevalence of dissociative identity disorder, sexual abuse, and ritual abuse among religious and nonreligious therapists. *Professional Psychology : Research & Practice,* **26**(3), 257-261.

＊McNally, E. B., & Finnegan, D. G. 1992 Lesbian recovering alcoholics : A qualitative study of identity transformation : A report on research and applications to treatment. *Journal of Chemical Dependency Treatment,* **5**(1), 93-103.

McNulty, S. E., & Swann, W. B. 1994 Identity negotiation in roommate relationships : The self as architect and consequence of social reality. *Journal of Personality & Social Psychology,* **67**(6), 1012-1023.

Medina, L. K. 1993 Power and development : The political-economy of identities in Belize. *Dissertation Abstracts International,* **53**(8-A), 2869.

Medlin, N. M. 1992 Adolescent psychological separation-individuation and the identity formation process. *Dissertation Abstracts International,* **52**(9-A), 3226.

Medoff, L. A. 1993 The relationship between the ability to explore personal identity in adolescence and the enactment of runaway behavior. *Dissertation Abstracts International,* **54**(5-B), 2761.

Meers, D. R. 1992 Sexual identity in the ghetto. *Child & Adolescent Social Work Journal,* **9**(2), 99-116.

Meeus, W. 1993 Occupational identity development, school performance, and social support in adolescence : Findings of a Dutch study. *Adolescence,* **28**(112), 809-818.

Meeus, W. 1996 Studies on identity development in adolescence : An overview of research and some new date. *Journal of Youth & Adolescence,* **25**(5), 569-598.

Meeus, W., & Dekovic, M. 1995 Identity development, parental and peer support in adolescence : Results of a national Dutch survey. *Adolescence,* **30**(120), 931-944.

Mehan, H., Hubbard, L., & Villanueva, I. 1994 Forming academic identities : Accommodation without assimilation among involuntary minorities. *Anthropology & Education Quarterly,* **25**(2), 91-117.

Mehler, K. A. 1994 Ego identity, individuation in relation to parents, and self esteem in young adult women. *Dissertation Abstracts International,* **54**(7-B), 3859.

Meijer, C. E. 1994 White racial identity development and responses to diversity in an introduction to psychology course and curriculum. *Dissertation Abstracts International,* **55**(6-B), 2407.

＊Melanson, L. S. 1995 The hero's quest for identity in fantasy literature : A jungian analysis. *Dissertation Abstracts International,* **55**(8-A), 2407.

＊Mello, J. B. de S. 1995 O Psicanalista como Artifice e os Limites de sua Identidade. *Revista Brasileira de Psicanalise,* **29**(3), 465-480.

Melnic, B. A. 1992 Every body requiring they had not : Fantasies of sexual identity and the meaning of Jane Austen's novels. *Dissertation Abstracts International,* **53**(3-A), 820.

Merchant, N. M. 1992 Racial identity development : Process and outcome of a university racial awareness program. *Dissertation Abstracts International,* **52**

(7-A), 2414.

Metzler, A. E. 1992 Identity structure and autobiographical memory: A constructivist perspective. *Dissertation Abstracts International,* **53**(2-B), 1069.

*Meyer-Bahlburg, H. F. L. 1994 Intersexuality and the diagnosis of gender identity disorder. *Archives of Sexual Behavior,* **23**(1), 21-40.

Meyer, C. M. 1996 There's no place like…home? A communication of identity among former military dependents. *Dissertation Abstracts International,* **56**(12-A), 4609.

*Michel, L. 1995 "Clues to identity" in trans- and intercultural group analysis. *Group Analysis,* **28**(3), 275-279.

*Mignet, M. 1994 Possession et metamorphose de l' identite, "le crapaud et l'Enfant Jesus. *Cahiers Jungiens de Psychanalyse,* **81**, 81-92.

Millar, S. 1994 Group identity, group strategies, and language in Northern Ireland. *Journal of Language & Social Psychology,* **13**(3), 299-314.

Miller, A. B. 1995 Becoming good: Psychosocial process or submission to the good? a critical conversation with erik h. erikson and stanley hauerwas. *Dissertation Abstracts International,* **55**(12-A), 3876.

Miller, F. E. W. 1994 Ego identity status and attrition among first-semester students in a college of applied art and technology. *Dissertation Abstracts International,* **54**(9-A), 3303.

Miller, J. L. 1996 Organizational commitment of temporary workers: A combined identity theory and psychological contract perspective. *Dissertation Abstracts International,* **57**(2-A), 0763.

Milligan, C. 1995 Sons' perceptions of their fathers as related to sons' self-esteem and individual identity development. *Dissertation Abstracts International,* **55**(8-A), 2327.

Millward, L. J. 1995 Contextualizing social identity in considerations of what it means to be a nurse. *European Journal of Social Psychology,* **25**(3), 303-324.

*Milmaniene, J. E.1993 La repeticion: identidad y diferencia. *Revista de Psicoanalisis, Spec Issue,* **2**, 111-117.

Miluska, J. 1992 Tozsamosc plciowa czlowieka w cyklu zycia. *Przeglad Psychologiczny,* **35**(3), 365-378.

Minton, C., & Pasley, K. 1996 Fathers' parenting role identity and father involvement: A comparison of nondivorced and divorced, nonresident fathers. *Journal of Family Issues,* **17**(1), 26-45.

Mintz, N. L. 1996 On Erik Erikson's Berkeley resignation. *American Psychologist,* **51**(3), 266.

Mitchell, D. D. 1993 Gendered constructions in twenty-five recent young adult novels: A content analysis of the cultural codes of identity and position. *Dissertation Abstracts International,* **53**(7-A), 2355.

*Mitchell, J. N. 1993 Maternal influences on gender identity disorder in boys:

Searching for specificity. *Dissertation Abstracts International,* **53**(12-B), 6584.

Mitchell, S. L., & Dell, D. M. 1992 The relationship between Black students' racial identity attitude and participation in campus organizations. *Journal of College Student Development,* **33**(1), 39-43.

＊Mitzman, A. 1992 Historische Identitaet und die Identitaet des Historikers. *Psyche : Zeitschrift fuer Psychoanalyse und ihre Anwendungen,* **46**(9), 847-873.

Mody, N. 1995 The development of ego identity and ethnic identity in asian indian adolescents living in america. *Dissertation Abstracts International,* **55**(10-B), 4609.

Molin, R. 1994 Foster families and larger systems : Image and identity. *Community Alternatives : International Journal of Family Care,* **6**(1), 19-31.

＊Money, J. 1994 The concept of gender identity disorder in childhood and adolescence after 39 years. *Journal of Sex & Marital Therapy,* **20**(3), 163-177.

＊Money, J.1996 Body-image disorder and gender identity. *Sexuality & Disability,* **14**(2), 81-91.

Monkiewicz, J. 1995 The relationship between cultural identification, personal identity and acculturation. *Dissertation Abstracts International,* **56**(6-B), 3506.

Monroe, K. R., & Epperson, C. 1994 "But what else could I do?" Choice, identity and a cognitive-perceptual theory of ethical political behavior. *Political Psychology,* **15**(2), 201-226.

＊Monsalvo, E. 1996 Adquisicion de la identidad sexual y el rol de genero en los deficientes visuals. *Infancia y Aprendizaje,* **73**, 35-47.

Montero, M. 1992 Atraccion y repulsion : Identidad nacional en hijos de immigrantes. *Boletin de Psicologia (Spain),* **37**, 21-42.

Montero, M. 1996 Identidad social negative y crisis socioeconomica : Un estudio psicosocial. *Revista Interamericana de Psicologia,* **30**(1), 43-58.

＊Montevechio, B. R. 1993 Identidad latinoamericana : Vicisitudes en la constitucion de los ideales. *Revista de Psicoanalisis,* **50**(4-5), 969-990.

Montgomery, L. M. 1993 Interracial dating : Racial identity attitudes and racial choice in the dating practices of African-American college students. *Dissertation Abstracts International,* **53**(12-A), 4235.

Moore, M. A. 1996 The role of identity style in reconstructiong the self following self-discrepant information. *Dissertation Abstracts International,* **56**(11-B), 6467.

Moore, R. L. 1993 Stories of teacher identity : An analysis of conflict between social and personal identity in life stories of women teachers in Maryland, 1927-2967. *Dissertation Abstracts International,* **53**(10-A), 3573.

Moore-Jumonville, K. 1992 A reappraisal of the "weaker sex" : Conventional morality and the quest for female identity in the novels of Thomas Hardy. *Dissertation Abstracts International,* **52**(12-A), 4340.

＊Moore-Pruitt, S. 1995 Seeking an identity through graduate training : Construction and validation of a counselor identity scale. *Dissertation Abstracts International,* **55**(12-B), 5598.

Morales, P. C. 1994 Acculturation and vocational identity: The influence of Hispanic families on vocational decision. *Dissertation Abstracts Internationals,* **55**(5-A), 1252.

*Mordock, J. B. 1994 The search for an identity: A call for observational-inductive research methods in residential treatment. *Residential Treatment for Children & Youth,* **12**(1), 1-23.

Morgan, N. J. 1996 The adjustment, racial identification/identity, and self-esteem of interracially adopted african-americans. *Dissertation Abstracts International,* **56**(12-B), 7067.

Morris, D. R. 1993 Racial sensitivity, racial identity and the effects of exposure to cross-cultural information. *Dissertation Abstracts International,* **53**(11-B), 5988.

Morris, N. E. 1993 National identity under challenge: Puerto Rico in the twentieth century. *Dissertation Abstracts International,* **53**(7-A), 2147.

Morrison, J. W. 1995 Developing identity formation and self-concept in preschool -aged biracial children. *Early Child Development & Care,* **111**, 141-152.

*Morrow, D. F. 1993 Lesbian identity development through group process: An exploration of coming out issues. *Dissertation Abstracts International,* **54**(2-A), 428.

Morton, S. B. 1993 Sexual identity and sexual object choice: An object relations theory description of development. *Dissertation Abstracts International,* **54**(4-B), 2215.

Mory, M. S. 1995 Consensus and conflict in perceptions of crowds: The construction of adolescent social identity. *Dissertation Abstracts International,* **55**(11-A), 3455.

*Moschella, J. G. 1993 The experience of growing up deaf or hard of hearing: Implications of sign language versus oral rearing on identity development and emotional well-being. *Dissertation Abstracts International,* **53**(11-B), 5989.

Moya Morales, M. C. 1993 Categorias de genero: consecuencias congnitivas sobre la identidad. *Revista de Psicologia Social,* **8**(2), 171-187.

Mulcahy, A. 1995 "Headhunter" or "real cop"? Identity in the world of internal affairs officers. *Journal of Contemporary Ethnography,* **24**(1),99-130.

*Muller, A. S. 1995 Adult perceived onset of parental mental disorder, eriksonian individation and current adjustment. *Dissertation Abstracts International,* **55**(9 -B), 4127.

Munford, M. B. 1994 Relationship of gender, self-esteem, social class, and racial identity to depression in Blacks. *Journal of Black Psychology,* **20**(2), 157-174.

Munoz, V. I. 1993 Where "something catches": Work, love, and identity in youth.

*Dissertation Abstracts International,* **54**(5-A), 1735.
Munson, W. W. 1992 Self-esteem, vocational identity, and career salience in high school students. *Career Development Quality,* **40**(4), 361-368.
Murphy, G. M., Petitpas, A. J., & Brewer, B. W. 1996 Identity foreclosure, athletic identity, and career maturity in intercollegiate athletes. *Sport Psychologist,* **10**(3), 239-246.
Murray, B. A. 1996 Which better defines phoneme awareness : Segmentation skill or identity knowledge? *Dissertation Abstracts International,* **56**(10-A), 3896.
Murrell, A. J., & Dietz, B. 1992 Fan support of sport teams : The effect of a common group identity. *Journal of Sport & Exercise Psychology,* **14**(1), 28-39.
Murrell, A. J., & Dietz-Uhler, B. L. 1993 Gender identity and adversarial beliefs as predictors of attitudes toward sexual harassment. *Psychology of Women Quarterly,* **17**(2), 169-175.
Musa, S. A-W. 1994 A field study of the impact of management communication style and religious identity on employee satisfaction in a multicultural organization. *Dissertation Abstracts International,* **54**(7-A), 2387.
Na, E.-Y. 1993 Resistance of identity-relevant beliefs under threat from an antagonistic outgroup. *Dissertation Abstracts International,* **53**(10-B), 5485.
Nagel, J. 1994 Constructing ethnicity : Creating and recreating ethnic identity and culture. *Social Problems,* **41**(1), 152-176.
Nagel, J. 1995 American Indian ethnic renewal : Politics and the resurgence of identity. *American Sociological Review,* **60**(6), 947-965.
Nascimento-Schulze, C. M. 1993 Social comparison, group identity and professional identity : A study with bank clerks. *Revista de Psicologia Social,* 8(1), 69-82.
Nassehi, A. 1995 Der fremde als vertrauter : Soziologische boebachtungen zur konstrucktion von identitaeten und differenzen. *Koelner Zeitschrift fuer Soziologie und Sozialpsychologie,* **47**(3), 443-463.
＊Neeleman, J., & Lewis, G. 1994 Religious identity and comfort beliefs in three groups of psychiatric patients and a group of medical controls. *International Journal of Social Psychiatry,* **40**(2), 124-134.
＊Neisen, J. H. 1992 Gender identity disorder of childhood : By whose standard and for what purpose? A response to Rekers and Morey. *Journal of Psychology & Human Sexuality,* **5**(3), 65-67.
＊Nelson, C. R. 1994 A self-schema analysis of gay male identity. *Dissertation Abstracts International,* **55**(6-B), 2408.
Nelson, E. S., Allison, J., & Sundre, D. 1992 Relationships between divorce and college students' development of identity and intimacy. *Journal of Divorce & Remarriage,* **18**(3-4), 121-135.
＊Nelson, M.A. 1996 Developmental and defensive foreclosure : A validation of identity status subcategories. *Dissertation Abstracts International,* **57**(5-B),

3445.

Nemeth, A. J. 1995 Ambiguities caused by forensic psychology's dual identity : How to deal with the prevailing quantitative bias and "scientistic" posture. *American Journal of Forensic Psychology*, **13**(4), 47-66.

＊Netting F. E., & Williams, F. G. 1996 Case manager-physician collaboration : Implications for professional identity, roles, and relationships. *Health & Social Work*, **21**(3), 216-224.

Netting, N. S. 1992 Sexuality in youth culture : Identity and change. *Adolescence*, **27**(108), 961-976.

＊Neville, H. A., Heppner, M. J., Louie, C. E., Thompson, C. E., Brooks, L., & Baker, C. E. 1996 The impact of multicultural training on White racial identity attitudes and therapy competencies. *Professional Psychology : Research & Practice*, **27**(1), 83-89.

＊Newirth, J. 1992 An object relations perspective : The paranoid position and the development of identity. *Psychoanalytic Psychology*, **9**(3), 289-298.

Newswanger, J. F. 1995 School colors : The relationship between white racial identity attitudes and residential contact with blacks. *Dissertation Abstracts International*, **56**(5-B), 2934.

Newswanger, J. F. 1996 a School colors : The relationship between white racial identity attitudes and residential contact with blacks. *Dissertation Abstracts International*, **57**(1-B), 0758.

Newswanger, J. F. 1996 b The relationship between White racial identity attitudes and the experience of having a Black college roommate. *Journal of College Student Development*, **37**(5), 536-542.

Neyer, M. 1996 Identity development and career maturity patterns of elite resident athletes at the united states olympic training center. *Dissertation Abstracts International*, **56**(11-A), 4328.

Ng, S. H., Dunne, M., & Cataldo, M. 1995 Feminist identities and preferred strategies for advancing women's positive self-concept. *Journal of Social Psychology*, **135**(5), 561-572.

Nicholas, L., & Pretorius, T. B. 1994 Assessing the vocational ability of Black South African university students : Psychometric and normative date on the Vocational Identity scale of the My Vocational Situation. *Measurement & Evaluation in Counseling & Development*, **27**(2), 85-92.

Nicholson, N. 1996 Towards a new agenda for work and personality : Traits, self-identity, "strong" interactionism, and change. *Applied Psychology : An International Review*, **45**(3), 189-205.

Niego, S. 1995 Identity and critical consciousness : A participatory action investigation with adolescent girls. *Dissertation Abstracts International*, **55**(12-B), 5584.

＊Nightingale, A., & Scott, D. 1994 Problems of identity in multi-disciplinary

teams : The self and system in change. *British Journal of Psychotherapy*, **11**(2), 267-278.
*Nijenhuis, E. R. S. 1996 Dissociative identity disorder in a forensic psychiatric patient : A case report. *Dissociation : Progress in the Dissociative Disorders*, **9** (4), 282-288.
Nishimura, M. 1996 Language choice and in-group identity among Canadian Niseis. *Journal of Asian Pacific Communication*, **3**(1), 97-113.
*Nissen, P. 1994 a Er born ved skolegangens begyndelse blevet mere urolige og egocentriske i dag? Om de 6-8 ariges identitetsudvikling en sjaellandsk kommune-en interviewundersogelse baseret laereres og paedagogers viden. *Psykologisk Paedagogisk Radgiving*, **31**(1), 26.
*Nissen, P. 1994 b Far vi flere vindere og tabere i skolen? Om de 14-26 ariges identitetsudvikling - en interviewundersogelse baseret pa laereres viden. *Psykologisk Paedagogisk Radgiving*, **31**(4), 285-294.
Noels, K. A., Pon, G., & Clement, R. 1996 Language, identity, and adjustment : The role of linguistic self-confidence in the acculturation process. *Journal of Language & Social Psychology*, **15**(3), 246-264.
Norman, E. M. 1992 After the casualties : Vietnam nurses' identities and career decisions. *Nursing Research*, **41**(2), 110-113.
Northam, S. J. 1992 An investigation of the relationship between identity foreclosure and perceived job stress. *Dissertation Abstracts International*, **52**(7-B), 3531.
Northover, M. 1993 A theoretical and empirical investigation of ethnic identity and bilingualism : Gujarati/English British youth. *Dissertation Abstracts International*, **53**(8-A), 3001.
*Northwood, A. K. 1996 Trauma exposure, post-traumatic symptoms, and identity in adolescent survivors of massive childhood trauma. *Dissertation Abstracts International*, **57**(6-B), 4059.
Nowell, K. M. 1993 Authorial voice and the struggle for gender identity in Nathaniel Hawthorne. *Dissertation Abstracts International*, **53**(7-A), 2373.
Nukala, S. 1996 Workforce globalization, geographic and cultural dislocation, and asian American discursive construction of identity. *Dissertation Abstracts International*, **57**(6-A), 2272.
Nunn, Y. J. 1993 Perceived parental style, self-esteem and self-identity in pregnant and non-pregnant adolescent females. *Dissertation Abstracts International*, **53**(12-A), 4213.
Nurmi, J.-E., Poole, M. E., & Kalakoski, V. 1996 Age differences in adolescent identity exploration and commitment in urban and rural environments. *Journal of Adolescence*, **19**(5), 443-452.
Nye, W. P. 1992 Amazing grace : Religion and identity among elderly Black individuals. *International Journal of Aging & Human Development*, **36**(2), 103

-114.
Nystrom, L. E. 1996 Effects of expectations for location and identity in perception of visual displays. *Dissertation Abstracts International,* **57**(6-B), 4065.
*Oberlaender, F. A. 1993 The identity problem of Christian Germans of Jewish ancestry during and after the Nazi period and the developmental consequences for their children: An empirical social-psychological study based on reconstructed case studies. *Dissertation Abstracts International,* **54**(6-A), 2335.
O'Brien, V. 1996 Relationships of mathematics self-efficacy, gender, and ethnic identity to adolescents' math/science career interests. *Dissertation Abstracts International,* **57**(5-A), 1964.
O'Connor, B. P. 1995 Identity development and perceived parental behavior as sources of adolescent egocentrism, *Journal of Youth & Adolescence,* **24**(2), 205-227.
*O'Connor, N., & Ryan, J. 1994 "Truth" and "reality": Joyce McDougall and gender identity. *Free Associations,* **4**(31, Pt 3), 338-368.
Olrich, T. W. 1996 The role of sport in the gender identity development of the adolescent male. *Dissertation Abstracts International,* **56**(11-A), 4320.
O'Pray, M. M. 1993 Predictors of role identity and role attainment in mothers of premature infants. *Dissertation Abstracts International,* **53**(12-B), 6225.
Orbach, I., & Bar-Joseph, H. 1993 The impact of a suicide prevention program for adolescents on suicidal tendencies, hoplessness, ego identity, and coping. *Suicide & Life-Threatening Behavior,* **23**(2), 120-129.
Orleans, M., & Walters, G. T. 1996 Human-computer enmeshment: Identity diffusion through mastery. *Social Science Computer Review,* **14**(2), 144-156.
Orth, B., Broszkiewicz, A., & Schuette, A. 1996 Skalen zur sozialen Identitaet, Eigengruppen-Favorisierung und Ego-Stereotypisierung. *Zeitschrift fuer Differentielle und Diagnostische Psychologie,* **17**(4), 262-267.
Oseroff-Varnell, D. 1993 Instructional communication of adolescents: An examination of socialization and identity construction for dance students in a residential arts school. *Dissertation Abstracts International,* **53**(7-A), 2162.
*Osmun, R. W. 1995 An examination of the relationship between adult ego identity status and psychopathology. *Dissertation Abstracts International,* **56**(6-B), 3459.
Ossana, S. M., Helms, J. E., & Leonard, M. M. 1992 Do "womanist" identity attitudes influence college women's self-esteem and perceptions of environmental bias? *Journal of Counseling & Development,* **70**(3), 402-408.
*Ottavi, T. M., Pope-Davis, D. B., & Dings, J. G. 1994 Relationship between white racial identity attitudes and self-reported multicultural counseling competencies. *Journal of Counseling Psychology,* **41**(2), 149-154.
*Overhauser, S. M. 1994 The significance of friendship intimacy and family warmth for adolescent identity development and individuation: A developmental

study. *Dissertation Abstracts International,* **54**(11-B), 5961.
Owen, D. L. 1996 A study of college student drinking patterns and mediating effects of gender identity and social anxiety. *Dissertation Abstracts International,* **56**(9-A), 3513.
Owen, S. E. 1996 Women's responses to impermeable group boundaries: A test of social identity theory. *Dissertation Abstracts International,* **57**(6-B), 4093.
Owusu-Bempah, J. 1994 Race, self-identity and social work. *British Journal of Social Work,* **24**(2), 123-136.
Oyserman, D. 1993 Adolescent identity and delinquency in interpersonal context. *Child Psychiatry & Human development,* **23**(3), 203-214.
Oyserman, D., Gant, L., & Ager, J. 1995 A socially contextualized model of Afrian American identity: Possible selves and school persistence. *Journal of Personality & Social Psychology,* **69**(6), 1216-1232.
P, S., & Thomas, I. 1995 Fear of success in relation to sex role identity and self-esteem in women. *Psychological Studies,* **40**(3), 149-153.
＊Pacheco, F. 1995 O Psicanalista: Um Artifice e os Limites de sua Identidade. *Revista Brasileira de Psicananlise,* **29**(3), 533-545.
＊Page, J. M. 1993 Ethnic identity in deaf Hispanics of New Mexico. *Sign Language Studies,* **80**, 185-222.
Pandey, S., & Helode, R. D. 1992 Sex and marital status in doctor's ego identity attainment. *Social Science International,* **8**(1-2), 19-23.
＊Pang, H., Pugh, K., & Catalan, J. 1994 Gender identity disorder and HIV disease. *International Journal of STD & AIDS,* **5**(2), 130-132.
Papagni, C. J. 1996 The relationship between homophobic attitudes and identity development of heterosexual male students. *Dissertation Abstracts International,* **56**(11-B), 6468.
Parham, T. A., & Williams, P. T. 1993 The relationship of demographic and background factors to racial identity attitudes. *Journal of Black Psychology,* **19**(1), 7-24.
Parker, R. A. 1994 The effect of social roles on sex-role identity development in early and middle adulthood. *Dissertation Abstracts International,* **54**(10-B), 5412.
Parker, S., & Parker, H. 1992 Male gender identity in the Israeli kibbutz: Reflections on "protest masculinity." *Ethos,* **20**(3), 340-357.
Parks, E. E., Carter, R. T.,& Gushue, G. V. 1996 At the crossroads: Racial and womanist identity development in Black and White women. *Journal of Counseling & Development,* **74**(6), 624-631.
Parrott, D. W. 1995 The effects of inter-racial interaction on racial identity development. *Dissertation Abstracts International,* **55**(7-A), 1881.
Patterson, L. A., Cameron, J. E., & Lalonde, R. N. 1996 The intersection of race and gender: Examining the politics of identity in women's studies. *Canadian*

*Journal of Behavioural Science,* **28**(3), 229-239.

Patterson, S. J. 1994 Autonomy and connection: Identity, moral reasoning and coping among new mothers. *Dissertation Abstracts International,* **54**(11-B), 5974.

Paulson, S. 1992 Gender and ethnicity in motion: Identity and integration in Andean households. *Dissertation Abstracts International,* **52**(12-A), 4386.

＊Pauly, I. B. 1992 Terminology and classification of gender identity disorders. *Journal of Psychology & Human Sexuality,* **5**(4), 1-14.

Payton, D. S. 1996 The relationship between african-american ethnic identity development, socioeconomic status and locus of responsibility. *Dissertation Abstracts International,* **56**(9-B), 5197.

Peaff, S. 1996 Collective identity and informal groups in revolutionary mobilization: East Germany in 1989. *Social Forces,* **75**(1), 91-117.

Peagler, R. C. 1995 Racial identity attitudes of african american students and student developmental tasks: An exploratory investigation. *Dissertation Abstracts International,* **55**(8-A), 2304.

＊Pearlman, S. F. 1993 Late mid-life astonishment: Disruptions to identity and self-esteem. *Women & Therapy,* **14**(1-2), 1-12.

Peck, D. C. 1994 Occupational identity and job satisfaction of computer personnel. *Dissertation Abstracts International,* **54**(11-A), 4263.

Pedersen, D. M. 1994 Identification of levels of self-identity. *Perceptual & Motor Skills,* **78**(3, Pt 2), 1155-1167.

Pedersen, D. M. 1996 Religion and self-identity. *Perceptual & Motor Skills,* **82**(3, Pt 2), 1369-1370,

Peeler, L. E. 1996 Personal identity, cultural identity and occupational choice among african-american youth. *Dissertation Abstracts International,* **56**(10-A), 3891.

Pennington, J. T. 1996 A conceptualization and empirical test of an identity-regulation model of self consciousness. *Dissertation Abstracts International,* **56** (11-B), 6468.

Penuel, W. R. 1996 Communicative processes in cultural identity formation: A mediated action approach. *Dissertation Abstracts International,* **57**(1-B), 0727.

Penuel, W. R., & Wertsch, J. V. 1995 Vygotsky and identity formation: A sociocultural approach. *Educational Psychologist,* **30**(2), 83-92.

Peretti, P. O., & Wilson, T. T. 1993 Unfavorable outcomes of the identity crisis among African-American adolescents influenced by enforced acculturation. *Indian Journal of Behaviour,* **17**(4), 14-18.

Peretti, P. O., & Wilson, T. T. 1995 Unfavorable outcomes of the identity crisis among African-American adolescents influenced by enforced acculturation. *Social Behavior & Personality,* **23**(2), 171-175.

Perez, J. M. 1992 The resolution of identity, intimacy, and generativity im early and middle childhood. *Dissertation Abstracts International,* **52**(10-B), 5558-5559.

Perkins, T. A. 1994 Selected demographic variables as predictors of ego-identity confusion among George Fox college students. *Dissertation Abstracts International,* **55**(3-B), 1202.

＊Perlman, F. T. 1994 The professional identity of the social work-psychoanalyst : The genesis of professional identity. *Journal of Analytic Social Work,* **2**(1), 67-98.

＊Perlman, F. T. 1995 The professional identity of the social work-psychoanalyst : Professional affiliations and future prospects. *Journal of Analytic Social Work,* **2**(4), 31-87.

＊Perlman, F. T. 1996 The professional identity of the social work-psychoanalyst : Professional activities. *Journal of Analytic Social Work,* **2**(2), 25-55.

Perosa, L. M., Perosa, S. L., & Tam, H. P. 1996 The contribution of family structure and differentiation to identity development in females. Journal of Youth & Adolescence, **25**(6), 817-837.

Perosa, S. L., & Perosa, L. M. 1993 Relationships among Minuchin's structural family model, identity achievement, and coping style. *Journal of Counseling Psychology,* **40**(4), 479-489.

Perring-Mulligan, J. P. 1994 Relationship among stress, attrition in membership, perceived impact of attrition in membership, ego identity, and affiliative tendency among midlife Roman Catholic religious brothers. *Dissertation Abstracts International,* **55**(3-B), 1202.

Perrott, S. B. 1993 Social identity patterns in the police : Attitudinal and performance implications. *Dissertation Abstracts International,* **54**(1-B), 535.

＊Person, E. S., & Ovesey, L. 1993 Psychoanalytische Theorien zur Geschlechtsidentitaet. *Psyche : Zeitschrift fuer Psychoanalyse und ihre Anwendungen,* **47**(6), 505-529.

＊Peterson, G. 1995 Auditory hallucinations and dissociative identity disorder. *American Journal of Psychiatry,* **152**(9), 1403-1404.

Petkus, E. 1996 The creative identity : Creative behavior from the symbolic interactionist perspective. *Journal of Creative Behavior,* **30**(3), 188-196.

Petta, G., & Walker, I. 1992 Relative deprivation and ethnic identity. *British Journal of Social Psychology,* **31**(4), 285-293.

＊Phelan, S. 1993 (Be)coming out : Lesbian identity and politics. *Signs,*18 (4), 765-790.

Phillips, L. D. 1995 Adolescent ethnic identity and adjustment : Relation to ethnic characteristics of the peer context. *Dissertation Abstracts International,* **55**(8-B), 3610.

Phillips, R. A. 1992 Erikson's life cycle theory and images of God. *Pastoral Psychology,* **40**(3), 167-177.

Phillips, T. L. 1996 Symbolic boundaries and national identity in Australia. *British Journal of Sociology,* **47**(1), 113-134.

Phinney, J. S. 1992 The multigroup ethnic identity measure : A new scale for use with diverse groups. *Journal of Adolescent Research,* **7**(2), 156-176.

Phinney, J. S. 1996 Understanding ethnic diversity : The role of ethnic identity. *American Behavioral Scientist,* **40**(2), 143-152.

Phinney, J. S., & Chavira, V. 1992 Ethnic identity and self-esteem : An exploratory longitudinal study. *Journal of Adolescence,* **15**(3), 271-281.

Phinney, J. S., & Onwughalu, M. 1996 Racial identity and perception of American ideals among African American and African students in the United States. *International Journal of Intercultural Relations,* **20**(2), 127-140.

Phinney, M. Y. 1992 Writing, sociality, and identity in kindergarten : An ethnographic study. *Dissertation Abstracts International,* **53**(2-A), 398.

Pickens, D. S. 1995 Midlife women : Confronting the developmental challenge of formulating a generative identity. *Dissertation Abstracts International,* **56**(2-B), 1130.

Pierce, L. G. 1993 "Over the river and through the woods" : A case study of a family biography project and its relationship to emerging adolescent psychosocial identity formation through grandparent grandchild interactions. *Dissertation Abstracts International,* **53**(8-A), 2668.

Pinquart, M. 1992 Globalitaet versus Bereichsspezifitaet der subjektiven Altersidentitaet im hoeheren Lebensalter. *Zeitschrrift fuer Entwicklungspsychologie und Paedagogische Psychologie,* **24**(1), 39-47.

Pithon, G. 1992 a Paradoxes et identities professionnelles des psychologues francais. *Bulletin de Psychologie,* **45**(407), 611-617.

Pithon, G. 1992 b Psychologie et psychologue, analyse d'une construction paradoxale de l'identite professionnelle. *Bulletin de Psychologie,* **45**(407), 715-724.

＊Plaut, A. 1994 a What do I mean by identity? Journal of Analytical Psychology, **39**(3), 351-360.

＊Plaut, F. 1994 b Die Identitaet als Jungianer : Teil II. *Analytische Psychologie,* **25**(1), 3-25.

Plummer, D. L. 1995 Patterns of racial identity development of African American adolescent males and females. *Journal of Black Psychology,* **21**(2), 168-180.

Plummer, D. L. 1996 Black racial identity attitudes and stages of the life span : An exploratory investigation. *Journal of Black Psychology,* **22**(2), 169-181.

Plutzer, E., & Zipp, J. F. 1996 Identity politics, partnership, and votinf for women ccandidates. *Public Opinion Quarterly,* **60**(1), 30-57.

Pocius, K. E. 1995 Occupational stereotype accuracy and adolescents' identity formation. *Dissertation Abstracts International,* **56**(6-B), 3479.

Polkinghorne, D. E. 1996 Explorations of narrative identity. *Psychological Inquiry,* **7**(4), 363-367.

Ponterotto, J. G. 1993 White racial identity and the counseling professional. *Counseling Psychologist,* **21**(2), 213-217.

Ponterotto, J. G., Sabnani, H. B., & Borodovsky, L. G. 1992 White racial identity attitude research : A rejoinder. *Counseling Psychologist,* **20**(1), 191-193.

Pope, D. J. 1993 Male friendship : The correlation between homophobia, male sex role identity and intimacy in male friendship. *Dissertation Abstracts International,* **54**(4-B), 2276.

Pope-Davis, D. B., Menefee, L. A., & Ottavi, T. M. 1993 The comparison of White racial identity attitudes among faculty and students : Implications for professional psychologists. *Professional Psychology : Reserch & Practice.* **24**(4), 443-449.

Pope-Davis, D. B., & Ottavi, T. M. 1992 The influence of White racial identity attitudes on racism among faculty members : A preliminary examination. *Journal of College Student Development,* **33**(5), 389-394.

Pope-Davis, D. B., & Ottavi, T. M. 1994 The relationship between racism and racial identity among White Americans : A replication and extension. *Journal of Counseling & Development,* **72**(3), 293-297.

Porter, J. R., & Washington, R. E. 1993 Minority identity and self-esteem. *Annual Review of Sociology,* **19**, 139-161.

Porter, M. A. 1993 Swahili identity in post-colonial Kenya : The reproduction of gender in educational discourses. *Dissertation Abstracts International,* **53**(8-A), 2870.

Posig, M. 1995 Work-family conflict clarified : Utilitarian versus social identity approach to role investment. *Dissertation Abstracts International,* **55**(11-B), 5112.

＊Postelnek, J. K., & Atlas, J. A. 1993 Treatment of an identity-diffused adolescent on an acute inpatient unit. *Psychological Reports,* **73**(3, Pt 2), 1299-1306.

Potter, J. S. 1995 Calling the kettle black : Racial exposure and identity among black americans. *Dissertation Abstracts International,* **55**(8-B), 3639.

Potts, N. L. W. 1994 Body image dissatisfaction, self-esteem, and sex-role identity in midlife women. *Dissertation Abstracts International,* **55**(4-B), 1380.

＊Poznansky, S. 1996 Algunas consideraciones en relacion a la identidad, la libido narcisista y el Yo. *Revista de Psicoanalisis,* **53**(1), 153-179.

Prentice, D. A., Miller, D. T., & Lightdale, J. R. 1994 Asymmetries in attachments to groups and their members : Distinguishing between common-identity and common-bond groups. *Personality & Social Psychology Bulletin,* **20**(5), 484-493.

Prezioso, M. S. 1995 Object relations and the role of attachment in identity formation. *Dissertation Abstracts International,* **56**(1-B), 0533.

＊Price, M. 1993 The impact of incest on identity formation in women. *Journal of the American Academy of Psychoanalysis,* **21**(2), 213-228.

Pruitt, D. W. 1993 Vocational identity, level of career indecision, and barriers of hispanic reentry women in selected Texas community colleges: Implications for adult education. *Dissertation Abstracts International,* **53**(8-A), 2649.

Pu, C.-Y. 1994 Perceived prejudice and ethnic identity as related to acculturation in Chinese Americans. *Dissertation Abstracts International,* **55**(6-B), 2438.

Puddifoot, J. E. 1994 Community identity and sense of belinging in a northeastern English town. *Journal of Social Psychology,* **134**(5), 601-608.

Puddifoot, J. E. 1995 Dimensions of community identity. *Journal of Community & Applied Social Psychology,* **5**(5), 357-370.

Puddifoot, J. E. 1996 Some initial considerations in the measurement of community identity. *Journal of Community Psychology,* **24**(4), 327-336.

Pulkkinen, L., & Roenkae, A. 1994 Personal Control over development, identity formation, and future orientation as components of life orientation: A developmental approach. *Developmental Psychology,* **30**(2), 260-271,

Pullin, W. M. 1995 Women's academic identity formation in canadian francophone and anglophone sociocultural contexts. *Dissertation Abstracts International,* **56**(4-B), 2388.

Quinones, M. E. 1996 Latina college students: The relationship among ethnic identity, acculturation, gender roles, and psychological well-being. *Dissertation Abstracts International,* **57**(2-B), 1452.

Raabe, B. 1993 Constructing identities: IV, Young people's understandings of power and social relations. *Feminism & Psychology,* **3**(3), 369-373.

Raghavan, C. S. 1994 Parents' cultural models of female gender role identity: Beliefs of Indian and American mothers. *Dissertation Abstracts International,* **55**(12-B), 6481.

Ramsey, M. 1996 Diversity identity development training: Theory informs practice. *Journal of Multicultural Counseling & Development,* **24**(4), 229-240.

＊Rankow, E. J. 1996 Sexual identity vs sexual behavior. *American Journal of Public Health,* **86**(12), 1822-1823.

Rappaport, J. 1993 Narrative studies, personal stories, and identity transformation in the mutual help context. *Journal of Applied Behavioral Science,* **29**(2), 239-256.

Reach, A. V. 1993 Patterns of Jewish identity and participation within American Jewish families. *Dissertation Abstracts International,* **54**(1-B), 506-507.

Regan, A. M. 1993 Search and commitment processes in White racial identity formation. Dissertation Abstracts International, **53**(11-A), 4096.

Reich, W. A. Jr. 1995 Identities, social networks, and the development of commitment to a close relationship. *Dissertation Abstracts International,* **55**(12-B), 5602.

Reicher, S. D. 1996 "The Battle of Westminster": Developing the social identity model of crowd behaviour in order to explain the initiation and development of collective conflict. *European Journal of Social Psychology,* **26**(1), 115-134.

Reicher, S., & Levine, M. 1994 a Deindividuation, power relations between groups and the expression of social identity ; The effects of visibility to the outgroup. *British Journal of Social Psychology,* **33**(2), 145-163.

Reicher, S., & Levine, M. 1994 b On the consequences of deindividuation manipulations for the strategic communication of self : Identifiability and the presentation of social identity. *European Journal of Social Psychology,* **24**(4), 511-524.

Reid, A., & Deaux, K. 1996 Relationship between social and personal identities : Segregation or integration. *Journal of Personality & Social Psychology,* **71**(6), 1084-1091.

＊Reijnders, C. J., & Meerum T. M. 1994 Achtergronden en behandeling van afstammingsproblemen. *Tijdschrift voor Psychotherapie,* **20**(3), 148-162.

Reitzes, D. C., & Mutran, E. J. 1994 Multiple roles and identities : Factors influencing self-esteem among middle-aged working men and women. *Social Psychology Quarterly,* **57**(4), 313-325.

Restum, J. M. 1994 Selected demographic variables as predictors of ego-identity status among George Fox college students. *Dissertation Abstracts International,* **54**(12-B), 6481

Rettig, S., Latendresse, D., & Smith, M. 1996 Black identity : Response to our reviewers. *Journal of Social Distress & the Homeless,* **5**(3), 327-334.

Rhee, E., Uleman, J. S., Lee, H. K., & Roman, R. J. 1995 Spontaneous self-descriptions and ethnic identities in individualistic and collectivistic cultures. *Journal of Personality & Social Psychology,* **69**(1), 142-152.

＊Rhoads, R. A. 1994 Institutional culture and student subculture : Student identity and socialization. *Dissertation Abstracts International,* **54**(12-A), 4371.

＊Ribas, D. 1996 Demantelement, identite adhesive et clivage. *Revue Francaise de Psychanalyse,* **60**(Spec Issue), 1689-1690.

Rice, J. S. 1992 Discursive formation, life stories, and the emergence of co-dependency : "Power/knowledge" and the search for identity. *Sociological Quarterly,* **33**(3), 337-364.

Richard, H. W. 1996 Filmed in black in white : Teaching the concept of racial identity at a predominantly White university. *Teaching of Psychology,* **23**(3), 159-161.

Richards, A. K. 1992 The influence of sphincter control and genital sensation on body image and gender identity in women. *Psychoanalytic Quarterly,* **61**(3), 331-351.

＊Richardson, T. Q., & Helms, J. E. 1994 The relationship of the racial identity attitudes of Black men to perceptions of "parallel" counseling days. *Journal of Counseling & Development,* **73**(2), 172-177.

Riches, G., & Dawson, P. 1996 "An intimate loneliness" : Evaluating the impact of a child's death on parental self-identity and marital relationships. *Journal of*

*Family Therapy,* **18**(1), 1-22.

Richie, B. E. 1993 Gender entrapment : An exploratory study of the link between gender-identity development, violence against women, race/ethnicity and crime among African American battered women.. *Dissertation Abstracts International,* **53**(10-A), 3683-3684.

＊Richman, J. 1995 From despair to integrity : An Eriksonian approach to psychotherapy for the terminally ill. *Psychotherapy,* **32**(2), 317-322.

＊Riemer, B. A. 1996 Lesbian identity formation and softball environment. *Dissertation Abstracts International,* **56**(4-A), 2607.

Riffle, J-P., Moutou, C., & Pithon, G. 1992 Les psychologues sociaux et du travail : Identite et fonctions professionnelles. *Bulletin de Psychologie,* **45**(407), 666-680.

Riley, A. L. 1994 Self-concept and self-consistency : The relationship between identities and others' assessment of role performance. *Dissertation Abstracts International,* **54**(12-A), 4601.

Riley, A. L., & Burke, P. J. 1995 Identities and self-verification in the small group. *Social Psychology Quarterly,* **58**(2), 61-73.

Ringger, M. D. 1995 The relationship between private religious behavior, religious identity, and self-esteem among latter-day saint adolescents in the context of familial and religious socialization. *Dissertation Abstracts International,* **55**(11-A), 3656.

Roach-Higgins, M. E., & Eicher, J. B. 1992 Dress and identity. *Clothing & Textiles Research Journal,* **10**(4), 1-8.

＊Robbins, M. 1996 Nature, nurture, and core gender identity. *Journal of the Americna Psychoanalytic Association,* **44**(Suppl.), 93-117.

Roberson, M. K. 1992 Birth, transformation, and death of refugee identity : Women and girls of the intifada. *Women & Therapy,* **13**(1-2), 35-52.

Roberts, B. A. 1992 The social construction of "musician" identity in music education students in Canadian universities. *Dissertation Abstracts International,* **52**(7-A), 2717-2718.

Robertson, G. M. 1995 Forming the faith : Religious identity development in adolescents. *Dissertation Abstracts International,* **56**(4-B), 2338.

＊Robey, K. L. 1994 Group home residents' identities as patients and as community members. *Hospital & Community Psychiatry,* **45**(1), 58-62.

Robins, E. M., & Foster, D. 1994 Social identity versus personal identity : An investigation into the interaction of group and personal status with collective self-esteem on ingroup favouritism. *South African Journal of Psychology,* **24**(3), 115-121.

Robinson, A. A. 1996 Black identity and coping with stress among african-americans in a predominantly white university setting. *Dissertation Abstracts International,* **57**(3-B), 2222.

Robinson, C. M. 1996 A journey to positive blackness when surrounded by whiteness : Racial identity development for blacks in non-black communities. *Dissertation Abstracts International,* **57**(4-B), 2881.

Robinson, D. T. 1992 Emotions and identity negotiation ; The effects of nonverbal displays on social inference and selective interaction. *Dissertation Abstracts International,* **52**(12-A), 4482.

Robinson, D. T., & Smith-Lovin, L. 1992 Selective interaction as a strategy for identity maintenance : An affect control model. Social Psychology Quarterly, **55**(1), 12-28.

Robinson, G. F. 1992 The effect of racial identity attitudes, self-acceptance, and assertiveness on perceptions of vocational role model influence. *Dissertation Abstracts International,* **53**(6-B), 3211.

Robinson, J. L. 1993 African-American body images : The roles of racial identity a physical attributes. *Dissertation Abstracts International,* **54**(6-B), 3350.

\*Robinson, R. 1994 The identity and temptations of Shakespeare's Richard III. Psychoanalysis & Psychotherapy, **11**(1), 56-66.

\*Rocha Leite Haudenschild, T. 1996 Aquisicao gradual da capacidade de autocontinencia emocional e da nocao de identidade por uma crianca autista e comunicacao expressive do analista. *Revista Brasileira de Psicanalise,* **27**(1), 115-138.

\*Rocha, F. J. B. 1995 O Psicanalista : Um Artifice e os Limites de sue Identidade. *Revista Brasilera de Psicanalise,* **29**(3), 441-451.

Rodriguez, E. R. 1995 The role of psychological separation, ethnic identity, and worldview in college adjustment. *Dissertation Abstracts International,* **55**(9-B), 4105.

\*Rodriguez, R. A. 1992 A qualitative study of identity development in gay Chicano males. *Dissertation Abstracts International,* **52**(7-A), 2474.

Rodriguez, R. 1994 The relationship of ego identity status and ego development stage to a belief in paranormal phenomena in Puerto Rican females. *Dissertation Abstracts International,* **54**(11-A), 4260.

Rogell, M. E. 1992 The relationship between ego identity status, prestige, and ability and the occupational aspirations of high school seniors. *Dissertation Abstracts International,* **52**(7-A), 2474.

\*Rohde, R. R. 1996 Identity, self, and disorder among vietnam veterans : Ptsd and the emergence of an electronic community. *Dissertation Abstracts International,* **56**(10-A), 4023.

Roker, D., & Banks, M. H. 1993 Adolescent identity and school type. *British Journal of Psychology,* **84**(3), 297-300.

\*Rosbrow-Reich, S. 1995 a Dilemmas of sexuality and identity : A case of multiple identifications. *Journal of Clinical Psychoanalysis,* **4**(1), 55-73.

\*Rosbrow-Reich, S. 1995 b "Dilemmas of sexuality and identity : A case of multiple

identifications": Reply. *Journal of Clinical Psychoanalysis,* **4**(1), 77-81.
* Rose, P., & Kiger, G. 1995 Intergroup relations: Political action and identity in the deaf community. *Disability & Society,* **10**(4), 521-528.

Rosenbloom, S. 1992 The development of the work ego in the beginning analyst: Thoughts on identity formation of the psychoanalyst. *International Journal of Psycho-Analysis,* **73**(1), 117-126.

Rosendahl-Masella, S. A. 1996 Qualitative aspects of the grandparent-grandchild relationship and the impact on adolescent self-esteem and ethnic identity. *Dissertation Abstracts International,* **57**(1-B), 0728.

Rosenkrantz, S. L. 1995 Attributional ambiguity among mexican americans: The role of acculturation and ethnic identity. *Dissertation Abstracts International,* **56**(1-B), 0568.

Rosenthal, D. A., & Feldman, S. S. 1992 a The nature and stability of ethnic identity in Chinese youth: Effects of length of residence in two cultural contexts. *Journal of Cross-Cultural Psychology,* **23**(2), 214-227.

Rosenthal, D. A., & Feldman, S. S. 1992 b The relationship between parenting behaviour and ethnic identity in Chinese-American and Chinese-Australian adolescents. *International Journal of Psychology,* **27**(1), 19-31.

* Ross, C. A., Ellason, J. W., & Anderson, G. 1995 A factor analysis of the Dissociative Experiences Scale (DES) in dissociative identity disorder. *Dissociation: Progress in the Dissociative Disorders,* **8**(4), 229-235.

* Ross, D. R., Ceci, S. J., Dunning, D., & Toglia, M. P. 1994 Unconscious transference and mistake identity: When a witness misidentifies a familiar with innocent person. *Journal of Applied Psychology,* **79**(6), 918-930.

* Rossini, E. D., Schwartz, D. R., & Braun, B. G. 1996 Intellectual functioning of inpatients with dissociative identity disorder and dissociative disorder not otherwise specified. *Journal of Nervous & Mental Disease,* **184**(5), 289-294.

Rotenberg, K. J., Schaut, G. B., & O'Connor, B. P. 1993 The roles of identity development and psychosocial intimacy in marital success. *Journal of Social & Clinical Psychology,* **12**(2), 198-217.

Rothery, C. R. 1992 An exploration of ethnic identity and self-esteem in Black females from two college settings. *Dissertation Abstracts International,* **53**(6-B), 3198-3199.

Rottger, D. R. 1996 A comparison of two models for assessing the perceived goodness of fit for ego identity and the impact of fit on adolescent adjustment. *Dissertation Abstracts International,* **57**(4-B), 2911.

* Rougeul, F., Merini, F., & Geffroy, Y. 1994 Le concept d'impasse familiale et la question de l'identite 1. *Psychologie Medicalal,* **26**(Spec Issue 9), 897-903.

Rousselle, A. 1993 Effects of international intermarriage on family functioning and the identity and attachment behavior of children. *Dissertation Abstracts International,* **54**(3-B), 1682.

Rowe, W., & Atkinson, D. R. 1995 Misrepresentation and interpretation : Critical evaluation of White racial identity development models. *Counseling Psychologist,* **23**(2), 364-367.

Rowe, W., Bennett, S. K., & Atkinson, D. R. 1994 White racial identity models : A critique and alternative proposal. *Counseling Psychologist,* **22**(1), 129-146.

Rowe, W., & Hill, T. L. 1992 On carts and horses : The status of White racial identity attitude research. *Counseling Psychologist,* **20**(1), 189-190.

＊Rubin, H. S. 1996 Transformations : emerging female to male transsexual identities. *Dissertation Abstracts International,* **57**(4-A), 1865.

＊Rubin, N., Schmilovitz, C., & Weiss, M. 1994 The obese and the slim : Personal definitional rites of identity change in a group of obese people who become slim after gastric reduction surgery. *Megamot,* **36**(1), 5-19.

Rubini, V., Nicoletti, C., & Antonelli, E. 1992 Identita di genere ed ansia in atleti di livello agonistico diverso praticanti uno sport individuale ed uno collettivo. *Bollettino di Psicologia Applicata,* No 202-203, 47-53.

Rummens, J. W. A. 1994 Personal identity and social structure in Sint Maarten/ Saint Martin : A plural identities approach. *Dissertation Abstracts International,* **54**(8-A), 3229.

＊Rust, P. C. 1992 The politics of sexual identity : Sexual attraction and behavior among lesbian and bisexual women. *Social Problems,* **39**(4), 366-386.

＊Rust, P. C. 1993 "Coming out" in the age of social constructionism : Sexual identity formation among lesbian and bisexual women. *Gender & Society,* **7**(1), 50-77.

Rutland, A. 1996 European identity among English children : A Vygotskian approach. *Swiss Journal of Psychology - Schweizerische Zeitschirift fuer Psychologie - Revue Suisse de Psychologie,* **55**(2-3), 150-160.

Ruttenberg, J., Zea, M. C., & Sigelman, C. K. 1996 Collective identity and intergroup prejudice among Jewish and Arab students in the United States. *Journal of Social Psychology,* **136**(2), 209-220.

Ruttenburg, B. J. 1992 The male adolescent's sense of identity and his bedroom. *Dissertation Abstracts International,* **53**(2-B), 1084.

＊Saari, C. 1993 Identity complexity as an indicator of health. *Clinical Social Work Journal,* **21**(1), 11-24.

Saavedra, R. 1995 Alienation of latino medical students : The effect of acculturation, ethnic identity and minority student stressors. *Dissertation Abstracts International,* **55**(10-A), 3108.

Sahlin-Anderson, K. 1994 Group identities as the building blocks of organizations : A story about nurses' daily work. *Scandinavian Journal of Management,* **10**(2), 131-145.

Saiz, J. L., & Gempp, R. 1996 Tres variedades de la identidad nacional chilena. *Revista de Psicologia Social y Personalidad,* **11**(1), 21-29.

Salahu-Din, S. N., & Bollman, S. R. 1994 Identity development and self-esteem of young adolescents in foster care. *Child & Adolescent Social Work Journal,* **11** (2), 123-135.

Salazar, J. M. 1996 La Identidad Nacional en una Epoca de Globalizacion. *Rervista de Psicologia Social y Personalidad,* **9**(2), 45-58.

Salinas, C. E. 1994 Gender, identity, and voting: The relationship of group membership to political behavior. *Dissertation Abstracts International,* **54**(10-B), 5434.

＊Salomao Goldfajn, D. 1996 Trauma and psychoanalysis: An exploration on dissociative identity disorder. *Dissertation Abstracts International,* **57**(5-B), 3423.

Salone, L. 1995 Relationships of black racial identity attitudes and institutional fit with social adjustment to a small liberal arts college. *Dissertation Abstracts International,* **56**(3-A), 0873.

Sampson, E. E. 1993 Identity politics: Challenges to psychology's understanding. *American Psychologist,* **48**(12), 1219-1230.

＊Sander, L. W. 1995 Identity and the experience of specificity in a process of recognition: Commentary on Seligman and Shanok. *Psychoanalytic Dialogues,* **5**(4), 579-593.

＊Sandoval, V. A. 1994 Smoking and Hispanics: Issue of identity, culture, economics, prevalence, and prevention. *Health Values,* **18**(1), 44-53.

Sands, R. G. 1996 The elusiveness of identity in social work practice with women: A postmodern feminist perspective. *Clinical Social Work Journal,* **24**(2), 167-186.

Sands, R. R. 1992 An ethnography of Black collegiate sprinters: A formal model of cultural identity and the identity complex. *Dissertation Abstracts International,* **52**(11-A), 3985-3986.

Sankey, A. M., & Young, R. A. 1996 Ego-identity status and narrative structure in retrospective accounts of parental career influence. *Journal of Adolescence,* **19**(2), 141-153.

Santana, E. 1995 Interaction effects between ethnic identity and academic achievement among adolescent ethnic minorities. *Dissertation Abstracts International,* **55**(11-B), 5099.

Santhakumari, K., Kurian, G., & Rao, V. K. 1994 Cross-gender identity, familial nonright-handedness and hand preference. *Psychologia : An International Journal of Psychology in the Orient,* **37**(1), 34-38.

＊Sar, V., Yargic, I., & Tutkun, H. 1996 Structured interview data on 35 cases of dissociative identity disorder in Turkey. *American Journal of Psychiatry,* **153** (10), 1329-1333.

＊Sarno-Kristofits, D. M. 1994 Eriksonian psychosocial stages of development and its relationship to post-traumatic stress disorder. *Dissertation Abstracts*

*International*, **54**(10-B), 5402

＊Savicki, V. 1993 Clarification of child and youth care identity through an analysis of work environment and burnout. *Child & Youth Care Forum*, **22**(6), 441-457.

Sawyer, L. D. 1995 Relationship and agency in identity and behavior. *Dissertation Abstracts International*, **55**(9-B), 4133.

Sayles, J. P. 1995 The relationship among selected personality, identity status, and academic achievement factors among black adolescents. *Dissertation Abstracts International*, **56**(5-A), 1715.

Schiffmann, R. 1993 Social identity notions and theories: A reply to Farsides. *Theory & Psychology*, **3**(2), 217-222.

Schiffmann, R., & Wicklund, R. A. 1992 The minimal group paradigm and its minimal psychology: On equating social identity with arbitrary group membership. *Theory & Psychology*, **2**(1), 29-50.

Schiffrin, D. 1996 Narrative as self-portrait: Sociolinguistic constructions of identity. *Language in Society*, **25**(2), 167-203.

＊Schmidt, M. A. 1994 Emotion, identity, and social movements: The effects of Jeffrey Dahmer's serial killings on Milwaukee's lesbian and gay community. *Dissertation Abstracts International*, **54**(11-A), 4264.

Schneider, M. E. 1996 How ethnic identity functions as a group identity to affect self-esteem. *Dissertation Abstracts International*, **56**(10-B), 5817.

＊Schrod, H. 1996 Couple recompose, recherche d'identite. *Therapie Familiale*, **17**(2), 267-270.

Schroeder, J. 1995 Token-identity, consciousness, and the connection principle. *Behavioral & Brain Sciences*, **18**(3), 615-616.

Schulman, L. M. 1993 The relationship of college residential status of freshmen to identity achievement, psychological separation, and maturity of relationship to parents. *Dissertation Abstracts International*, **53**(11-B), 6009.

Schultheiss, D. P., & Blustein, D. L. 1994 Contributions of family relationship factors to the identity formation process. *Journal of Counseling & Development*, **73**(2), 159-166

＊Schupak-Neuberg, E. 1994 Conflict among multiple self-aspects: A model of identity confusion. *Dissertation Abstracts International*, **54**(7-B), 3865.

＊Schupak-Neuberg, E., & Nemeroff, C. J. 1993 Disturbances in identity and self-regulation in bulimia nervosa: Implications for a metaphorical perspective of "body as self.". *International Journal of Eating Disorders*, **13**(4), 335-347.

Schwalbenberg, A. V. 1993 Ego and ethnic identity development in Filipino adolescents: An Asian perspective. *Dissertation Abstracts International*, **54**(4-B), 2244.

＊Schwartz, M. D., & Mattley, C. L. 1993 The Battered Woman Scale and gender identities. *Journal of Family Violence*, **8**(3), 277-287.

*Scroppo, J. 1996 Identity dissociative identity disorder. *Dissertation Abstracts International,* **57**(2-B), 1489.

Seibel, C. A. 1995 Reactance, noncompliance, and the identity process : Conceptual integration and empirical validation. *Dissertation Abstracts International,* **55** (10-B), 4594.

Seidman, S. J. 1995 Identity formation in japanese american college students of hawaii : The role of ethnic and cultural identification. *Dissertation Abstracts International,* **56**(4-B), 2356.

*Selby, P. M. 1996 Gender identity and psychological adjustment in men with serious mental illnesses. *Dissertation Abstracts International,* **57**(3-B), 2164.

*Seligman, S., & Shanok, R. S. 1995 Subjectivity, complexity, and the social world : Erikson's identity concept and contemporary relational theories. *Psychoanalytic Dialogues,* **5**(4), 537-565.

*Seligman, S., & Shanok, R. S. 1996 Erikson, our contemporary : His anticipation of an intersubjective perspective. *Psychoanalysis & Contemporary Thought,* **19**(2), 339-365.

Sellers, R. M. 1993 A call to arms for researchers studying racial identity. *Journal of Black Psychology,* **19**(3), 327-332.

Sennett, J., & Foster, D. 1996 Social identity : Comparing White English-speaking South African students in 1975 and 1994. *South African Journal of Psychology,* **26**(4), 203-211.

Severiens, S., & ten Dam, G. 1996 Verschillen in leerstijlen : Sekse en sekseidentiteit. Tijdschrift voor Onderwijsresearch, **21**(4), 294-305.

Sevig, T. D. 1994 Development and validation of the Self Identity Inventory (SII) : A pancultural instrument. *Dissertation Abstracts International,* **54**(8-A), 2999.

Shabtay, M. 1995 The experience of Ethiopian Jewish soldiers in the Israeli army : The process of identity formulation with the military context. *Israel Social Science Research,* **10**(2), 69-80.

Shadrick, B. P. 1995 Academically successful african american students on a predominantly white campus : A question of identity. *Dissertation Abstracts International,* **56**(5-A), 1615.

Shaffer, S. L. 1993 Young widows : Rebuilding identity and personal growth following spousal loss. *Dissertation Abstracts International,* **54**(1-A), 94.

Shaheed, F. 1994 Controlled or autonomous : Identity and the experience of the network, Women Living under Muslim Laws. *Signs,* **19**(4), 997-1019.

Shamir, B. 1992 Some correlates of leisure identity salience ; Three exploratory studies. *Journal of Leisure Research,* **24**(4), 301-323.

*Shane, M., & Shane, E. 1995 Clinical perspecyives on gender role/identity disorder. *Psychoanalytic Inquiry,* **15**(1), 39-59.

Shatan, G. R. 1992 Female gender identity construction : How women perceive and define the evolution of their sense of femaleness. *Dissertation Abstracts*

*International*, **53**(5-B), 2576.

Shaw, S. M., Kleiber, D. A., & Caldwell, L. L. 1995 Leisure and identity formation in male and female adolescents: A preliminary examination. *Journal of Leisure Research*, **27**(3), 245-263.

Shaw, T. A. 1994 The semiotic mediation of identity. *Ethos*, **22**(1), 83-119.

Shea, B. P. 1994 The relationships among the principles of justice, respect for autonomy, and fidelity as mediated by gender, gender role identity and impression management. *Dissertation Abstracts International*, **54**(8-B), 4373.

＊Shea, R. E. Jr. 1996 Moral order and illness: Aids and the construction of identity. *Dissertation Abstracts International*, **56**(9-A), 3759.

Sheer, V. C., & Weigold, M. F. 1995 Managing threats to identity: The accountability triangle and strategic accounting. *Communication Research*, **22**(5), 592-611.

＊Shemaria, M. M. 1993 The influence of acculturation and emigration trauma on identity formation in Vietnamese refugee adolescents. *Dissertation Abstracts International*, **54**(5-B), 2771.

Shepard, J. M. 1994 Coping styles, stress, gender, and gender-role identity. *Dissertation Abstracts International*, **54**(12-B), 6447.

Sherrard, C. 1995 Social identity and aesthetic taste. Philosophical Psychology, 8(2), 139-153.

Sherwin, E. D. 1995 Hope and social identity: An investigation into the relationship between the self and the environment. *Dissertation Abstracts International*, **55**(10-B), 4633.

Shi, X. 1994 Ethnic identity and acculturation: A sociocultural perspective on peer editing in ESL writing. *Dissertation Abstracts International*, **54**(10-A), 3689.

Shields, N. 1995 The link between student identity, attributions, and self-esteem among adult, returning students. *Sociological Perspectives*, **38**(2), 261-272.

Sinner, M. E. 1995 Relationships between feminist identity and career self-efficacy. *Dissertation Abstracts International*, **56**(5-B), 2924.

Short, G., & Carrington, B. 1992 The development of children's understanding of Jewish identity and culture. *School Psychology International*, **13**(1), 73-89.

Short, R. J., & Rosenthal, S. L. 1995 Expanding roles or evolving identity? Doctoral school psychologists in school vs nonschool practice settings. *Psychology in the Schools*, **32**(4), 296-305.

Shorter-Gooden, K., & Washington, N. C. 1996 Young, Black, and female: The challenge of weaving an identity. *Journal of Adolescence*, **19**(5), 465-475.

Shusman, F. I. 1992 Changing roles and redefined identities of women at midlife. *Dissertation Abstracts International*, **52**(7-B), 3939-3940.

Siegel, J. 1996 Indian language and identity in Fiji. *Journal of Asian Pacific Communication*, **3**(1), 115-132.

Signorello, R. L. 1992 Sex role identity, psychosocial development, and the development of individuation and personal authority in young adults. *Dissertation Abstracts International,* **53**(5-A), 1406.
＊Silberkraus, S. L. 1996 A sapphic sojourn: Evolution of a lesbian identity. *Dissertation Abstracts International,* **57**(1-A), 479.
＊Silveira Arauio, M., Bassols, A. M., Escobar, J., & Dal Zot, J. 1996 Sexualidade e pratica psicanalitica: Identidade de genero e sua influencia no processo psicanalitico. *Revista Brasileira de Psicanalise,* **30**(4), 1071-1079.
＊Silverstein, R. 1994 Chronic identity diffusion in traumatized combat veterans. *Social Behavior & Personality,* **22**(1), 69-79.
＊Silverstein, R. 1996 Combat-related trauma as measured by ego developmental indices of defenses and identity achievement. *Journal of Genetic Psychology,* **157**(2), 169-179.
Simon, B., Kulla, C., & Zobel, M. 1995 On being more than just a part of the whole: Regional identity and social distinctiveness. *European Journal of Social Psychology,* **25**(3), 325-340.
Simon, R. W. 1992 Parental role strains, salience of parental identity and gender differences in psychological distress. *Journal of Health & Social Behavior,* **33**(1), 25-35.
Singleton, O. L. 1996 The relationship between socialization strategies, racial identity and success among african-american women corporate managers. *Dissertation Abstracts International,* **57**(5-A), 1939.
Sinner, M. E. 1995 Relationships between feminist identity and career self-efficacy. *Dissertation Abstracts International,* **56**(5-B), 2924.
Sizemore, B. A. 1993 Literacy identity and literacy practices in Iceland: Sociocultural and sociocognitive aspects. *Dissertation Abstracts International,* **53**(11-A), 3970.
＊Skelton, M. D., Boik, R. J., & Madero, J. N. 1995 Thought disorder on the WAIS-R relative to the Rorschach: Assessing identity-disordered adolescents. *Journal of Personality Assessment,* **65**(3), 533-549.
Skoe, E. E. 1995 Sex role orientation and its relationship to the development of identity and moral thought. *Scandinavian Journal of Psychology,* **36**(3), 235-245.
Skoe, E. E., & Diessner, R. 1994 Ethic of care, justice, identity, and gender: An extension and replication. *Merrill-Palmer Quarterly,* **40**(2), 272-289.
＊Smelser, N. J. 1996 Erik Erikson as social scientist. *Psychoanalysis & Contemporary Thought,* **19**(2), 207-224.
Smernou, L. E. 1993 Exploring the components of the self: Assessment of the place identity construct. *Dissertation Abstracts International,* **54**(2-B), 1147.
Smith, J. A. 1992 Self-construction: Longitudinal studies in the psychology of personal identity and life transitions. *Dissertation Abstracts International,* **52**

(11-B), 6125.
Smith, L. M., Mullis, R. L., & Hill, E. W. 1995 Identity strivings within the mother ; daughter relationship. *Psychological Reports,* **76**(2), 495-503.
Smith, L. R. 1992 Fear of success, racial identity attitudes and the academic performance of African-American adolescents. *Dissertation Abstracts International,* **52**(10-A), 3566.
Smith, M. E. 1994 Effects of U. S. policy from 1819-1934 on American Indian identity. *Dissertation Abstracts International,* **55**(4-A), 885.
Smith, R. W. 1996 Schooling and the formation of male students' gender identities. *Theory & Research in Social Education,* **24**(1), 54-70.
Smith, T. B. 1996 Racial identity and racial attitudes : Effects of two years of cross-cultural contact among male latter-day saint missionary sojourners. *Dissertation Abstracts International,* **57**(2-B), 1507
Smith, T. B., & Roberts, R. N. 1996 Prejudice and racial identity among white Latter-Day Saint college students : An exploratory study. *Psychological Reports,* **79**(3, Pt 1), 1025-1026.
Smyth, D. A. 1994 Religious consciousness and identity status in religious and non-religious young adults. *Dissertation Abstracts International,* **54**(9-B), 4957.
Smyth, L. F. 1994 Intractable conflicts and the role of identity. *Negotiation Journal,* **10**(4), 311-321.
Sniteman, S. B. 1993 Perceived parental acceptance related to self-esteem, GPA, sex-role identity, and substance use of adolescents from intact and reconstituted families. *Dissertation Abstracts International,* **54**(3-A), 1110.
＊Snow, M. S., White, J., Pilkington, L., & Beckman, D. 1995 Dissociative identity desorder revealed through play therapy : A case study of a four-year-old. *Dissociation : Progress in the Dissociative Disorders,* 8(2), 120-123.
Snyder, E. E., & Spreitzer, E. 1992 Social psychological concomitants of adolescents' role identities as scholars and athletes : A longitudinal analysis. *Youth & Society,* **23**(4), 507-522.
＊Snyder, P. J., Weinrich, J. D., & Pillard, R. C. 1994 Personality and lipid level difference associated with homosexual and bisexual identity in men. *Archives of Sexual Behavior,* **23**(4), 433-451.
＊Snyder, R., & Hasbrouck, L. 1996 Feminist identity, gender traits, and symptoms of disturbed eating among college women. *Psychology of Women Quality,* **20**(4), 593-598.
Sobel, A. D. 1992 Metaphor and identity in Shelley, Emily Brontee, and Keats. *Dissertation Abstracts International,* **52**(12-A), 4341.
＊Solity, J. 1993 Assessment through teaching : A case of mistaken identity. *Educational & Child Psychology,* **10**(4), 27-47.
＊Sorenson, E. A. 1995 Stigma and identity: A multiple case history of people with aids. *Dissertation Abstracts International,* **55**(8-B), 3602.

\*Soutter, A. 1996 A longitudinal study of three case of gender identity disorder of childhood successfully resolved in the school setting. *School Psychology International,* **17**(1), 49-57.

\*Spanos, N. P. 1994 Multiple identity enactments and multiple personality disorder: A sociocognitive perspective. *Psychological Bulletin,* **116**(1), 143-165.

\*Spanos, N. P., Burgess, Cheryl, A., & Burgess, M. F. 1994 Past-life identities, UFO abductions, and satanic ritual abuse: The social construction of memories. *International Journal of Clinical & Experimental Hypnosis,* **42**(4), 433-446.

\*Sparks, M. D. 1994 The relationship between eating disorders and ego identity development. *Dissertation Abstracts International,* **54**(8-B), 4408.

Sparks, P., & Shepherd, R. 1992 Self-identity and the theory of planned behavior: Assessing the role of identification with "green consumerism". *Social Psychology Quarterly,* **55**(4), 388-399.

Spears, S. 1995 The paradox of feminist identification: Role-identity and the reluctance to assume a feminist identity. *Dissertation Abstracts International,* **56**(4-A), 1535.

Speight, S. L., Vera, E. M., & Derrickson, K. B. 1996 Racial self-designation, racial identity, and self-esteem revisited. *Journal of Black Psychology,* **22**(1), 37-52.

\*Spunt, B. J. 1993 The link between identity and crime for the heroin addict in methadone treatment. *International Journal of the Addictions,* **28**(9), 813-825.

\*St. John, I. 1994 The theology of partnership: The application of female identity development concepts to a pastoral counseling approach for women. *Dissertation Abstracts International,* **55**(5-A), 1299.

Stachyra, M. F. 1993 Psychological differentiation, dentity development, and pregnancy risk in late adolescent college women. *Dissertation Abstracts International,* **54**(3-B), 1685-1686.

\*Stainback, S., Stainback, W., East, K., & Sapon-Shevin, M. 1994 A commentary on inclusion and the development of a positive self-identity by people with disabilities. *Exceptional Children,* **60**(6), 486-490.

Stairs, A. 1992 Self-image, word-image: Speculations on identity from experiences with Inuit. *Ethos,* **20**(1), 116-126.

Stalikas, A., & Gavaki, E. 1995 The importance of ethnic identity: Self-esteem and academic achievement of second-generation Greeks in secondary school. *Canadian Journal of School Psychology,* **11**(1), 1-9.

Stapel, D. A., Reicher, S. D., & Spears, R. 1994 Social identity, availability and the perception of risk. *Social Cognition,* **12**(1), 1-17.

Staskon, F. C. 1992 Stereotype change: Effects of group relevance and perceiver's social identity. *Dissertation Abstracts International,* **52**(12-B, Pt 1), 6702.

\*Steedly, M. M. 1996 The importance of proper names: Language and "national"

identity in colonial Karoland. *American Ethnologist,* **23**(3), 447-475.
＊Stefano, K. 1993 Identity development within a university gay and lesbian support group. *Dissertation Abstracts International,* **54**(3-B), 1697.
＊Stein, M. H. 1995 "Dilemmas of sexual and identity : A case of multiple identifications" : Response. *Journal of Clinical Psychoanalysis,* **4**(1), 75-76.
＊Steinberg, A., & Steinberg, M. 1994 Systematic assessment of dissociative identity disorder in an adolescent who is blind. *Dissociation : Progress in the Dissociative Disorders,* **7**(2), 117-128.
Steinberg, M., Cicchetti, D., Buchanan, J., & Rakfeldt, J. et al 1994 Distinguishing between multiple personality disorder (dissociative identity disorder) and schizophrenia using the structured clinical interview for DSM-IV dissociative disorders. *Journal of Nervous & Mental Disease,* **182**(9), 495-502.
＊Steinberg, M., & Steinberg, A. 1995 Using the SCID-D to assess dissociative identity disorder in adolescents : Three case studies. *Bulletin of the Menninger Clinic,* **59**(2), 221-231.
＊Stensson, J. 1992 Sexual identity and choice of sexual object : From bisexuality to implicate order. *International Forum of Psychoanalysis,* **1**(2), 93-97.
Stephen, J., Fraser, E., & Marcia, J. E. 1992 Moratorium-achievement (Mama) cycles in lifespan identity development : Value orientations and reasoning system correlates. *Journal of Adolescence,* **15**(3), 283-300.
Stets, J. E. 1995 Role identities and person identities : Gender identity, mastery identity, and controlling one's partner. *Sociological Perspectives,* **38**(2), 129-150.
Stets, J. E., & Burke, P. J. 1994 Inconsistent self-views in the control identity model. *Social Science Research,* **23**(3), 236-262.
Stevenson, H. C. 1995 Relationship of adolescent perceptions of racial socialization to racial identity. *Journal of Black Psychology,* **21**(1), 49-70.
Stewart, D. 1992 The relationship between racial identity attitudes and ego identity statues among Black high school students. *Dissertation Abstracts International,* **52**(8-B), 4512.
Stewart, S. 1993 Ego identity status in nurses. Dissertation Abstracts International, **54**(3-A), 837.
Stock-Ward, S. R. 1996 Women and anger : The roles of gender, sex role, and feminist identity in women's anger expression and experience. Dissertation Abstracts International, **56**(12-B), 7057.
Stoecker, R. 1995 Community, movement, organization : The problem of identity convergence in collective action. Sociological Quarterly, **36**(1), 111-130.
Stokes, J. E. 1995 The influence of race socialization on the group identity and self-esteem of african american youth. *Dissertation Abstracts International,* **55**(12-B), 5602.
Stoller, E. P. 1996 Sauna, sisu and sibelisu : Ethnic identity among Finnish

Americans. *Sociological Quarterly,* **37**(1), 145-175.
＊Stotts, A. L., DiClemente, C., Carbonari, J. P., & Mullen, P. D. 1996 Pregnancy smoking cessation: A case of mistaken identity. *Addictive Behaviors,* **21**(4), 459-471.
Street, J. M.-D. 1995 Erikson's stages of industry versus inferiority and identity versus identity diffusion: An examination of gender differences. *Dissertation Abstracts International,* **55**(7-A), 1883.
Streitmatter, J. 1993 a Gender differences in identity development: An examination of longitudinal data. *Journal of Adolescence,* **28**(109), 55-66.
Streitmatter, J. 1993 b Identity status and identity style: A replication study. *Journal of Adolescence.,* **16**(2), 211-215.
＊Stryker, S., & Serpe, R. T. 1994 Identity salience and psychological centrality: Equivalent, overlapping, or complementary concepts? *Social Psychology Quarterly,* **57**(1), 16-35.
＊Sturken, M. L. 1993 Cultural memory and identity politics: The Vietnam War, AIDS, and technologies of memory. *Dissertation Abstracts International,* **53**(7-A), 2148.
＊Sugar, M. 1995 clinical approach to childhood gender identity disorder. American Journal of Psychotherapy, **49**(2), 260-281.
Suinn, R. M., Ahuna, C., & Khoo, G. 1992 The Suinn-Lew Asian Self-Identity Acculturation Scale: Concurrent and factorial validation. *Educational & Psychological Measurement,* **52**(4), 1041-1046.
Sullivan, M. P., & Faust M. E. 1993 Evidence for identity inhibition during selective attention in old adults. *Psychology & Aging,* **8**(4), 589-598.
＊Sullivan, M. P., Faust, M. E., & Balota, D. A. 1995 Identity negative priming in older adults and individuals with dementia of the Alzheimer type. *Neuropsychology,* **9**(4), 537-555.
Sunderland, P. L. 1993 Cultural meanings and identity: Women of the African-American art world of a jazz. *Dissertation Abstracts International,* **53**(9-B), 5007.
Sundvik, L., & Lindeman, M. 1993 Sex-role identity and discrimination against same-sex employees. *Journal of Occupational & Organizational Psychology,* **66**(1), 1-11.
Swanson, D. P. 1994 Self-efficacy and racial identity: Effects of psychosocial processes on academic and behavioral problems. *Dissertation Abstracts International,* **55**(4-A), 915.
Swanson, J. L., Tokar, D. M., & Davis, L. E. 1994 Content and construct validity of the White Racial Identity Attitude Scale. *Journal of Vocational Behavior,* **44**(2), 198-217.
＊Swica, Y., Lewis, D. O., & Lewis, M. 1996 Child Abuse and Dissociative Identity Disorder/Multiple Personal Disorder: The Documentation of Childhood

Maltreatment and the Corroboratin of Symptoms. *Child & Adolescent Psychiatric Clinics of North America,* **5**(2), 431-447.

Swickert, M. L.1996 Perceptions regarding the professional identity of counselor education doctoral graduates in private practice. *Dissertation Abstracts International,* **56**(10-A), 3840.

Takashi, K. 1996 Language and desired identity in contemporary Japan. *Journal of Asian Pacific Communication,* **3**(1), 133-144.

Talpiyot, S. T. 1995 Family influences on the ethnic-religious identity of adult children of jewish-gentile mixed-marriages. *Dissertation Abstracts International,* **56**(2-B), 1142.

Tarver-Behring, S. 1994 White women's identity and diversity : Awareness from the inside out. *Feminism & Psychology,* **4**(1), 206-208.

Tatum, B. D. 1992 Talking about race, learning about racism : The application of racial identity development theory in the classroom. *Harvard Educational Review,* **62**(1), 1-24.

Taub, D. J., & McEwen, M. K. 1992 The relationship of racial identity attitudes to autonomy and mature interpersonal relationship in Black and White undergraduate women. *Journal of College Student Development,* **33**(5), 439-446.

Taylor, B. C. 1992 Elderly identity in conversation : Producing frailty. *Communication Research,* **19**(4), 493-515.

Taylor, C. M., & Howard-Hamilton, M. F. 1995 Student involvement and racial identity attitudes among African American males. *Journal of College Student Development,* **36**(4), 330-336.

Taylor, J., & Rogers, J. 1993 Relationship between cultural identity and exchange disposition. *Journal of Black Psychology,* **19**(3), 248-265.

Taylor, R. D., & Oskay, G. 1995 Identity formation in Turkish and American late adolescents. *Journal of Cross-Cultural Psychology,* **26**(1), 8-22.

＊Taylor, S., & Goritsas, E. 1994 Dimensions of identity diffusion. *Journal of Personality Disorders,* **8**(3), 229-239.

＊Taylor, V., & Raeburn, N. C. 1995 Identity politics as high-risk activism : Career consequences for lesbian, gay, and bisexual sociologists. *Social Problems,* **42**(2), 252-273.

＊Teasdale, C. 1993 The role of the clinical placement in art therapy training : Toward consolidating our professional identity. *Arts in Psychotherapy,* **20**(3), 205-212.

Teeple, C. M. 1996 The relationship between self-esteem, excessive attachment to a group identity, and attitudes toward acceptance of interpersonal violence and international nonviolent conflict resolution. *Dissertation Abstracts International,* **56**(11-B), 6410.

ten Dam, G., & Rijkschroeff, R. 1996 Teaching women's history in secondary

education : Constructing gender identity. *Theory & Research in Social Education,* **24**(1), 71-88.
*Tendler, R. 1995 The treatment of narcissistic injury in dissociative identity disorder patients : The contributions of self psychology. *Dissociation : Progress in the Dissociative Disorders.* **8**(1), 45-52.
*Tenenbaum, D. 1996 O eu, os objetos e a identidade. *Revista Brasileira de Psicanalise,* **30**(3), 667-690.
*Tenyi, T., & Ccizyne, C. N. 1993 The case of the crisis of adolescent identity induced by the movie "Exorcist.". *Psychiatria Danubina,* **5**(3-4), 303-305.
Terrell, B. L. 1994 Intimate identity : Female and male differences. *Dissertation Abstracts International,* **55**(1-B), 6597.
Terryberry, K. J. 1993 New England's cloister : Cultural conformity and the concept of gender identity in the stories for and about children by Mary E. Wilkins Freeman. *Dissertation Abstracts International,* **53**(11-A), 3913-3914.
*Tewksbury, R. 1994 "Speaking of someone with AIDS." : Identity constructions of persons with HIV disease. *Deviant Behavior,* **15**(4), 337-355.
*Theis, R. R. 1996 Family of origin, sex, gender identity, and diverging lines of narcissistic disturbance. *Dissertation Abstracts International,* **57**(4-B), 2889.
Theodorakis, Y. 1994 Planned behavior, attitude strength, role identity, and the prediction of exercise behavior. *Sport Psychologist,* **8**(2), 149-165.
*Thiel, M. J. 1996 Lesbian identity development and career experiences. *Dissertation Abstracts International,* **56**(12-A), 4665.
*Thobaben, J. R. 1994 The moral identity of traumatic brain injury survivors. *Dissertation Abstracts International,* **55**(5-A), 1283.
Thoits, P. A. 1992 Identity structures and psychological well-being : Gender and marital status comparisons. *Social Psychology Quarterly,* **55**(3), 236-256.
Thoits, P. A. 1995 Identity-relevant events and psychological symptoms : A cautionary tale. *Journal of Health & Social Behavior,* **36**(1), 72-82.
Thomas, A. 1994 Heterosexual feminist identities : Some reflections. *Feminism & Psychology,* **4**(2), 317-319.
Thomas, A. J. 1995 Racial identity and racial socialization attitudes of african-american parents. *Dissertation Abstracts International,* **56**(1-B), 0547.
Thomas, L. E. 1992 Identity, ideology and medicine : Health attitudes and behavior among Hindu religious renunciates. *Social Science & Medicine,* **34**(5), 499-505.
Thomas, M. R. 1995 The eriksonian model as a framework for the psychosocial assessment of the hiv positive individual. *Dissertation Abstracts International,* **56**(1-B), 0538.
Thompson, C. B. 1993 Speaking of identities : The presentation of American Indian experience. *Dissertation Abstracts International,* **54**(3-A), 935-936.
Thompson, C. E. 1994 Helms's White racial identity development (WRID) theory :

Another look. *Counseling Psychologist,* **22**(4), 645-649.
Thornburg, K. R., Ispa, J. M., Adams, N. A., & Lee, B. S 1992 Testing the simplex assumption underlying the Erikson Psychosocial Stage Inventory. *Educational & Psychological Measurement,* **52**(2), 431-436.
Tizard, B., & Phoenix, A. 1995 The identity of mixed parentage adolescents. *Journal of Child Psychology & Psychiatry & Allied Disciplines,* **36**(8), 1399-1410.
Tizard, B., & Phoenix, A. 1996 The identity of mixed parentage adolescents. *Annual Progress in Child Psychiatry & Child Development,* 551-566.
Tomlinson, C. A. 1996 Good teaching for one and all : Does gifted education have an instructional identity ? *Journal for the Education of the Gifted,* **20**(2), 155-174.
Torres Rivera, E. 1996 Puerto rican men, gender pole conflict, and ethnic identity. *Dissertation Abstracts International,* **56**(10-A), 4159.
Torresola, N. A. 1994 Psychological acculturation and the identity of Puerto Rican women in New York. *Dissertation Abstracts International,* **55**(4-B), 1692.
Tracy, K., & Carjuzaa, J. 1993 Identity enactment in intellectual discussion. *Journal of Language & Social Psychology,* **12**(3), 171-194.
Tracy, K., & Naughton, J. 1994 The identity work of questioning in intellectual discussion. *Communication Monographs,* **61**(4), 281-302.
Treiber, J. 1992 The construction of identity and representation of gender in four African novels. *Dissertation Abstracts International,* **53**(6-A), 1909-1910.
Trottier, G. 1995 Prostitution juvenile masculine et identite personnelle. *Dissertation Abstracts International,* **55**(7-A), 2154.
Troy, A. M. 1996 The relationship of ego identity, instrumentality, and expressiveness to life stress in young adult women. *Dissertation Abstracts International,* **57**(1-B), 0714.
＊Trujillo, K., Lewis, D. O., Yeager, C. A., & Gidlow, B. 1996 Imaginary Companions of School Boys and Boys with Dissociative Identity Disorder/Multiple Personality Disorder : A Normal to Pathologic Continuum. *Child & Adolescent Psychiatric Clinics of North America,* **5**(2), 375-391.
Trzebinska, E. 1992 Z badan nad rozwojem i funkcjonowaniem tozsamosci. *Przeglad Psychologiczny,* **35**(2), 195-206.
Trzebinska, E. 1995 The impact of social identity processes on majority ; minority relationships. *Polish Psychological Bulletin,* **26**(2), 145-153.
＊Tsegos, I. K. 1996 Fifty years of an amateur enthusiasm (on the avoidance of training and professional identity). *Therapeutic Communities : International Journal for Therapeutic & Supportive Organizations,* **17**(3), 159-166.
Tucker, A. B. 1995 Eriksonian psychosocial development and intimacy and individuation within family relationships of adopted women of differing search

status. *Dissertation Abstracts International,* **55**(8-B), 3570.

Turner, L. S. K. 1995 Type of acculturation, ethnic identity, and academic achievement in african american adolescents. *Dissertation Abstracts International,* **55** (11-A), 3458.

Turner, M. E., & Pratkanis, A. R. 1996 Social identity maintenance prescriptions for preventing groupthink : Reducing identity protection and enhancing intellectual conflict. *International Journal of Conflict Management,* **5**(3), 254-270.

Turner, M. E., Pratkanis, A. R., Probasco, P., & Leve, C. 1992 Threat, cohesion, and group effectiveness : Testing a social identity maintenance perspective on groupthink. *Journal of Personality & Social Psychology,* **63**(5), 781-796.

Turrini, P., & Mendell, D. 1995 Maternal lines of development : An aspect of gender identity . *Psychoanalytic Inquiry,* **15**(1), 92-111.

＊Tutkun, H., Yargic, L. I., & Sar, V. 1995 Dissociative identity disorder : A clinical investigation of 20 cases in Turkey. *Dissociation : Progress in the Dissociative Disorders,* **8**(1), 3-9.

＊Tutkun, H., Yargic, L. I., & Sar, V. 1996 Dissociative identity disorder as hysterical psychosis. *Dissociation : Progress in the Dissociative Disorders,* **9**(4), 244-252.

Twigger-Ross, C. L., & Uzzell, D. L. 1996 Place and identity processes. *Journal of Environmental Psychology,* **16**(3), 205-220.

Tyler, D. 1993 The relationship between competency and job role and identity among direct service counseling psychologists. *Dissertation Abstracts International,* **53**(11-A), 3807.

＊Tyson, G. M. 1992 Childhood MPD/dissociation identity disorder : Applying and extending current diagnostic checklists. *Dissociation : Progress in the Dissociative Disorders,* **5**(1), 20-27.

Tzeng, O. C. S., & Jackson, J. W. 1994 Effect of contact, conflict, and social identity on interethnic group hostilities. *International Journal of Intercultural Relations,* **18**(2), 259-276.

Tzuriel, D. 1992 The development of ego identity at adolescence among Israeli Jews and Arabs. *Journal of Youth & Adolescence,* **21**(5), 551-571.

Ugazio, V., & Castiglioni, M. 1995 Identita sociali e modelli di socializzazione a confronto. *Ricerche di Psicologia,* **19**(1), 79-106.

Uhler, B. D. 1994 The escalation of commitment in political decision-making groups : A social identity approach. *Dissertation Abstracts International,* **55**(4-B), 1713.

Upmanyu, V. V., & Upmanyu, S. 1994 Depression in relation to sex role identity and hopelessness among male and female Indian adolescents. *Journal of Social Psychology,* **134**(4), 551-552.

＊Valabrega. J.-P. 1995 Identite, identification, moi-ideal, ideal du moi. Les quatre fonctions Id. *Topique : Revue Freudienne,* **25**(56), 5-35.

Valde, G. A. 1996 Identity closure : A fifth identity status. *Journal f Genetic Psychology,* **157**(3), 245-254.

van den Berg, M. E. 1996 Ethnolinguistic identities and accommodation across generations in Taiwan. *Journal of Asian Pacific Communication,* **3**(1), 145-164.

＊van der Hart, O., Lierens, R., & Goodwin, J. 1996 Jeanne Fery : A sixteen-century case of dissociative identity disorder. *Journal of Psychohistory,* **24**(1), 18-35.

Van der Kwaak, A. 1992 Female circumcision and gender identity : A questionable alliance ? *Social Science & Medicine,* **35**(6), 777-787.

＊Van Dusseldorp, E. E. 1995 Validity of the dissociation indicators scale for assessing dissociative identity disorder. *Dissertation Abstracts International,* **56**(3-B), 1713.

Van Harte, E. L. 1995 The relationship of foreign country exposure to the cultural value-orientations and racial identity development of black south africans. *Dissertation Abstracts International,* **56**(40-B), 2357.

van Rappard, J. F. H. 1996 Meta matters : A comment on Agatti's proposal on the identity of theoretical psychology. *Theory & Psychology,* **6**(2), 293-300.

Vasta, E. 1993 Multiculturalism and ethnic identity : The relationship between racism and resistance. *Australian & New Zealand Journal of Sociology,* **29**(2), 209-225.

Vega, L. A. 1995 Differential effects of discrimination on the ethnic identity of mexican americans : The role of the person and the situation. *Dissertation Abstracts International,* **55**(8-B), 3640.

Velasco Ortiz, L. 1996 Identidad Etnica y Migracion : Indigenas en la Frontera Noroeste de Mexico. *Revista de Psicologia Social y Personalidad,* **9**(2), 59-66.

Velez, M. 1995 The relationship between ethnic identity and acculturation in a sample of puerto rican and chinese college students. *Dissertation Abstracts International,* **55**(11-B), 5089.

Verkuyten, M. 1992 Ethnic group preferences and the evaluation of ethnic identity among adolescents in the Netherlands. *Journal of Social Psychology,* **132**(6), 741-750.

Verkuyten, M. 1995 Self-esteem, self-concept stability, and aspects of ethnic identity among minority and majority youth in the Netherlands. *Journal of Youth & Adolescence,* **24**(2), 155-175.

Villanueva, A. G. 1993 Case studies of Chicano educators who have successfully transited the public school system and who have not lost their primary cultural identity. *Dissertation Abstracts International,* **53**(8-A), 3002.

＊Voisard, B. S. 1995 Self-disclosure in lesbian identity development. *Dissertation Abstracts International,* **56**(3-B), 1723.

Vondracek, F. W. 1992 The construct of identity and its use in career theory and research. *Career Development Quarterly,* **41**(2), 130-144.

Vondracek, F. W. 1995 Vocational identity across the life-span : A developmental-contextual perspective on achieving self-realization through vocational careers. *Man & Work,* **6**(1-2), 93-85.

Vondracek, F. W., Schulenberg, J., Skorikov, V., & Gillespie, L. K. et al. 1995 The relationship of identity status to career indecision during adolescence. *Journal of Adolescence,* **18**(1), 17-29.

Wade, J. C. 1996 African American men's gender role conflict : The significance of racial identity. *Sex Roles,* **34**(1-2), 17-33.

＊Waldner-Haugrud, L. K., & Magruder, B. 1996 Homosexual identity expression among lesbian and gay adolescents : An analysis of perceived structural associations. *Youth & Society,* **27**(3), 313-333.

Walker, K. 1994 Personal identity and the nature of persons. *Dissertation Abstracts International,* **55**(4-A), 989.

Walker, K. V. 1994 Racial identity development : A construct validity study. *Dissertation Abstracts International,* **55**(4-B), 1682

Walker, L. O., & Montgomery, E. 1994 Maternal identity and role attainment : Long-term relations to children's development. *Nursing Research,* **43**(2), 105-110.

Walker, L. 1996 Looking like what you are : Race, sexual style and the construction of identity. *Dissertation Abstracts International,* **57**(1-A), 0223.

Walker, M. 1993 Cultural identity and intergroup relations. *Dissertation Abstracts International,* **54**(1-A), 330.

Wallace-Broscious, A., Serafica, F. C., & Osipow, S. H. 1994 Adolescent career development : Relationships to self-concept and identity status. *Journal of Research on Adolescence,* **4**(1), 127-149.

＊Wallerstein, R. S. 1995 Locating Erikson in contemporary psychoanalysis : Commentary on Seligman and Shanok. *Psychoanalytic Dialogues,* **5**(4), 567-577.

＊Wallerstein, R. S. 1996 The identity of psychoanalysis : The question of lay analysis. *Bulletin of the Menninger Clinic,* **60**(4), 514-535.

＊Walsh, W. M. 1995 Social support factors of lesbians with a positive sexual identity. *Dissertation Abstracts International,* **56**(5-B), 2891.

＊Walters, G. D. 1996 Addiction and identity : Exploring the possibility of a relationship. *Psychology of Addictive Behaviors,* **10**(1), 9-17.

＊Walters, K. L., & Simoni, J. M. 1993 "Lesbian and gay male group identity attitudes and self-esteem : Implications for counseling" : Erratum. *Journal of Counseling Psychology,* **40**(3), 302.

＊Walters, K. L., & Simoni, J. M. 1993 Lesbian and gay male group identity attitudes and self-esteem : Implications for counseling. *Journal of Counseling Psychology,* **40**(1), 94-99.

Walters, K. 1996 Gender, identity, and the political economy of language : Anglophone wives in Tunisia. *Language in Society,* **25**(4), 515-555.

Wang, W., & Viney, L. L. 1996 A cross-cultural comparison of Eriksonian psychosocial development : Chinese and Australian children. *School Psychology International,* **17**(1), 33-48.
＊Want, V. D. 1995 The relationship of african-americans' racial identity attitudes to ratings of counselors varying in ethnic consciousness and race. *Dissertation Abstracts International,* **56**(6-B), 3469.
Ward, N. L. 1996 Aspects of 'racial' identity that impact academic achievement outcomes of african-american high school students. *Dissertation Abstracts International,* **57**(1-A), 0107.
Warfield, J. W. 1993 Late adolescent identity : Parent ; adolescent attachment and differentiation. *Dissertation Abstracts International,* **54**(4-B), 2231.
Warren, C. 1993 A "hard unwinking angry point of light" and" the fluctuation of starlight" : Female identity in the short fiction of Katherine Anne Porter and Eudora Welty. *Dissertation Abstracts International,* **54**(1-A), 183.
Warren, T. M. 1993 Ego identity status, religiosity, and moral development of Christian and state high school and college students. *Dissertation Abstracts International,* **53**(7-B), 3811.
＊Warwick, L. L. 1996 Relationality, lesbian identity, and rape recovery : Meanings made by three lesbian survivors of male rape. *Dissertation Abstracts International,* **57**(1-B), 0716.
＊Wash, G., & Knudson-Martin, C. 1994 Gender identity and family relationships : Perspectives from incestuous fathers. *Contemporary Family Therapy : An International Journal,* **16**(5), 393-410.
Wasson, K. A. 1993 Daughters of promise, mothers of revision : Three Jewish American immigrant writers and cultural inscriptions of identity. *Dissertation Abstracts International,* **53**(8-A), 2818-2819.
Watkins, J. M. 1993 An investigation of integration within identity in the context of the identity status paradigm. *Dissertation Abstracts International,* **53**(11-A), 3855.
＊Watney, S. 1993 Emergent sexual identities and HIV/AIDS. *AIDS : Facing the second decade,* 13-27.
Watson, P. J., Morris, R. J., & Hood, R. W. 1992 Quest and identity within a religious ideological surround. *Journal of Psychology & Theology,* **20**(4), 376-388.
Watson, T. J. 1996 How do managers think ? Identity, morality and pragmatism in managerial theory and practice. *Management Learning,* **27**(3), 323-341.
＊Watson, Z. E.-P. 1993 The relationship of therapist's ethnicity, psychotheoretical orientation and the client's stage of racial identity to the Black male's perception of the therapist. *Dissertation Abstracts International,* **54**(1-A), 95.
Watts, C. B. 1996 Interpersonal behavior and identity negotiation : an exploration of relationship networks. *Dissertation Abstracts International,* **57**(4-B), 2954.

Watts, R. J. 1992 Racial identity and preferences for social change strategies among African Americans. *Journal of Black Psychology,* **18**(2), 1-18.

Webb-Msemaji, R. 1996 The impact of african self-consciousness, ethnic identity, and racial mistrust on the seif-esteem of african-american adolescents. *Dissertation Abstracts International,* **57**(4-B), 2891.

＊Weber, J. C. 1996 Social class as a correlate of gender identity among lesbian women. *Sex Roles,* **35**(5-6), 271-280.

＊Weber, R. L. 1996 The differential diagnosis of factitious dissociative identity disorder. *Dissertation Abstracts International,* **57**(5-B), 3426.

Webster, C. B. 1995 Antiracism training through the exploration of white racial identity. Dissertation Abstracts International, 55(9-A), 2728.

＊Weille, K. L. 1993 Reworking developmental theory : The case of lesbian identity formation. *Clinical Social Work Journal,* **21**(2), 151-159.

Weinreich, P., Luk, C. L., & Bond, M. H. 1996 Ethnic stereotyping and identification in a multicultural context : "Acculturation", self-esteem and identity diffusion in Hong Kong Chinese university students. *Psychology & Developing Societies,* **8**(1), 107-169.

＊Weisberg, I. 1996 Erik Erikson : Generativity to the end. *International Journal of Communicative Psychoanalysis & Psychotherapy,* **11**(3-4), 61-72.

＊Weisz, C. 1996 Social identities and response to treatment for alcohol and cocaine abuse. *Addictive Behaviors,* **21**(4), 445-458.

Welbourne, T. M., & Cable, D. M. 1995 Group incentives and pay satisfaction : Understanding the relationship through an identity theory perspective. *Human Relations,* **48**(6), 711-726.

Wells, T. L. 1995 Learned effectiveness : The role of self-efficacy, racial identity and perceptions of racism in the adaptive functioning of african american youth. *Dissertation Abstracts International,* **56**(5-B), 2907.

＊West, L. J., & Martin, P. R. 1996 Pseudo-identity and the treatment of personality change in victims of captivity and cults. *Cultic Studies Journal,* **13**(2), 125-152.

Westle, B. 1992 Strukturen nationaler identitaet in Ost- und Westdeutschland. *Koelner Zeitschrift fuer Soziologie und Sozialpsychologie,* **44**(3), 461-488.

Whaley, A. L. 1993 Self-esteem, cultural identity, and psychosocial adjustment in African American children. *Journal of Black Psychology,* **19**(4), 406-422.

Wheeler, C. C. 1993 An exploration of the relationship of sexual identity in males to erotic fantasy. *Dissertation Abstracts International,* **53**(8-B), 4396.

＊Whipple, V. 1996 Developing an identity as a feminist family therapist : Implications for training. *Journal of Marital & Family Therapy,* **22**(3), 381-396.

＊Whisman, V. 1994 Lesbians, gay men, and difference : The meaning of choice in identity accounts. *Dissertation Abstracts International,* **54**(7-A), 2752.

White, A. B. 1995 A model of identity-intimacy development. *Dissertation*

Abstracts International, **55**(8-B), 3613.

White, A. M., Olivieira, D. F., Strube, M. J., & Meertens, R. H. 1995 The Themes Concerning Blacks (TCB) projective technique as a measure of racial identity : An exploratory cross-cultural study. *Journal of Black Psychology,* **21**(2), 104-123.

＊White, J. M., & Jones, R. M. 1996 Identity styles of male inmates. *Criminal Justice & Behavior,* **23**(3), 490-504.

Whitehead, C. 1992 Single mothers and their adolescent sons : The impact of marital status on self-esteem and sex-role identity. *Dissertation Abstracts International,* **52**(9-A), 3450.

Whitehead, J. M. 1996 Sex stereotypes, gender identity and subject choice at A-level. *Educational Research,* **38**(2), 147-160.

Whitney, D. J. 1996 The influence of racial identity and cultural values on responses to biodate employee items : An investigation of differential item functioning. *Dissertation Abstracts International,* **56**(10-B), 5813.

Wickes, K. L. 1994 Transracial adoption : Cultural identity and self-concept of Korean adoptees. *Dissertation Abstracts International,* **54**(8-B), 4374.

Wickrama, K., Conger, R. D., Lorenz, F. O., & Matthews, L. 1995 Role identity, role satisfaction, and perceived physical health. *Social Psychology Quarterly,* **58**(4), 270-283.

Wieber, R. J. 1995 An empirical study of the relationship between erikson's developmental stages of the monk and the monk's insight into the complementarity of the rule of benedict and the customs. *Dissertation Abstracts International,* **55**(9-B), 4159.

Wijeyesinghe, C. 1993 Towards an understanding of the racial identity of bi-racial people : The experience of racial self-identification of African-American/ Euro-American adults and the factors affecting their choices of racial identity. *Dissertation Abstracts International,* **53**(11-A), 3808.

＊Wilchesky, M., & Cote, H. 1996 Gender identity disorder : Creative ? Adaptive ? Or absurd ? *Canadian Journal of Human Sexuality,* **5**(4), 271-277.

＊Wilczenski, F. L. 1992 Coming to terms with an identity of "learning disabled" in college. *Journal of College Student Psychotherapy,* **7**(1), 49-61.

Wiley, G. D. 1995 Contextual and developmental factors associated with college students' self-perceived competence in romantic relationships : Consideration of parental divorce, identity development, and gender. *Dissertation Abstracts International,* **56**(3-B), 1723.

Wiley, M. G., & Crittenden, K. S. 1992 By your attributions you shall be known : Consequences of attribution accounts for professional and gender identities. *Sex Roles,* **27**(5-6), 259-276.

Wiljanen, L. M. 1996 Ego identity status, sex role, and career self-efficacy among male and female high school students. *Dissertation Abstracts International,* **56**

(4-A), 2619.
* Williams, T. 1994 Disability sport socialization and identity construction. *Adapted Physical Activity Quarterly*, **11**(1), 14-31.
Williams, Y. L. 1996 Economic identity : A measure of the salience of the economic self on marital happiness. *Dissertation Abstracts International*, **56**(12-A), 4952.
* Wills, S. M., & Goodwin, J. M. 1996 Recognizing bipolar illness in patients with dissociative identity disorder. *Dissociation : Progress in the Dissociative Disorders*, **9**(2), 104-109.
* Wilson, A. 1996 How we find ourselves : Identity development and two-spirit people. *Harvard Educational Review*, **66**(2), 303-317.
Wilson, J. A. 1992 The relationship between maternal role modeling and gender identity, marital satisfaction and role conflict for dual-career women with children. *Dissertation Abstracts International*, **52**(8-A), 2869.
Wilson, J. W. 1995 The relationship of self-concept and family cohesion to racial identity attitudes of black american college students. *Dissertation Abstracts International*, **55**(7-A), 1885.
Willson, K. L. 1993 Racial and feminist identity : Implications for racial sensitivity training with White college students. *Dissertation Abstracts International*, **53**(11-B), 6002.
Winefield, H. R., & Harvey, E. J. 1996 Psychological maturity in early adulthood : Relationships between social development and identity. *Journal of Genetic Psychology*, **157**(1), 93-103.
Winterowd, C. L. 1994 Vocational identity and career salience in mothers of infants. *Dissertation Abstracts International*, **54**(12-B), 6474.
Winters, K. A. 1993 The experience of divorced Roman Catholic women : Implications for the theology of the indissolubility of marriage and the development of identity. *Dissertation Abstracts International*, **54**(5-A), 1850.
Wires, J. W., Barocas, R., & Hollenbeck, A. R. 1994 Determinants of adolescent identity development : A cross-sequential study of boarding school boys. *Adolescence*, **29**(114), 361-378.
Wisbey, M. E. 1993 Women's sexual identity, self-concept, and development. *Dissertation Abstracts International*, **54**(6-A), 2061.
Woelfing, S. 1996 The use of identity-relevant functions of THINGS and PLACES in the context of migration : Short research note. *Swiss Journal of Psychology - Schweizerische Zeitschrift fuer Psychologie - Revue Suisse de Psychologie*, **55**(4), 241-248.
Woerner, S. L. 1994 Motivated social comparisons in organizations : Effects of identity enhancing and identity threatening information. *Dissertation Abstracts International*, **54**(9-A), 3520.
WoodBrooks, C. M. 1992 The construction of identity through the presentation of

self : Black women candidates interviewing for administrative positions at a research university. *Dissertation Abstracts International,* **52**(11-A), 3841.
＊Woods, J. D. 1992 The corporate closet : Managing gay identity on the job. *Dissertation Abstracts International,* **53**(5-A), 1325.
　　Woods, P. A. 1992 Racial identity and vocational orientation of Black college students as related to traditional of academic major choice and expressed occupational preference. *Dissertation Abstracts International,* **52**(11-A), 3900.
　　Woollett, A., Marshall, H., Nicolson, P., & Dosanjh, N. 1994 Asian women's ethnic identity : The impact of gender and context in the account of women bringing up children in East London. *Feminism & Psychology,* **4**(1), 119-132.
　　Worrell, F. C. 1995 The relationship of competence and identity to high school status : The dropout and the resilient at-risk student. *Dissertation Abstracts International,* **56**(5-A), 1716.
＊Wright, L. J. 1993 A study of deaf cultural identity through a comparison of young deaf adults of deaf parents and young deaf adults of hearing parents. *Dissertation Abstracts International,* **53**(7-A), 2558.
　　Wright, S. C., & Taylor, D. M. 1995 Identity and the language of the classroom : Investigating the impact of heritage versus second language instruction on personal and collective self-esteem. *Journal of Educational Psychology,* **87**(2), 241-252.
　　Wu, J. T. 1992 The relationship between ethnic identity and achievement motivation in Chinese Americans and Filipino Americans. *Dissertation Abstracts International,* **53**(2-B), 1100.
　　Wu, M.-S. R. 1995 College women's career commitment in relation to their ego identity status. *Dissertation Abstracts International,* **55**(12-A), 3752.
　　Wyatt-Brown, A. M. 1995 Creativity as a defense against death : Maintaining one's professional identity. *Journal of Aging Studies,* **9**(4), 349-354.
　　Yancey, A. K. 1992 Identity formation and social maladaptation in foster adolescents. *Adolescence,* **27**(108), 819-831.
　　Yanico, B. J., Swanson, J. L., & Tokar, D. M. 1994 A psychometric investigation of the Black Racial Identity Attitude Scale--Form B. *Journal of Vocational Behavior,* **44**(2), 218-234.
　　Yarbrough, S. L. 1992 Boundaries of the mind : The context. Boundaries of the mind : creativity, identity development and the nature of though--a workbook. *Dissertation Abstracts International,* **53**(2-B), 1086.
　　Yates, M. 1995 Community service and identity development in adolescence. *Dissertation Abstracts International,* **56**(5-B), 2908.
　　Yates, M., & Youniss, J. 1996 Community service and political-moral identity in adolescents. *Journal of Research on Adolescence,* **6**(3), 271-284.
　　Yeh, C. J., & Huang, K. 1996 The collectivistic nature of ethnic identity development among Asian-American college students. *Adolescence,* **31**(123), 645-661.

2. 外国におけるアイデンティティ文献一覧 (1992〜1996年)

Yi, S. H. 1992 The acquisition of national identity : A comparison of native and overseas Korean adolescents and adults. *Korean Journal of Child Studies,* **13** (2), 99-112.
Yi, S. H. 1994 The acquisition of national identity : A comparison among Korean adolescents living in Korea, China, Russian, and Japan. *Korean Journal of Child Studies,* **15**(1), 55-69.
Yoo, K. H. 1994 Sex-role development in late childhood and adolescence : Relationship among sex-role stereotypes, sex-role ideology, sex-role identity and self-esteem. *Korean Journal of Child Studies,* **15**(1), 127-144.
Young, K. G. 1993 The role of identity on college success : A case study of five African American women. *Dissertation Abstracts International,* **54**(3-A), 838.
Young, T. L. 1996 The relationship between attachment to parents and identity formation among late adolescents. *Dissertation Abstracts International,* **57**(4-B), 2912.
Yuh, J. 1996 Ethnic and ego identity among korean-american adolescents. *Dissertation Abstracts International Section A : Humanities & Social Sciences,* **57**(3-A), 1339.
Yzerbyt, V. Y., Leyens, J.-P. & Bellour, F. 1995 The ingroup overexclusion effect : Identity concerns in decisions about group membership. *European Journal of Social Psychology,* **25**(1), 1-16.
Zabielski, M. T. 1993 Recognition of maternal identity in preterm and fullterm mothers. *Dissertation Abstracts International,* **53**(9-B), 4595.
Zabielski, M. T. 1994 Recognition of maternal identity in preterm and fullterm mothers. *Maternal-Child Nursing Journal,* **22**(1), 2-36.
Zagora, M. A., & Cramer, S. H. 1994 The effects of vocational identity status on outcomes of a career decision-making intervention for community college students. *Journal of College Student Development,* **35**(4), 239-247.
Zaleski, Z. 1992 Ethnic identity and prosocial attitudes. *Journal of Psychology,* **126** (6), 651-659.
Zaleski, Z., & Ronowski, B. 1995 "Perception of Europe and European identity among Poles and Germans" : Errata. *Polish Psychological Bulletin,* **26**(1).
Zalewski, Z., & Ronowski, B. 1994 Perception of Europe and European identity among Poles and Germans. *Polish Psychological Bulletin,* **25**(4), 317-336.
Zimmerman, C. A. 1996 The relationship between parental attachment, family functioning, and identity formation in late adolescents. *Dissertation Abstracts International,* **57**(2-B), 1474.
Zinkhan, G. M. 1993 Advertising, design, and corporate identity. *Journal of Advertising,* **22**(4), VII-IX..
Zinni, F. P. 1993 Identity, context and the sense of injustice. *Dissertation Abstracts International,* **53**(9-A), 3357.
Zinni, F. P. 1995 The sense of injustice : The effects of situation, beliefs, and

identity. *Social Science Quarterly,* **76**(2), 419-437.

Zisenwine, D., Schers, D., & Levy-Keren, M. 1996 Adolescents and Jewish identity: A research note. *Israel Social Science Research,* **11**(2), 61-66.

Zmud, J. P. 1993 Ethnic identity, language, and mass communication: An empirical investigation of assimilation among United States Hispanics. *Dissertation Abstracts International,* **53**(12-A), 4122.

Zola, I. K. 1993 Self, identity and the naming question: Reflections on the language of disability. *Social Science & Medicine,* **36**(2), 167-173.

＊Zoroglu, S., Yargic, L. I., Tutkun, H., Ozturk, M., & Sar, V. 1996 Dissociative identity disorder in childhood: Five Turkish cases. *Dissociation: Progress in the Dissociative Disorders,* **9**(4), 253-260.

＊Zrzavy, H. C. 1996 Eric h. Erikson's epiphanies: An interpretive-interactionist study of select aspects of his life and work. *Dissertation Abstracts International,* **56**(10-A), 4015

Zucker, K. J., Bradley, S. J., & Ipp, M. 1993 Delayed naming of a newborn boy: relationship to the mother's wish for a girl and subsequent cross-gender identity on the child by the age of two. *Journal of Psychology & Human sexuality,* **6**(1), 57-68.

＊Zucker, K. J., Bradley, S. J., & Lowry Sullivan, C. B. 1996 Traits of separation anxiety in boys with gender identity disorder. *Journal of the American Academy of Child & Adolescent Psychiatry,* **35**(6), 791-798.

＊Zucker, K. J., Bradley, S. J., & Sullivan, C. B. L. 1992 Gender identity disorder in children. *Annual Review of Sex Research,* **3**, 73-120.

Zucker, K. J., Bradley, S. J., Sullivan, C. B. L., & Kuksis, M. et al. 1993 A gender identity interview for children. *Journal of Personality Assessment,* **61**(3), 443-456.

＊Zucker, K. J., Lozinski, J. A., Bradley, S. J., & Doering, R. W. 1992 Sex-typed responses in the Rorschach protokols of children with gender identity disorder. *Journal of Personality Assessment,* **58**(2), 295-310.

＊Zucker, K. J., Wild, J., Bradley, S. J., & Lowry, C. B. 1993 Physical attractiveness of boys with gender identity disorder. *Archives of Sexual Behavior,* **22**(1), 23-36.

＊Zywiak, W. H. 1996 Testing the self-description inventory's ability to identify individuals with dissociative identity disorder. *Dissertation Abstracts International,* **57**(6-B), 4087.

## 3．日本におけるアイデンティティ文献一覧（1992〜1996年）

天貝由美子　1995　高校生の自我同一性に及ぼす信頼感の影響　教育心理学研究，**43**, 364-371.
土肥伊都子　1996　ジェンダー・アイデンティティ尺度の作成　教育心理学研究，**44**, 187-194.
橋本広信　1996　続・生育史心理学の方法論的研究―Dan P. McAdamsによるアイデンティティのライフストーリーモデル―　創価大学大学院紀要，**18**, 185-201.
堀内和美　1993　中年期女性が報告する自我同一性の変化―専業主婦，看護婦，小・中学校教師の比較―　教育心理学研究，**41**, 11-21.
一丸藤太郎　1996　解離性同一性障害の心理力動と心理療法　広島大学教育学部紀要第一部，**45**, 153-161.
井上忠典・佐々木雄二　1992　大学生における自我同一性と分離-個体化の関連について　筑波大学心理学研究，**14**, 159-169.
井上忠典　1995　大学生における親との依存-独立の葛藤と自我同一性の関連について　筑波大学心理学研究，**17**, 163-173.
井上知子・三川俊樹・芳田茂樹　1996　大学生の自我同一性と親の養育態度認知との関連　追手門学院大学人間学部紀要，**2**, 1-21.
石谷真一　1992　自我同一性地位の再検討への試論―新たな同一性地位をめぐって―　京都大学学生懇話室紀要（別冊），**22**, 55-69.
石谷真一　1993　日本における男性の同一性形成の諸タイプについて　京都大学教育学部紀要，**39**, 290-302.
石谷真一　1994　男子大学生における同一性形成と対人的関係性　教育心理学研究，**42**, 118-128.
伊東秀子　1993　自我同一性混乱への過程の分析Ⅰ　四国大学紀要A人文・社会科学編，**1**, 39-47.
伊東秀子　1995　自我同一性混乱への過程の分析Ⅱ　四国大学紀要A人文・社会科学編，**3**, 169-177.
角川雅樹　1993　ラテンアメリカにおける日系人の心理―とくに，アイデンティティの視点から―　東海大学教育研究所紀要，**1**, 47-57.
金子俊子　1995　青年期における他者との関係のしかたと自己同一性　発達心理学研究，**6**, 41-47.
金子俊子　1996　自己-他者関係尺度（改訂版）の作成―青年期の他者関係と同一性の再検討―　甲南女子大学大学院心理学年報，**14**, 95-108.
菊地孝則　1993　アイデンティティと抑うつ態勢　精神分析研究，**37**, 76-84.
前川あさ美・無藤清子・野村法子・園田雅代　1996　複数役割をもつ成人期女性の葛藤と統合のプロセス　Women's Studies研究報告，**16**, 東京女子大学女性学研究所.
宮本真巳　1995　「異和感」と援助者アイデンティティ　日本看護協会出版会.
宮下一博　1996　学習塾・稽古事への通塾経験及び経験が青年のアイデンティティ発達に及ぼす影響　千葉大学教育学部研究紀要，**44**, 1-12.

室田洋子　1992　アイデンティティ・クライシスと家族—心理臨床の視点より—　青葉学園短期大学紀要, **17**, 91-102.
村瀬孝雄　1995　自己の臨床心理学2, アイデンティティ論考　誠信書房.
名島潤慈・原田則代・井田博子　1994　中年期の自我同一性に関する研究の展望（Ⅰ）熊本大学教育学部紀要人文科学, **43**, 291-306.
名島潤慈・井田博子・佐藤直子・原田則代　1996　中年期の自我同一性に関する研究の展望（Ⅱ）Eriksonの内的空間説の問題　熊本大学教育実践研究, **13**, 85-89.
西川隆蔵　1992　パーソナリティの開放性-閉鎖性に関する研究—RasmussenのEISによる自我同一性との関係について—　帝塚山学院大学研究論集, **27**, 68-83.
西川隆蔵　1993　大学生における自己の2面性の研究—自我同一性，自己評価的意識との関係—　学生相談研究, **14**, 1-10.
岡本祐子　1993　アイデンティティ論からみた中年期の危機と発達，発達, **54**, 29-36.
岡本祐子　1994　成人期における自我同一性の発達過程とその要因に関する研究　風間書房.
岡本祐子　1995a　成人期のアイデンティティ発達における「関係性」の側面について—理論的展望と生活レベルに見られる2，3の問題—　広島大学教育学部紀要第二部, **44**, 145-154.
岡本祐子　1995b　中年期の職場不適応事例にみられたアイデンティティ危機とその再体制化　心理臨床学研究, **13**, 321-332.
岡本祐子　1996a　老年期のアイデンティティ様態と「人生の統合」の課題達成について—老年期のアイデンティティ様態の類型化と心理社会的課題達成の特徴—　文部省科学研究一般研究（B）平成5，6，7年度研究報告書「ライフサイクルにおけるアイデンティティの再編過程に関する研究」, 85-99.
岡本祐子　1996b　育児期における女性のアイデンティティ様態と家族関係に関する研究　日本家政学会誌, **47**, 849-860.
小沢一仁　1995　アイデンティティ論から物語論への模索　帝京学園短期大学研究紀要, **7**, 29-36.
小沢一仁　1996　自己理解のためのアイデンティティ概念の捉え直しの試み　東京工芸大学工学部紀要, **19**, 28-39.
佐々木万丈　1995　本校学生における青年の心理社会的発達課題についての一考察—自我同一性と職業決定に係わるモラトリアムについて—　仙台電波工業高等専門学校研究紀要, **25**, 1-10.
佐々木万丈　1996　本校学生の職業に対する同一性地位とその特徴—第5学年学生の場合—　仙台電波工業高等専門学校研究紀要, **26**, 101-106.
佐藤公代・赤澤淳子・寺川夫央　1996a　青年期女子における自我同一性と性役割意識に関する研究—将来希望するライフスタイルによる差異の検討を中心として—　愛媛大学教育学部紀要教育科学, **42**, 47-60.
佐藤公代・赤澤淳子・寺川夫央　1996b　青年期における自我同一性の感覚と役割受容および充実感との関係　愛媛大学教育学部紀要教育科学, **43**, 81-91.
城野靖恵　1995　アイデンティティの揺らぎ，狂気恐怖を訴える女子青年との面接過程：「巻き込まれる」ことの意義　心理臨床学研究, **13**, 62-74.

杉村和美　1993　現代女性の中年期―〈アイデンティティ〉の視点から―　発達, **54**, 37-44.

杉村和美　1996　関係性の観点からアイデンティティ形成をとらえる試み　日本青年心理学会第4回大会論文集, 29-30.

杉山成　1994　時間次元における諸自己像の関連性と自我同一性レヴェル　教育心理学研究, **42**, 209-215.

鈴木一代・藤原喜悦　1992　国際家族の異文化適応・文化的アイデンティティに関する研究方法についての一考察　東和大学紀要, **18**, 99-112.

鈴木一代・藤原喜悦　1993　国際児の文化的アイデンティティ形成についての事例的研究　東和大学紀要, **19**, 123-136.

鈴木隆男　1996　保育者志望時期とIdentity得点の関係　保母養成研究, **14**, 13-19.

平直樹・川本ひとみ・慎栄根・中村俊哉　1995　在日朝鮮人青年にみる民族的アイデンティティの状況によるシフトについて　教育心理学研究, **43**, 380-391.

高木秀明・張日昇　1992　親子関係, 友人関係と自我同一性の関連に関する日中青年の比較研究　横浜国立大学教育学部教育実践研究指導センター紀要, **8**, 167-188.

高橋裕行　1992　今後の同一性地位研究の展望　福井大学教育学部紀要Ⅳ教育科学, **44**, 83-101.

高橋裕行　1995　職業的同一性と価値的同一性との関連　福井大学教育学部紀要Ⅳ教育科学, **49**, 45-58.

鑪幹八郎　1996　ライフサイクルにおけるアイデンティティの再編過程に関する研究　文部省科学研究一般研究（B）平成5, 6, 7年度研究報告書（課題番号：05451021）.

鑪幹八郎　1996　精神分析家アイデンティティにおける訓練と理論と臨床経験　精神分析研究, **40**, 170-175.

鑪幹八郎・馬場禮子　1993　特集「アイデンティティ」精神分析研究, **37**, 10-120.

鑪幹八郎・宮下一博・岡本祐子　1995　アイデンティティ研究の展望Ⅲ　ナカニシヤ出版.

鑪幹八郎・西園昌久・馬場禮子　1996　治療者のアイデンティティとライフサイクル　精神分析研究, **40**, 170-187.

時津倫子　1996　「中国残留婦人」のライフストーリーによるアイデンティティ研究　早稲田大学大学院教育学研究科紀要別冊, **4**, 39-50.

豊嶋秋彦・石永なお美・遠山宜哉　1993　"いじめ"への対処と大学生期の適応（Ⅰ）―女子学生における過去の「いじめ・いじめられ体験」と自我同一性―　弘前大学保健管理研究, **15**, 19-45.

豊嶋秋彦・遠山宜哉・芳野晴男　1994　高校期・大学受験期の生活体制と大学生期の適応（Ⅰ）―入学直後の適応および自我同一性との関連性―　弘前大学保健管理研究, **16**, 5-34.

豊嶋秋彦　1995　自我同一性の発達的変化と学校教育・教育相談（Ⅱ）―大学期における同一性地位の発達―　弘前大学保健管理研究, **17**, 5-28.

辻河昌登　1995　精神医療における臨床心理士のアイデンティティについて―ある単科精神病院における心理臨床活動から―　広島大学教育学部紀要第一部, **44**, 141-

148.

都筑学　1993　大学生における自我同一性と時間的展望　教育心理学研究, **41**, 40-48.

山口快生・長尾博　1995　女子大生における自我同一性の発達　福岡女子大学文学部紀要, 59, 109-118.

山口利勝　1996　聴覚障害学生における自己意識形成および現在の自己意識とアイデンティティ形成との関連についての研究　広島大学教育学部紀要第一部, **45**, 139-144.

吉田圭吾　1994　Erikson, E. H.のライフ・サイクル論におけるgenerativityについて―登校拒否男児の母親の事例研究を通して―　神戸大学発達科学部研究紀要, **2**, 21-32.

芳田茂樹　1992　短期大学進学決定要因と自我同一性地位との関連について　大手前女子短期大学・大手前栄養文化学院・大手前ビジネス学院「研究集録」, **12**, 26-43.

芳田茂樹・井上知子・三川俊樹　1994　性役割形成と自我同一性地位及び価値観との関連―女子短期大学生と女子4年制大学生との比較―　大手前女子短期大学・大手前栄養文化学院・大手前ビジネス学院「研究集録」, **14**, 29-48.

吉川成司　1995　文化的実践への参加としての〈問題解決〉の教授・学習論―アイデンティティ生成とコミュニティ形成の相即的展開―　創価大学教育学部論集, **38**, 37-57.

和田実　1996　同性への友人関係期待と年齢・性・性役割同一性との関連　心理学研究, **67**, 232-237.

(注) 学会発表論文集に掲載されたものは，第Ⅳ章に引用した文献以外は，この一覧表からは割愛した。

## あとがき

　「アイデンティティ研究の展望」第Ⅰ巻を出版したのは，1984年のことであった。それ以来，今日まで18年間，諸外国と我が国におけるアイデンティティに関する研究文献を総覧して展望した「アイデンティティ研究の展望」シリーズを継続して刊行してきた。ここに第Ⅵ巻を出版できたことは大変幸いなことであると思っている。

　この「アイデンティティ研究の展望」シリーズが，アイデンティティに関心をもつ多くの研究者や学生の間で重要な参考文献として利用されていることを耳にし，私たちの努力が報いられていることを心からうれしく思っている。すでに何度も述べてきたことであるが，このような展望をまとめるには，たくさんの協力者と膨大な労力が必要である。その点，これまで継続してこの仕事をやってこれたことは，大変幸運であった。

　本書第Ⅵ巻から，これまでの広島大学のアイデンティティ研究グループに加えて，執筆者一覧に掲載した他大学の先生方にもご参加いただいた。いずれもアイデンティティの研究をライフワーク・テーマとして，第一線で研究を進めておられる方々である。また本書には，このシリーズの既巻からのメンバーとともに，それぞれのメンバーの研究室で育った若手の研究者や大学院生も新しく執筆者として加わっている。したがって，第Ⅵ巻より各領域ごとに編集責任者を定め，若手の執筆者の指導と論文のとりまとめをお願いした。編集責任者の方々には，心より御礼を申し上げたい。

　本書の作成に関しては，これまでと同じかたちで共同作業を行った。全体の編集は，編者の3名，鑢幹八郎，岡本祐子，宮下一博が行った。さらに岡本は，文献の収集とコピー，担当者間の連絡，調整，全体の構成にわたるチェックを行った。宮下は，文献一覧のチェックなど，細かい注意力を必要とする作業を行った。最終的な校正は，岡本と宮下が行った。

　それぞれの章の編集責任者と執筆者は，次ページに記載したとおりである。

このように,「アイデンティティ研究の展望」シリーズは,3代にわたって継続されることとなった。今後も,アイデンティティ研究が若い研究者に引き継がれ,さらに発展していくことを願っている。

 本書の出版には,これまでと同様,多くの人々のご援助をいただいた。特に,外国文献の収集には,広島大学中央図書館相互利用係の皆さんに多大なるご協力をいただいた。最後に,いつも出版を励ましてくださっているナカニシヤ出版編集長の宍倉由高氏には心から感謝を申し上げたい。

2002年7月1日

編者一同

## 人名索引

[A]

Abrams, D.　259
Adams, G. R.　39,40,41,54,60,67,68,70
Adams, L. J.　113,119
Adamson, L.　68,72
Adelmann, P. K.　254,256
Adorno, T. W.　43,45
Ahuna, C. L.　42
赤澤淳子　286
Akers, J. F.　40
Akhtar, S.　162,163
秋山光和　7,8
Alchek, M. H.　244,251
Alvesson, M.　114,119
天貝由美子　284,288,289
Amyot, R. P.　181,183
Anastasio, P. A.　162
Anderson, D. F.　50
Andrejeva, L.　170
Andrews, L. E.　240
Aragon, M.　129
Archer, S. L.　93
Arroyo, C. G.　195,198
Atkinson, D. R.　158

[B]

馬場禮子　279,280,300,301,302,303
Bachman, B. A.　162
Bagley, C. A.　189
Balistreri, E.　43,45,49
Banks, M. H.　90,91
Bargad, A.　211
Bartle-Haring, S.　212,215
Baumeister, R. F.　54,59,60
Baxter, J.　138,139
Beattie, J.　228

Beit-Hallahmi, B.　182
Bem, S. L.　226,231,234
Bennett, S. K.　158
Benson, M. J.　95,96
Bernal, M. E.　165,168
Berry, J. W.　143,145
Berzonsky, M. D.　61,62,63,64,65,83,84,86,89
Bhushan, R.　99
Birkenfield-Adams, A.　50
Bisagni, G. M.　105
Blash, R. R.　194,196
Blasi, A.　67,70
Block, C. J.　158,159
Blustein, D. L.　90,91,122
Bollman, S. R.　107,108
Bosma, H. A.　75
Bourhis, R. Y.　264
Bowles, D. D.　201,203
Bradley, S. J.　50,213
Brannen, R.　129,134
Branscombe, N. R.　264
Breinlinger, S.　267
Brewer, B. W.　115
Brisbin, L. A.　39,40
Brittain, V.　245,248
Brookins, C. C.　42,48,186,190
Brown, E. B.　221
Brown, U. M.　200,202,203
Bruch, M. A.　84,86,89
Bruss, K. V.　124,126
Bultena, G.　256
Burke, P. C.　244,251,252
Burke, P. J.　231
Busch-Rossnagel, N. A.　43
Bush, N. F.　96,97,98

Butler, R. N.　253
Buysse, V.　126,134

[C]

Caldwell, L. L.　75
Cameron, J. E.　162
Campbell, C. M.　259,260,261
Canetto, S. S.　44,46,49
Carrington, B.　181,184
Carter, R. T.　144,146,158,159,192
Castor-Scheufler, M.-G.　212,214
Cataldo, M.　210
Chartrand, J. M.　54
Ching, K. L.　155
張　日昇　299
Choney, S. K.　42,48,49
Chou, E. L.　143,144
Clancy, S. M.　62,65,84,88
Clement, R.　178
Cohen, C. R.　54,57
Coleman, J.　264
Colley, A. M.　226,228
Condon, R. G.　216,220
Conger, R. D.　247
Conoley, C. W.　113
Cooper, C. R.　92
Cooper, M. L.　115
Copeland, E. J.　189
Corbett, M. M.　159,160
Cota, M. K.　165,168
Côté, J. E.　55,60,79
Cotrell, G. L.　155,156
Cottle, T. J.　288
Crisp, R.　149,150
Crittenden, K. S.　139,140
Crocker, J.　182

Cronbach, L. E.   42, 44, 45, 46, 48
Cross, W. E.   186, 187
Crowne, D. P.   43, 45
Csepeli, G.   170
Cychosz, C. M.   50
〔D〕
Damji, T.   217, 220
Darlin, L. K.   103
Darling-Fisher, C. S.   41, 44, 45, 49
Davidson, J. R   161, 163
Davidson, R. B.   67
Davis, L. E.   42
Dawson, P.   106
Day, H. D.   97
de Goede, M.   68
de Leon, B.   216, 219, 320
Deaux, K.   259, 260, 261, 262, 267
Debra, A. N.   158
DeGarmo, D. S.   105, 247
Dekovic, M.   58, 66, 73, 75
Dell, D. M.   188
Derrickson, K. B.   193
Derry, P. S.   128, 133
Diessner, R.   73, 74, 77
Dietz-Uhler, B.   270
Dietz-Uhler, B. L.   227, 269
Dinur, R.   182, 184
Dion, K. L.   261
Dittmar, H.   228
Diwan, N. A.   227
土肥伊都子   285, 292
Dollinger, S. J.   62, 65, 84, 88
Dorn, F. J.   119, 120
Dosanjh, N.   176
Dougher, K.   85
Dovidio, J. F.   162

Dray, T.   232, 234
Dunne, M.   209
Duran-Aydintug, C.   106
〔E〕
Eckenrode, J.   105
Edward, P.   256
Ely, R. J.   212, 214, 218, 238
Enright, R. D.   68
Epstein, A.   182, 184
Erikson, E. H.   2, 27, 41, 43, 44, 45, 49, 53, 54, 59, 60, 65, 67, 71, 73, 77, 82, 87, 99, 109, 110, 117, 179, 184, 205, 206, 207, 240, 241, 242, 245, 248, 249, 251, 253, 255, 259, 279, 280, 281, 282, 287, 288, 289, 293, 295, 296, 304
Erikson, J. M.   296
Ernest, C. M.   255
Erwin, T. D.   99
Ethier, K. A.   260, 267
Evans, K. M.   190
Ewing, K. M.   192
〔F〕
Fagan, T. K.   127, 132
Farber, B. A.   205
Farsides, T.   260
Félix-Ortiz, M.   166, 167
Fiese, B. H.   99
Fischer, C. B.   75
Fisher, J. L.   205
Flum, H.   52, 53, 54, 56, 57
Franz, C. E.   240, 245, 248, 280
Fraser, E.   80
Friese, S.   228
Frone, M. R.   115, 116
藤原喜悦   299, 300
〔G〕
Gaertner, S. L.   162, 163

Gagnon, A.   264
Gale, M. T.   227
Galindo, R.   129, 134
Galloway, R. J.   233
Gandhi, M.   59
Gans, H.   180
Garza, C. A.   165
Gebelt, J. L.   67
Gehlert, K.   120, 123
Geisinger, K. F.   43
Gerken, L. D.   121, 123
Gianakos, I.   233, 234
Gillespie, L. K.   85
Gilligan, C.   73, 74, 77, 86, 205, 214, 282
Giudice, M. E.   108, 111
Glisan, M. H.   161, 162
Glodis, K. A.   67, 70
Goktepe, J. R.   226
Gold, J. M.   43
Goossens, L.   89
Gorbeña, S.   49, 50, 51
Grant, P. R.   263, 264
Green, K. E.   90, 92
Grotevant, H. D.   39, 40, 45, 46, 49, 74, 87, 88, 89, 91, 92
Grube, J.   197
Gubkin, R.   235, 236
Gurin, P.   166, 167
Gurman, E. B.   138, 139, 226, 227, 231
Gushue, G. V.   158, 192
Gutmann, D. L.   218
〔H〕
Haigler, V. F.   97
Halpen, T. L.   241, 243, 249
Hamachek, D.   43, 240
Hamer, R. J.   84, 86, 89
Hardie, E. A.   236
Harnish, R.   267

| | | |
|---|---|---|
| Harris, A.   201 | Hunter, J. A.   263,265 | Kannerstein, D.   125,136 |
| Harris, A. C.   209,210, 217,219,220 | Hunton-Shoup, J.   67 | Karp, G. G.   127,134 |
| | Hursh, P.   108,110 | Kashlakeva, N.   170 |
| Harris, D.   199 | Hurtado, A.   166,167,168 | Kassabian, L.   155,156 |
| Harris, P. B.   96 | Huston, T. L.   74 | Kateb, C.   222 |
| Harris, T. A.   228 | Huttunen, J.   96 | 加藤　厚　283,284,285,287, 288,299 |
| Harry, B.   115,119 | Hyde, J. S.   211 | |
| Hart, L. E.   232,234 | 〔I〕 | Kawakami, K.   261 |
| Harvey, E. J.   76 | Ichiyama, M. A.   155,156 | 川本ひとみ　299 |
| Haviland, J. M.   67,71 | Iedema, J.   66,68 | 数井みゆき　98 |
| Hearn, R. S.   253,255 | Imbimbo, P. V.   109,111 | Keen, P. T.   140 |
| Helmreich, R. L.   74 | 井上忠典　284,290 | Kegan, R.   61,241,243 |
| Helms, J. E.   42,44,47,48, 141,142,144,146,157, 159,160,186,221,222 | 井上知子　285 | Kelly, C.   267 |
| | Ipp, M.   213 | Kerwin, C.   200,201,203 |
| | 石永なお美　283,289 | Khoo, G.   42 |
| Helson, R.   245 | 石谷真一　283,287 | Killifer, C.   170 |
| Hemphill, D. M.   226 | 伊藤勝彦　24,25 | King Jr., M. L.   59 |
| Henry, P.   124,127 | Ivey, A. E.   130 | Kishton, J. M.   53,59 |
| Herd, D.   197 | Iwamasa, G.   142,147,148 | Kitson, G. C.   247 |
| Hernandez, T. J.   143,148 | 〔J〕 | Kivisto, P.   180,181 |
| Herr, E. L.   190 | Jackman-Wheitner, L. R. 115,117 | Kivnic, H. Q.   296 |
| Hiebert, B.   125,130 | | Kleiber, D. A.   75 |
| Hien, D. A.   222 | Jackson, B. L.   201 | Kleinplatz, P.   221,222 |
| Hittelman, G. J.   242,251 | Jackson, L. A.   266,267, 268 | Knight, G. P.   165,168 |
| Hodge, C. N.   267 | | Knowles, J.   57 |
| Hodgson, J. W.   205 | Jacobsen, B. R.   121,123 | Kodama, K.   43,46,49 |
| Hoffman, J. J.   67 | James, J. B.   212,214,218 | Kohatsu, E. L.   175,176 |
| Hofman, J. E.   182 | James-Myers, L.   192 | Kohlberg, L.   73,74,75,86 |
| Hofstad, M. E.   160,161 | Jarecke, P. M.   222,224 | Kopala, M.   124,126 |
| Hofstra, G.   85 | Jenkins, E. A.   223,225 | Kopper, B. A.   223,225 |
| Hogg, M. A.   259,260 | Jimenez, P.   105,106,107 | Krein, L. K.   209,210 |
| Holland, J. L.   74,117, 118,151 | Jones, R. M.   39,40,41,70 | Kroger, J.   74,77,78,80, 81,82,90,92,93 |
| | Joseph, C.   147 | |
| Hoover, R. M.   125,136 | Josselson, R. L.   207,241, 258,280,281 | Krumov, K.   170 |
| Hopkins, L. B.   251 | | Krupnick, R. N.   114,116 |
| Horenczyk, G.   182,183 | Jowdy, D. P.   54,121,122 | Kuhn, M. H.   170 |
| Horst, E. A.   205,206,208 | Jung, C. G.   218 | Kukreja, S.   209,210 |
| Horton, M. S.   224 | 〔K〕 | Kuksis, M.   50 |
| Howard, M. L.   265 | 角川雅樹　299,300 | Kurian, G.   209,210 |
| Hubley, A. M.   255,257 | Kalakoski, V.   75 | 〔L〕 |
| Hultsch, D. F.   255,257 | 金子俊子　284,285,287 | Lachman, M.   214 |

417

Lalonde, R. N.　162,266,
　267
Larsen, K. S.　170,173
Lavoie, J. C.　53,61
Lawrence, D.　125,135
Lee, C. M.　217,220
Lee, H. K.　176
Leidy, N. K.　41,44,49
Lemon, R. L.　44,47,48,49
Leonard, M. M.　222
Leong, F. T. L.　143,144
Leung, S. A.　113,117,151
Leve, C.　267
Levin, R.　182,184
Levine, C.　79
Levinson, D. J.　293
Levitt, M.　212,214
Lewkowicz, C.　214
Libhaber, J.　214
Lindeman, M.　232,234
Lobar, S. L.　103
Loevinger, J.　67,70
Logan, J. R.　254,256,257
Long, K.　138,139,226,
　227,231
Lopez, F. G.　66,67
Lorenz, F. O.　247
Lucente, R. L.　206,208
Luhtanen, R. K.　182
Lyxell, B.　68,72
〔M〕
前川あさ美　294,296,297
Main, M.　95,98
Makkar, J. K.　194,196
Mann, T. D.　206,207,225
Manus, M.　67
Marcia, J. E.　46,52,53,
　56,65,66,74,77,79,80,
　81,178,206,207,243,
　280,282
Markland, S. R.　99

Markstrom–Adams, C.
　85,87
Marshall, D. D.　97
Marshall, H.　176
Marshall, S.　198,199
Marshall, S. K.　54,60
Marsiglio, W.　103
Matteson, D. R.　74
Matthews, L.　247
Matula, K. E.　73,74
Mayer, E. L.　206,208
Mayes, C. A.　119,120
McCarrey, M.　222
McEwen, M. K.　188
McFadyen, R. G.　149,150
McGowen, K. R.　232,234
McMurray, N. E.　236
McPartland, T. S.　170
McQuarrie, E. F.　155
Meertens, R. H.　51
Meeus, W.　55,58,66,68,
　73,75
Menefee, L. A.　142
Menezes, L.　227
三川俊樹　285
Miller, H.　53,59
Miller, J. B.　282
Millward, L. J.　129,137
Milton, K.　70
Minton, C.　102,104
Minuchin, S.　100,101
Mio, J. S.　142,147,148
Mitchell, J.　50
Mitchell, S. L.　188
宮本真巳　284,292
宮下一博　286,289,300,302
Mizrahi, K.　260
Money, J.　207,208
Moore, R. L.　127,134
Morales, P. C.　141,143
Morgan, E.　205

森　有正　1-26
Morris, N. E.　165,167
Munford, M. B.　190
Munson, W. W.　120,122
村瀬孝雄　301,303
Muraven, M.　54,59,60
Murphy, G. M.　115,118
Murrell, A. J.　227
無藤清子　294,296
Mutran, E. J.　244,250
Myers, H.　166
〔N〕
長島貞夫　283
中村俊哉　299
中村雄二郎　4
中西信男　284
Nefzger, B.　180,181
Neimeyer, G. J.　83,84
Nelson, E. S.　99
Newcomb, M. D.　166
Newman, B. M.　53,59
Newman, P. R.　53,59
Ng., S. H.　209,211
Nicholas, L.　143,148
Nicolson, P.　176
Nikolic, J.　70
Nisan, M.　182,183
西平直喜　52,59
西川隆蔵　282,283
Nishimura, M.　168,169
西園昌久　302,303
Noel, J. G.　264
Noels, K. A.　178,179
野村法子　294,296
Norman, E. M.　126,136,
　148,149
Northam, S. J.　113,118
Noumair, D. A.　122
Nurmi, J.-E.　66,75,77
〔O〕
Ocampo, K. A.　165

O'Connell, A. N.　251
O'Connor, B. P.　68, 69, 70, 243
大野　久　59
岡本祐子　250, 280, 281, 293, 294, 295, 296, 298, 300, 301, 302, 303
Olivieira, D. F.　51
Olson, D. H.　99, 101
Orlofsky, J. L.　76, 77, 206, 207
Osipow, S. H.　114
Oskay, G.　177, 179
Ossana, S. M.　221, 222
Ostrove, J.　245
Ottavi, T. M.　142, 158, 160
小沢一仁　281, 282
〔P〕
P, S.　228, 230
Parham, T. A.　147, 186, 187, 189
Parker, R. A.　215, 219
Parks, E. E.　159, 192
Pasley, K.　102, 104
Patterson, L. A.　162, 164
Patterson, S. J.　84, 86?
Peaff, S.　171, 173
Pearlin, L.　230
Peck, D. C.　114, 116
Peng, T.　166
Perez, J. M.　242, 250
Perlman, F. T.　128, 131
Perosa, L. M.　100, 101
Perosa, S. L.　100, 101
Petitpas, A. J.　115
Petta, G.　173, 174
Philip, C.　129, 133, 134
Phillips, L. D.　154, 155
Phinney, J. S.　89, 155, 156
Phoenix, A.　200, 202, 203
Pickens, D. S.　246, 248, 249
Piper, R. E.　141, 142
Platow, M. J.　265
Plummer, D. L.　187, 191, 192
Pocius, K. E.　122, 123
Pon, G.　178
Ponterotto, J. G.　142, 147, 201
Poole, M. E.　75
Pope-Davis, D. B.　142, 146, 158, 160
Pordany, L.　170
Porton, H.　52, 54, 57
Pratkanis, A. R.　267
Pretorius, T. B.　143, 148
Probasco, P.　267
Pruitt, D. W.　138, 139
Puddifoot, J. E.　171
Pulkkinen, L.　67, 69
〔R〕
Ramsey, M.　56, 57
Rasmussen, J. E.　283, 286, 295
Reicher, S. D.　270, 271
Reid, A.　259, 260, 261, 262
Reitzes, D. C.　244, 250
Renee, L.　115
Rhee, E.　175, 176, 178
Richardson, T. Q.　192
Riches, G.　106
Riggs, R. P.　110
Roberson, L.　158
Roberson, M. K.　181, 184
Roberts, B. A.　126, 138
Robinson, G. F.　142, 148
Roenkae, A.　67, 69
Rogers, C. S.　96
Rogers, J. D.　43
Roker, D.　90, 91
Roman, R. J.　176
Ronowski, B.　171, 173
Rosenberg, M.　41, 43, 44, 45, 47, 49, 68, 75, 170
Rosenbloom, S.　126, 131
Rosenthal, D. A.　75, 77
Rosenthal, S. L.　129, 132
Rotenberg, K. J.　243
Rowe, W.　42, 48, 49, 158, 159, 160
Ruetsch, C.　67
Russell, M.　115
Russell, R. K.　192
Rust, M. C.　162
Rut, G.　237
Rutgers, C. L.　67
Ruttenberg, J.　182, 185
〔S〕
Sabnani, H. B.　147
Sahlin-Anderson, K.　128, 137
Salahu-Din, S. N.　107, 108
佐々木万丈　285, 291, 292
佐藤公代　286, 292
佐藤唯行　184
Schaut, G. B.　243
Scheel, M. J.　113
Scheier, C. E.　226
Schiffmann, R.　260
Schneider, M. E.　162, 163
Schoen, L. G.　130
Schulenberg, J.　85
Schultheiss, D. P.　90, 91
Seidman, S. J.　177, 178
Serafica, F. C.　114
Shaffer, S. L.　105
Shatan, G. R.　212, 213
Shaw, S. M.　73, 75
下山晴彦　285
慎　栄根　299
Shirali, K. A.　99
城野靖恵　302, 303

Short, G. 181,184
Short, R. J. 129,132
Shusman, F. I. 242,252
Sigelman, C. K. 182
Sigelman, L. 181,183
Signorello, R. L. 215,219
Silverman, R. A. 266,267
Simon, R. W. 102,103
Simpson, L. 125
Sinner, M. E. 233,234
Skoe, E. E. 73,74,77
Skorikov, V. 85
Smith, M. E. 155
Sonnenberg, R. T. 113
園田雅代 294,296
Speight, S. L. 153,187,193
Spence, J. T. 74
Spitze, G. 254
Stephen, J. 80,81
Stern, P. R. 216,220
Stets, J. E. 229,230,231
Stevenson, H. C. 198,199
Stewart, A. J. 245
Stewart, S. 127,137
Stoller, E. P. 172
Streitmatter, J. 111
Strimple, R. E. 212,215
Stringer, M. 265
Strube, M. J. 51,194,196
杉村（堀内）和美 241,281,294,296
杉山 成 283,288
Suinn, R. M. 42,44,46,49
Sulivan, C. L. 50
Sullivan, C. 62,63,64,65
Sullivan, L. A. 267
砂田良一 284
Sundvik, L. 232,234
Super, D. E. 118,122
鈴木一代 299,300
鈴木隆男 286,291

Swanson, J. L. 42,43,47,48,49,191

〔T〕
田端純一郎 285
平 直樹 298,299
Tajfel, H. 259,260,261
高木秀明 299
高橋裕行 285,291
Tam, H. P. 100
Tan, A. L. 286
谷 冬彦 65,66
鑪 幹八郎 27,28,30,37,63,86,117,124,130,153,164,174,180,208,211,231,237,253,258,279,280,300,301,302,303,304
Taub, D. J. 188
Taylor, B. C. 254,256
Taylor, R. D. 177,179
Tazelaar, F. 66
寺川夫央 286
Terry, D. J. 260
Thoits, P. A. 246,249
Thomas, I. 228,230
Timberlake, D. 120
Tipton, R. M. 67
Tizard, B. 200,202,203
遠山宣哉 283,289
Tokar, D. M. 42,43,191
時津倫子 298,300
豊嶋秋彦 283,289
Tucker, A. B. 107,109,110
Turner, W. L. 260
Turner, M. E. 267
都築 学 283,288
Tyler, D. 128,131

〔U〕
Uhlemann, M. R. 125
Uleman, J. S. 176

Underhill, R. 129
Unger, D. G. 194,196
Upmanyu, S. 223,225
Upmanyu, V. V. 223,225

〔V〕
Valde, G. A. 81,82
Van der Kwaak, A. 216,220
Van Hersteren, F. 130
Vera, E. M. 193
Verkuyten, M. 169,170
Viney, L. L. 178,179
Vondracek, F. W. 85,88,113,117

〔W〕
和田 実 286,292
Waehler, C. A. 44,47,48,49
Wager, B. 120
Wahlheim, C. 85
Walker, I. 173,174
Wallace-Broscious, A. 114,118
Wang, W. 178,179
Wann, D. L. 264
Ward, R. 254
Warfield, J. W. 97,98
Waterman, A. S. 79,240
Watkins, C. E. 67
Watts, R. J. 144,188
Webster, C. B. 159,160
Weitman, S. 184
Weitzman, L. M. 158
Wesley, P. W. 126,134
Whaley, A. L. 194,195
White, A. M. 51
White, J. M. 40
White, K. M. 240,248,260,280
Whitehead, C. 212,213
Whitehead, J. M. 229

| | | |
|---|---|---|
| Wickrama, K.　247 | Woelfing, S.　172 | 吉田圭吾　301,303 |
| Wicklund, R. A.　260 | Woollett, A.　175,176 | 芳田茂樹　285 |
| Wiley, M. G.　139,140 | Wu, J. T.　175,176 | 〔Z〕 |
| Williams, P. T.　187,189 | Wyatt-Brown, A. M.　129, 133 | Zabielski, M. T.　103 |
| Williamson, P. A.　109 | | Zaleski, Z.　169,171 |
| Williamson, K.　127,134 | 〔Y〕 | Zalewski, Z.　171,173 |
| Willson, K. L.　161,163 | 山口利勝　302,303 | Zamutt, A.　74 |
| Winefield, H. R.　76 | 山本多喜司　293 | Zea, M. C.　182 |
| Winnicott, D. W.　126,130 | Yancey, A. K.　108 | Zigler, E.　195,198 |
| Wintercrowd, C. L.　140 | Yanico, B. J.　43,47,49, 187,191 | Zucker, K. J.　50,212,213 |
| Wires, J. W.　89 | | |

## 第Ⅲ章の編集協力者

大野　久　　　（立教大学文学部，第2節）
杉村和美　　　（名古屋大学学生総合相談センター，第3節および6節－2）
宇都宮博　　　（九州女子大学家政学部，第4節）
夏野良司　　　（兵庫教育大学学校教育学部，第5節）
上地雄一郎　　（甲南女子大学文学部，第6節全体および6節－6）
信原孝司　　　（愛媛大学教育学部，第6節－1）
林　智一　　　（大分医科大学医学部，第6節－5）
武内珠美　　　（大分大学教育福祉科学部，第7節）
小松貴弘　　　（大分大学教育福祉科学部，第9節）


## 執筆者

第Ⅰ章　鑪幹八郎（京都文教大学）
第Ⅱ章　宮下一博（千葉大学），辻河昌登（兵庫教育大学）
第Ⅲ章　1節　宮下一博，冨安浩樹（福岡教育大学）
　　　　2節　大野　久，谷　冬彦（神戸大学），小澤一仁（東京工芸大学）
　　　　　　　若原まどか，三好昭子，内島香絵（以上，立教大学大学院）
　　　　3節　杉村和美
　　　　4節　宇都宮博，平井滋野（広島大学大学院）
　　　　5節　夏野良司，西本由美（尼崎市立総合教育センター），鈴尾修司（広島市立江波小学校），
　　　　　　　定金浩一（兵庫県立神出学園），山本真知子（日の本短期大学），藤井顕輔（兵庫県立社
　　　　　　　高校）
　　　　6節　導入　上地雄一郎
　　　　6-1．信原孝司，川口靖子，柴田智恵，中尾綾，早岐安代，宇田川湖衣（以上，愛媛大学大学
　　　　　　　院），井上実穂（松山市男女共同参画推進財団），山口初美（山口家庭裁判所）
　　　　6-2．杉村和美
　　　　6-3．岡本祐子（広島大学大学院），吉沉洪（広島市立大学）
　　　　6-4．吉沉洪
　　　　6-5．林　智一
　　　　6-6．上地雄一郎，中村博文（京都文教大学）
　　　　7節　武内珠美，加藤真樹子（大分医科大学），山本桃花子（三原病院），神﨑光子（大分県立
　　　　　　　看護科学大学）
　　　　8節　岡本祐子，永田彰子，渡邊照美（以上，広島大学大学院）
　　　　9節　小松貴弘，麻生健二，梶谷美智子，佐藤みつよ，長友真実，中原幸一郎，森みどり，山
　　　　　　　本理香（以上，大分大学大学院）
第Ⅳ章　岡本祐子
第Ⅴ章　宮下一博，辻河昌登

## 編者紹介

**鑪　幹八郎**（たたら　みきはちろう）　広島大学名誉教授，京都文教大学人間学部教授
昭和37年3月　京都大学大学院博士課程修了
**著訳書**
　洞察と責任（E. H. エリクソン）　誠信書房　1972
　夢分析入門　創元社　1976
　試行カウンセリング　誠信書房　1977
　夢分析の実際　創元社　1979
　心理臨床家の手引（共編）　誠信書房　1983
　自我同一性研究の展望（共編）　ナカニシヤ出版　1984
　アイデンティティの心理学　講談社　1990
　アイデンティティ研究の展望II（共編）　ナカニシヤ出版　1995
　アイデンティティ研究の展望III（共編）　ナカニシヤ出版　1995
　アイデンティティ研究の展望IV（共編）　1997
　アイデンティティとライフサイクル論　ナカニシヤ出版　2002　他

**岡本　祐子**（おかもと　ゆうこ）　広島大学大学院教育学研究科助教授
昭和58年3月　広島大学大学院博士課程修了
**著書**
　自我同一性研究の展望（共著）　ナカニシヤ出版　1984
　臨床心理学体系　第3巻　ライフサイクル（共著）　金子書房　1990
　人生移行の発達心理学（共著）　北大路書房　1991
　成人期における自我同一性の発達過程とその要因に関する研究　風間書房　1994
　アイデンティティ研究の展望II（共編）　ナカニシヤ出版　1995
　アイデンティティ研究の展望III（共編）　ナカニシヤ出版　1995
　アイデンティティ研究の展望IV（共編）　ナカニシヤ出版　1997
　中年からのアイデンティティ発達の心理学　ナカニシヤ出版　1997
　女性の生涯発達とアイデンティティ（編著）　北大路書房　1999
　新・女性のためのライフサイクル心理学（編著）　福村出版　2002　他

**宮下　一博**（みやした　かずひろ）　千葉大学教育学部教授
昭和56年3月　広島大学大学院博士課程中退
**著書**
　自我同一性研究の展望（共編）　ナカニシヤ出版　1984
　アイデンティティ研究の展望II（共編）　ナカニシヤ出版　1995
　アイデンティティ研究の展望III（共編）　ナカニシヤ出版　1995
　アイデンティティ研究の展望IV（共編）　1997
　教育現場に根ざした生徒指導（編著）　北樹出版　1998
　心理学マニュアル質問紙法（編著）　北大路書房　1998
　アイデンティティ研究の展望V-1，2（共編）　ナカニシヤ出版　1998　1999
　子どもの心理臨床（編著）　北樹出版　1999

子どものパーソナリティと社会性の発達（編著）　北大路書房　2000
キレる青少年の心（編著）　北大路書房　2002　他

**アイデンティティ研究の展望Ⅵ**

2002年10月20日　初版第1刷発行　　　　定価はカバーに
　　　　　　　　　　　　　　　　　　　表示してあります

　　　　　編　者　鑪　幹八郎
　　　　　　　　　岡本　祐子
　　　　　　　　　宮下　一博
　　　　　発行者　中西　健夫
　　　　　発行所　株式会社ナカニシヤ出版
　　　　　〒606-8316　京都市左京区吉田二本松町2番地
　　　　　　　　　　　　　Telephone 075-751-1211
　　　　　　　　　　　　　Facsimile 075-751-2665
　　　　　　　　　　　　　郵便振替 01030-0-13128
　　　　　　　　　URL http://www.nakanishiya.co.jp/
　　　　　　　　　e-mail iihon-ippai@nakanishiya.co.jp

装丁・松味利郎／印刷・創栄図書印刷／製本・兼文堂
Printed in Japan
Copyright© 2002 by M. Tatara, Y. Okamoto, & K. Miyashita
ISBN 4-88848-741-3　C 3011